20
23

**WANDER GARCIA**
**ANA PAULA DOMPIERI**
COORDENADORES

**PAULA MORISHITA**
ORGANIZADORA

# *Bateria de*
# SIMULADOS
## PARA CONCURSOS DE
# MAGISTRATURA

COMENTÁRIOS
ATUALIZADOS

## 7 SIMULADOS
### SIMULADOS COM AS PROVAS ORIGINAIS + COMENTÁRIOS
### ÀS QUESTÕES E RELATÓRIOS DE RESULTADOS

APRENDIZADOS COM O LIVRO:

• **ADMINISTRAR** melhor o tempo • **AGILIDADE** para responder questões
**TÉCNICAS** para acertar mais questões • **DESCOBERTA** dos erros de conteúdo e o que
precisa estudar mais • **DESCOBERTA** dos erros de interpretação e de escolha da alternativa
correta • **MAIS** calma no dia da prova, com mente e emoções mais preparadas.

EDITORA
**FOCO**

2023 © Editora Foco

**Coordenadores:** Wander Garcia e Ana Paula Garcia
**Organizadora:** Paula Morishita
**Autores:** André Barbieri, André Moreira Nascimento, Eduardo Dompieri, Fabiano Melo, Flávia Barros, Filipe Venturini Signorelli, Gabriela Rodrigues, Gustavo Nicolau, Henrique Subi, Leni Mouzinho, Luiz Dellore, Marcelo Galante, Roberta Densa, Rafael Galante Preter, Robinson Barreirinhas, Rodrigo Bordalo e Sávio Chalita
**Diretor Acadêmico:** Leonardo Pereira
**Editor:** Roberta Densa
**Assistente Editorial:** Paula Morishita
**Revisora Sênior:** Georgia Renata Dias
**Capa Criação:** Leonardo Hermano
**Diagramação:** Ladislau Lima
**Impressão miolo e capa:** FORMA CERTA

Dados Internacionais de Catalogação na Publicação (CIP) de acordo com ISBD

B328

    Bateria de simulados: magistratura / André Barbieri...[et al.] ; coordenado por Wander Garcia, Ana Paula Dompieri. - Indaiatuba, SP : Editora Foco, 2023.

    392 p. ; 16cm x 23cm.

    Inclui bibliografia e índice.

    ISBN: 978-65-5515-658-4

    1. Metodologia de estudo. 2. Simulado. I. Barbieri, André. II. Nascimento, André Moreira. III. Dompieri, Eduardo. IV. Melo, Fabiano. V. Barros, Flávia. VI. Signorelli, Filipe Venturini. VII. Rodrigues, Gabriela. VIII. Nicolau, Gustavo. IX. Subi, Henrique. X. Mouzinho, Leni. XI. Dellore, Luiz. XII. Galante, Marcelo. XIII. Densa, Roberta. XIV. Preter, Rafael Galante. XV. Barreirinhas, Robinson. XVI. Bordalo, Rodrigo. XVII. Chalita, Sávio. XVIII. Garcia, Wander. XIX. Dompieri, Ana Paula. XX. Título.

2022-3437                                       CDD 001.4      CDU 001.8

**Elaborado por Odilio Hilario Moreira Junior - CRB-8/9949**

**Índices para Catálogo Sistemático:**

1. Metodologia de estudo 001.4      2. Metodologia de estudo 001.8

Impresso no Brasil (10.2022) – Data de Fechamento (10.2022)

**2023**

Todos os direitos reservados à
Editora Foco Jurídico Ltda.
Avenida Itororó, 348 – Sala 05 – Cidade Nova
CEP 13334-050 – Indaiatuba – SP

E-mail: contato@editorafoco.com.br
www.editorafoco.com.br

# Apresentação

Quer passar no concurso de Magistratura?

Então faça simulados antes da prova!

Você terá os seguintes ganhos ao fazer os simulados desse livro:

• aprenderá a administrar melhor o tempo;

• aprenderá como ser mais ágil para responder questões;

• aprenderá técnicas para acertar mais questões a cada prova;

• descobrirá onde estão os seus erros e o que precisa estudar mais;

• descobrirá onde estão os seus erros de interpretação e de escolha da alternativa correta;

• ficará mais calmo para o dia da prova, pois terá simulado diversas vezes esse momento e suas mente e emoções estarão mais preparadas.

Mas não basta fazer simulados. É preciso fazer com o material correto.

Existem técnicas para treinar via simulados e esse livro tem tudo o que você precisa para fazer isso da melhor maneira.

Confira os principais pontos para estudar por meio de simulados:

1º) Você precisa usar como simulado provas reais e completas de exames anteriores do concurso de Magistratura. E isso é o que fazemos neste livro. Disponibilizamos 7 provas já aplicadas, em sua versão original.

2º) Você precisa resolver as questões como se você estivesse na prova. Neste livro as questões vêm dispostas como na prova, e depois você tem uma folha de respostas para fazer o mesmo que faria nesta. Sem contar que os comentários às questões e os gabaritos não ficam na mesma página do simulado, então você só tem a sua mente mesmo para resolver as questões, como se estivesse na hora da prova.

3º) Você precisa ter um feedback de cada questão, para saber onde e porque cometeu cada erro. Este livro também oferece isso, pois cada questão é respondida e comentada, alternativa por alternativa, para você entender o que precisa estudar mais e que erros você têm cometido ao interpretar questões e escolher a alternativa correta.

4º) Você precisa saber como está o controle do tempo e a evolução dos seus resultados. Neste ponto disponibilizamos ao final do livro uma sessão só para você preencher a sua pontuação em cada prova, o tempo gasto na prova, os itens que você precisa melhorar e outros pontos importantes para você evoluir seus resultados a cada novo simulado.

5º) Você precisa fazer um número mínimo de simulados. Quanto mais simulados, melhor. Eles devem ser feitos ao final de cada semana de estudos.

Se não for possível, tente fazer ao menos 1 simulado a cada 10 dias ou a cada 2 semanas.

Outro ponto importante é que o livro está atualizadíssimo e informa para você como fica a resposta de cada questão, se por ventura alguma questão sofrer alteração no gabarito por alguma novidade legislativa ou jurisprudencial.

Agora é com você: crie seu cronograma de simulados e cumpra-o com seriedade, simulando pra valer o momento da prova.

Bom trabalho e ótimos estudos!

# Como Usar o Livro?

Em primeiro lugar você deve criar o seu cronograma de simulados e cumpri-lo com seriedade, simulando pra valer o momento da prova.

Para cada simulado você deve fazer o seguinte também:

• Reservar o tempo necessário, seguindo o limite de tempo estabelecido no edital do concurso;

• Escolher um lugar que você não seja interrompido;

• Colocar um cronômetro que não seja interrompido e ser fiel ao tempo de prova, ou seja, terminado o tempo, você deve pausar suas atividades, tendo ou não terminado o simulado;

• Em seguida você deve conferir as repostas em sua folha de resposta;

• Após, você deverá ler os comentários de cada questão que tiver errado e fazer todas as anotações na sessão do livro que trata dos relatórios sobre os seus resultados, anotando não só as matérias que precisa estudar mais, como dicas de como evitar erros de interpretação e de escolha de alternativas.

Pronto, agora é só ir atrás de estudar mais os pontos fracos e aguardar a data que você reservou para o próximo simulado.

Bons estudos e sucesso!

# Sobre os coordenadores e autores

## COORDENADORES

### Wander Garcia – @wander_garcia

É Doutor, Mestre e Graduado em Direito pela PUC/SP. É professor universitário e de cursos preparatórios para Concursos e Exame de Ordem, tendo atuado nos cursos LFG e DAMASIO. Neste foi Diretor Geral de todos os cursos preparatórios e da Faculdade de Direito. Foi diretor da Escola Superior de Direito Público Municipal de São Paulo. É um dos fundadores da Editora Foco, especializada em livros jurídicos e para concursos e exames. É autor *best seller* com mais de 50 livros publicados na qualidade de autor, coautor ou organizador, nas áreas jurídica e de preparação para concursos e exame de ordem. Já vendeu mais de 1,5 milhão de livros, dentre os quais se destacam "Como Passar na OAB", "Como Passar em Concursos Jurídicos", "Exame de Ordem Mapamentalizado" e "Concursos: O Guia Definitivo". É também advogado desde o ano de 2000 e foi procurador do município de São Paulo por mais de 15 anos. É *Coach* Certificado, com sólida formação em Coaching pelo IBC e pela *International Association of Coaching*.

### Ana Paula Dompieri

Procuradora do Estado de São Paulo, Pós-graduada em Direito, Professora do IEDI, Escrevente do Tribunal de Justiça por mais de 10 anos e Assistente Jurídico do Tribunal de Justiça. Autora de diversos livros para OAB e concursos.

## AUTORES

### André Barbieri – AB

Mestre em Direito. Professor de Direito Público com mais de dez anos de experiência. Professor em diversos cursos pelo País. Advogado.

### André Moreira Nascimento – AMN

Advogado e Especialista em Regulação na Agência Nacional do Petróleo, Gás Natural e Biocombustíveis.Coautor de diversas obras voltadas à preparação para Exames Oficiais e Concursos Públicos. Coautor de livros e artigos acadêmicos. Instrutor de cursos, tendo recebido menção elogiosa pela destacada participação e dedicação na ANP. Graduado em Direito pela Universidade Presbiteriana Mackenzie/SP. Graduando em Geografia pela Universidade de São Paulo. Frequentou diversos cursos de extensão nas áreas de Direito, Regulação, Petróleo e Gás Natural e Administração Pública.

### Eduardo Dompieri – ED

Pós-graduado em Direito. Professor do IEDI. Autor de diversas obras de preparação para Concursos Públicos e Exame de Ordem.

### Fabiano Melo – FM

Professor de cursos de graduação e pós-graduação em Direito e Administração da PUC-MG. Professor da Rede LFG.

### Flávia Barros – FB

Procuradora do Município de São Paulo. Doutora em Direito do Estado pela Universidade de São Paulo. Mestre em Direito Administrativo pela PUC-SP. Especialista em Direito Administrativo pela PUC-SP/COGEAE. Especialista em Direitos Difusos e Coletivos pela ESMPSP. Coach de Alta Performance pela FEBRACIS. Practioneer e Master em Programação Neurolinguística - PNL. Analista de Perfil Comportamental - DISC Assessment. Professora de Direito Administrativo.

## Filipe Venturini Signorelli – FVS

Mestrado em Direito Administrativo pela Pontifícia Universidade Católica de São Paulo. Pós-graduado em Governança, Gestão Pública e Direito Administrativo. Pós-graduado em Direito Público. Pós-graduado em Ciências criminais e docência superior. Linha de pesquisa na área de Autorregulação e Controle na administração pública. Conselheiro no IPMA Brasil – International Project Management Associate. Gestor Jurídico e Acadêmico. Professor. Advogado e Consultor Jurídico no Bordalo Densa & Venturini Advogados.

## Gabriela Rodrigues – GR

Pós-Graduada em Direito Civil e Processual Civil pela Escola Paulista de Direito. Professora Universitária e do IEDI Cursos On-line e preparatórios para concursos públicos exame de ordem. Autora de diversas obras jurídicas para concursos públicos e exame de ordem. Advogada.

## Gustavo Nicolau – @gustavo_nicolau – GN

Mestre e Doutor pela Faculdade de Direito da USP. Professor de Direito Civil da Rede LFG/Praetorium. Advogado.

## Henrique Subi – @7henriquesubi – HS

Agente da Fiscalização Financeira do Tribunal de Contas do Estado de São Paulo. Mestrando em Direito Político e Econômico pela Universidade Presbiteriana Mackenzie. Especialista em Direito Empresarial pela Fundação Getúlio Vargas e em Direito Tributário pela UNISUL. Professor de cursos preparatórios para concursos desde 2006. Coautor de mais de 20 obras voltadas para concursos, todas pela Editora Foco.

## Leni Mouzinho Soares – LM

Assistente Jurídico do Tribunal de Justiça do Estado de São Paulo.

## Luiz Dellore – @dellore – LD

Doutor e Mestre em Direito Processual Civil pela USP. Mestre em Direito Constitucional pela PUC/SP. Professor do Mackenzie, EPD, IEDI, IOB/Marcato e outras instituições. Advogado concursado da Caixa Econômica Federal. Ex-assessor de Ministro do STJ. Membro da Comissão de Processo Civil da OAB/SP, do IBDP (Instituto Brasileiro de Direito Processual), do IPDP (Instituto Panamericano de Derecho Procesal) e diretor do CEAPRO (Centro de Estudos Avançados de Processo). Colunista do portal jota.info. Facebook e LinkedIn: Luiz Dellore

## Marcelo Galante – MG

Advogado, Mestre em Administração, Comunicação e Educação com ênfase em Políticas Públicas, Professor de Direito Constitucional, autor de Obras Jurídicas.

## Rafael Galante Preter – RG

Advogado, Professor de Direito Constitucional em Cursos Preparatórios, autor de Obras Jurídicas.

## Roberta Densa – RD

Doutora em Direitos Difusos e Coletivos. Professora universitária e em cursos preparatórios para concursos Públicos e OAB. Autora da obra "Direito do Consumidor", 9ª edição publicada pela Editora Atlas.

## Robinson Barreirinhas – RB

Secretário Municipal dos Negócios Jurídicos da Prefeitura de São Paulo. Professor do IEDI. Procurador do Município de São Paulo. Autor e coautor de mais de 20 obras de preparação para concursos e OAB. Ex-Assessor de Ministro do STJ.

## Rodrigo Bordalo – RBO

Doutor e Mestre em Direito do Estado pela Pontifícia Universidade Católica de São Paulo (PUC-SP). Professor de Direito Público da Universidade Presbiteriana Mackenzie (pós-graduação). Professor de Direito Administrativo e Ambiental do Centro Preparatório Jurídico (CPJUR) e da Escola Brasileira de Direito (EBRADI), entre outros. Procurador do Município de São Paulo, atualmente lotado na Coordenadoria Geral do Consultivo da Procuradoria Geral do Município. Advogado. Palestrante.

## Sávio Chalita – SC

Advogado. Mestre em Direitos Sociais, Difusos e Coletivos. Professor do CPJUR (Centro Preparatório Jurídico), Autor de obras para Exame de Ordem e Concursos Públicos. Professor Universitário. Editor do blog www.comopassarnaoab.com.

# Sumário

**1.** Luciana e Roberto casaram-se no ano de 2004 sob o regime da separação de bens, divorciando-se em 2018, quando desfizeram a sociedade conjugal. Em 2013, Luciana, culposamente, colidiu seu automóvel com o de Roberto, causando-lhe danos. Nesse caso, a pretensão de Roberto obter a correspondente reparação civil de Luciana, segundo o Código Civil,

(A) é imprescritível.

(B) prescreveu em 2016.

(C) prescreverá em 2021.

(D) prescreveu em 2018.

(E) prescreverá em 2028.

**2.** Renato emprestou seu automóvel a Paulo. Quinze dias depois, ainda na posse do veículo, Paulo o comprou de Renato, que realizou a venda sem revelar que o automóvel possuía grave defeito mecânico, vício oculto que só foi constatado por Paulo na própria data da alienação. Nesse caso, de acordo com o Código Civil, Paulo tem direito de obter a redibição do contrato de compra e venda, que se sujeita a prazo

(A) prescricional, de trinta dias, contado da data em que recebeu o automóvel.

(B) prescricional, de quinze dias, contado da data da alienação.

(C) decadencial, de trinta dias, contado da data em que recebeu o automóvel.

(D) decadencial, de quinze dias, contado da data da alienação.

(E) decadencial, de noventa dias, contado da data em que recebeu o automóvel.

**3.** De acordo com o Código Civil, o negócio cujo objeto, ao tempo da celebração, é impossível

(A) é nulo de pleno de direito, ainda que se trate de impossibilidade relativa.

(B) terá validade se a impossibilidade inicial do objeto cessar antes de realizada a condição a que ele estiver subordinado.

(C) é válido, ainda que se trate de impossibilidade absoluta, desde que ela não tenha sido criada por nenhuma das partes.

(D) é válido, porém ineficaz, ainda que se trate de impossibilidade absoluta.

(E) é nulo de pleno direito, porém eficaz, desde que se trate de impossibilidade relativa.

**4.** Nos testamentos,

(A) é válida a disposição que deixe ao arbítrio de terceiro, desde que suficientemente identificado, fixar o valor do legado.

(B) é ilícita a deixa ao filho do concubino, quando também o for do testador.

(C) pode ser nomeada herdeira, mas não legatária, a pessoa que nele figurou como testemunha instrumentária.

(D) presume-se o prazo em favor do herdeiro.

(E) são inválidas as disposições de caráter não patrimonial, se o testador tiver se limitado somente a elas.

**5.** Por conta de mútuo oneroso, João devia a Teresa a importância de cem mil reais. No intuito de ajudar o amigo em dificuldade, Leopoldo assumiu para si a obrigação de João, para o que houve expressa anuência de Teresa. Nesse caso,

(A) João ficará exonerado da dívida, salvo se Leopoldo, ao tempo da assunção, fosse insolvente e Teresa ignorasse essa sua condição.

(B) Leopoldo poderá opor a Teresa as exceções pessoais que competiam a João.

(C) se a substituição do devedor vier a ser anulada, restaura-se o débito de João, sem nenhuma garantia, independentemente de quem a tenha prestado.

(D) preservam-se as garantias especiais originariamente dadas a Teresa por João, independentemente do assentimento dele.

(E) João responderá apenas pela metade da dívida, ainda que Leopoldo não cumpra a obrigação assumida perante Teresa.

**6.** De acordo com o Código Civil, a posse

(A) adquire-se no momento da celebração do contrato, mesmo que não seja possível o exercício, em nome próprio, de quaisquer dos poderes inerentes à propriedade.

(B) justa é aquela adquirida de boa-fé.

(C) pode ser adquirida por terceiro sem mandato, dependendo, nesse caso, de ratificação.

(D) transmite-se aos herdeiros do possuidor com os mesmos caracteres, mas não aos seus legatários.

(E) do imóvel gera presunção absoluta da posse das coisas que nele estiverem.

**7.** Luciano, proprietário de duas casas, desapareceu do seu domicílio sem deixar testamento, representante ou procurador para administrar-lhe os bens. À falta de notícia de Luciano, o Juiz, a requerimento do Ministério Público, declarou sua ausência e nomeou-lhe curador, que arrecadou seus bens. Decorrido um ano da arrecadação dos bens, deferiu-se, a pedido dos filhos de Luciano, seus únicos herdeiros, a abertura da sucessão provisória. Nesse caso,

(A) os imóveis de Luciano deverão ser vendidos, independentemente do estado de conservação, permanecendo o produto da venda depositado judicialmente até a conclusão da sucessão definitiva.

(B) para se imitirem na posse das casas, os filhos de Luciano precisarão dar garantia da sua restituição, no equivalente aos seus respectivos quinhões.

(C) os imóveis de Luciano não poderão ser alienados em nenhuma hipótese, sendo passíveis, no entanto, de desapropriação.

(D) os filhos de Luciano serão obrigados a capitalizar todos os frutos dos bens dele nos quais forem empossados, cabendo-lhes prestar contas anualmente ao Ministério Público.

(E) uma vez empossados nos seus bens, os filhos de Luciano ficarão o representando ativa e passivamente, de modo que contra eles correrão as ações pendentes e futuras movidas em face do ausente.

**8.** Alessandra, atualmente com 17 anos de idade, nasceu com deficiência mental que a impede, de forma permanente, de exprimir sua vontade. Para o Código Civil, ela

(A) é absolutamente incapaz de exercer pessoalmente os atos da vida civil, e permanecerá nessa condição mesmo depois de completar 18 anos.

(B) não é incapaz, absoluta ou relativamente, de exercer pessoalmente os atos da vida civil.

(C) é incapaz, relativamente a certos atos ou à maneira de os exercer, e permanecerá nessa condição mesmo depois de completar 18 anos.

(D) é absolutamente incapaz de exercer pessoalmente os atos da vida civil, mas deixará de sê-lo ao completar 18 anos.

(E) é incapaz, relativamente a certos atos ou à maneira de os exercer, mas deixará de sê-lo ao completar 18 anos.

**9.** De acordo com o Estatuto do Idoso (Lei no 10.741/2003), é assegurado, nos termos da Lei Orgânica de Assistência Social (LOAS), benefício mensal de

(A) um quarto do salário-mínimo aos idosos, a partir de 60 anos, que não possuam meios para prover sua subsistência, ainda que possam tê-la provida por sua família.

(B) um salário-mínimo aos idosos, a partir de 65 anos, que não possuam meios para prover sua subsistência, nem de tê-la provida por sua família.

(C) um salário-mínimo aos idosos, a partir de 65 anos, que não possuam meios para prover sua subsistência, ainda que possam tê-la provida por sua família.

(D) até cinco salários-mínimos aos idosos, a partir de 60 anos, que não possuam meios para prover sua subsistência, nem de tê- la provida por sua família.

(E) um quarto do salário-mínimo aos idosos, a partir de 70 anos, que não possuam meios para prover sua subsistência, nem de tê-la provida por sua família.

**10.** De acordo com o Código Civil, o casamento

(A) dispensa habilitação se ambos os cônjuges forem maiores e capazes.

(B) é civil e sua celebração gratuita.

(C) religioso não produz efeitos civis, em nenhuma hipótese.

(D) pode ser contraído entre colaterais, a partir do terceiro grau.

(E) pode ser celebrado mediante procuração, por instrumento público ou particular.

**11.** André, solteiro, não teve filhos e morreu sem deixar ascendentes vivos. Por testamento, deixou todos os seus bens para o seu melhor amigo, Antônio, com quem não tinha nenhum grau de parentesco. Sentindo-se injustamente preteridos, os três únicos irmãos de André ajuizaram ação visando à declaração da nulidade total do testamento, argumentando que, devido ao parentesco, não poderiam ter sido excluídos da sucessão. O pedido deduzido nessa ação é

(A) procedente, pois os irmãos de André são herdeiros necessários, devendo ser declarada a nulidade total do testamento.

(B) procedente em parte, pois os irmãos de André são herdeiros necessários, devendo ser declarada a nulidade parcial do testamento, apenas quanto a três quartos dos bens.

(C) procedente em parte, pois os irmãos de André são herdeiros necessários, devendo ser declarada a nulidade parcial do testamento, apenas quanto a metade dos bens.

(D) improcedente, pois os irmãos de André não são herdeiros necessários.

(E) improcedente, pois os irmãos de André, embora sejam herdeiros necessários, podem ser excluídos da sucessão mediante testamento.

**12.** Leandro formulou, perante o Cartório de Registro de Imóveis competente, pedido de reconhecimento extrajudicial de usucapião de imóvel não residencial, onde funciona uma fábrica de chocolates. Nesse caso, de acordo com a Lei dos Registros Públicos (Lei n. 6.015/1.973),

(A) a posse poderá ser comprovada em procedimento de justificação administrativa, realizado perante a própria serventia extrajudicial.

(B) a rejeição do pedido extrajudicial impedirá o ajuizamento de ação de usucapião.

(C) o pedido deverá ser rejeitado de plano, pois só é admitido o reconhecimento extrajudicial de usucapião de imóvel residencial, destinado à moradia do próprio requerente.

(D) não será admitido ao interessado suscitar procedimento de dúvida.

(E) é facultativa a representação de Leandro por advogado.

**13.** Acerca das preferências e privilégios creditórios, segundo o Código Civil, considere as seguintes proposições:

I. O credor por benfeitorias necessárias tem privilégio geral sobre a coisa beneficiada.

II. O crédito real prefere ao crédito pessoal privilegiado.

III. O crédito por despesas com a doença de que faleceu o devedor goza de privilégio especial.

IV. Os credores hipotecários conservam seu direito sobre o valor da indenização mesmo se a coisa hipotecada for desapropriada.

V. Direitos reais não são títulos legais de preferência, embora confiram prioridade sobre o produto da alienação.

É correto o que se afirma APENAS em

(A) I e II.

(B) I e III.

(C) II e IV.

(D) III e V.

(E) IV e V.

**14.** Por força de contrato estimatório, Laura entregou certa quantidade de peças de vestuário a Isabela, que ficou autorizada a vender esses produtos a terceiros, pagando àquela o preço ajustado. Nesse caso, de acordo com o Código Civil,

(A) Isabela, se preferir, poderá restituir os produtos a Laura, no prazo estabelecido, caso em que ficará dispensada de pagar-lhe o preço ajustado.

(B) os produtos não poderão ser objeto de penhora ou sequestro pelos credores de Isabela, nem mesmo depois de pago integralmente o preço a Laura.

(C) Isabela se exonerará da obrigação de pagar o preço, se a restituição dos produtos, em sua integridade, se tornar impossível por fato não imputável a ela.

(D) Antes da concretização da venda por Isabela, Laura poderá dispor dos produtos, mesmo antes de lhe serem restituídos ou de lhe ser comunicada a restituição.

(E) Isabela atuará como mandatária de Laura, dado que ao contrato estimatório se aplicam, no que couber, as regras concernentes ao mandato.

**15.** Em contrato de locação não residencial de imóvel urbano, no qual nada foi disposto acerca das benfeitorias,

(A) as benfeitorias necessárias e úteis introduzidas pelo locatário, ainda que não autorizadas pelo locador, serão indenizáveis.

(B) as benfeitorias introduzidas pelo locatário, sejam elas necessárias, úteis ou voluptuárias, ainda que autorizadas pelo locador, serão indenizáveis até o limite máximo de três alugueres.

(C) as benfeitorias voluptuárias só serão indenizáveis se não puderem ser levantadas pelo locatário, finda a locação, sem afetar a estrutura e substância do imóvel.

(D) as benfeitorias úteis introduzidas pelo locatário, desde que autorizadas pelo locador, serão indenizáveis e também permitem o exercício do direito de retenção.

(E) as benfeitorias necessárias introduzidas pelo locatário, se não autorizadas pelo locador, serão indenizáveis, mas não permitem o exercício do direito de retenção.

**16.** É cabível denunciação da lide

(A) dos fiadores, na ação proposta contra um ou alguns deles.

(B) ao alienante imediato, no processo relativo à coisa cujo domínio foi transferido ao denunciante, a fim de que possa exercer os direitos que da evicção lhe resultam.

(C) quando alguém pretender, no todo ou em parte, a coisa ou o direito sobre que controvertem autor e réu.

(D) para instaurar o incidente de desconsideração da personalidade jurídica.

(E) para atuar como *amicus curiae* nas hipóteses legalmente previstas.

**17.** Em relação à jurisdição, é correto afirmar que

(A) ao se dizer que a lei não excluirá da apreciação jurisdicional ameaça ou lesão a direito, o ordenamento jurídico processual refere-se ao princípio da indelegabilidade.

(B) à jurisdição voluntária não se aplicam as garantias fundamentais do processo, pela inexistência de lide e pela possibilidade de se julgar por equidade.

(C) viola o princípio do Juiz natural a instituição de Câmaras de Recesso nos tribunais, por julgarem em períodos nos quais, em regra, não deve haver atividade jurisdicional.

(D) só haverá atividade jurisdicional relativa à disciplina e às competições desportivas após esgotarem-se as instâncias da justiça desportiva reguladas em lei.

(E) por ter natureza jurisdicional, a arbitragem pode tutelar quaisquer direitos, patrimoniais ou imateriais, disponíveis ou não.

**18.** Manoel oferece no quinto dia contestação em uma ação de cobrança contra ele proposta. Posteriormente, ainda dentro dos quinze dias para defesa, apresenta petição complementando suas razões, com argumentos outros que havia esquecido de exteriorizar. Essa conduta

(A) não é possível, tendo ocorrido preclusão consumativa.

(B) é possível por se ainda estar no prazo de defesa, não tendo ocorrido preclusão temporal.

(C) não é possível, tendo ocorrido preclusão-sanção ou punitiva.

(D) é possível pelo direito da parte ao contraditório amplo, não sujeito à preclusão.

(E) não é possível, tendo ocorrido preclusão lógica.

**19.** O erro de forma do processo

(A) acarreta a ineficácia de todos os atos processuais, que deverão ser repetidos de acordo com a forma prescrita ou não defesa em lei.

(B) acarreta unicamente a anulação dos atos que não possam ser aproveitados, devendo ser praticados os que forem necessários a fim de se observarem as prescrições legais.

(C) não acarreta consequência processual alguma, devendo prevalecer os atos praticados em nome do exercício pleno e efetivo da atividade jurisdicional.

(D) acarreta a inexistência dos atos processuais cujo aproveitamento não seja possível, a serem novamente praticados em tempo razoável.

(E) é mera irregularidade, que só necessitará de ratificação ou convalidação se alguma das partes for menor ou incapaz.

**20.** A tutela da evidência

(A) em nenhuma hipótese admite concessão de liminar judicial.

(B) depende de demonstração de perigo de dano iminente.

(C) depende de demonstração de risco ao resultado útil do processo.

(D) não pode ser concedida se dependente de prova documental dos fatos constitutivos do direito do autor, ainda que o réu não oponha objeção capaz de gerar dúvida razoável.

(E) será concedida, entre outras hipóteses, se se tratar de pedido reipersecutório fundado em prova documental adequada do contrato de depósito, caso em que será decretada a ordem de entrega do objeto custodiado, sob cominação de multa.

**21.** Considere os enunciados seguintes, referentes à petição inicial:

I. Na ação que tiver por objeto cumprimento de obrigação em prestações sucessivas, essas serão consideradas incluídas no pedido, independentemente de declaração expressa do autor, e serão incluídas na condenação, enquanto durar a obrigação, se o devedor, no curso do processo, deixar de pagá-las ou de consigná-las.

II. O pedido deve ser determinado, sendo lícito porém formular pedido genérico somente se não for possível determinar, desde logo, as consequências do ato ou do fato, ou ainda, nas ações universais, se o autor não puder individuar os bens demandados.

III. É lícita a cumulação em um único processo, contra o mesmo réu, de vários pedidos, desde que entre eles haja conexão ou continência.

IV. Na obrigação indivisível com pluralidade de credores, aquele que não participou do processo receberá sua parte, deduzidas as despesas na proporção de seu crédito.

Está correto o que se afirma APENAS em

(A) II e III.

(B) II e IV.

(C) I, II e III.

(D) I e IV.

(E) I, III e IV.

**22.** Quanto aos princípios gerais e às modalidades de provas no Processo Civil,

(A) a existência e o modo de existir de algum fato podem ser atestados ou documentados mediante ata lavrada por tabelião, salvo em relação a dados relativos a imagem ou som gravados em arquivos eletrônicos.

(B) a produção antecipada da prova previne a competência do Juízo para a ação que venha a ser proposta.

(C) quando a lei exigir instrumento público como da substância do ato, somente prova pericial pode suprir-lhe a falta.

(D) a confissão judicial pode ser espontânea ou provocada; se espontânea, só pode ser feita pela própria parte.

(E) o documento feito por oficial público incompetente ou sem a observância das formalidades legais, sendo subscrito pelas partes, tem a mesma eficácia probatória do documento particular.

**23.** Quanto aos requisitos e efeitos da sentença,

(A) uma vez publicada, só poderá ser alterada por meio de embargos de declaração.

(B) a decisão que condenar o réu ao pagamento de prestação pecuniária e em obrigação de fazer ou não fazer valerão como título constitutivo de hipoteca judiciária, salvo se a condenação for genérica.

(C) no caso de colisão entre normas, ao ser proferida decisão, o Juiz deve justificar o objeto e os critérios gerais da ponderação efetuada, enunciando as razões que autorizam a interferência na norma afastada e as premissas fáticas que fundamentam a conclusão.

(D) é defeso ao Juiz proferir decisão de natureza diversa da pedida, bem como condenar a parte em quantidade superior à pleiteada, podendo, porém, a condenação, referir-se a objeto diverso se ao Juiz parecer compatível e adequado à natureza da causa.

(E) a decisão deve ser certa, salvo se resolver relação jurídica condicional.

**24.** Os embargos de terceiro podem ser

(A) ajuizados pelo adquirente de bens cuja constrição decorreu de decisão que declara a ineficácia da alienação realizada em fraude à execução, dentre outras hipóteses.

(B) impugnados em dez dias, após o que seguirão procedimento comum.

(C) opostos até ser proferida a sentença nos autos em que ocorreu a constrição.

(D) ajuizados somente pelo terceiro proprietário, ainda que fiduciário.

(E) utilizados sempre para manutenção ou reintegração de posse, necessariamente em exame inicial e com prestação de caução pelo embargante.

**25.** Quanto aos prazos,

(A) sendo a lei omissa, o prazo para a parte praticar o ato processual será sempre o de dez dias.

(B) a parte pode renunciar àqueles estabelecidos exclusivamente em seu favor, desde que o faça de maneira expressa.

(C) quando contados em dias, estabelecidos legal ou judicialmente, computar-se-ão os dias corridos.

(D) se processuais, interrompem-se nos dias compreendidos entre 20 de dezembro e 20 de janeiro, inclusive.

(E) será considerado intempestivo o ato praticado antes de seu termo inicial, por ainda não existir, processualmente.

**26.** Considere os enunciados quanto ao cumprimento da sentença:

I. O cumprimento da sentença que reconhece o dever de pagar quantia, provisório ou definitivo, far-se-á de ofício ou a requerimento do exequente.

II. Quando o Juiz decidir relação jurídica sujeita a condição ou termo, o cumprimento da sentença dependerá de demonstração de que se realizou a condição ou de que ocorreu o termo.

III. A autocomposição judicial, no cumprimento da sentença, pode envolver sujeito estranho ao processo e versar sobre relação jurídica que não tenha sido deduzida em juízo.

IV. A decisão judicial, desde que pendente de recurso recebido somente no efeito devolutivo, poderá ser levada a protesto nos termos da lei, depois de transcorrido o prazo para pagamento voluntário.

Está correto o que se afirma APENAS em

(A) II e III.

(B) I, II e IV.

(C) I e IV.

(D) III e IV.

(E) I, II e III.

**27.** Nos Juizados Especiais Cíveis

(A) cabem recursos de suas sentenças a serem recebidos no efeito devolutivo e suspensivo como regra geral, não havendo assim execução provisória do julgado.

**(B)** não se admite, em seus processos, qualquer forma de intervenção de terceiro, assistência ou litisconsórcio.

**(C)** só se admitem ações possessórias sobre bens móveis, mas não sobre bens imóveis.

**(D)** em seus processos o mandato ao advogado poderá ser verbal, inclusive quanto aos poderes especiais.

**(E)** a prova oral será produzida na audiência de instrução e julgamento, ainda que não requerida previamente, podendo o Juiz limitar ou excluir o que considerar excessivo, impertinente ou protelatório.

**28.** No que concerne à qualidade de produtos e serviços, prevenção e reparação dos danos nas relações de consumo,

**(A)** o comerciante só será responsabilizado perante o consumidor se não conservar adequadamente os produtos perecíveis.

**(B)** os produtos e serviços colocados no mercado de consumo em nenhuma hipótese poderão acarretar riscos à saúde ou à segurança dos consumidores.

**(C)** o fabricante, o produtor, o construtor e o importador respondem objetivamente pela reparação dos danos causados aos consumidores, independentemente da existência de nexo de causalidade, na modalidade de risco integral.

**(D)** o fornecedor de produtos e serviços deverá higienizar os equipamentos e utensílios utilizados nesse fornecimento, ou colocados à disposição do consumidor, informando, de maneira ostensiva e adequada, quando for o caso, sobre o risco de contaminação.

**(E)** a responsabilidade pessoal dos profissionais liberais dar-se-á objetivamente, na modalidade do risco atividade.

**29.** Quanto à decadência e à prescrição nas relações de consumo,

**(A)** tratando-se de vício oculto, o prazo decadencial não está sujeito a caducidade.

**(B)** a contagem do prazo decadencial inicia-se sempre a partir da aquisição do produto.

**(C)** obsta a decadência a instauração de inquérito civil, com termo final no pedido inicial de diligências realizado pelo Ministério Público.

**(D)** o direito de reclamar pelos vícios aparentes ou de fácil constatação caduca em noventa dias, tratando-se de produtos ou serviços de qualquer natureza.

**(E)** prescreve em cinco anos a pretensão à reparação pelos danos causados por fato do produto ou do serviço, iniciando-se a contagem do prazo a partir do conhecimento do dano e de sua autoria.

**30.** Quanto à oferta de produtos e serviços nas relações de consumo,

**(A)** se cessadas sua produção ou a importação o fornecimento de componentes e peças de reposição deverá ser mantido por até um ano.

**(B)** as informações nos produtos refrigerados oferecidos ao consumidor deverão constar de catálogo à parte ou obtidas por meio de serviço de relacionamento direto com o cliente.

**(C)** é defesa sua veiculação por telefone, quando a chamada for onerosa ao consumidor que a origina.

**(D)** a responsabilidade que decorre de sua vinculação contratual e veiculação é subjetiva ao fornecedor.

**(E)** o fornecedor do produto ou serviço é subsidiariamente responsável pelos atos de seus prepostos ou representantes autônomos.

**31.** Para vender a roupa do herói Megaman, seu fabricante veicula anúncio na TV em que um ator sai voando pela janela e salva uma criança e seu cachorro em um imóvel pegando fogo. Essa publicidade, quando vista por crianças,

**(A)** é apenas enganosa, pois não é possível que uma publicidade seja ao mesmo tempo abusiva e enganosa pelas normas do CDC.

**(B)** é somente abusiva, pelo induzimento ao comportamento perigoso, pois toda criança saberá discernir o conteúdo falso do ator voando pela janela.

**(C)** será só abusiva, pois esta engloba a publicidade enganosa no conceito mais amplo da periculosidade da conduta e do aproveitamento da falta de experiência dos infantes.

**(D)** é simultaneamente abusiva e enganosa; abusiva por eventualmente induzir a comportamento perigoso, por deficiência de julgamento e de experiência, e enganosa pelo conteúdo não verdadeiro de pessoa voando no salvamento publicitário.

**(E)** é lícita, pois além do aspecto lúdico não pode haver jamais restrições à liberdade de expressão, o que inclui a veiculação publicitária lastreada na fantasia.

**32.** Considere os enunciados concernentes às relações de consumo:

I. Se o fornecedor de produtos ou serviços recusar cumprimento à oferta, apresentação ou publicidade, o consumidor poderá rescindir o contrato, com direito à restituição de quantia eventualmente antecipada, monetariamente atualizada, ou pleitear perdas e danos.

II. É vedado ao fornecedor de produtos ou serviços, dentre outras práticas abusivas, executar serviços sem a prévia elaboração de orçamento e autorização expressa do consumidor.

III. É prática abusiva permitir o ingresso em estabelecimentos comerciais ou de serviços de um número maior de consumidores que o fixado pela autoridade administrativa como máximo.

IV. O fornecedor de serviço será obrigado a entregar ao consumidor orçamento prévio discriminando o valor da mão de obra, dos materiais e equipamentos a serem empregados, as condições de pagamento, bem como as datas de início e término dos serviços; salvo previsão contrária, o valor orçado terá validade pelo prazo de dez dias, contado de seu recebimento pelo consumidor.

V. No caso de fornecimento de produtos ou de serviços sujeitos ao regime de controle ou de tabelamento de preços, os fornecedores deverão respeitar os limites oficiais sob pena de, não o fazendo, responderem pela restituição da quantia recebida em excesso, monetariamente atualizada, podendo o consumidor exigir à sua escolha, o desfazimento do negócio, sem prejuízo de outras sanções cabíveis.

Está correto o que se afirma APENAS em

**(A)** II, III e V.
**(B)** I, II e IV.
**(C)** III, IV e V.
**(D)** I, II, III e IV.
**(E)** I, III, IV e V.

**33.** Na defesa do consumidor em juízo, na ação que tenha por objeto o cumprimento da obrigação de fazer ou não fazer,

**(A)** o Juiz concederá a tutela específica da obrigação ou determinará providências que assegurem o resultado prático equivalente ao do adimplemento, como, dentre outras, busca e apreensão, remoção de coisas e pessoas, desfazimento de obra e impedimento de atividade nociva, além da requisição de força policial.

**(B)** a conversão eventual da obrigação em perdas e danos só será admissível por decisão consensual das partes.

**(C)** a indenização por perdas e danos far-se-á abrangendo danos emergentes e lucros cessantes, mas sempre com prejuízo da multa processual.

**(D)** somente após justificação prévia poderá o Juiz conceder a tutela jurisdicional pleiteada, após citação do réu, em razão da natureza coletiva dos direitos discutidos na lide.

**(E)** é possível impor-se multa diária ao réu, na sentença, desde que requerida expressamente pelo autor e se suficiente ou compatível com a obrigação, fixado prazo razoável para cumprimento do preceito.

**34.** Quanto às sanções administrativas previstas no CDC, considere os enunciados abaixo:

I. As penas de apreensão, de inutilização de produtos, de proibição de fabricação de produtos, de suspensão do fornecimento de produto ou serviço, de cassação do registro do produto e revogação da concessão ou permissão de uso serão aplicadas pela administração, mediante procedimento administrativo, assegurada ampla defesa, quando forem constatados vícios de quantidade ou de qualidade por inadequação ou insegurança do produto ou serviço.

II. As penas de cassação de alvará de licença, de interdição e de suspensão temporária da atividade, bem como a de intervenção administrativa, serão aplicadas mediante procedimento administrativo, assegurada ampla defesa, quando o fornecedor reincidir na prática das infrações de maior gravidade previstas no CDC e na legislação de consumo.

III. A pena de cassação da concessão será aplicada à concessionária de serviço público exclusivamente quando violar obrigação legal.

IV. A pena de intervenção administrativa será aplicada sempre que as circunstâncias de fato aconselharem a cassação de licença, a interdição ou a suspensão da atividade.

V. A imposição de contrapropaganda será cominada quando o fornecedor incorrer na prática de publicidade enganosa ou abusiva sempre às expensas do infrator; a contrapropaganda será divulgada pelo responsável da mesma forma, frequência e dimensão e, preferencialmente no mesmo veículo, local, espaço e horário, de forma capaz de desfazer o malefício da publicidade enganosa ou abusiva.

Está correto o que se afirma APENAS em

(A) I, III e IV.

(B) I, IV e V.

(C) I, II e V.

(D) III, IV e V.

(E) I, II e III.

**35.** Nas ações coletivas para defesa de interesses individuais homogêneos,

(A) em caso de procedência do pedido, a condenação será certa e determinada, fixando-se a responsabilidade do réu pelos danos causados e os legitimados a requererem o cumprimento do julgado, individualizados.

(B) o Ministério Público atuará somente como autor, defeso fazê-lo como fiscal da lei, o que só se permite na defesa de interesses difusos.

(C) seu ajuizamento só poderá ocorrer em nome próprio do legitimado.

(D) ajuizada a demanda será publicado edital no órgão oficial, a fim de que os interessados possam intervir no processo como litisconsortes, sem prejuízo de ampla divulgação pelos meios de comunicação social por parte dos órgãos de defesa do consumidor.

(E) poderá ocorrer execução coletiva da decisão, com base em certidão das sentenças de liquidação, necessariamente após o trânsito em julgado do feito.

**36.** Artur, com 8 anos, tem diagnóstico de Transtorno do Espectro Autista (TEA) e está matriculado no ensino fundamental em classe comum de ensino regular, no modelo de educação inclusiva. Insatisfeito com o atendimento que lhe é ofertado Artur, por seu representante legal, pode postular em face do poder público, comprovada a necessidade e porque expressamente previsto em lei federal e seu decreto regulamentador, que

(A) Artur seja atendido em escola especializada na educação de crianças com TEA ou, na sua ausência, em escola especial para pessoas com deficiência.

(B) a escola disponibilize para Artur acompanhante especializado no contexto escolar, apto a lhe oferecer apoio, entre outras, às atividades de comunicação e interação social.

(C) a classe comum onde Artur está matriculado não ultrapasse o limite máximo de vinte alunos.

(D) seja disponibilizado um professor auxiliar para ajudar o professor regente da classe comum de ensino regular onde Artur se encontra matriculado.

(E) a escola elabore e execute um plano individualizado de atendimento a Artur no contexto escolar que contemple simultaneamente suas demandas de natureza pedagógica e terapêutica.

**37.** O Estatuto da Criança e do Adolescente (ECA – Lei n. 8.069/1990) estabelece, expressamente, como regra geral referente aos procedimentos nele regulados, que

(A) os prazos estabelecidos no ECA aplicáveis aos seus procedimentos são contados em dias corridos, vedado o prazo em dobro para a Fazenda Pública e Defensoria Pública.

(B) se a medida judicial a ser adotada não corresponder a procedimento previsto no ECA, a autoridade judiciária poderá investigar os fatos e ordenar de ofício as providências necessárias.

(C) as ações judiciais da competência da Justiça da Infância e da Juventude são isentas de custas, emolumentos e honorários de sucumbência.

(D) o Ministério Público, nos processos em que for parte, será intimado para, no prazo máximo de dez dias, intervir como curador da infância e da juventude, podendo juntar documentos e requerer diligências, usando os recursos cabíveis.

(E) as normas procedimentais previstas no ECA permitem adequação ou flexibilização, sempre que assim exigir a tutela do melhor interesse da criança e do adolescente, demonstrada em decisão judicial fundamentada.

**38.** Segundo disposição expressa da Lei n. 12.594/2012 (Lei do SINASE) e/ou Lei n. 8.069/1990 (Estatuto da Criança e do Adolescente), deve ser fundamentada em parecer técnico a decisão que

(A) substitui a medida socioeducativa mais branda por medida mais gravosa.

(B) declara extinta a medida socioeducativa pela realização de sua finalidade.

(C) autoriza as saídas externas de adolescentes em cumprimento de medida socioeducativa privativa de liberdade.

(D) impõe, em situações excepcionais, sanção disciplinar de isolamento a adolescente interno.

(E) aplica medida socioeducativa de liberdade assistida a adolescente a quem se atribui autoria de ato infracional.

**39.** Em relação à publicidade direcionada a crianças e/ou adolescentes, é correto afirmar:

(A) O Supremo Tribunal Federal declarou inconstitucional a Resolução 163 do Conselho Nacional dos Direitos da Criança e do Adolescente (CONANDA) que dispõe sobre a abusividade do direcionamento de publicidade e de comunicação mercadológica à criança e ao adolescente.

(B) A jurisprudência do Superior Tribunal de Justiça consolidou o entendimento de que não se considera abusivo o *marketing* (publicidade ou promoção de venda) de alimentos dirigido, direta ou indiretamente, às crianças.

(C) Conforme disposição expressa do Estatuto da Criança e do Adolescente, as revistas e publicações destinadas ao público infanto-juvenil não poderão conter material publicitário que estimule o consumo de alimentos industrializados sem valor nutricional.

(D) O Código de Defesa do Consumidor descreve como enganosa a publicidade que promova consumo, por crianças e adolescentes, de quaisquer bens e serviços incompatíveis com sua condição.

(E) O Código Brasileiro de Autorregulamentação Publicitária dispõe que nenhum anúncio dirigirá apelo imperativo de consumo diretamente à criança.

**40.** Rogério, pela prática de ato infracional equiparado a dano (primeiro ato), recebeu remissão como forma de exclusão do processo com medida socioeducativa de advertência. Um mês antes de completar 18 anos, Rogério é flagrado na prática de ato infracional equiparado a tráfico de drogas (segundo ato). Segundo o que dispõe a lei, sua interpretação pelo Supremo Tribunal Federal e as teses de orientação jurisprudencial mais recentes divulgadas pelo Superior Tribunal de Justiça (STJ), é correto afirmar que

(A) foi descabida a aplicação de advertência quando do primeiro ato, uma vez que somente a remissão suspensiva e a remissão extintiva admitem a cumulação com medida socioeducativa em meio aberto.

(B) o primeiro ato infracional (dano), compreendido na remissão, não serve para caracterizar a reiteração que autorize a internação pelo segundo ato, mas prevalece para fins de antecedentes, podendo influenciar na definição da medida mais adequada e de seu tempo de duração.

(C) a medida de semiliberdade pode ser aplicada diante do segundo ato, já que a imposição de tal medida não se vincula à taxatividade estabelecida no art. 122 da Estatuto da Criança e do Adolescente (Lei no 8.069/90) em relação à internação.

(D) é vedada, segundo a Súmula 492 do STJ, a aplicação de medida socioeducativa de internação pelo segundo ato por não comportar violência ou grave ameaça à pessoa.

(E) com o alcance da maioridade civil ou penal de Rogério, a medida a ele aplicada pelo segundo ato deve ser extinta, exceto se se tratar de medida de internação.

**41.** Segundo entendimento sumulado do Superior Tribunal de Justiça, INAPLICÁVEL o princípio da insignificância

(A) aos crimes ambientais e aos crimes patrimoniais sem violência ou grave ameaça à pessoa, se reincidente o acusado.

(B) aos crimes praticados contra a criança e o adolescente e aos crimes contra a ordem tributária.

(C) às contravenções penais praticadas contra a mulher no âmbito das relações domésticas e aos crimes contra a Administração pública.

(D) aos crimes de licitações e às infrações de menor potencial ofensivo, já que regidas por lei especial.

(E) aos crimes de violação de direito autoral e aos crimes previstos no estatuto do desarmamento.

**42.** No que toca à classificação doutrinária dos crimes,

(A) é imprescindível a ocorrência de resultado naturalístico para a consumação dos delitos materiais e formais.

(B) é normativa a relação de causalidade nos crimes omissivos impróprios ou comissivos por omissão, prescindindo de resultado naturalístico para a sua consumação.

(C) os crimes unissubsistentes são aqueles em que há *iter criminis* e o comportamento criminoso pode ser cindido.

(D) os crimes omissivos próprios dependem de resultado naturalístico para a sua consumação.

(E) os crimes comissivos são aqueles que requerem comportamento positivo, independendo de resultado naturalístico para a sua consumação, se formais.

**43.** Quanto ao concurso formal,

**(A)** a pena poderá exceder a que seria cabível pela regra do concurso material, se a ação ou omissão é dolosa e os crimes concorrentes resultarem de desígnios autônomos.

**(B)** aplicável a suspensão condicional do processo em relação às infrações penais cometidas em concurso formal impróprio ou imperfeito, uma vez que se considera a pena de cada uma, isoladamente, ainda que a somatória ultrapasse o limite de um ano.

**(C)** as penas de multa são aplicadas distinta e integralmente no caso de concurso formal impróprio ou imperfeito, incidindo a extinção da punibilidade sobre a pena privativa de liberdade de cada crime, isoladamente.

**(D)** há concurso formal próprio quando o agente, mediante uma só ação ou omissão, pratica dois ou mais crimes da mesma espécie, aplicando-se a mais grave das penas cabíveis ou, se iguais, somente uma delas, mas aumentada, em qualquer caso, de um sexto a dois terços.

**(E)** a pena pode ser aumentada até o triplo no caso de concurso formal impróprio ou imperfeito, considerando o Juiz a culpabilidade, os antecedentes, a conduta social e a personalidade do agente, bem como os motivos e as circunstâncias dos crimes.

**44.** Na aplicação da pena,

**(A)** a folha de antecedentes constitui documento suficiente para a comprovação de reincidência, não prevalecendo a condenação anterior, contudo, se entre a data do cumprimento ou extinção da pena e a infração posterior tiver decorrido período de tempo superior a cinco anos, computado o período de prova da suspensão ou do livramento condicional, se não ocorrer revogação.

**(B)** incidirá a atenuante da confissão espontânea quando for utilizada para a formação do convencimento do julgador, bastando, no crime de tráfico ilícito de entorpecentes, que o acusado admita a posse ou propriedade da substância, ainda que para uso próprio.

**(C)** se houver concurso de causas de aumento ou de diminuição previstas na parte geral do Código Penal, pode o Juiz limitar-se a um só aumento ou a uma só diminuição, prevalecendo, todavia, a causa que mais aumente ou diminua.

**(D)** sempre cabível a substituição da pena privativa de liberdade por prestação de serviços à comunidade, isolada ou cumulativamente com outra sanção alternativa ou multa, se aplicada pena corporal não superior a quatro anos e o crime não for cometido com violência ou grave ameaça à pessoa, tratando-se de réu não reincidente em crime doloso, além de favoráveis as circunstâncias judiciais.

**(E)** vedada a utilização de inquéritos policiais e ações penais em curso para agravar a pena-base, não se configurando a má antecedência se o acusado ostentar condenação por crime anterior, transitada em julgado após o novo fato.

**45.** Em relação ao livramento condicional, correto afirmar que

**(A)** a prática de falta grave não interrompe o prazo para sua obtenção, mas o Juiz só poderá revogá-lo a requerimento do Ministério Público ou mediante representação do Conselho Penitenciário, ouvido o liberado.

**(B)** as penas correspondentes a infrações diversas não podem ser somadas para atingir o limite mínimo necessário para a sua concessão.

**(C)** condicionada a sua concessão à prévia progressão do condenado ao regime aberto, por expressa previsão legal.

**(D)** obrigatória a revogação se o liberado deixar de cumprir qualquer das obrigações constantes da sentença concessiva.

**(E)** a ausência de suspensão ou revogação antes do término do período de prova enseja extinção da punibilidade pelo integral cumprimento da pena.

**46.** No que se refere à execução das penas privativas de liberdade,

**(A)** imprescindível a instauração de procedimento administrativo pelo diretor do estabelecimento prisional, assegurado o direito de defesa, a ser realizado por advogado constituído ou defensor público nomeado, para o reconhecimento da prática de falta grave no âmbito da execução penal, bem como necessário que se aguarde o trânsito em julgado da sentença penal condenatória no processo penal instaurado para apuração do fato, quando a infração disciplinar decorrer do cometimento de crime doloso no cumprimento da pena.

**(B)** admite-se a progressão de regime de cumprimento de pena ou a aplicação imediata de regime menos severo nela determinada, antes do trânsito em julgado da sentença condenatória, obstando a promoção, no entanto, o fato de o réu se encontrar em prisão especial, se ainda não definitiva a decisão condenatória.

(C) a prática de falta grave não interrompe a contagem do prazo para fim de comutação de pena ou indulto, extinguindo este tanto os efeitos primários da condenação como os secundários, penais ou extrapenais.

(D) possível a remição de parte do tempo de execução da pena quando o condenado, em regime fechado ou semiaberto, desempenha atividade laborativa, ainda que extramuros, considerando-se como pena cumprida, para todos os efeitos, o tempo remido.

(E) o benefício de saída temporária no âmbito da execução penal é ato jurisdicional insuscetível de delegação à autoridade administrativa do estabelecimento prisional, se o condenado cumprir pena em regime fechado, permitindo-se a delegação, porém, se em regime semiaberto.

**47.** INCORRETO afirmar que, antes de passar em julgado a sentença final, a prescrição não ocorre enquanto

(A) o acusado, citado por edital, não comparecer, nem constituir advogado.

(B) o agente cumpre pena no estrangeiro.

(C) não resolvido incidente de insanidade mental do acusado.

(D) suspenso condicionalmente o processo.

(E) não resolvida, em outro processo, questão de que dependa o reconhecimento da existência do crime.

**48.** Segundo entendimento sedimentado dos Tribunais Superiores sobre crimes contra o patrimônio,

(A) há latrocínio tentado quando o homicídio se consuma, mas o agente não realiza a subtração de bens da vítima, não se admitindo o estabelecimento de regime prisional mais gravoso do que o cabível em razão da sanção imposta, com base na gravidade abstrata do delito, se fixada a pena-base no mínimo legal.

(B) é possível o reconhecimento da figura privilegiada nos casos de furto qualificado, se estiverem presentes a primariedade do agente, o pequeno valor da coisa e a qualificadora for de ordem subjetiva, não se admitindo, porém, a aplicação, no furto qualificado pelo concurso de agentes, da correspondente majorante do roubo·

(C) a intimidação feita com arma de brinquedo não autoriza, no crime de roubo, o reconhecimento da causa de aumento relativa ao emprego de arma de fogo, consumando-se o crime com a inversão da posse do bem mediante emprego de violência ou grave ameaça, ainda que por breve tempo e em seguida à perseguição imediata ao agente e recuperação da coisa roubada, imprescindível, porém, a posse mansa e pacífica ou desvigiada.

(D) o condenado por extorsão mediante sequestro, dependendo da data de cometimento da infração, poderá obter a progressão de regime após o cumprimento de um sexto da pena, independendo a consumação do crime de extorsão comum a obtenção de vantagem indevida.

(E) sistema de vigilância realizado por monitoramento eletrônico ou por existência de segurança no interior do estabelecimento comercial, por si só, não torna impossível a configuração do crime de furto, admitindo-se a indicação do número de majorantes como fundamentação concreta para o aumento na terceira fase de aplicação da pena no crime de roubo circunstanciado.

**49.** A ação penal é

(A) pública condicionada à representação no crime de estupro de vulnerável.

(B) privada no crime de dano qualificado por motivo egoístico.

(C) exclusiva do Ministério Público, embora condicionada à representação do ofendido, por crime contra a honra de servidor público em razão do exercício de suas funções.

(D) privada, em qualquer situação, no crime de exercício arbitrário das próprias razões.

(E) pública condicionada à representação no crime de furto cometido em prejuízo de irmão, legítimo ou ilegítimo, independentemente da idade deste.

**50.** Quanto aos crimes contra a fé pública,

(A) compete à Justiça Estadual comum processar e julgar civil denunciado pelos crimes de falsificação e de uso de documento público falso quando se tratar de Carteira de Habilitação de Amador, ainda que expedida pela Marinha do Brasil.

(B) há sempre concurso entre os crimes de falsificação de documento público e estelionato, segundo entendimento do sumulado do Superior Tribunal de Justiça.

(C) configura crime de falsificação de documento particular o ato de falsificar, no todo ou em parte, testamento particular, duplicata e cartão bancário de crédito ou débito.

(D) atípica a conduta de, em situação de autodefesa, atribuir-se falsa identidade perante autoridade policial.

(E) inadmissível proposta de suspensão condicional do processo no crime de falsidade ideológica de assentamento de registro civil.

**51.** Quanto aos aspectos processuais da Lei de Execução Penal,

(A) é de cinco dias o prazo ordinário para interposição de agravo contra a decisão do Juiz da execução penal, descabendo intimação do defensor nomeado por publicação no órgão incumbido da publicidade dos atos judiciais da comarca.

(B) compete ao Juízo das Execuções Federal a execução das penas impostas a sentenciados pela Justiça Federal, Militar ou Eleitoral, ainda que recolhidos a estabelecimentos sujeitos à Administração estadual.

(C) a aplicação das sanções disciplinares de isolamento e de inclusão no regime disciplinar diferenciado é de competência, respectivamente, do diretor do estabelecimento prisional e do Juiz da execução, não podendo a primeira exceder a sessenta dias.

(D) a regressão do condenado a regime mais rigoroso depende de sua prévia oitiva se a falta grave imputada consistir em incitar ou participar de movimento para subverter a ordem ou a disciplina, mas não no caso de possuir, indevidamente, instrumento capaz de ofender a integridade física de outrem.

(E) das decisões proferidas pelo Juiz caberá recurso de agravo, sem efeito suspensivo, podendo o Ministério Público obtê-lo por meio da interposição de mandado de segurança.

**52.** No procedimento comum,

(A) o Juiz, se não rejeitar liminarmente a denúncia ou a queixa, recebê-la-á e ordenará a citação do acusado para responder à acusação, por escrito, no prazo de dez dias, se ordinário, ou de cinco, se sumário.

(B) produzidas as provas, ao final da audiência, o Ministério Público, o querelante e o assistente e, a seguir, o acusado poderão requerer diligências cuja necessidade se origine de circunstâncias ou fatos apurados na instrução e, realizada a diligência determinada, as partes apresentarão, no prazo sucessivo de cinco

dias, suas alegações finais, por memorial, e, no prazo de dez dias, o Juiz proferirá a sentença.

(C) apresentada ou não a resposta no prazo legal, o Juiz, de imediato, ratificando o recebimento da denúncia ou da queixa, designará dia e hora para a audiência, ordenando a intimação do acusado, de seu defensor, do Ministério Público e, se for o caso, do querelante e do assistente.

(D) a audiência de instrução e julgamento deve ser realizada no prazo máximo de noventa dias, se ordinário, ou sessenta dias, se sumário, procedendo-se à tomada de declarações do ofendido, à inquirição das testemunhas arroladas pela acusação e pela defesa, nesta ordem, ressalvado as ouvidas por carta precatória, bem como aos esclarecimentos dos peritos, às acareações e ao reconhecimento de pessoas e coisas, interrogando-se, em seguida, o acusado.

(E) a acusação e a defesa poderão arrolar até oito testemunhas, se ordinário o procedimento, não se compreendendo nesse número as que não prestem compromisso e as referidas, defeso ao Juiz, por expressa previsão legal, ouvir aquela que a parte houver manifestado desistência de inquirição.

**53.** Ao final da primeira fase do procedimento do júri,

(A) o Juiz, ao pronunciar o réu, não pode reconhecer em seu favor a existência de causa especial de diminuição da pena.

(B) o Juiz deve sempre absolver o acusado desde logo no caso de inimputabilidade decorrente de doença mental ou desenvolvimento mental incompleto ou retardado.

(C) não se convencendo da materialidade do fato ou da existência de indícios suficientes de autoria ou de participação, o Juiz, fundamentadamente, impronunciará o acusado, mas sempre será possível a formulação de nova denúncia ou queixa se houver prova nova.

(D) quando o Juiz se convencer da existência de crime diverso, em discordância com a acusação, deve sentenciar o feito, independentemente da natureza da infração reconhecida.

(E) o Juiz deve impronunciar o réu se ficar comprovado não ser ele autor ou partícipe do fato.

**54.** Cabível *habeas corpus* quando

(A) o processo for manifestamente nulo, mas não para o reconhecimento de extinção da punibilidade do paciente.

**(B)** não houver justa causa para o inquérito policial, mas não quando já extinta a pena privativa de liberdade.

**(C)** relativo a processo em curso por infração penal a que a pena pecuniária seja a única cominada, mas não quando já proferida decisão condenatória exclusivamente a pena de multa.

**(D)** imposta pena de exclusão de militar ou de perda de patente ou de função pública.

**(E)** não for admitida a prestação de fiança e quando seu objeto consistir em resolução sobre o ônus das custas.

**55.** Em matéria de competência,

**(A)** cabe à Justiça Estadual do local da apreensão da droga remetida do exterior pela via postal processar e julgar o respectivo crime de tráfico.

**(B)** cabe à Justiça Comum Estadual processar e julgar crime em que indígena figure como vítima, mas não quando a ele for atribuída a autoria da infração.

**(C)** a conexão determina a reunião dos processos, ainda que um deles já tenha sido julgado.

**(D)** cabe ao Tribunal de Justiça do Estado processar e julgar o mandado de segurança contra ato do juizado especial.

**(E)** fica firmada em razão da entidade ou órgão ao qual apresentado o documento público falso, independentemente da qualificação do órgão expedidor.

**56.** No julgamento da apelação, o Tribunal

**(A)** pode proceder a nova definição jurídica ao fato delituoso, em virtude de circunstância elementar não contida explícita ou implicitamente na denúncia ou queixa.

**(B)** não fica adstrito aos fundamentos da sua interposição, ainda que se trate de recurso contra decisões do Júri.

**(C)** pode impor medida de segurança, ainda que só o réu tenha recorrido, desde que o tempo de sua duração não ultrapasse o limite máximo da pena abstratamente cominada ao delito praticado.

**(D)** deve determinar a prévia intimação do réu para constituir outro defensor, se aquele que o representava com exclusividade manifestar renúncia nos autos, ainda que já apresentadas as razões recursais.

**(E)** não pode acolher, contra o réu, nulidade não arguida no recurso da acusação, dispensada, porém, prévia intimação do defensor ou publicação da pauta.

**57.** Em tema de nulidades, correto afirmar que

**(A)** a deficiência da defesa, no processo penal, constitui nulidade absoluta, independentemente de prova de prejuízo para o réu.

**(B)** não é nula a citação por edital que indica o dispositivo da lei penal, embora não transcreva a denúncia ou queixa, ou não resuma os fatos em que se baseia.

**(C)** não é nula a decisão que determina o desaforamento de processo da competência do júri sem audiência da defesa.

**(D)** é absoluta a nulidade do processo criminal por falta de intimação da expedição de precatória para inquirição de testemunha.

**(E)** não é nulo o julgamento ulterior pelo júri com a participação de jurado que funcionou em julgamento anterior do mesmo processo.

**58.** Se o acusado, citado por edital, não comparecer, nem constituir advogado, o

**(A)** Juiz deve decretar a prisão preventiva.

**(B)** curso do prazo prescricional ficará suspenso indeterminadamente.

**(C)** processo ficará suspenso pelo prazo correspondente à pena mínima cominada para a infração.

**(D)** Juiz deverá decretar a revelia e, após a nomeação de advogado dativo, determinar o prosseguimento do feito.

**(E)** Juiz pode determinar a produção das provas concretamente consideradas urgentes.

**59.** Prefeito Municipal Aristóbulo ajuizou Ação Direta de Inconstitucionalidade contra lei de iniciativa do Poder Legislativo Municipal que acrescentou artigo ao Código Tributário Municipal, concedendo isenção do pagamento da Contribuição para o Custeio do Serviço de Iluminação Pública (COSIP) às unidades consumidoras dos órgãos da Administração direta e indireta do Município, situado no Estado de Alagoas. À luz da disciplina constitucional pertinente e da jurisprudência do Supremo Tribunal Federal, trata-se de ato

**(A)** inconstitucional, pois ocorre vício formal de iniciativa, uma vez que cria despesa sem a correspondente previsão de custeio para a Administração Municipal.

**(B)** inconstitucional, pois significa alteração de tributo sem lei que o estabeleça.

**(C)** constitucional, diante do reconhecimento da natureza tributária da COSIP, bem como da competência concorrente para iniciar processo legislativo em matéria tributária.

(D)   inconstitucional, porquanto caracteriza usurpação da competência tributária da União.

(E)   inconstitucional, porquanto a isenção da taxa
viola a Constituição Estadual de Alagoas, bem
como a Constituição Federal.

**60.** Com relação à súmula vinculante, é correto
afirmar que

(A)   é dotada de caráter geral e abstrato, produzindo
eficácia *erga omnes* e efeito vinculante, o qual
autoriza a condenação por litigância de má-fé
de particular que tenha ajuizado ação contrária
ao teor de súmula editada.

(B)   somente após o esgotamento das vias administrativas será admitido o uso da reclamação
constitucional contra omissão ou ato da
Administração Pública contrários ao teor de
enunciado de súmula vinculante.

(C)   opera-se a sua caducidade automática, se a lei
em que se fundou a edição de enunciado de
súmula vinculante for revogada ou modificada.

(D)   o efeito vinculante não atinge o Poder Legislativo, em razão do que não cabe questionar
perante o Judiciário a validade de lei que seja
contrária ao teor de súmula vinculante.

(E)   a súmula vinculante se caracteriza por ser
súmula impeditiva de recursos.

**61.** Quanto ao remédio constitucional mandado
de segurança,

(A)   permite-se a fungibilidade com a ação civil
pública ou como sucedâneo da ação popular,
na proteção de direitos coletivos.

(B)   não admite o litisconsórcio ativo, sendo o
litisconsórcio passivo causa de extinção da
ação mandamental.

(C)   o pedido de reconsideração na esfera administrativa interrompe o prazo decadencial para
sua impetração.

(D)   os representantes ou órgãos de partidos políticos e os dirigentes de estabelecimento de
ensino superior são considerados autoridade
coatora para o fim de legitimidade passiva do
mandado de segurança.

(E)   denegada a segurança, é descabido o uso de
ação própria pelo requerente.

**62.** A arguição de descumprimento de preceito
fundamental, como típico instrumento do modelo
concentrado de controle de constitucionalidade,

(A)   somente pode provocar a impugnação ou
questionamento de lei ou ato normativo fede-

ral, estadual ou municipal a partir de situações
concretas.

(B)   admite a extensão da legitimidade ativa a tantos
quantos forem os cidadãos que tiverem seus
direitos individuais afetados por ato do Poder
Público lesivo a preceito fundamental.

(C)   pode ter os efeitos da declaração de inconstitucionalidade de lei ou ato normativo res-
tringidos, por razões de segurança jurídica
e excepcional interesse social, desde que
atingido o quórum de dois terços do Supremo
Tribunal Federal.

(D)   pode ser admitida, ainda que haja outro meio
eficaz de sanar a lesividade.

(E)   exige o quórum mínimo de oito Ministros do
Supremo Tribunal Federal para deferir pedido
de liminar.

**63.** Quanto ao controle concentrado de constitucionalidade exercido por via da ação direta de
inconstitucionalidade de competência originária
do Supremo Tribunal Federal,

(A)   será admitida a desistência, desde que ouvido
o Advogado-Geral da União, a quem compete
defender o ato ou texto impugnado.

(B)   será admitida a intervenção de terceiros, desde
que devidamente justificada.

(C)   foram estendidos o efeito vinculante e a legitimidade ativa à ação declaratória de constitucionalidade, em âmbito constitucional, por
meio da Emenda Constitucional nº 45/2004.

(D)   requer o quórum mínimo de sete Ministros
para possibilitar o início do julgamento da ação
direta de inconstitucionalidade.

(E)   não admite a concessão de medida cautelar.

**64.** A Câmara Legislativa do Município TXP aprovou uma lei regulamentando a proteção ao meio
ambiente daquela localidade. Em ação movida
por empresa de construção, pretendendo anular
penalidade que lhe foi imposta pela municipalidade
por suposto desrespeito à legislação ambiental, é
alegada a inconstitucionalidade daquela lei municipal, pela via incidental, sob o fundamento de já
existirem norma federal e estadual disciplinando a
matéria. No controle difuso de constitucionalidade,
a questão deve ser decidida pela

(A)   inconstitucionalidade da lei, uma vez que
se tratando de competência concorrente, a
existência de lei federal veda a elaboração de
diplomas legislativos de outros entes federativos.

**(B)** constitucionalidade, porquanto a lei municipal estaria legislando sobre matéria de interesse local, tendo plena liberdade sobre o assunto.

**(C)** inconstitucionalidade, porquanto, embora se trate de matéria de interesse local, já está disciplinada por lei federal, descabendo a repetitividade legislativa.

**(D)** constitucionalidade, desde que o Município exerça a competência para legislar sobre meio ambiente com a União e o Estado no limite de seu interesse local, e desde que tal regramento seja harmônico com a disciplina estabelecida pelos demais entes federados.

**(E)** constitucionalidade da lei por tratar-se de competência comum, no sistema horizontal, estabelecendo a competência da União, dos Estados, do Distrito Federal e dos Municípios para legislar sobre a matéria.

**65.** Dentre as medidas excepcionais de controle do pacto federativo, encontra-se a intervenção, que, à luz da Constituição Federal, cabe ser decretada

**(A)** para garantir o livre exercício do Poder Legislativo Estadual, após solicitação dele.

**(B)** independentemente de apreciação pelo Congresso Nacional, se assim entender conveniente o Presidente da República.

**(C)** em razão de instabilidade institucional.

**(D)** após aprovação do Congresso Nacional, por decreto legislativo.

**(E)** deixando de haver prisão durante a vigência do estado excepcional.

**66.** Aprovado o ato convocatório de plebiscito pelo Congresso Nacional, o Presidente do

**(A)** STF dará ciência à Justiça Eleitoral para a adoção das providências cabíveis para a sua realização.

**(B)** Congresso Nacional dará ciência ao Presidente do STF para a adoção das providências cabíveis para a sua realização, em homenagem ao princípio da separação dos poderes.

**(C)** Congresso Nacional após fixar a data da consulta popular, dará ciência à Justiça Eleitoral para a adoção das providências cabíveis para a sua realização.

**(D)** Congresso Nacional dará ciência à Justiça Eleitoral, a quem incumbirá, nos limites de sua circunscrição, entre outros, expedir instruções para a realização da consulta.

**(E)** STF, ouvida a Justiça Eleitoral, fixará a data, tornará pública a respectiva cédula e expedirá instruções para realização da consulta.

**67.** Sobre os partidos políticos, é correto afirmar:

**(A)** É livre a criação, fusão, incorporação de partidos políticos de caráter regional e nacional.

**(B)** A partir de 2020, são vedadas as coligações partidárias nas eleições proporcionais.

**(C)** Na legislatura seguinte às eleições de 2026, o partido político que tiver elegido menos de treze Deputados Federais distribuídos em um terço das unidades da Federação não terá direito a recursos do fundo partidário.

**(D)** A autonomia partidária contempla, entre outros, a definição da estrutura interna do partido, regras sobre escolha, formação e duração de seus órgãos permanentes e provisórios, sendo obrigatória a vinculação entre as candidaturas em âmbito nacional, estadual, distrital ou municipal, devendo seus estatutos estabelecer normas de disciplina e fidelidade partidária.

**(E)** Os partidos políticos adquirem personalidade jurídica após o registro de seus estatutos no Tribunal Superior Eleitoral.

**68.** Quanto à Ação de Impugnação de Registro de Candidatos (AIRC), é correto afirmar:

**(A)** Trata-se de veículo processual adequado para a discussão das condições de elegibilidade, registrabilidade e inelegibilidades.

**(B)** A impugnação de registro de candidato por partido político ou coligação veda a ação do Ministério Público nesse sentido.

**(C)** Poderá impugnar o registro de candidato o representante do Ministério Público, mesmo que tenha integrado diretório de partido ou exercido atividade político-partidária, desde que não mais filiado a partido político.

**(D)** Em homenagem ao princípio da celeridade processual que norteia o processo eleitoral, deverá ser deduzida no prazo decadencial de três dias contados da publicação do pedido de registro do candidato.

**(E)** Em homenagem ao princípio da imparcialidade do Juiz e visando o equilíbrio entre as partes, o Juiz Eleitoral não poderá determinar diligências de ofício.

**69.** Sobre os órgãos da Justiça Eleitoral, é correto afirmar:

**(A)** Compete ao Juiz Eleitoral processar e julgar o registro e o cancelamento de registro dos diretórios municipais de partidos políticos.

**(B)** Junta Eleitoral é órgão da Justiça Eleitoral composta pelo Juiz de Direito, que a preside, pelo representante do Ministério Público eleitoral e por dois a quatro cidadãos de notória idoneidade.

(C) O Tribunal Superior Eleitoral é composto, entre outros, por dois Juízes dentre seis advogados de notável saber jurídico e idoneidade moral, indicados pelo Senado Federal.

(D) Os tribunais regionais federais elegerão seu Presidente e Vice-Presidente dentre os Juízes que os compõem.

(E) Além da função jurisdicional, o Juiz Eleitoral exerce função administrativa, já que investido de poder de polícia. São exemplos dessa função administrativa: medidas para impedir a prática de propaganda eleitoral irregular e o alistamento eleitoral.

**70.** No que se refere a propaganda eleitoral,

(A) somente é permitida após o dia 5 de julho do ano da eleição.

(B) não é permitida a veiculação de material de propaganda eleitoral em bens públicos ou particulares, exceto bandeiras ao longo de vias públicas, desde que móveis e que não dificultem o bom andamento do trânsito de pessoas e veículos.

(C) é permitido qualquer tipo de propaganda política paga no rádio e na televisão durante o período eleitoral, desde que conste da prestação de contas do candidato, partido ou coligação.

(D) configuram propaganda eleitoral antecipada, mesmo não havendo pedido explícito de voto, a menção à pretensa candidatura e a exaltação das qualidades pessoais do pré-candidato.

(E) é permitida a veiculação de propaganda eleitoral na internet em sítios de pessoas jurídicas sem fins lucrativos.

**71.** Segundo a Lei das Sociedades por Ações (Lei n. 6.404/1976), a ação de responsabilidade civil contra o administrador, pelos prejuízos causados ao patrimônio da companhia, compete

(A) à própria companhia, podendo sua propositura ser deliberada em assembleia geral ordinária, mesmo que a matéria não esteja prevista na ordem do dia.

(B) a qualquer acionista, independentemente da sua participação no capital social, caso assembleia geral não aprove sua propositura pela companhia.

(C) aos acionistas, desde que representem, pelo menos, cinco por cento do capital social, se

ela não for proposta no prazo de três meses da deliberação da assembleia geral que a houver aprovado.

(D) exclusivamente à própria companhia, só podendo ser deliberada em assembleia geral extraordinária convocada especificamente para essa finalidade.

(E) à própria companhia e aos acionistas, de forma concorrente, mediante prévia autorização do Conselho Fiscal, se houver.

**72.** Acerca da recuperação judicial, é correto afirmar:

(A) Conforme entendimento sumulado do STJ, a recuperação judicial do devedor principal impede, durante o prazo de cento e oitenta dias contados do deferimento do seu processamento, o prosseguimento das execuções ajuizadas contra terceiros devedores solidários ou coobrigados em geral, por garantia cambial, real ou fidejussória.

(B) Conforme entendimento sumulado do STJ, o Juízo da recuperação judicial é competente para decidir sobre a constrição de quaisquer bens do devedor, ainda que não abrangidos pelo plano de recuperação da empresa.

(C) Depois de deferido o processamento da recuperação judicial, a desistência do pedido pelo devedor dependerá de aprovação da Assembleia Geral de Credores.

(D) Obtida maioria absoluta em todas as classes de credores, o plano de recuperação apresentado pelo devedor poderá ser modificado, independentemente do consentimento deste, desde que as modificações não impliquem diminuição dos direitos exclusivamente dos credores ausentes.

(E) As objeções formuladas pelos credores ao plano de recuperação, independentemente da matéria que versarem, serão resolvidas pelo Juiz, por decisão fundamentada, sendo admitida a convocação da Assembleia Geral de Credores somente nos casos que envolverem alienação de ativos do devedor ou supressão de garantias reais.

**73.** Por conta do comprometimento da sua situação econômica, o Banco XPTO, instituição financeira que operava regularmente há mais de dez anos, teve decretada sua liquidação extrajudicial. Nesse caso, de acordo com a Lei n. 6.024/1974,

(A) em caso de dolo ou culpa grave, os administradores do banco responderão com seus bens, subsidiariamente à instituição financeira liquidanda, pelas obrigações por ela assumidas durante sua gestão, até que se cumpram.

**(B)** a decretação da liquidação extrajudicial não produzirá, de imediato, o vencimento antecipado das obrigações do banco; porém, em caso de falência, o valor das dívidas da instituição financeira será apurado retroativamente à data do decreto de liquidação.

**(C)** a liquidação extrajudicial será executada por liquidante nomeado pelo Presidente da República, que poderá cometer a indicação a um dos seus Ministros; não havendo nomeação do liquidante no prazo de trinta dias contado da data do decreto de liquidação, a nomeação deverá ser feita pelo Presidente do Banco Central do Brasil.

**(D)** o liquidante do banco somente poderá requerer a falência deste quando houver fundados indícios de crimes falimentares, mediante prévia consulta ao Banco Central do Brasil.

**(E)** os administradores do banco ficarão com todos os seus bens indisponíveis, ressalvadas as exceções legais, não podendo, por qualquer forma, direta ou indireta, aliená-los ou onerá--los, até apuração e liquidação final de suas responsabilidades.

**74.** Em pagamento de serviços que lhe foram prestados, Antônio emitiu cheque nominal em favor de Bianca, que o endossou a Carlos, que, por sua vez, o endossou a Débora. Após, Eduardo lançou aval no cheque, porém sem indicar quem seria o avalizado. Nesse caso, de acordo com a Lei do Cheque (Lei n. 7.357/1985),

**(A)** consideram-se avalizados Antônio, Bianca e Carlos.

**(B)** considera-se avalizado Antônio, somente.

**(C)** considera-se avalizado Carlos, somente.

**(D)** considera-se avalizada Bianca, somente.

**(E)** o aval é nulo, pois a indicação do avalizado é requisito essencial de validade.

**75.** Fernando constituiu, regularmente, empresa individual de responsabilidade limitada (EIRELI) destinada à prestação de serviços educacionais. Nesse caso, de acordo com o Código Civil, Fernando

**(A)** não poderá figurar, simultaneamente, em outra empresa dessa mesma modalidade.

**(B)** poderá figurar, simultaneamente, em outra empresa dessa mesma modalidade, desde que a primeira esteja em atividade há pelo menos cinco anos.

**(C)** poderá figurar, simultaneamente, em outra empresa dessa mesma modalidade, desde que se destine a outro ramo de negócio.

**(D)** poderá figurar, simultaneamente, em outra empresa dessa mesma modalidade, desde que o capital social da primeira esteja totalmente integralizado.

**(E)** poderá figurar, simultaneamente, em outra empresa dessa mesma modalidade, desde que seja rigorosamente respeitada a separação entre os patrimônios de cada empresa.

**76.** A Constituição do Estado de Alagoas estabelece que os Municípios têm competência para instituir o imposto sobre vendas a varejo de combustíveis líquidos e gasosos, exceto sobre o óleo diesel, determina que esse imposto compete ao Município em que se completa sua venda a varejo e ainda estabelece que o referido imposto não exclui a incidência concomitante do ICMS sobre as mesmas operações. Por sua vez, a Lei Orgânica do Município de Maceió estabelece que compete ao Município instituir o imposto sobre vendas a varejo de combustíveis líquidos ou gasosos, exceto sobre o óleo diesel, quando o negócio se completar no território do Município de Maceió, que sua incidência não exclui a incidência do ICMS sobre a mesma operação e que suas alíquotas não poderão ultrapassar os limites superiores estabelecidos em lei complementar federal. De acordo com a Constituição Federal, os

**(A)** Municípios têm competência para instituir esse imposto em seus territórios, embora sua incidência esteja suspensa até que seja editada a lei complementar estabelecendo os limites máximos para as alíquotas aplicáveis.

**(B)** Estados têm competência suplementar para instituir esse imposto em seus territórios, caso os Municípios não o façam, podendo o valor efetivamente pago ser escriturado como crédito do ICMS, no mesmo período de apuração, quando a aquisição for feita por contribuinte desse imposto.

**(C)** Municípios têm competência para instituir esse imposto em seus territórios, o qual incidirá apenas uma vez sobre combustíveis derivados de petróleo adquiridos em operação interestadual.

**(D)** Municípios não têm competência para instituir esse imposto em seus territórios.

**(E)** Municípios têm competência para instituir esse imposto em seus territórios, que incidirá, inclusive, sobre vendas de óleo diesel.

**77.** Eliseu Rodolfo, empresário alagoano, domiciliado em Maceió/AL, coleciona veículos importados, de cor vermelha. No mês de maio de 2019, ele adquiriu quatro desses veículos para sua coleção.

O primeiro deles (Modelo 2019 – "0 Km") foi importado diretamente do exterior por ele.

O segundo (Modelo 2018) foi adquirido novo ("0 Km"), de empresa revendedora, localizada em Maceió, a qual promoveu sua importação.

O terceiro (Modelo 2017), licenciado no Estado de Alagoas, foi adquirido usado, do Consulado de Portugal, localizado em Maceió, até então proprietário do veículo e beneficiário de isenção de IPVA, nos termos do art. 6º, I, da Lei estadual n. 6.555/2004.

O quarto (Modelo 2016), já licenciado no Estado de Alagoas, foi adquirido usado, de empresa revendedora de veículos, localizada em Arapiraca/AL.

De acordo com a Lei estadual n. 6.555/2004, que dispõe sobre o tratamento tributário relativo ao Imposto sobre a Propriedade de Veículos Automotores – IPVA, o fato gerador deste imposto, relativamente ao exercício de 2019, no tocante ao MODELO

(A) 2017, só ocorrerá, pela primeira vez, em 1º de janeiro de 2020.

(B) 2019, ocorreu na data da nacionalização do veículo, que se deu com seu registro no órgão de trânsito estadual.

(C) 2016, ocorreu na data em que Eliseu Rodolfo adquiriu o veículo.

(D) 2017, ocorreu no décimo dia útil posterior à venda do veículo a Eliseu Rodolfo, pessoa que não faz jus a tratamento diplomático.

(E) 2018, ocorreu na data de sua aquisição por Eliseu Rodolfo.

**78.** Considere a seguinte situação fictícia.

A Municipalidade de Maceió, mediante cumprimento de todos os requisitos legais, contratou, em 2018, a Empresa de Engenharia "Obra Certa S/A", que possui apenas um estabelecimento, localizado no Município de Marechal Deodoro/AL, para realizar obra pública (obra de construção civil) na região central de Maceió.

A realização dessa obra pública, iniciada em maio e concluída em agosto de 2018, resultou em valorização do casarão de propriedade de Theodoro Silva, que havia cedido parte dele, gratuitamente, de 2015 a 2024, para a instalação e funcionamento de serviços públicos municipais.

Em 2017, Theodoro cedeu, também gratuitamente, a outra parte do imóvel para a instalação e funcio-

namento de serviços públicos estaduais, pelo prazo de cinco anos.

Tendo em conta as informações acima e o disposto no Código Tributário do Município de Maceió (Lei municipal n. 6.685, de 18 de agosto de 2017), relativamente ao exercício de 2018,

(A) o imóvel cedido para a instalação e funcionamento de serviço público municipal é isento do IPTU, relativamente às partes cedidas à Municipalidade.

(B) a valorização do imóvel, em decorrência da obra pública realizada, dará ensejo à revisão do lançamento do IPTU já efetuado no exercício, com base em cinquenta por cento da valorização comprovadamente obtida, excluída a incidência de encargos, inclusive moratórios.

(C) a cessão gratuita do imóvel, durante o período em que ocorreu sua valorização, impede que Theodoro Silva, seu proprietário, seja identificado como contribuinte da contribuição de melhoria, mas não do IPTU.

(D) é vedada a incidência cumulativa de contribuição de melhoria e de ISSQN, em favor da mesma pessoa jurídica de direito público interno, relativamente à mesma obra pública (obra de construção civil).

(E) a valorização do imóvel, em decorrência da obra pública realizada, dará ensejo à revisão do lançamento do IPTU já efetuado no exercício, com base em dez por cento do valor total arbitrado para o imóvel após a sua valorização, excluída a incidência de encargos, inclusive moratórios.

**79.** A Constituição do Estado de Alagoas estabelece, expressamente, em seu texto, que

(A) é vedado ao Estado, inclusive a suas autarquias e fundações, cobrar tributos sem observância aos princípios da legalidade, irretroatividade, anterioridade nonagesimal (noventena) e anterioridade de exercício financeiro.

(B) os Municípios podem instituir taxas em razão do exercício do poder de polícia ou pela utilização, efetiva ou potencial, de serviços públicos específicos e divisíveis, prestados aos contribuintes ou postos à sua disposição, bem como contribuição de melhoria, decorrente de obra pública.

(C) a observância do princípio da legalidade não se aplica à fixação da base de cálculo do IPTU.

(D) é vedado ao Estado, ainda que com interesse público justificado, renunciar à Receita e conceder isenções e anistias fiscais.

(E) é vedado aos Estados exigir, aumentar, extinguir ou reduzir tributos, sem que lei o estabeleça, ficando excluídas desta vedação a exigência e cobrança de emolumentos por atos da Junta Comercial e de custas judiciais.

**80.** De acordo com a Lei estadual n. 5.077, de 12 de junho de 1989, que institui o Código Tributário do Estado de Alagoas, o imposto sobre transmissão causa mortis e doação de quaisquer bens ou direitos (ITCD) incide sobre as aquisições desses bens ou direitos por títulos de sucessão legítima ou testamentária ou por doação.

De acordo com o referido diploma legal, ainda,

(A) para a fixação da ocorrência do fato gerador, nas transmissões *causa mortis*, sendo impossível estabelecer a data da morte do *de cujus*, considera-se ocorrido o fato gerador no dia subsequente à data em que o *de cujus* foi visto vivo pela última vez.

(B) são isentas do imposto as doações e legados de peças e de obras de arte a museus, públicos ou privados, situados no Estado de Alagoas, bem como a instituições culturais ou de pesquisa, situadas no território nacional.

(C) considera-se ocorrido o fato gerador do imposto relativo às transmissões *causa mortis* na data da abertura do processo de inventário ou arrolamento judiciais, sempre que não for possível fixar com exatidão a data da ocorrência do fato gerador.

(D) ocorrem tantos fatos geradores distintos quantos forem os herdeiros, legatários ou donatários, mesmo que o bem ou direito, objeto da tributação, seja indivisível.

(E) os donatários de bens móveis situados no Estado de Alagoas são contribuintes do imposto devido a esse Estado, sempre que os doadores desses bens forem domiciliados fora dele.

**81.** O art. 12 da Lei Complementar n. 87/1996 define os fatos geradores do ICMS e estabelece os momentos em que eles se consideram ocorridos. No tocante à Lei estadual n. 5.900, de 27 de dezembro de 1996, isso é feito no seu art. 2°.

Embora não estejam definidos na Lei Complementar n. 87/1996, a Lei estadual n. 5.900/1996 define o fato gerador e o momento de sua ocorrência relativamente

(A) à entrada no estabelecimento do contribuinte de mercadoria proveniente de outra unidade da Federação, destinada a integrar o respectivo ativo permanente ou a seu próprio uso ou consumo.

(B) à transmissão de propriedade de mercadoria, ou de título que a represente, quando a mercadoria não tiver transitado pelo estabelecimento transmitente.

(C) ao ato final do transporte iniciado no exterior.

(D) à da aquisição em licitação pública de mercadorias ou bens importados do exterior e apreendidos ou abandonados.

(E) à prestação onerosa de serviços de comunicação, feita por qualquer meio, inclusive a geração, a emissão, a recepção, a transmissão, a retransmissão, a repetição e a ampliação de comunicação de qualquer natureza.

**82.** Visando promover a industrialização acelerada em seu território, o Estado "X", em 1990, mediante edição de lei ordinária, concedeu isenção de todos os impostos de competência estadual e de competência municipal, por trinta anos e em função de determinadas condições, às indústrias que se instalassem no seu território. Com base no Código Tributário Nacional e na Constituição Federal,

(A) a isenção concedida, relativamente aos impostos estaduais, é extensiva àqueles instituídos após a sua concessão, independentemente de previsão legal nesse sentido.

(B) a isenção concedida pelo Estado "X", no que se refere ao IPVA, não pode ser revogada, mesmo que por meio de edição de nova lei ordinária.

(C) a isenção concedida, relativamente aos impostos municipais, é extensiva àqueles instituídos após a sua concessão, independentemente de previsão legal nesse sentido.

(D) os Estados não podem conceder isenção de impostos estaduais ou municipais, por prazo superior a cinco anos, exceto se o fizerem por meio de lei complementar estadual.

(E) a isenção concedida, relativamente aos impostos estaduais, é extensiva às taxas e às contribuições de melhoria instituídas pelo Estado "X", independentemente de previsão legal nesse sentido, desde que elas recaiam sobre os mesmos bens ou direitos que são objeto de incidência do referido imposto.

**83.** De acordo com a Constituição Federal, o ICMS incide em operações que destinem

(A) combustíveis líquidos e lubrificantes derivados de petróleo a estabelecimento filial, localizado em outro Estado.

(B) gasolina a estabelecimento de empresa coligada, localizada em outro Estado, sem a finalidade de ser utilizada como combustível em veículos automotores terrestres, em aeronaves ou embarcações.

(C) lubrificantes derivados de petróleo a estabelecimento filial, localizado em outro Estado, salvo disposição de lei complementar em contrário.

(D) ao exterior lubrificante produzido integralmente com óleo de origem vegetal.

(E) óleo de origem vegetal a destinatário localizado em outro Estado, com o fim único e específico de ser utilizado como lubrificante.

**84.** Apolo Celestino, pessoa natural domiciliada em Palmeira dos Índios/AL, importou do exterior, para seu uso pessoal, veículo automotor novo.

Com a finalidade de auxiliá-lo nos trâmites de importação, ele contratou os serviços de despacho aduaneiro da empresa "Importações Sergipe Ltda.", localizada em Aracajú/SE.

O desembaraço aduaneiro do veículo importado ocorreu no Porto do Recife, localizado no Município do Recife/PE. Relativamente à situação acima descrita, há

(A) ICMS devido ao Estado de Pernambuco, relativamente à importação do veículo, conforme estabelece a Lei Complementar n. 87/1996.

(B) IPVA devido ao Estado de Sergipe, porque o ICMS-IMPORTAÇÃO é devido àquele Estado e, na medida em que este ICMS integra a base de cálculo do IPVA incidente na importação de veículo do exterior, Sergipe acaba sendo o sujeito ativo de ambos os impostos, conforme estabelecem a Lei Complementar n. 87/1996 e a Constituição Federal.

(C) ISSQN devido ao Município de Aracaju, local em que se consideram prestados os serviços de despacho aduaneiro, conforme estabelece a Lei Complementar n. 116/2003.

(D) ICMS devido ao Estado de Sergipe, conforme estabelece a Lei Complementar n. 87/1996, em razão de o estabelecimento prestador do serviço de despacho aduaneiro se encontrar no Município de Aracaju.

(E) ISSQN devido ao Município de Palmeira dos Índios, pela prestação de serviço de despacho aduaneiro, conforme estabelece a Lei Complementar n. 116/2003, pois é lá que o tomador do serviço se encontra domiciliado.

**85.** Suponha que determinado Município tenha editado uma lei obrigando estabelecimentos comerciais a oferecerem produtos orgânicos a preços mais baixos que os convencionais. A exposição de motivos que acompanhou o projeto de lei asseverou que a proposição objetivava reduzir os gastos do sistema público de saúde e proteger o meio ambiente, desestimulando o uso de agrotóxicos. A constitucionalidade da referida lei foi contestada perante o Tribunal de Justiça, sob alegação de ofensa ao princípio da livre iniciativa, que, por simetria, deve estar também insculpido na Constituição do Estado. Para avaliação da plausibilidade da tese aventada, especificamente no que concerne à violação ao princípio da livre iniciativa, deve-se levar em conta que

(A) a intervenção do Estado no domínio econômico sob o viés regulatório é, em regra, vedada, somente sendo admitida para disciplinar atividades caracterizadas como serviço público em sentido material.

(B) tal princípio não é absoluto e deve ser informado por outros objetivos, como a proteção ao consumidor e ao meio ambiente, podendo a atividade econômica ser regulada por lei, a qual, contudo, não pode impor obrigações desproporcionais.

(C) tal princípio só pode ser afastado em hipóteses bastante estritas, envolvendo os imperativos de segurança nacional ou relevante interesse coletivo, não admitindo outras ponderações ou mitigações.

(D) o que a ordem constitucional assegura não é propriamente a livre iniciativa, mas sim a função social da propriedade, incluindo os meios de produção e todas as etapas da cadeia econômica, visando o bem comum.

(E) tal princípio não se aplica na situação narrada, sendo o princípio supostamente violado o da livre concorrência e este não admite qualquer mitigação ou ponderação com outros princípios ou objetivos.

**86.** As parcerias público-privadas constituem modalidade contratual introduzida no ordenamento jurídico pátrio como espécies do gênero concessão, nos termos da Lei federal n. 11.079/2004. Assim, de acordo com o marco legal vigente desde então,

(A) os contratos de concessão de serviços públicos que envolvem o pagamento de tarifa pelo usuário e contraprestação pecuniária pelo poder público enquadram-se como concessão patrocinada, admitindo, ainda, aportes de recursos pelo parceiro público destinados a investimentos em bens reversíveis.

(B) a denominada concessão administrativa substituiu a anterior concessão comum, que era regida exclusivamente pela Lei federal n. 8.987/1995, tendo sido introduzidas disposições contratuais obrigatórias para todas as concessões, tais como prazo contratual mínimo de cinco e máximo de trinta e cinco anos.

(C) restou vedada a assunção, pelo poder público, de riscos contratuais decorrentes de caso fortuito ou força maior, que passam a ser alocados obrigatoriamente ao parceiro privado, assegurando-se a este o reequilíbrio econômico-financeiro do contrato apenas na hipótese de álea econômica extraordinária.

(D) estabeleceu-se um valor mínimo para os contratos de concessão patrocinada e concessão comum, de R$ 10.000.000,00 (dez milhões de reais), abaixo do qual somente se admite a contratação sob a forma de concessão administrativa.

(E) restou expressamente vedado o pagamento de contraprestação pelo poder público antes da fruição integral do serviço objeto da concessão patrocinada, sendo autorizado aporte de recursos pelo poder público, no ritmo de execução de obras, apenas na modalidade concessão administrativa.

**87.** No que concerne aos institutos da prescrição e decadência, quando aplicados às relações jurídicas que envolvem a Administração pública, tem-se que

(A) nas relações com os particulares que contratam com a Administração, o prazo decadencial para aplicação de sanções deve ser o dobro do prazo de prescrição fixado pelo Código Civil para as ações contra a Fazenda Pública.

(B) a decadência opera-se apenas em relação aos efeitos patrimoniais das relações administrativas, impedindo, por exemplo, a cobrança de débitos tributários, porém nunca extinguindo pretensões punitivas.

(C) o poder de autotutela conferido à Administração encontra limites temporais pela ação da decadência, inclusive em relação ao dever de anular atos eivados de ilegalidade.

(D) o exercício do poder disciplinar pela Administração perante seus servidores não é atingido pela decadência ou prescrição, eis que estas somente se operam em relação à responsabilidade civil e penal dos servidores.

(E) os prazos prescricionais estabelecidos na legislação trabalhista não se aplicam às ações ajuizadas, em face de entidades da Administração indireta, por servidores contratados pelo regime celetista, as quais são informadas por regras próprias estatutárias.

**88.** Os consórcios públicos são um instituto relativamente recente, representando uma outra vertente em relação aos mais antigos consórcios administrativos. Referido instituto, tal como atualmente regulado pela legislação federal (Lei no 11.107/2005),

(A) possui uma governança extremamente complexa em decorrência da obrigação de participação da União, como ente consorciado, sempre que estiverem consorciados ao menos dois Estados, ou um Estado e Municípios situados fora do território correspondente.

(B) constitui uma alternativa de prestação de serviços públicos utilizada em substituição a contratos de concessão, tendo como diferencial a possibilidade de outorga da titularidade dos serviços de um ente federativo para uma entidade privada consorciada.

(C) é obrigatoriamente constituído como pessoa jurídica de direito público, mediante prévia autorização legislativa, não admitindo estabelecimento de vínculo jurídico com entidades privadas para compartilhamento de recursos financeiros.

(D) demanda prévia celebração de contrato de rateio entre os entes públicos e os concessionários privados consorciados, com a definição clara das responsabilidades pelos investimentos demandados para a execução de seu objeto.

(E) permite a gestão associada de serviços públicos pelos diferentes entes federativos, com a possibilidade de conjugação de recursos fiscais, podendo o consórcio público ser contratado, com dispensa de licitação, por entidades da Administração indireta dos entes consorciados.

**89.** Suponha que tenha sido interposta ação de improbidade administrativa em face de diretor de uma empresa na qual o Estado do Alagoas detém participação acionária minoritária, apontando a ocorrência de prejuízos financeiros à companhia em face da realização de investimentos em projetos deficitários. A inicial da ação judicial aponta, ainda, a responsabilidade de Secretários de Estado na formatação de tais projetos e possível conluio com o diretor da companhia para as aprovações societárias correspondentes.

Considerando as disposições da legislação aplicável, a referida demanda afigura-se

(A) cabível, tanto em face do diretor como dos Secretários de Estado, limitando-se a sanção patrimonial à repercussão do ilícito sobre a contribuição dos cofres públicos à companhia.

(B) cabível apenas em face dos Secretários de Estado, dada a necessária condição de agentes públicos, respondendo o diretor da companhia exclusivamente na esfera civil.

(C) descabida, eis que não se verifica prejuízo a entidade pública ou a empresa na qual o poder público detenha a maioria do capital social.

(D) cabível apenas em face do diretor da companhia, nos limites da conduta lesiva apurada, não alcançando os Secretários de Estado, os quais poderão responder por crime de responsabilidade.

(E) cabível apenas se apurada conduta dolosa dos imputados, eis que o elemento volitivo doloso é determinante para a caracterização de atos de improbidade, que não admitem modalidade culposa.

**90.** Suponha que uma autarquia estadual pretenda alienar alguns imóveis de sua propriedade, objetivando a obtenção de receitas para a aquisição de um imóvel situado em região mais central da cidade e no qual pretende concentrar suas atividades. Considerando o regime jurídico aplicável aos bens públicos, bem como as disposições da Lei federal no 8.666/1993,

(A) as alienações e as aquisições prescindem de autorização legislativa, devendo, contudo, haver despacho motivado do dirigente da autarquia, avaliação prévia dos imóveis e adoção de procedimento licitatório para cada um dos negócios jurídicos, na modalidade leilão ou concorrência.

(B) a aquisição do novo imóvel depende de prévia autorização legislativa para afetação às finalidades da autarquia, devendo ser efetuada por procedimento licitatório na modalidade concorrência, aplicando-se as mesmas exigências em relação às alienações.

(C) o caráter de inalienabilidade dos imóveis pertencentes à entidade de direito público impede a sua venda, salvo em se tratando de aquisição por meio de desapropriação.

(D) as alienações dependem de prévia autorização legislativa, admitindo-se a permuta de imóvel(is) que se pretende alienar por outro que atenda às necessidades atuais de instalação e localização da autarquia, com dispensa de licitação, observados os valores de mercado.

(E) a autarquia poderá vender ou permutar os imóveis em questão, mediante autorização legislativa específica para o negócio jurídico escolhido, afastando-se, em ambos os casos, a necessidade de prévio procedimento licitatório.

**91.** Considerando as medidas de organização da Administração Pública necessárias para o desempenho de suas atividades, operadas a partir dos mecanismos de desconcentração e de descentralização, nos limites estabelecidos pela Constituição Federal, tem-se que a

(A) desconcentração e a descentralização pressupõem a criação de novos entes, com personalidade jurídica própria, no primeiro caso para execução direta e, no segundo, para execução indireta de atividades públicas.

(B) descentralização por colaboração é utilizada precipuamente para transferência da titularidade de serviços públicos para a iniciativa privada ou organizações do terceiro setor, mediante delegação operada pelos institutos da concessão ou permissão.

(C) criação de órgãos públicos é uma expressão da desconcentração, porém extravasa a competência do Chefe do Executivo para dispor, mediante decreto, sobre organização da Administração, sendo matéria de reserva de lei formal.

(D) desconcentração pressupõe a criação de outros entes públicos ou privados, integrantes da estrutura administrativa, enquanto a descentralização refere-se à mera realocação de competências dentro da estrutura existente.

(E) descentralização ocorre sempre que se cria um novo órgão com plexo de atribuições próprias, o que se insere na competência normativa e regulamentar do Chefe do Executivo para dispor sobre organização administrativa.

**92.** Considere que em um contrato de concessão rodoviária, regido pela Lei federal no 8.987/1995, tenha sido atribuída à concessionária a obrigação de realização de determinadas obras de recuperação e ampliação da rodovia, ficando a cargo do poder concedente a realização de algumas obras de pequena monta na mesma malha rodoviária, que já estavam sendo executadas por empresas contratadas pela Lei no 8.666/1993. Ocorre que, em virtude da falência da empresa contratada, uma dessas obras de responsabilidade do poder concedente foi paralisada e o contrato correspondente, rescindido.

Considerando tratar-se de obra indispensável para assegurar a fluidez do tráfego na rodovia concedida, o poder concedente alterou unilateralmente o contrato de concessão, para incluir a conclusão da referida obra como obrigação da concessionária, procedendo ao reequilíbrio econômico financeiro mediante aditamento contratual prevendo a prorrogação do prazo de concessão. De acordo com as disposições legais aplicáveis, conduta do poder concedente

(A) será legítima se não ultrapassado o prazo máximo de trinta e cinco anos para a exploração dos serviços concedidos e observado o limite de vinte e cinco por cento do valor do contrato de concessão, calculado tomando por base os investimentos originalmente alocados como responsabilidade da concessionária.

(B) somente será legítima se comprovada a necessidade do aditamento como condição para manutenção da regularidade e atualidade do serviço e observado o limite de vinte e cinco por cento do valor original do contrato de obras, devidamente atualizado.

(C) não encontra embasamento legal, eis que a manutenção da fluidez do tráfego é uma obrigação essencial à regularidade dos serviços concedidos, ficando os custos extraordinários para sua manutenção por conta e risco da concessionária.

(D) é legítima do ponto de vista da inclusão da obra como obrigação da concessionária, dado o princípio da mutabilidade dos contratos administrativos, porém não quanto à ampliação do prazo de concessão, eis que o reequilíbrio somente poderia ser feito mediante aumento da tarifa.

(E) será legítima se não importar alteração do objeto definido no instrumento convocatório, não estando o poder concedente obrigado a observar o limite de vinte e cinco por cento do valor do contrato regido pela Lei no 8.666/1993 para fins da alteração unilateral imposta no contrato de concessão.

**93.** De acordo com as disposições da Lei federal n. 13.019/2014, o estabelecimento de parcerias entre o poder público e entidades da sociedade civil sem fins lucrativos, para a execução de planos de trabalho por estas propostos,

(A) se dá mediante termo de fomento, se envolver transferência de recursos públicos, vedada a celebração de convênio para tal finalidade.

(B) não pode envolver, direta ou indiretamente, a transferência de recursos públicos à entidade.

(C) deve ser precedido de procedimento licitatório, na modalidade convite, salvo em se tratando de entidades de assistência social.

(D) deve ser feito mediante contrato de gestão, apenas com entidades pré-qualificadas.

(E) deve ser precedido de chamamento público, obrigando-se o poder público a celebrar termo de parceria com a entidade melhor classificada.

**94.** A atuação da Administração Pública se dá sob diferentes formas, sendo o exercício do poder de polícia uma de suas expressões,

(A) presente na aplicação de sanções a particulares que contratam com a Administração ou com ela estabelecem qualquer vínculo jurídico, alçando a Administração a uma posição de supremacia em prol da consecução do interesse público.

(B) presente nas limitações administrativas às atividades do particular, tendo como principal atributo a imperatividade, que assegura a aplicação de medidas repressivas, independentemente de previsão legal expressa, a critério do agente público.

(C) dotada de exigibilidade, que confere meios indiretos para sua execução, como a aplicação de multas, e admitindo, quando previsto em lei ou para evitar danos irreparáveis ao interesse público, a autoexecutoriedade, com o uso de meios diretos de coação.

(D) verificada apenas quando há atuação repressiva do poder público, tanto na esfera administrativa, com aplicação de multas e sanções, como na esfera judiciária, com apreensão de bens e restrições a liberdades individuais.

(E) dotada de imperatividade, porém não de coercibilidade, pressupondo, assim, a prévia autorização judicial para a adoção de medidas que importem restrição à propriedade ou liberdade individual.

**95.** A disciplina constitucionalmente estabelecida para a proteção do meio ambiente introduziu, como obrigação do poder público, a definição dos espaços territoriais a serem especialmente protegidos,

(A) definidos na própria Constituição Federal, podendo o constituinte estadual, por simetria, definir os espaços localizados no respectivo território passíveis do mesmo nível de proteção máxima.

(B) trazendo a necessidade de definição, por lei complementar federal, dos requisitos mínimos para que Estados e Municípios possam instituir as limitações e medidas protetivas próprias de tal instituto.

(C) conferindo à União, em caráter privativo, a prerrogativa de identificar, em cada unidade da federação, as áreas passíveis de receber esse grau máximo de proteção ambiental.

(D) impondo tal obrigação a todas as unidades da federação, sem, contudo, estabelecer um conceito único de espaço territorial especialmente protegido, podendo tal proteção alcançar áreas públicas ou privadas.

(E) os quais devem integrar o domínio público, impondo, assim, a necessidade de desapropriação quando a área que contemple os atributos passíveis de tal grau de proteção pertença a particular.

**96.** Suponha que tenha sido editada uma lei estadual capitulando como crime a caça e o abate de animais em todo o Estado, em áreas públicas ou privadas, inclusive em relação a espécies exóticas invasoras. A constitucionalidade do referido diploma foi contestada em face do seu potencial de dano ao meio ambiente, eis que espécies já reconhecidamente nocivas, como o javali, vêm se proliferando de forma desordenada e causando danos efetivos à biodiversidade, além de risco à segurança e saúde da população de áreas rurais.

Para a avaliação do apontado vício de inconstitucionalidade, cumpre considerar que

(A) a legislação estadual afigura-se compatível com as normas gerais editadas pela União sobre crimes ambientais (Lei federal n. 9.605/1998) que proíbem a caça para controle populacional, independentemente de tratar-se de espécie nociva, admitindo apenas medidas de mitigação como captura e esterilização dos animais.

(B) o Estado, no exercício da competência concorrente, possui ampla liberdade para definir e tipificar as condutas lesivas à sua fauna nativa, independentemente da tipificação da legislação federal, especialmente em relação às denominadas espécies exóticas, expressamente excluídas da proteção estabelecida pela Lei n. 9.605/1998.

(C) a legislação federal que tipifica os crimes contra o meio ambiente, editada ao amparo da competência da União para estabelecer normas gerais de proteção da fauna e do meio ambiente (Lei n. 9.605/1998), não considera

crime a caça de animais nocivos, desde que assim caracterizados pelo órgão competente.

(D) o Estado não possui competência para legislar sobre a matéria, que é privativa da União, e já integralmente exercida nos termos da Lei federal n. 9.605/1998, que admite expressamente a caça e o abate do javali e de outras espécies nocivas elencadas em rol taxativo anexo ao referido diploma federal.

(E) a legislação federal que dispõe sobre sanções a condutas e atividades lesivas ao meio ambiente (Lei n. 9.605/1998) disciplinou, de forma exaustiva, as hipóteses de proibição da caça, vedando apenas a caça esportiva e aquela com finalidade meramente recreativa, não havendo, assim, espaço para os estados legislarem sobre o tema em caráter suplementar.

**97.** A política nacional de recursos hídricos instituída pela Lei n. 9.433/1997, estabelece, como um de seus instrumentos,

(A) a possibilidade de cobrança pelo uso de recursos hídricos sujeitos a outorga, o que não se confunde com taxa ou tarifa cobrada pelo fornecimento domiciliar de água tratada e coleta de esgoto.

(B) a outorga onerosa dos direitos de uso dos recursos hídricos, conferida exclusivamente para geração de energia por pequenas centrais hidrelétricas, com potencial de geração de até 30 MW.

(C) os planos de recursos hídricos, elaborados de forma centralizada pela Agência Nacional de Águas (ANA) e de aplicação compulsória pelos Estados e Municípios que integrem a correspondente Bacia Hidrográfica.

(D) o sistema nacional de gerenciamento de recursos hídricos, órgão do Ministério de Minas e Energia responsável pelo licenciamento ambiental de hidrelétricas e outros empreendimentos que impactem de forma relevante as reservas hídricas disponíveis.

(E) a classificação indicativa de cursos de água, com o enquadramento dos rios e afluentes de todo o território nacional nas categorias "A", "B" ou "C", conforme a prioridade, respectivamente, para consumo humano, dessedentação de animais ou geração de energia elétrica.

**98.** Considerando a competência dos órgãos dos diferentes entes federativos para licenciamento de empreendimentos potencialmente poluidores, tem-se que, a partir da edição da Lei Complementar n. 140/2011,

(A) na hipótese de o empreendimento demandar, adicionalmente, a supressão de vegetação nativa, a competência do Estado para o licenciamento é deslocada para a União, a quem cabe, privativamente, o estabelecimento das medidas de mitigação e compensação.

(B) restou expressamente vedada a delegação de atribuições fixadas pela lei para as diferentes esferas de governo, admitindo- se a atuação de órgão de outro ente federativo apenas em caráter supletivo para apoio técnico.

(C) admite-se a cooperação entre diferentes órgãos licenciadores, exclusivamente para fiscalização e aplicação de multas, cujo produto deverá reverter integralmente para o órgão incumbido da fiscalização direta.

(D) cada empreendimento ou atividade serão submetidos a licenciamento ambiental de um único ente federativo, o qual terá competência também para fiscalizar e lavrar autos de infração correlatos à atividade ou empreendimento licenciado.

(E) foram estabelecidas medidas para atuação coordenada dos entes federativos no exercício de suas competências para ações administrativas de proteção ao meio ambiente, atribuindo--se aos municípios apenas atuação subsidiária posto que não detêm competência originária para ações de tal natureza.

**99.** Suponha que determinado proprietário rural deseje instituir servidão ambiental na área de sua propriedade, incidente sobre a parcela correspondente à reserva legal mínima imposta nos termos do Código Florestal (Lei n. 12.651/2012). Tal pretensão

(A) será viável se a reserva legal determinada para a região for inferior a vinte por cento da área, devendo a servidão estabelecer as mesmas limitações e restrições ao uso da área impostas por força da reserva legal.

(B) somente poderá ser acolhida se a servidão for instituída em caráter perpétuo e gratuito e devidamente averbada na matrícula do imóvel.

(C) poderá ser acolhida, a critério do órgão ambiental competente, desde que a propriedade não esteja localizada em área de proteção permanente.

(D) afigura-se inviável, eis que a instituição da servidão se dá exclusivamente por ato do poder público, para proibir ou restringir o uso de parcela da propriedade objetivando a preservação dos recursos naturais nela existentes.

(E) não encontra amparo legal, eis que a servidão ambiental constitui uma limitação voluntária instituída pelo proprietário da área que não substitui ou reduz as limitações impostas pela reserva legal mínima.

**100.** Considerando a natureza e as peculiaridades do dano ambiental, seu regime jurídico e o entendimento jurisprudencial e doutrinário acerca da sua apuração, reparabilidade e responsabilização, considere as assertivas abaixo:

I. I.A responsabilidade civil em caso de dano ambiental causado em decorrência do exercício de atividade com potencial de degradação ambiental é de natureza objetiva e independe, portanto, de comprovação de dolo ou culpa.

II. A reparação do dano ambiental deve ocorrer, preferencialmente, de forma indireta, com o pagamento de indenização e aplicação de sanções pecuniárias de cunho inibitório.

III. O dano ambiental é de caráter coletivo ou difuso, podendo, contudo, impactar também direitos individuais, materializando-se assim o denominado efeito ricochete na forma de dano reflexo.

IV. Inexiste a figura do dano moral ambiental, havendo a obrigação de reparar apenas danos patrimoniais, ainda que causados a bens imateriais (ou incorpóreos), como o equilíbrio ambiental e a qualidade de vida da população.

Está correto o 6que se afirma APENAS em

(A) I e IV.

(B) I e III.

(C) III e IV.

(D) I e II.

(E) II e IV.

# FOLHA DE RESPOSTAS

| | | | | | |
|---|---|---|---|---|---|
| 1 | A | B | C | D | E |
| 2 | A | B | C | D | E |
| 3 | A | B | C | D | E |
| 4 | A | B | C | D | E |
| 5 | A | B | C | D | E |
| 6 | A | B | C | D | E |
| 7 | A | B | C | D | E |
| 8 | A | B | C | D | E |
| 9 | A | B | C | D | E |
| 10 | A | B | C | D | E |
| 11 | A | B | C | D | E |
| 12 | A | B | C | D | E |
| 13 | A | B | C | D | E |
| 14 | A | B | C | D | E |
| 15 | A | B | C | D | E |
| 16 | A | B | C | D | E |
| 17 | A | B | C | D | E |
| 18 | A | B | C | D | E |
| 19 | A | B | C | D | E |
| 20 | A | B | C | D | E |
| 21 | A | B | C | D | E |
| 22 | A | B | C | D | E |
| 23 | A | B | C | D | E |
| 24 | A | B | C | D | E |
| 25 | A | B | C | D | E |
| 26 | A | B | C | D | E |
| 27 | A | B | C | D | E |
| 28 | A | B | C | D | E |
| 29 | A | B | C | D | E |
| 30 | A | B | C | D | E |
| 31 | A | B | C | D | E |
| 32 | A | B | C | D | E |
| 33 | A | B | C | D | E |
| 34 | A | B | C | D | E |
| 35 | A | B | C | D | E |
| 36 | A | B | C | D | E |
| 37 | A | B | C | D | E |
| 38 | A | B | C | D | E |

| | | | | | |
|---|---|---|---|---|---|
| 39 | A | B | C | D | E |
| 40 | A | B | C | D | E |
| 41 | A | B | C | D | E |
| 42 | A | B | C | D | E |
| 43 | A | B | C | D | E |
| 44 | A | B | C | D | E |
| 45 | A | B | C | D | E |
| 46 | A | B | C | D | E |
| 47 | A | B | C | D | E |
| 48 | A | B | C | D | E |
| 49 | A | B | C | D | E |
| 50 | A | B | C | D | E |
| 51 | A | B | C | D | E |
| 52 | A | B | C | D | E |
| 53 | A | B | C | D | E |
| 54 | A | B | C | D | E |
| 55 | A | B | C | D | E |
| 56 | A | B | C | D | E |
| 57 | A | B | C | D | E |
| 58 | A | B | C | D | E |
| 59 | A | B | C | D | E |
| 60 | A | B | C | D | E |
| 61 | A | B | C | D | E |
| 62 | A | B | C | D | E |
| 63 | A | B | C | D | E |
| 64 | A | B | C | D | E |
| 65 | A | B | C | D | E |
| 66 | A | B | C | D | E |
| 67 | A | B | C | D | E |
| 68 | A | B | C | D | E |
| 69 | A | B | C | D | E |
| 70 | A | B | C | D | E |
| 71 | A | B | C | D | E |
| 72 | A | B | C | D | E |
| 73 | A | B | C | D | E |
| 74 | A | B | C | D | E |
| 75 | A | B | C | D | E |
| 76 | A | B | C | D | E |

| 77 | A | B | C | D | E |
|----|---|---|---|---|---|
| 78 | A | B | C | D | E |
| 79 | A | B | C | D | E |
| 80 | A | B | C | D | E |
| 81 | A | B | C | D | E |
| 82 | A | B | C | D | E |
| 83 | A | B | C | D | E |
| 84 | A | B | C | D | E |
| 85 | A | B | C | D | E |
| 86 | A | B | C | D | E |
| 87 | A | B | C | D | E |
| 88 | A | B | C | D | E |

| 89 | A | B | C | D | E |
|-----|---|---|---|---|---|
| 90 | A | B | C | D | E |
| 91 | A | B | C | D | E |
| 92 | A | B | C | D | E |
| 93 | A | B | C | D | E |
| 94 | A | B | C | D | E |
| 95 | A | B | C | D | E |
| 96 | A | B | C | D | E |
| 97 | A | B | C | D | E |
| 98 | A | B | C | D | E |
| 99 | A | B | C | D | E |
| 100 | A | B | C | D | E |

# Gabarito Comentado

**1.** Gabarito: C

Comentário: **A:** incorreta, pois a Lei fixa o prazo de 3 anos para o interessado obter a reparação civil (art. 206, § 3º, V CC); **B:** incorreta, pois na constância da sociedade conjugal, o prazo de prescrição fica suspenso (art. 197, I CC). Ocorrendo o divórcio, o prazo começa a correr. Considerando que o casamento acabou em 2018, Roberto terá 1. 3 anos para exercer sua pretensão de reparação civil, prazo este que se findará em 2021 (art. 206, § 3º, V CC); **C:** correta (art. 197, I c/c art. 206, § 3º, V CC); **D:** incorreta, nos termos da alternativa B; **E:** incorreta, nos termos da alternativa B. GN

**2.** Gabarito: D

Comentário: **A:** incorreta, pois trata-se de prazo decadencial de 15 dias contados da data da alienação, uma vez que Paulo já estava na posse do bem (art. 445, *caput* CC); B: incorreta, pois trata-se de prazo decadencial (art. 445, *caput* CC); **C:** incorreta, pois o prazo é pela metade, uma vez que Paulo já estava na posse do bem. O prazo passará a contar da data da alienação (art. 445, *caput* CC); **D:** correta, nos termos do art. art. 445, *caput* CC; **E:** incorreta, pois não há que se falar em prazo de 90 dias. O prazo é de 15 dias a contar da data da alienação (art. 445, *caput* CC). GN

**3.** Gabarito: B

Comentário: **A:** incorreta, pois a impossibilidade relativa não invalida o negócio jurídico (art. 106 CC); **B:** correta, nos termos do art. 106, parte final CC; **C:** incorreta, pois a impossibilidade absoluta torna o negócio jurídico nulo (art. 166, II CC); **D:** incorreta, pois a impossibilidade absoluta do objeto o torna nulo de pleno direito (art. 166, II CC). Não há que se analisar o plano da eficácia neste caso; **E:** incorreta, pois se é nulo de pleno direito, significa que a nulidade é absoluta, por consequência, não há que se analisar eficácia (art. 166, II CC). GN

**4.** Gabarito: D

Comentário: **A:** incorreta, pois é nula a disposição que deixe a arbítrio do herdeiro, ou de outrem, fixar o valor do legado (art. 1.900, IV CC); **B:** incorreta, pois é lícita a deixa ao filho do concubino, quando também o for do testador (art. 1.803 CC); **C:** incorreta, pois não pode ser admitida como herdeira, nos termos do art. 228, V CC : **D:** correta, nos termos do art. 133 CC; **E:** incorreta, pois são válidas as disposições testamentárias de caráter não patrimonial, ainda que o testador somente a elas se tenha limitado (art. 1.857, § 2º CC). GN

**5.** Gabarito: A

Comentário: **A:** correta, nos termos do art. 299, *caput* CC; **B:** incorreta, pois Leopoldo não poderá opor a Teresa as exceções pessoais que competiam a João (art. 302 CC); **C:** incorreta, pois se a substituição do devedor vier a ser anulada, restaura-se o débito, com todas as suas garantias, salvo as garantias prestadas por terceiros, exceto se este conhecia o vício que inquinava a obrigação (art. 301 CC); **D:** incorreta, pois salvo assentimento expresso de João, consideram-se extintas, a partir da assunção da dívida, as garantias especiais por ele originariamente dadas a Teresa (art. 300 CC); **E:** incorreta, pois estando em termos a assunção de dívida, João ficará completamente exonerado da dívida (art. 299 *caput* CC). GN

**6.** Gabarito: C

Comentário: **A:** incorreta, pois adquire-se a posse desde o momento em que se torna possível o exercício, em nome próprio, de qualquer dos poderes inerentes à propriedade (art. 1.204 CC); **B:** incorreta, pois posse justa é aquela que não for violenta, clandestina ou precária (art. 1.200 CC). A posse de boa-fé se dá quando o possuidor ignora o vício, ou o obstáculo que impede a aquisição da coisa (art. 1.201 CC). **C:** correta, nos termos do art. 1.205, II CC; **D:** incorreta, pois a posse transmite-se aos herdeiros ou legatários do possuidor com os mesmos caracteres (art. 1.206 CC); **E:** incorreta, pois a posse do imóvel gera presunção relativa da posse das coisas que nele estiverem (art. 1.209 CC). GN

**7.** Gabarito: E

Comentário: **A:** incorreta, pois os imóveis de Luciano só se poderão alienar, não sendo por desapropriação, ou hipotecar, quando o ordene o juiz, para lhes evitar a ruína (art. 31 CC); **B:** incorreta, pois os herdeiros, para se imitirem na posse dos bens do ausente, darão garantias da restituição deles, mediante *penhores ou hipotecas* equivalentes aos quinhões respectivos (art. 30 *caput* CC); **C:** incorreta, pois os imóveis podem ser alienados sob ordem judicial para se evitar a ruína (art. 31 CC); **D:** incorreta, pois os filhos de Luciano farão seus todos os frutos e rendimentos dos bens que a eles couberem. Não terão obrigação de capitalizar todos os frutos dos bens nem prestar contas ao Ministério Público ou ao juiz competente (art. 33, *caput* CC); **E:** correta, nos termos do art. 32 CC. GN

**8.** Gabarito: C

Comentário: **A:** incorreta, pois ela é relativamente incapaz de exercer pessoalmente os atos da vida civil, e permanecerá nessa condição mesmo depois de completar 18 anos (art. 4º, III CC); **B:** incorreta, pois ela é considerada relativamente incapaz, uma vez que não possui condição de expressar sua própria vontade por deficiência mental (art. 4º, III CC); **C:** correta, nos termos do art. art. 4º, III CC; **D:** incorreta, pois ela é considerada relativamente incapaz e continuará assim mesmo depois de completar 18 anos, uma vez que a incapacidade não é por idade, mas for falta de discernimento (art. 4º, III CC); **E:** incorreta, pois ela é incapaz de realizar pessoalmente todos os atos da vida civil, pois possui desenvolvimento mental incompleto o que lhe confere incapacidade permanente, que perdura mesmo após os 18 anos (art. 4º, III CC). GN

**9.** Gabarito: B

Comentário: Prevê o art. 34 da Lei nº 10.341 que "aos idosos, a partir de 65 (sessenta e cinco) anos, que não possuam meios para prover sua subsistência, nem de tê-la provida por sua família, é assegurado o benefício mensal de 1 (um) salário-mínimo, nos termos da Lei Orgânica da Assistência Social – Loas". Portanto, a alternativa "B" está correta. LM

**10.** Gabarito: B

Comentário: **A:** incorreta, pois a Lei prevê um processo formal de habilitação (art. 1.525 a 1.532 CC) e não a dispensa se os cônjuges forem maiores e capazes (art. 1.525 CC); **B:** correta (art. 1.512 *caput* CC); **C:** incorreta, pois o casamento religioso, celebrado sem as formalidades exigidas no Código Civil, terá efeitos civis se, a requerimento do casal, for registrado, a qualquer tempo, no registro civil, mediante prévia habilitação perante a autoridade competente e observado o prazo do art. 1.532 CC (art. 1.516, § 2º CC); **D:** incorreta, pois não podem casar os irmãos, unilaterais ou bilaterais, e demais colaterais, até o terceiro grau inclusive (art. 1.521, IV CC); **E:** incorreta, pois o casamento pode celebrar-se mediante procuração, por instrumento público, com poderes especiais (art. 1.542 *caput* CC). GN

**11.** Gabarito: D

Comentário: **A:** incorreta, pois herdeiros necessários são apenas cônjuge, ascendente e descendente (art. 1.845 CC). Colaterais não entram nesta lista. Logo, a ação deve ser julgada improcedente; **B:** incorreta, pois os irmãos não são herdeiros necessários (art. 1.845 CC), logo a ação deve ser julgada improcedente; **C:** incorreta, pois os irmãos não são herdeiros necessários (art. 1.845 CC), logo a ação deve ser julgada improcedente; **D:** correta (art. 1.845 CC); **E:** incorreta, pois os irmãos não são herdeiros necessários (art. 1.845 CC). GN

**12.** Gabarito: A

Comentário: **A:** correta, pois é possível que a posse seja comprovada em cartório, nos termos do art. 216-A da Lei 6.015/1.973 e do provimento 65/2017 do Conselho Nacional de Justiça que regulamenta a usucapião extrajudicial; **B:** incorreta, pois a rejeição do pedido extrajudicial não impede o ajuizamento de ação de usucapião (art. 216-A, § 9º LRP); **C:** incorreta, pois a Lei não faz restrição a imóvel apenas residencial. Logo, a omissão da Lei quanto a este ponto nos faz entender que pode ser tanto para imóvel residencial como não residencial (art. 216-A LRP); **D:** incorreta, pois em qualquer caso, é lícito ao interessado suscitar o procedimento de dúvida (art. 216-A, § 7º LRP); **E:** incorreta, pois a lei exige que Leandro esteja representado por advogado (art. 216-A, *caput* LRP). GN

**13.** Gabarito: C

Comentário: **I:** incorreta, pois credor por benfeitorias necessárias tem privilégio especial sobre a coisa beneficiada (art. 964, III CC); **II:** correta, pois o crédito real prefere ao pessoal de qualquer espécie; o crédito pessoal privilegiado, ao simples; e o privilégio especial, ao geral (art. 961 CC); **III:** incorreta, pois o crédito por despesas com a doença de que faleceu o devedor goza de privilégio geral (art. 965, IV CC); **IV:** correta, pois conservam seus respectivos direitos os credores hipotecários sobre o valor da indenização, se a coisa obrigada a hipoteca ou privilégio for desapropriada (art. 959, II CC); **V:** incorreta, pois os títulos legais de preferência são os privilégios e os direitos reais (art. 958 CC). GN

**14.** Gabarito: A

Comentário: **A:** correta, pois é facultado à consignatária vender os produtos, pagando à consignante o preço ajustado, ou se preferir, no prazo estabelecido, restituir-lhe a coisa consignada (art. 534 CC); **B:** incorreta, pois os produtos podem ser objeto de penhora ou sequestro pelos credores de Isabela depois de pago integralmente o preço a Laura (art. 536 CC); **C:** incorreta, pois ainda que a restituição se torne impossível por fato não imputável a ela, Isabela terá a obrigação de restituir o valor (art. 535 CC); **D:** incorreta, pois Laura não poderá dispor da coisa antes de lhe ser restituída ou de lhe ser comunicada a restituição (art. 537 CC); **E:** incorreta, pois não existe previsão legal neste sentido. Apenas aplicam-se as regras concernentes ao mandato aos contratos de agência e distribuição, no que couber (art. 721 CC). GN

**15.** Gabarito: D

Comentário: **A:** incorreta, pois as benfeitorias úteis apenas serão indenizáveis se forem autorizadas pelo locador (art. 35 da Lei 8.245/91); **B:** incorreta, pois as benfeitorias necessárias serão indenizáveis, ainda que não autorizadas pelo locador e a lei não estipula limite de valor. As benfeitorias úteis apenas serão indenizáveis com autorização do locador e as benfeitorias voluptuárias não são indenizáveis (art. 35 e 36 da Lei 8.245/91); **C:** incorreta, pois as benfeitorias voluptuárias não serão indenizáveis. O que a lei faculta é a sua retirada pelo locatário desde que não afete a estrutura e a substância do imóvel. Mas se afetar, o locatário não poderá retirá-las (art. 36 da Lei 8.245/91); **D:** correta, nos termos do art. 35 da Lei 8.245/91. O direito de retenção é permitido como uma forma de compensação, caso não haja o ressarcimento; **E:** incorreta, pois o não ressarcimento do valor das benfeitorias necessárias também permite o exercício do direito de retenção pelo locatário (art. 35 da Lei 8.245/91). GN

---

**16.** Gabarito: B

Comentário: **A:** incorreta, porque no caso de fiadores a intervenção cabível seria o chamamento ao processo (CPC, art. 130, II); **B:** correta, conforme expressa previsão legal (CPC, art. 125, I); **C:** incorreta, considerando que a situação justifica a apresentação de oposição (agora prevista entre os procedimentos especiais – CPC, art. 682); **D:** incorreta, considerando que o IDPJ é uma outra modalidade de intervenção de terceiro, distinta da denunciação da lide (CPC, art. 133 e ss.); **E:** incorreta, considerando que o *amicus curiae* é uma modalidade de intervenção de terceiro, distinta da denunciação da lide (CPC, art. 138). LD

---

**17.** Gabarito: D

Comentário: **A:** incorreta, pois essa alternativa traz a definição do princípio do acesso à justiça ou da inafastabilidade da jurisdição (CF, art. 5º, XXXV e CPC, art. 3º); **B:** incorreta, já que as normas fundamentais, previstas na parte geral do Código, aplicam-se a todos os processos e procedimentos (CPC, arts. 1 a 12); **C:** incorreta, porque as câmaras de recesso não configuram "tribunais de exceção", já que previstas por normas internas dos tribunais, bem como criadas para julgar quaisquer casos e não processos específicos (CF, art. 5º, XXXVII); **D:** correta, sendo um dos casos em que há necessidade de prévia atividade administrativa antes de se buscar o Judiciário, conforme expressa previsão constitucional (CF, art. 217, §1º); **E:** incorreta, considerando que a Lei de Arbitragem limita a matéria passível de ser solucionada pela arbitragem a direitos patrimoniais disponíveis (Lei 9.307, art. 1º). LD

---

**18.** Gabarito: A

Comentário: **A:** correta para a banca, pois não será possível praticar novamente o ato em razão da preclusão consumativa (CPC, art. 200). *Atenção: há uma corrente doutrinária que sustenta não haver mais a preclusão consumativa, considerando a atual redação do art. 223 do CPC; para essa corrente, até o final do prazo seria possível emendar o ato, mas não se trata de doutrina dominante; **B:** incorreta para a banca, porque embora não tenha ainda ocorrido a preclusão temporal, não é possível a complementação em virtude da preclusão consumativa (CPC, art. 223 – para a corrente minoritária apontada no * em "A", essa seria a alternativa correta); **C:** incorreta, tendo em vista que é hipótese de preclusão consumativa e não preclusão punitiva (defendida por alguns doutrinadores como aquela decorrente do descumprimento de um ônus processual – e.g. pena de confesso); **D:** incorreta, considerando que o direito da parte ao exercício do contraditório não é absoluto e esbarra no instituto da preclusão, que garante a prestação da tutela jurisdicional em tempo razoável (CPC, art. 4º); **E:** incorreta, já que não haveria preclusão lógica (a complementação da contestação não seria um ato incompatível com a contestação inicialmente apresentada). LD

---

**19.** Gabarito: B

Comentário: **A:** incorreta, considerando que serão anulados apenas os atos que não possam ser aproveitados, ou seja, os atos dos quais resultem prejuízos à defesa das partes (CPC, art. 283); **B:** correta, conforme expressa previsão legal (CPC, art. 283); **C:** incorreta, já que haverá consequência processual: anulação dos atos que não possam ser aproveitados sem causar prejuízo às partes (CPC, art. 283); **D:** incorreta, tendo em vista que a consequência processual será a *anulação* e não a *inexistência* dos atos não passíveis de aproveitamento (CPC, art. 283); **E:** incorreta, pois o erro de forma em regra não é mera irregularidade formal – salvo quando for algo menos relevante e facilmente sanável, independentemente de a parte ser incapaz. LD

---

**20.** Gabarito: E

Comentário: **A:** incorreta, pois cabe liminar de tutela de evidência, salvo quando há, obrigatoriamente, necessidade de prévia manifestação da parte contrária, nos casos de (i) abuso do direito de defesa ou manifesto propósito protelatório, e (ii) inicial instruída com prova documental a que o réu não oponha prova capaz de gerar dúvida razoável (CPC, art. 311, parágrafo único); **B:** incorreta, pois a concessão da tutela de evidência independe da existência de perigo de dano – a ausência de urgência é exatamente o que diferencia a tutela de urgência da tutela de evidência (CPC, art. 311); **C:** incorreta, conforme exposto em "B" (perigo de dano e risco são os termos para urgência usados no Código); **D:** incorreta, já que essa é uma das hipóteses autorizadoras da concessão (CPC, art. 311, IV); **E:** correta, sendo essa a tutela de evidência fundada em contrato de depósito (CPC, art. 311, III). LD

**21.** Gabarito: D

Comentário: **I**: correta, conforme expressa previsão legal (CPC, art. 323); **II**: incorreta, porque, além das hipóteses descritas, é lícito também formular pedido genérico quando a determinação do objeto ou do valor da condenação depender de ato que deve ser praticado pelo réu (CPC, art. 324, §1°, III); **III**: incorreta, pois é possível a cumulação de pedidos, ainda que entre eles *não haja* conexão – contanto que os pedidos sejam compatíveis entre si, o mesmo juízo seja competente para julgar todos e o tipo de procedimento seja adequado para todos (CPC, art. 327, §1°); **IV**: correta, conforme expressa previsão legal (CPC, art. 328). 

**22.** Gabarito: E

Comentário: **A**: incorreta, pois dados gravados em arquivos eletrônicos também podem ser atestados por meio da lavratura de ata notarial por tabelião (CPC, art. 384, parágrafo único); **B**: incorreta, porque a produção antecipada de prova *não* previne a competência do juízo (CPC, art. 381, §3°); **C**: incorreta, já que, nesse caso, pelo Código, nenhuma outra prova poderá suprir a falta (CPC, art. 406); **D**: incorreta, considerando que a confissão espontânea pode ser feita também por representante com poderes especiais (CPC, art. 390, §1°); **E**: correta, conforme expressa previsão legal (CPC, art. 407). 

**23.** Gabarito: C

Comentário: **A**: incorreta, considerando que, além da oposição de ED, a sentença pode ser alterada de ofício ou a requerimento da parte, após sua publicação, para a correção de erro material ou de cálculo (CPC, art. 494); **B**: incorreta, pois a decisão produzirá a hipoteca judiciária, ainda que sua condenação seja genérica (CPC, art. 495, §1°, I); **C**: correta, conforme expressa previsão legal (CPC, art. 489, §2°); **D**: incorreta na parte final, tendo em vista que se for objeto diverso, isso configuraria decisão *extra petita*, em violação ao princípio da adstrição (CPC, art. 492); **E**: incorreta, já que a decisão deve ser certa, ainda que resolva relação jurídica condicional (CPC, art. 492, parágrafo único). 

**24.** Gabarito: A

Comentário: **A**: correta, conforme expressa previsão legal (CPC, art. 674, § 2°, II); **B**: incorreta, pois o prazo para impugnação aos embargos de terceiro é de 15 dias (CPC, art. 679); **C**: incorreta, porque é possível a oposição dos embargos até o *trânsito em julgado* da sentença (CPC, art. 675); **D**: incorreta, tendo em vista que os embargos podem ser opostos pelo terceiro proprietário *ou pelo possuidor* (CPC, art. 674, § 1°); **E**: incorreta, considerando que a prestação de caução pela parte embargante é algo *possível* (a ser determinado pelo juiz no caso), mas não algo obrigatório (CPC, art. 678, parágrafo único). 

**25.** Gabarito: B

Comentário: **A**: incorreta, porque em caso de omissão da lei, o ato processual deve ser praticado em 5 dias (CPC, art. 218, § 3°); **B**: correta, conforme expressa previsão legal (CPC, art. 225); **C**: incorreta, considerando que os prazos processuais, contados em dias, serão computados em *dias úteis* – sendo essa uma das principais inovações do Código quanto aos prazos (CPC, art. 219); **D**: incorreta, pois durante o recesso o curso dos prazos é *suspenso* e não interrompido (CPC, art. 220); **E**: incorreta, já que o CPC/15 encerrou a discussão e trouxe previsão expressa sobre a tempestividade do ato praticado antes de seu termo inicial (CPC, art. 218, §4°). 

**26.** Gabarito: A

Comentário: **I**: incorreta, pois o cumprimento de sentença que reconhece a obrigação de pagar quantia certa se inicia apenas a partir do requerimento do exequente, e não de ofício (CPC, art. 513, §1°); **II**: correta, conforme expressa previsão legal (CPC, art. 514); **III**: correta, conforme expressa previsão legal (CPC, art. 515, § 2°); **IV**: incorreta, considerando que o protesto da decisão judicial em regra exige o seu trânsito em julgado (CPC, art. 517 – não há necessidade de trânsito no caso de protesto de decisão alimentar, conforme art. 528, § 1°). 

**27.** Gabarito: E

Comentário: **A**: incorreta, pois o recurso "inominado" é recebido, em regra, *apenas* no efeito devolutivo (Lei 9.099/1995, art. 43); **B**: incorreta, já que se admite litisconsórcio e, com o advento do CPC/15, passa a ser expressa a possibilidade de aplicação do Incidente de Desconsideração da Personalidade Jurídica – modalidade de intervenção de 3° (Lei 9.099/1995, art. 10 e CPC, art. 1.062); **C**: incorreta, porque há competência do JEC para ações possessórias sobre bens imóveis, desde que de valor não superior ao teto dos Juizados (Lei 9.099/1995, art. 3°, IV); **D**: incorreta, tendo em vista a ressalva legal quanto aos poderes especiais, que necessariamente deve ser concedidos por escrito (Lei 9.099/1995, art. 9°, § 3°); **E**: correta, já que todas as provas serão produzidas em audiência de instrução e julgamento, inclusive a prova oral (Lei 9.099/1995, art. 33). 

**28.** Gabarito: D

Comentário: **A**: incorreta. O art. 13 do CDC diz que o comerciante responderá por defeito de produto (art. 12), juntamente com o fabricante, construtor, produtor ou importador, sempre que: I – o fabricante, o construtor, o produtor ou o importador não puderem ser identificados; II – o produto for fornecido sem identificação clara do seu fabricante, produtor, construtor ou importador; III – não conservar adequadamente os produtos perecíveis. **B**: incorreta. Os produtos e serviços colocados no mercado de consumo não acarretarão riscos à saúde ou segurança dos consumidores, exceto os considerados normais e previsíveis em decorrência de sua natureza e fruição, obrigando-se os fornecedores, em qualquer hipótese, a dar as informações necessárias e adequadas a seu respeito (art. 8º do CDC). **C:** incorreta. A responsabilidade objetiva estampada no art. 12 do CDC por defeito de produto dispensa apenas a existência de culpa. O nexo de causalidade e o dano devem ser comprovados pelo consumidor (salvo o dano mora, que não exige comprovação, ou seja, ele ocorre *in re ipsa*). **D:** correta. Nos exatos termos do art. 8º, § 2º, "o fornecedor deverá higienizar os equipamentos e utensílios utilizados no fornecimento de produtos ou serviços, ou colocados à disposição do consumidor, e informar, de maneira ostensiva e adequada, quando for o caso, sobre o risco de contaminação". **E:** incorreta. A responsabilidade civil pessoal do profissional é subjetiva, devendo o consumidor fazer a comprovação da culpa, nexo de causalidade e danos para ter o direito a indenização. RD

**29.** Gabarito: E
Comentário: **A:** incorreta. O prazo decadencial para reclamar de vício oculto é de 30 (produtos não duráveis) ou 90 (produtos duráveis) dias, iniciando-se a contagem do prazo decadencial do momento em que ficar evidenciado o vício (art. 26, § 3º). **B:** incorreta. A contagem do prazo decadencial inicia-se a partir da entrega efetiva do produto ou do término da execução dos serviços, ou, ainda, tratando-se de vício oculto, a partir do momento em que ficar evidenciado o vício (art. 26, §§ 1º e ª 3º). **C:** incorreta. Obsta a decadência a instauração de inquérito civil, até seu encerramento (art. 26, § 2º, III). **D:** incorreta. O direito de reclamar pelos vícios aparentes ou de fácil constatação caduca em 30 (trinta dias) tratando-se de produtos ou serviços não-duráveis e 90 (noventa dias), tratando-se de produtos ou serviços duráveis. **E:** correta. Nos termos do art. 27 do CDC. RD

**30.** Gabarito: C
Comentário: **A:** incorreta. Os fabricantes e importadores deverão assegurar a oferta de componentes e peças de reposição enquanto não cessar a fabricação ou importação do produto e, cessadas a produção ou importação, a oferta deverá ser mantida por período razoável de tempo, na forma da lei (art. 32 do CDC). **B:** incorreta. as informações nos produtos refrigerados oferecidos ao consumidor deverão ser gravadas de forma indelével (art. 31 do CDC). **C:** correta. Nos termos do art. 33, parágrafo único, do CDC. **D:** incorreta. A responsabilidade é objetiva, nos termos dos arts. 12 a 25 do CDC. **E:** incorreta. O fornecedor do produto ou serviço é solidariamente responsável pelos atos de seus prepostos ou representantes autônomos (art. 34 do CDC). RD

**31.** Gabarito: D
Comentário: O Código de Defesa do Consumidor diferencia a publicidade enganosa e abusiva. É enganosa a publicidade que leva o consumidor a erro (art. 37, § 1º). A publicidade abusiva é exemplificada no art. 37, § 2º do CDC: "É abusiva, dentre outras a publicidade discriminatória de qualquer natureza, a que incite à violência, explore o medo ou a superstição, **se aproveite da deficiência de julgamento e experiência da criança**, desrespeita valores ambientais, **ou que seja capaz de induzir o consumidor a se comportar de forma prejudicial ou perigosa à sua saúde ou segurança**" (grifo nosso). Assim, é uma publicidade enganosa, já que pessoas não podem voar, ainda que utilizem uma capa de herói. Nem se diga que se trata de "dolus bonus" ou técnica de exagero publicitário. Em relação à crianças e adolescentes não se admite o exagero publicitário, tendo em vista as suas características psicológicas. Nessa linha, o art. 37, item 2, do Código Brasileiro de Autorregulação Publicitária assim determina " quando os produtos forem destinados ao consumo por crianças e adolescentes seus anúncios deverão: a) procurar contribuir para o desenvolvimento positivo das relações entre pais e filhos, alunos e professores, e demais relacionamentos que envolvam o público-alvo deste normativo; b) respeitar a dignidade, ingenuidade, credulidade, inexperiência e o sentimento de lealdade do público-alvo; c) dar atenção especial às características psicológicas do público-alvo, presumida sua menor capacidade de discernimento; d) obedecer a cuidados tais que evitem eventuais distorções psicológicas nos modelos publicitários e no público-alvo; e e) abster-se de estimular comportamentos socialmente condenáveis. RD

**32.** Gabarito: ANULADA
Comentário: **I:** incorreta. Nos termos do art. 35 e seus incisos, se o fornecedor de produtos ou serviços recusar cumprimento à oferta, apresentação ou publicidade, o consumidor poderá, alternativamente e à sua livre escolha: i) exigir o cumprimento forçado da obrigação, nos termos da oferta, apresentação ou publicidade; ii) aceitar outro produto ou prestação de serviço equivalente; iii) rescindir o contrato, com direito à restituição de quantia eventualmente antecipada, monetariamente atualizada, e a perdas e danos. **II:** incorreta. De fato, constitui prática comercial abusiva executar serviços sem a prévia elaboração de orçamento e autorização expressa do consumidor. No entanto, admite-se ressalvas decorrentes de práticas anteriores entre as partes (art. 39, inciso VI). **III:** correta. Conforme art. 39, inciso XIV, do CDC. **IV:** correta. Conforme art. 40 do CDC. **V:** correta. Conforme art. 41 do CDC. RD

**33.** Gabarito: A

Comentário: **A:** correta. Nos termos do art. 84, § 5°, do CDC. **B:** incorreta. A conversão da obrigação em perdas e danos somente será admissível se por elas optar o autor ou se impossível a tutela específica ou a obtenção do resultado prático correspondente (art. 84, § 1°). **C:**incorreta. A indenização por perdas e danos far-se-á abrangendo danos emergentes e lucros cessantes, sem prejuízo da multa processual. **D:** incorreta. Sendo relevante o fundamento da demanda e havendo justificado receio de ineficácia do provimento final, é lícito ao juiz conceder a tutela liminarmente ou após justificação prévia, citado o réu (art. 84, § 3°). **E:** incorreta. é possível impor-se multa diária ao réu, na sentença (ou liminarmente), independentemente de pedido do autor, se for suficiente ou compatível com a obrigação, fixando prazo razoável para o cumprimento do preceito (art. 84, § 4°). RD

**34.** Gabarito: C

Comentário: **I:** correta. Nos termos do art. 58 do CDC. **II)** correta. Nos termos do art. 59 do CDC. **III:** incorreta. A pena de cassação da concessão será aplicada à concessionária de serviço público, quando violar obrigação legal ou contratual (art. 59, § 1°, do CDC). **IV:** incorreta. A pena de intervenção administrativa será aplicada sempre que as circunstâncias de fato desaconselharem a cassação de licença, a interdição ou suspensão da atividade (art. 59, § 2°, do CDC). **V:** correta. Nos termos do art. 60 do CDC. RD

**35.** Gabarito: D

Comentário: **A:** incorreta. Em caso de procedência do pedido, a condenação será genérica, fixando a responsabilidade do réu pelos danos causados (art. 95 do CDC). **B:** incorreta. Caso o MP não seja a parte autor, deverá atuar como fiscal da lei (art. 92 do CDC). **C:** incorreta. Os legitimados poderão propor, em nome próprio e no interesse das vítimas ou seus sucessores, ação civil coletiva de responsabilidade pelos danos individualmente sofridos (art. 95). **D:** correta. Conforme art. 94 do CDC. **E:** incorreta. A execução coletiva far-se-á com base em certidão das sentenças de liquidação, da qual deverá constar a ocorrência ou não do trânsito em julgado (art. 98, § 1°). RD

**36.** Gabarito: B

Comentário: São direitos da pessoa com transtorno do espectro autista, entre outros, o acesso à educação e ao ensino profissionalizante e, casos de comprovada necessidade, a pessoa com transtorno do espectro autista incluída nas classes comuns de ensino regular terá direito a acompanhante especializado (art. 3°, IV, parágrafo único, da Lei12.764/2012). RD

**37.** Gabarito: B

Comentário: **A:** incorreta. Os prazos estabelecidos no ECA são contados em dias corridos, excluído o dia do começo e incluído o dia do vencimento, vedado o prazo em dobro para a Fazenda Pública e o Ministério Público (art. 152, § 2°). **B:** correta. Nos termos do art. 153 do ECA. **C:** incorreta. As ações judiciais da competência da Justiça da Infância e da Juventude são isentas de custas e emolumentos, ressalvada a hipótese de litigância de má-fé (art. 141, § 2°). **D:** incorreta. Nos processos e procedimentos em que não for parte, atuará obrigatoriamente o Ministério Público na defesa dos direitos e interesses da criança e do adolescente, hipótese em que terá vista dos autos depois das partes, podendo juntar documentos e requerer diligências, usando os recursos cabíveis (art. 202). Ademais, reza do art. 142, parágrafo único, que a autoridade judiciária designará curador especial à criança ou adolescente, sempre que os interesses destes colidirem com os de seus pais ou responsável, ou quando carecer de representação ou assistência legal ainda que eventual. A curadoria especial não cabe ao MP, nesses casos, o MP será apenas fiscal da lei, devendo o juiz designar um curador especial. **E:** Devem-se observar os procedimentos previstos no ECA justamente porque em todas as suas regras já se presumem a proteção integral e o melhor interesse da criança. Aos procedimentos especiais aplicam-se, subsidiariamente, as normas gerais previstas na legislação processual pertinente (art. 152, *caput*). RD

**38.** Gabarito: A

Comentário: **A:** correta. Conforme art. 43, § 4°, I e II, da Lei 12.594/2012, na hipótese de substituição de medida mais gravosa, após o devido processo legal, será necessário o parecer técnico e audiência prévia. Essa regra é aplicável aos casos de internação-sanção previsto no art. 122, III, do ECA. **B:** incorreta. O parecer técnico não é necessário para extinção da medida socioeducativa, basta a comprovação de qualquer das hipóteses do art. 46 da Lei do SINASE. **C:** incorreta. A saída para atividades externas independe de parecer técnico. Conforme art. 121, § 1°, do ECA, será permitida a realização de atividades externas, a critério da equipe técnica da entidade, salvo expressa determinação judicial em contrário. **D:** incorreta. É vedada a aplicação de sanção disciplinar de isolamento ao adolescente interno seja essa imprescindível para garantia da segurança de outros internos ou do próprio adolescente a quem seja imposta a sanção, sendo necessária ainda comunicação ao defensor, ao Ministério Público e à autoridade judiciária em até 24 (vinte e quatro) horas. **E)** incorreta. A aplicação de medida socioeducativa de liberdade assistida independe de parecer técnico. RD

**39.** Gabarito: E
Comentário: **A)** incorreta. A Resolução Conanda 163/2014 não foi declarada inconstitucional pelo Supremo Tribunal Federal. **B:** incorreta. Há julgado do Superior Tribunal de Justiça considerando abusiva publicidade voltada para criança. PUBLICIDADE DE ALIMENTOS DIRIGIDA À CRIANÇA. ABUSIVIDADE. VENDA CASADA CARACTERIZADA. ARTS. 37, § 2º, E 39, I, DO CÓDIGO DE DEFESA DO CONSUMIDOR. (...) 2. A hipótese dos autos caracteriza publicidade duplamente abusiva. Primeiro, por se tratar de anúncio ou promoção de venda de alimentos direcionada, direta ou indiretamente, às crianças. Segundo, pela evidente "venda casada", ilícita em negócio jurídico entre adultos e, com maior razão, em contexto de *marketing* que utiliza ou manipula o universo lúdico infantil (art. 39, I, do CDC). 3. *In casu*, está configurada a venda casada, uma vez que, para adquirir/comprar o relógio, seria necessário que o consumidor comprasse também 5 (cinco) produtos da linha "Gulosos". Recurso especial improvido. (REsp 1558086/SP, Rel. Ministro Humberto Martins, Segunda Turma, julgado em 10/03/2016, DJe 15/04/2016). **C:** incorreta. O ECA traz regra expressa em relação às revistas e publicações destinadas ao público infanto-juvenil no sentido de proibir ilustrações, fotografias, legendas, crônicas ou anúncios de bebidas alcoólicas, tabaco, armas e munições (art. 79 do ECA), mas nada trada em relação à venda de alimentos. **D:** incorreta. É considerada abusiva que se aproveite da deficiência de julgamento e experiência da **criança** (art. 37, § 2º). **E:** correta. O art. 37 do Código Brasileiro de Autorregulamentação Publicitária, de fato, dispõe que nenhum anúncio dirigirá apelo imperativo de consumo diretamente à criança: "os esforços de pais, educadores, autoridades e da comunidade devem encontrar na publicidade fator coadjuvante na formação de cidadãos responsáveis e consumidores conscientes. Diante de tal perspectiva, nenhum anúncio dirigirá apelo imperativo de consumo diretamente à criança". RD

**40.** Gabarito: C
Comentário: **A:** incorreta, na medida em que tanto a remissão pré-processual (concedida pelo Ministério Público) quanto a processual (concedida pelo juiz) admitem a cumulação com medidas socioeducativas não restritivas de liberdade, nos termos do art. 127 do ECA, que se refere às duas modalidade de remissão: *A remissão não implica necessariamente o reconhecimento ou comprovação da responsabilidade, nem prevalece para efeito de antecedentes, podendo incluir eventualmente a aplicação de qualquer das medidas previstas em lei, exceto a colocação em regime de semiliberdade e a internação*. Dessa forma, nada obsta que, ao conceder a remissão como forma de exclusão do início do pro-

cesso (pré-processual), o representante do MP imponha a medida socioeducativa consistente na advertência (art. 112, I, ECA). É a chamada remissão imprópria; **B:** incorreta. Isso porque a remissão não prevalece para fins de antecedentes, isto é, caso o adolescente venha no futuro a cometer novo ato infracional, a remissão não poderá ser considerada como antecedente (art. 127, ECA); **C:** correta. Nesse sentido, conferir a Tese n. 5 da Edição de n. 54 da ferramenta *Jurisprudência em Teses*, do STJ: *A aplicação da medida de semiliberdade, a despeito do disposto no art. 120, § 2º, do ECA, não se vincula à taxatividade estabelecida no art. 122 do mesmo estatuto*; **D:** incorreta. Segundo a Súmula 492, do STJ, *o ato infracional análogo ao tráfico de drogas, por si só, não conduz obrigatoriamente à imposição de medida socioeducativa de internação do adolescente*; **E:** incorreta, pois contraria o entendimento sufragado na Súmula n. 605, do STJ: *A superveniência da maioridade penal não interfere na apuração de ato infracional nem na aplicabilidade de medida socioeducativa em curso, inclusive na liberdade assistida, enquanto não atingida a idade de 21 anos.* ED

**41.** Gabarito: C
Comentário: **A:** incorreta. Nos casos de delitos contra o patrimônio praticados sem violência ou grave ameaça à pessoa, a aplicação do princípio da insignificância é admitida tanto pelo Supremo Tribunal Federal quanto pelo Superior Tribunal de Justiça, mesmo que existam condições pessoais desfavoráveis, tais como maus antecedentes, reincidência ou ações penais em curso. Ou seja, o fato de o réu ser reincidente ou ainda portador de maus antecedentes criminais não obsta a aplicação do princípio da insignificância, cujo reconhecimento está condicionado à existência de outros requisitos. Nesse sentido: STF, RE 514.531/RS, 2.ª T., j. 21.10.2008, rel. Min. Joaquim Barbosa, *DJ* 06.03.2009; STJ, HC 221.913/SP, 6.ª T., j. 14.02.2012, rel. Min. Og Fernandes, *DJ* 21.03.2012. Mais recentemente, o plenário do STF, em julgamento conjunto de três HCs, adotou o entendimento no sentido de que a incidência ou não do postulado da insignificância em favor de agentes reincidentes ou com maus antecedentes autores de crimes patrimoniais desprovidos de violência ou grave ameaça deve ser aferida caso a caso. *Vide* HCs 123.108, 123.533 e 123.734. O mesmo se diga dos crimes ambientais, em relação aos quais é perfeitamente possível a incidência do postulado da insignificância, mesmo que o agente ostente condições desfavoráveis. No sentido de os crimes contra o meio ambiente comportarem o princípio da insignificância: "AÇÃO PENAL. Crime ambiental. Pescador flagrado com doze camarões e rede de pesca, em desacordo com a Portaria 84/02, do IBAMA. Art. 34, parágrafo único, II, da Lei nº 9.605/98. *Rei furtivae*

de valor insignificante. Periculosidade não considerável do agente. Crime de bagatela. Caracterização. Aplicação do princípio da insignificância. Atipicidade reconhecida. Absolvição decretada. HC concedido para esse fim. Voto vencido. Verificada a objetiva insignificância jurídica do ato tido por delituoso, à luz das suas circunstâncias, deve o réu, em recurso ou *habeas corpus*, ser absolvido por atipicidade do comportamento" (STF, HC 112563, Relator: Min. RICARDO LEWANDOWSKI, Relator p/ Acórdão: Min. CEZAR PELUSO, Segunda Turma, julgado em 21.08.2012). No mesmo sentido, o STJ: "1. Esta Corte Superior de Justiça e o Supremo Tribunal Federal reconhecem a atipicidade material de determinadas condutas praticadas em detrimento do meio ambiente, desde que verificada a mínima ofensividade da conduta do agente, a ausência de periculosidade social da ação, o reduzido grau de reprovabilidade do comportamento e a inexpressividade da lesão jurídica provocada. Precedentes. 2. Hipótese em que os recorridos foram denunciados pela pesca em período proibido, com utilização de vara e molinete, tendo sido apreendidos com ínfima quantidade extraída da fauna aquática, de maneira que não causaram perturbação no ecossistema a ponto de reclamar a incidência do Direito Penal, sendo, portanto, imperioso o reconhecimento da atipicidade da conduta perpetrada, devendo ser ressaltado que os recorridos não possuem antecedentes criminais. 3. Recurso desprovido" (REsp 1743980/MG, Rel. Ministro Jorge Mussi, Quinta Turma, julgado em 04/09/2018, DJe 12/09/2018); **B**: incorreta. Dada a relevância do bem jurídico sob tutela, aos crimes praticados contra a criança e o adolescente não incide o princípio da insignificância. Já no que concerne aos crimes contra a ordem tributária, perfeitamente possível e amplamente reconhecida pela jurisprudência a aplicação do postulado da insignificância; **C**: correta. Em conformidade com o entendimento sufragado na Súmula 589, do STJ, é inaplicável o princípio da insignificância aos crimes e às contravenções penais praticados contra a mulher no âmbito das relações domésticas. De igual modo, não se admite a incidência deste postulado aos crimes contra a Administração pública, conforme entendimento firmado por meio da Súmula 599, do STJ. É importante que se diga que o STF tem precedentes no sentido de reconhecer a incidência de tal princípio aos crimes contra a Administração Pública; **D**: incorreta. Não há óbice à incidência do princípio da insignificância nas infrações penais regidas por lei especial, como é o caso das infrações de menor potencial ofensivo (Lei 9.099/1995). No que toca aos crimes de licitações, a incidência do postulado da insignificância, em princípio, é vedada, uma vez que o bem jurídico a ser tutelado, tal como se dá no contexto dos crimes contra a Administração Pública, é a moralidade administrativa; **E**: incorreta. É verdade que aos crimes de violação de direito autoral não se aplica

o princípio da insignificância. Conferir: "Não se aplica o princípio da adequação social, bem como o princípio da insignificância, ao crime de violação de direito autoral. 2. Em que pese a aceitação popular à pirataria de CDs e DVDs, com certa tolerância das autoridades públicas em relação à tal prática, a conduta, que causa sérios prejuízos à indústria fonográfica brasileira, aos comerciantes legalmente instituídos e ao Fisco, não escapa à sanção penal, mostrando-se formal e materialmente típica. 3. Agravo regimental a que se nega provimento" (AgRg no REsp 1380149/RS, Rel. Ministro OG FERNANDES, SEXTA TURMA, julgado em 27/08/2013, DJe 13/09/2013). No que se refere aos crimes do Estatuto do Desarmamento, todavia, o STJ admite a incidência do postulado da insignificância quando se tratar de pequena quantidade de munição. Nesse sentido: "1. Permanece hígida a jurisprudência do Superior Tribunal de Justiça, bem como do Supremo Tribunal Federal, no sentido de que a posse de munição, mesmo desacompanhada de arma apta a deflagrá-la, continua a preencher a tipicidade penal, não podendo ser considerada atípica a conduta. 2. Esta Corte, todavia, acompanhando entendimento do Supremo Tribunal Federal, passou a admitir a incidência do princípio da insignificância quando se tratar de posse de pequena quantidade de munição, desacompanhada de armamento capaz de deflagrá-la, uma vez que ambas as circunstâncias conjugadas denotam a inexpressividade da lesão jurídica provocada. 3. Assentada a possibilidade de incidência do princípio da insignificância, a situação concreta trazida nos autos autoriza sua aplicação, pois o acusado possuía em sua residência, apenas, três munições de uso permitido, calibre 38. 4. Agravo regimental a que se nega provimento" (AgRg no REsp 1828692/DF, Rel. Ministro REYNALDO SOARES DA FONSECA, QUINTA TURMA, julgado em 01/10/2019, DJe 08/10/2019). 

**42.** Gabarito: E
Comentário: **A**: incorreta, na medida em que a imprescindibilidade do resultado naturalístico, para a consumação do crime, somente se aplica aos delitos materiais, que são aqueles em que o tipo penal prevê uma conduta e um resultado, sendo de rigor a ocorrência deste para que a consumação seja alcançada; nos delitos formais, a despeito de o tipo penal contemplar tanto a conduta quanto o resultado, a produção deste não é condição para que o delito atinja a consumação; **B**: incorreta. É verdade que, nos chamamos crimes omissivos impróprios, a relação de causalidade é *normativa* (e não física), na medida em que o resultado decorrente da omissão somente será imputado ao agente diante da ocorrência de uma das hipóteses previstas no art. 13, § 2º, do CP. Agora, é incorreto afirmar-se que os delitos omissivos impróprios prescindem de resultado naturalístico para

alcançar a sua consumação. Ao contrário dos crimes omissivos próprios, em que não se exige a produção de resultado naturalístico, os delitos omissivos impróprios somente se consumam com a produção deste resultado. Tema comumente objeto de questionamento em provas de concursos em geral é justamente a distinção entre as modalidades de crime omissivo (omissão própria e imprópria). Vejamos. Um dos critérios adotados pela doutrina para diferenciar a chamada omissão própria da imprópria é o *tipológico*. Somente a omissão própria está albergada em tipos penais específicos, já que o legislador, neste caso, cuidou de descrever no que consiste a omissão. Em outras palavras, o tipo penal, na omissão própria, contém a descrição da conduta omissiva. É o caso do crime de omissão de socorro (art. 135, CP). Esta modalidade de crime se perfaz pela mera abstenção do agente, independente de qualquer resultado posterior. Já o *crime omissivo impróprio* (*comissivo por omissão* ou *impuro*), *grosso modo*, é aquele em que o sujeito ativo, por uma omissão inicial, gera um resultado posterior, que ele tinha o dever de evitar (art. 13, § 2º, do CP). A existência do crime comissivo por omissão pressupõe a conjugação de duas normas: uma norma proibitiva, que encerra um tipo penal comissivo e a todos é dirigido, e uma norma mandamental, que é endereçada a determinadas pessoas sobre as quais recai o dever de agir. Assim, a título de exemplo, a violação à regra contida no art. 121 do CP (não matar) pressupõe, via de regra, uma conduta positiva (um agir, um fazer); agora, a depender da qualidade do sujeito ativo (art. 13, § 2º), essa mesma norma pode ser violada por meio de uma omissão, o que se dá quando o agente, por força do que dispõe o art. 13, § 2º, do CP, tem o dever de agir para evitar o resultado. Perceba, dessa forma, que a conduta omissiva imprópria, diferentemente da própria, não está descrita em tipos penais específicos. A tipicidade decorre da conjugação do art. 13, § 2º, do CP com um tipo penal comissivo. O tipo penal, no crime de homicídio (doloso ou culposo), encerra uma conduta positiva (matar alguém); em determinadas situações, porém, este delito pode comportar a modalidade omissiva, desde que se esteja diante de uma das hipóteses do art. 13, § 2º, do CP. Exemplo sempre lembrado pela doutrina é o da mãe que propositadamente deixa de amamentar seu filho, que, em razão disso, vem a morrer. Será ela responsabilizada por homicídio doloso, na medida em que seu dever de agir está contemplado na regra inserta no art. 13, § 2º, do CP. Perceba que, neste último caso, a mãe, a quem incumbe o dever de cuidado e proteção, deixou de alimentar seu filho de forma intencional, causando-lhe a morte. Assim, deverá responder por homicídio doloso. O resultado naturalístico, que neste caso é a morte, como se pode ver, é imprescindível à consumação do delito; **C:** incorreta. A assertiva contém a definição de crime plurissubsistente, assim entendido aquele cuja ação é

representada por vários atos, constituindo um processo executivo que pode ser cindido, fracionado. No caso do crime unissubsistente, tal fracionamento não é possível, já que a conduta é composta por um só ato. É o caso da injúria verbal. Veja que os delitos plurissubsistentes, pelo fato de a conduta comportar fracionamento, admitem a modalidade tentada; já os delitos unissubsistentes, porque se desenvolvem em um único ato, não comportam o *conatus*; **D:** incorreta. Conforme já sobejamente ponderado acima, os crimes omissivos próprios não dependem de resultado naturalístico para a sua consumação; **E:** correta. De fato, comissivos são os crimes praticados por meio de uma ação (uma conduta positiva, um fazer); já os delitos omissivos pressupõem um não fazer (uma conduta negativa). Os delitos comissivos serão formais quando o resultado previsto no tipo penal for prescindível à consumação do delito. **ED**

---

**43.** Gabarito: C

Comentário: **A:** incorreta. Se a ação ou omissão é dolosa e os crimes concorrentes resultarem de desígnios autônomos (concurso formal impróprio ou imperfeito), as penas serão sempre aplicadas cumulativamente (são somadas), tal como estabelece o art. 70, *caput*, parte final, do CP. Não se aplica, portanto, neste caso, a regra do art. 70, parágrafo único, do CP (concurso material favorável ou benéfico), que somente terá incidência no concurso formal próprio ou perfeito, em que deverá ser aplicado o sistema da exasperação (se as penas previstas forem idênticas, aplica-se somente uma; se diferentes, aplica-se a maior, acrescida, em qualquer caso, de um sexto até metade); **B:** incorreta, uma vez que contraria o entendimento firmado por meio da Súmula 243, do STJ: *o benefício da suspensão do processo não é aplicável em relação às infrações penais cometidas em concurso material, concurso formal ou continuidade delitiva, quando a pena mínima cominada, seja pelo somatório, seja pela incidência da majorante, ultrapassar o limite de 1 (um) ano*; **C:** correta, pois reflete o que estabelecem os arts. 72 e 119 do CP; **D:** incorreta, já que a fração a ser aplicada, no concurso formal próprio, é de um sexto até *metade*, e não de um sexto a *um terço*, conforme art. 70, *caput*, primeira parte, do CP. Além disso, os crimes que compõem o concurso não precisam ser da mesma *espécie*; **E:** incorreta. Sendo o concurso formal impróprio ou imperfeito, em que a ação é dolosa e os crimes concorrentes resultam de desígnios autônomos, as penas devem ser somadas (aplicadas cumulativamente), tal como estabelece o art. 70, *caput*, parte final, do CP. **ED**

---

**44.** Gabarito: A

Comentário: **A:** correta. De fato, conforme Súmula editada pelo STJ, de número 636, *a folha de antecedentes criminais é documento suficiente a comprovar os maus* *antecedentes e a reincidência*. No mais, também está correto o que se afirma na segunda parte da assertiva, uma vez que corresponde ao teor do art. 64, I, do CP; **B:** incorreta. A primeira parte da assertiva está correta, pois em conformidade com o entendimento firmado por meio da Súmula 545, do STJ: *quando a confissão for utilizada para a formação do convencimento do julgador, o réu fará jus à atenuante prevista no art. 65, III, d, do Código Penal*. A segunda parte da proposição, no entanto, está incorreta, pois em desconformidade com a Súmula 630, do STJ: *a incidência da atenuante da confissão espontânea no crime de tráfico ilícito de entorpecentes exige o reconhecimento da traficância pelo acusado, não bastando a mera admissão da posse ou propriedade para uso próprio*; **C:** incorreta. É que, em se tratando de causas de aumento previstas na parte geral do CP, deverá o juiz aplicar todas, ou seja, não se admite compensação entre elas; a regra prevista no art. 68, parágrafo único, do CP, segundo a qual o juiz aplicará só um aumento, refere-se às causas contidas na parte especial do CP; **D:** incorreta, pois não reflete o que dispõem os arts. 44 e 46 do CP; **E:** incorreta. A primeira parte da assertiva está correta, pois em conformidade com a Súmula 444, do STJ: *É vedada a utilização de inquéritos policiais e ações penais em curso para agravar a pena-base*. No entanto, a segunda parte da alternativa está incorreta, na medida em que eventuais condenações com trânsito em julgado e não utilizadas para determinar a reincidência podem ser usadas para o reconhecimento de maus antecedentes. Nesse sentido: "A Terceira Seção deste Superior Tribunal decidiu que "eventuais condenações criminais do réu transitadas em julgado e não utilizadas para caracterizar a reincidência somente podem ser valoradas, na primeira fase da dosimetria, a título de antecedentes criminais, não se admitindo sua utilização também para desvalorar a personalidade ou a conduta social do agente. Precedentes da Quinta e da Sexta Turmas desta Corte" (EAREsp n. 1.311.636/MS, Rel. Ministro Reynaldo Soares da Fonseca, 3ª S., DJe 26/4/2019). 4. Agravo regimental não provido. (AgRg no REsp 1784955/MS, Rel. Ministro ROGERIO SCHIETTI CRUZ, SEXTA TURMA, julgado em 03/09/2019, DJe 09/09/2019). ᴱᴰ

---

**45.** Gabarito: E

Comentário: **A:** incorreta. O primeiro trecho da alternativa está correto, na medida em que em conformidade com o entendimento sufragado na Súmula 441, do STJ: *A falta grave não interrompe o prazo para a obtenção de livramento condicional*; o erro da assertiva está, portanto, na sua segunda parte, que não reflete o disposto no art. 143 da LEP, segundo o qual a revogação será decretada a requerimento do MP, mediante representação do Conselho Penitenciário, ou *de ofício*, pelo magistrado, ouvido

o liberado; **B:** incorreta, uma vez que em desacordo com a regra presente no art. 84 do CP; **C:** incorreta, uma vez que a legislação não contempla tal requisito (art. 83, CP); **D:** incorreta. Será facultativa a revogação na hipótese de o liberado deixar de cumprir qualquer das obrigações constantes da sentença concessiva. É o que estabelece o art. 87 do CP, que também dispõe ser facultativa a revogação do livramento quando o reeducando for condenado em definitivo, por crime ou contravenção, a pena que não seja privativa de liberdade; **E:** correta, porquanto em conformidade com a Súmula 617, do STJ: "*A ausência de suspensão ou revogação do livramento condicional antes do término do período de prova enseja a extinção da punibilidade pelo integral cumprimento da pena*.". Atenção: a Lei 13.964/2019, com vigência a partir de 23 de janeiro de 2020 e posterior, portanto, à aplicação desta prova, introduziu novo requisito para a concessão do livramento condicional. Até então, tínhamos que o inciso III do art. 83 do CP continha os seguintes requisitos: comportamento satisfatório no curso da execução da pena; bom desempenho no trabalho atribuído ao reeducando; e aptidão para prover à própria subsistência por meio de trabalho honesto. O que fez a Lei 13.964/2019 foi inserir, neste inciso III, um quarto requisito. Doravante, além de preencher os requisitos contemplados no art. 83 do CP (nos seus cinco incisos), é de rigor que o reeducando, para fazer jus à concessão do livramento, não tenha cometido falta grave nos últimos 12 meses. O inciso III, que passou a abrigar esta modificação, foi fracionado em quatro alíneas ("a", "b", "c" e "d"), cada qual correspondente a um requisito (os três aos quais me referi acima e este novo requisito introduzido pela *novel* lei). ᴱᴰ

---

**46.** Gabarito: D

Comentário: **A:** incorreta. Embora a primeira parte da assertiva esteja correta, porquanto em consonância com o teor da Súmula 533, do STJ, a segunda parte está incorreta, uma vez que não condiz com o entendimento firmado por meio da Súmula 526, do STJ, segundo a qual é despiciendo o trânsito em julgado da sentença penal condenatória no processo penal instaurado para apuração do fato do qual decorre a configuração da falta grave; **B:** incorreta. Tal como afirmado na primeira parte da alternativa, admite-se a progressão de regime de cumprimento de pena ou a aplicação imediata de regime menos severo nela determinada, antes do trânsito em julgado da sentença condenatória (Súmula 716, STF), benefício este que se estende, sim, ao réu que se encontra em prisão especial (Súmula 717, STF); **C:** incorreta. É verdadeira a afirmação segundo a qual a prática de falta grave não interrompe a contagem do prazo para fim de comutação de pena ou indulto, segundo entendimento contido na Súmula 535, do STJ; entretanto, é incorreto afirmar-se que o indulto extingue os efeitos secundários da condenação, penais e extrapenais; sua extinção, segundo entendimento firmado por meio da Súmula 631, do STJ, somente alcança os efeitos primários (pretensão executória); **D:** correta, pois reflete tanto o disposto no art. 128 da LEP quanto o entendimento sufragado na Súmula 562, do STJ; **E:** incorreta, já que, conforme Súmula 520, do STJ, *o benefício da saída temporária no âmbito da execução penal é ato jurisdicional insuscetível de delegação à autoridade administrativa do estabelecimento prisional.* ED

---

**47.** Gabarito: C
Comentário: **A:** correta. De fato, se o réu, depois de citado por edital, não comparecer tampouco constituir defensor, o processo e o *prazo prescricional* ficarão, por imposição da regra estampada no art. 366 do CPP, *suspensos.* Poderá o juiz, neste caso, é importante que se diga, determinar a produção antecipada das provas que repute urgentes e, presentes os requisitos do art. 312 do CPP, decretar a prisão preventiva. *Vide,* a esse respeito, Súmulas n. 415 e 455 do STJ; **B:** correta, pois reflete o disposto no art. 116, II, do CP. Importante: a Lei 13.964/2019 (Pacote Anticrime) alterou diversos dispositivos do Código Penal, entre os quais o art. 116, ao qual foram introduzidas duas novas causas impeditivas da prescrição. Até o advento do Pacote Anticrime, o art. 116 do CP contava com dois incisos, que continham causas impeditivas ou suspensivas da prescrição da pretensão punitiva. O inciso III, acrescido pela Lei Anticrime, estabelece que a prescrição não corre *na pendência de embargos de declaração ou de recursos aos Tribunais Superiores, quando inadmissíveis.* Dessa forma, se os recursos especial, ao STJ, e extraordinário, ao STF, forem considerados inadmissíveis, o recorrente não será beneficiado por eventual prescrição que venha a ocorrer neste período. Este dispositivo, como se pode ver, presta-se a evitar que manobras procrastinatórias levem o processo à prescrição. O inciso IV, por seu turno, também inserido por meio da Lei 13.964/2019, prevê que a prescrição também não correrá *enquanto não cumprido ou não rescindido o acordo de não persecução penal,* introduzido no art. 28-A do CPP pelo Pacote Anticrime. Outra mudança operada pela Lei 13.964/2019 neste dispositivo foi a troca do termo *estrangeiro,* presente no inciso II, por *exterior* (dispositivo utilizado na resolução desta assertiva); **C:** incorreta, já que, segundo estabelece o art. 149, § 2º, do CPP, determinado, pelo magistrado, que o agente seja submetido a exame de insanidade mental, somente ficará suspenso o processo. É a chamada crise de instância. O prazo prescricional segue o seu curso normalmente. Segundo o magistério de Guilherme de Souza Nucci, ao analisar o dispositivo acima referido: *suspensão do processo: não implica*

*suspensão da prescrição, razão pela qual deve o exame ser feito com brevidade, caso o prazo prescricional esteja em vias de acontecer (Código Penal Comentado,* 17ª ed., p. 396); **D:** correta, pois em consonância com o que estabelece o art. 89, § 6º, da Lei 9.099/1995; **E:** correta, pois em conformidade com o teor do art. 116, I, do CP (dispositivo não alterado pela Lei 13.694/2019). ED

---

**48.** Gabarito: D
Comentário: **A:** incorreta. A questão que se coloca na primeira parte da assertiva é saber se o roubo seguido de morte (latrocínio), na hipótese acima, se consumara ou não, já que, embora tenha havido morte, a subtração não ocorreu. Em consonância com a jurisprudência do STJ (e também do STF), o crime de latrocínio (art. 157, § 3º, II, do CP) se consuma com a morte da vítima, ainda que o agente não consiga dela subtrair coisa alheia móvel. É o teor da Súmula 610, do STF. No STJ: "(...) 3. O latrocínio (CP, art. 157, § 3º, *in fine*) é crime complexo, formado pela união dos crimes de roubo e homicídio, realizados em conexão consequencial ou teleológica e com *animus necandi.* Estes crimes perdem a autonomia quando compõem o crime complexo de latrocínio, cuja consumação exige a execução da totalidade do tipo. Nesse diapasão, em tese, para haver a consumação do crime complexo, necessitar-se-ia da consumação da subtração e da morte, contudo os bens jurídicos patrimônio e vida não possuem igual valoração, havendo prevalência deste último, conquanto o latrocínio seja classificado como crime patrimonial. Por conseguinte, nos termos da Súmula 610 do STF, o fator determinante para a consumação do latrocínio é a ocorrência do resultado morte, sendo despicienda a efetiva inversão da posse do bem (...)" (HC 226.359/DF, Rel. Min. Ribeiro Dantas, Quinta Turma, j. 02.08.2016, *DJe* 12.08.2016). A segunda parte da assertiva está correta, uma vez que reflete o entendimento consolidado na Súmula 440, do STJ: "Fixada a pena-base no mínimo legal, é vedado o estabelecimento de regime prisional mais gravoso do que o cabível em razão da sanção imposta, com base apenas na gravidade abstrata do delito"; **B:** incorreta. É pacífico o entendimento, tanto no STJ quanto no STF, de que é possível a coexistência do furto qualificado (art. 155, §4º, do CP) com a modalidade privilegiada do art. 155, §2º, do CP, desde que a qualificadora seja de ordem *objetiva* (e não subjetiva, como consta da assertiva). Tanto é assim que o STJ, consolidando esse entendimento, editou a Súmula 511: "É possível o reconhecimento do privilégio previsto no §2º do art. 155 do CP nos casos de crime de furto qualificado, se estiverem presentes a primariedade do agente, o pequeno valor da coisa e a qualificadora for de ordem objetiva". A segunda parte da assertiva está correta, pois reflete o entendimento consolidado na Súmula 442, do STJ: "É inadmissível aplicar, no

furto qualificado, pelo concurso de agentes, a majorante do roubo"; **C:** incorreta. Hodiernamente, é tranquilo o entendimento dos tribunais superiores no sentido de que o emprego de arma de brinquedo, no contexto do crime de roubo, não autoriza o reconhecimento da causa de aumento prevista no art. 157, § 2º-A, I, do CP. Lembremos que a Súmula 174 do STJ, que consolidava o entendimento pela incidência da majorante em casos assim, foi cancelada em 24 de outubro de 2001, apontando, portanto, mudança de posicionamento. Como se pode ver, até aqui a assertiva está correta. O erro está na sua parte final, em que afirma ser imprescindível à consumação do crime de roubo a posse mansa e pacífica ou desvigiada do objeto material. Como bem sabemos, a jurisprudência é pacífica no sentido de que o crime de roubo se consuma com a mera inversão da posse do bem mediante emprego de violência ou grave ameaça, independente da posse pacífica e desvigiada da coisa pelo agente. Tal entendimento encontra-se consolidado na Súmula 582, do STJ: "Consuma-se o crime de roubo com a inversão da posse do bem mediante emprego de violência ou grave ameaça, ainda que por breve tempo e em seguida à perseguição imediata ao agente e recuperação da coisa roubada, sendo prescindível a posse mansa e pacífica ou desvigiada"; **D:** correta. Se o crime é hediondo ou assemelhado, como é o caso da extorsão mediante sequestro (art. 159, CP), e foi praticado após a entrada em vigor da Lei 11.464/07, a progressão, por imposição do art. 2º, § 2º, da Lei 8.072/90, dar-se-á nos seguintes moldes: sendo o apenado primário, a progressão de regime ocorrerá após o cumprimento de dois quintos da pena; se reincidente, depois de cumpridos três quintos. Agora, se a prática do crime hediondo ou assemelhado for anterior à entrada em vigor da Lei 11.464/2007, que alterou, na Lei de Crimes Hediondos, o lapso exigido para a progressão de regime, deverá incidir, quanto aos condenados por crimes dessa natureza, a regência do art. 112 da LEP, que impõe, como condição para progressão de regime, o cumprimento de *um sexto* da pena no regime anterior, além de bom comportamento carcerário. Este entendimento está contemplado na Súmula 471 do STJ. Dessa forma, é correto afirmar que o condenado por extorsão mediante sequestro, dependendo da data de cometimento da infração (antes ou depois da Lei 11.464/2007), poderá obter a progressão de regime após o cumprimento de um sexto da pena. A segunda parte da assertiva, que se refere ao crime de extorsão comum (art. 158, CP), está também correta. Isso porque se trata de crime (formal) em que a consumação se opera no momento em que a vítima, constrangida, faz o que lhe foi imposto pelo agente ou ainda deixa de fazer o que este determinou que ela não fizesse. A obtenção, por parte do sujeito ativo, da vantagem exigida constitui mero exaurimento, isto é, desdobramento típico do delito previsto no art. 158 do

CP. Este é o teor da Súmula 96 do STJ, que preceitua que "o crime de extorsão consuma-se independentemente da obtenção da vantagem indevida". Atenção: com as mudanças implementadas pela Lei 13.964/2019 no art. 112 da LEP, foram alteradas as frações de cumprimento de pena necessárias para que o reeducando obtenha o direito de progressão de regime; **E:** incorreta. A primeira parte da assertiva, que está correta, refere-se ao chamado *furto sob vigilância*, que pode, em determinadas situações, a depender do caso concreto, caracterizar *crime impossível* pela *ineficácia absoluta do meio* (art. 17 do CP). É o caso, por exemplo, do agente que, desde o momento em que ingressa no supermercado, passa a ser permanentemente vigiado por sistema de câmeras e também por seguranças, que ficam o tempo todo no seu encalço. Não há, neste caso, a menor possibilidade de o crime consumar-se. Isso não quer dizer que a existência, por si só, de sistema de segurança por câmeras elimine a possibilidade de o crime chegar à sua consumação. É perfeitamente plausível que o agente se aproveite de determinado ângulo de monitoramento em que a subtração não é visualizada pelo sistema de câmeras. Dessa forma, a ineficácia do meio deve ser avaliada caso a caso. Nesse sentido: STF, HC 110.975-RS, 1ª T., rel. Min. Carmen Lúcia, 22.05.2012. Consagrando esse entendimento, o STJ editou a Súmula 567: "Sistema de vigilância realizado por monitoramento eletrônico ou por existência de segurança no interior de estabelecimento comercial, por si só, não torna impossível a configuração do crime de furto". A segunda parte da assertiva está incorreta, porque em desconformidade com o entendimento firmado pela Súmula 443, do STJ: *O aumento na terceira fase de aplicação da pena no crime de roubo circunstanciado exige fundamentação concreta, não sendo suficiente para a sua exasperação a mera indicação do número de majorantes.* ED

**49.** Gabarito: B
Comentário: **A:** incorreta. Atualmente, o crime de estupro, em qualquer de suas modalidades, e os demais delitos contra a dignidade sexual são processados, em qualquer caso, por meio de ação penal pública *incondicionada* (e não condicionada, como consta da assertiva). A propósito, no que se refere à natureza da ação penal nos crimes sexuais, importante fazer algumas ponderações, tendo em conta recente alteração legislativa. Refiro-me à Lei 13.718/2018, que, além de ter promovido várias outras inovações nos crimes contra a dignidade sexual, mudou, uma vez mais, a natureza da ação penal nesses delitos. Com isso, a ação penal, nos crimes sexuais, passa a ser pública incondicionada. Vale lembrar que, antes do advento desta Lei, a ação era, em regra, pública condicionada, salvo nas situações em que a vítima era vulnerável ou menor de

18 anos. Fazendo um breve histórico, temos o seguinte quadro: a ação penal, nos crimes sexuais, era, em regra, privativa do ofendido, a este cabendo a propositura da ação penal; posteriormente, a partir do advento da Lei 12.015/2009, a ação penal, nesses crimes, deixou de ser privativa do ofendido para ser pública condicionada a representação, em regra; agora, com a entrada em vigor da Lei 13.718/2018, a ação penal, nos crimes contra a dignidade sexual, que antes era pública condicionada, passa a ser pública incondicionada. Com isso, o titular da ação penal, que é o MP, prescinde de manifestação de vontade da vítima para promover a ação penal. Dessa forma, fica sepultado o debate que antes havia acerca da aplicação da Súmula 608, do STF. É importante que se diga que, além da alteração a que fizemos referência, a Lei 13.718/2018 promoveu, no contexto dos crimes sexuais, outras relevantes mudanças. Uma das mais significativas, a nosso ver, é a introdução, no Código Penal, do crime de *importunação sexual*, disposto no art. 215-A, nos seguintes termos: *Praticar contra alguém e sem a sua anuência ato libidinoso com o objetivo de satisfazer a própria lascívia ou a de terceiro: Pena – reclusão, de 1 (um) a 5 (cinco) anos, se o ato não constitui crime mais grave.* A conduta de homens que, em ônibus e trens lotados, molestam mulheres e, em alguns casos, chegam a ejacular, se enquadra, doravante, neste novo tipo penal. Episódio amplamente divulgado pelos meios de comunicação é o de um homem que, dentro do transporte público, em São Paulo, ejaculou no pescoço de uma mulher. Antes, a responsabilização se dava pela contravenção penal de *importunação ofensiva ao pudor*, definida no art. 61 da LCP, cujo preceito secundário estabelecia exclusivamente pena de multa, dispositivo este que foi revogado, de forma expressa, pela Lei 13.718/2018, tendo a conduta ali descrita migrado para o novo art. 215-A do CP, em face da regra da continuidade típico-normativa. Evidente que a pena, agora mais grave, não poderá retroagir e atingir fatos anteriores à entrada em vigor da Lei 13.718/2018. Outra importante inovação refere-se à inclusão, no art. 218-C, do delito de *divulgação de cena de estupro ou de cena de estupro de vulnerável, de cena de sexo ou de pornografia*. O objetivo do legislador, com a tipificação desta conduta, foi o de coibir um fenômeno que, infelizmente, tem sido cada vez mais comum, que é a violação da intimidade com a exposição sexual não autorizada. Inclui-se, aqui, a chamada *pornografia da vingança*, em que fotografias e vídeos de conteúdo íntimo de alguém (normalmente mulher) são divulgados na internet pelo ex-esposo ou ex-namorado como forma de vingança. A partir daí, o conteúdo é disseminado, nas redes sociais e em grupos de *Whatsapp*, de forma exponencial. O art. 218-C contempla uma causa de aumento de pena, a configurar-se quando o crime é praticado por agente que mantém ou tenha mantido relação íntima de afeto com a vítima ou com o fim de vingança ou humilhação. No que concerne ao estupro de vulnerável, previsto no art. 217-A do CP, a Lei 13.718/2018, ao inserir o § 5º nesse dispositivo legal, consagra o entendimento adotado pela Súmula 593, do STJ, no sentido de que o consentimento e a experiência sexual anterior são irrelevantes à configuração do crime de estupro de vulnerável. Além disso, a Lei 13.718/2018 fez inserir, no art. 226 do CP, o inciso IV, estabelecendo que a pena será aumentada nos casos de *estupro coletivo* e *estupro corretivo*. Por fim, ainda dentro do tema "alterações nos crimes contra a dignidade sexual", a Lei 13.772/2018 inseriu no Código Penal o crime de *registro não autorizado da intimidade sexual*, definido no art. 216-B, que passa a integrar o novo Capítulo I-A do Título VI. Segundo a descrição típica, este novo crime restará configurado quando o agente *produzir, fotografar, filmar ou registrar, por qualquer meio, conteúdo com cena de nudez ou ato sexual ou libidinoso de caráter íntimo e privado sem autorização dos participantes.* A pena é de detenção, de 6 (seis) meses a 1 (um) ano, e multa. O que fez esta Lei, ao inserir no CP este novo crime, foi superar uma lacuna em relação à conduta do agente que registrava a prática de atos sexuais entre terceiros, sem que estes, obviamente, tivessem conhecimento. Esta conduta, vale dizer, não é de rara ocorrência. Imaginemos a hipótese em que o proprietário de uma casa ou mesmo de um motel instale, de forma oculta e sorrateira, uma câmera com o fim de registrar a prática de atos sexuais entre pessoas que ali se encontram. Antes do advento desta Lei, tal conduta não configurava crime. Segundo estabelece o parágrafo único do art. 216-B, incorrerá na mesma pena aquele que *realiza montagem em fotografia, vídeo, áudio ou qualquer outro registro com o fim de incluir pessoa em cena de nudez ou ato sexual ou libidinoso de caráter íntimo.* No crime do *caput*, a cena de sexo registrada às escondidas é verdadeira, ou seja, ela de fato ocorreu na forma como foi registrado. No caso do parágrafo único, o agente realiza uma montagem, ou seja, cria o registro de uma cena de sexo envolvendo pessoas que dela não participaram. Basta, aqui, recordar da montagem envolvendo certo candidato ao Governo do Estado de São Paulo nas últimas eleições, que apareceu em cena de sexo explícito. Pelo que se constatou, o rosto do então candidato foi manipulado por meio de recursos gráficos. Como não poderia deixar de ser, esta montagem ganhou, rapidamente, as redes sociais e aplicativos de mensagem. Importante que se diga que as condutas, tanto a do *caput* quanto a do parágrafo único, constituem infração penal de menor potencial ofensivo, aplicando-se, bem por isso, os benefícios e o procedimento da Lei 9.099/1995; **B:** correta, pois em conformidade com o disposto no art. 167 do CP; **C:** incorreta, pois não corresponde ao teor da Súmula 714, do STF: *É concorrente a legitimidade do ofendido, mediante queixa, e do Ministério Público, condicionada à*

*representação do ofendido, para a ação penal por crime contra a honra de servidor público em razão do exercício de suas funções; **D:** incorreta. A ação penal, no crime de exercício arbitrário das próprias razões (art. 345, CP), somente será privativa do ofendido na hipótese de não haver emprego de violência no cometimento do delito, conforme reza o parágrafo único do dispositivo a que fizemos referência; se houver emprego de violência, a ação penal será pública; **E:** incorreta, pois em desconformidade com o teor do art. 183, III, do CP, que veda a incidência da imunidade relativa do art. 182, II, CP quando o crime for praticado contra pessoa com idade igual ou superior a 60 anos.* 🔲

**50.** Gabarito: E
Comentário: **A:** incorreta, já que, em consonância com a Súmula Vinculante 36, o julgamento caberá à Justiça Federal; **B:** incorreta, uma vez que contraria o entendimento consolidado na Súmula 17, do STJ: *Quando o falso se exaure no estelionato, sem mais potencialidade lesiva, é por este absorvido.* Trata-se de hipótese de incidência do princípio da consunção; **C:** incorreta. O cartão de crédito ou débito, tal como consta da assertiva, equipara-se a documento particular, conforme dispõe o art. 298, parágrafo único, do CP; já o testamento particular e a duplicata são equiparados a documento público (art. 297, § 2º, do CP); **D:** incorreta. Segundo STF e STJ, aquele que atribui a si identidade falsa com o escopo de furtar-se à responsabilidade criminal deve, sim, responder pelo crime de falsa identidade (art. 307,CP). A propósito, o STJ, consolidando tal entendimento, editou a Súmula n. 522: "A conduta de atribuir-se falsa identidade perante autoridade policial é típica, ainda que em situação de alegada autodefesa". Também nesse sentido, o STF: "Direito penal. Agravo regimental em recurso extraordinário com agravo. Crime de falsa identidade. Art. 307 do Código Penal. Alegação de autodefesa. Impossibilidade. Tipicidade configurada. 1. O Plenário Virtual do Supremo Tribunal Federal, no julgamento do RE 640.139, Rel. Min. Dias Toffoli, decidiu que o princípio constitucional da autodefesa não alcança aquele que atribui falsa identidade perante autoridade policial com o intuito de ocultar maus antecedentes. Na ocasião, reconheceu-se a existência de repercussão geral da questão constitucional suscitada e, no mérito, reafirmou a jurisprudência dominante sobre a matéria. 2. Agravo regimental a que se nega provimento." (ARE 870572 AgR, Relator(a): Min. Roberto Barroso, Primeira Turma, julgado em 23/06/2015, acórdão eletrônico DJe-154 DIVULG 05-08-2015 Publicado em 06-08-2015); **E:** correta. O crime de falsidade ideológica, capitulado no art. 299 do CP, tem pena mínima cominada correspondente a um ano, o que torna possível a incidência do *sursis* processual (art. 89, *caput*, da Lei 9.099/1995).

Sucede que, no crime de falsidade ideológica de assentamento de registro civil, o art. 299, parágrafo único, do CP estabelece um aumento de pena da ordem de um sexto, o que afasta a aplicação do benefício da suspensão condicional do processo, que somente tem lugar nos delitos cuja pena mínima cominada não é superior a um ano. 🔲

**51.** Gabarito: A
Comentário: **A:** correta. O agravo de execução segue o rito do recurso em sentido estrito. O prazo para a sua interposição é de cinco dias, nos termos da Súmula 700 do STF: "É de cinco dias o prazo para interposição de agravo contra decisão do juiz da execução penal". Ademais, tendo em conta o que estabelece o art. 370, § 4º, do CPP, a intimação do defensor nomeado e também do MP será *pessoal;* **B:** incorreta, pois não reflete o entendimento sedimentado na Súmula 192, do STJ: "Compete ao Juízo das Execuções Penais do Estado a execução das penas impostas a sentenciados pela Justiça Federal, Militar ou Eleitoral, quando recolhidos a estabelecimentos sujeitos à administração estadual"; **C:** incorreta. A aplicação do isolamento preventivo do condenado faltoso pode ser dar por até dez dias (e não sessenta), conforme estabelece o art. 60, *caput*, da LEP, dispositivo que também prevê que a inclusão do preso no regime disciplinar diferenciado é de competência exclusiva do juiz da execução; **D:** incorreta, já que a oitiva prévia se imporá nas duas hipóteses acima referidas, já que ambas configuram falta grave (art. 50, I e III, da LEP). É o que estabelece o art. 118, § 2º, da LEP; **E:** incorreta, uma vez que contraria o entendimento firmado por meio da Súmula 604, do STJ, segundo a qual *o mandado de segurança não se presta para atribuir efeito suspensivo a recurso criminal interposto pelo Ministério Público.* 🔲

**52.** Gabarito: B
Comentário: **A:** incorreta, já que o prazo para resposta à acusação de que dispõe o denunciado corresponde a 10 dias, nas duas modalidades do procedimento comum (ordinário e sumário), conforme estabelece o art. 396, *caput*, do CPP. Não há, portanto, que se falar em interregno diferenciado na hipótese de o procedimento ser o sumário; **B:** correta, pois em conformidade com o disposto nos arts. 402 e 404, parágrafo único, do CPP; **C:** incorreta. Se o réu, citado pessoalmente, deixar de oferecer a resposta à acusação dentro do prazo estabelecido em lei, que é de dez dias, caberá ao juiz nomear-lhe defensor para patrocinar a sua defesa, oferecendo a petição de resposta escrita (art. 396-A, § 2º, CPP); **D:** incorreta, já que a audiência de instrução e julgamento, no procedimento sumário, deverá realizar-se no prazo máximo de 30 dias (e não de 60 dias), conforme estabelece o art. 531 do CPP; **E:** incorreta. Pode a parte, é verdade, desistir da testemunha que haja arrolado, mas

nada obsta que o juiz, com vistas à busca da verdade real e a fim de formar o seu convencimento, insista na oitiva da testemunha (art. 209, *caput*, e art. 401, § 2°, ambos do CPP). 🔲

## 53. Gabarito: A

Comentário: **A:** correta. Ao pronunciar o acusado, levando-o a julgamento perante o Tribunal do Júri, não deve o juiz aprofundar-se na prova; limitar-se-á, isto sim, ao exame, sempre em linguagem moderada e prudente, quanto à *existência do crime* (materialidade) e dos *indícios suficientes de autoria*, apontando, ainda, o dispositivo legal em que se acha incurso o acusado, bem assim as circunstâncias qualificadoras e as causas de aumento de pena. É o que estabelece o art. 413, § 1°, do CPP. É vedado ao juiz, portanto, proceder à classificação das agravantes e atenuantes genéricas bem como das causas de diminuição de pena; **B:** incorreta. É defeso ao juiz absolver sumariamente o réu com fulcro na inimputabilidade (doença mental – art. 26, CP), salvo se esta constituir a única tese defensiva. É o que estabelece o art. 415, parágrafo único, do CPP. Como bem sabemos, a inimputabilidade leva à aplicação de medida de segurança, razão pela qual, caso haja tese defensiva subsidiária, é mais vantajoso ao acusado ser julgado pelo Tribunal Popular, pois pode ser ali ser absolvido; **C:** incorreta. É verdade que, se o juiz não se convencer da materialidade do fato ou da existência de indícios suficientes de autoria ou de participação, deverá, sempre de forma fundamentada, proferir decisão de impronúncia do acusado (art. 414, *caput*, do CPP). Também é verdade que a decisão de impronúncia não faz coisa julgada material (art. 414, parágrafo único, CPP), na medida em que, diante do surgimento de prova substancialmente nova, poderá ser formulada nova denúncia. O erro da assertiva está em afirmar que *sempre* será possível a formulação de nova denúncia. É que isso somente poderá acontecer enquanto não ocorrer a extinção da punibilidade; **D:** incorreta. Trata-se de hipótese de desclassificação do crime imputado ao réu (art. 419, CPP). Neste caso, caberá ao juiz remeter o feito ao magistrado que tenha competência para o julgamento; **E:** incorreta. Cuida-se de hipótese de absolvição sumária (art. 415, II, CPP). 🔲

## 54. Gabarito: B

Comentário: **A:** incorreta. Isso porque o *habeas corpus* poderá ser impetrado tanto na hipótese de o processo ser manifestamente nulo quanto no caso de a punibilidade estar extinta (art. 648, VI e VII, do CPP); **B:** correta. De fato, ante a ausência de justa causa para o exercício da ação penal ou mesmo para sustentar as investigações do inquérito policial, cabível a impetração de *habeas corpus* (art. 648, I, CPP). De outro lado, descabe a impetração de *habeas corpus* quando já extinta a pena privativa de liber-

dade, conforme entendimento sedimentado na Súmula 695, do STF; **C:** incorreta, pois em desconformidade com a Súmula 693, do STF; **D:** incorreta, uma vez que contraria o entendimento firmado por meio da Súmula 694, do STF; **E:** incorreta (Súmula 395, do STF). 🔲

## 55. Gabarito: E

Comentário: **A:** incorreta, pois não reflete o entendimento contido na Súmula 528, do STJ; **B:** incorreta. Segundo entendimento firmado na Súmula 140, do STJ, "compete à Justiça Comum Estadual processar e julgar crime em que o indígena figure como autor ou vítima"; **C:** incorreta, pois contraria o entendimento contido na Súmula 235, do STJ; **D:** incorreta. Compete à turma recursal, e não ao Tribunal de Justiça, processar e julgar mandado de segurança contra ato de Juizado Especial. É o entendimento firmado na Súmula 376, do STJ; **E:** correta, pois reflete o teor da Súmula 546, do STJ: "A competência para processar e julgar o crime de uso de documento falso é firmada em razão da entidade ou órgão ao qual foi apresentado o documento público, não importando a qualificação do órgão expedidor". 🔲

## 56. Gabarito: D

Comentário: **A:** incorreta. A assertiva descreve hipótese de *mutatio libelli*, cuja incidência, conforme entendimento firmado na Súmula 453 do STF, é vedada em segundo grau de jurisdição. Vale observar que tal vedação não se aplica no campo de *emendatio libelli*. E por falar nisso, é importante que apontemos a diferença entre esses dois institutos. No campo de *emendatio libelli*, o fato descrito pela acusação na peça inicial permanece inalterado, sem prejuízo, por isso mesmo, para a defesa. A mudança, aqui, incide na classificação da conduta, levada a efeito pela acusação, no ato da propositura da ação, e retificada pelo juiz, de ofício, no momento da sentença, sendo desnecessário, em vista disso, ouvir a esse respeito o defensor. Na *mutatio libelli*, diferentemente, temos que a prova colhida na instrução aponta para uma nova definição jurídica do fato, diversa daquela contida na inicial. Por força do que estabelece o art. 383 do CPP, com a redação que lhe conferiu a Lei de Reforma 11.719/2008, impõe-se o aditamento da exordial pelo órgão acusatório, ainda que a nova capitulação jurídica implique aplicação de pena igual ou menos grave; **B:** incorreta, conforme se depreende do teor da Súmula 713 do STF: "O efeito devolutivo da apelação contra decisões do júri é adstrito aos fundamentos da sua interposição"; **C:** incorreta, pois não corresponde ao entendimento firmado na Súmula 525, do STF; **D:** correta, pois nos termos da Súmula 708, do STF: "É nulo o julgamento da apelação se, após a manifestação nos autos da renúncia do único defensor, o réu não foi previamente intimado para constituir outro"; **E:** incorreta. A primeira parte da assertiva está correta, pois em conformidade com o entendimento firmado na Súmula 160, do STF: "É nula a decisão do Tribunal que acolhe, contra o réu, nulidade não arguida no recurso da acusação, ressalvados os casos de recurso de ofício". A segunda parte, no entanto, está incorreta, pois não corresponde ao entendimento firmado na Súmula 431 do STF. [ED]

## 57. Gabarito: B

Comentário: **A:** incorreta, pois não reflete o entendimento sufragado na Súmula 523 do STF, *in verbis*: "No processo penal, a falta da defesa constitui nulidade absoluta, mas a sua deficiência só o anulará se houver prova de prejuízo para o réu"; **B:** correta, pois reflete o entendimento consolidado na Súmula 366, do STF: "Não é nula a citação por edital que indica o dispositivo da lei penal, embora não transcreva a denúncia ou queixa, ou não resuma os fatos em que se baseia"; **C:** incorreta, pois não corresponde ao entendimento firmado na Súmula 712, do STF: "É nula a decisão que determina o desaforamento de processo da competência do júri sem audiência da defesa"; **D:** incorreta, pois em desacordo com a Súmula 155 do STF: "É relativa a nulidade do processo criminal por falta de intimação da expedição de precatória para inquirição de testemunha"; **E:** incorreta, uma vez que contraria o entendimento firmado por meio da Súmula 206, do STF: "É nulo o julgamento ulterior pelo júri com a participação de jurado que funcionou em julgamento anterior do mesmo processo". [ED]

## 58. Gabarito: E

Comentário: Na hipótese de o réu não ser encontrado, deverá o juiz determinar a sua citação por edital, depois de esgotados os meios disponíveis para a sua localização. Se o acusado, depois de citado por edital, não comparecer tampouco constituir defensor, o processo e o prazo prescricional ficarão, em vista da disciplina estabelecida no art. 366 do CPP, suspensos. Quanto ao período durante o qual o prazo prescricional deverá permanecer suspenso, prevalece o entendimento de que tal deverá ocorrer pelo interregno correspondente ao prazo máximo em abstrato previsto para o crime narrado na peça acusatória. A esse respeito, *vide* Súmula 415 do STJ. A produção da prova considerada urgente deverá se dar em conformidade com o entendimento firmado na Súmula 455 do STJ: "A decisão que determina a produção antecipada de provas com base no art. 366 do CPP deve ser concretamente fundamentada, não a justificando unicamente o mero decurso do tempo". Mais: a colheita desta prova somente poderá se dar na presença de defensor público ou dativo, para o fim de que ao acusado seja assegurado direito de defesa. No que toca à prisão preventiva, a sua decretação, no âmbito do art. 366 do CPP, somente poderá se dar diante da presença dos requisitos do art. 312 do CPP, sendo vedada, portanto, a decretação automática da custódia. O mesmo há de ser aplicado à produção antecipada de provas, que está condicionada à demonstração de sua necessidade, não bastando, a autorizá-la, como dissemos, o mero decurso do tempo. [ED]

## 59. Gabarito: C

Comentário: **A:** incorreta, pois o STF fixou tese com repercussão geral no sentido de que "inexiste, na Constituição Federal de 1988, reserva de iniciativa para leis de natureza tributária, inclusive para as que concedem renúncia fiscal" (Tema 682). Ainda que acarretem diminuição das receitas arrecadadas, as leis que concedem benefícios fiscais tais como isenções, remissões, redução de base de cálculo ou alíquota não podem ser enquadradas entre as leis orçamentárias a que se referem o art. 165 da Constituição Federal (ARE 743480 RG, Relator: Min. Gilmar Mendes, julgado em 10.10.2013, Tema 682); **B:** incorreta, porque a isenção foi concedida mediante lei de iniciativa do Poder Legislativo Municipal, respeitando, assim, o princípio da legalidade tributária; **C:** correta, pois a jurisprudência do STF nega a exigência de reserva de iniciativa em matéria tributária, ainda que se cuide de lei que vise à minoração ou revogação de tributo. As leis em matéria tributária enquadram-se na regra de iniciativa geral, que autoriza a qualquer parlamentar apresentar projeto de lei cujo conteúdo consista em instituir, modificar ou revogar tributo (ARE 743480 RG, Relator: Min. Gilmar Mendes, julgado em 10/10/2013, Tema 682); **D:** incorreta, visto que a Contribuição para o Custeio do Serviço de Iluminação Pública (COSIP) pertence à competência tributária dos Municípios e do Distrito Federal, conforme previsão do art. 149-A da CF; **E:** incorreta, conforme comentários anteriores. [AMN]

## 60. Gabarito: B

Comentário: **A:** incorreta, pois ajuizar demanda contrária ao teor de súmula vinculante não está elencada como hipótese de litigância de má-fé no rol taxativo do art. 80 do CPC. Ademais, é possível ao autor discutir a existência de distinção no caso em julgamento (*distinguishing*) ou a superação do entendimento sumulado (*overruling*). Por fim, o STF entende que a litigância de má-fé necessita da comprovação da intenção dolosa da parte, a configurar uma conduta desleal por abuso de direito (AgInt no AREsp 1427716/PR, Rel. Ministro Marco Buzzi, Quarta Turma, julgado em 29.04.2019); **B:** correta, de acordo com a previsão do art. 7º, § 1º, da Lei 11.417/2006; **C:** incorreta, porque não se opera a sua caducidade automática. Se a lei em que se fundou a edição de enunciado de súmula vinculante for revogada ou modificada, o Supremo Tribunal Federal, de ofício ou por provocação, procederá à sua revisão ou cancelamento (art. 5º da Lei 11.417/2006); **D:** incorreta, porque, embora a súmula vinculante não produza efeitos em face do Poder Legislativo na sua função típica de legislar (art. 103-A da CF), é possível questionar perante o Judiciário a validade de lei que seja contrária ao teor de súmula vinculante, já que ela nasce com uma presunção relativa de inconstitucionalidade; **E:** incorreta, pois a súmula vinculante não se confunde com a súmula impeditiva de recursos, a qual foi extinta com o novo CPC. Criada pela Lei 11.276/2006, a súmula impeditiva de recursos previa que o juiz não recebesse o recurso de apelação quando a sentença estivesse em conformidade com súmula do Superior Tribunal de Justiça ou do Supremo Tribunal Federal (art. 518, § 1º, do CPC/1973); o novo Código de Processo Civil não prevê a súmula impeditiva de recursos como requisito específico de admissibilidade da apelação, até porque o juízo de primeiro grau não faz mais juízo de admissibilidade da apelação. Já a súmula vinculante, com previsão constitucional trazida pela EC 45/2004, submete todos os demais órgãos do Poder Judiciário e a administração pública direta e indireta ao entendimento sumulado pelo STF, tendo um papel análogo àquele exercido pelos atos normativos (art. 103-A da CF). AMN

**61.** Gabarito: D
Comentário: **A:** incorreta, visto que o mandado de segurança segue rito sumário e possui legitimados, prazo e objeto diferentes da ação civil pública e da ação popular, não se podendo falar em fungibilidade ou substituição entre essas ações. De acordo com a jurisprudência reiterada do STF, o mandado de segurança não pode ser utilizado como sucedâneo da ação popular (MS 33844 MC-AgR, Relator: Min. Celso de Mello, Tribunal Pleno, julgado em 28.10.2015), entendimento que se encontra consubstanciado na Súmula 101 do STF: "O mandado de segurança não substitui a ação popular"; **B:** incorreta, porque o mandado de segurança admite o litisconsórcio ativo, conforme previsão contida no art. 10, § 2º, da Lei 12.016/2009 ("O ingresso de litisconsorte ativo não será admitido após o despacho da petição inicial"). Também não há vedação ao litisconsórcio passivo, sendo, inclusive, obrigatório em algumas hipóteses, conforme prevê a Súmula 631 do STF: "Extingue-se o processo de mandado de segurança se o impetrante não promove, no prazo assinado, a citação do litisconsorte passivo necessário"; **C:** incorreta, haja vista que o pedido de reconsideração na via administrativa não interrompe o prazo para o mandado de segurança (Súmula 430 do STF). Nesse sentido, é firme a jurisprudência do STJ no sentido de que "os recursos administrativos não possuem o condão de impedir o início do prazo decadencial para manejo do mandado de segurança,

tampouco o suspende ou interrompe" (AgInt no RMS 54.552/SP, Rel. Ministro Francisco Falcão, Segunda Turma, julgado em 13.11.2018); **D:** correta, de acordo com a previsão do art. 1º, § 1º, da Lei 12.016/2009; **E:** incorreta, pois a sentença ou o acórdão que denegar mandado de segurança, sem decidir o mérito, não impedirá que o requerente, por ação própria, pleiteie os seus direitos e os respectivos efeitos patrimoniais (art. 19 da Lei 12.016/2009). AMN

**62.** Gabarito: C
Comentário: **A:** incorreta, porque a arguição de descumprimento de preceito fundamental (ADPF) é instrumento típico do controle abstrato de constitucionalidade. Segundo o STF, "a arguição de descumprimento de preceito fundamental foi concebida pela Lei 9.882/1999 para servir como um instrumento de integração entre os modelos difuso e concentrado de controle de constitucionalidade, viabilizando que atos estatais antes insuscetíveis de apreciação direta pelo STF, tais como normas pré-constitucionais ou mesmo decisões judiciais atentatórias a cláusulas fundamentais da ordem constitucional, viessem a figurar como objeto de controle em processo objetivo" (ADPF 127, Rel. Min. Teori Zavascki, j. 25.02.2014, dec. monocrática, DJE de 28.02.2014); **B:** incorreta, porque "os legitimados para propor arguição de descumprimento de preceito fundamental se encontram definidos, em *numerus clausus*, no art. 103 da Constituição da República, nos termos do disposto no art. 2º, I, da Lei 9.882/1999", não sendo possível a ampliação do rol exaustivo inscrito na CF (ADPF 75 AgR, rel. min. Ricardo Lewandowski, j. 03.05.2006, Pleno, DJ de 02.06.2006); **C:** correta, pois é admitida, na ADPF, a modulação dos efeitos da declaração de inconstitucionalidade, conforme previsão do art. 11 da Lei 9.882/1999; **D:** incorreta, visto que não será admitida a ADPF quando houver qualquer outro meio eficaz de sanar a lesividade (art. 4º, § 1º, da Lei 9.882/2019). "A arguição de descumprimento de preceito fundamental é regida pelo princípio da subsidiariedade a significar que a admissibilidade desta ação constitucional pressupõe a inexistência de qualquer outro meio juridicamente apto a sanar, com efetividade real, o estado de lesividade do ato impugnado" (STF, ADPF 134 AgR-terceiro, Rel. Min. Ricardo Lewandowski, j. 03.06.2009, Pleno, DJE de 7-8-2009); **E:** incorreta, pois é exigido o quórum mínimo de seis Ministros (maioria absoluta dos membros do STF) para deferir pedido de medida liminar, sendo que, em caso de extrema urgência ou perigo de lesão grave, ou ainda, em período de recesso, poderá o relator conceder a liminar, ad referendum do Tribunal Pleno (art. 5º, *caput* e § 1º, da Lei 9.882/1999). AMN

**63.** Gabarito: ANULADA

Comentário: **A:** incorreta, já que não se admitirá desistência da ação direta de inconstitucionalidade (art. 5º da Lei 9.868/1999); **B:** incorreta, porque não se admitirá intervenção de terceiros no processo de ação direta de inconstitucionalidade (art. 7º da Lei 9.868/1999); **C:** incorreta, pois o efeito vinculante foi estendido à ação declaratória de inconstitucionalidade (ADI), em âmbito constitucional, pela Emenda Constitucional 45/2004, que alterou a redação do § 2º do art. 102. Na verdade, o efeito vinculante foi introduzido no texto constitucional pela EC 3/1993, que acrescentou o § 2º ao art. 102 prevendo esse efeito apenas para as ações declaratórias de constitucionalidade (ADC). Ademais, a EC 45/04 revogou o § 4º do art. 103 da Constituição e deu nova redação ao *caput* desse dispositivo para estender a legitimidade ativa da ADC a todos os sujeitos legitimados para propor a ADI; **D:** incorreta, visto que a decisão sobre a constitucionalidade ou a inconstitucionalidade da lei ou do ato normativo somente será tomada se presentes na sessão pelo menos oito Ministros (art. 22 da Lei 9.868/1999); **E:** incorreta, uma vez que é admitida a concessão de medida cautelar na ADI, por decisão da maioria absoluta dos membros do Tribunal, conforme previsão dos arts. 10 a 12 da Lei 9.868/1999. AMN

**64.** Gabarito: D

Comentário: **A:** incorreta, porque, em se tratando de competência concorrente, a competência da União para legislar sobre normas gerais não exclui a competência suplementar dos estados, conforme previsão expressa do art. 24, § 2º, da CF, bem como não exclui a competência dos municípios para legislar sobre assuntos de interesse local e para suplementar a legislação federal e a estadual no que couber (art. 30, I e II, da CF); **B:** incorreta, porque os municípios não possuem plena liberdade para legislar, devendo a sua atuação legislativa ficar restrita a assuntos de interesse local e a suplementar a legislação federal e a estadual no que couber (art. 30, I e II, da CF); **C:** incorreta, conforme justificativa apontada na alternativa "D"; **D:** correta, nos termos da tese com repercussão geral fixada pelo STF: "O município é competente para legislar sobre o meio ambiente com a União e o Estado, no limite do seu interesse local e desde que tal regramento seja harmônico com a disciplina estabelecida pelos demais entes federados (art. 24, VI, c/c 30, I e II, da Constituição Federal)" (RE 586224, Relator: Min. Luiz Fux, Tribunal Pleno, julgado em 05/03/2015, Tema 145); **E:** incorreta, visto que a competência comum se refere à competência administrativa ou material dos entes federados, e não à sua atividade legislativa (art. 23, VI, da CF). AMN

**65.** Gabarito: A

Comentário: **A:** correta, de acordo com o art. 34, IV, c/c art. 36, I, da CF; **B:** incorreta, porque o decreto de intervenção será submetido à apreciação do Congresso Nacional ou da Assembleia Legislativa do Estado, no prazo de vinte e quatro horas (art. 36, § 1º, da CF); **C:** incorreta, pois o Presidente da República pode decretar estado de defesa para preservar ou prontamente restabelecer a ordem pública ou a paz social ameaçadas por grave e iminente instabilidade institucional ou atingidas por calamidades de grandes proporções na natureza (art. 136 da CF); **D:** incorreta, já que compete privativamente ao Presidente da República decretar e executar a intervenção federal (art. 84, X, da CF), devendo o decreto de intervenção ser submetido à apreciação do Congresso Nacional, no prazo de vinte e quatro horas (art. 36, § 1º, da CF); **E:** incorreta, já que não há previsão, no texto constitucional, de restrição à possibilidade de prisão durante a vigência da intervenção. AMN

**66.** Gabarito: D

Comentário: A única alternativa correta está representada pela assertiva D. Isto porque o art. 8º, Lei 9.709/98, dispõe que após aprovado o ato convocatório, o Presidente do Congresso Nacional dará ciência à Justiça Eleitoral. Cabe à esta Justiça especializada fixar a data da consulta a ser realizada, tornar pública a cédula respectiva, expedir instruções para a realização da consulta popular e assegurar a gratuidade dos meios de comunicação para que partidos políticos e frentes suprapartidárias possam divulgar seus postulados referentes ao tema em consulta. SC

**67.** Gabarito: B

Comentário: **A:** Incorreta. A CF/88, art. 17, *caput*, dispõe sobre a liberdade conferida aos partidos políticos quanto à criação, fusão, incorporação e extinção. Dentre os preceitos a serem observados está o de "caráter nacional" e não regional. **B:** Correta. Com a alteração do art. 17, CF, pela EC 97/17, as coligações apenas poderão ocorrer em âmbito das eleições majoritárias (presidente da república e vice, governador e vice, prefeito e vice, senador e suplentes). **C:** Incorreta. A alternativa é bastante "maldosa". Exigiu do candidato conhecer a redação original da EC 97/17. Explico melhor: A EC 97 inaugurou no texto da Constituição a chamada cláusula de desempenho partidário. Por esta cláusula, o partido político, após adquirir personalidade jurídica com o registro junto ao cartório de pessoas jurídicas competente, e ter registrado no TSE seu estatuto, deverá ainda demonstrar "desempenho" a partir do cumprimento dos seguintes critérios objetivos:

| | |
|---|---|
| **Na legislatura seguinte às eleições de 2018** | Nas eleições para a Câmara dos Deputados, no mínimo, 1,5% (um e meio por cento) dos votos válidos, distribuídos em pelo menos um terço das unidades da Federação, com um mínimo de 1% (um por cento) dos votos válidos em cada uma delas; **ou** |
| | Tiverem elegido pelo menos nove Deputados Federais distribuídos em pelo menos um terço das unidades da Federação |
| **Na legislatura seguinte às eleições de 2022** | Obtiverem, nas eleições para a Câmara dos Deputados, no mínimo, 2% (dois por cento) dos votos válidos, distribuídos em pelo menos um terço das unidades da Federação, com um mínimo de 1% (um por cento) dos votos válidos em cada uma delas; **ou** |
| | Tiverem elegido pelo menos onze Deputados Federais distribuídos em pelo menos um terço das unidades da Federação; |
| **Na legislatura seguinte às eleições de 2026** | Obtiverem, nas eleições para a Câmara dos Deputados, no mínimo, 2,5% (dois e meio por cento) dos votos válidos, distribuídos em pelo menos um terço das unidades da Federação, com um mínimo de 1,5% (um e meio por cento) dos votos válidos em cada uma delas; **ou** |
| | Tiverem elegido pelo menos treze Deputados Federais distribuídos em pelo menos um terço das unidades da Federação. |
| **Na legislatura seguinte às eleições de 2030 (em diante)** | Obtiverem, nas eleições para a Câmara dos Deputados, no mínimo, 3% (três por cento) dos votos válidos, distribuídos em pelo menos um terço das unidades da Federação, com um mínimo de 2% (dois por cento) dos votos válidos em cada uma delas; **ou** |
| | Tiverem elegido pelo menos quinze Deputados Federais distribuídos em pelo menos um terço das unidades da Federação. |

Portanto, se o candidato conhecia o escalonamento, pode ter incorrido no erro contido na parte final da assertiva que indica que após cumprir o desempenho de ao menos 13 deputados, distribuídos em pelo menos 1/3 das unidades da federação, não terão direito ao Fundo Partidário. Na verdade, o escalonamento indicado na assertiva está correto. Ocorre que somente após cumpri-lo é que o partido político poderá ter acesso tanto ao fundo partidário quanto ao chamado direito de antena (direito de acesso gratuito ao rádio e à televisão). **D:** Incorreta. O art. 17, § 1º, CF, indica que a vinculação não é obrigatória (trata-se da chamada "não obrigatoriedade da verticalização das coligações"). **E:** Incorreta. A aquisição de personalidade jurídica pelos partidos políticos se dará com o registro junto ao cartório de registro de pessoas jurídicas, vez que os partidos políticos são pessoas jurídicas de direito privado (Art. 44, V, Código Civil) e pela inteligência contida no art. 17, § 2º, CF. SC

---

**68.** Gabarito: A

Comentário: **A:** Correta, uma vez que o fundamento do pedido é a falta de condição de elegibilidade, a existência de hipótese de inelegibilidade ou mesmo o descumprimento formal de exigência legal (tal como a juntada de documentos). **B:** Incorreta, uma vez que o Membro do Ministério Público é um dos legitimados indicados no art. 3º, § 1º, LC 64/90. **C:** Incorreta. O art. 3º, § 2º, LC 64/90, dispõe que ainda que o MP tenha legitimidade para apresentar AIRC, não poderá impugnar o registro

de candidato se nos 4 anos anteriores tenha disputado cargo eletivo, integrado diretório de partido ou exercido atividade partidária. **D:** Incorreta. O prazo é de 5 dias, art. 3º, *caput*, da LC 64/90. **E:** Incorreta. O art. 5º, § 2º, LC 64/90, dispõe que o juiz ou o relator poderão proceder a todas as diligências que determinar, sejam as de ofício ou aquelas feita a requerimento das partes. SC

---

**69.** Gabarito: E

Comentário: **A:** Incorreta, pois o art. 29, CE, dispõe que tal competência é atribuída aos TREs e não aos juízes eleitorais. **B:** Incorreta. A composição das juntas eleitorais deve obediência ao disposto no art. 36, CE, sendo composta por um juiz de direito (que será o presidente) e de 2 a 4 cidadãos de notória idoneidade. **C:** Incorreta. A composição do TSE, estabelecida no art. 119, CF, indica que a nomeação será pelo presidente da república e não pelo senado federal. **D:** Incorreta. O art. 120, § 2º, CF, dispõe que o Tribunal Regional Eleitoral elegerá seu Presidente e o Vice-Presidente dentre os desembargadores. A assertiva faz menção ao Tribunal Regional Federal, que sequer é órgão da justiça eleitoral, como orienta o enunciado. **E:** Correta. A assertiva está em plena consonância com o que dispõe o art. 35, CE. Em complemento, o art. 41, Lei das Eleições (Lei 9504/97) dispõe nos §§ 1º e 2º sobre o poder de polícia exercido pelos juízes eleitorais e a restrição deste poder às providências necessárias para inibir práticas ilegais. SC

**70.** Gabarito: B

Comentário: **A:** Incorreta. A propaganda eleitoral poderá ser realizada a contar do dia 16 de agosto do ano eleitoral (a redação da lei menciona "após o dia 15 de agosto do ano eleitoral"), conforme art. 36, Lei das Eleições. **B:** Correta, de acordo com o que autoriza o art. 37, § 2°, I e § 6° do mesmo dispositivo, Lei das Eleições. A Lei estabelece que não será, de fato, permitida a veiculação de material de propaganda eleitoral em bens públicos ou particulares, exceto no caso (entre outros) de uso de bandeiras ao longo de vias públicas, devendo ser móveis e não dificultar o bom andamento do trânsito de pessoas e veículos. **C:** Incorreta. O art. 44, Lei 9.504/97, veda a propaganda paga no rádio ou na televisão, devendo ser totalmente gratuita, nos termos que a lei distribuir (o tempo disponível a cada partido). **D:** Incorreta. O art. 36-A, Lei 9.504/97 dispõe que tal conduta não pode ser considerada propaganda antecipada. **E:** Incorreta. Muito embora a reforma eleitoral de 2017 (Lei 13.488/2017) tenha permitido o impulsionamento de conteúdo de propaganda eleitoral, não se alargou a possibilidade como descrita no enunciado. É vedada, mesmo que de forma gratuita, a veiculação de propaganda eleitoral na internet em sites de pessoas jurídicas, com ou sem fins lucrativos. SC

**71.** Gabarito: A

Comentário: **A:** correta, nos termos do art. 159, *caput* e §1°, da LSA; **B:** incorreta. O acionista isolado somente poderá propor a ação caso ela seja deliberada em assembleia, mas a companhia não a promova no prazo de 3 meses (art. 159, §3°, da LSA); **C:** incorreta. Os acionistas que representem 5% do capital social podem propor a ação somente se ela for negada pela assembleia (art. 159, §4°, da LSA); **D:** incorreta. Conforme comentários anteriores, não se trata de competência exclusiva e a ação pode ser deliberada em AGO ou AGE; **E:** incorreta. Não há competência concorrente, mas subsidiária, bem como não é necessária deliberação do Conselho Fiscal (art. 159 da LSA). HS

**72.** Gabarito: C

Comentário: **A:** incorreta. A Súmula 581 do STJ diz o inverso, ou seja, a recuperação judicial não impede o prosseguimento das ações mencionadas; **B:** incorreta. A Súmula 480 do STJ afirma que "o juízo da recuperação judicial não é competente para decidir sobre a constrição de bens não abrangidos pelo plano de recuperação da empresa"; **C:** correta, nos termos do art. 52, §4°, da Lei de Falências; **D:** incorreta. As alterações sempre dependem de concordância do devedor e nunca podem prejudicar exclusivamente credores ausentes (art. 56, §3°, da Lei de Falências); **E:** incorreta. Havendo qualquer objeção ao plano, deverá o juiz convocar a assembleia-geral de credores (art. 56 da Lei de Falências). HS

**73.** Gabarito: E

Comentário: **A:** incorreta. A responsabilidade independe de dolo ou culpa grave (art. 40 da Lei 6.024/1974); **B:** incorreta. Trata-se de efeito imediato da liquidação (art. 18, "b", da Lei 6.024/1974); **C:** incorreta. A nomeação compete ao Banco Central do Brasil (art. 16 da Lei 6.024/1974); **D:** incorreta. Também poderá pedir a falência quando o ativo da instituição liquidanda não for suficiente para cobrir pelo menos metade do valor dos créditos quirografários (art. 21, "b", da Lei 6.024/1974); **E:** correta, nos termos do art. 36 da Lei 6.024/1974. HS

**74.** Gabarito: B

Comentário: Nos termos do art. 30, parágrafo único, da Lei do Cheque, o aval em branco é considerado dado ao emitente. HS

**75.** Gabarito: A

Comentário: Nos termos do art. 980-A, §2°, do CC, a pessoa física que constituir EIRELI somente poderá figurar em uma empresa desta modalidade, sem qualquer exceção. HS

**76.** Gabarito: D

Comentário: **A:** incorreta, pois os Municípios não têm competência para instituir esse imposto, desde a EC 3/1993. A partir de então, os Municípios têm competência para instituir apenas 3 impostos: IPTU, ITBI e ISS, nos termos do art. 156 da CF; **B:** incorreta, pois, assim como os Municípios e o Distrito Federal, os Estados têm competência restrita aos impostos expressamente previstos na Constituição Federal, não existindo competência residual ou suplementar (apenas a União pode criar outros impostos, nos termos do art. 154, I, da CF); **C:** incorreta, conforme comentário à primeira alternativa; **D:** correta, conforme comentário à primeira alternativa; **E:** incorreta, conforme comentário à primeira alternativa. RB

**77.** Gabarito: E

Comentário: **A:** discutível, pois o art. 3° da Lei Estadual 6.555/2004, que descreve o aspecto temporal do fato gerador do IPVA naquele Estado, não prevê regra específica para o caso de aquisição de veículo usado de entidade isenta (caso do consulado). Parece-nos defensável que, nesse caso, o IPVA incida apenas em primeiro de janeiro do exercício seguinte, nos termos do art. 3°, II, dessa Lei, já que o fato gerador deve estar expresso na lei (princípio da legalidade estrita), e não durante o exercício em que ocorreu a aquisição pelo contribuinte. Entretanto, a alternativa "E" é a melhor, por inexistir qualquer dúvida, como veremos; **B:** incorreta, pois no caso de importação direta, o fato gerador se dá no desembaraço aduaneiro – art. 3°, IV, *a*, da Lei AL 6.555/2004; **C:** incorreta, pois, no caso de veículo usado, o fato gerador se dá anualmente, em 1º de janeiro de cada exercício – art. 3º, II, da Lei AL 6.555/2004; **D:** incorreta, conforme comentário à primeira alternativa; **E:** correta, conforme o art. 3º, IV, *b*, da Lei Estadual 6.555/2004. 🔲

## 78. Gabarito: A
Comentário: **A:** correta, nos termos do art. 152, I, da Lei Municipal 6.685/2017; **B:** incorreta, pois a lei de Maceió só prevê lançamento complementar do IPTU durante o exercício em caso de construção ou alteração da construção, conforme o art. 100, parágrafo único, da Lei Municipal 6.685/2017; **C:** incorreta, pois há isenção de IPTU, conforme comentário à primeira alternativa; **D:** incorreta, pois não há bitributação, no caso, já que se trata de fatos geradores absolutamente distintos (valorização imobiliária e prestação de serviço); **E:** incorreta, conforme comentário à alternativa "B". 🔲

## 79. Gabarito: B
Comentário: **A:** incorreta, pois o princípio da anterioridade nonagesimal não consta expressamente da Constituição Estadual – art. 166; **B:** correta – art. 162, II, da Constituição Estadual; **C:** incorreta, pois não há essa previsão na Constituição Estadual, nem poderia, já que o princípio da legalidade é imposto pela Constituição Federal, sem exceção em relação à base de cálculo do IPTU – art. 150, I, da CF; **D:** incorreta, pois, havendo interesse público justificado, isso é possível – art. 166, VII, da Constituição Estadual; **E:** incorreta, pois emolumentos e custas judiciais não são exceção ao princípio da legalidade – art. 166, I, da Constituição Estadual. 🔲

## 80. Gabarito: D
Comentário: **A:** incorreta, pois, nesse caso, toma-se a data correspondente à abertura sucessória – art. 163, parágrafo único, I, da Lei Estadual 5.077/1989; **B:** incorreta, pois a isenção relativa a peças e obras de arte se restringe a doações e legados a museus e instituições de fins culturais situados no Estado – art. 166, II, da Lei Estadual 5.077/1989; **C:** incorreta, conforme comentário à primeira alternativa; **D:** correta, conforme art. 164 da Lei Estadual 5.077/1989; **E:** incorreta, pois, no caso de bens móveis, o fato gerador considera-se ocorrido no local de domicílio do doador – art. 170, II, *a*, da Lei Estadual 5.077/1989, de modo que o donatário domiciliado em Alagoas não será contribuinte no caso de doador domiciliado fora do Estado. 🔲

## 81. Gabarito: A
Comentário: **A:** correta, pois, de fato, o art. 12 da LC 87/1996 não descreve expressamente essa situação, o que é feito pelo art. 2º, V, da Lei Estadual 5.900/1996; **B:** incorreta, pois a situação é descrita no art. 12, IV, da LC 87/1996; **C:** incorreta, pois a situação é descrita no art. 12, VI, da LC 87/1996; **D:** incorreta, pois a situação é descrita no art. 12, XI, da LC 87/1996; **E:** incorreta, pois a situação é descrita no art. 12, VII, da LC 87/1996. 🔲

## 82. Gabarito: B
Comentário: **A:** incorreta, pois a isenção, salvo disposição em contrário, não é extensiva aos tributos instituídos posteriormente à sua concessão – art. 177, II, do CTN; **B:** correta, nos termos da literalidade do art. 178 do CTN. Entretanto, a melhor interpretação é de que a isenção pode sim ser revogada, mas essa revogação não terá eficácia contra os contribuintes que preencheram as condições para o benefício fiscal, durante o prazo definido na lei revogada (ou seja, esses contribuintes continuarão gozando da isenção, mesmo após a revogação da lei); **C:** incorreta, pois não há possibilidade de lei estadual conceder isenção de tributo municipal, já que a competência é indelegável e privativa – art. 7º do CTN. Ademais, conforme comentário à primeira alternativa, a isenção, salvo disposição em contrário, não é extensiva aos tributos instituídos posteriormente à sua concessão – art. 177, II, do CTN; **D:** incorreta, pois os Estados não podem conceder isenção de tributo municipal (não existe essa isenção heterônoma), conforme comentário à questão anterior; **E:** incorreta, pois a isenção, salvo disposição em contrário, não é extensiva às taxas e às contribuições de melhoria – art. 177, I, do CTN. 🔲

## 83. Gabarito: E
Comentário: **A, B** e **C:** incorretas. Nos termos do art. 155, § 2º, X, *b*, da CF, não incide ICMS sobre operações que destinem a outros Estados petróleo, inclusive lubrificantes, combustíveis líquidos e gasosos dele derivados, e energia elétrica; **D:** incorreta, pois qualquer exportação é imune em relação ao ICMS – art. 155, § 2º, X, *a*, da CF; **E:** correta, pois o óleo de origem vegetal não é abrangido pela imunidade prevista no art. 155, § 2º, X, *b*, da CF, ainda que seja combustível ou lubrificante. 🔲

## 84. Gabarito: C
Comentário: **A:** incorreta, pois o ICMS é devido ao Estado do domicílio do importador (Alagoas), nos termos do art. 11, *e*, da LC 87/1996; **B:** incorreta, pois o IPVA será devido ao Estado do importador e proprietário do veículo, ou seja, a Alagoas; **C:** correta, pois o fato gerador do ISS pelos serviços do despachante aduaneiro dá-se por ocorrido no local do estabelecimento prestador – art. 3º, *caput*, da LC 116/2003; **D:** incorreta, conforme comentário à primeira alternativa; **E:** incorreta, conforme comentário à alternativa "C". 🔲

## 85. Gabarito: B
Comentário: Princípio da livre-iniciativa, deve-se levar em conta que tal princípio não é absoluto e deve ser

informado por outros objetivos, como a proteção ao consumidor e ao meio ambiente (vide art. 170 da CF/88), podendo a atividade econômica ser regulada por lei, a qual, contudo, não pode impor obrigações desproporcionais, observar o art. 174 – "Como agente normativo e regulador da atividade econômica, o Estado exercerá, na forma da lei, as funções de fiscalização, incentivo e planejamento, sendo este determinante para o setor público e indicativo para o setor privado". **AMN**

**86.** Gabarito: A

Comentário: **A:** correta – Art. 2º, § 1º, da Lei 11.079/2004; **B:** incorreta – "Não constitui parceria público-privada a concessão comum, assim entendida a concessão de serviços públicos ou de obras públicas de que trata a Lei n. 8.987, de 13 de fevereiro de 1995, quando não envolver contraprestação pecuniária do parceiro público ao parceiro privado" – Art. 2º, § 3º, da Lei 11.079/2004; **C:** incorreta – tem-se a previsão expressa de que na contratação de parceria público-privada há a diretriz de "repartição objetiva de riscos entre as partes" – Art. 4º, VI c/c Art. 5º, III da Lei 11.079/2004; **D:** incorreta – esse limite mínimo de R$ 10.000.000,00 é válido tanto para a concessão administrativa como para a patrocinada; **E:** incorreta – Art. 7º da Lei 11.079/2004. **FB**

**87.** Gabarito: C

Comentário: **A:** incorreta; o prazo prescricional (e não decadencial) para a aplicação das sanções contratuais envolvendo a Administração é de 5 anos, contados da ciência da infração pelo Poder Público (art. 158, §4º, da Lei 14.133/2021). **B:** incorreta; a decadência incide não apenas nos efeitos patrimoniais das relações administrativas, mas também nas pretensões punitivas. **C:** correta; o poder de autotutela da Administração, consistente na prerrogativa de revogar e anular os seus próprios atos, sofre limites temporais, em razão da incidência do princípio da segurança jurídica; nesse sentido é que a Lei 9.784/1999 prevê o prazo de 5 anos para a Administração invalidar os seus atos (art. 54). **D:** incorreta; O exercício do poder disciplinar da Administração é atingido pela prescrição, nos termos definidos legalmente; assim é que, por exemplo, a Lei 8.112/1990 (Estatuto dos Servidores Públicos Civis da União) prevê no art. 142 o regime da prescrição no âmbito disciplinar. **E:** incorreta; os servidores celetistas submetem-se aos prazos prescricionais estabelecidos na legislação trabalhista. **RBO**

**88.** Gabarito: E

Comentário: **A:** incorreta; a União somente participará de consórcios públicos em que também façam parte todos os Estados em cujos territórios estejam situados os Municípios consorciados (art. 1º, §2º, da Lei 11.107/2005). **B:** incorreta; a figura dos consórcios encontra previsão no art. 241 da CF, que dispõe sobre a gestão associada de serviços públicos entre as entidades federativas; nesse sentido, somente são constituídos por entidade federativas, de modo que não se admite entidade privada integrando um consórcio; **C:** incorreta; o consórcio público pode ser pessoa jurídica de direito público (associação pública) ou pessoa jurídica de direito privado (art. 1º, §1º, da Lei 11.107/2005). **D:** incorreta; entes concessionários privados não podem integrar um consórcio público, o qual somente pode ser formado por entidades federativas; além disso, o contrato de rateio representa o instrumento utilizada na hipótese de entrega de recursos dos entes consorciados ao consórcio público. **E:** correta (cf. art. 241 da CF; art. 2º, §1º, III, da Lei 11.107/2005). **RBO**

**89.** Gabarito: A

Comentário: A questão está desatualizada, em razão das alterações promovidas na Lei 8.429/1992 pela Lei 14.230/2021. Os comentários serão feitos com base no atual regime. **A:** correta (art. 1º, §7º, c.c. art. 2º, "caput", da LIA). **B:** incorreta; o diretor da companhia pode ser considerado agente público, para fins de responsabilização por improbidade administrativa, nos termos do art. 1º, §7º, c.c. art. 2º, "caput", da LIA. **C:** incorreta; estão sujeitos ao regime da improbidade os atos praticados contra o patrimônio de entidade privada para cuja criação ou custeio o erário haja concorrido ou concorra no seu patrimônio ou receita atual, limitado o ressarcimento de prejuízos, nesse caso, à repercussão do ilícito sobre a contribuição dos cofres públicos (art. 1º, §7º, da LIA). **D:** incorreta; Secretário de Estado, agente político que integra a categoria de agente público, está sujeito à responsabilidade por improbidade administrativa (art. 2º, "caput", da LIA). **E:** correta; nos termos do regime instituído pela Lei 14.230/2021, os atos de improbidade administrativa envolvem necessariamente condutas dolosas. **RBO**

**90.** Gabarito: D

Comentário: Atenção! Diante da edição da nova lei de licitações e contratos administrativos (Lei 14.133/2021), a Lei 8.666/1993 terá vigência até 1º de abril de 2023. **A:** incorreta; as alienações de imóveis pertencentes à autarquia dependem de autorização legislativa, bem como de avaliação prévia e, como regra, licitação pública na modalidade concorrência (art. 17, I, Lei 8.666/1993). **B:** incorreta; a aquisição do novo imóvel, embora esteja condicionada, como regra, a procedimento licitatório na modalidade concorrência (art. 23, §3º, da Lei 8.666/1993), não depende de prévia autorização legislativa para afetação às finalidades da autarquia. **C:** incorreta; a inalienabilidade dos bens públicos é relativa, pois a sua venda pode ser realizada, desde que haja, entre outras condições, prévia desafetação, avaliação prévia e demonstração de interesse público (art. 17 da Lei 8.666/1993). D: correta (art. 17, I, "c", da Lei 8.666/1993). E: incorreta; a venda depende, como regra, de prévio procedimento licitatório (art. 17, I, da Lei 8.666/1993). (RBO)

## 91. Gabarito: C
Comentário: A **desconcentração** *é a distribuição interna de atividades administrativas, de competências.* Ocorre de *órgão* para *órgão* da entidade. Já a **descentralização** *é a distribuição externa de atividades administrativas, que passam a ser exercidas por pessoa ou pessoas distintas do Estado.* Dá-se de *pessoa jurídica para pessoa jurídica* como técnica de especialização. A descentralização pode ser de duas espécies: a) na descentralização **por serviço**, a lei atribui ou autoriza que outra pessoa detenha a *titularidade* e a execução do serviço; repare que é necessária lei; aqui, fala-se em *outorga* do serviço; b) na descentralização **por colaboração**, o contrato ou ato unilateral atribui à outra pessoa a *execução* do serviço; repare que a delegação aqui se dá por contrato, não sendo necessária lei; o particular colabora, recebendo a execução do serviço e não a titularidade deste; aqui, fala-se também em *delegação* do serviço e o caráter é transitório. FB

## 92. Gabarito: E
Comentário: A: incorreta; as concessões comuns regidas pela Lei 8.987/1995 não se submetem ao prazo máximo de 35 anos previsto na Lei 11.079/2004 (Lei das Parcerias Público-Privadas); além disso, não são aplicáveis a tais concessões os limites quantitativos estabelecidos na Lei 8.666/1993, cf. art. 22 da Lei 13.448/2017. B: incorreta (como já ressaltado, o limite de 25%, estabelecido na Lei 8.666/1993, não se aplica aos contratos de concessão). C: incorreta; a conduta do poder concedente encontra embasamento legal, pois a alteração do contrato de concessão encontra previsão tanto na Lei 8.987/1995 quanto na Lei 8.666/1993, entre outros diplomas. D: incorreta; o reequilíbrio econômico-financeiro, decorrente da alteração do contrato, pode atingir tanto o valor da tarifa quanto o prazo da concessão. E: correta; de fato, a conduta do poder concedente é legítima, desde que não haja alteração do objeto contratual definido no instrumento convocatório, sob pena de ofensa ao princípio da obrigatoriedade da licitação; além disso, inaplicáveis os limites quantitativos estabelecidos na Lei 8.666/1993. RBO

## 93. Gabarito: A
Comentário: O termo de fomento é o instrumento por meio do qual são formalizadas as parcerias estabelecidas pela administração pública com organizações da socie-

dade civil para a consecução de finalidades de interesse público e recíproco propostas pelas organizações da sociedade civil, que envolvam a transferência de recursos financeiros – Art. 2º, VIII, da Lei n. 13.019/2014. FB

## 94. Gabarito: C
Comentário: **A:** incorreta – trata-se de assertiva que aborda o poder disciplinar, que consiste na a faculdade de punir internamente as infrações funcionais dos servidores e demais pessoas sujeitas à disciplina dos órgãos e serviços da Administração; **B:** incorreta – a "pegadinha" da questão aqui é a afirmação equivocada de que não é necessária a previsão em lei; **C:** correta – o poder de polícia possibilita que a Administração sempre **use a força** para fazer valer seus atos. Hely Lopes Meirelles chama esse atributo de "coercibilidade", ao passo que Celso Antônio Bandeira de Mello chama esse atributo de "autoexecutoriedade". Para Hely, a expressão "autoexecutoriedade" designa a simples possibilidade de a Administração fazer imposições ao particular, sem recorrer ao Judiciário, sendo a coercibilidade um plus, que permite o uso da força. A possibilidade de a Administração impor comandos de não fazer sem buscar o Poder Judiciário é pacífica, decorrendo da imperatividade (na linguagem de Celso Antônio Bandeira de Mello) e da autoexecutoriedade (na linguagem de Hely Lopes Meirelles).Já a possibilidade de a Administração, após ter imposto um comando, fazer o uso da força para fazer valer o comando (autoexecutoriedade para Celso Antônio e *coercibilidade* para Hely), não é a regra, mas a exceção em matéria de poder de polícia. Com efeito, a Administração só pode usar a força para que faça valer suas determinações de polícia em caso de urgência ou quando a lei expressamente determinar. Do contrário, terá de buscar a prestação jurisdicional e seu ato será dotado apenas de exigibilidade; **D:** incorreta – a aplicação de sanções e multas não pode ser cobrada diretamente pelo Poder Executivo. É necessária sua inscrição em dívida ativa para sua efetiva cobrança frente ao não pagamento pelo sancionado; **E:** incorreta – a possibilidade de a Administração, após ter imposto um comando, fazer o uso da força para fazer valer o comando (autoexecutoriedade para Celso Antônio e coercibilidade para Hely), não é a regra, mas a exceção em matéria de poder de polícia. Com efeito, a Administração só pode usar a força para que faça valer suas determinações de polícia em caso de urgência ou quando a lei expressamente determinar. Do contrário, terá de buscar a prestação jurisdicional. FB

## 95. Gabarito: D
Comentário: **A:** Incorreta, pois há uma previsão constitucional, sem contudo detalhar quais são os espaços ambientais protegidos. **B:** Incorreta, pois não há necessidade lei complementar federal para estabelecer

esses espaços. :. Incorreta, pois esses espaços podem ser definidos por todos os entes federativos. **D:** Correta, pois trata-se de imposição aos entes federativos, mas sem definir especificamente quais são esses espaços em área públicas e privadas (como exemplos, unidades de conservação, áreas de preservação permanente, reserva legal etc.). **E:** Incorreta, pois podem abranger áreas públicas e privadas **FM**.

**96.** Gabarito: C

Comentário: **A:** Incorreta, pois a Lei 9.605/98 admite que não é crime o abate de animal quando realizado por ser nocivo o animal, desde que assim caracterizado pelo órgão competente (art. 37, IV). **B:** Incorreta, pois na competência legislativa concorrente (art. 24/CF) cabe ao Estado suplementar a legislação federal e, ademais, é tipificado na Lei 9.605/98 a conduta de praticar ato de abuso, maus-tratos, ferir ou mutilar animais silvestres, domésticos ou domesticados, nativos ou exóticos (art. 32). **C:** Correta, pois o art. 37, Lei 9.605/98, dispõe que não é crime o abate de animal, quando realizado por ser nocivo o animal, desde que assim caracterizado pelo órgão competente. **D:** Incorreta, pois o Estado possui competência legislativa concorrente, conforme o art. 24, VI e § 2º, da CF. **E:** Incorreta, pois a Lei 9.605/98 não vedou somente a caça esportiva e aquela com finalidade meramente recreativa. **FM**

**97.** Gabarito: A

Comentário: **A:** Correta, pois a cobrança pelo uso de recursos hídricos na Lei 9.433/1997 está sujeita aos casos de outorga onerosa dos direitos de uso dos recursos hídricos (pelo uso de bem público), ao passo que que a taxa ou tarifa cobrada pelo fornecimento domiciliar de água tratada e coleta de esgoto está afeta ao saneamento básico (Lei 11.445/2007). **B:** Incorreta, pois a outorga onerosa está sujeita, entre outras hipóteses, ao aproveitamento dos potenciais hidrelétricos (art. 12, IV, Lei 9.433/97). **C:** Incorreta, pois os Planos de Recursos Hídricos serão elaborados por bacia hidrográfica, por Estado e para o País, portanto, não centralizados. **D:** Incorreta, pois o sistema nacional de gerenciamento de recursos hídricos não é um órgão do Ministério de Minas

e Energia. **E:** Incorreta, pois esta classificação, nesses termos, é inexistente **FM**.

**98.** Gabarito: D

Comentário: **A:** Incorreta, pois a supressão de vegetação decorrente de licenciamentos ambientais é autorizada pelo ente federativo licenciador (art. 13, § 2º, LC 140/2011). **B:** Incorreta, pois não é vedada a delegação de atribuições ou a execução de ações administrativas; ademais, a atuação pode ser supletiva ou subsidiária (arts. 15 e 16, LC 140/2011). **C:** Incorreta, pois a cooperação não se atém exclusivamente a esses aspectos e, além disso, a multa é, em última análise, do órgão ambiental licenciador. **D:** Correta, já que os empreendimentos e atividades são licenciados ou autorizados, ambientalmente, por um único ente federativo (art. 13, *caput*, LC 140/2011) que, ademais, competência também para fiscalizar e lavrar autos de infração correlatos à atividade ou empreendimento licenciado (art. 17, LC 140/2011). **E.** Incorreta, pois a competência é comum entre todos os entes federativos, com atribuições aos municípios **FM**.

**99.** Gabarito: E

Comentário: A servidão ambiental não se aplica às Áreas de Preservação Permanente e à Reserva Legal mínima exigida e, portanto, incabíveis de plano as alternativas A, B e C. Quanto à alternativa D, é preciso deixar claro que a servidão ambiental é instituída pelo proprietário do imóvel. Por fim, a letra E, correta, pois é inviável instituir servidão ambiental em reserva legal **FM**.

**100.** Gabarito: B

Comentário: Alternativa **I:** Correta, pois a responsabilidade civil ambiental é objetiva. Alternativa **II:** Incorreta, pois a reparação do dano ambiental deve ocorrer, preferencialmente, de forma direta, com a reparação específica e, na impossibilidade, a indenização pecuniária. Alternativa **III**. Correta, pois há a dupla face do dano ambiental (natureza e interesses humanos individualizáveis). Alternativa **IV:** Incorreta, pois os danos podem ser patrimoniais e extrapatrimoniais **FM**.

**1.** Dino, pai de três filhos e atualmente em seu segundo casamento, resolveu adquirir um imóvel, em área nobre de Salvador, para com ele presentear o caçula, único filho da sua atual união conjugal. A fim de evitar eventuais problemas com os outros dois filhos, tidos em casamento anterior, Dino decidiu fazer a seguinte operação negocial:

• vendeu um dos seus cinco imóveis e, com o dinheiro obtido, adquiriu o imóvel para o filho caçula; e

• colocou na escritura pública de venda e compra, de comum acordo com os vendedores do referido imóvel, o filho caçula como comprador do bem.

Alguns meses depois, os outros dois filhos tomaram conhecimento das transações realizadas e resolveram ajuizar ação judicial contra Dino, alegando que haviam sofrido prejuízos.

Nessa situação hipotética, conforme a sistemática legal dos defeitos e das invalidades dos negócios jurídicos, os dois filhos prejudicados deverão alegar, como fundamento jurídico do pedido, a ocorrência de

**(A)** reserva mental, também conhecida como simulação unilateral, que deve ensejar a declaração de inexistência do negócio jurídico de venda e compra e o retorno das partes ao *status quo ante*.

**(B)** causa de anulabilidade por dolo, vício de vontade consistente em artifício, artimanha, astúcia tendente a viciar a vontade do destinatário ou de terceiros.

**(C)** simulação relativa, devendo ser reconhecida a invalidade da venda e compra e declarada a validade da doação, que importará adiantamento da legítima.

**(D)** simulação absoluta, devendo ser reconhecida a invalidade da venda e compra e da doação, com retorno ao *status quo ante*.

**(E)** simulação relativa, devendo ser reconhecida a invalidade da compra e venda e declarada a validade da doação, o que, contudo, não implicará adiantamento da legítima.

**2.** À luz da legislação pertinente, da jurisprudência e da doutrina, julgue os itens a seguir, a respeito de registro de imóveis.

**I.** De acordo com o STJ, o procedimento de dúvida registral previsto na Lei de Registros Públicos tem natureza administrativa, não constituindo prestação jurisdicional.

**II.** Para garantir o princípio da legalidade registral, o registrador deve fazer um prévio controle dos títu-

los apresentados para registro, via procedimento de qualificação registral, verificando a obediência aos requisitos legais e concluindo pela aptidão ou inaptidão dos títulos para registro.

**III.** O princípio da especialidade ou especialização registral é consagrado na Lei de Registros Públicos: caso o imóvel não esteja matriculado ou registrado em nome do outorgante, o oficial deverá exigir a prévia matrícula e o registro do título anterior.

Assinale a opção correta.

**(A)** Nenhum item está certo.

**(B)** Apenas os itens I e II estão certos.

**(C)** Apenas os itens I e III estão certos.

**(D)** Apenas os itens II e III estão certos.

**(E)** Todos os itens estão certos.

**3.** De acordo com o Código Civil, é característica das sociedades cooperativas

**(A)** o concurso de sócios em número mínimo necessário para compor a administração da sociedade, sem limitação de número máximo.

**(B)** a intransferibilidade das quotas do capital a terceiros estranhos à sociedade, ressalvados os casos de transmissão por herança.

**(C)** a indivisibilidade do fundo de reserva entre os sócios, ressalvado o caso de dissolução da sociedade.

**(D)** a impossibilidade, aliada à invariabilidade, de dispensa do capital social.

**(E)** o quórum, para a assembleia geral funcionar e deliberar, fundado no percentual do capital social representado pelos sócios presentes à reunião.

**4.** Renê firmou contrato de seguro de assistência à saúde e, anos depois, quando ele completou sessenta anos de idade, a seguradora reajustou o valor do seu plano de assistência com base em uma cláusula abusiva. Por essa razão, Renê pretende ajuizar ação visando à declaração de nulidade da cláusula de reajuste e à condenação da contratada em repetição de indébito referente a valores pagos em excesso.

De acordo com entendimento jurisprudencial do STJ, nessa situação hipotética, as parcelas vencidas e pagas em excesso estão sujeitas à

**(A)** prescrição de três anos, porque se trata de hipótese de enriquecimento sem causa da empresa contratada.

**(B)** prescrição de um ano, por se tratar de um contrato de seguro.

**(C)** prescrição de dois anos, porque, apesar de se tratar de um contrato de seguro, o requerente é idoso.

**(D)** prescrição de cinco anos, por envolver valores líquidos e certos.

**(E)** imprescritibilidade, por ser essa uma relação jurídica de trato sucessivo.

**5.** À luz da jurisprudência e da legislação acerca do direito das relações de consumo, assinale a opção correta.

**(A)** O CDC dispõe que fabricantes e importadores devem assegurar a oferta de componentes e peças de reposição depois de cessada a fabricação ou a importação do produto, pelo prazo mínimo de cinco anos.

**(B)** As sociedades controladas e as consorciadas são solidariamente responsáveis pelas obrigações decorrentes do CDC.

**(C)** É cabível indenização por danos morais decorrentes da inscrição indevida de consumidor em cadastro de proteção ao crédito, independentemente da existência prévia de inscrição legítima, por configurar ato ilícito a direitos da personalidade.

**(D)** Em demanda pertinente a responsabilidade por fato do serviço, a inversão do ônus da prova opera independentemente de decisão do magistrado, na modalidade ope legis, conforme entendimento do STJ.

**(E)** Atos lesivos praticados por representantes autônomos de determinado produto ou serviço são de responsabilidade subsidiária dos fornecedores daquele produto ou serviço.

**6.** Com relação ao reconhecimento voluntário de filhos tidos fora do casamento, julgue os seguintes itens.

**I.** O Código Civil admite o reconhecimento voluntário de paternidade por declaração direta e expressa perante o juiz, desde que manifestada em ação própria, denominada ação declaratória de paternidade. Nesse caso, o ato jurídico é irrevogável.

**II.** De acordo com o Código Civil, o reconhecimento voluntário de paternidade por meio do testamento é revogável pelo testador, por constituir ato de última vontade, mutável a qualquer tempo antes do falecimento do testador.

**III.** O reconhecimento de filiação pode preceder o nascimento do filho e, até mesmo, ser posterior ao falecimento deste. Nesse último caso, admi-

te-se o reconhecimento *post mortem* se o filho deixar descendentes.

Assinale a opção correta.

**(A)** Apenas o item II está certo.

**(B)** Apenas o item III está certo.

**(C)** Apenas os itens I e II estão certos.

**(D)** Apenas os itens I e III estão certos.

**(E)** Todos os itens estão certos.

**7.** À luz do Código Civil e da teoria das invalidades dos atos e negócios jurídicos, a elaboração de testamento conjuntivo nas modalidades simultânea, recíproca ou correspectiva é ato eivado de vício de

**(A)** anulabilidade em qualquer uma das três modalidades.

**(B)** nulidade em qualquer uma das três modalidades.

**(C)** ineficácia em qualquer uma das três modalidades.

**(D)** nulidade, nas modalidades recíproca e correspectiva, e anulabilidade na modalidade simultânea.

**(E)** anulabilidade, na modalidade correspectiva, e nulidade nas modalidades recíproca e simultânea.

**8.** De acordo com o Código Civil, são bens móveis

**(A)** os direitos à sucessão aberta.

**(B)** os materiais que estejam separados provisoriamente de um prédio, para nele serem reempregados.

**(C)** os materiais provenientes da demolição de um prédio.

**(D)** as edificações que, estando separadas do solo, puderem ser movimentadas para outro local, conservando sua unidade.

**(E)** os materiais empregados em alguma construção.

**9.** A pessoa obrigada por contrato a indenizar, em ação regressiva, o prejuízo de quem for vencido na demanda ingressará no processo como

**(A)** assistente simples.

**(B)** denunciado à lide.

**(C)** assistente litisconsorcial.

**(D)** chamado ao processo.

**(E)** nomeado à autoria.

**10.** O juiz proferirá sentença sem resolução de mérito quando

**(A)** acolher a alegação de existência de convenção de arbitragem.

(B)    homologar a transação.

(C)    homologar o reconhecimento da procedência do pedido formulado na ação.

(D)    homologar a renúncia à pretensão formulada na ação.

(E)    verificar a impossibilidade jurídica do pedido.

**11.** Caso o juiz julgue parcialmente o mérito, reconhecendo a existência de obrigação ilíquida, a parte vencedora

(A)    poderá promover de pronto a liquidação, mediante o depósito de caução.

(B)    poderá promover de pronto a liquidação, ainda que seja interposto recurso pela parte vencida.

(C)    deverá aguardar a extinção do processo para promover a liquidação.

(D)    deverá promover a liquidação nos mesmos autos, em vista do princípio da eficiência.

(E)    poderá promover a liquidação somente após transcorrido o prazo para interposição de recurso pela parte vencida.

**12.** De acordo com o CPC, se, em processo de execução de contrato inadimplido, ocorrer a penhora judicial de dinheiro depositado em conta bancária do executado, o juiz poderá cancelar o ato de penhora caso acolha o pedido de impenhorabilidade sob o argumento de que a quantia bloqueada

(A)    pertence a terceiro.

(B)    decorreu de venda de imóvel.

(C)    corresponde a salário do executado e não ultrapassa cinquenta salários mínimos.

(D)    estava vinculada ao pagamento de conta exclusivamente em débito automático.

(E)    acarretará enriquecimento ilícito.

**13.** A respeito da petição inicial de ação civil, julgue os itens a seguir.

I.    Ainda que, para atender os requisitos da petição inicial, o autor requeira uma diligência excessivamente onerosa, é vedado ao juiz indeferir a inicial sob esse fundamento.

II.    Ao contrário da ausência da indicação dos fundamentos jurídicos do pedido, a falta de indicação dos fatos acarreta o indeferimento de plano da inicial.

III.    Não lhe sendo possível obter o nome do réu, o autor poderá indicar as características físicas do demandado, o que, se viabilizar a citação deste, não será causa de indeferimento da inicial.

IV.    Se a ação tiver por objeto a revisão de obrigação decorrente de empréstimo, o autor deverá, sob pena de inépcia, discriminar na inicial, entre as obrigações contratuais, aquelas que pretende controverter, além de quantificar o valor incontroverso do débito.

Estão certos apenas os itens

(A)    I e II.

(B)    I e IV.

(C)    III e IV.

(D)    I, II e III.

(E)    II, III e IV.

**14.** De acordo com o CPC, o magistrado concederá a tutela de urgência durante o curso do processo se

(A)    ficar caracterizado abuso do direito pelo réu e as alegações fáticas puderem ser comprovadas apenas documentalmente.

(B)    houver manifesto propósito protelatório da parte contrária e probabilidade do direito.

(C)    as alegações fáticas puderem ser comprovadas apenas documentalmente e existir risco ao resultado útil do processo.

(D)    for verificada a existência de risco ao resultado útil do processo.

(E)    houver constatação do perigo de dano e o réu não apresentar prova capaz de gerar dúvida razoável acerca do direito discutido.

**15.** De acordo com a Lei n.º 12.016/2009, que dispõe sobre o mandado de segurança, se, depois de deferido o pedido liminar, o impetrante criar obstáculos ao normal andamento do processo, o juiz deverá

(A)    intimar imediatamente o MP para se manifestar sobre a protelação e notificar, posteriormente, a parte para praticar o ato necessário, sob pena de multa.

(B)    notificar imediatamente a parte para praticar o ato necessário, sob pena de multa.

(C)    cassar a medida liminar, desde que assim seja requerido pelo MP.

(D)    revogar a decisão liminar, desde que assim seja requerido pela autoridade coatora ou pelo MP.

(E)    decretar a perempção da medida liminar, de ofício ou por requerimento do MP.

**16.** De acordo com o CPC, na ação em que houver pedido subsidiário, o valor da causa corresponderá

(A)  à soma dos valores dos pedidos principal e subsidiário.

(B)  ao pedido de maior valor, entre o principal e o subsidiário.

(C)  à média dos valores dos pedidos principal e subsidiário.

(D)  ao valor do pedido principal.

(E)  ao valor de qualquer dos pedidos, principal ou subsidiário, desde que a diferença dos seus valores seja de até 5%.

**17.** A respeito de cláusulas abusivas, prescrição, proteção contratual e relação entre consumidor e planos de saúde, assinale a opção correta, de acordo com o entendimento jurisprudencial do STJ.

(A)  A operadora de plano de saúde pode estabelecer, no contrato, as doenças que terão cobertura, mas não pode limitar o tipo de tratamento a ser utilizado pelo paciente, exceto se tal tratamento não constar na lista de procedimentos da ANS.

(B)  Uma das condições para que o reajuste de mensalidade de plano de saúde individual fundado na mudança de faixa etária do beneficiário seja válido é que os percentuais aplicados sejam razoáveis, baseados em estudos atuariais idôneos, e não onerem excessivamente o consumidor nem discriminem o idoso.

(C)  Na vigência dos contratos de seguro de assistência à saúde, a pretensão condenatória decorrente da declaração de nulidade de cláusula de reajuste neles prevista prescreve em um ano.

(D)  É abusiva a cláusula contratual de coparticipação na hipótese de internação superior a trinta dias em razão de transtornos psiquiátricos, por restringir obrigação fundamental inerente à natureza do contrato.

(E)  A operadora de plano de saúde, em razão da sua autonomia, será isenta de responsabilidade por falha na prestação de serviço de hospital conveniado.

**18.** No que se refere aos direitos básicos do consumidor, à legitimidade ativa para a propositura de ações coletivas e aos bancos de dados e cadastros de consumidores, julgue os itens a seguir.

I.  A responsabilidade subjetiva do médico não exclui a possibilidade de inversão do ônus da prova, se presentes os requisitos previstos no CDC, devendo o profissional demonstrar ter agido com respeito às orientações técnicas aplicáveis.

II.  O MP terá legitimidade ativa para atuar na defesa de direitos difusos, coletivos e individuais homogêneos dos consumidores, exceto quando tais direitos decorrerem da prestação de serviço público.

III.  A manutenção de inscrição negativa nos cadastros de proteção ao crédito deve respeitar a exigibilidade do débito inadimplido, tendo, para tanto, um limite de cinco anos, independentemente do prazo prescricional para a cobrança do crédito.

Assinale a opção correta.

(A)  Apenas o item I está certo.

(B)  Apenas o item II está certo.

(C)  Apenas os itens I e III estão certos.

(D)  Apenas os itens II e III estão certos.

(E)  Todos os itens estão certos.

**19.** A respeito de proteção contratual, responsabilidade por vício do serviço e legitimidade ativa para a propositura de ações coletivas, assinale a opção correta, com base no CDC e na jurisprudência do STJ.

(A)  Admite-se a responsabilização de buscadores da Internet pelos resultados de busca apresentados para fazer cessar o vínculo criado, nos seus bancos de dados, entre dados pessoais e os resultados que não guardam relevância para o interesse público à informação, seja pelo conteúdo eminentemente privado, seja pelo decurso do tempo.

(B)  Sob o argumento da reciprocidade, é válida a imposição, pelo juiz, de cláusula penal a fornecedor de bens móveis no caso de demora na restituição do valor pago quando do exercício do direito de arrependimento pelo consumidor, ante a premissa de que este é apenado com a obrigação de arcar com multa moratória quando atrasa o pagamento de suas faturas de cartão de crédito.

(C)  Pela sua especificidade, as normas previstas no CDC têm prevalência em relação àquelas previstas nos tratados internacionais que limitam a responsabilidade das transportadoras aéreas de passageiros pelo desvio de bagagem, especialmente as Convenções de Varsóvia e de Montreal.

(D)  O município não possui legitimidade ativa para ajuizar ação civil pública em defesa de servidores a ele vinculados, questionando a cobrança de tarifas bancárias de renovação de cadastro, uma vez que a proteção de direitos individuais homogêneos não está incluída em sua função constitucional.

**(E)** É válida a rescisão unilateral imotivada de plano de saúde coletivo empresarial pela operadora de plano de saúde em desfavor de microempresa com apenas dois beneficiários, em razão da inaplicabilidade das normas que regulam os contratos coletivos, justamente por faltar o elemento essencial de uma população de beneficiários.

**20.** No que se refere a responsabilidade por vício do serviço, legitimidade ativa para a propositura de ações coletivas, cláusulas abusivas, prescrição e decadência, assinale a opção correta, com base no CDC e na jurisprudência do STJ.

**(A)** Associação de defesa de interesses de consumidores possui legitimidade ativa para ajuizar ação civil pública contra seguradora operadora do seguro DPVAT, a fim de buscar a condenação de indenizar vítimas de danos pessoais ocorridos com veículos automotores.

**(B)** O furto de joias que sejam objetos de penhor constitui falha do serviço prestado pela instituição financeira, e não mero inadimplemento contratual, devendo incidir o prazo prescricional de cinco anos para o ajuizamento das competentes ações de indenização, conforme previsto no CDC.

**(C)** Desde que destacada, será válida cláusula contratual de prestação de serviços de cartão de crédito que autorize o banco contratante a compartilhar dados dos consumidores com outras entidades financeiras, ainda que não seja dada ao cliente opção de discordar desse compartilhamento.

**(D)** O saque indevido de numerário em conta-corrente mantida por correntista em determinado banco configura dano moral *in re ipsa* ao direito do correntista à segurança dos valores lá depositados ou aplicados.

**(E)** A reclamação obstativa da decadência feita verbalmente pelo consumidor para protestar vícios do produto não tem validade.

**21.** Com base no CDC e na jurisprudência do STJ, assinale a opção correta, a respeito de qualidade de produtos e serviços, prevenção e reparação de danos, proteção à saúde e à segurança, prescrição e decadência, responsabilidade pelo fato do produto e do serviço, práticas comerciais e direitos básicos do consumidor.

**(A)** Noventa dias após a compra de imóvel, contados da efetiva entrega do bem, o consumidor decai do direito de obter, na esfera judicial, indenização em razão de prejuízos causados por vícios aparentes ou de fácil constatação verificados no imóvel adquirido.

**(B)** Os denominados clubes de turismo, em que os consumidores adquirem o direito de utilizar diárias em hotéis pré-selecionados após pagarem taxas de adesão e de manutenção mensal e observarem o prazo de carência, não responderão por acidentes de consumo causados na prestação do serviço de hotelaria, devido à configuração de culpa exclusiva do hotel conveniado.

**(C)** A responsabilidade do comerciante no que tange à disponibilização e prestação de serviço de assistência técnica restringe-se à informação ao consumidor de que os serviços de reparo serão realizados pelo fabricante do produto.

**(D)** Caso o cliente tenha adquirido passagens aéreas de ida e volta na categoria promocional, mas não compareça ao embarque no trecho de ida, será válido o cancelamento unilateral e automático da passagem relativa ao trecho de volta, em razão da necessidade de equacionamento dos custos e riscos da fornecedora do serviço de transporte aéreo.

**(E)** A aquisição de produto alimentício que contenha em seu interior corpo estranho que exponha o consumidor a risco concreto de lesão a sua saúde e segurança, ainda que o consumidor não o ingira, dá direito à compensação por dano moral, dada a ofensa ao direito fundamental à alimentação adequada, corolário do princípio da dignidade da pessoa humana.

**22.** No que tange a atos infracionais e medidas socioeducativas, assinale a opção correta, com base no ECA e na jurisprudência do STJ.

**(A)** A superveniência da maioridade penal interfere na apuração de ato infracional cometido antes dos dezoito anos completos e na aplicabilidade de medida socioeducativa em curso.

**(B)** É ilegal a determinação de cumprimento da medida socioeducativa de liberdade assistida antes do trânsito em julgado da sentença condenatória.

**(C)** O ato infracional análogo ao tráfico de drogas autoriza, por si só, a imposição de medida socioeducativa de internação do adolescente em razão da gravidade da conduta delitiva.

**(D)** Por ser uma consequência natural do processo de ressocialização, a progressão da medida socioeducativa prescinde do juízo de convencimento do magistrado, que fica vinculado ao relatório multidisciplinar individual do adolescente.

(E) É possível a aplicação de medida socioeducativa de liberdade assistida no caso de ato infracional análogo a furto qualificado, porém essa medida deve atender à atualidade, observando-se a necessidade e a adequação.

**23.** Com referência a adoção, guarda, medidas pertinentes aos pais ou responsáveis e direitos fundamentais da criança e do adolescente, julgue os itens a seguir.

I. A princípio, para a constatação da adoção à brasileira, o estudo psicossocial da criança, do pai registral e da mãe biológica não se mostra imprescindível.

II. A omissão na lei previdenciária impede que os infantes recebam pensão por morte do guardião, uma vez que, pelo critério da especialidade, não basta a norma prevista no ECA que declara a condição de dependente de crianças e adolescentes, porque ela se afigura como meramente programática.

III. O descumprimento da obrigação de prestação material do pai que dispõe de recursos ao filho gera a responsabilização do genitor e o seu dever de pagamento de indenização por danos morais.

IV. Diante da efetiva comprovação de hipossuficiência financeira do genitor, o juiz deverá deixar de aplicar multa por descumprimento dos deveres inerentes ao poder familiar, tendo em vista o seu caráter exclusivamente preventivo e pedagógico.

Estão certos apenas os itens

(A) I e III.

(B) I e IV.

(C) II e IV.

(D) I, II e III.

(E) II, III e IV.

**24.** À luz do ECA e da jurisprudência do STJ, assinale a opção correta, quanto à defesa dos interesses individuais, coletivos e difusos, às atribuições do MP, ao instituto da remissão e a garantias e aspectos processuais.

(A) Ao exibir quadro que possa criar situações humilhantes a crianças e adolescentes, uma emissora de televisão poderá sofrer penalidades administrativas, mas não será responsabilizada por dano moral coletivo, visto ser inviável a individualização das vítimas da conduta.

(B) A legitimidade ativa do MP para ajuizar ação de alimentos em prol de criança ou adolescente tem caráter subsidiário, ou seja, surge somente quando ausente a atuação da DP no local.

(C) A competência para processar e julgar ação civil pública ajuizada contra um estado federado na busca da defesa de crianças e adolescentes é, em regra, absoluta das varas da fazenda pública, por previsão constitucional.

(D) Na oitiva de apresentação, o representante do MP pode conceder, sem a presença da defesa técnica, a remissão ao ato infracional. Contudo, na audiência ou no procedimento de homologação por sentença da remissão, para evitar nulidade absoluta, é obrigatória a presença de defensor.

(E) Antes de iniciado o processo para apuração de ato infracional, o MP poderá conceder a remissão como forma de exclusão do processo, podendo incluir qualquer medida socioeducativa, sendo a única exceção a internação.

**25.** A respeito da colocação de criança ou adolescente em família substituta, procedimento previsto no ECA, assinale a opção correta.

(A) Para decidir sobre a concessão de guarda provisória ou sobre o estágio de convivência, a autoridade judiciária deverá determinar a realização de estudo social ou, se possível, de perícia por equipe interprofissional.

(B) Nas hipóteses em que a perda ou a suspensão do poder familiar constituir pressuposto lógico da medida principal de colocação em família substituta, o interessado será cientificado do processo, porém não poderá apresentar defesa, devendo ajuizar demanda específica e adequada para buscar a sua pretensão.

(C) Na hipótese de os pais concordarem com o pedido de colocação da criança em família substituta, será dispensada a assistência por advogado ou defensor público nos procedimentos judiciais, desde que o aceite seja registrado em cartório.

(D) O consentimento dos titulares do poder familiar para a colocação da criança em família substituta é retratável até a data de publicação da sentença constitutiva da adoção.

(E) Em situações excepcionais nas quais se verifiquem reais benefícios à criança, é possível que o consentimento dos pais biológicos quanto à colocação da criança em família substituta seja dado antes do nascimento do infante.

**26.** Com relação aos crimes contra a criança e o adolescente previstos na legislação pertinente, julgue os próximos itens.

I. O crime de corrupção de menores previsto no ECA é um delito material, razão porque, para a sua caracterização, é necessária a efetiva comprovação de que o menor foi corrompido.

II. O processamento e julgamento do crime de publicação de material pedófilo-pornográfico em sítios da Internet será da competência da justiça federal, quando for possível a identificação do atributo da internacionalidade do resultado obtido ou que se pretendia obter.

III. A mera simulação da participação de criança ou adolescente em cena pornográfica por meio da adulteração de fotografia é uma conduta atípica, haja vista a ausência de perigo concreto ao bem jurídico que poderia ser tutelado.

IV. O armazenamento de fotografias ou vídeos que contenham cena de sexo explícito envolvendo criança ou adolescente configura conduta atípica se o possuidor desse conteúdo o tiver recebido de forma involuntária.

Assinale a opção correta.

(A) Apenas o item I está certo.

(B) Apenas o item II está certo.

(C) Apenas o item III está certo.

(D) Apenas os itens II e IV estão certos.

(E) Apenas os itens I, III e IV estão certos.

**27.** De acordo com a legislação que versa sobre a prioridade de atendimento a pessoa com deficiência, a concessionária que disponibilizar veículo de transporte coletivo sem assento reservado para pessoa com deficiência estará sujeita a

(A) multa única relativa ao veículo irregular.

(B) apreensão imediata do veículo e suspensão das atividades até a regularização do veículo.

(C) suspensão das atividades, até a regularização do veículo.

(D) apreensão imediata do veículo e multa.

(E) multa diária até a regularização do veículo.

**28.** Assinale a opção que indica o processo destinado a propiciar às pessoas com deficiência a aquisição de conhecimentos, habilidades e aptidões para o exercício de profissão ou de ocupação, permitindo-lhes nível suficiente de desenvolvimento profissional para ingresso no campo de trabalho.

(A) colocação competitiva no mercado de trabalho

(B) reabilitação profissional

(C) programa de estímulo ao empreendedorismo

(D) programa de estímulo ao trabalho autônomo

(E) habilitação profissional

**29.** A respeito de medidas judiciais destinadas à proteção de interesses coletivos, difusos, individuais homogêneos e individuais indisponíveis das pessoas com deficiência, julgue os itens a seguir.

I. A sentença que concluir pela carência ou pela improcedência da ação estará sujeita ao duplo grau de jurisdição.

II. Em caso de desistência ou abandono da ação, a titularidade ativa deverá ser assumida necessariamente pelo MP.

III. Certidão necessária à instrução do feito poderá ser negada caso a justificativa para o indeferimento do pedido seja o fato de o interesse público impor sigilo àquela informaçãO.

IV. Por ausência de legitimidade, as fundações ou autarquias que incluam entre suas finalidades institucionais a proteção dos interesses e a promoção de direitos da pessoa com deficiência deverão representar ao MP ou à DP os atos que ensejem a propositura de medida judicial.

Estão certos apenas os itens

(A) I e III.

(B) I e IV.

(C) II e IV.

(D) I, II e III.

(E) II, III e IV.

**30.** A lei que estabelece normas gerais e critérios básicos para a promoção da acessibilidade das pessoas com deficiência ou com mobilidade reduzida conceitua componentes de obras de urbanização — como os referentes a pavimentação, saneamento, encanamento para esgotos etc. — como

(A) mobiliário urbano.

(B) tecnologia assistiva.

(C) elemento de urbanização.

(D) acessibilidade.

(E) desenho universal.

**31.** A explicação do crime como fenômeno coletivo cuja origem pode ser encontrada nas mais variadas causas sociais, como a pobreza, a educação, a família e o ambiente moral, corresponde à perspectiva criminológica denominada

(A) sociologia criminal.

(B) criminologia da escola positiva.

(C) criminologia socialista.

**(D)** *labeling approach*, ou etiquetamento.

**(E)** ecologia criminal.

**32.** De acordo com a doutrina predominante no Brasil relativamente aos princípios aplicáveis ao direito penal, assinale a opção correta.

**(A)** O princípio da taxatividade, ou do mandado de certeza, preconiza que a lei penal seja concreta e determinada em seu conteúdo, sendo vedados os tipos penais abertos.

**(B)** O princípio da bagatela imprópria implica a atipicidade material de condutas causadoras de danos ou de perigos ínfimos.

**(C)** O princípio da subsidiariedade determina que o direito penal somente tutele uma pequena fração dos bens jurídicos protegidos, operando nas hipóteses em que se verificar lesão ou ameaça de lesão mais intensa aos bens de maior relevância.

**(D)** O princípio da ofensividade, segundo o qual não há crime sem lesão efetiva ou concreta ao bem jurídico tutelado, não permite que o ordenamento jurídico preveja crimes de perigo abstrato.

**(E)** O princípio da adequação social serve de parâmetro ao legislador, que deve buscar afastar a tipificação criminal de condutas consideradas socialmente adequadas.

**33.** João, com a intenção de matar José, seu desafeto, efetuou disparos de arma de fogo contra ele. José foi atingido pelos projéteis e faleceu.

Considere que, depois de feitos os exames necessários, se tenha constatado uma das seguintes hipóteses relativamente à causa da morte de José.

**I.** Apesar dos disparos sofridos pela vítima, a causa determinante da sua morte foi intoxicação devido ao fato de ela ter ingerido veneno minutos antes de ter sido alvejada.

**II.** A morte decorreu de ferimentos causados por disparos de arma de fogo efetuados por terceiro no mesmo momento em que João agiu e sem o conhecimento deste.

**III.** A vítima faleceu em razão dos ferimentos sofridos, os quais foram agravados por sua condição de hemofílica.

**IV.** A morte decorreu de uma infecção hospitalar que acometeu a vítima quando do tratamento dos ferimentos causados pelos tiros.

Nessa situação hipotética, conforme a teoria dos antecedentes causais adotada pelo CP, João responderá pela morte de seu desafeto caso se enquadre em uma das hipóteses previstas nos itens

**(A)** I e II.

**(B)** I e III.

**(C)** III e IV.

**(D)** I, II e IV.

**(E)** II, III e IV.

**34.** À luz da jurisprudência do STJ a respeito das circunstâncias judiciais e legais que devem ser consideradas quando da aplicação da pena, assinale a opção correta.

**(A)** A confissão qualificada, na qual o réu alega em seu favor causa descriminante ou exculpante, não afasta a incidência da atenuante de confissão espontânea.

**(B)** A confissão espontânea em delegacia de polícia pode servir como circunstância atenuante, desde que o réu não se retrate sobre essa declaração em juízo.

**(C)** Uma condenação transitada em julgado de fato posterior ao narrado na denúncia, embora não sirva para fins de reincidência, pode servir para valorar negativamente a personalidade e a conduta social do agente.

**(D)** A reincidência penal pode ser utilizada simultaneamente como circunstância agravante e como circunstância judicial.

**(E)** A múltipla reincidência não afasta a necessidade de integral compensação entre a atenuante da confissão espontânea e a agravante da reincidência, haja vista a igual preponderância entre as referidas circunstâncias legais.

**35.** O benefício da suspensão condicional da pena — *sursis* penal —

**(A)** pode ser concedido a condenado a pena privativa de liberdade, desde que esta não seja superior a quatro anos e que aquele não seja reincidente em crime doloso.

**(B)** é cabível nos casos de crimes praticados com violência ou grave ameaça, desde que a pena privativa de liberdade aplicada não seja superior a dois anos.

**(C)** pode estender-se às penas restritivas de direitos e à de multa, casos em que se suspenderá, também, a execução dessas penas.

**(D)** deverá ser, obrigatoriamente, revogado no caso da superveniência de sentença condenatória irrecorrível por crime doloso, culposo ou contravenção contra o beneficiário.

**(E)** impõe que, após o cumprimento das condições impostas ao beneficiário, seja proferida sentença para declarar a extinção da punibilidade do agente.

**36.** Com relação a aspectos diversos pertinentes aos prazos prescricionais previstos no CP, assinale a opção correta.

(A) Tais prazos serão reduzidos pela metade nas situações em que, ao tempo do crime, o agente fosse menor de vinte e um anos de idade ou, na data do trânsito em julgado da sentença condenatória, fosse maior de setenta anos de idade.

(B) Em se tratando de criminoso reincidente, são aumentados em um terço os prazos da prescrição da pretensão punitiva.

(C) A prescrição é regulada pela pena total imposta nos casos de crimes continuados, sendo computado o acréscimo decorrente da continuação.

(D) A prescrição da pena de multa ocorrerá em dois anos, quando for a única pena cominada, ou no mesmo prazo de prescrição da pena privativa de liberdade, se tiver sido cominada alternativamente.

(E) Na hipótese de evasão do condenado, a prescrição da pretensão executória é regulada pelo total da pena privativa de liberdade imposta.

**37.** Com relação aos crimes contra o patrimônio, julgue os itens que se seguem, com base no entendimento jurisprudencial.

I. A existência de sistema de vigilância por monitoramento, por impossibilitar a consumação do delito de furto, é suficiente para tornar impossível a configuração desse tipo de crime.

II. A presença de circunstância qualificadora de natureza objetiva ou subjetiva no delito de furto não afasta a possibilidade de reconhecimento do privilégio, se estiverem presentes a primariedade do agente e o pequeno valor da *res* furtiva.

III. Constatada a utilização de arma de fogo desmuniciada na perpetração de delito de roubo, não se aplica a circunstância majorante relacionada ao emprego de arma de fogo.

IV. No delito de estelionato na modalidade fraude mediante o pagamento em cheque, a realização do pagamento do valor relativo ao título até o recebimento da denúncia impede o prosseguimento da ação penal.

Estão certos apenas os itens

(A) I e II.

(B) I e III.

(C) III e IV.

(D) I, II e IV.

(E) II, III e IV.

**38.** Acerca dos delitos imputáveis aos agentes públicos, assinale a opção correta.

(A) Pratica peculato-desvio o prefeito municipal que utiliza verba pública para promoção pessoal.

(B) Pratica extorsão o funcionário público que, em razão de sua função, emprega grave ameaça no intuito de obter vantagem indevida.

(C) Pratica apropriação indébita agravada pela violação de dever inerente ao cargo ocupado o funcionário público que se apropria de valores que possui em razão do cargo.

(D) Pratica corrupção passiva na modalidade tentada o funcionário público que, ao solicitar vantagem indevida em razão da prática de ato de ofício, não a recebe por circunstâncias alheias à sua vontade.

(E) Pratica prevaricação o funcionário público que, em violação ao seu dever funcional, facilita a prática de crime de contrabando ou descaminho.

**39.** Pedro, mesmo sabendo que seu amigo Jaime se encontrava embriagado e com a CNH vencida, entregou-lhe a condução de seu veículo automotor. Jaime, tão logo assumiu a direção do veículo, provocou um acidente de trânsito que causou lesões corporais em Maria.

Nessa situação hipotética, conforme a jurisprudência pertinente e a Lei n.º 9.503/1997,

(A) Jaime responderá pelo delito de lesão corporal culposa na direção de veículo automotor, desde que Maria ofereça representação, exceto se do crime lhe tiver resultado lesão corporal grave ou gravíssima.

(B) por Jaime ter conduzido o veículo automotor com a CNH vencida, incidirá causa de aumento de pena no delito de lesão corporal culposa na direção de veículo automotor.

(C) Jaime não responderá pelo crime de embriaguez ao volante, o qual será absorvido pelo delito de lesão corporal culposa na direção de veículo automotor, que será, no entanto, aplicado em sua forma majorada por força do princípio da consunção.

(D) para que Jaime responda pelo delito de embriaguez ao volante, é imprescindível a aferição de concentração de álcool por litro de sangue superior ao limite permitido pela lei, por se tratar de circunstância objetiva elementar do tipo penal em questão.

(E) Pedro responderá pelo crime de entrega da direção de veículo automotor a pessoa sem condições de conduzi-lo com segurança, o qual se teria configurado ainda que não tivesse sido demonstrado o perigo concreto de dano a terceiros.

**40.** À luz do entendimento jurisprudencial do STF, assinale a opção correta, acerca do delito de tráfico privilegiado, previsto na Lei n.º 11.343/2006.

(A) Trata-se de crime inafiançável e insuscetível de graça, anistia e indulto.

(B) O condenado pela prática de tráfico privilegiado deve iniciar o cumprimento da pena em regime fechado.

(C) A progressão de regime prisional do réu condenado pelo crime em apreço somente será admitida mediante a realização de exame criminológico.

(D) O condenado pela prática do crime de tráfico privilegiado poderá alcançar a progressão de regime prisional depois de ter cumprido pelo menos um sexto da pena no regime anterior, se ostentar bom comportamento carcerário.

(E) O livramento condicional somente será concedido aos condenados pelo crime em apreço que tenham cumprido mais de dois terços da pena, exceto aqueles reincidentes específicos em crimes hediondos ou equiparados.

**41.** Assinale a opção correta, a respeito do crime de organização criminosa previsto na Lei n.º 12.850/2013.

(A) Para que se configure o referido crime, tem de se comprovar a ocorrência de associação estável e permanente de três ou mais pessoas para a prática criminosa.

(B) Constitui circunstância elementar desse delito a finalidade de obtenção de vantagem de qualquer natureza mediante a prática de infrações penais cujas penas máximas sejam superiores a quatro anos ou que sejam de caráter transnacional.

(C) A estruturação organizada e ordenada de pessoas, com a necessária divisão formal de tarefas entre elas, é circunstância elementar objetiva do crime em apreço.

(D) A prática de pelo menos um ato executório das infrações penais para as quais os agentes se tenham organizado constitui condição para a consumação do referido delito.

(E) Ao agente que exercer o comando, individual ou coletivo, de organização criminosa, ainda que não pratique pessoalmente atos de execução, será aplicada causa de aumento de pena de um sexto a dois terços.

**42.** De acordo com a jurisprudência do STJ acerca da Lei Maria da Penha — Lei n.º 11.340/2006 —, o delito de descumprimento de medida protetiva de urgência constitui crime

(A) cujo sujeito ativo deve ser sempre um homem.

(B) que não admite a concessão de fiança.

(C) cuja caracterização será afastada se tiver sido prevista a aplicação de multa na decisão que tiver determinado a medida protetiva.

(D) mesmo que a determinação da medida protetiva tenha partido do juízo cível.

(E) cuja caracterização admite a modalidade culposa.

**43.** Tendo como referência a Lei n.º 9.099/1995 — Lei dos Juizados Especiais Cíveis e Criminais —, assinale a opção correta, acerca da suspensão condicional do processo.

(A) A existência de ações penais em curso contra o denunciado não impede a concessão da suspensão condicional do processo.

(B) A causa de aumento de pena decorrente de crime continuado será desconsiderada para fins de concessão da suspensão condicional do processo.

(C) Presentes os pressupostos legais para a suspensão condicional do processo, havendo recusa do promotor natural em propor o benefício, este poderá ser oferecido pelo juiz, de ofício.

(D) Para a suspensão condicional do processo, além das condições legalmente obrigatórias, o juiz não poderá fixar quaisquer outras condições, pois todas estas serão consideradas ilegítimas.

(E) Em caso de procedência parcial da pretensão punitiva, será cabível a aplicação da suspensão condicional do processo, cuja proposta será apresentada pelo MP.

**44.** Aldo, delegado de polícia, recebeu em sua unidade policial denúncia anônima que imputava a Mauro a prática do crime de tráfico de drogas em um bairro da cidade. A denúncia veio acompanhada de imagens em que Mauro aparece entregando a terceira pessoa pacotes em plástico transparente com considerável quantidade de substância esbranquiçada e recebendo dessa pessoa quantia em dinheiro. Em diligências realizadas, Aldo confirmou a qualificação de Mauro e, a partir das informações obtidas, instaurou IP para apurar o crime descrito no art. 33, *caput*, da Lei n.º 11.343/2006 — Lei Antidrogas —, sem indiciamento. Na sequência, ele representou à autoridade judiciária pelo deferimento de medida de busca e apreensão na residência de Mauro, inclusive do telefone celular do investigado.

Acerca dessa situação hipotética, assinale a opção correta.

(A) A instauração do IP constituiu medida ilegal, pois se fundou em denúncia anônima.

(B) Recebido o IP, verificados a completa qualificação de Mauro e os indícios suficientes de autoria, o juiz poderá determinar o indiciamento do investigado à autoridade policial.

(C) Em razão do caráter sigiloso dos autos do IP, nem Mauro nem seu defensor constituído terão o direito de acessá-los.

(D) Como não houve prisão, o prazo para a conclusão do IP será de noventa dias.

(E) Deferida a busca e apreensão, a realização de exame pericial em dados de telefone celular que eventualmente seja apreendido dependerá de nova decisão judicial.

**45.** Tendo como fundamento a jurisprudência dos tribunais superiores, assinale a opção correta, a respeito de ação penal.

(A) Em razão do princípio da indivisibilidade, o não ajuizamento de ação penal contra todos os coautores de crime de roubo implicará o arquivamento implícito em relação àqueles que não forem denunciados.

(B) A inexistência de poderes especiais na procuração outorgada pelo querelante não gerará a nulidade da queixa-crime quando o consequente substabelecimento atender às exigências expressas no art. 44 do CPP.

(C) Na queixa-crime, a omissão involuntária, pelo querelante, de algum coautor implicará o reconhecimento da renúncia tácita do direito de queixa pelo juiz e resultará na extinção da punibilidade.

(D) No caso de ação penal privada, eventual omissão de poderes especiais na procuração outorgada pelo querelante poderá ser sanada a qualquer tempo por iniciativa do querelante.

(E) No caso de crime praticado contra a honra de servidor público no exercício de suas funções, a vítima tem legitimação concorrente com o MP para ajuizar ação penal.

**46.** Acerca de prisão, de liberdade provisória e de medidas cautelares, assinale a opção correta, com base no entendimento dos tribunais superiores.

(A) A gravidade específica do ato infracional e o tempo transcorrido desde a sua prática não

devem ser considerados pelo juiz para análise e deferimento de prisão preventiva.

(B) A decisão sobre o pedido de prisão preventiva formulado durante audiência dispensa a oitiva da defesa, por se tratar de medida cautelar.

(C) A presença do defensor técnico é dispensável por ocasião da formalização do auto de prisão em flagrante, desde que a autoridade policial informe ao preso os seus direitos constitucionalmente garantidos.

(D) A decretação de prisão preventiva fundada na garantia da ordem pública dispensa a prévia análise do cabimento das medidas cautelares diversas da prisão previstas no CPP.

(E) Quando o MP representar por prisão temporária, não será possível que se decrete a prisão preventiva, uma vez que isso representaria ofensa ao princípio da inércia da jurisdição.

**47.** Acerca dos meios de prova no processo penal, assinale a opção correta, de acordo com o entendimento dos tribunais superiores.

(A) A colaboração premiada é meio de obtenção de prova e, como tal, submete-se ao princípio de reserva de jurisdição, sendo obrigatória a participação do juiz na celebração do ajuste entre os envolvidos.

(B) O compartilhamento com o MP de dados bancários obtidos legitimamente pela Receita Federal, pela via administrativa fiscalizatória já esgotada, em caso de constatação de possível crime, não ofende o princípio de reserva de jurisdição.

(C) O deferimento de interceptação telefônica para investigação de crime com fundamento somente em denúncia anônima será lícito, desde que essa medida seja necessária para a elucidação da infração penal.

(D) Independerá de decisão judicial o acesso a conversas armazenadas em aplicativo de mensagens existente em telefone celular de pessoa investigada apreendido durante a prisão desta em flagrante.

(E) O reconhecimento pessoal de acusado realizado sem a observância das formalidades previstas no CPP é nulo.

**48.** Davi, servidor público comissionado municipal sem vínculo efetivo com a prefeitura do respectivo município, foi denunciado pelo suposto cometimento do delito de peculato — art. 312 do CP. Durante o IP, Davi foi interrogado na presença de seu advogado. Na fase judicial da persecução penal, ao chefe de sua repartição foi encaminhada notificação, que não foi considerada cumprida em razão da exoneração do servidor; no local, noticiaram que ele continuava residindo no endereço mencionado no inquérito. Após o recebimento da denúncia, considerando-se que o servidor estava em local incerto, foi determinada sua citação por edital. O advogado constituído pelo réu, após tomar conhecimento da tramitação da ação penal, apresentou resposta à acusação, nos termos do art. 396 do CPP. Posteriormente, ainda que não intimado pessoalmente, Davi compareceu à audiência designada.

Com referência a essa situação hipotética, assinale a opção correta.

(A) Por se tratar de crime funcional, a desobediência ao procedimento especial — não oportunizar a defesa preliminar, nos termos do art. 514 do CPP — gerou a nulidade do processo.

(B) A apresentação de resposta à acusação por advogado constituído por Davi durante o IP supre eventual nulidade da citação.

(C) No caso de o réu continuar atuando como servidor público, a notificação encaminhada ao chefe da repartição, nos termos do art. 359 do CPP, dispensaria o mandado de citação.

(D) A obrigação de esgotamento dos meios de localização para a validade da citação por edital não alcança as diligências em todos os endereços constantes no IP.

(E) Citado por edital, o réu poderá, a qualquer tempo, integrar a relação processual, e o prazo para resposta à acusação começará a fluir a partir do referido ato de ingresso no processo.

**49.** Acerca dos procedimentos processuais penais no Brasil, julgue os itens a seguir.

I. Nos crimes contra a propriedade imaterial que deixem vestígios, o exame do corpo de delito será condição de procedibilidade para o exercício da ação penal.

II. No procedimento sumário, o prazo para resposta à acusação é de cinco dias.

III. Registro de depoimento tomado na audiência de instrução por meio audiovisual terá de ser encaminhado às partes, sendo obrigatória a transcrição.

IV. No procedimento por crime funcional, em caso de ilícito afiançável, o réu será notificado para apresentar defesa preliminar por escrito no prazo de quinze dias.

Estão certos apenas os itens

(A) I e IV.

(B) II e III.

(C) III e IV.

(D) I, II e III.

(E) I, II e IV.

**50.** Acerca de nulidades no processo penal, assinale a opção correta, de acordo com o entendimento dos tribunais superiores.

(A) A incompetência *rationae materiae* é causa de nulidade absoluta e, por isso, os atos decisórios praticados por juiz incompetente não poderão ser ratificados.

(B) A nulidade do julgamento de processo em órgão colegiado do qual tenha participado magistrado impedido dependerá da possibilidade de mudança no resultado do julgamento, com a subtração do voto desse magistrado.

(C) A identificação de causa de suspeição de promotor de justiça implicará nulidade absoluta, razão pela qual a sua consequente alegação não é passível de preclusão.

(D) A denúncia apresentada com ofensa ao princípio do promotor natural será nula e não poderá ser ratificada.

(E) A formulação de perguntas pelo juiz com a inversão do rito previsto no art. 212 do CPP é causa de nulidade que independe da demonstração de prejuízo.

**51.** Acerca dos procedimentos relativos aos processos de competência do tribunal do júri, assinale a opção correta.

(A) Em decorrência do princípio do *in dubio pro societate*, o testemunho por ouvir dizer produzido na fase inquisitorial é suficiente para a decisão de pronúncia.

(B) É possível a exclusão, na decisão de pronúncia, de qualificadoras descritas na denúncia, quando elas forem manifestamente incabíveis.

(C) Em caso de inimputabilidade do réu, ainda que a tese da defesa seja de negativa da autoria, deve o juiz absolvê-lo sumariamente.

(D) É cabível recurso em sentido estrito contra decisão que tenha absolvido sumariamente o réu.

(E) Não é cabível excluir da lista geral de jurados o jurado que tiver integrado o conselho de sentença nos doze meses que antecederam a publicação da referida lista.

**52.** Assinale a opção correta, acerca de recursos no processo penal.

(A) Em razão do princípio da voluntariedade, havendo conflito entre a manifestação do acusado e a de seu defensor a respeito da interposição de recurso, deverá prevalecer a vontade do réu.

**(B)** Em caso de inércia do MP, o assistente de acusação não terá legitimidade para interpor recurso de apelação.

**(C)** Em razão do princípio da voluntariedade dos recursos, o defensor dativo regularmente intimado não estará obrigado a recorrer.

**(D)** O termo inicial para a interposição de recurso pelo MP é a data de prolação da sentença em audiência em que haja promotor de justiça presente.

**(E)** Determinado órgão do MP não terá interesse na interposição de apelação contra sentença absolutória quando outro órgão, em alegações finais, tiver se manifestado pela absolvição do réu.

**53.** Acerca da competência no processo penal, assinale a opção correta, de acordo com o entendimento dos tribunais superiores.

**(A)** O julgamento de crime de roubo perpetrado contra agência franqueada da Empresa Brasileira de Correios e Telégrafos competirá à justiça federal.

**(B)** O julgamento de crime de uso de documento falso decorrente de apresentação de certificado de registro de veículo falso a policial rodoviário federal competirá à justiça estadual.

**(C)** Compete à justiça federal julgar crime de divulgação e publicação na rede mundial de computadores de imagens com conteúdo pornográfico envolvendo criança ou adolescente.

**(D)** Compete à justiça federal o julgamento de contravenções praticadas em detrimento de interesses da União, quando elas forem conexas aos crimes de sua competência.

**(E)** Compete à justiça estadual o julgamento de crime de redução de trabalhador a condição análoga à de escravo.

**54.** A respeito de questões prejudiciais e processos incidentes, assinale a opção correta.

**(A)** Subsistindo questão prejudicial sobre o estado civil do réu, o juiz criminal deverá continuar o trâmite processual e decidir a questão como preliminar de mérito por ocasião da prolação da sentença.

**(B)** As causas de suspeição do juiz serão arguidas em exceção própria, por petição assinada por advogado, independentemente de esse poder especial constar na procuração.

**(C)** No caso de bem imóvel adquirido com o provento de crime, poderá ser determinado o sequestro do bem, ressalvada a hipótese de sua transferência a terceiro de boa-fé.

**(D)** O sequestro é medida cautelar de indisponibilidade de bens em que o exercício do contraditório poderá ser postergado para evitar a dissipação do patrimônio.

**(E)** O exame médico-legal realizado no incidente de insanidade mental é prova constituída em favor da defesa, podendo o juiz, de ofício, determinar a sua realização compulsória quando o réu recusar submeter-se a ele.

**55.** O Estado constitucional, para ser um Estado com as qualidades identificadas com o constitucionalismo moderno, deve ser um Estado de direito democrático. Eis aqui as duas grandes qualidades do Estado constitucional: Estado de direito e Estado democrático. Estas duas qualidades surgem muitas vezes separadas. Fala-se em Estado de direito, omitindo-se a dimensão democrática, e alude-se a Estado democrático, silenciando-se a dimensão do Estado de direito. Essa dissociação corresponde, por vezes, à realidade das coisas: existem formas de domínio político em que esse domínio não está domesticado do ponto de vista de Estado de direito, e existem Estados de direito sem qualquer legitimação democrática. O Estado constitucional democrático de direito procura estabelecer uma conexão interna entre democracia e Estado de direito.

J. J. Gomes Canotilho. Direito constitucional e teoria da Constituição. 7.ª ed., Coimbra: Almedina, 2003, p. 93 (com adaptações).

Tendo o texto precedente como referência inicial, assinale a opção correta, a respeito do Estado democrático de direito.

**(A)** A domesticação do domínio político pelo Estado de direito referida no texto não implica a sujeição dos atos do Poder Executivo ao Poder Legislativo.

**(B)** A existência do controle judicial de constitucionalidade das leis é garantia inerente ao Estado de direito.

**(C)** Por legitimação democrática entendem-se a eleição dos representantes do povo e a obrigatoriedade de participação deste na deliberação pública das questões políticas.

**(D)** No Brasil, as exceções ao princípio da legalidade no Estado de direito admitidas incluem o estado de defesa, o estado de sítio e a intervenção federal.

**(E)** No Estado constitucional, os direitos políticos implicam limites à maioria parlamentar.

**56.** A concepção que compreende o texto da Constituição como não acabado nem findo, mas como um conjunto de materiais de construção a partir dos quais a política constitucional viabiliza a realização de princípios e valores da vida comunitária de uma sociedade plural, caracteriza o conceito de Constituição

**(A)** em branco.

**(B)** semântica.

**(C)** simbólica.

**(D)** dúctil.

**(E)** dirigente.

**57.** Quando o termo "povo" aparece em textos de normas, sobretudo em documentos constitucionais, deve ser compreendido como parte integrante plenamente vigente da formulação da prescrição jurídica (do tipo legal); deve ser levado a sério como conceito jurídico a ser interpretado *lege artis*.
Friedrich Müller. Quem é o povo? A questão fundamental da democracia. São Paulo: Revista dos Tribunais, 2009, p. 67 (com adaptações).

Tendo o texto anterior como referência inicial, assinale a opção correta, relativamente ao poder constituinte originário, ao poder constituinte derivado e ao poder derivado estadual.

**(A)** O poder constituinte originário é uma categoria pré-constitucional que fundamenta a validade da nova ordem constitucional.

**(B)** Para resguardar os interesses do povo, cabe à jurisdição constitucional fiscalizar a ação do poder constituinte originário com base no direito suprapositivo.

**(C)** Como titular passivo do poder constituinte originário, o povo delega o seu exercício a representantes e, em seguida, exerce a soberania apenas de forma indireta.

**(D)** Os direitos adquiridos são oponíveis ao poder constituinte originário para evitar óbice ao retrocesso social.

**(E)** A limitação material negativa ao poder constituinte dos estados federados se manifesta no dever de concretizar, no nível estadual, os preceitos da CF.

**58.** A respeito de hermenêutica constitucional e de métodos empregados na prática dessa hermenêutica, assinale a opção correta.

**(A)** A noção de filtragem constitucional da hermenêutica jurídica contemporânea torna dispensável a distinção entre regras e princípios.

**(B)** De acordo com o método tópico, o texto constitucional é ponto de partida da atividade do intérprete, mas nunca limitador da interpretação.

**(C)** Segundo a metódica jurídica normativo-estruturante, a aplicação de uma norma constitucional deve ser condicionada às estruturas sociais que delimitem o seu alcance normativo.

**(D)** O princípio da unidade da Constituição orienta o intérprete a conferir maior peso aos critérios que beneficiem a integração política e social.

**(E)** Os princípios são mandamentos de otimização, como critério hermenêutico, e implicam o ideal regulativo que deve ser buscado pelas diversas respostas constitucionais possíveis.

**59.** No que se refere à liberdade de expressão, à liberdade de imprensa e aos seus limites, assinale a opção correta.

**(A)** De acordo com o STF, o consumo de droga ilícita em passeata que reivindique a descriminalização do uso dessa substância é assegurado pela liberdade de expressão.

**(B)** A legislação pertinente determina que os comentários de usuários da Internet nas páginas eletrônicas dos veículos de comunicação social se sujeitem ao direito de resposta do ofendido.

**(C)** A publicação de informações falsas em veículos de comunicação social não está assegurada pela liberdade de imprensa.

**(D)** A retratação ou retificação espontânea de mensagem de conteúdo ofensivo à honra ou imagem de outrem impede eventual direito de resposta do ofendido.

**(E)** Além do direito de resposta, a liberdade de expressão garante o direito de acesso e exposição de ideias em veículos de comunicação social.

**60.** De acordo com a doutrina e com a jurisprudência do STF, assinale a opção correta, acerca da proteção ao princípio constitucional da dignidade da pessoa humana e da prática do crime de tortura.

**(A)** Em tempo de paz, a vedação da prática de tortura está sujeita a regulamentação ou restrição do legislador.

**(B)** A norma constitucional que veda a concessão de fiança, graça e anistia ao crime de tortura é de eficácia limitada.

**(C)** A Lei de Anistia não se estende aos crimes de tortura praticados pelos agentes do Estado que atuaram na repressão durante os governos militares.

**(D)** Segundo sua estrutura, a norma constitucional que veda a prática de tortura tem caráter de princípio, e não de regra.

**(E)** É da justiça militar a competência para decretar a perda do oficialato de policial militar que for condenado pela prática do crime de tortura.

**61.** Em relação à ADI e aos efeitos da declaração de inconstitucionalidade no Brasil, assinale a opção correta.

**(A)** Não se admitem embargos de declaração opostos por *amicus curiae* nas ADIs, exceto para impugnar decisão de inadmissibilidade da sua intervenção nos autos.

**(B)** Não perderá seu objeto a ADI que for proposta com fundamento em disposição constitucional alterada por emenda superveniente.

**(C)** Não se podem cumular pedidos de declaração de inconstitucionalidade de normas de natureza federal e estadual em uma única ADI.

**(D)** A declaração de inconstitucionalidade de norma estadual por tribunal de justiça com efeito *erga omnes* não causa a perda de objeto de ADI contra a mesma norma no STF.

**(E)** Não se admite conhecer ADI como arguição de preceito fundamental, ainda que os requisitos desta estejam presentes naquela.

**62.** Assinale a opção que indica o instrumento da democracia direta ou participativa que constitui consulta popular ao eleitorado sobre a manutenção ou revogação de um mandato político.

**(A)** *impeachment*

**(B)** referendo

**(C)** plebiscito

**(D)** *recall*

**(E)** moção de desconfiança

**63.** A lei estadual X estabeleceu a obrigatoriedade da realização de adaptações nos veículos de transporte coletivo intermunicipal de propriedade das empresas concessionárias do serviço, com a finalidade de facilitar o acesso de pessoas com deficiência física ou com dificuldades de locomoção.

Conforme as disposições do texto constitucional, a legislação, a doutrina e a jurisprudência do STF, a lei estadual X é

**(A)** inconstitucional por ofensa à competência privativa da União para legislar sobre trânsito e transporte.

**(B)** inconstitucional por ofensa à competência concorrente dos entes federados, ainda que inexistente lei geral nacional.

**(C)** inconstitucional por ofensa à livre-iniciativa e ao caráter competitivo das licitações públicas para a área de transportes.

**(D)** constitucional, pois está compatível com a CF e com a Convenção Internacional sobre os Direitos das Pessoas com Deficiência, incorporada ao direito nacional como norma de caráter supralegal.

**(E)** constitucional, pois está compatível com a CF e com a Convenção Internacional sobre os Direitos das Pessoas com Deficiência, incorporada ao direito nacional como norma constitucional.

**64.** Considerando a pouca quantidade de defensores públicos indispensáveis ao atendimento adequado dos necessitados na forma da lei, determinado estado da Federação aprovou o respectivo projeto e sancionou a lei Y, que criou a obrigatoriedade de estágio curricular no atendimento da assistência jurídica gratuita por núcleo de prática jurídica integrante do departamento de direito de universidade estadual, estabelecendo sua organização, seu funcionamento e seus horários, inclusive determinando sua atuação em regime de plantão, bem como vinculando a certificação da conclusão do curso de bacharelado pelos alunos ao cumprimento do referido estágio.

Conforme a CF, a doutrina e a jurisprudência do STF, a lei Y é

**(A)** constitucional por atender ao princípio da indissociabilidade entre ensino, pesquisa e extensão disposto em norma constitucional.

**(B)** inconstitucional por ferir a autonomia didático-científica e administrativa da universidade.

**(C)** constitucional, mas não atende a legislação que estabelece os critérios nacionais para a política educacional.

**(D)** inconstitucional por atribuir função exclusiva de órgão da DP à universidade estadual.

**(E)** inconstitucional apenas quanto ao condicionamento da certificação da conclusão do curso ao cumprimento do estágio curricular obrigatório.

**65.** A respeito da situação conhecida como estado de coisas inconstitucional, assinale a opção correta.

(A) Tal situação resulta sempre de má vontade de autoridade pública em modificar uma conjuntura de violação a direitos fundamentais.

(B) Constatada a ocorrência dessa situação, verifica-se, em consequência, violação pontual de direito social a prestação material pelo Estado.

(C) No plano dos remédios estruturais para saneamento do estado de coisas inconstitucional, estão a superação dos bloqueios institucionais e políticos e o aumento da deliberação de soluções sobre a demanda.

(D) Em função do caráter estrutural e complexo do litígio causador do estado de coisas inconstitucional, não é admitido ao Poder Judiciário impor medidas concretas ao Poder Executivo.

(E) De modo tácito, o reconhecimento do estado de coisas inconstitucional autoriza o Poder Judiciário a assumir tarefas do Poder Legislativo na coordenação de medidas com o objetivo de assegurar direitos.

**66.** Com base na legislação e na jurisprudência do TSE sobre inelegibilidade e alistamento eleitoral, assinale a opção correta.

(A) Ante a impossibilidade de interpretação extensiva das regras de inelegibilidade, as relações estáveis homoafetivas não são situações configuradoras de hipóteses de inelegibilidade reflexa.

(B) O procedimento de revisão do eleitorado foi inaugurado no Brasil com o recadastramento biométrico promovido pela justiça eleitoral, o qual tem como objetivo conferir maior segurança à identificação do eleitor.

(C) Deferido o pedido de registro de candidatura, haverá preclusão quanto à possibilidade de arguir eventual ausência de domicílio eleitoral do candidato na circunscrição.

(D) O prazo de inelegibilidade dos que forem condenados por corrupção eleitoral em decisão transitada em julgado tem como termo final o oitavo ano seguinte ao fato ilícito praticado.

(E) O encerramento do prazo de inelegibilidade antes do dia da eleição afasta inelegibilidade que for constatada no momento da formalização do pedido de registro de candidatura.

**67.** Em janeiro do ano das eleições municipais, o pai de um possível candidato à prefeitura de determinado município, em entrevista concedida a uma rádio local, exaltou a eventual candidatura do filho, tendo mencionado durante a entrevista diversas qualidades pessoais de seu descendente, mas sem pedir que votassem nele. Por isso, o diretório de um partido formulou representação contra a conduta narrada, tendo alegado a prática de propaganda eleitoral antecipada.

Considerando essa situação hipotética, assinale a opção correta.

(A) A situação configura propaganda eleitoral antecipada, pois, mesmo não tendo havido pedido explícito de votos, houve menção expressa à pretensa candidatura e exaltação das qualidades pessoais de pré-candidato.

(B) Se o pai do eventual candidato a prefeito não for filiado a partido político, tal fato impedirá sua responsabilização por propaganda antecipada, sendo possível, no entanto, a aplicação de sanção ao beneficiário da propaganda ilegal.

(C) A situação narrada não configura propaganda eleitoral antecipada, uma vez que houve a simples menção a eventual candidatura e exaltação de qualidades pessoais de possível pré-candidato, sem pedido explícito de votos.

(D) A conduta não se enquadra como propaganda eleitoral antecipada, pois o lapso temporal existente entre a entrevista e as eleições impede a caracterização da ilegalidade da entrevista.

(E) Antes do recebimento da representação, o juiz eleitoral da comarca, investido de poder de polícia, poderia ter instaurado, de ofício, procedimento com a finalidade de impor multa pela veiculação de propaganda eleitoral ilícita.

**68.** Com base na lei e na jurisprudência do TSE acerca dos processos judiciais e dos recursos eleitorais, assinale a opção correta.

(A) Em razão do princípio da inalterabilidade das decisões judiciais, o juízo de retratação realizado pelos juízes eleitorais, quando do recebimento de recursos, exige pedido expresso da parte recorrente.

(B) A partir das eleições municipais de 2016, nas ações de investigação judicial eleitoral, é facultativo o litisconsórcio passivo entre o responsável pela prática de abuso de poder político e o candidato beneficiado pelo ato ilegal.

(C) Para que uma ação que vise apurar abuso de poder seja julgada procedente, é necessário comprovar que o evento, além de afetar o equilíbrio na disputa eleitoral, pode alterar o resultado das eleições.

**(D)** A União é parte legítima para requerer a execução de multa por descumprimento de ordem judicial no âmbito da justiça eleitoral.

**(E)** Em processo de cassação de mandato de governador e de vice-governador, há interesse jurídico dos respectivos deputados estaduais para ingressar na demanda, autonomamente, como terceiros prejudicados.

**69.** A respeito dos crimes eleitorais e do processo penal eleitoral, julgue os itens a seguir.

**I.** No crime de calúnia eleitoral, a prova da verdade do fato é admitida ainda que, sendo o fato imputado objeto de ação penal privada, o ofendido tenha sido condenado por sentença recorrível.

**II.** A transação penal e a suspensão condicional do processo não são admitidas no processo penal eleitoral.

**III.** Constitui crime a contratação, direta ou indireta, de grupo de pessoas com a finalidade de emitir mensagens ou comentários na Internet para ofender a honra de candidato, partido ou coligação.

**IV.** De acordo com o Código Eleitoral, os TREs e o TSE possuem competência para julgar *habeas corpus*, quando houver perigo de se consumar a violência antes que o juiz competente possa prover sobre a impetração.

Assinale a opção correta.

**(A)** Estão certos apenas os itens I e II.

**(B)** Estão certos apenas os itens I e IV.

**(C)** Estão certos apenas os itens II e III.

**(D)** Estão certos apenas os itens III e IV.

**(E)** Todos os itens estão certos.

**70.** A respeito da atuação dos partidos políticos e das estratégias de exercício da democracia, assinale a opção correta.

**(A)** O modelo brasileiro de financiamento de campanha é misto, com participação tanto do poder público quanto do setor privado, sendo possível posterior retificação, na justiça eleitoral, dos limites de gastos de cada campanha.

**(B)** A CF prevê a proteção à fidelidade partidária, de modo que, nos cargos alcançados pelo sistema majoritário, a arbitrária desfiliação partidária implica renúncia tácita do mandato.

**(C)** O sistema eleitoral distrital tem natureza proporcional, o que possibilita o prestígio da representação de minorias e a diminuição do clientelismo político.

**(D)** No Brasil, a discussão acerca da viabilidade de candidaturas avulsas está relacionada com o respeito às condições de elegibilidade previstas na CF e às garantias previstas no Pacto de San José da Costa Rica.

**(E)** Ao eleito por partido que não alcançar a cláusula de desempenho eleitoral exigida pela legislação será assegurado o mandato, desde que ele se filie a outro partido.

**71.** De acordo com a legislação pertinente, trabalhador que possua crédito remuneratório trabalhista com uma empresa em falência deverá recebê-lo

**(A)** logo após o pagamento de créditos com garantia real, sem nenhum limite quanto ao valor do bem gravado.

**(B)** logo após o pagamento de créditos com garantia real, até o limite do valor do bem gravado.

**(C)** logo após o crédito tributário, sem nenhum limite de valor.

**(D)** primeiramente, antes dos demais créditos, no limite de até cento e cinquenta salários-mínimos.

**(E)** primeiramente, sem nenhum limite de valor.

**72.** Em relação à eficácia probatória ou força probante dos livros mercantis obrigatórios de um empresário, é correto afirmar que os dados constantes da escrituração mercantil criam

**(A)** uma presunção relativa de veracidade a favor de um litigante quando este fizer prova contra o empresário.

**(B)** uma presunção absoluta de veracidade a favor de um litigante, desde que estejam presentes os requisitos intrínsecos e extrínsecos dos documentos.

**(C)** uma presunção absoluta de veracidade a favor do empresário, desde que estejam presentes os requisitos intrínsecos e extrínsecos dos documentos.

**(D)** uma presunção relativa de veracidade a favor do empresário, independentemente da presença dos requisitos intrínsecos e extrínsecos dos documentos.

**(E)** um desencargo do *onus probandi*, quando exibido o livro para fazer prova a favor do empresário, independentemente da presença dos requisitos intrínsecos e extrínsecos dos documentos.

**73.** A resolução de uma sociedade simples pode ocorrer por

**(A)** decurso do prazo de duração ou por decisão majoritária dos sócios, quando a sociedade tiver prazo indeterminado.

**(B)** decisão unânime dos sócios e por perda da autorização legal para o funcionamento da sociedade.

**(C)** morte do sócio, se não houver disposição diferente no contrato social, ou por exclusão judicial do sócio devido a falta grave no cumprimento de obrigações societárias.

**(D)** falta de pluralidade de sócios por mais de cento e oitenta dias e por perda da autorização legal para o funcionamento da sociedade.

**(E)** morte do sócio, se não houver disposição diferente no contrato social, ou por decisão majoritária dos sócios, quando a sociedade tiver prazo indeterminado.

**74.** João era o sacado de uma letra de câmbio no valor de mil reais, com vencimento previsto para 31/12/2018. Em 1.º/11/2018, ao receber o título para aceite, ele discordou do valor e declarou no anverso que aceitaria pagar somente quinhentos reais.

Nessa situação hipotética, o aceite foi parcial e

**(A)** modificativo, tendo desvinculado João dos termos da letra de câmbio.

**(B)** limitativo, tendo desvinculado João dos termos da letra de câmbio.

**(C)** limitativo, com a possibilidade de execução do título após a recusa parcial, com vencimento antecipado do título.

**(D)** modificativo, tendo ficado João vinculado ao pagamento do valor aceito, que não poderia ser executado antes do vencimento do título.

**(E)** limitativo, com a possibilidade de execução do título somente após o seu vencimento original, datado de 31/12/2018.

**75.** O pacto de retrovenda é uma das modalidades de compra e venda mercantis previstas no Código Civil e tem como principal característica a reserva ao vendedor do direito de, em determinado prazo, recobrar o imóvel que tenha vendido.

A respeito dessa modalidade contratual, a legislação vigente dispõe que

**(A)** não existe a possibilidade de cessão do direito de retrovenda.

**(B)** a cláusula somente será válida, sendo dois ou mais os beneficiários da retrovenda, se todos exercerem conjuntamente o pedido de retrato.

**(C)** somente as benfeitorias necessárias serão restituídas, além do valor integral recebido pela venda.

**(D)** o vendedor, em caso de recusa do comprador em receber a quantia a que faz jus, depositará o valor judicialmente para exercer o direito de resgate.

**(E)** o prazo máximo para o exercício do direito da retrovenda é de cinco anos.

**76.** Nos termos da lei especial que dispõe sobre a proteção da propriedade intelectual e comercialização de programas de computador no Brasil, as derivações autorizadas pelo titular dos direitos de programa de computador pertencerão à pessoa autorizada que as fizer, salvo estipulação contratual em contrário.

Com relação a esse assunto, é correto afirmar que constitui ofensa aos direitos do titular de programa de computador a

**(A)** reprodução em um só exemplar que se destine à cópia de salvaguarda.

**(B)** ocorrência de semelhança de programa a outro preexistente, quando se der por força das características funcionais de sua aplicação ou da observância de preceitos normativos e técnicos.

**(C)** integração de um programa, mantendo-se suas características essenciais, a um sistema aplicativo, tecnicamente indispensável às necessidades do usuário, desde que para o uso exclusivo de quem tenha promovido tal integração.

**(D)** exploração econômica não pactuada e derivada do programa de computador.

**(E)** citação parcial do programa para fins didáticos, mesmo que com a identificação do programa e do titular dos direitos.

**77.** De acordo com as limitações constitucionais ao poder de tributar, a fixação da base de cálculo do IPVA se submete à

**(A)** anterioridade nonagesimal, sem necessidade de observância da anterioridade anual.

**(B)** anterioridade anual, sem necessidade de observância da anterioridade nonagesimal.

**(C)** anualidade, sem necessidade de observância da anterioridade nonagesimal.

**(D)** anualidade e à anterioridade anual, sem necessidade de observância da anterioridade nonagesimal.

**(E)** anterioridade anual e à anterioridade nonagesimal, sem necessidade de observância da anualidade.

**78.** De acordo com o CTN, o parcelamento é uma modalidade de

(A) suspensão da exigibilidade do crédito tributário.

(B) extinção da obrigação tributária.

(C) compensação de créditos e débitos tributários.

(D) exclusão do crédito tributário.

(E) remissão da obrigação tributária.

**79.** De acordo com a LRF, a concessão ou ampliação de incentivo ou benefício de natureza tributária da qual decorra renúncia de receita deverá, entre outras condições, estar acompanhada de estimativa do impacto orçamentário-financeiro no exercício em que deva se iniciar sua vigência e nos dois seguintes. Para os efeitos dessa regra, são exemplos de renúncia de receita

(A) o crédito presumido, a concessão de isenção em caráter geral e a modificação de base de cálculo, ainda que esta última não implique redução discriminada de tributos.

(B) a anistia, a remissão e a modificação de base de cálculo, ainda que não impliquem redução discriminada de tributos.

(C) o crédito presumido, o subsídio e o aumento de alíquotas para a majoração discriminada de tributos.

(D) a remissão, a concessão de isenção em caráter geral e o crédito presumido.

(E) a anistia, a remissão e a concessão de isenção em caráter não geral.

**80.** Observados os requisitos legais, o SIMPLES Nacional permite o recolhimento mensal, mediante documento único de arrecadação, entre outros,

(A) do imposto de importação, do ISSQN e do IOF.

(B) do IOF, da COFINS e do ITR.

(C) da CSLL, do ISSQN e do IRPJ.

(D) da COFINS, da CSLL e da contribuição para o FGTS.

(E) do ITR, da contribuição para o PIS/PASEP e da contribuição para o FGTS.

**81.** Por expressa previsão legal do CTN, entende-se como responsável tributário a pessoa que

(A) figure como sujeito ativo de uma obrigação tributária acessória em razão da solidariedade, substituição tributária ou sucessão.

(B) figure como sujeito ativo de uma obrigação tributária sem que tenha a obrigação de efetuar o pagamento do crédito tributário.

(C) tenha relação pessoal direta com a situação que constitua o respectivo fato gerador e seja obrigada ao pagamento de uma penalidade pecuniária.

(D) esteja obrigada ao pagamento de tributo ou penalidade pecuniária sem ter relação pessoal e direta com a situação que constitua o respectivo fato gerador.

(E) esteja obrigada a prestações que constituam o objeto de uma obrigação acessória.

**82.** Conforme a CF, as contribuições de intervenção no domínio econômico

(A) são de competência exclusiva da União.

(B) podem incidir sobre as receitas decorrentes de exportação.

(C) não podem incidir sobre a importação de serviços.

(D) devem ter alíquota somente *ad valorem*.

(E) podem instituir tratamento desigual entre contribuintes exclusivamente em razão de ocupação profissional.

**83.** De acordo com a jurisprudência do STF, o conceito de meio ambiente inclui as noções de meio ambiente

(A) artificial, histórico, natural e do trabalho.

(B) cultural, artificial, natural e do trabalho.

(C) natural, histórico e biológico.

(D) natural, histórico, artificial e do trabalho.

(E) cultural, natural e biológico.

**84.** Considerando que um cidadão brasileiro pretenda instalar um criadouro de pássaros silvestres típicos da região em que ele habita e que essas aves não correm o risco de extinção, assinale a opção correta, acerca da aprovação de funcionamento dessa atividade.

(A) A competência para aprovar o funcionamento dessa atividade é federal, pois se trata de criadouro de pássaros silvestres.

(B) A competência para aprovar o funcionamento dessa atividade é estadual, pois se trata de criadouro de pássaros pertencentes à fauna silvestre.

(C) A competência para aprovar o funcionamento dessa atividade é municipal, uma vez que a fauna em referência é típica da região do município em que o criadouro será instalado.

(D) A solicitação de autorização de funcionamento do criadouro pode ser feita a órgão federal ou estadual, pois se trata de competência concorrente.

**(E)** A aprovação para o exercício da atividade de criação de pássaros silvestres em território nacional, por cidadão brasileiro, é desnecessária.

**85.** O MP de determinado estado da Federação propôs ação civil pública consistente em pedido liminar para obstar a construção de empreendimento às margens de um rio desse estado. No local escolhido, uma área de preservação permanente, a empresa empreendedora desmatou irregularmente 200 ha para instalar o empreendimento. A liminar incluiu, ainda, pedido para que a empresa fosse obrigada a iniciar imediatamente replantio na área desmatada.

Nessa situação hipotética, a ação civil pública proposta deverá discutir

**(A)** apenas a responsabilidade civil da empresa.

**(B)** as responsabilidades civil e criminal da empresa.

**(C)** as responsabilidades civil e administrativa da empresa.

**(D)** apenas a responsabilidade administrativa da empresa.

**(E)** as responsabilidades civil, administrativa e criminal da empresa.

**86.** Em 2006, um imóvel rural localizado no bioma caatinga e fora da Amazônia Legal foi completamente desmatado por seu proprietário, que, em decorrência disso, foi autuado, no mesmo ano, pelo órgão ambiental federal competente e penalizado com multa.

Nessa situação hipotética, para eximir-se do pagamento da multa, basta ao proprietário

**(A)** aderir ao Programa de Regularização Ambiental e assinar termo de compromisso de reparação integral do dano.

**(B)** inscrever o imóvel no Cadastro Ambiental Rural, aderir ao Programa de Regularização Ambiental e adquirir cotas de reserva ambiental para reparar 80% do dano.

**(C)** inscrever o imóvel no Cadastro Ambiental Rural, aderir ao Programa de Regularização Ambiental, assinar termo de compromisso e reparar 50% do dano.

**(D)** inscrever o imóvel no Cadastro Ambiental Rural, aderir ao Programa de Regularização Ambiental, assinar termo de compromisso e reparar integralmente o dano.

**(E)** inscrever o imóvel no Cadastro Ambiental Rural, adquirir cotas de reserva ambiental e se comprometer a recuperar 50% da área degradada.

**87.** Por equívoco de um de seus empregados, uma empresa alimentícia deixou vazar acidentalmente parte de seu insumo em um rio, o que causou a morte de 5 t de peixes.

Nessa situação hipotética, relativamente à responsabilidade civil ambiental, a empresa

**(A)** não responderá pelo dano ambiental, por ser uma pessoa jurídica.

**(B)** não responderá pelo dano, visto que não houve dolo na morte dos peixes.

**(C)** responderá pelo dano, uma vez que a responsabilidade civil ambiental é objetiva e pautada na teoria do risco administrativo, não sendo admitida a responsabilização do empregado para responder culposamente pelo dano.

**(D)** responderá pelo dano, porque a responsabilidade civil ambiental é objetiva e pautada na teoria do risco integral.

**(E)** responderá pelo dano, pois a responsabilidade civil ambiental é objetiva e pautada na teoria do risco administrativo, admitindo-se, ainda, a responsabilização do empregado para responder culposamente pelo dano.

**88.** • Víctor é doutor em fauna aquática e pretende trabalhar como consultor em estudos para licenciamentos ambientais.

• Uma empresa pretende extrair minérios e, para isso, solicitou o licenciamento ambiental ao órgão estadual competente.

Considerando essas situações hipotéticas, assinale a opção correta, acerca do CTF, previsto na Política Nacional de Meio Ambiente — Lei n.º 6.938/1981.

**(A)** Víctor e a empresa deverão ter CTFs das respectivas atividades para concretizarem suas pretensões.

**(B)** Apenas Víctor deverá ter CTF, pois não se exige esse instrumento de pessoa jurídica.

**(C)** Apenas a empresa deverá ter CTF, pois não se exige esse instrumento de pessoa física.

**(D)** Nem de Víctor nem da empresa é exigido CTF para concretizarem suas pretensões, mas ambos deverão estar inscritos no SINIMA.

**(E)** Apenas a empresa deverá ter CTF; para Víctor, o CTF poderá ser dispensado e substituído pela inscrição da atividade no SINIMA.

**89.** Determinado taxista dirigia embriagado quando colidiu contra o prédio de determinada secretaria estadual, que foi danificado com a batida.

Nessa situação hipotética, conforme o entendimento do STJ, o estado federado prejudicado deverá propor ação de ressarcimento

**(A)** no prazo prescricional de cinco anos, em razão de previsão expressa no Decreto Federal n.º 20.910/1932.

**(B)** no prazo prescricional de três anos, com base no Código Civil.

**(C)** em prazo indeterminado, ante a imprescritibilidade das ações de ressarcimento ao erário público.

**(D)** no prazo prescricional de cinco anos, com base em aplicação analógica do Decreto Federal n.º 20.910/1932.

**(E)** no prazo prescricional de cinco anos, por aplicação expressa da Lei Federal n.º 9.784/1999, que regula o processo administrativo no âmbito federal.

**90.** De acordo com a legislação pertinente e a jurisprudência dos tribunais superiores, na hipótese de o prefeito de determinado município desviar dolosamente recursos públicos obtidos pelo ente municipal mediante convênio com a União,

**(A)** a ação de ressarcimento ao erário será submetida ao prazo prescricional quinquenal.

**(B)** a ação de improbidade administrativa prescreverá em cinco anos, contados a partir da data do fato.

**(C)** ainda que o tribunal de contas local condene o prefeito ao ressarcimento ao erário, o Poder Judiciário também poderá condená-lo em ressarcimento ao erário em ação civil pública por improbidade administrativa.

**(D)** não será possível a configuração do ato de improbidade administrativa se o prefeito tiver agido culposamente.

**(E)** o magistrado, em ação de improbidade administrativa, será obrigado a aplicar todas as penalidades legalmente previstas para a conduta, submetendo-se à discricionariedade regrada somente a dosimetria da pena.

**91.** Um município deseja realizar obra de construção de uma ponte. Embora pequena, a obra é complexa, sem especificação usual, dada a peculiaridade do terreno, e está orçada em cerca de R$ 1,6 milhão.

Nessa situação hipotética, o gestor poderá escolher, para a contratação, a licitação na modalidade

**(A)** convite.

**(B)** concorrência.

**(C)** pregão.

**(D)** leilão.

**(E)** concurso.

**92.** Uma empresa contratada pela administração pública não entregou bens em conformidade com o projeto básico, razão pela qual, após o regular processo administrativo, a contratante rescindiu unilateralmente o contrato e aplicou uma multa à citada empresa.

Nessa situação hipotética,

**(A)** a multa deverá ser descontada, preferencialmente, dos pagamentos eventualmente ainda devidos pela administração pública.

**(B)** a multa deverá ser descontada, primordialmente, da garantia do respectivo contrato.

**(C)** a administração agiu equivocadamente, pois multa e rescisão unilateral são inacumuláveis quando motivadas pelo mesmo fato.

**(D)** a administração pública, em regra, não estará autorizada a reter unilateralmente pagamentos devidos à empresa para compensar os prejuízos sofridos.

**(E)** excepcionalmente, caso a multa aplicada seja superior ao saldo a pagar à contratada, a administração pública poderá reter o pagamento até a quitação da multa.

**93.** A respeito da responsabilidade civil do Estado, julgue os itens a seguir.

**I.** O Estado é responsável pela morte de detento causada por disparo de arma de fogo portada por visitante do presídio, salvo se comprovada a realização regular de revista no público externo.

**II.** O Estado necessariamente será responsabilizado em caso de suicídio de pessoa presa, em razão do seu dever de plena vigilância.

**III.** A responsabilidade do Estado, em regra, será afastada quando se tratar da obrigação de pagamento de encargos trabalhistas de empregados terceirizados que tenham deixado de receber salário da empresa de terceirização.

Assinale a opção correta.

**(A)** Apenas o item I está certo.

**(B)** Apenas o item III está certo.

**(C)** Apenas os itens I e II estão certos.

**(D)** Apenas os itens II e III estão certos.

**(E)** Todos os itens estão certos.

**94.** Se os servidores estatutários de uma autarquia ambiental deflagrarem greve e pararem de trabalhar,

**(A)** a greve será, de pronto, ilegal, visto que ainda não foi editada lei que regulamente a greve no serviço público.

(B) a greve poderá ser considerada legal se o Estado der causa à deflagração, assim como ocorreria no caso de servidores policiais civis.

(C) a administração pública poderá agir discricionariamente para escolher se desconta da remuneração dos servidores os dias parados.

(D) a greve poderá ser declarada legal, porém a administração pública deverá, em regra, descontar da remuneração dos servidores os dias parados.

(E) a administração pública será obrigada, caso haja requerimento de sindicato ou associação, a promover uma compensação pelas horas não trabalhadas, evitando o desconto na remuneração dos servidores.

**95.** O fornecimento de água

(A) é um serviço de utilidade pública, *uti universi* e delegável.

(B) pode ter a respectiva taxa alterada pelo concessionário, que poderá considerar aspectos mercadológicos para estabelecer o novo patamar a ser cobrado.

(C) é um serviço de utilidade pública que não pode ser prestado por pessoa jurídica de direito privado que não integre a administração pública.

(D) não poderá gerar cobrança vinculada de tarifa mínima, sendo imperiosa a correspondência com o efetivo consumo.

(E) poderá gerar cobrança distinta de acordo com as categorias de usuários e faixas de consumo.

**96.** O corte de energia elétrica pela administração pública é

(A) admissível em razão do inadimplemento contemporâneo do consumidor, desde que haja o aviso prévio de suspensão e que sejam respeitados o contraditório e a ampla defesa.

(B) admissível em detrimento do novo morador, por débito pretérito pelo qual este não era responsável, uma vez que a dívida é *propter rem*.

(C) admissível sem prévio aviso na hipótese de detecção de fraude no medidor cometida pelo consumidor.

(D) admissível em razão de fraude no medidor pelo consumidor, desde que o débito seja relativo ao período máximo de sessenta dias anteriores à constatação da fraude.

(E) inadmissível caso a dívida derivada de fraude no medidor cometida pelo consumidor seja relativa a período anterior a noventa dias precedentes à constatação da fraude.

**97.** O contrato de franquia

(A) pode ocorrer no âmbito da administração pública indireta e visa à prestação de serviço *uti singuli*, aplicando-se ao contrato, subsidiariamente, as regras da Lei de Franquia Empresarial.

(B) é uma nova forma de parceria entre a administração pública e as entidades do terceiro setor.

(C) é uma nova forma de ajuste de prestação de serviço público de competência concorrente entre os entes federados, com a observância de normas gerais estabelecidas de comum acordo.

(D) pode ocorrer no âmbito da administração pública direta e visa à prestação de serviço público *uti universi*, aplicando-se ao contrato as regras da Lei de Franquia Empresarial.

(E) é tipicamente empresarial e, assim, não se concilia com as finalidades da administração pública nem com as da administração indireta que explore atividade econômica.

**98.** O poder de polícia administrativo

(A) limita ou disciplina direito, interesse ou liberdade individual, regulando e fiscalizando atos civis ou penais.

(B) inclui, no âmbito das agências reguladoras, a possibilidade de tipificar ineditamente condutas passíveis de sanção, de acordo com o STJ.

(C) pode ser delegado a sociedade de economia mista que explore serviço público, a qual poderá praticar atos de fiscalização e aplicar multas.

(D) possui autoexecutoriedade, princípio segundo o qual o ato emanado será obrigatório, independentemente da vontade do administrado.

(E) deve obedecer ao princípio da proporcionalidade no exercício do mérito administrativo e, por isso mesmo, é impassível de revisão judicial nesse aspecto.

**99.** O Estado, no exercício do poder de polícia, pode restringir o uso da propriedade particular por meio de obrigações de caráter geral, com base na segurança, na salubridade, na estética, ou em outro fim público, o que, em regra, não é indenizável. Essa forma de exercício do poder de polícia pelo Estado corresponde a

(A) uma servidão administrativa.

(B) uma ocupação temporária.

(C) uma requisição.

(D) uma limitação administrativa.

(E) um tombamento.

**100.** O *gun jumping* consiste

(A) no ato de concentração econômica velado, isto é, sem submissão ao CADE.

(B) na responsabilização da empresa e, individualmente, dos dirigentes ou administradores pela infração à ordem econômica.

(C) em limitar, falsear ou prejudicar a livre concorrência ou a livre-iniciativa.

(D) na consumação de atos de concentração econômica antes de eles serem autorizados pelo CADE, sendo uma prática vedada pela legislação brasileira.

(E) em utilizar meios enganosos para provocar oscilação de preços de terceiros.

# Folha de Respostas

| | | | | | | | | | | | |
|---|---|---|---|---|---|---|---|---|---|---|---|
| 1 | A | B | C | D | E | 38 | A | B | C | D | E |
| 2 | A | B | C | D | E | 39 | A | B | C | D | E |
| 3 | A | B | C | D | E | 40 | A | B | C | D | E |
| 4 | A | B | C | D | E | 41 | A | B | C | D | E |
| 5 | A | B | C | D | E | 42 | A | B | C | D | E |
| 6 | A | B | C | D | E | 43 | A | B | C | D | E |
| 7 | A | B | C | D | E | 44 | A | B | C | D | E |
| 8 | A | B | C | D | E | 45 | A | B | C | D | E |
| 9 | A | B | C | D | E | 46 | A | B | C | D | E |
| 10 | A | B | C | D | E | 47 | A | B | C | D | E |
| 11 | A | B | C | D | E | 48 | A | B | C | D | E |
| 12 | A | B | C | D | E | 49 | A | B | C | D | E |
| 13 | A | B | C | D | E | 50 | A | B | C | D | E |
| 14 | A | B | C | D | E | 51 | A | B | C | D | E |
| 15 | A | B | C | D | E | 52 | A | B | C | D | E |
| 16 | A | B | C | D | E | 53 | A | B | C | D | E |
| 17 | A | B | C | D | E | 54 | A | B | C | D | E |
| 18 | A | B | C | D | E | 55 | A | B | C | D | E |
| 19 | A | B | C | D | E | 56 | A | B | C | D | E |
| 20 | A | B | C | D | E | 57 | A | B | C | D | E |
| 21 | A | B | C | D | E | 58 | A | B | C | D | E |
| 22 | A | B | C | D | E | 59 | A | B | C | D | E |
| 23 | A | B | C | D | E | 60 | A | B | C | D | E |
| 24 | A | B | C | D | E | 61 | A | B | C | D | E |
| 25 | A | B | C | D | E | 62 | A | B | C | D | E |
| 26 | A | B | C | D | E | 63 | A | B | C | D | E |
| 27 | A | B | C | D | E | 64 | A | B | C | D | E |
| 28 | A | B | C | D | E | 65 | A | B | C | D | E |
| 29 | A | B | C | D | E | 66 | A | B | C | D | E |
| 30 | A | B | C | D | E | 67 | A | B | C | D | E |
| 31 | A | B | C | D | E | 68 | A | B | C | D | E |
| 32 | A | B | C | D | E | 69 | A | B | C | D | E |
| 33 | A | B | C | D | E | 70 | A | B | C | D | E |
| 34 | A | B | C | D | E | 71 | A | B | C | D | E |
| 35 | A | B | C | D | E | 72 | A | B | C | D | E |
| 36 | A | B | C | D | E | 73 | A | B | C | D | E |
| 37 | A | B | C | D | E | 74 | A | B | C | D | E |

| 75 | A | B | C | D | E |
|----|---|---|---|---|---|
| 76 | A | B | C | D | E |
| 77 | A | B | C | D | E |
| 78 | A | B | C | D | E |
| 79 | A | B | C | D | E |
| 80 | A | B | C | D | E |
| 81 | A | B | C | D | E |
| 82 | A | B | C | D | E |
| 83 | A | B | C | D | E |
| 84 | A | B | C | D | E |
| 85 | A | B | C | D | E |
| 86 | A | B | C | D | E |
| 87 | A | B | C | D | E |

| 88 | A | B | C | D | E |
|-----|---|---|---|---|---|
| 89 | A | B | C | D | E |
| 90 | A | B | C | D | E |
| 91 | A | B | C | D | E |
| 92 | A | B | C | D | E |
| 93 | A | B | C | D | E |
| 94 | A | B | C | D | E |
| 95 | A | B | C | D | E |
| 96 | A | B | C | D | E |
| 97 | A | B | C | D | E |
| 98 | A | B | C | D | E |
| 99 | A | B | C | D | E |
| 100 | A | B | C | D | E |

# GABARITO COMENTADO

**1.** Gabarito: C

Comentário: **A:** incorreta, pois não se trata de hipótese de reserva mental. A reserva mental é uma forma de simulação (lato senso) e consiste na divergência entre a vontade real do declarante e da qual a outra parte não tem conhecimento (art. 110 CC). Por ser considerada uma simulação unilateral produz negócio jurídico nulo e não inexistente (art. 167 *caput* CC); **B:** incorreta, pois no caso em tela não temos a configuração de dolo essencial passível de anulação do negócio jurídico, uma vez que este ocorre quando o negócio é realizado somente porque houve induzimento malicioso de uma das partes. Não fosse o convencimento astucioso e a manobra insidiosa, a avença não se teria concretizado. No caso em tela não houve esse induzimento por parte do vendedor ao comprador, logo não há que se falar em anulabilidade (art. 145 CC); **C:** correta, pois na simulação relativa, as partes realizam um negócio, mas é diferente daquele que verdadeiramente pretendem realizar. Neste caso, há dois negócios: o simulado, que as partes consolidaram na aparência, e não é verdadeiro (no caso a compra e venda), e o dissimulado, cujos efeitos as partes realmente almejavam (no caso a doação). A doação será válida (art. 167, 2ª parte) e será considerada adiantamento da legítima (art. 544 CC); **D:** incorreta, pois na simulação absoluta as partes não desejam efetivamente realizar determinado ato, mas apenas fazer com que outros pensem que o ato foi concretizado. Só se observa o negócio jurídico simulado. Na hipótese em tela, temos um negócio desejado que era a doação, logo não há que se falar nesse tipo de simulação (art. 167 CC); **E:** incorreta, pois implica em adiantamento da legítima, nos termos do art. 544 CC. [GR]

**2.** Gabarito: B

Comentário: I: correta. Segue ementa de decisão com este entendimento: RECURSO ESPECIAL. DIREITO ADMINISTRATIVO. CIVIL. PROCESSUAL CIVIL. PROCEDIMENTO DE DÚVIDA REGISTRAL. NATUREZA ADMINISTRATIVA. IMPUGNAÇÃO POR TERCEIRO INTERESSADO. IRRELEVÂNCIA. CAUSA. AUSÊNCIA. ENTENDIMENTO CONSOLIDADO NA SEGUNDA SEÇÃO DO STJ. NÃO CABIMENTO DE RECURSO ESPECIAL. "O procedimento de dúvida registral, previsto no art. 198 e seguintes da Lei de Registros Públicos, tem, por força de expressa previsão legal (LRP, art. 204), natureza administrativa, não qualificando prestação jurisdicional." "Não cabe recurso especial contra decisão proferida em procedimento administrativo,

afigurando-se irrelevantes a existência de litigiosidade ou o fato de o julgamento emanar de órgão do Poder Judiciário, em função atípica". (REsp 1570655/GO, Rel. Ministro ANTONIO CARLOS FERREIRA, SEGUNDA SEÇÃO, julgado em 23/11/2016, DJe 09/12/2016) 2. Recurso especial não conhecido RECURSO ESPECIAL Nº 1.396.421 - SC (2013/0252025-4) - (Ministro LUIS FELIPE SALOMÃO, 03/04/2018); II: correta, pois o procedimento de qualificação registral dá maior segurança e credibilidade para que o registrador afira a aptidão ou inaptidão para registro. Neste sentido, colaciona-se entendimento do Desembargador José Renato Nalini do TJ/SP na apelação (Ap. Cível nº 31881-0/1): É certo que os títulos judiciais submetem-se à qualificação registrária, conforme pacífico entendimento do E. Conselho Superior da Magistratura: Apesar de se tratar de título judicial, está ele sujeito à qualificação registrária. O fato de tratar-se o título de mandado judicial não o torna imune à qualificação registrária, sob o estrito ângulo da regularidade formal. O exame da legalidade não promove incursão sobre o mérito da decisão judicial, mas à apreciação das formalidades extrínsecas da ordem e à conexão de seus dados com o registro e a sua formalização instrumental". Ora, se os título judiciais estão sujeitos a esse procedimento, muito mais os extrajudiciais também estarão, haja vista que há maior possibilidade de fraude em sua elaboração; III: incorreta, pois o princípio da especialidade registral significa que tanto o objeto do negócio (o imóvel), como os contratantes devem estar perfeitamente determinados, identificados e particularizados, para que o registro reflita com exatidão o fato jurídico que o originou. A especialidade registral objetiva diz respeito ao imóvel. O artigo 176, § 1º, II, 3 da Lei 6.015/73 aponta como requisitos da matrícula, sua identificação, feita mediante a indicação de suas características e confrontações, localização, área e denominação, se rural, ou logradouro e número, se urbano, e sua designação cadastral, se houver. Já a especialidade subjetiva, diz respeito a importância de constar a qualificação completa do proprietário, número de identidade (RG), cadastro de contribuinte (CPF), e sendo casado, também do cônjuge. Igualmente necessário, dados do casamento, do regime de bens, e referência a ser ocorrido antes ou depois da Lei 6.515/77. Em havendo pacto antenupcial, deverá ser mencionado o número de seu registro junto ao Registro de Imóveis. Logo, a alternativa correta é a letra B. [GR]

**3.** Gabarito: A

Comentário: **A:** correta, nos termos do art. 1.904, II, do CC; **B:** incorreta, a herança não constitui exceção à regra enunciada (art. 1.094, IV, do CC); **C:** incorreta, a dissolução da cooperativa não é exceção à regra enunciada (art. 1.094, VIII, do CC); **D:** incorreta. O capital social da cooperativa pode ser variável ou mesmo dispensado (art. 1.094, I, do CC); **E:** incorreta. O quórum de deliberação é baseado no número de sócios presentes (art. 1.094, V, do CC). HS

**4.** Gabarito: A

Comentário: O entendimento do Superior Tribunal de Justiça segue no sentido de que a prescrição é de 3 (três) anos, nos termos do art. 206 do Código Civil, para o pedido de nulidade de cláusula e consequente repetição de indébito, posto de fundamentado no enriquecimento sem causa (Veja: REsp 1.800.456/SP). RD

**5.** Gabarito: D

Comentário: Questão controvertida

**6.** Gabarito: B

Comentário: **I:** incorreta, pois não precisa ser em ação própria (art. 1.609, *caput*, e inciso IV, CC); **II:** incorreta, pois o reconhecimento de paternidade por testamento também é irrevogável (art. 1609, III, CC); **III:** correta, nos termos do art. 1609, parágrafo único CC. Logo, a alternativa correta é a letra B. GR

**7.** Gabarito: B

Comentário: **A:** incorreta, pois o art. 1.863 CC prevê que é proibido o testamento conjuntivo, seja simultâneo, recíproco ou correspectivo. De acordo com a teoria das invalidades dos atos e negócios jurídicos, considera-se nulo o ato sempre que a lei proibir-lhe a prática sem cominar sanção (art. 166, VII CC); **B:** correta, pois trata-se de ato jurídico nulo nos termos do art. 166, VII e art. 1.863 CC; **C:** incorreta, conforme justificativa da alternativa A; **D:** incorreta, pois em todos os casos temos hipótese de nulidade (art. 166, VII e art. 1.863 CC). Apenas para diferenciar, o testamento simultâneo se dá quando os dois testadores fazem disposições em favor de terceiro; o recíproco ocorre quando um testador favorece o outro, e vice-versa e no correspectivo, além da reciprocidade, cada testador beneficia o outro na mesma proporção em que este o tiver beneficiado, caso em que a interdependência, a relação causal entre as disposições, é mais intensa; **E:** incorreta, pois nos termos da alternativa D. GR

**8.** Gabarito: C

Comentário: **A:** incorreta, pois o direito a sucessão aberta é considerado bem imóvel (art. 80, II CC); **B:** incorreta, pois não perdem o caráter de imóveis os materiais que estejam separados provisoriamente de um prédio, para nele serem reempregados (art. 81, II CC); **C:** correta, nos termos do art. 84 CC; **D:** incorreta, pois não perdem o caráter de imóveis as edificações que, separadas do solo, mas conservando a sua unidade, forem removidas para outro local (art. 81, I CC); **E:** incorreta, pois quando empregados na construção são considerados bem móveis (interpretação *contrario sensu* do art. 84, 1ª parte CC). GR

**9.** Gabarito: ANULADA

**10.** Gabarito: A

Comentário: **A:** correta, conforme expressa previsão legal (CPC, art. 485, VII); **B, C** e **D:** erradas, pois todas essas alternativas tratam de situações nas quais haverá resolução do mérito, por homologação do juiz (CPC, art. 487, III, alíneas); **E:** errada, considerando que, a partir do CPC/15, a impossibilidade jurídica do pedido não mais integra as condições da ação, de modo que não é motivo para extinção sem mérito (CPC, art. 485, VI). LD

**11.** Gabarito: B

Comentário: **A:** errada, porque não há exigência de caução para a liquidação da decisão (CPC, art. 356, §2º); **B:** certa, conforme expressa previsão legal (CPC, art. 356, §2º); **C:** errada, considerando que a extinção do processo é incompatível com o ato de liquidação (CPC, art. 924); **D:** errada, pois a liquidação poderá ser processada em autos suplementares, a requerimento da parte ou a critério do juiz (CPC, art. 356, §4º); **E:** errada, uma vez que a liquidação poderá ser promovida mesmo na pendência de recurso interposto pela parte vencedora (CPC, art. 356, §2º). LD

**12.** Gabarito: C

Comentário: **A:** errada, já que o executado não teria legitimidade para defender direito de terceiro em nome próprio (CPC, art. 18); **B:** errada, considerando que essa hipótese não encontra previsão no rol do art. 833, do CPC; **C:** certa, conforme expressa previsão legal (CPC, art. 833, IV § 2º); **D:** errada, tendo em vista que essa hipótese não encontra previsão no rol do art. 833, do CPC; **E:** errada, já que, a princípio, não haveria enriquecimento ilícito na penhora de bens para satisfação de obrigação contratual inadimplida. LD

**13.** Gabarito: C

Comentário: **I:** errada, já que a possibilidade de autor requerer diligências se refere especificamente à qualificação das partes (CPC, art. 319, II e §§1º ao 3º), sendo em regra dever do autor buscar as informações para o ajuizamento da inicial – de modo que possível ao juiz indeferir a petição inicial caso não presentes os requisitos; **II:** errada, pois constitui requisito da petição inicial a apresentação dos fatos e do fundamento jurídico do pedido (causa de pedir), sob pena de indeferimento da inicial (CPC, arts. 319, III e 321); **III:** certa, conforme expressa previsão legal, considerando que a falta de informações sobre a qualificação do réu não será causa de indeferimento da inicial, se, ainda assim, for possível sua citação (CPC, art. 319, II, §2º); **IV:** certa, conforme expressa previsão legal (CPC, art. 330, §2º). [LD]

**14.** Gabarito: ANULADA

**15.** Gabarito: E
Comentário: **A** e **B:** erradas, pois a lei não prevê a fixação de multa coercitiva nessa situação (Lei 12.016, art. 8º); **C** e **D:** erradas, já que a liminar pode ser cassada/revogada, de ofício, pelo juiz (Lei 12.016, art. 8º); **E:** certa, conforme expressa previsão legal, tendo em vista que a situação narrada configura hipótese de perempção ou caducidade da liminar, que funciona como uma sanção ao impetrante por desídia na condução do processo (Lei 12.016, art. 8º). [LD]

**16.** Gabarito: D
Comentário: **A:** errada, já que o valor da causa corresponderá à soma dos valores dos pedidos, no caso de *cumulação simples* (CPC, art. 292, VI); **B:** errada, pois o valor da causa corresponderá ao pedido de maior valor no caso de *pedido alternativo* (CPC, art. 292, VII); **C:** errada, porque, na hipótese de pedido subsidiário, o valor da causa corresponderá ao valor do *pedido principal* (CPC, art. 292, VIII); **D:** certa, conforme expressa previsão legal (CPC, art. 292, VIII); **E:** errada, tendo em vista não existir essa previsão no CPC. [LD]

**17.** Gabarito: B
Comentário: **A:** incorreta. A jurisprudência do STJ segue no sentido que é possível que o plano de saúde estabeleça as doenças que terão cobertura, mas não o tipo de tratamento utilizado, sendo abusiva a negativa de cobertura do procedimento, tratamento, medicamento ou material considerado essencial a realização de acordo com o proposto pelo profissional médico. Ademais, fato de eventual tratamento não constar do rol de procedimentos da ANS não significa que a sua prestação não possa ser exigida pelo segurado, uma vez que referido rol é exemplificativo. Veja AgRg no AREsp 708.082/DF, Rel. Ministro João Otávio de Noronha e AREsp 1515875 / RJ. **B:** correta. Já entendeu o STJ em sede de IRDE "O reajuste de mensalidade de plano de saúde individual ou familiar fundado na mudança de faixa etária do beneficiário é válido desde que (i) haja previsão contratual, (ii) sejam observadas as normas

expedidas pelos órgãos governamentais reguladores e (iii) não sejam aplicados percentuais desarrazoados ou aleatórios que, concretamente e sem base atuarial idônea, onerem excessivamente o consumidor ou discriminem o idoso." (Tema 952). **C:** incorreta. A prescrição, conforme entendimento do STJ, é de 3 (três) anos para o pedido de nulidade de cláusula e consequente repetição de indébito, posto de fundamentado no enriquecimento sem causa (Veja: REsp 1.800.456/SP). **D:** incorreta. O STJ tem entendido que não é abusiva a cláusula de coparticipação expressamente contratada e informada ao consumidor para a hipótese de internação superior a 30 (trinta) dias decorrentes de transtornos psiquiátricos (Veja EAREsp 793.323-TJ). Observe que o tema está afetado aguardando julgamento em IRDR (tema 1032). **E:** incorreta. O STJ tem entendido que a reponsabilidade civil é objetiva do hospital em razão da indicação do hospital (Veja, AgInt no AREsp 616058/RJ). [RD]

**18.** Gabarito: A
Comentário: **I:** correta. A responsabilidade civil do médico é subjetiva, nos termos do art. 14, § 4º do CDC, devendo o consumidor, portanto, comprovar a culpa, nexo de causalidade e extensão de danos para requerer a sua indenização. No entanto, havendo hipossuficiência do consumidor ou se as alegações forem verossímeis, pode o consumidor pleitear a inversão do ônus da prova (art. 6º, VIII); **II:** incorreta. A legitimidade do MP para ação coletiva que envolva direitos difusos, coletivos, e individuais homogêneos está prevista nos arts. 82 e 91 do CDC, além do art. 5º da LACP, sem qualquer ressalva para os serviços públicos quando estes envolverem relação jurídica de consumo; **III:** incorreta. A manutenção dos dados negativos de consumidores em banco de dados deve obedecer a dois pressupostos: a dívida não pode estar prescrita (art. 43, § 5º) e o prazo máximo para manutenção de dados de cinco anos (art. 43, § 1º). O termo inicial para a contagem do prazo de 5 (cinco) anos é a data de vencimento da dívida: "**O termo inicial do prazo de permanência de registro de nome de consumidor em cadastro de proteção ao crédito (art. 43, § 1º, do CDC) inicia-se no dia subsequente ao vencimento da obrigação não paga, independentemente da data da inscrição no cadastro**" (Veja: REsp 1.316.117-SC e REsp 1.630.889/DF). [RD]

**19.** Gabarito: A
Comentário: **A:** Correta. Sobre o tema do direito ao esquecimento, já entendeu o STJ: "Quanto ao assunto, a jurisprudência desta Corte Superior tem entendimento reiterado no sentido de afastar a responsabilidade de buscadores da *internet* pelos resultados de busca apresentados, reconhecendo a impossibilidade de lhe atribuir a função de censor e impondo ao prejudicado o

direcionamento de sua pretensão contra os provedores de conteúdo, responsáveis pela disponibilização do conteúdo indevido na *internet*. Há, todavia, circunstâncias excepcionalíssimas em que é necessária a intervenção pontual do Poder Judiciário para fazer cessar o vínculo criado, nos bancos de dados dos provedores de busca, entre dados pessoais e resultados da busca, **que não guardam relevância para interesse público à informação, seja pelo conteúdo eminentemente privado, seja pelo decurso do tempo**. Essa é a essência do direito ao esquecimento: não se trata de efetivamente apagar o passado, mas de permitir que a pessoa envolvida siga sua vida com razoável anonimato, não sendo o fato desabonador corriqueiramente rememorado e perenizado por sistemas automatizados de busca" (grifo nosso) (STJ, REsp 1.660.168-RJ). Em complemento, também já entendeu o tribunal superior que: "**O provedor de busca cientificado pelo consumidor sobre vínculo virtual equivocado entre o argumento de pesquisa (nome de consumidor) e o resultado de busca (sítio eletrônico) é obrigado a desfazer a referida indexação, ainda que esta não tenha nenhum potencial ofensivo". (STJ, REsp 1.582.981-RJ). B:** Incorreta. Nesse sentido, já se manifestou o STJ: "Em compras realizadas na internet, o fato de o consumidor ser penalizado com a obrigação de arcar com multa moratória, prevista no contrato com a financeira, quando atrasa o pagamento de suas faturas de cartão de crédito não autoriza a imposição, por sentença coletiva, de **cláusula penal** ao fornecedor de bens móveis, nos casos de atraso na entrega da mercadoria e na demora de restituição do valor pago quando do exercício do direito do arrependimento". (STJ. 4ª Turma. REsp 1412993-SP, Rel. Min. Luis Felipe Salomão, Rel. Acd. Min. Maria Isabel Gallotti, julgado em 08/05/2018). **C:** incorreta. Sobre a prevalência dos tratados internacionais entendeu o STF em sede de repercussão geral: "Nos termos do art. 178 da Constituição da República, as normas e os tratados internacionais limitadores da responsabilidade das transportadoras aéreas de passageiros, especialmente as Convenções de **Varsóvia** e Montreal, têm prevalência em relação ao Código de Defesa do Consumidor". (STF, Plenário, RE 636331/RJ, Rel. Min. Gilmar Mendes e ARE 766618/SP, Rel. Min. Roberto Barroso, julgados em 25/05/2017). **D:** incorreta. Sobre a legitimidade do município para propositura de ACP, já entendeu o STJ: "**Município** tem legitimidade *ad causam* para ajuizar ação civil pública em defesa de direitos consumeristas questionando a cobrança de tarifas bancárias. Em relação ao Ministério Público e aos entes políticos, que têm como finalidades institucionais a proteção de valores fundamentais, como a defesa coletiva dos consumidores, não se exige pertinência temática e representatividade adequada. (STJ. 3ª Turma. REsp 1509586-SC, Rel. Min. Nancy Andrighi, julgado em 15/05/2018) **E:** incorreta. Não

é válida a **rescisão unilateral imotivada** de plano de saúde coletivo empresarial por parte da operadora em face de microempresa com apenas dois beneficiários. No caso concreto, havia um contrato coletivo atípico e que, portanto, merecia receber tratamento como se fosse um contrato de plano de saúde individual. Isso porque a pessoa jurídica contratante é uma microempresa e são apenas dois os beneficiários do contrato, sendo eles hipossuficientes frente à operadora do plano de saúde. No contrato de plano de saúde individual é vedada a rescisão unilateral, salvo por fraude ou não pagamento da mensalidade. (STJ, 3ª Turma, REsp 1701600-SP, Rel. Min. Nancy Andrighi, julgado em 06/03/2018)". RD

---

**20.** Gabarito: B

Comentário: **A:** incorreta. Embora as associações de defesa do consumidor estejam no rol dos legitimados, é necessário que haja relação de consumo para justificar a presença em ação coletiva. Sendo assim, "uma associação que tenha fins específicos de proteção ao consumidor não possui legitimidade para o ajuizamento de ação civil pública com a finalidade de tutelar interesses coletivos de beneficiários do seguro DPVAT. Isso porque o seguro DPVAT não tem natureza consumerista, faltando, portanto, pertinência temática. (STJ, 2ª Seção, REsp 1.091.756-MG, Rel. Min. Marco Buzzi, Rel. Acd. Min. Marco Aurélio Bellizze, julgado em 13/12/2017)". **B:** correta. Nos termos do art. 14 do CDC, o caso narrado constitui defeito de serviço: "**O furto das joias, objeto do penhor, constitui falha do serviço prestado pela instituição financeira e não inadimplemento contratual, devendo incidir o prazo prescricional de 5 (cinco) anos para as ações de indenização, previsto no art. 27 do Código de Defesa do Consumidor**". (REsp 1369579/PR, Rel. Min. Luis Felipe Salomão, 4ª Turma, DJe 23/11/2017). **C:** incorreta. O caso foi julgado em 2017, antes da LGPD, e assim entendeu o STJ: "É abusiva e ilegal cláusula prevista em contrato de prestação de serviços de cartão de crédito, que autoriza o banco contratante a compartilhar dados dos consumidores com outras entidades financeiras, assim como com entidades mantenedoras de cadastros positivos e negativos de consumidores, **sem que seja dada opção de discordar daquele compartilhamento."** (REsp 1348532/SP, Min. Luis Felipe Salomão, 4ª Turma, DJe 30/11/2017). **D:** incorreta. "O saque indevido de numerário em conta corrente **não** configura dano moral *in re ipsa* (presumido), podendo, contudo, observadas as particularidades do caso, ficar caracterizado o respectivo dano se demonstrada a ocorrência de violação significativa a algum direito da personalidade do correntista." (REsp 1573859/SP, Rel. Ministro Marco Aurélio Bellizze, 3ª Turma, DJe 13/11/2017). **E:** incorreto. O CDC, em seu artigo 26, reza que obsta a decadência a reclamação comprovadamente formulada pelo consumidor perante o fornecedor de produtos e serviços até a resposta negativa correspondente, que deve ser transmitida de forma inequívoca. Já entendeu o STJ que a reclamação verbal ou por telefone tem o condão de obstar o prazo decadencial: "A reclamação obstativa da decadência, prevista no art. 26, § 2°, I, do CDC, pode ser feita documentalmente – por meio físico ou eletrônico – **ou mesmo verbalmente** – pessoalmente ou por telefone – e, consequentemente, a sua comprovação pode dar-se por todos os meios admitidos em direito." (REsp 1442597/DF, Rel. Ministra Nancy Andrighi, 3ª Turma, DJe 30/10/2017). **RD**

## 21. Gabarito: ANULADA

## 22. Gabarito: E

Comentário: **A:** incorreta. A aplicação de medida socioeducativa se dá até os 21 (vinte e um) anos (art. 2° do ECA). Nesse sentido é a súmula 605 do STJ: **"A superveniência da maioridade penal não interfere na apuração de ato infracional nem na aplicabilidade de medida socioeducativa em curso, inclusive na liberdade assistida, enquanto não atingida a idade de 21 anos.".** **B:** incorreta. A liberdade assistida é medida que não restringe a liberdade do adolescente podendo, inclusive, ser aplicada em conjunto com a remissão. Por tal razão, já entendeu o STJ: "Para efeito de condenação, a confissão não exclui a colheita de outras provas para confrontação dos elementos de confirmação ou para contraditar. Cabível, pois, a nulidade da sentença para nova instrução, **concedendo-se ao menor a liberdade assistida até o desfecho do processo.** (STJ, HC 39.829-RJ, Rel. Min. Nilson Naves, j. 31/5/2005). Precedentes: HC 38.551-RJ, DJ 6/12/2004; HC 36.238-RJ, DJ 11/10/2004, e HC 38.994-SP, DJ 9/2/2005. **C:** incorreta. Súmula 492 do STJ: "O ato infracional análogo ao tráfico de drogas, por si só, não conduz obrigatoriamente à imposição de medida socioeducativa de internação do adolescente". **D:** incorreta. Conforme art. 43 da Lei do Sinase (Lei 12.594/2012), a reavaliação da manutenção, substituição ou suspensão da medida pode ser requerida a qualquer tempo, cabendo a autoridade judiciária a análise e decisão sobre o caso concreto. Assim já decidiu o STJ: "(...) Nos termos do art. 121, § 2°, do ECA, o período máximo da internação não pode exceder a três anos e sua manutenção deve ser avaliada, mediante decisão fundamentada, no máximo a cada seis meses. **O magistrado decidirá de acordo com seu livre convencimento e não está vinculado a relatório técnico, podendo adotar outros elementos de convicção para manter, extinguir ou progredir a medida (...)"** (REsp 1610719/ES, Rel. Ministro Rogerio Schietti Cruz, 6ª Turma, DJe 01/09/2016). **ED**

## 23. Gabarito: A

Comentário: **I:** correta. A adoção à brasileira é proibida pelo ordenamento jurídico brasileiro e se configura quando alguém declara como seu filho de outrem (art. 242 do Código Penal). Para a configuração da adoção à brasileira consequente perda do poder familiar, não se faz necessário estudo psicossocial da criança, bastando a comprovação biológica da paternidade. Nesse sentido, em caso que julgou ação de destituição de perda de poder familiar em razão de indícios da prática de adoção à brasileira, já julgou o STJ: (...) Para constatação da "adoção à brasileira", em princípio, o estudo psicossocial da criança, do pai registral e da mãe biológica não se mostra imprescindível. Contudo, como o reconhecimento de sua ocorrência ("adoção à brasileira") foi fator preponderante para a destituição do poder familiar, à época em que a entrega de forma irregular do filho para fins de adoção não era hipótese legal de destituição do poder familiar, a realização da perícia se mostra imprescindível para aferição da presença de causa para a excepcional medida de destituição e para constatação de existência de uma situação de risco para a infante, caracterizando cerceamento de defesa o seu indeferimento na origem". (REsp 1674207/PR, Rel. Min. Moura Ribeiro, 3ª turma, DJe 24/04/2018); **II:** incorreta. Em sede de IRDR, o STJ fixou a seguinte tese: "o menor sob guarda tem direito à concessão do benefício de pensão por morte do seu mantenedor, comprovada sua dependência econômica, nos termos do art. 33, § 3° do Estatuto da Criança e do Adolescente, (...) Funda-se essa conclusão na qualidade de lei especial do Estatuto da Criança e do Adolescente (8.069/90), frente à legislação previdenciária". (Tema 732/STJ); **III:** correta. Nesse sentido, já entendeu o STJ: "1. O descumprimento da obrigação pelo pai, que, apesar de dispor de recursos, deixa de prestar assistência material ao filho, não proporcionando a este condições dignas de sobrevivência e causando danos à sua integridade física, moral, intelectual e psicológica, configura ilícito civil, nos termos do art. 186 do Código Civil de 2002. 2. Estabelecida a correlação entre a omissão voluntária e injustificada do pai quanto ao amparo material e os danos morais ao filho dali decorrentes, é possível a condenação ao pagamento de reparação por danos morais, com fulcro também no princípio constitucional da dignidade da pessoa humana. (REsp 1087561/RS, Rel. Min. Raul Araújo, 4ª Turma, DJe 18/08/2017); **IV:** incorreta. A sanção pecuniária pelo descumprimento dos deveres relativos ao exercício do poder familiar (art. 129 do ECA) está expressamente prevista no art. 249 do ECA. Sobre o tema, já decidiu o STJ que "a hipossuficiência financeira ou a vulnerabilidade familiar não é suficiente para afastar a multa pecuniária prevista no art. 249 do ECA". (REsp 1.658.508-RJ, Rel. Min. Nancy Andrighi, DJe 26/10/2018). **ED**

**24.** Gabarito: D

Comentário: **A:** incorreta. O tema foi objeto de Ação Civil Pública, tendo sido julgada no Superior Tribunal de Justiça, tendo sido admitido o dano moral coletivo: "a análise da configuração do dano moral coletivo, na espécie, não reside na identificação de seus telespectadores, mas sim nos prejuízos causados a toda sociedade, em virtude da vulnerabilização de crianças e adolescentes, notadamente daqueles que tiveram sua origem biológica devassada e tratada de forma jocosa, de modo a, potencialmente, torná-los alvos de humilhações e chacotas pontuais ou, ainda, da execrável violência conhecida por *bullying*". (REsp 1.517.973-PE, Rel. Min. Luis Felipe Salomão). **B:** incorreta. O Ministério Público tem legitimidade para promover e acompanhas as ações de alimentos (art. 201, III, do ECA). Veja também a súmula **594 do STJ:** "O Ministério Público tem legitimidade ativa para ajuizar ação de alimentos em proveito de criança ou adolescente independentemente do exercício do poder familiar dos pais, ou do fato de o menor se encontrar nas situações de risco descritas no artigo **98** do Estatuto da Criança e do Adolescente, ou de quaisquer outros questionamentos acerca da existência ou eficiência da Defensoria Pública na comarca". **C:** incorreta. A justiça da infância e juventude é competente para conhecer as ações civis fundadas em interesses individuais, difusos ou coletivos afetos à criança e ao adolescente (Art. 148, IV, do ECA). **D:** correta. A remissão sugerida pelo Ministério Público ocorre antes do oferecimento da representação, razão pela qual não há a exigência da presença da defesa (art. 179 do ECA). No entanto, na audiência de apresentação (art. 184 cc art. 186 do ECA) ou homologação da remissão pelo juiz, requer-se a presença do advogado. Veja entendimento do STJ a respeito: "No caso, o Ministério Público estadual ofereceu remissão ao menor, em ato realizado sem defesa técnica. 2. Assim, ainda que a jurisprudência admita a falta de defesa técnica na oitiva com o Ministério Público, a ausência do defensor na apresentação em Juízo e na sentença homologatória evidencia a ilegalidade, sendo violado o princípio da ampla defesa. Precedentes. 3. Ordem concedida, confirmando-se a liminar anteriormente deferida, para anular a audiência realizada sem a defesa técnica do menor, bem como os demais atos praticados *a posteriori*. (HC 415.295/ DF, Rel. Ministro Sebastião Reis Júnior, Sexta Turma, julgado em 14/08/2018, DJe 03/09/2018). **E:** incorreta. Nos termos do art. 127 do ECA a remissão sugerida pelo Ministério Público pode vir acompanhada de aplicação de medida socioeducativa de advertência, reparação de danos, prestação de serviços à comunidade ou liberdade assistida, a ser aplicada pelo juiz (Súmula 108 do STJ). As medidas de semiliberdade e internação não podem ser aplicadas junto com a remissão. 🔳

**25.** Gabarito: A

Comentário: **A:** correta. Dentre as regras sobre o procedimento para colocação em família substituta, reza o art. 167 do ECA: "a autoridade judiciária, de ofício ou a requerimento das partes ou do Ministério Público, determinará a realização de estudo social ou, se possível, perícia por equipe interprofissional, decidindo sobre a concessão de guarda provisória, bem como, no caso de adoção, sobre o estágio de convivência". **B:** incorreta. O procedimento para perda ou suspensão do poder familiar sempre obedecerá ao contraditório e ampla defesa. Nos termos do art. 158 do ECA, "o requerido será citado para, no prazo de dez dias, oferecer resposta escrita, indicando as provas a serem produzidas e oferecendo desde logo o rol de testemunhas e documentos". **C:** incorreta. Na hipótese de concordância dos pais, o juiz deverá, na presença do ministério público, ouvir as partes, devidamente assistida por advogado ou defensor público, para verificar sua concordância com a adoção (art. 166, § 1º, I, do ECA). **D:** incorreta. Nos termos do art. 166, § 5º, o consentimento dos titulares do poder familiar para colocação da criança em família substituta pode ocorrer até a data da realização da audiência que tem por finalidade colher a oitiva dos pais. Após a audiência, os pais podem exercer o arrependimento no prazo de 10 (dez) dias, contado da data de prolação da sentença de extinção do poder familiar. **E:** incorreta. Ainda que haja consentimento dos pais para entrega da criança (art. 166, § 1º, do ECA), este somente pode se dar após o nascimento (art. 19-A, § 5º do ECA). 🔳

**26.** Gabarito: B

Comentário: **I:** incorreta. Conforme súmula 500 do STJ, "a configuração do crime previsto no art. 244-B (corrupção de menores) do ECA independe da prova da efetiva corrupção do menor, por se tratar de delito formal; **II:** correta. Conforme entendimento do STF em sede Recurso Extraordinário com repercussão geral, "compete à Justiça Federal processar e julgar os crimes consistentes em disponibilizar ou adquirir material pornográfico envolvendo criança ou adolescente (arts. 241, 241-A e 241-B do ECA), quando praticados por meio da rede mundial de computadores (internet)". STF. Plenário. RE 628624/MG, Rel. Min. Marco Aurélio. j. 28 e 29/10/2015. Na mesma toada, STJ assim definiu: "Deliberando sobre o tema, o Plenário do Supremo Tribunal Federal, no julgamento do Recurso Extraordinário n. 628.624/MG, em sede de repercussão geral, assentou que a fixação da **competência da Justiça Federal** para o julgamento do delito do art. 241-A do Estatuto da Criança e do Adolescente (**divulgação** e publicação de **conteúdo pedófilo-pornográfico**) **pressupõe** a possibilidade de identificação do atributo da **internacionalidade do resultado** obtido ou que se pretendia obter" (STJ, RHC

85.605/RJ, 5ª Turma, DJe 02/10/2017); **III:** incorreta. Configura crime descrito no art. 241-C do ECA: "Simular a participação de criança ou adolescente em cena de sexo explícito ou pornográfica por meio de adulteração, montagem ou modificação de fotografia, vídeo ou qualquer outra forma de representação visual: Pena – reclusão, de 1 (um) a 3 (três) anos, e multa"; **IV:** incorreta. Configura crime descrito no art. 241-B do ECA: "Adquirir, possuir ou armazenar, por qualquer meio, fotografia, vídeo ou outra forma de registro que contenha cena de sexo explícito ou pornográfica envolvendo criança ou adolescente: Pena – reclusão, de 1 (um) a 4 (quatro) anos, e multa". **ED**

---

**27.** Gabarito: A

Comentário: A alternativa A está correta, porque, conforme dispõe o art. 6º, II, da Lei 10.048/2000, "no caso de empresas concessionárias de serviço público, a multa de R$ 500,00 (quinhentos reais) a R$ 2.500,00 (dois mil e quinhentos reais), por veículos sem as condições previstas nos arts. 3º e 5º. **LM**

---

**28.** Gabarito: E

Comentário: **A:** Incorreta. A colocação competitiva da pessoa com deficiência pode ocorrer por meio de trabalho com apoio, observadas as diretrizes previstas no art. 37, parágrafo único, da Lei 13.146/2015; **B:** Incorreta. A reabilitação tem por objetivo possibilitar que a pessoa com deficiência restaure sua capacidade e habilidade profissional ou adquira novas capacidades e habilidades de trabalho (art. 36, § 1º, do Estatuto da Pessoa com Deficiência); **C e D:** Incorretas. Os programas de estímulo ao empreendedorismo e ao trabalho autônomo, incluídos o cooperativismo e o associativismo, devem prever a participação da pessoa com deficiência e a disponibilização de linhas de crédito, quando necessárias (art. 35, parágrafo único, do Estatuto da Pessoa com Deficiência); **E:** Correta. Prevê o art. 36, § 2º, do Estatuto que "a habilitação profissional corresponde ao processo destinado a propiciar à pessoa com deficiência aquisição de conhecimentos, habilidades e aptidões para exercício de profissão ou de ocupação, permitindo nível suficiente de desenvolvimento profissional para ingresso no campo de trabalho". **LM**

---

**29.** Gabarito: A

Comentário: **I:** Correta – A assertiva traz a transcrição de previsão constante do art. 4º, § 1º, da Lei nº 7.853/1989; **II:** Incorreta – O art. 3º, § 6º, da Lei nº 7.853/1989, que dispõe sobre o apoio às pessoas portadoras de deficiência, sua integração social, sobre a Coordenadoria Nacional para Integração da Pessoa Portadora de Deficiência - Corde, institui a tutela jurisdicional de interesses coletivos ou difusos dessas pessoas, disciplina a atuação do Ministério Público, define crimes, e dá outras providências, que, em caso de desistência ou abandono da ação, qualquer dos co-legitimados pode assumir a titularidade ativa; **III:** Correta – De acordo com o previsto no art. 3º, § 3º, da Lei já mencionada, "somente nos casos em que o interesse público, devidamente justificado, impuser sigilo, poderá ser negada certidão ou informação"; **IV:** Incorreta - As medidas judiciais destinadas à proteção de interesses coletivos, difusos, individuais homogêneos e individuais indisponíveis da pessoa com deficiência poderão ser propostas pelo Ministério Público, pela Defensoria Pública, pela União, pelos Estados, pelos Municípios, pelo Distrito Federal, por associação constituída há mais de 1 (um) ano, nos termos da lei civil, por autarquia, por empresa pública e por fundação ou sociedade de economia mista que inclua, entre suas finalidades institucionais, a proteção dos interesses e a promoção de direitos da pessoa com deficiência (art. 3º, caput). Como apenas as assertivas I e III estão corretas, deve ser assinalada a alternativa A. **LM**

---

**30.** Gabarito: C

Comentário: **A:** Incorreta – De acordo com o art. 3º, VIII, do Estatuto da Pessoa com Deficiência, mobiliário urbano é o "conjunto de objetos existentes nas vias e nos espaços públicos, superpostos ou adicionados aos elementos de urbanização ou de edificação, de forma que sua modificação ou seu traslado não provoque alterações substanciais nesses elementos, tais como semáforos, postes de sinalização e similares, terminais e pontos de acesso coletivo às telecomunicações, fontes de água, lixeiras, toldos, marquises, bancos, quiosques e quaisquer outros de natureza análoga"; **B:** Incorreta – Tecnologia assistiva ou ajuda técnica engloba os "produtos, equipamentos, dispositivos, recursos, metodologias, estratégias, práticas e serviços que objetivem promover a funcionalidade, relacionada à atividade e à participação da pessoa com deficiência ou com mobilidade reduzida, visando à sua autonomia, independência, qualidade de vida e inclusão social" (art. 3º, III); **C:** Correta – Elemento de urbanização são "quaisquer componentes de obras de urbanização, tais como os referentes a pavimentação, saneamento, encanamento para esgotos, distribuição de energia elétrica e de gás, iluminação pública, serviços de comunicação, abastecimento e distribuição de água, paisagismo e os que materializam as indicações do planejamento urbanístico" (art. 3º, VII); **D:** Incorreta – Acessibilidade é a possibilidade e condição de alcance para utilização, com segurança e autonomia, de espaços, mobiliários, equipamentos urbanos, edificações, transportes, informação e comunicação, inclusive seus sistemas e tecnologias, bem como de outros serviços e instalações abertos ao público, de uso público ou privados de uso coletivo, tanto na zona urbana como na rural, por pessoa com deficiência ou com mobilidade reduzida (art. 3º, I); **E:** Incorreta – Desenho universal é a concepção de produtos, ambientes, programas e serviços a serem usados por todas as pessoas, sem necessidade de adaptação ou de projeto específico, incluindo os recursos de tecnologia assistiva (art. 3º, II, da Lei 13.146/2015). LM

---

**31.** Gabarito: A
Comentário: Questão controvertida

---

**32.** Gabarito: E
Comentário: **A:** incorreta. De fato, o *princípio da taxatividade*, que constitui um desdobramento do postulado da legalidade, impõe ao legislador o dever de descrever as condutas típicas de maneira pormenorizada e clara, de forma a não deixar dúvidas por parte do aplicador da norma. É incorreto, no entanto, afirmar-se que os chamados tipos penais abertos sejam vedados. *Tipo penal aberto*, que é admitido no Direito Penal, é aquele que exige do magistrado um juízo de valoração, por meio do qual se procederá à individualização da conduta; *tipo fechado*, ao contrário, é o que não exige juízo de valoração algum do magistrado. Exemplo sempre lembrado pela doutrina de tipo penal aberto é o delito culposo, em que o magistrado, para saber se houve ou não crime, deve fazer um cotejo entre a conduta do réu e aquela que teria sido adotada, nas mesmas circunstâncias, por um homem diligente e prudente; **B:** incorreta. O princípio que conduz à exclusão da tipicidade material de condutas causadoras de danos insignificantes ou de perigos ínfimos é o da bagatela *própria*. Ensina Luiz Flávio Gomes que "o princípio da irrelevância penal do fato está contemplado (expressamente) no art. 59 do CP e apresenta-se como consequência da desnecessidade da pena, no caso concreto; já o princípio da insignificância, ressalvadas raras exceções, não está previsto expressamente no direito brasileiro (é pura criação jurisprudencial), fundamentada nos princípios gerais do Direito Penal" (**Direito penal – Parte Geral.** 2. ed. São Paulo: RT, 2009. vol. 2, p. 220). A propósito deste tema, cabem aqui alguns esclarecimentos acerca da distinção entre esses dois princípios. Ainda segundo o magistério de Luiz Flávio Gomes, "uma coisa é o princípio da irrelevância penal do fato, que conduz à sua não punição concreta e que serve como cláusula geral para um determinado grupo de infrações (para as infrações bagatelares impróprias) e, outra, muito distinta, é o princípio da insignificância *tout court*, que se aplica para as infrações bagatelares próprias e que dogmaticamente autoriza excluir do tipo penal as ofensas (lesões ou perigo concreto) de mínima magnitude, ou nímias, assim como as condutas que revelem exígua idoneidade

ou potencialidade lesiva. As infrações bagatelares são próprias quando já nascem bagatelares (...)" (**Direito Penal – parte geral.** 2. ed. São Paulo: RT, 2009. vol. 2, p. 219). Devem ser consideradas impróprias, por seu turno, as infrações que, embora não nasçam insignificantes, assim se tornam posteriormente; **C:** incorreta. A assertiva contempla o princípio da fragmentariedade do direito penal, segundo o qual a lei penal constitui, por força do postulado da intervenção mínima, uma pequena parcela (fragmento) do ordenamento jurídico. Isso porque somente se deve lançar mão desse ramo do direito diante da ineficácia ou inexistência de outros instrumentos de controle social menos traumáticos (subsidiariedade); **D:** incorreta. A despeito de parte da doutrina sustentar a incompatibilidade dos crimes de perigo abstrato com a CF/88, já que haveria afronta ao princípio da ofensividade/lesividade, pois não seria concebível a existência de um crime que não cause efetiva lesão ao bem jurídico ou, ao menos, um risco efetivo de lesão, certo é que a jurisprudência aceita essa modalidade de crime de perigo, em relação aos quais a lei presume, de forma absoluta, a exposição do bem jurídico a situação de risco. Ou seja, basta à acusação provar que o agente realizou a conduta descrita no tipo penal. Exemplos típicos são os crimes de posse e porte de arma de fogo de uso permitido (arts. 12 e 14 do Estatuto do Desarmamento, respectivamente), em que a probabilidade de ocorrer dano pelo mau uso do armamento é presumido pelo tipo penal. Outro exemplo sempre lembrado pela doutrina é o tráfico de drogas (art. 33, Lei 11.343/2006), em que o perigo a que está exposta a saúde pública é presumido; **E:** correta. Segundo o postulado da adequação social, cujo conteúdo é dirigido tanto ao aplicador/intérprete da norma quanto ao legislador, não se pode reputar criminosa a conduta tolerada pela sociedade, ainda que corresponda a uma descrição típica. É dizer, embora formalmente típica, porque subsumida num tipo penal, carece de tipicidade material, porquanto em sintonia com a realidade social em vigor. A sociedade se mostra, nessas hipóteses, indiferente ante a prática da conduta, como é o caso, por exemplo, da tatuagem. Também são exemplos: a circuncisão praticada na religião judaica; o furo na orelha para colocação de brinco etc. EO

---

**33.** Gabarito: C
Comentário: **I:** não há responsabilização pela morte. Vejamos. Segundo consta, José é vítima de disparos de arma de fogo efetuados por João, que desejava a sua morte, o que de fato vem a ocorrer. Depois disso, constata-se, no exame necroscópico, que o resultado naturalístico adveio não dos disparos que vitimaram José, mas de veneno neste aplicado antes da conduta levada a efeito por João (causa preexistente). Perceba

que a morte teria ocorrido de qualquer forma. Neste caso, imputam-se ao agente tão somente os atos que praticou, e não o resultado naturalístico (morte). Há quebra, portanto, do nexo de causalidade. João, assim, responderá por tentativa de homicídio; **II:** não há responsabilização pelo evento morte. Esta assertiva descreve o fenômeno denominado *autoria colateral*, em que os agentes, sem que um conheça a intenção do outro, dirigem sua conduta, de forma simultânea, para a prática do mesmo crime. Por inexistir liame subjetivo entre eles, não há que se falar em *coautoria* ou *participação*. Apurando-se qual dos agentes deu causa ao resultado, este será responsabilizado pelo crime consumado; o outro, pelo crime na forma tentada (é o caso de João, já que a morte de seu desafeto decorreu dos disparos de arma de fogo efetuados por terceiro). Não sendo possível, na autoria colateral, identificar qual dos agentes deu causa ao resultado, estaremos diante, então, da chamada *autoria incerta* (não é esta a hipótese do enunciado). Neste caso, a melhor solução recomenda que ambos respondam pelo crime na forma tentada, já que não foi possível apurar-se quem foi o responsável pelo resultado; **III:** há responsabilização pela morte. Trata-se de hipótese de causa preexistente relativamente independente. Como o nome sugere, existe previamente à conduta do agente. João, agindo com *animus necandi* em relação a José, contra este desfere disparados de arma de fogo; no entanto, por ser portador de hemofilia, José tem seu quadro agravado e, por conta disso, vem a falecer. Neste caso, o resultado naturalístico (morte), porque querido por João, a este será imputado, respondendo por homicídio consumado. Veja que, se excluirmos a conduta de João (disparos de arma de fogo), o resultado morte não teria ocorrido. Daí falar-se em causa *relativamente independente*; **IV:** há responsabilização pela morte. Isso porque a infecção hospitalar constitui o que a doutrina convencionou chamar de linha de desdobramento natural, já que, não raras vezes, pacientes internados pelos mais variados motivos acabam por contrair infecções hospitalares, o que, muitas vezes, levam-nos a óbito. 🔳

---

**34.** Gabarito: A

Comentário: **A:** correta. Qualificada ou não a confissão, se contribuir para a formação do convencimento do magistrado, é de rigor o reconhecimento da atenuante do art. 65, III, *d*, do CP. É o que se extrai da Súmula 545, do STJ: "Quando a confissão for utilizada para a formação do convencimento do julgador, o réu fará jus à atenuante prevista no art. 65, III, *d*, do Código Penal". Nesse sentido: "Para o reconhecimento da atenuante da confissão espontânea é necessário que o réu admita a prática de fato criminoso, ainda que de maneira parcial, qualificada ou até mesmo extrajudicial" (AgRg no RHC 107.606/ES, Rel. Ministro NEFI CORDEIRO, SEXTA TURMA, julgado

em 16/05/2019, DJe 24/05/2019); **B:** incorreta. Ainda que o réu se retrate, em juízo, de confissão feita em sede policial, mesmo assim fará jus à atenuante do art. 65, III, *d*, do CP, desde que, conforme já ponderado acima, isso contribua para a formação do convencimento do juiz (Súmula 545, STJ). Na jurisprudência: "Se a confissão do agente é utilizada como fundamento para embasar a conclusão condenatória, a atenuante prevista no art. 65, inciso III, alínea *d*, do CP, deve ser aplicada em seu favor, pouco importando se a admissão da prática do ilícito foi espontânea ou não, integral ou parcial, ou se houve retratação posterior em juízo" (HC 176.405/RO, Rel. Ministro JORGE MUSSI, QUINTA TURMA, julgado em 23/04/2013, DJe 03/05/2013); **C:** incorreta. Ações penais com trânsito em julgado por fatos posteriores ao crime em julgamento não podem ser usadas para agravar a pena-base, seja como maus antecedentes ou como personalidade negativa do agente. Nesse sentido, conferir: "No cálculo da pena-base, é impossível a consideração de condenação transitada em julgado correspondente a fato posterior ao narrado na denúncia para valorar negativamente os maus antecedentes, a personalidade ou a conduta social do agente" (HC 210.787/RJ, Rel. Ministro MARCO AURÉLIO BELLIZZE, QUINTA TURMA, julgado em 10/09/2013, DJe 16/09/2013); **D:** incorreta, pois contraria o entendimento firmado na Súmula 241 do STJ: "A reincidência penal não pode ser considerada como circunstância agravante e, simultaneamente, como circunstância judicial"; **E:** incorreta. Conferir: "Reconhecida a atenuante, essa deve ser compensada integralmente com a agravante da reincidência, uma vez que, a Terceira Seção deste Superior Tribunal de Justiça, por ocasião do julgamento do habeas corpus n. 365.963/SP, em 11/10/2017, firmou entendimento no sentido da "possibilidade de se compensar a confissão com o gênero reincidência, irradiando seus efeitos para ambas espécies (genérica e específica), ressalvados os casos de multireincidência"." (HC 433.952/SP, Rel. Ministro FELIX FISCHER, QUINTA TURMA, julgado em 22/03/2018, DJe 27/03/2018). 🔳

---

**35.** Gabarito: B

Comentário: **A:** incorreta, na medida em que a suspensão condicional da pena (*sursis*) pode ser concedida nos casos de condenação a pena privativa de liberdade não superior a dois anos, conforme estabelece o art. 77, *caput*, do CP. A não reincidência em crime doloso constitui um dos requisitos subjetivos para a concessão do *sursis* (art. 77, I, CP); **B:** correta. O fato de o crime ser praticado mediante violência ou grave ameaça não constitui impedimento à concessão do *sursis*, desde que presentes os requisitos do art. 77 do CP. Um desses requisitos é que não seja indicada ou cabível a substituição prevista no art. 44 do CP (art. 77, III, CP). O crime praticado com violência ou grave ameaça impede a substituição de pena privativa de liberdade por restritiva de direito (art. 44, I, CP), mas não impede que seja concedido o *sursis*; **C:** incorreta, uma vez que não reflete o disposto no art. 80 do CP, que assim dispõe: *a suspensão não se estende às penas restritivas de direito nem à multa*; **D:** incorreta. A revogação será de fato obrigatória diante de condenação definitiva por crime doloso (art. 81, I, CP); agora, se se tratar de condenação definitiva pelo cometimento de crime culposo ou por contravenção penal, a revogação será facultativa, nos termos do art. 81, § 1º, do CP; **E:** incorreta (art. 82 do CP). ᴱᴰ

---

**36.** Gabarito: D

Comentário: **A:** incorreta. É verdade que o prazo prescricional será reduzido de metade na hipótese de o agente ser, ao tempo do crime, menor de 21 anos. Até aqui a assertiva está correta. No entanto, é incorreto afirmar-se que tal redução também valerá na hipótese de o agente, à data do trânsito em julgado, ser maior de 70 anos. Isso porque o critério a ser empregado não é o da data do trânsito em julgado, mas, sim, o da data em que foi proferida a sentença. É o que estabelece o art. 115 do CP; **B:** incorreta. A reincidência, reconhecida em sentença, aumentará em um terço o prazo da prescrição da pretensão *executória* (art. 110, *caput*, do CP), não havendo nenhuma repercussão, portanto, na prescrição da pretensão *punitiva*, conforme Súmula 220 do STJ: *"A reincidência não influi no prazo da prescrição da pretensão punitiva"*; **C:** incorreta. Nas modalidades de concurso de crimes (material, formal ou continuado), a prescrição atingirá a pena de cada crime, de forma isolada, tal como estabelece o art. 119 do CP, ou seja, não se levará em conta o aumento a que se referem os artigos 70 (concurso formal) e 71 (continuidade delitiva), do CP. É o que consta da Súmula 497 do STF: *quando se tratar de crime continuado, a prescrição regula-se pela pena imposta na sentença, não se computando o acréscimo decorrente da continuação*; **D:** correta. Sendo a pena de multa a única aplicada ou cominada, a prescrição dar-se-á em 2 (dois) anos, segundo reza o art. 114, I, do CP; se, no entanto, ela for alternativa ou cumulativamente cominada ou cumulativamente aplicada com a pena privativa de liberdade, no mesmo prazo estabelecido para a prescrição desta, conforme dispõe o art. 114, II, do CP; **E:** incorreta, uma vez que, neste caso, a prescrição será regulada em razão do tempo que resta da pena (art. 113, CP). ᴱᴰ

---

**37.** Gabarito: C

Comentário: **I:** incorreta. O chamado *furto sob vigilância* pode, em determinadas situações, a depender do caso concreto, caracterizar *crime impossível* pela ineficácia *absoluta do meio* (art. 17 do CP). É o caso, por exemplo, do agente que, desde o momento em que ingressa no supermercado, passa a ser permanentemente vigiado por sistema de câmeras e também por seguranças, que ficam o tempo todo no seu encalço. Não há, neste caso, a menor possibilidade de o crime consumar-se. Isso não quer dizer que a existência, por si só, de sistema de segurança por câmeras e de funcionários elimine a possibilidade de o crime chegar à sua consumação. É perfeitamente plausível que o agente se aproveite de determinado ângulo de monitoramento em que a subtração não é visualizada pelo sistema de câmeras. Dessa forma, a ineficácia do meio deve ser avaliada caso a caso. Nesse sentido: STF, HC 110.975-RS, 1ª T., rel. Min. Cármen Lúcia, 22.05.2012. Consagrando esse entendimento, o STJ editou a Súmula n. 567: "Sistema de vigilância realizado por monitoramento eletrônico ou por existência de segurança no interior de estabelecimento comercial, por si só, não torna impossível a configuração do crime de furto"; **II:** incorreta. É pacífico o entendimento, tanto no STJ quanto no STF, de que é possível a coexistência do furto qualificado (art. 155, § 4º, do CP) com a modalidade privilegiada do art. 155, § 2º, do CP, desde que – e aqui está o erro da assertiva – a qualificadora seja de ordem *objetiva*. Tanto é assim que o STJ, consolidando esse entendimento, editou a Súmula 511: "É possível o reconhecimento do privilégio previsto no § 2º do art. 155 do CP nos casos de crime de furto qualificado, se estiverem presentes a primariedade do agente, o pequeno valor da coisa e a qualificadora for de ordem objetiva"; **III:** correta. Trata-se de tema em relação ao qual não há consenso. Há julgados que reconhecem a incidência da majorante do art. 157, § 2º-A, I, do CP mesmo quando a arma não estiver municiada; outros julgados dão conta de que a arma desmuniciada, à míngua de potencialidade lesiva, não pode ensejar o reconhecimento da causa de aumento do art. 157, § 2º-A, I, do CP, embora tal circunstância seja apta a demonstrar o emprego de grave ameaça. No sentido de que a arma desmuniciada não pode levar ao reconhecimento da majorante em questão: "De acordo com a jurisprudência desta Corte Superior, a arma de fogo desmuniciada não pode ser considerada para o fim de caracterização da majorante do emprego de arma prevista no art. 157, § 2º, I, do Código Penal, porque presume-se ausente a sua potencialidade lesiva" (AgRg no REsp 1526961/SP, Rel. Ministro REYNALDO SOARES DA FONSECA, QUINTA TURMA, julgado em 14/02/2017, DJe 17/02/2017). Em sentido contrário, o STF: "Ainda que a arma não tivesse sido apreendida, conforme jurisprudência desta Suprema Corte, seu emprego pode ser comprovado pela prova indireta, sendo irrelevante o fato de estar desmuniciada para configuração da majorante" (RHC 115077, Relator(a): Min. GILMAR MENDES, Segunda Turma, julgado em 06/08/2013, PROCESSO ELETRÔNICO DJe-176 DIVULG

06-09-2013 PUBLIC 09-09-2013). Seja como for, é importante que façamos algumas ponderações acerca do emprego de arma como majorante no cometimento do crime de roubo, tendo em vista recentes alterações legislativas. Antes de mais nada e com vistas a facilitar a compreensão, considero oportuno que façamos um breve histórico sobre tais modificações. Pois bem. Com o advento da Lei 13.654/2018, o art. 157, § 2º, I, do CP, que impunha aumento de pena no caso de a violência ou ameaça, no crime de roubo, ser exercida com emprego de *arma*, foi revogado. Em relação à incidência desta causa de aumento, a jurisprudência havia consolidado o entendimento segundo o qual o termo *arma* tinha acepção ampla, ou seja, estavam inseridas no seu conceito tanto as armas *próprias*, como, por excelência, a de fogo, quanto as *impróprias* (faca, punhal, foice etc.). Além de revogar o dispositivo acima, a Lei 13.654/2018 promoveu a inclusão da mesma causa de aumento de pena (emprego de arma) no § 2º-A, I, do CP. Até aí, nenhum problema. Como bem sabemos, o deslocamento de determinado comportamento típico de um para outro dispositivo, por força da regra da continuidade típico-normativa, não tem o condão de descriminalizar a conduta. Sucede que a Lei 13.654/2018, ao deslocar esta causa de aumento do art. 157, § 2º, I, do CP para o art. 157, § 2º-A, I, também do CP, limitou o alcance do termo *arma*, já que passou a referir-se tão somente à arma de *fogo*, do que se conclui que somente incorrerá nesta causa de aumento o agente que se valer, para a prática do roubo, de arma de fogo (revólver, pistola, fuzil etc.); a partir da entrada em vigor desta lei, portanto, se o agente utilizar, para o cometimento deste delito, arma branca, o roubo será simples, já que, repita-se, a nova redação do dispositivo especificou que tipo de arma é apta a configurar o aumento: arma de fogo. Outro detalhe: pela redação anterior, o agente que fizesse uso de arma (de fogo ou branca) estaria sujeito a um aumento de pena da ordem de um terço até metade; a partir de agora, se utilizar arma (necessariamente de fogo), sujeitar-se-á a um incremento da ordem de dois terços. Desnecessário dizer que tal inovação não poderá retroagir e atingir fatos ocorridos antes da entrada em vigor desta lei, já que constitui *lex gravior*. De outro lado, essa mesma norma que excluiu a arma que não seja de fogo deverá retroagir para beneficiar o agente (*novatio legis in mellius*) que praticou o crime de roubo com emprego de arma branca antes de ela entrar em vigor. Este quadro, que acima explicitamos, perdurou até o dia 23 de janeiro de 2020, data em que entrou em vigor a Lei 13.964/2019 (pacote anticrime). Duas modificações foram promovidas por esta lei nas majorantes do crime de roubo. Em primeiro lugar, foi reinserida a causa de aumento na hipótese de o agente se valer, para a prática do crime de roubo, de arma branca (inserção do inciso VII no § 2º do art. 157 do CP). Lembremos que, com a

edição da Lei 13.654/2018, o emprego de arma branca, no roubo, deixou de configurar causa de aumento. Pois bem. Além disso, a Lei 13.964/2019 introduziu no art. 157 do CP o § 2º-B, que estabelece nova causa de aumento de pena para o roubo, quando a violência ou grave ameaça for exercida com emprego de arma de fogo de uso restrito ou proibido. Neste caso, a pena prevista no *caput* será aplicada em dobro. Em resumo, a partir de 23 de janeiro de 2020, teremos o seguinte: violência/grave ameaça exercida com emprego de arma branca (art. 157, § 2º, VII, CP): aumento de pena da ordem de um terço até metade; violência/grave ameaça exercida com emprego de arma de fogo, desde que não seja de uso restrito ou proibido (art. 157, § 2º-A, I, CP): a pena será aumentada de dois terços; violência/grave ameaça exercida com emprego de arma de fogo de uso restrito ou proibido (art. 157, § 2º-B, CP): a pena será aplicada em dobro; **IV:** correta, pois reflete o entendimento sufragado na Súmula 554, do STF. ▣

---

**38.** Gabarito: ANULADA

Comentário: **A:** incorreta, uma vez que o prefeito que assim agir responderá pelo crime tipificado no art. 1º, II, do Decreto-lei 201/1967; **B:** correta, segundo o gabarito preliminar. Após, a banca examinadora anulou a questão, tendo apresentado como justificativa o fato de a assertiva estar incompleta, de forma a não contemplar todos os elementos integrantes do tipo penal da extorsão (art. 158, CP). Seja como for, o emprego de violência ou grave ameaça constitui elementar do crime de extorsão. Dessa forma, se o funcionário público, em razão de sua função, se valer de um desses meios para obter vantagem indevida, cometerá o crime de extorsão (art. 158, CP), e não o de concussão (art. 316, CP). Nesta, o funcionário público, valendo-se de sua condição, exige, para si ou para outrem, vantagem indevida, impondo à vítima, ainda que de forma velada, um temor decorrente da própria autoridade que possui (*metus publicae potestatis*); **C:** incorreta. O funcionário público que se apropria de valores que possui em razão do cargo incorrerá nas penas do crime de peculato (art. 312, *caput*, 1ª parte, do CP), na modalidade *apropriação*, que restará caracterizado quando o agente, funcionário público, apropriar-se de dinheiro, valor ou bem móvel público ou particular de que tenha a posse em razão do cargo. O art. 312, *caput*, 2ª parte, contém a figura do *peculato-desvio*, modalidade que pressupõe que o agente desencaminhe o bem de que tem a posse, alterando o seu destino. Há também outra modalidade de peculato doloso: *peculato-furto* ou *peculato impróprio* (art. 312, § 1º, do CP), em que o agente, embora não tendo a posse do objeto material, o subtrai ou concorre para que seja subtraído, valendo-se, para tanto, de facilidade proporcionada pelo fato de ser funcionário. Por sua vez, o art. 312, em seu § 2º, prevê a forma culposa de peculato, cuja conduta consiste em o funcionário público concorrer, de forma culposa, para o delito de terceiro, que pode ou não ser funcionário público e age sempre de forma dolosa, praticando crimes como, por exemplo, furto, peculato, apropriação indébita etc.; **D:** incorreta. Esta assertiva refere-se ao momento consumativo da corrupção passiva. Trata-se de delito *formal*, isto é, a consumação é alcançada com a mera solicitação formulada pelo funcionário ao particular. Aqui, pouco importa, para o fim de consumar o crime, se o particular aceitará ou não entregar a vantagem ao funcionário, bem como se a vantagem deixou de ser auferida por qualquer outra circunstância alheia à vontade do agente. Dessa forma, forçoso concluir que pratica corrupção passiva na modalidade *consumada* o funcionário público que, ao solicitar vantagem indevida em razão da prática de ato de ofício, não a recebe por circunstâncias alheias à sua vontade; **E:** incorreta. O funcionário que assim agir será responsabilizado pelo crime de facilitação de contrabando ou descaminho (art. 318, CP). 🗓

---

**39.** Gabarito: E

Comentário: **A:** incorreta. Ao crime de lesão corporal culposa na direção de veículo automotor (art. 303, Lei 9.503/1997) aplicam-se a *composição civil* (art. 74 da Lei 9.099/1995), a *transação penal*, instituto previsto no art. 76 da Lei 9.099/1995, e a *representação* (art. 88 da Lei 9.099/1995). É o que estabelece o art. 291, § 1°, da Lei 9.503/1997, dispositivo este que, no entanto, contempla exceções, como a hipótese em que o condutor que deu causa ao acidente que resultou em lesão corporal estiver sob a influência de álcool ou outra substância psicoativa que determine dependência (art. 291, § 1°, I, do CTB), que corresponde ao caso narrado no enunciado. Assim, para que Jaime responda pelo crime de lesão corporal culposa, desnecessário que Maria manifeste sua vontade nesse sentido; **B:** incorreta. O fato de o agente causador da lesão corporal conduzir o veículo com a carteira de habilitação vencida não implica o reconhecimento de causa de aumento de pena. Tal somente ocorrerá se o condutor não for habilitado (art. 302, § 1°, I, do CTB); **C:** incorreta. O STJ, em edição de n. 114 da ferramenta *Jurisprudência em Teses*, publicou, sobre este tema, a seguinte tese (n. 5): "Os crimes de embriaguez ao volante (art. 306 do CTB) e o de lesão corporal culposa em direção de veículo automotor (art. 303 do CTB) são autônomos e o primeiro não é meio normal, nem fase de preparação ou de execução para o cometimento do segundo, não havendo falar em aplicação do princípio da consunção". Sendo a lesão corporal de natureza grave ou gravíssima, o agente incorrerá na forma qualificada definida no art. 303, § 2°, do CTB; **D:** incorreta. O STJ, em edição de n. 114 da ferramenta *Jurisprudência em*

*Teses*, publicou, sobre este tema, a seguinte tese (n. 10): "Com o advento da Lei n. 12.760/2012, que modificou o art. 306 do CTB, foi reconhecido ser dispensável a submissão do acusado a exames de alcoolemia, admite-se a comprovação da embriaguez do condutor de veículo automotor por vídeo, testemunhos ou outros meios de prova em direito admitidos, observado o direito à contraprova"; **E:** correta. De fato, Pedro será responsabilizado pelo crime do art. 310 do CTB, já que entregou seu veículo a pessoa que, por embriaguez, não tinha condições de conduzi-lo com a necessária segurança. Este crime, segundo o STJ, é de perigo abstrato, na medida em que a sua consumação independe da ocorrência de lesão ou de perigo de dano concreto. Nesse sentido, a Súmula 575: "Constitui crime a conduta de permitir, confiar ou entregar a direção de veículo automotor a pessoa que não seja habilitada, ou que se encontre em qualquer das situações previstas no art. 310 do CTB, independentemente da ocorrência de lesão ou de perigo de dano concreto na condução do veículo". 🗓

---

**40.** Gabarito: D

Comentário: **A:** incorreta. O Plenário do STF, ao julgar o HC 118.533/MS, em 23.06.2016, cuja relatoria foi da Min. Cármen Lúcia, entendeu, em dissonância com o posicionamento então adotado pelo STJ, que o crime de tráfico de drogas privilegiado não tem natureza hedionda. Já o STJ, por meio da Súmula n. 512, não mais em vigor, de forma diversa da do STF, fixou o entendimento segundo o qual "A aplicação da causa de diminuição de pena prevista no art. 33, § 4°, da Lei 11.343/2006 não afasta a hediondez do crime de tráfico de drogas". Pois bem. Sucede que a Terceira Seção do STJ, na sessão realizada em 23 de novembro de 2016, ao julgar a QO na Pet 11.796-DF, determinou o cancelamento da referida Súmula n. 512, alinhando-se ao entendimento adotado pelo STF no sentido de que o delito de tráfico privilegiado não pode ser equiparado a crime hediondo. Atualmente, portanto, temos que tanto o STF quanto o STJ adotam o posicionamento no sentido de que o chamado tráfico privilegiado não constitui delito equiparado a hediondo. Bem recentemente, a Lei 13.964/2019 (Pacote Anticrime) inseriu no art. 112 da Lei de Execução Penal, que trata da progressão de regime, o § 5°, segundo o qual "não se considera hediondo ou equiparado, para os fins deste artigo, o crime de tráfico de drogas previsto no § 4° do art. 33 da Lei 11.343, de 23 de agosto de 2006"; **B:** incorreta. Ainda que o tráfico privilegiado fosse equiparado a hediondo, mesmo assim não haveria que se falar em fixação de regime fechado obrigatório. Se a pena aplicada for de até 8 anos, é possível, sim, ainda que se trate de crime hediondo ou assemelhado, que o agente inicie o cumprimento de sua pena no regime semiaberto ou, conforme o caso, no aberto. Mesmo porque, como bem sabemos, o art. 2º, § 1º, da Lei 8.072/1990 (Crimes Hediondos), que estabelece o regime inicial fechado aos condenados por crimes hediondos e equiparados, foi declarado pelo STF, no julgamento do HC 111.840, inconstitucional, não havendo mais, portanto, a obrigatoriedade de fixar-se o regime inicial fechado nos crimes hediondos; **C:** incorreta. Por força das alterações promovidas pela Lei 10.792/2003 no art. 112 da LEP, o exame criminológico deixou de ser obrigatório para o deferimento da progressão de regime. A despeito disso, o STJ e o STF têm entendido que o magistrado pode, sempre que entender necessário e conveniente, determinar a realização de exame criminológico no condenado, como condição para aferir se preenche o requisito subjetivo para progressão de regime. Em outras palavras, não está o juiz impedido de determinar tal providência. *Vide* Súmula Vinculante 26 e Súmula 439 do STJ; **D:** correta. Considerando que o tráfico privilegiado não constitui delito equiparado a hediondo, a progressão de regime obedecerá às regras do art. 112 da LEP, ou seja, a progressão dar-se-á após o cumprimento de um sexto da pena no regime anterior, sem prejuízo, é importante que se diga, do requisito subjetivo. Cuidado: com o advento da Lei 13.964/2019 (Pacote Anticrime), alterou-se a redação do art. 112 da LEP, com a inclusão de novas faixas de fração de cumprimento de pena a possibilitar a progressão do reeducando a regime menos rigoroso. No caso do tráfico privilegiado, por se tratar de crime não equiparado a hediondo e desprovido de violência/grave ameaça, a progressão dar-se-á, de acordo com as novas regras implementadas pelo Pacote Anticrime, com o cumprimento de 16% da pena, sendo o reeducando primário; se for reincidente, deverá cumprir, para fazer jus à progressão, 20% da pena que lhe foi imposta; **E:** incorreta, pois contraria o disposto no art. 83 do CP. [ED]

**41.** Gabarito: B

Comentário: **A:** incorreta. A configuração do crime de associação criminosa, definido no art. 2º, *caput*, da Lei 12.850/2013, pressupõe a associação de pelo menos *quatro* pessoas, conforme estabelece o art. 1º, § 1º, da Lei 12.850/2013, que contempla o conceito de organização criminosa; **B:** correta (art. 1º, § 1º, Lei 12.850/2013); **C:** incorreta, já que não se exige, à configuração do crime em questão, a divisão formal de tarefas (art. 1º, § 1º, Lei 12.850/2013); **D:** incorreta. Cuida-se de crime formal, na medida em que não se exige, à sua consumação, qualquer resultado naturalístico consistente no cometimento dos crimes pretendidos pela associação; **E:** incorreta, já que se trata de agravante, a ensejar a elevação da pena-base (art. 2º, § 3º, Lei 12.850/2013). [ED]

**42.** Gabarito: D

Comentário: **A:** incorreta. O STJ, em edição de n. 41 da ferramenta *Jurisprudência em Teses*, publicou, sobre este tema, a seguinte tese: "O sujeito passivo da violência doméstica objeto da Lei Maria da Penha é a mulher, já o sujeito ativo pode ser tanto o homem quanto a mulher, desde que fique caracterizado o vínculo de relação doméstica, familiar ou de afetividade, além da convivência, com ou sem coabitação". Disso é possível inferir que o sujeito ativo do crime definido no art. 24-A da Lei Maria da Penha pode ser tanto o homem quanto a mulher; **B:** incorreta, tendo em conta o disposto no art. 24-A, § 2º, da Lei 11.340/2006, que estabelece que o crime em questão admite a concessão de fiança, desde que pelo juiz de direito. Ou seja, a despeito de a pena máxima corresponder a dois anos, é vedado à autoridade policial conceder fiança em favor do agente autuado em flagrante pela prática do crime de descumprimento de medida protetiva de urgência; **C:** incorreta, pois contraria o que dispõe o art. 24-A, § 3º, da Lei 11.340/2006; **D:** correta. Por força do que dispõe o art. 24-A, § 1º, da Lei Maria da Penha, pouco importa se o juiz de quem partiu a determinação de medida protetiva de urgência é do juízo cível ou criminal, isto é, cometerá o crime do art. 24-A da Lei Maria da Penha tanto o agente que descumpre medida protetiva decretada em processo de natureza civil quanto aquele que descumpre medida protetiva imposta no bojo de processo criminal; **E:** incorreta, já que não há previsão de modalidade culposa. [ED]

**43.** Gabarito: E

Comentário: **A:** incorreta, já que é vedada a concessão do *sursis* processual ao agente que responde a processo pela prática de outro delito (art. 89, *caput*, da Lei 9.099/1995); **B:** incorreta. A solução desta alternativa deve ser extraída das Súmulas: 243, do STJ: *O benefício da suspensão do processo não é aplicável em relação às infrações penais cometidas em concurso material, concurso formal ou continuidade delitiva, quando a pena mínima cominada , seja pelo somatório, seja pela incidência da majorante, ultrapassar o limite de 1 (um) ano*; e 723, do STF: *Não se admite a suspensão condicional do processo por crime continuado, se a soma da pena mínima da infração mais grave com o aumento mínimo de um sexto for superior a um ano*; **C:** incorreta. Deverá o juiz, neste caso, no lugar de ele próprio oferecer o *sursis* processual, remeter os autos para apreciação do procurador-geral de Justiça, valendo-se, por analogia, do que estabelece o art. 28 do CPP. É esse o entendimento firmado por meio da Súmula 696 do STF: "Reunidos os pressupostos legais permissivos da suspensão condicional do processo, mas se recusando o Promotor de Justiça a propô-la, o juiz, dissentindo, remeterá a questão ao Procurador-Geral, aplicando-se por analogia o art. 28 do Código de Processo Penal"; **D:** incorreta. Isso porque nada obsta que o magistrado estabeleça outras condições, além daquelas previstas em lei, a que fica subordinada a concessão do *sursis* processual (art. 89, § 2º, da Lei 9.099/1995); **E:** correta, porque corresponde ao entendimento firmado na Súmula 337 do STJ: "É cabível a suspensão condicional do processo na desclassificação do crime e na procedência parcial da pretensão punitiva". [ED]

---

**44.** Gabarito: D

Comentário: **A:** incorreta. É fato que a denúncia anônima (também chamada de *apócrifa* ou *inqualificada*), segundo tem entendido a jurisprudência, não é apta, por si só, a autorizar a instauração de inquérito policial, dando início à persecução penal, ainda que tenha como objeto fato grave de necessária repressão imediata, como é o caso do tráfico de drogas, crime equiparado a hediondo. Antes disso, a autoridade policial deverá fazer uma averiguação prévia a fim de verificar a procedência da denúncia apócrifa, para, depois disso, determinar, se for o caso, a instauração de inquérito. Sucede que, na hipótese narrada no enunciado, fica claro que a autoridade policial, antes de proceder a inquérito, realizou diligências prévias, com vistas a confirmar a qualificação de Mauro. Além disso, a denúncia anônima veio acompanhada de imagens em que este aparece entregando a terceira pessoa pacotes em plástico transparente com considerável quantidade de substância esbranquiçada e recebendo dessa pessoa quantia em dinheiro. Dessa forma, forçoso concluir que o delegado de polícia agiu em perfeita consonância com o entendimento jurisprudencial hoje sedimentado, já que realizou diligências preliminares a fim de verificar a verossimilhança da denúncia anônima que chegou ao seu conhecimento. Nesse sentido: "(...) *a autoridade policial, ao receber uma denúncia anônima, deve antes realizar diligências preliminares para averiguar se os fatos narrados nessa 'denúncia' são materialmente verdadeiros, para, só então, iniciar as investigações*" (STF, HC 95.244, 1ª T., rel. Min. Dias Toffoli, DJE de 29.04.2010). No mesmo sentido: "*1. Elementos dos autos que evidenciam não ter havido investigação preliminar para corroborar o que exposto em denúncia anônima. O Supremo Tribunal Federal assentou ser possível a deflagração da persecução penal pela chamada denúncia anônima, desde que esta seja seguida de diligências realizadas para averiguar os fatos nela noticiados antes da instauração do inquérito policial. Precedente. 2. A interceptação telefônica é subsidiária e excepcional, só podendo ser determinada quando não houver outro meio para se apurar os fatos tidos por criminosos, nos termos do art. 2º, inc. II, da Lei n. 9.296/1996. Precedente. 3. Ordem concedida para se declarar a ilicitude das provas produzidas pelas interceptações telefônicas, em* razão da ilegalidade das autorizações, e a nulidade das decisões judiciais que as decretaram amparadas apenas na denúncia anônima, sem investigação preliminar" (HC 108147, Relator(a): Min. Cármen Lúcia, Segunda Turma, julgado em 11.12.2012, Processo Eletrônico *DJe*-022 Divulg 31.01.2013 Public 01.02.2013); **B:** incorreta. O indiciamento constitui providência privativa da autoridade policial. É o que estabelece o art. 2º, § 6º, da Lei 12.830/2013, que contempla regras sobre a investigação criminal conduzida pelo delegado de polícia. Quanto a isso, conferir o magistério de Guilherme de Souza Nucci: "Requisição de indiciamento: cuida-se de procedimento equivocado, pois indiciamento é ato exclusivo da autoridade policial, que forma o seu convencimento sobre a autoria do crime, elegendo, formalmente, o suspeito de sua prática. Assim, não cabe ao promotor ou ao juiz exigir, através de requisição, que alguém seja indiciado pela autoridade policial, porque seria o mesmo que demandar à força que o presidente do inquérito conclua ser aquele o autor do delito (...)" (*Código de Processo Penal Comentado*, 12ªed., p. 101). Na jurisprudência: "Sendo o ato de indiciamento de atribuição exclusiva da autoridade policial, não existe fundamento jurídico que autorize o magistrado, após receber a denúncia, requisitar ao Delegado de Polícia o indiciamento de determinada pessoa. A rigor, requisição dessa natureza é incompatível com o sistema acusatório, que impõe a separação orgânica das funções concernentes à persecução penal, de modo a impedir que o juiz adote qualquer postura inerente à função investigatória. Doutrina. Lei 12.830/2013" (STJ, HC 115015, Relator(a): Min. TEORI ZAVASCKI, Segunda Turma, julgado em 27/08/2013, PROCESSO ELETRÔNICO DJe-179 DIVULG 11-09-2013 PUBLIC 12-09-2013); **C:** incorreta. É fato que o inquérito policial é, em vista do que dispõe o art. 20 do CPP, sigiloso. Ocorre que, a teor do art. 7º, XIV, da Lei 8.906/1994 (Estatuto da Advocacia), constitui direito do advogado, entre outros: "examinar, em qualquer instituição responsável por conduzir investigação, mesmo sem procuração, autos de flagrante e de investigações de qualquer natureza, findos ou em andamento, ainda que conclusos à autoridade, podendo copiar peças e tomar apontamentos, em meio físico ou digital". Sobre este tema, o STF editou a Súmula Vinculante nº 14, a seguir transcrita: "É direito do defensor, no interesse do representado, ter acesso amplo aos elementos de prova que, já documentados em procedimento investigatório realizado por órgão com competência de polícia judiciária, digam respeito ao exercício do direito de defesa"; **D:** correta. No crime de tráfico de drogas, o inquérito deverá ser ultimado no prazo de 30 dias, se preso estiver o indiciado; e em 90 dias, no caso de o indiciado encontrar-se solto (hipótese narrada no enunciado). De uma forma ou de outra, pode haver duplicação do prazo mediante pedido justificado da autoridade policial. É o teor do art. 51 da Lei 11.343/2006; **E:** incorreta. Isso porque a busca e apreensão realizada em domicílio com autorização judicial engloba o acesso aos dados contidos em telefone celular, sem que seja necessária nova autorização judicial para esse fim. Nesse sentido, conferir: "Esta Corte possui pacífica orientação no sentido de que, não havendo ordem judicial, é ilícito o acesso aos dados armazenados em aparelho celular obtido pela polícia, no momento da prisão em flagrante. Contudo, no caso, o celular do Paciente foi apreendido pela autoridade policial no cumprimento de decisão judicial que deferiu medida cautelar de busca e apreensão, o que atrai, à espécie, o entendimento desta Corte, segundo o qual, "[s]e ocorreu a busca e apreensão dos aparelhos de telefone celular, não há óbice para se adentrar ao seu conteúdo já armazenado, porquanto necessário ao deslinde do feito, sendo prescindível nova autorização judicial para análise e utilização dos dados neles armazenados" (RHC 77.232/SC, Rel. Ministro FELIX FISCHER, QUINTA TURMA, DJe 16/10/2017) 6. Ordem de habeas corpus parcialmente conhecida e, nessa parte, denegada" (STJ, HC 428.369/PE, Rel. Ministra LAURITA VAZ, SEXTA TURMA, julgado em 17/09/2019, DJe 03/10/2019). ED

---

**45.** Gabarito: E

Comentário: **A:** incorreta. O *princípio da indivisibilidade* está consagrado no art. 48 do CPP e se aplica, em princípio, à ação penal privada. Embora não haja disposição expressa de lei, tal postulado, segundo pensamos, é também aplicável à ação penal pública. Não nos parece razoável que o Ministério Público possa escolher contra quem a demanda será promovida. Entretanto, o STF (e também o STJ) não compartilha desse entendimento. Para a nossa Corte Suprema, a indivisibilidade não tem incidência no âmbito da ação penal pública (somente na ação privada). Sustenta o STF que a divisibilidade da ação penal pública reside no fato de o Ministério Público ter a liberdade de não ofertar a denúncia contra alguns autores de crime contra os quais ainda não haja elementos suficientes; assim que reunidos esses elementos, a denúncia será aditada. Assim, a ação deixa de ser indivisível pelo simples fato de a denúncia comportar aditamento posterior. Com a devida vênia, a indivisibilidade, a nosso ver, consiste na impossibilidade de o membro do Ministério Público escolher contra quem a denúncia será oferecida. Se houver elementos, a ação deverá ser promovida contra todos. Seja como for, o não ajuizamento de ação penal contra todos os coautores de crime de roubo, cuja ação é pública incondicionada, não implicará o arquivamento implícito em relação àqueles que não forem denunciados. Isso porque o chamado *arquivamento implícito* não é acolhido pela comunidade jurídica, inclusive pelo STF. Se o órgão acusador, sem expressa fundamentação, deixar de incluir na peça acusatória indiciado contra o qual há indícios de participação, deve o juiz, porque o sistema não admite o arquivamento implícito, cuidar para que a inicial seja aditada, recorrendo, se o caso, ao art. 28 do CPP. Além disso, poderá a vítima, ante a omissão do MP, ajuizar ação penal privada subsidiária em face do investigado não denunciado; **B:** incorreta. Conferir: "1. Para a validade da ação penal nos crimes de ação penal privada, é necessário que o instrumento de mandato seja conferido com poderes especiais expressos, além de fazer menção ao fato criminoso, nos termos do art. 44 do Código de Processo Penal. 2. O substabelecimento, enquanto meio de transferência de poderes anteriormente concedidos em procuração, deve obedecer integralmente ao que consta do instrumento do mandato, porquanto é dele totalmente dependente. Ainda que neste instrumento esteja inserida a cláusula *ad judicia*, há limites objetivos que devem ser observados quando da transmissão desses poderes, visto que o substabelecente lida com direitos de terceiros, e não próprios. 3. Na espécie, como a procuração firmada pela querelante somente conferiu aos advogados os poderes da cláusula *ad judicia et extra*, apenas estes foram objeto de transferência aos substabelecidos, razão pela qual deve ser tida por inexistente a inclusão de poderes especiais para a propositura de ação penal privada, uma vez que eles não constavam do mandato originário. 4. Nula é a queixa-crime, por vício de representação, se a procuração outorgada para a sua propositura não atende às exigências do art. 44 do Código de Processo Penal. 5. Recurso provido para conceder a ordem de *habeas corpus*, a fim de declarar a nulidade *ab initio* da queixa-crime, tendo como consequência a extinção da punibilidade do querelado, nos termos do art. 107, IV, do Código Penal." (STJ, RHC 33.790/SP, Rel. Ministra MARIA THEREZA DE ASSIS MOURA, Rel. p/ Acórdão Ministro SEBASTIÃO REIS JÚNIOR, SEXTA TURMA, julgado em 27/06/2014, DJe 05/08/2014); **C:** incorreta. Diante da omissão não deliberada do querelante, caberá ao MP requerer a sua intimação para que proceda ao aditamento da queixa-crime e inclua os demais coautores ou partícipes que ficaram de fora. Nesse sentido, conferir: "O reconhecimento da renúncia tácita ao direito de queixa exige a demonstração de que a não inclusão de determinados autores ou partícipes na queixa-crime se deu de forma deliberada pelo querelante" (STJ, HC 186.405/RJ, Quinta Turma, Rel. Min. Jorge Mussi, DJe de 11/12/2014); **D:** incorreta, na medida em que a omissão somente poderá ser sanada dentro do prazo decadencial; **E:** correta. A solução desta alternativa deve ser extraída da Súmula 714, do STF, segundo a qual, nos crimes praticados contra a honra de servidor público em razão do cargo por este exercido, a legitimidade para a ação penal é concorrente entre o ofendido (mediante queixa) e o Ministério Público (ação pública condicionada à representação do ofendido). ED

**46.** Gabarito: C

Comentário: **A:** incorreta. Antes de mais nada, é importante que se diga que, conforme entendimento hoje sedimentado na jurisprudência, os atos infracionais anteriormente praticados pelo réu podem servir como fundamento a justificar a decretação de custódia preventiva. Para tanto, devem ser levados em consideração a gravidade específica do ato infracional e o tempo transcorrido desde a sua prática. Nesse sentido: "Consoante entendimento firmado pela Terceira Seção do Superior Tribunal de Justiça no julgamento do RHC n. 63.855/MG, não constitui constrangimento ilegal a manutenção da custódia *ante tempus* com fulcro em anotações registradas durante a menoridade do agente se a prática de atos infracionais graves, reconhecidos judicialmente e não distantes da conduta em apuração, é apta a demonstrar a periculosidade do custodiado" (STF, HC 408.969/DF, Rel. Ministro Rogerio Schietti Cruz, Sexta Turma, julgado em 26/09/2017, DJe 02.10.2017). No mesmo sentido: "3. Os registros sobre o passado de uma pessoa, seja ela quem for, não podem ser desconsiderados para fins cautelares. A avaliação sobre a periculosidade de alguém impõe que se perscrute todo o seu histórico de vida, em especial o seu comportamento perante a comunidade, em atos exteriores, cujas consequências tenham sido sentidas no âmbito social. Se os atos infracionais não servem, por óbvio, como antecedentes penais e muito menos para firmar reincidência (porque tais conceitos implicam a ideia de "crime" anterior), não podem ser ignorados para aferir a personalidade e eventual risco que sua liberdade plena representa para terceiros. 4. É de lembrar, outrossim, que a proteção estatal prevista no ECA, em seu art. 143, é voltada ao adolescente (e à criança), condição que o réu deixou de ostentar ao tornar-se imputável. Com efeito, se, durante a infância e a adolescência do ser humano, é imperiosa a maior proteção estatal, a justificar todas as cautelas e peculiaridades inerentes ao processo na justiça juvenil, inclusive com a imposição do sigilo sobre os atos judiciais, policiais e administrativos que digam respeito a crianças e, em especial, aos adolescentes aos quais se atribui autoria de ato infracional (art. 143 da Lei n. 8.069/1990), tal dever de proteção cessa com a maioridade penal, como bem destacado no referido precedente. 5. A toda evidência, isso não equivale a sustentar a possibilidade de decretar-se a prisão preventiva, para garantia da ordem pública, simplesmente porque o réu cometeu um ato infracional anterior. O raciocínio é o mesmo que se utiliza para desconsiderar antecedente penal que, por dizer respeito a fato sem maior gravidade, ou já longínquo no tempo, não deve, automaticamente, supedanear o decreto preventivo. 6. Seria, pois, indispensável que a autoridade judiciária competente, para a consideração dos atos infracionais do então adolescente, averiguasse: a) A particular gravidade concreta do ato ou dos atos infracionais, não bastando mencionar sua equivalência a crime abstratamente considerado grave; b) A distância temporal entre os atos infracionais e o crime que deu origem ao processo (ou inquérito policial) no curso do qual se há de decidir sobre a prisão preventiva; c) A comprovação desses atos infracionais anteriores, de sorte a não pairar dúvidas sobre o reconhecimento judicial de sua ocorrência. 7. Na espécie, a par de ausente documentação a respeito, o Juiz natural deixou de apontar, concretamente, quais atos infracionais foram cometidos pelo então adolescente e em que momento e em que circunstâncias eles ocorreram, de sorte a permitir, pelas singularidades do caso concreto, aferir o comportamento passado do réu, sua personalidade e, por conseguinte, elaborar um prognóstico de recidiva delitiva e de periculosidade do acusado. 8. No entanto, há outras razões invocadas pelo Juízo singular que se mostram suficientes para dar ares de legalidade à ordem de prisão do ora paciente, ao ressaltar "que o crime foi praticado com grave violência, demonstrando conduta perigosa que não aconselha a liberdade", bem como o fato de o delito ter sido cometido em razão de dívida de drogas, em concurso de pessoas, por determinação do paciente, "que comanda uma das quadrilhas de tráfico de entorpecentes da região". 9. Recurso em *habeas corpus* desprovido." (STJ, RHC 63.855/MG, Rel. Ministro NEFI CORDEIRO, Rel. p/ Acórdão Ministro ROGERIO SCHIETTI CRUZ, TERCEIRA SEÇÃO, julgado em 11/05/2016, DJe 13/06/2016); **B:** incorreta. É que, como regra, antes de decretar a medida cautelar, aqui incluída a prisão preventiva, incumbe ao juiz proceder à oitiva do indiciado ou réu (art. 282, § 3º, do CPP). A exceção fica por conta dos casos em que há urgência ou perigo de ineficácia da medida, hipótese em que será exercido o chamado contraditório diferido, em seguida à decretação da medida cautelar. Na jurisprudência: "A reforma do Código de Processo Penal ocorrida em 2011, por meio da Lei nº 12. 403/11, deu nova redação ao art. 282, § 3º, do Código, o qual passou a prever que, "ressalvados os casos de urgência ou de perigo de ineficácia da medida, o juiz, ao receber o pedido de medida cautelar, determinará a intimação da parte contrária, acompanhada de cópia do requerimento e das peças necessárias, permanecendo os autos em juízo." 2. A providência se mostra salutar em situações excepcionais, porquanto, "[...] ouvir as razões do acusado pode levar o juiz a não adotar o provimento limitativo da liberdade, não só no caso macroscópico de erro de pessoa, mas também na hipótese em que a versão dos fatos fornecida pelo interessado se revele convincente, ou quando ele consiga demonstrar a insubsistência das exigências cautelares" (AIMONETTO, M. G. *Le recenti riforme della procedura penale francese* - analisi, riflessioni e spunti di comparazione. Torino: G. Giappichelli, 2002, p. 140). 3. Injustificável a decisão do magistrado que, em audiência, não permite à defesa se pronunciar oralmente sobre o pedido de prisão preventiva formulado pelo agente do Ministério Público, pois não é plausível obstruir o pronunciamento da defesa do acusado, frente à postulação da parte acusadora, ante a ausência de prejuízo ou risco, para o processo ou para terceiros, na adoção do procedimento previsto em lei. 4. Ao menos por prudência, deveria o juiz ouvir a defesa, para dar-lhe a chance de contrapor-se ao requerimento, o que não foi feito, mesmo não havendo, neste caso específico, uma urgência tal a inviabilizar a adoção dessa providência, que traduz uma regra básica do direito, o contraditório, a bilateralidade da audiência. 5. Mesmo partindo do princípio de que o decreto preventivo esteja motivado idoneamente, é o caso de o Superior Tribunal de Justiça afirmar a necessidade de que, em casos excepcionais, pelo menos quando decretada em audiência, com a presença do advogado do acusado, seja ele autorizado a falar, concretizando o direito de interferir na decisão judicial que poderá implicar a perda da liberdade do acusado. 6. Recurso provido, para assegurar ao recorrente o direito de responder à ação penal em liberdade, ressalvada a possibilidade de nova decretação da custódia cautelar, nos termos da lei." (STJ, RHC 75.716/MG, Rel. Ministra MARIA THEREZA DE ASSIS MOURA, Rel. p/ Acórdão Ministro ROGERIO SCHIETTI CRUZ, SEXTA TURMA, julgado em 13/12/2016, DJe 11/05/2017). Cuidado: com a modificação a que foi submetida a redação desse dispositivo (art. 282, § 3º) pela Lei 13.964/2019, a parte contrária, ao ser intimada, contará com o prazo de cinco dias para manifestar-se (antes não havia prazo); **C:** correta. A despeito do caráter inquisitivo do inquérito policial, o conduzido poderá, se assim desejar, fazer-se acompanhar de advogado de sua confiança no ato da lavratura do auto de prisão em flagrante. Dessa forma, constitui dever da autoridade policial oportunizar ao interrogando o direito de contatar advogado para acompanhá-lo no ato do interrogatório, informando-lhe os direitos constitucionalmente garantidos de que é titular. O STJ, em edição de n. 120 da ferramenta *Jurisprudência em Teses*, publicou, sobre este tema, a seguinte tese: "Eventual nulidade no auto de prisão em flagrante devido à ausência de assistência por advogado somente se verifica caso não seja oportunizado ao conduzido o direito de ser assistido por defensor técnico, sendo suficiente a lembrança, pela autoridade policial, dos direitos do preso previstos no art. 5º, LXIII, da Constituição Federal"; **D:** incorreta. Tendo em conta as mudanças implementadas pela Lei 12.403/2011, que instituiu as *medidas cautelares alternativas à prisão*, esta somente terá lugar diante da impossibilidade de se recorrer às medidas cautelares. Dessa forma, a prisão, como medida excepcional que é, deve também ser vista como instru-

mento subsidiário, supletivo, pouco importando sob que fundamento a prisão preventiva foi decretada (art. 312, CPP). Segundo dispõe o art. 282, § 6º, do CPP, com a redação que lhe conferiu a Lei 13.964/2019, *a prisão preventiva somente será determinada quando não for cabível a sua substituição por outra medida cautelar (art. 319). O não cabimento da substituição por outra medida cautelar deverá ser justificado de forma fundamentada nos elementos presentes no caso concreto, de forma individualizada*; **E:** incorreta. Conferir: "1. Pode o Magistrado decretar a prisão preventiva, mesmo que a representação da autoridade policial ou do Ministério Público seja pela decretação de prisão temporária, visto que, provocado, cabe ao juiz ofertar o melhor direito aplicável à espécie." (STJ, HC 362.962/RN, Rel. Ministro ROGERIO SCHIETTI CRUZ, SEXTA TURMA, julgado em 01/09/2016, DJe 12/09/2016). ED

**47.** Gabarito: B

Comentário: **A:** incorreta. Por força do que estabelece o art. 4º, § 6º, da Lei 12.850/2013, é defeso ao juiz participar do acordo de colaboração premiada, que deverá ser realizado entre o delegado de polícia e o colaborador ou entre este e o Ministério Público, com a presença, em qualquer caso, do defensor; o papel do magistrado, no cenário da colaboração premiada instituída pela Lei 12.850/2013, se limita a homologar o acordo firmado entre as partes citadas, desde que não eivado de ilegalidade ou irregularidade (art. 4º, § 8º, da Lei 12.850/2013, com redação alterada pela Lei 13.964/2019). Entre outras coisas, o juiz analisará se o colaborador agiu, quanto ao acordo firmado, de forma voluntária; **B:** correta. Quanto a este tema, é importante que se diga que, recentemente, o STF sobre ele se debruçou e, depois de longa e acalorada discussão, fixou, por maioria, aderindo à proposta formulada pelo Ministro Alexandre de Moraes, a seguinte tese de repercussão geral: "1. É constitucional o compartilhamento dos relatórios de inteligência financeira da UIF e da íntegra do procedimento fiscalizatório da Receita Federal do Brasil, que define o lançamento do tributo, com os órgãos de persecução penal para fins criminais, sem a obrigatoriedade de prévia autorização judicial, devendo ser resguardado o sigilo das informações em procedimentos formalmente instaurados e sujeitos a posterior controle jurisdicional. 2. O compartilhamento pela UIF e pela RFB, referente ao item anterior, deve ser feito unicamente por meio de comunicações formais, com garantia de sigilo, certificação do destinatário e estabelecimento de instrumentos efetivos de apuração e correção de eventuais desvios." (RE 1055941 RG, Relator(a): Min. DIAS TOFFOLI, julgado em 12/04/2018, DJe-083 DIVULG 27-04-2018 PUBLIC 30-04-2018); **C:** incorreta. Conferir: "1. Esta Corte já decidiu que a denúncia anônima pode justificar a necessidade de quebra do sigilo das comunicações como forma de aprofundamento das investigações policiais, desde que acompanhada de outros elementos que confirmem a necessidade da medida excepcional, o que, na espécie, ocorreu 2. O deferimento da quebra do sigilo de dados telefônicos e de interceptação telefônica foi precedido de adequado procedimento prévio de investigação das informações e notícias de prática de delitos pelo paciente e outros investigados, o que torna legítima a prova colhida por meio da medida." (STJ, HC 443.331/SP, Rel. Ministro SEBASTIÃO REIS JÚNIOR, SEXTA TURMA, julgado em 18/09/2018, DJe 02/10/2018); **D:** incorreta. Segundo têm entendido os Tribunais, somente são considerados como prova lícita os dados e as conversas registrados por meio de mensagem de texto obtidos de aparelho celular apreendido no ato da prisão em flagrante se houver prévia autorização judicial. Nesse sentido: "I – A jurisprudência deste Tribunal Superior firmou-se no sentido de ser ilícita a prova oriunda do acesso aos dados armazenados no aparelho celular, relativos a mensagens de texto, SMS, conversas por meio de aplicativos (WhatsApp), obtidos diretamente pela polícia no momento da prisão em flagrante, sem prévia autorização judicial. II – *In casu*, os policiais civis obtiveram acesso aos dados (mensagens do aplicativo WhatsApp) armazenados no aparelho celular do corréu, no momento da prisão em flagrante, sem autorização judicial, o que torna a prova obtida ilícita, e impõe o seu desentranhamento dos autos, bem como dos demais elementos probatórios dela diretamente derivados (...) Recurso ordinário provido para determinar o desentranhamento dos autos das provas obtidas por meio de acesso indevido aos dados armazenados no aparelho celular, sem autorização judicial, bem como as delas diretamente derivadas, e para conceder a liberdade provisória ao recorrente, salvo se por outro motivo estiver preso, e sem prejuízo da decretação de nova prisão preventiva, desde que fundamentada em indícios de autoria válidos" (STJ, RHC 92.009/RS, Rel. Ministro Felix Fischer, Quinta Turma, julgado em 10.04.2018, DJe 16.04.2018); **E:** incorreta. Conferir: "É pacífico o entendimento do Superior Tribunal de Justiça no sentido de que é legítimo o reconhecimento pessoal ainda quando realizado de modo diverso do previsto no art. 226 do Código de Processo Penal, servindo o paradigma legal como mera recomendação." (STJ, HC 474.655/PR, Rel. Ministro REYNALDO SOARES DA FONSECA, QUINTA TURMA, julgado em 21/05/2019, DJe 03/06/2019).

**48.** Gabarito: **E**
Comentário: **A:** incorreta. A peculiaridade do procedimento referente aos crimes de responsabilidade dos funcionários públicos reside na impugnação ofertada pelo funcionário antes do recebimento da denúncia. É a chamada *resposta* ou *defesa preliminar*, prevista no art. 514 do CPP, que somente terá incidência nos crimes funcionais afiançáveis, não se estendendo ao particular que, na qualidade de coautor ou partícipe, tomar parte no crime. Com a edição da Súmula 330 do STJ, esta defesa que antecede o recebimento da denúncia deixou de ser necessária na ação penal alicerçada em inquérito policial. Dessa forma, a formalidade imposta pelo art. 514 do CPP somente se fará necessária, segundo o STJ, quando a denúncia se basear em outras peças de informação que não o inquérito policial. Em outras palavras, a resposta preliminar é necessária, sim, na hipótese de a ação penal não ser calcada em inquérito policial. No caso narrado no enunciado, não há dúvida de que a denúncia ofertada em face de Davi foi baseada em informações colhidas em inquérito policial, o que afasta a necessidade de defesa preliminar, não havendo, portanto, que se falar em nulidade; **B:** incorreta. Isso porque a falta de citação constitui causa de nulidade absoluta (art. 564, III, *e*, do CPP), salvo se o denunciado comparecer em juízo. O fato de Davi haver constituído, durante as investigações do inquérito policial, advogado, o qual, após, ofereceu resposta à acusação, não elide a necessidade de citação. Conferir: "4. A citação é pressuposto de existência da relação processual e sua obrigatoriedade não pode ser relativizada somente porque o réu constituiu advogado particular quando foi preso em flagrante. O fato de o Juiz ter determinado a juntada, nos autos da ação penal, de cópia da procuração outorgada ao advogado no processo apenso, relacionado ao pedido de liberdade provisória, bem como que o causídico apresentasse resposta à acusação, não supre a falta de citação e nem demonstra, sem o comparecimento espontâneo do réu a nenhum ato do processo, sua ciência inequívoca da denúncia e nem que renunciou a autodefesa. 5. O prejuízo para a ampla defesa foi registrado no acórdão estadual, não havendo falar em violação do art. 563 do CPP. A ampla defesa desdobra-se na defesa técnica e na autodefesa, esta última suprimida do réu, pois não lhe foram oportunizadas diversas possibilidades, tais como a presença em juízo, o conhecimento dos argumentos e conclusões da parte contrária, a exteriorização de sua própria argumentação em interrogatório etc. 6. Recurso especial não provido." (STJ, REsp 1580435/GO, Rel. Ministro ROGERIO SCHIETTI CRUZ, SEXTA TURMA, julgado em 17/03/2016, DJe 31/03/2016); **C:** incorreta. A citação do funcionário público será feita pessoalmente, devendo o juiz apenas notificar o chefe da repartição em que o funcionário exerce suas funções, dando-lhe conta do dia e horário em que o acusado deverá comparecer em juízo (art. 359, CPP). Com isso, a repartição disporá de tempo para, se for o caso, cuidar para que o funcionário, naquele dia e horário, seja substituído. Em outras palavras, a notificação ao chefe da repartição, providência prevista no art. 359 do CPP, não supre a necessidade de citação (pessoal) do funcionário público denunciado; **D:**

incorreta. Por se tratar de modalidade de citação ficta, em que se presume que o réu tenha tomado conhecimento da acusação que contra ele foi formulada, a realização da citação por edital pressupõe o esgotamento de todos os meios disponíveis para a localização do denunciado, o que engloba todos os seus endereços de que se tem notícia, inclusive aqueles informados no inquérito policial. Somente após isso é que poderá se recorrer à citação por edital. Na jurisprudência: "é nulo o processo a partir da citação na hipótese de citação por edital determinada antes de serem esgotados todos os meios disponíveis para a citação pessoal do réu" (STJ, HC 213.600, *DJ*e 09.10.2012); **E:** correta, pois reflete o disposto no art. 396, parágrafo único, do CPP. ED

---

**49.** Gabarito: A

Comentário: **I:** correta, uma vez que reflete o disposto no art. 525 do CPP. Por força desse dispositivo, o exame de corpo de delito constitui condição especial de procedibilidade ao ajuizamento da ação penal. A sua ausência, portanto, implica rejeição da inicial acusatória; **II:** incorreta. O art. 396, *caput*, do CPP, que se aplica tanto ao procedimento ordinário quanto ao sumário, estabelece o prazo de dez dias para resposta à acusação; **III:** incorreta, pois em desconformidade com o art. 405, § 2º, do CPP, segundo o qual, *no caso de registro por meio audiovisual, será encaminhado às partes cópia do registro original, sem necessidade de transcrição*; **IV:** correta. A defesa preliminar de que trata o art. 514 do CPP, a ser ofertada no prazo de 15 dias, confere ao funcionário público denunciado pela prática de crime funcional afiançável a oportunidade de rebater o teor da denúncia antes de ela ser apreciada pelo magistrado. É a antecipação do contraditório, que, no procedimento comum, será exercido após o recebimento da denúncia, em sede de resposta à acusação. Sempre é bom lembrar que o STJ, por meio da Súmula 330 do STJ, fixou o entendimento de que esta defesa que antecede o recebimento da denúncia é desnecessária na ação penal alicerçada em inquérito policial. Dessa forma, a formalidade imposta pelo art. 514 do CPP somente se fará necessária, segundo o STJ, quando a denúncia se basear em outras peças de informação que não o inquérito policial. ED

---

**50.** Gabarito: B

Comentário: **A:** incorreta. Conferir: "AGRAVO REGIMENTAL NOS EMBARGOS DE DECLARAÇÃO NO AGRAVO EM RECURSO ESPECIAL. PROCESSUAL PENAL. CORRUPÇÃO PASSIVA. INCOMPETÊNCIA ABSOLUTA. RECONHECIMENTO. ATOS DECISÓRIOS. RATIFICAÇÃO PELO JUÍZO COMPETENTE. POSSIBILIDADE. AGRAVO REGIMENTAL DESPROVIDO. 1. No caso de reconhecimento de incompetência, ainda que absoluta, é possível ao Juízo competente ratificar os atos decisórios praticados pelo órgão incompetente, inclusive o recebimento da denúncia. Precedentes do STJ e do STF. 2. Agravo regimental desprovido." (STJ, AgRg nos EDcl no AREsp n. 1.520.223/SP, relatora Ministra Laurita Vaz, Sexta Turma, DJe de 29/9/2020); **B:** correta. De fato, segundo tem entendido o STJ, somente se imporá nulidade ao julgamento se o voto proferido pelo magistrado impedido puder ser determinante no resultado do julgamento. Nesse sentido: "A nulidade deve gerar um prejuízo àquele que a argumenta, o que não houve no presente caso, haja vista que somente ocorreria se fosse proferido voto pelo Desembargador que se declarou impedido ou suspeito, e ainda se tivesse influenciado no julgamento em desfavor do réu" (STJ, EDcl no AgRg nos EDcl no AREsp n. 1.798.212/PB, relator Ministro Olindo Menezes (desembargador Convocado do Trf 1ª Região), Sexta Turma, DJe de 24/2/2022); **C:** incorreta. Conferir: "A suspeição do órgão do Ministério Público implica em nulidade relativa, passível de preclusão, porquanto só a suspeição do Juiz implica em nulidade absoluta (STF, HC 77.930, 2ª T., rel. Min. Maurício Corrêa, julgamento: 09/02/1999; publicação: 09/04/1999); **D:** incorreta. Conferir: "PROCESSUAL PENAL. NULIDADE DA DENÚNCIA E DO PROCESSO. INEXISTÊNCIA. VIOLAÇÃO AO PROMOTOR NATURAL. NÃO OCORRÊNCIA. 1 - Embora tenha sido a denúncia confeccionada por outro membro do Ministério Público Federal e protocolada somente cinco meses depois, foi aquela peça ratificada pelo Procurador da República que atualmente atua no processo, o que elide a pretensão de reconhecer nulo o documento, bem como o processo penal, sob pena de desproporcional apego à forma, ainda mais porque não identificado prejuízo à defesa por conta dessa irregularidade. 2 - Inexistência de violação ao Princípio do Promotor Natural, porque não vislumbrado, na espécie, o acusador de exceção. 3 - Recurso ordinário não provido" (STJ, RHC n. 69.801/RJ, relatora Ministra Maria Thereza de Assis Moura, Sexta Turma, DJe de 8/9/2016); **E:** incorreta. Com as mudanças implementadas no art. 212 do CPP pela Lei de Reforma 11.690/2008, o *sistema presidencialista*, pelo qual a testemunha, depois de inquirida pelo juiz, respondia, por intermédio deste, às perguntas formuladas pelas partes, deu lugar ao chamado sistema *cross examination*, atualmente em vigor, segundo o qual as partes passam a dirigir suas indagações às testemunhas sem a intermediação do magistrado, de forma direta, vedados os questionamentos que puderem induzir a resposta, não tiverem relação com a causa ou importarem na resposta de outra já respondida. Ao final da inquirição, se ainda remanescer algum ponto não esclarecido, poderá o juiz complementá-la, formulando à testemunha novas perguntas (art. 212, parágrafo único, do CPP). É por essa razão que se diz que a atividade do juiz é complementar, remanescente à das partes. Pois bem. Surgiu então a questão atinente à consequência que poderia advir da inversão desta ordem. Prevalece hoje o entendimento no sentido de que é relativa a nulidade decorrente do fato de o juiz, no lugar de formular seus questionamentos ao término da oitiva da testemunha, fazê-lo no começo do depoimento, antes, portanto, das perguntas elaboradas pelas partes. E sendo relativa esta nulidade, o seu reconhecimento somente se dará com a arguição oportuna pelo interessado (não pode o juiz decretá-la de ofício), que, se assim não fizer, sujeitar-se-á à preclusão. No STJ: *Conforme a orientação deste Superior Tribunal de Justiça, a inquirição das testemunhas pelo juiz antes que seja oportunizada a formulação das perguntas às partes, com a inversão da ordem prevista no art. 212 do Código de Processo Penal, constitui nulidade relativa* (HC 237.782, Rel. Min. Laurita Vaz, *DJe* de 21.08.2014). No mesmo sentido: "1. O descumprimento à fórmula legal somente poderá ensejar a declaração de nulidade se demonstrado, em momento oportuno, o comprometimento da finalidade do ato, com prejuízo às partes. 2. A inversão da ordem de oitiva das testemunhas foi autorizada pela própria defesa e não houve nenhum protesto em audiência, bem como foi dada oportunidade às partes para formulação de questões, motivos pelos quais não foi demonstrado prejuízo. 3. Agravo regimental não provido" (STJ, AgRg no AREsp 1557852/SP, Rel. Ministro ROGERIO SCHIETTI CRUZ, SEXTA TURMA, julgado em 09/02/2021, DJe 18/02/2021). **ED**

---

**51.** Gabarito: B

Comentário: **A:** incorreta. O chamado testemunho por ouvir dizer ("hearsay rule"), produzido na fase investigatória, é insuficiente para, por si só, autorizar a prolação da decisão de pronúncia. Nesse sentido, conferir: "Muito embora a análise aprofundada dos elementos probatórios seja feita somente pelo Tribunal Popular, não se pode admitir, em um Estado Democrático de Direito, a pronúncia baseada, exclusivamente, em testemunho indireto (por ouvir dizer) como prova idônea, de per si, para submeter alguém a julgamento pelo Tribunal Popular." (REsp n. 1674198/MG, relator Ministro ROGERIO SCHIETTI CRUZ, SEXTA TURMA, julgado em 5/12/2017, DJe 12/12/2017, grifei)." (AgRg no REsp 1838513/RS, Rel. Ministro ANTONIO SALDANHA PALHEIRO, SEXTA TURMA, julgado em 19/11/2019, DJe 21/11/2019); **B:** correta. De fato, a exclusão de qualificados contidas na denúncia somente pode ocorrer, na fase de pronúncia, quando se revelarem manifestamente incabíveis. Conferir: "I - As qualificadoras somente podem ser excluídas na fase do *iudicium accusationis*, se manifestamente improcedentes. II - Se a r. decisão de pronúncia demonstrou de forma expressa as razões pelas quais deveria ser o recorrido pronunciado em relação à qualificadora do art. 121, § 2º, inciso II, do Código Penal,

não poderia o eg. Tribunal a quo excluí-la sem a devida fundamentação. A devida fundamentação aqui deve ser entendida como a convergência de todos elementos de prova para a total inadmissibilidade da qualificadora ou para a hipótese de flagrante *error iuris*, sob pena de afronta à soberania do Tribunal do Júri." (REsp 1415502/MG, Rel. Ministro FELIX FISCHER, QUINTA TURMA, julgado em 15/12/2016, DJe 17/02/2017); **C:** incorreta. É defeso ao juiz absolver sumariamente o réu com fulcro na inimputabilidade (doença mental – art. 26, CP), salvo se esta constituir a única tese defensiva. É o que estabelece o art. 415, parágrafo único, do CPP. Como bem sabemos, a inimputabilidade leva à aplicação de medida de segurança, razão pela qual, caso haja tese defensiva subsidiária, é mais vantajoso ao acusado ser julgado pelo Tribunal Popular, pois pode ser ali ser absolvido; **D:** incorreta. Com o advento da Lei 11.689/2008, que modificou os arts. 416 e 581, IV e VI, do CPP, as decisões de *absolvição sumária* e de *impronúncia*, que antes comportavam *recurso em sentido estrito*, passaram a ser combatidas por meio de *recurso de apelação*. A pronúncia, por sua vez, continua a ser impugnada por meio de *recurso em sentido estrito*, nos termos do art. 581, IV, do CPP; **E:** incorreta, já que contraria o disposto no art. 426, § 4º, do CPP. **ED**

---

**52.** Gabarito: C

Comentário: **A:** incorreta. Neste caso, deve-se processar o recurso interposto pelo defensor, em obediência ao entendimento firmado na Súmula 705, do STF: "A renúncia do réu ao direito de apelação, manifestada sem a assistência de defensor, não impede o conhecimento da apelação por este interposta"; **B:** incorreta. Conferir: "Embora o assistente de acusação receba o processo no estado em que se encontra, o fato de o órgão ministerial não haver recorrido da decisão que absolveu o recorrente não impede a que o ofendido o faça, ainda que não esteja habilitado nos autos." (STJ, RHC 85.526/DF, Rel. Ministro JORGE MUSSI, QUINTA TURMA, julgado em 26/02/2019, DJe 08/03/2019); **C:** correta. Nesse sentido: "Defensor dativo e o réu intimados pessoalmente da sentença condenatória e não manifestaram a pretensão de recorrer. Aplicação da regra processual da voluntariedade dos recursos, insculpida no art. 574, *caput*, do Código de Processo Penal, segundo a qual não está obrigado o defensor público ou dativo, devidamente intimado, a recorrer." (HC 121.050/SP, Rel. Ministro OG FERNANDES, SEXTA TURMA, julgado em 27/11/2012, DJe 08/02/2013); **D:** incorreta. A intimação do MP, ainda que realizada em audiência, somente se aperfeiçoará com o ingresso dos autos na Secretaria Administrativa da Instituição, data a partir da qual terá início a contagem de prazo. Nesse sentido: "1. No julgamento do REsp 1.349.935/SE, submetido ao rito dos recursos repetitivos, a 3ª Seção deste Superior Tribunal de Justiça firmou o entendimento de que o termo inicial da contagem do prazo para impugnar decisão judicial é, para o Ministério Público, a data da entrega dos autos na repartição administrativa do órgão, sendo irrelevante que a intimação pessoal tenha se dado em audiência, em cartório ou por mandado" (AgRg no AREsp 1460381/BA, Rel. Ministro JORGE MUSSI, QUINTA TURMA, julgado em 19/09/2019, DJe 30/09/2019). ᴱᴰ

## 53. Gabarito: C

Comentário: **A:** incorreta. A competência, segundo entendimento sedimentado no STJ, é da Justiça Estadual, já que, sendo o roubo praticado contra uma agência franqueada dos Correios, não há que se falar em prejuízo à empresa pública EBCT. Tanto é assim que, se a agência não fosse franqueada, e sim própria, a competência, aí sim, seria da Justiça Federal. Conferir: "Conflito de competência. Formação de quadrilha e roubo cometido contra agência franqueada da EBCT. Inexistência de prejuízo à EBCT. Inexistência de conexão. Competência da justiça estadual. I. Compete à Justiça Estadual o processo e julgamento de possível roubo de bens de agência franqueada da Empresa Brasileira de Correios e Telégrafos, tendo em vista que, nos termos do respectivo contrato de franquia, a franqueada responsabiliza-se por eventuais perdas, danos, roubos, furtos ou destruição de bens cedidos pela franqueadora, não se configurando, portanto, real prejuízo à Empresa Pública. II. Não evidenciado o cometimento de crime contra os bens da EBCT, não há que se falar em conexão de crimes de competência da Justiça Federal e da Justiça Estadual, a justificar o deslocamento da competência para a Justiça Federal. III. Conflito conhecido para declarar competente Juiz de Direito da Vara Criminal de Assu/RN, o Suscitante" (CC 116.386/RN, Rel. Ministro Gilson Dipp, Terceira Seção, julgado em 25/05/2011, DJe 07/06/2011); **B:** incorreta. A solução desta proposição deve ser extraída da Súmula 546, do STJ: "A competência para processar e julgar o crime de uso de documento falso é firmada em razão da entidade ou órgão ao qual foi apresentado o documento público, não importando a qualificação do órgão expedidor". Ou seja, pouco importa, aqui, o fato de o órgão expedidor do documento falso ser estadual ou federal, por exemplo. O critério a ser utilizado para o fim de determinar a Justiça competente é o da entidade ou órgão ao qual o documento foi apresentado; **C:** correta. Conferir: "1. À luz do preconizado no art. 109, V, da CF, a competência para processamento e julgamento de crime será da Justiça Federal quando preenchidos 03 (três) requisitos essenciais e cumulativos, quais sejam, que: a) o fato esteja previsto como crime no Brasil e no estrangeiro; b) o Brasil seja signatário de convenção ou tratado internacional por

meio do qual assume o compromisso de reprimir criminalmente aquela espécie delitiva; e c) a conduta tenha ao menos se iniciado no Brasil e o resultado tenha ocorrido, ou devesse ter ocorrido no exterior, ou reciprocamente. 2. O Brasil pune a prática de divulgação e publicação de conteúdo pedófilo-pornográfico, conforme art. 241-A do Estatuto da Criança e do Adolescente. 3. Além de signatário da Convenção sobre Direitos da Criança, o Estado Brasileiro ratificou o respectivo Protocolo Facultativo. Em tais acordos internacionais se assentou a proteção à infância e se estabeleceu o compromisso de tipificação penal das condutas relacionadas à pornografia infantil. 4. Para fins de preenchimento do terceiro requisito, é necessário que, do exame entre a conduta praticada e o resultado produzido, ou que deveria ser produzido, se extraia o atributo de internacionalidade dessa relação. 5. Quando a publicação de material contendo pornografia infanto-juvenil ocorre na ambiência virtual de sítios de amplo e fácil acesso a qualquer sujeito, em qualquer parte do planeta, que esteja conectado à internet, a constatação da internacionalidade se infere não apenas do fato de que a postagem se opera em cenário propício ao livre acesso, como também que, ao fazê-lo, o agente comete o delito justamente com o objetivo de atingir o maior número possível de pessoas, inclusive assumindo o risco de que indivíduos localizados no estrangeiro sejam, igualmente, destinatários do material. A potencialidade do dano não se extrai somente do resultado efetivamente produzido, mas também daquele que poderia ocorrer, conforme própria previsão constitucional. 6. Basta à configuração da competência da Justiça Federal que o material pornográfico envolvendo crianças ou adolescentes tenha estado acessível por alguém no estrangeiro, ainda que não haja evidências de que esse acesso realmente ocorreu. 7. A extração da potencial internacionalidade do resultado advém do nível de abrangência próprio de sítios virtuais de amplo acesso, bem como do reconhecida dispersão mundial preconizada no art. 2º, I, da Lei 12.965/14, que instituiu o Marco Civil da Internet no Brasil. 8. Não se constata o caráter de internacionalidade, ainda que potencial, quando o panorama fático envolve apenas a comunicação eletrônica havida entre particulares em canal de comunicação fechado, tal como ocorre na troca de e-mails ou conversas privadas entre pessoas situadas no Brasil. Evidenciado que o conteúdo permaneceu enclausurado entre os participantes da conversa virtual, bem como que os envolvidos se conectaram por meio de computadores instalados em território nacional, não há que se cogitar na internacionalidade do resultado. 9. Tese fixada: "Compete à Justiça Federal processar e julgar os crimes consistentes em disponibilizar ou adquirir material pornográfico envolvendo criança ou adolescente (arts. 241, 241-A e 241-B da Lei nº 8.069/1990) quando praticados por meio da rede mundial de computadores". 10. Recurso extraordinário desprovido" (RE 628624, Rel. Min. Marco Aurélio, Rel. p/ Acórdão: Min. Edson Fachin, Tribunal Pleno, j. 29.10.2015); **D:** incorreta, dado que, ainda assim, o julgamento da contravenção caberá à Justiça Estadual, não se aplicando o teor da Súmula 122 do STJ, que impõe o julgamento conjunto pela Justiça Federal. Conferir: "Agravo regimental no conflito negativo de competência. Contravenções penais. Ilícitos que devem ser processados e julgados perante o juízo comum estadual, ainda que ocorridos em face de bens, serviços ou interesse da união ou de suas entidades. Súmula 38 desta corte. Configuração de conexão probatória entre contravenção e crime, este de competência da justiça comum federal. Impossibilidade, até nesse caso, de atração da jurisdição federal. Regras processuais infraconstitucionais que não se sobrepõem ao dispositivo de extração constitucional que veda o julgamento de contravenções pela justiça federal (art. 109, IV, da constituição da república). Declaração da competência do juízo de direito do juizado especial cível da comarca de Florianópolis/SC para o julgamento da contravenção penal prevista no art. 68, do Decreto-lei 3.688, de 3 de outubro de 1941. Agravo desprovido. 1. É entendimento pacificado por esta Corte o de que as contravenções penais são julgadas pela Justiça Comum Estadual, mesmo se cometidas em detrimento de bens, serviços ou interesses da União ou de suas entidades. Súmula 38 desta Corte. 2. Até mesmo no caso de conexão probatória entre contravenção penal e crime de competência da Justiça Comum Federal, aquela deverá ser julgada na Justiça Comum Estadual. Nessa hipótese, não incide o entendimento de que compete à Justiça Federal processar e julgar, unificadamente, os crimes conexos de competência federal e estadual (súmula 122 desta Corte), pois tal determinação, de índole legal, não pode se sobrepor ao dispositivo de extração constitucional que veda o julgamento de contravenções por Juiz Federal (art. 109, IV, da Constituição da República). Precedentes. 3. Agravo regimental desprovido. Mantida a decisão em que declarada a competência do Juízo de Direito do Juizado Especial Cível da Comarca de Florianópolis/SC para o julgamento da contravenção penal prevista no art. 68, do Decreto-Lei 3.688, de 3 de outubro de 1941" (AGRCC 201102172177, Laurita Vaz, STJ, 3ª Seção, *DJE* 07.03.2012); **E:** incorreta. Conferir: "Recurso extraordinário. Constitucional. Penal. Processual Penal. Competência. Redução a condição análoga à de escravo. Conduta tipificada no art. 149 do Código Penal. Crime contra a organização do trabalho. Competência da Justiça Federal. Artigo 109, inciso VI, da Constituição Federal. Conhecimento e provimento do recurso. 1. O bem jurídico objeto de tutela pelo art. 149 do Código Penal vai além da liberdade individual, já que a prática da conduta em questão acaba por vilipendiar outros bens

jurídicos protegidos constitucionalmente como a dignidade da pessoa humana, os direitos trabalhistas e previdenciários, indistintamente considerados. 2. A referida conduta acaba por frustrar os direitos assegurados pela lei trabalhista, atingindo, sobremodo, a organização do trabalho, que visa exatamente a consubstanciar o sistema social trazido pela Constituição Federal em seus arts. 7º e 8º, em conjunto com os postulados do art. 5º, cujo escopo, evidentemente, é proteger o trabalhador em todos os sentidos, evitando a usurpação de sua força de trabalho de forma vil. 3. É dever do Estado (*lato sensu*) proteger a atividade laboral do trabalhador por meio de sua organização social e trabalhista, bem como zelar pelo respeito à dignidade da pessoa humana (CF, art. 1º, inciso III). 4. A conjugação harmoniosa dessas circunstâncias se mostra hábil para atrair para a competência da Justiça Federal (CF, art. 109, inciso VI) o processamento e o julgamento do feito. 5. Recurso extraordinário do qual se conhece e ao qual se dá provimento" (RE 459510, Relator(a): Min. CEZAR PELUSO, Relator(a) p/ Acórdão: Min. DIAS TOFFOLI, Tribunal Pleno, julgado em 26.11.2015, ACÓRDÃO ELETRÔNICO *DJe*-067 DIVULG 11.04.2016 PUBLIC 12.04.2016). ▣

---

**54.** Gabarito: D

Comentário: **A:** incorreta. Se a questão prejudicial atinente ao estado civil do réu for considerada, pelo juiz, séria e fundada, será de rigor, a teor do art. 92 do CPP, a suspensão do processo. Aqui, o juiz deverá determinar a paralisação do feito até que o juízo cível emita sua manifestação. Envolve questões atinentes à própria existência do crime. Preleciona o art. 116, I, do CP que, em casos assim, o curso da prescrição ficará suspenso. Já na questão prejudicial *facultativa*, contida no art. 93 do CPP, o magistrado tem a faculdade, não a obrigação, de suspender o processo. São questões que não envolvem o estado das pessoas; **B:** incorreta. As causas de suspeição do juiz serão arguidas por meio de petição específica assinada pela parte ou por seu procurador com poderes especiais (art. 98, CPP); **C:** incorreta, pois contraria o disposto no art. 125 do CPP, que estabelece que terá lugar o sequestro dos bens imóveis adquiridos pelo indiciado com os proventos da infração, *ainda que já tenham sido transferidos a terceiro*; **D:** correta. Conferir: "A medida cautelar de sequestro, presentes os requisitos essenciais, pode ser deferida sem a prévia oitiva da parte contrária. Precedente." (AgInt no AREsp 1110340/SC, Rel. Ministro ROGERIO SCHIETTI CRUZ, SEXTA TURMA, julgado em 21/11/2017, DJe 28/11/2017); **E:** incorreta. Conferir: "O incidente de insanidade mental, que subsidiará o juiz na decisão sobre a culpabilidade ou não do réu, é prova pericial constituída em favor da defesa, não sendo possível determiná-la compulsoriamente quando a defesa se opõe." (HC 133078, Relator(a): Min. CÁR-

MEN LÚCIA, Segunda Turma, julgado em 06/09/2016, PROCESSO ELETRÔNICO DJe-202 DIVULG 21-09-2016 PUBLIC 22-09-2016). ᴇᴅ

## 55. Gabarito: E

Comentário: **A:** incorreta. De acordo com José Joaquim Gomes Canotilho, a ideia de um Estado domesticado pelo direito alicerçou-se paulatinamente nos Estados ocidentais de acordo com as circunstâncias e condições concretas existentes nos vários países. Na Inglaterra, emergiu a ideia do *rule of law* (regra do direito ou império do direito); na França, surgiu o Estado de legalidade (**État légal**); nos Estados Unidos, o Estado Constitucional; e na Alemanha, o princípio do Estado de direito (*Rechtsstaat*). A sujeição de todos os atos do Poder Executivo à soberania dos representantes do povo (Parlamento) é uma das características da regra do direito; **B:** incorreta, pois a existência do controle judicial de constitucionalidade depende do arranjo institucional e normativo adotado pelo Estado, sendo possível que haja Estado de Direito sem controle judicial da atividade legislativa, como na Inglaterra. Há modelos de Estados de Direito em que o controle judicial é submetido à revisão parlamentar (ex. Canadá), ou que não possuem um controle judicial de constitucionalidade (ex. Inglaterra), ou que o possuem de forma mitigada e sujeito à fiscalização de órgão do próprio parlamento (ex. França); **C:** incorreta, porque a legitimação democrática também compreende a participação do povo por vias diretas (lei de iniciativa popular, referendo, plebiscito, ação popular), bem como a representatividade das minorias e o exercício do papel contramajoritário pelo Judiciário na defesa das regras da democracia e dos direitos fundamentais; **D:** incorreta, pois as exceções ao princípio da legalidade previstas na Constituição são a medida provisória, o estado de defesa e o estado de sítio. Vale esclarecer que o estado de defesa, o estado de sítio e a intervenção federal são mecanismos extraordinários previstos na Constituição Federal de 1988 para o gerenciamento de crises, não constituindo exceções ao Estado de Direito; **E:** correta, pois os direitos políticos, na condição de direitos fundamentais, implicam limites à maioria parlamentar, uma vez que a vontade da maioria, ainda que legitimada, não pode suprimir ou negligenciar o direito das minorias. Segundo Ingo Wolfgang Sarlet: "Assim, os direitos políticos, ainda mais quando assumem a condição de direitos fundamentais (vinculando os órgãos estatais, incluindo o Poder Legislativo), exercem, nesse contexto, dúplice função, pois se por um lado são elementos essenciais (e garantes) da democracia no Estado Constitucional – aqui se destaca a função democrática dos direitos fundamentais –, por outro representam limites à própria maioria parlamentar, já que esta, no campo de suas opções políticas, há de respeitar os direitos fundamentais e os parâmetros estabelecidos pelos direitos políticos, de tal sorte que entre os direitos políticos e os direitos fundamentais em geral e a democracia se verifica uma relação de reciprocidade e interdependência, caracterizada por uma permanente e recíproca implicação e tensão" (Ingo Wolfgang Sarlet, Luiz Guilherme Marinoni e Daniel Mitidiero. Curso de Direito Constitucional, 6. ed., São Paulo: Saraiva, 2017, p. 743). ᴀᴍɴ

## 56. Gabarito: D

Comentário: **A:** incorreta, pois constituição em branco é aquela que não traz limitações expressas ao Poder Constituinte reformador, de modo que as reformas ficam susceptíveis a uma margem de discricionariedade do Poder Constituinte Derivado de Reforma; **B:** incorreta, pois constituição semântica é aquela que visa formalizar a situação daqueles que detêm o poder no momento, servindo apenas para estabilizar e manter a intervenção da classe dominante em seu benefício exclusivo; **C:** incorreta, pois constituição simbólica, na acepção de Marcelo Neves, é aquela que dá maior importância à função simbólica (funções ideológicas, morais e culturais) do que à função jurídico-instrumental (força normativa), gerando um déficit de concretização das normas constitucionais em razão da maior importância dada ao simbolismo do que à efetivação da norma; **D:** correta, pois constituição dúctil ou suave, na acepção do jurista italiano Gustavo Zagrebelsky, é aquela cuja tarefa básica é assegurar as condições possíveis para a vida comum nas sociedades plurais atuais, dotadas de certo grau de relativismo e caracterizadas pela diversidade de interesses, ideologias e projetos. O adjetivo dúctil ou suave é utilizado com o intuito de expressar a necessidade de a constituição acompanhar a descentralização do Estado e refletir o pluralismo social, político e econômico; **E:** incorreta, pois constituição dirigente, na acepção de J. J. Canotilho, é aquela que estabelece fins, programas, planos e diretrizes para a atuação futura dos órgãos estatais, de modo que o legislador constituinte dirige a futura atuação do Estado por meio de programas e metas a serem perseguidos. ᴀᴍɴ

## 57. Gabarito: A

Comentário: **A:** correta, porque o poder constituinte originário é um poder político que antecede o Direito, inaugurando a ordem jurídica pela elaboração da nova Constituição. Assim, o poder constituinte originário é o fundamento de validade da nova ordem constitucional; **B:** incorreta, pois o poder constituinte originário é ilimitado, não sendo regido pela ordem jurídica precedente e não sendo limitado por ela. A esse respeito, o STF já decidiu: "Na atual Carta Magna 'compete ao Supremo Tribunal Federal, precipuamente, a guarda da Constituição' (artigo 102, "caput"), o que implica dizer que essa jurisdição lhe é atribuída para impedir que se desrespeite a Constituição como um todo, e não para, com relação a ela, exercer o papel de fiscal do Poder Constituinte originário, a fim de verificar se este teria, ou não, violado os princípios de direito suprapositivo que ele próprio havia incluído no texto da mesma Constituição." (ADI 815, Relator: Min. Moreira Alves, Tribunal Pleno, julgado em 28.03.1996); **C:** incorreta, pois a soberania popular é exercida de forma indireta (por representantes eleitos pelo voto popular) e de forma direta (mediante plebiscito, referendo e iniciativa popular); **D:** incorreta, pois os direitos adquiridos anteriormente ao surgimento de uma nova constituição não estão protegidos contra ela, salvo se o próprio poder constituinte originário assim o desejar. Nesse sentido, o STF já decidiu que "a supremacia jurídica das normas inscritas na Carta Federal não permite, ressalvadas as eventuais exceções proclamadas no próprio Texto Constitucional, que contra elas seja invocado o direito adquirido" (ADI 248, Rel. Min. Celso de Mello, Tribunal Pleno, julgado em 18.11.1993); **E:** incorreta, pois a limitação material positiva ao poder constituinte decorrente dos estados federados se manifesta no dever de a Constituição Estadual concretizar os preceitos e os fins da Constituição Federal, ao passo que a limitação material negativa se manifesta no dever de a Constituição Estadual não contrariar a Constituição Federal. **AMN**

## 58. Gabarito: E

Comentário: **A:** incorreta, pois a noção de filtragem constitucional pressupõe a preeminência normativa da Constituição enquanto sistema aberto de regras e princípios. A filtragem constitucional consiste no fenômeno segundo o qual toda ordem jurídica deve ser lida e aprendida sob as lentes da Constituição, de modo a realizar os valores nela consagrados; **B:** incorreta, pois, de acordo com o método hermenêutico-concretizador, o texto constitucional é o ponto de partida da atividade do intérprete, sendo também limitador da interpretação (para solucionar um problema o aplicador está vinculado ao texto constitucional). No método da tópica, por sua vez, o problema é o ponto de partida, servindo as normas constitucionais de catálogo de variados princípios, onde se busca argumento para a solução de uma questão prática; **C:** incorreta, porque, segundo o método científico-espiritual, a interpretação de uma norma constitucional deve ser condicionada aos elementos da realidade social que delimitem o seu alcance normativo. No método normativo-estruturante, entende-se que a norma jurídica é resultado do conjunto formado pelo texto (programa normativo) pela realidade social (domínio normativo), sendo este elemento indispensável para a extração do significado da norma por fazer parte da sua estrutura; **D:** incorreta, pois o princípio do efeito integrador orienta o intérprete a conferir maior peso aos

critérios que beneficiem a integração política e social e o reforço da unidade política. Já o princípio da unidade da Constituição postula que a Constituição seja interpretada como um todo harmônico, evitando contradições entre as suas normas. O intérprete deve considerar a Constituição como um todo unitário, harmonizando as tensões existentes entre as normas constitucionais; **E:** correta, já que os princípios, na concepção de Robert Alexy, são mandamentos de otimização, ou seja, normas que ordenam que algo seja realizado na maior medida possível, dentro das possibilidades jurídicas e fáticas do caso concreto. **AMN**

## 59. Gabarito: C

Comentário: **A:** incorreta, pois o STF liberou a realização dos eventos chamados "marcha da maconha", que reúnem manifestantes favoráveis à descriminalização da droga, com fundamento nos direitos constitucionais de reunião (liberdade-meio) e de livre expressão do pensamento (liberdade-fim), todavia não liberou o consumo de droga ilícita na ocasião do evento. Para o STF, o debate sobre abolição penal de determinadas condutas puníveis é um legítimo debate que não se confunde com incitação à prática de delito nem se identifica com apologia de fato criminoso, podendo ser realizado de forma racional, com respeito entre interlocutores, ainda que a ideia, para a maioria, possa ser eventualmente considerada estranha, extravagante, inaceitável ou perigosa (ADPF 187, Relator: Min. Celso de Mello, Tribunal Pleno, julgado em 15.06.2011); **B:** incorreta, porque os comentários realizados por usuários da internet nas páginas eletrônicas dos veículos de comunicação social não se sujeitam ao direito de resposta do ofendido (art. 2º, § 2º, da Lei 13.188/2015). A Lei 13.188/2015 prevê, *in verbis*: "Art. 2º Ao ofendido em matéria divulgada, publicada ou transmitida por veículo de comunicação social é assegurado o direito de resposta ou retificação, gratuito e proporcional ao agravo. § 1º Para os efeitos desta Lei, considera-se matéria qualquer reportagem, nota ou notícia divulgada por veículo de comunicação social, independentemente do meio ou da plataforma de distribuição, publicação ou transmissão que utilize, cujo conteúdo atente, ainda que por equívoco de informação, contra a honra, a intimidade, a reputação, o conceito, o nome, a marca ou a imagem de pessoa física ou jurídica identificada ou passível de identificação. § 2º São excluídos da definição de matéria estabelecida no § 1º deste artigo os comentários realizados por usuários da internet nas páginas eletrônicas dos veículos de comunicação social."; **C:** correta, pois a liberdade de expressão e de imprensa não asseguram a divulgação de fato sabidamente falso, o que pode ser objeto de restrição judicial. A respeito, Mendes e Branco ensinam que "a informação falsa não seria protegida pela Constituição, porque conduziria a uma pseudo operação da formação da opinião" (MENDES, Gilmar e BRANCO, Paulo. Curso de Direito Constitucional. São Paulo: Saraiva, 2015, p. 274). De acordo com o STJ, a liberdade de imprensa – embora amplamente assegurada e com proibição de controle prévio – acarreta responsabilidade *a posteriori* pelo eventual excesso e não compreende a divulgação de especulação falsa (REsp 1582069/RJ, Rel. Ministro Marco Buzzi, Rel. p/ Acórdão Ministra Maria Isabel Gallotti, Quarta Turma, julgado em 16.02.2017, DJe 29.03.2017); **D:** incorreta, visto que a retratação ou retificação espontânea, ainda que a elas sejam conferidos os mesmos destaque, publicidade, periodicidade e dimensão do agravo, não impedem o exercício do direito de resposta pelo ofendido nem prejudicam a ação de reparação por dano moral (art. 2º, § 3º, da Lei 13.188/2015); **E:** incorreta, pois o direito à liberdade de expressão não garante o direito de expor ideias em veículos de comunicação social, visto que violaria a livre-iniciativa e o direito de propriedade desses veículos. De acordo com Mendes e Branco: "Vem prevalecendo uma interpretação mais restrita da garantia constitucional da liberdade de expressão. Não se vê suporte nesse direito fundamental para exigir que terceiros veiculem as ideias de uma dada pessoa. A liberdade se dirige, antes, a vedar que o Estado interfira no conteúdo da expressão. O direito não teria por sujeito passivo outros particulares, nem geraria uma obrigação de fazer para o Estado. O princípio constitucional da livre-iniciativa e mesmo o direito de propriedade desaconselhariam que se atribuísse tamanha latitude a essa liberdade" (MENDES, Gilmar e BRANCO, Paulo. Curso de Direito Constitucional. São Paulo: Saraiva, 2015, p. 267). **AMN**

## 60. Gabarito: ANULADA

Comentário: **A:** incorreta, visto que a vedação da prática de tortura não está sujeita a regulamentação ou restrição do legislador, em qualquer tempo (art. 5º, III, da CF); **B:** correta, pois o inciso XLIII do art. 5º depende da atuação do legislador infraconstitucional para ter eficácia (a lei considerará crimes inafiançáveis e insuscetíveis de graça ou anistia a prática da tortura , o tráfico ilícito de entorpecentes e drogas afins, o terrorismo e os definidos como crimes hediondos...); **C:** incorreta, porque a Lei de Anistia se estende aos crimes de tortura praticados pelos agentes do Estado que atuaram na repressão durante os governos militares (art. 1º, § 1º, da Lei 6.683/1979). Essa interpretação foi ratificada pelo STF, nos seguintes termos: "(..) 3. Conceito e definição de "crime político" pela Lei n. 6.683/79. São crimes conexos aos crimes políticos "os crimes de qualquer natureza relacionados com os crimes políticos ou praticados por motivação política"; podem ser de "qualquer natureza", mas [i] hão de terem estado relacionados com os crimes políticos ou

[ii] hão de terem sido praticados por motivação política; são crimes outros que não políticos; são crimes comuns, porém [i] relacionados com os crimes políticos ou [ii] praticados por motivação política. A expressão crimes conexos a crimes políticos conota sentido a ser sindicado no momento histórico da sanção da lei. A chamada Lei de anistia diz com uma conexão *sui generis*, própria ao momento histórico da transição para a democracia. Ignora, no contexto da Lei 6.683/79, o sentido ou os sentidos correntes, na doutrina, da chamada conexão criminal; refere o que "se procurou", segundo a inicial, vale dizer, estender a anistia criminal de natureza política aos agentes do Estado encarregados da repressão. 4. A lei estendeu a conexão aos crimes praticados pelos agentes do Estado contra os que lutavam contra o Estado de exceção; daí o caráter bilateral da anistia, ampla e geral, que somente não foi irrestrita porque não abrangia os já condenados – e com sentença transitada em julgado, qual o Supremo assentou – pela prática de crimes de terrorismo, assalto, sequestro e atentado pessoal. (...)" (ADPF 153, Relator: Min. Eros Grau, Tribunal Pleno, julgado em 29.04.2010); **D:** incorreta, já que a norma de direito fundamental que veda a prática de tortura tem estrutura de regra, pois se trata de norma proibitiva de determinada conduta; **E:** correta, de acordo com a justificativa do CEBRASPE para alteração do gabarito. A jurisprudência do STF era firme no seguinte sentido: "Em se tratando de condenação de oficial da polícia militar pela prática do crime de tortura, sendo crime comum, a competência para decretar a perda do oficialato, como efeito da condenação, é da Justiça comum. O disposto no art. 125, § 4º, da CF refere-se à competência da Justiça Militar para decidir sobre a perda do posto e da patente dos oficiais e da graduação das praças quando se tratar de crimes militares definidos em lei." (AI 769.637 AgR, Rel. Min. Joaquim Barbosa, j. 20.03.2012, 2ª T, DJE de 22.05.2012; AI 769.637 AgR-ED-ED, Rel. Min. Celso de Mello, j. 25.06.2013, 2ª T, DJE de 16.10.2013). Contudo, com o advento da Lei 13.491/2017, tal entendimento não pode mais ser considerando como adotado pelas atuais doutrina e jurisprudência do STF, conforme a justificativa do CEBRASPE. A Lei 13.491/17 alterou o Código Penal Militar para considerar como crimes militares, em tempo de paz, os delitos previstos na legislação penal, quando praticados, entre outras situações, por militar em situação de atividade ou assemelhado, em lugar sujeito à administração militar, contra militar da reserva, ou reformado, ou assemelhado, ou civil (art. 9º, II, "b", do CPM). Em assim sendo, a lei passou a considerar como crime militar e, portanto, subordinado à jurisdição militar, por exemplo, a conduta do policial militar que, em serviço, pratica tortura contra o civil no interior do quartel, fato que, entre outras hipóteses possíveis, se amolda à alternativa. **AMN**

**61.** Gabarito: ANULADA

Comentário: **A:** incorreta, pois o Plenário do STF decidiu que não cabe a interposição de agravo regimental para reverter decisão de relator que tenha inadmitido no processo o ingresso de determinada pessoa ou entidade como *amicus curiae* (RE 602584 AgR/DF, Rel. orig. Min. Marco Aurélio, Red. p/ o ac. Min. Luiz Fux, 17.10.2018, Informativo STF 920). Logo, o entendimento mais recente do STF afirma que é irrecorrível a decisão do relator para admitir ingresso como *amicus curiae*, ressalvada a interposição de embargos de declaração para prestar esclarecimentos (art. 138, § 1º, do CPC); **B:** a jurisprudência mais recente do STF entende que a alteração do parâmetro constitucional, quando o processo ainda está em curso, não prejudica a ação direta de inconstitucionalidade (Informativo STF 907, ADI 145/CE, Rel. Min. Dias Toffoli, julgamento em 20.06.2018; ADI 239, Rel. Min. Dias Toffoli, Tribunal Pleno, julgamento em 19.02.2014; ADI 94, Rel. Min. Gilmar Mendes, Tribunal Pleno, julgamento em 07.12.2011; ADI 2158 e 2189, Rel. Min. Dias Toffoli, Tribunal Pleno, julgamento em 15.09.2010). De acordo com a justificativa da banca examinadora para alteração do gabarito, essa alternativa incide em dubiedade, pois a ADI que for proposta com fundamento em disposição constitucional alterada por emenda superveniente, conforme a jurisprudência do STF, perderá ou não seu objeto a depender das circunstâncias do caso; **C:** incorreta, pois o STF admite a cumulação de pedidos de declaração de inconstitucionalidade de normas de natureza federal e estadual em duas hipóteses excepcionais: quando houver imbricação substancial entre a norma federal e a estadual, sendo a cumulação indispensável para viabilizar a eficácia do provimento judicial; e quando houver relação material entre as normas cuja inconstitucionalidade de uma possa tornar-se questão prejudicial da invalidez da outra. Nesse sentido, confira o seguinte julgado: "I. Em princípio, não é de admitir, no mesmo processo de ação direta, a cumulação de arguições de inconstitucionalidade de atos normativos emanados de diferentes entes da Federação, ainda quando lhes seja comum o fundamento jurídico invocado. II. Há, no entanto, duas hipóteses pelo menos em que a cumulação objetiva considerada, mais que facultada, é necessária: a) a primeira é aquela em que, dada a imbricação substancial entre a norma federal e a estadual, a cumulação é indispensável para viabilizar a eficácia do provimento judicial visado: assim, por exemplo, quando, na área da competência concorrente da União e dos Estados, a lei federal de normas gerais e a lei local contiverem preceitos normativos idênticos ou similares cuja eventual inconstitucionalidade haja de ser simultaneamente declarada, sob pena de fazer-se inócua a decisão que só a um deles alcançasse; b) a segunda é aquela em que da relação material entre os

dois diplomas resulta que a inconstitucionalidade de um possa tornar-se questão prejudicial da invalidez do outro, como sucede na espécie." (ADI 2844 QO, Relator: Min. Sepúlveda Pertence, Tribunal Pleno, julgado em 24/04/2003); **D:** incorreta, porque o STF decidiu que a declaração de inconstitucionalidade de norma estadual por tribunal de justiça em ADI estadual causa a perda de objeto de ADI contra a mesma norma no STF quando a inconstitucionalidade for por incompatibilidade com dispositivo da Constituição do Estado sem correspondência na Constituição Federal. Nesse sentido, confira o seguinte julgado: "1. Coexistindo ações diretas de inconstitucionalidade de um mesmo preceito normativo estadual, a decisão proferida pelo Tribunal de Justiça somente prejudicará a que está em curso perante o STF se for pela procedência e desde que a inconstitucionalidade seja por incompatibilidade com dispositivo constitucional estadual tipicamente estadual (= sem similar na Constituição Federal). 2. Havendo declaração de inconstitucionalidade de preceito normativo estadual pelo Tribunal de Justiça com base em norma constitucional estadual que constitua reprodução (obrigatória ou não) de dispositivo da Constituição Federal, subsiste a jurisdição do STF para o controle abstrato tendo por parâmetro de confronto o dispositivo da Constituição Federal reproduzido." (ADI 3659, Relator: Min. Alexandre de Moraes, Tribunal Pleno, julgado em 13.12.2018); **E:** incorreta, pois o STF entende ser lícito conhecer ação direta de inconstitucionalidade como arguição de descumprimento de preceito fundamental, quando coexistentes todos os requisitos de admissibilidade desta, em caso de inadmissibilidade daquela (ADI 4163, Relator: Min. Cezar Peluso, Tribunal Pleno, julgado em 29.02.2012). AMN

---

**62.** Gabarito: D

Comentário: **A:** incorreta, porque impeachment é o instrumento do sistema presidencialista pelo qual o Parlamento pode destituir o presidente em razão do cometimento de crime de responsabilidade (infrações político-administrativas). Trata-se de um processo jurídico-político conduzido pelo Poder Legislativo com o intuito de julgar irregularidades jurídicas nas condutas do presidente e de outras autoridades; **B:** incorreta, pois referendo é o instrumento da democracia direta que consiste na consulta aos cidadãos convocada posteriormente a ato legislativo ou administrativo, cumprindo ao povo a respectiva ratificação ou rejeição (art. 2º, § 2º, da Lei 9.709/1998); **C:** incorreta, pois plebiscito é o instrumento da democracia direta que consiste na consulta aos cidadãos convocada anteriormente a ato legislativo ou administrativo, cabendo ao povo aprovar ou denegar o que lhe tenha sido submetido (art. 2º, § 1º, da Lei 9.709/1998); **D:** correta, visto que *recall* é o instrumento da democracia direta pelo qual os eleitores podem revogar mandatos eletivos. Segundo Paulo Bonavides, o *recall* é um instrumento por meio do qual o eleitorado fica autorizado a destituir agentes políticos cujo comportamento, por qualquer motivo, não lhe esteja agradando (Ciência Política. 17. ed. São Paulo: Malheiros, 2010, p. 313□316); **E:** incorreta, porque moção de desconfiança (ou moção de censura) é o instrumento do sistema parlamentarista pelo qual o Parlamento pode destituir o primeiro-ministro em razão da perda de confiança ou de apoio político. Trata-se de uma votação em que a maioria do Parlamento demonstra desconfiança em relação ao governo – não há necessidade de apontar irregularidades jurídicas nas condutas do chefe de governo – para que esse caia em uma crise de legitimidade, sendo forçado a abandonar seu gabinete. AMN

### 63. Gabarito: E
Comentário: O Plenário do STF julgou improcedente pedido formulado em ação direta de inconstitucionalidade proposta contra a Lei 10.820/92, do Estado de Minas Gerais, que dispõe sobre a obrigatoriedade de empresas concessionárias de transporte coletivo intermunicipal promoverem adaptações em seus veículos, a fim de facilitar o acesso e a permanência de pessoas com deficiência física ou com dificuldade de locomoção. Salientou-se que a Constituição dera destaque à necessidade de proteção às pessoas com deficiência, ao instituir políticas e diretrizes de acessibilidade física (CF, artigos 227, § 2º; e 244), bem como de inserção nas diversas áreas sociais e econômicas da comunidade. Enfatizou-se a incorporação, ao ordenamento constitucional, da Convenção Internacional sobre os Direitos das Pessoas com Deficiência – primeiro tratado internacional aprovado pelo rito legislativo previsto no art. 5º, § 3º, da CF –, internalizado por meio do Decreto 6.949/2009. Aduziu-se que prevaleceria, no caso, a densidade do direito à acessibilidade física das pessoas com deficiência (CF, art. 24, XIV), não obstante pronunciamentos da Corte no sentido da competência privativa da União (CF, art. 22, XI) para legislar sobre trânsito e transporte. Consignou-se que a situação deveria ser enquadrada no rol de competências legislativas concorrentes dos entes federados. Observou-se que, à época da edição da norma questionada, não haveria lei geral nacional sobre o tema. Desse modo, possível aos estados-membros exercerem a competência legislativa plena, suprindo o espaço normativo com suas legislações locais (CF, art. 24, § 3º). (Informativo STF 707, ADI 903/MG, Rel. Min. Dias Toffoli, julgamento em 22/05/2013). AMN

### 64. Gabarito: B
Comentário: O Plenário do STF julgou procedente pedido formulado em ação direta para declarar a inconstitucio-

nalidade da Lei 8.865/2006 do Estado do Rio Grande do Norte. O diploma impugnado determina que os escritórios de prática jurídica da Universidade Estadual do Rio Grande do Norte (UERN) mantenham plantão criminal para atendimento, nos finais de semana e feriados, dos hipossuficientes presos em flagrante delito. O STF, de início, destacou a autonomia universitária, conforme previsão do art. 207 da CF/1988. Lembrou que, embora esse predicado não tenha caráter de independência (típico dos Poderes da República), a autonomia impossibilita o exercício de tutela ou a indevida ingerência no âmago de suas funções, assegurando à universidade a discricionariedade de dispor ou propor sobre sua estrutura e funcionamento administrativo, bem como sobre suas atividades pedagógicas. Segundo consignou, a determinação de que escritório de prática jurídica preste serviço aos finais de semana, para atender hipossuficientes presos em flagrante delito, implica necessariamente a criação ou, ao menos, a modificação de atribuições conferidas ao corpo administrativo que serve ao curso de Direito da universidade. Ademais, como os atendimentos seriam realizados pelos acadêmicos de Direito matriculados no estágio obrigatório, a universidade teria que alterar as grades curriculares e horárias dos estudantes para que desenvolvessem essas atividades em regime de plantão, ou seja, aos sábados, domingos e feriados. Assim, o diploma questionado fere a autonomia administrativa, financeira e didático-científica da instituição, pois não há anuência para criação ou modificação do novo serviço a ser prestado. (Informativo STF 840, ADI 3792/RN, Rel. Min. Dias Toffoli, julgamento em 22.09.2016). AMN

### 65. Gabarito: C
Comentário: Concebida em julgados da Corte Constitucional da Colômbia (Sentencia de Unificación (SU) 559, de 1997), a técnica da declaração do "estado de coisas inconstitucional" permite ao juiz constitucional impor aos Poderes Públicos a tomada de ações urgentes e necessárias ao afastamento das violações massivas de direitos fundamentais, assim como supervisionar a efetiva implementação. Essa prática pode ser levada a efeito em casos excepcionais, quando presente transgressão grave e sistemática a direitos humanos e constatada a imprescindibilidade da atuação do Tribunal em razão de "bloqueios institucionais" nos outros Poderes. O estado de coisas inconstitucional possui três pressupostos principais: situação de violação generalizada de direitos fundamentais; inércia ou incapacidade reiterada e persistente das autoridades públicas em modificar a situação; superação das transgressões que exige a atuação não apenas de um órgão, mas sim de uma pluralidade de autoridades.
O STF reconheceu que o sistema penitenciário nacional deve ser caraterizado como "estado de coisas inconstitu-

cional" em razão do presente quadro de violação massiva e persistente de direitos fundamentais, decorrente de falhas estruturais e falência de políticas públicas e cuja modificação depende de medidas abrangentes de natureza normativa, administrativa e orçamentária (ADPF 347 MC, Relator: Min. Marco Aurélio, Tribunal Pleno, julgado em 09/09/2015).

**A:** incorreta, pois o estado de coisas inconstitucional é causado pela inércia ou incapacidade das autoridades em modificar a conjuntura de violação a direitos fundamentais; **B:** incorreta, porque o estado de coisas inconstitucional é caracterizado pela violação generalizada e sistêmica de direitos fundamentais; **C:** correta; visto que a Corte Constitucional deve adotar remédios estruturais com os objetivos de superar bloqueios políticos e institucionais e de aumentar a deliberação e o diálogo sobre causas e soluções do estado de coisas inconstitucional; **D:** incorreta, pois, ante a gravidade excepcional do quadro, a Corte Constitucional pode interferir na formulação e implementação de políticas públicas e em alocações de recursos orçamentários, bem como coordenar as medidas concretas necessárias para superação do estado de inconstitucionalidades; **E:** incorreta, pois o Poder Judiciário não pode substituir o Legislativo e o Executivo na consecução de tarefas próprias. O Judiciário deve superar bloqueios políticos e institucionais sem afastar os outros Poderes dos processos de formulação e implementação das soluções necessárias. Cabe ao Judiciário catalisar ações e políticas públicas, coordenar a atuação dos órgãos do Estado na adoção dessas medidas e monitorar a eficiência das soluções. AMN

---

**66.** Gabarito: E

Comentário: **A:** Incorreta. A inelegibilidade reflexa alcança tanto uniões hetero como homoafetivas. Importante lembrar que a Resolução CNJ 175/2013 veda a recusa, por parte das autoridades competentes, de habilitação, celebração de casamento civil ou de conversão de união estável em casamento entre pessoas do mesmo sexo. Além disso, a jurisprudência do TSE acena no mesmo sentido de que a inelegibilidade deve ser observada em qualquer das situações, não havendo distinção (REsp 24564/PA). **B:** Incorreta. A revisão do eleitoral consta de disposição do Código Eleitoral, art. 71, § 4º, com origem em 1965 (Código eleitoral: Lei 4737/65). O recadastramento biométrico, por sua vez, vem a ser inaugurado no sistema jurídico através das resoluções do TSE 22.688/2007, 23.061/2009, 23.335/2011, 23.345/2011 e 23.366/2011. **C:** Incorreta. A súmula TSE 47 dispõe que a inelegibilidade superveniente que autoriza a interposição de recurso contra expedição de diploma, fundado no art. 262 do Código Eleitoral, é aquela de índole constitucional ou, se infraconstitucional,

superveniente ao registro de candidatura, e que surge até a data do pleito. **D:** Incorreta. Com fundamento na Súmula TSE 61, a inelegibilidade, nesses casos, deve ser considerada após o cumprimento da pena (prazo de inelegibilidade será de 8 anos, art. 1º, I, e, LC 64/90). **E:** Correta. Em plena concordância com o conteúdo da Súmula TSE 70, que dispõe "O encerramento do prazo de inelegibilidade antes do dia da eleição constitui fato superveniente que afasta a inelegibilidade, nos termos do art. 11, § 10, da Lei 9.504/97." SC

---

**67.** Gabarito: C

Comentário: **A:** Incorreta. No caso não se verifica a ocorrência de propaganda eleitoral antecipada, já que a menção à pretensa candidatura ou exaltação das qualidades pessoais de pré-candidato, desde que não haja pedido explícito de voto (art. 36-A, Lei 9.504/97); **B:** Incorreta. É possível a aplicação de multa ao cidadão, independentemente de sua condição de vínculo com partido político (filiado). A aplicação de multa ao candidato também é possível (beneficiado), caso seja demonstrado seu prévio conhecimento da propaganda irregular (art. 36, § 3º, Lei 9504/97). **C:** Correta, pois em conformidade com o art. 36-A, Lei 9504/97). **D:** Incorreta. A questão temporal não é determinante. A jurisprudência esclarece que "a configuração de propaganda eleitoral antecipada independe da distância temporal entre o ato impugnado e a data das eleições ou das convenções partidárias de escolha dos candidatos" (TSE, Rec Rep 140/ 2010). **E:** Incorreta. Súmula TSE, no 18: "Conquanto investido de poder de polícia, não tem legitimidade o juiz eleitoral para, de ofício, instaurar procedimento com a finalidade de impor multa pela veiculação de propaganda eleitoral em desacordo com a Lei 9.504/1997". SC

---

**68.** Gabarito: D

Comentário: **A:** incorreta. Uma vez que a posição jurisprudencial (Ac.-TSE, de 10.3.2015, no RMS nº 5698) é no sentido de que o juízo de retratação prescinde de pedido expresso da parte recorrente, consubstanciando-se como exceção ao princípio da inalterabilidade da decisão na Justiça Eleitoral ; **B:** incorreta, uma vez que a partir das eleições de 2016 o litisconsórcio passivo necessário entre o candidato beneficiário e o responsável pela prática de abuso do poder político passa a ser obrigatório nas ações de investigação judicial eleitoral – AIJE - Ac.-TSE, de 21.6.2016, no REspe nº 84356; **C:** incorreta. O art. 22, XVI, LC 64/90, dispõe que "para a configuração do ato abusivo, não será considerada a potencialidade de o fato alterar o resultado da eleição, mas apenas a gravidade das circunstâncias que o caracterizam"; **D:** correta, conforme dispõe a Súmula 68 do TSE: A União é parte legítima para requerer a execução de astreintes, fixada por descumprimento de ordem judicial no âmbito da Justiça Eleitoral.; **E:** incorreta. O TSE se manifestou no sentido de que *"O Plenário do Tribunal Superior Eleitoral, por unanimidade, ao julgar embargos de declaração opostos a acórdão que cassou o mandato do governador e do vice-governador do Amazonas e determinou a realização de novas eleições, entendeu pela inexistência de interesse jurídico que autorizasse, isoladamente, os deputados estaduais do estado a integrar o processo como terceiros prejudicados, reconhecendo, entretanto, a existência de tal interesse por parte da Assembleia Legislativa. Não repercute no campo dos direitos dos deputados estaduais nem afeta prerrogativas inerentes ao cargo que ocupam, pois a intenção em participar de eventual eleição indireta representa tão somente interesse de fato que não possibilita a ampliação subjetiva da demanda. Em relação aos embargos opostos pela Assembleia Legislativa, o ministro entendeu que há interesse jurídico que enseja o conhecimento do recurso, tendo em vista a discussão sobre a incidência do § 4º do art. 224 do Código Eleitoral, que prevê eleições diretas quando a vacância do cargo ocorrer mais de seis meses antes do final do mandato."* Informativo 11/2017 TSE – j 22.8.17. SC

### 69. Gabarito: D
Comentário: **I:** Incorreta. No crime de calúnia eleitoral a prova da verdade do fato exclui o crime, mas NÃO é admitida se, constituindo o fato imputado crime de ação privada, o ofendido, não foi condenado por sentença irrecorrível, art. 324, § 2º, I, do Código Eleitoral; **II:** Incorreta. A transação penal e a suspensão condicional do processo são admitidas no processo penal eleitoral. **III.** Correta, conforme art. 57-H, §1º, Lei 9.504/97, que dispõe "Constitui crime a contratação direta ou indireta de grupo de pessoas com a finalidade específica de emitir mensagens ou comentários na internet para ofender a honra ou denegrir a imagem de candidato, partido ou coligação, punível com detenção de 2 (dois) a 4 (quatro) anos e multa de R$ 15.000,00 (quinze mil reais) a R$ 50.000,00 (cinquenta mil reais).";  **IV:** correta, de acordo com os artigos 22 e 29 do Código Eleitoral. SC

### 70. Gabarito: D
Comentário: **A:** Incorreta. De fato, o modelo de financiamento é o misto, sendo vedada apenas a participação (no financiamento) por pessoas jurídicas. No entanto, não é permitida a retificação do limite de gastos. **B:** Incorreta. A súmula TSE 67, dispõe que a perda do mandato em razão da desfiliação de partido sem justa causa não se aplica aos candidatos eleitos pelo sistema majoritário (presidente da república, governador de estado e do DF, prefeito e senador). **C:** Incorreta. O voto distrital, não adotado no Brasil, não possui natureza proporcional. Pelo sistema distrital é feita uma divisão

do Município ou Estado em circunscrições ou distritos. Nestas limitações, partidos lançarão candidatos (um por partido). A eleição será definida por um critério de maioria, não existindo qualquer proporcionalidade na apuração, mas sim apuração do "mais votado". Não há, portanto, prestígio da representação de minorias, o que é possível a partir da proporcionalidade na apuração. **D:** Correta. A chamada candidatura avulsa guarda relação com as condições de elegibilidade previstas na CF (art. 14, § 3º, CF) e as disposições do Pacto de San Jose da Costa Rica, que ao tratar sobre os direitos políticos não menciona a filiação partidária como condição. No entanto, prevalece a vedação às candidaturas avulsas. **E:** Incorreta. O art. 17, § 5º, CF dispõe que ao eleito por partido que não cumprir com o desempenho mínimo (§ 3º, art. 17, CF) será assegurado o mandato e facultada a filiação a outro partido que tenha atingido (a cláusula de desempenho do § 3º, art. 17, CF), sem que isso constitua razão para perda de mandato (por infidelidade partidária). Também, nessa situação, não será considerada eventual troca de partido para fins de distribuição dos recursos do fundo partidário e do acesso gratuito ao tempo de rádio e de televisão. SC

### 71. Gabarito: D
Comentário: Nos termos do art. 83, I, da Lei de Falências, os créditos trabalhistas devem ser pagos com preferência sobre todos os demais créditos concursais, até o limite de 150 salários mínimos por trabalhador. HS

### 72. Gabarito: A
Comentário: Dispõe o art. 226 do Código Civil: *"Art. 226. Os livros e fichas dos empresários e sociedades provam contra as pessoas a que pertencem, e, em seu favor, quando, escriturados sem vício extrínseco ou intrínseco, forem confirmados por outros subsídios. Parágrafo único. A prova resultante dos livros e fichas não é bastante nos casos em que a lei exige escritura pública, ou escrito particular revestido de requisitos especiais, e **pode ser ilidida pela comprovação da falsidade ou inexatidão dos lançamentos**"* (destaque nosso). É, portanto, uma presunção relativa. Correta a alternativa "A". HS

### 73. Gabarito: C
Comentário: Questão controvertida

### 74. Gabarito: C
Comentário: Trata-se de aceite parcial limitativo, porque reduziu o valor constante da letra. O aceite parcial opera o vencimento antecipado da dívida toda contra o sacador, já sendo, portanto, exequível (art. 43 da Lei Uniforme de Genebra). HS

**75.** Gabarito: D
Comentário: **A:** incorreta, pois o direito de retrovenda é cessível e transmissível a herdeiros e legatários (art. 507 CC); **B:** incorreta, pois é possível que só um exerça o direito de retrato. Neste caso poderá o comprador intimar as outras partes para entrarem num acordo, prevalecendo o pacto em favor de quem haja efetuado o depósito, contanto que seja integral (art. 508 CC); **C:** incorreta, pois também serão restituídas as despesas que se efetuarem com autorização escrita do vendedor (art. 505 CC); **D:** correta, nos termos do art. 506 *caput* CC; **E:** incorreta, pois o prazo máximo é de 3 anos (art. 505 CC). GR

**76.** Gabarito: D
Comentário: **A:** incorreta, pois não constitui ofensa aos direitos do titular de programa de computador a reprodução, em um só exemplar, de cópia legitimamente adquirida, desde que se destine à cópia de salvaguarda ou armazenamento eletrônico, hipótese em que o exemplar original servirá de salvaguarda (art. 6º, I CC da Lei 9.609/98); **B:** incorreta, pois não constitui ofensa aos direitos do titular de programa de computador a ocorrência de semelhança de programa a outro, preexistente, quando se der por força das características funcionais de sua aplicação, da observância de preceitos normativos e técnicos, ou de limitação de forma alternativa para a sua expressão (art. 6º, III, CC da Lei 9.609/98); **C:** incorreta, pois não constitui ofensa aos direitos do titular de programa de computador a integração de um programa, mantendo-se suas características essenciais, a um sistema aplicativo ou operacional, tecnicamente indispensável às necessidades do usuário, desde que para o uso exclusivo de quem a promoveu (art. 6º, IV, CC da Lei 9.609/98); **D:** correta, pois os direitos sobre as derivações autorizadas pelo titular dos direitos de programa de computador, inclusive sua exploração econômica, pertencerão à pessoa autorizada que as fizer, salvo estipulação contratual em contrário. Logo, a exploração econômica não pactuada ofende os direitos do titular de programa de computador (art. 5º da Lei 9.609/98); **E:** incorreta, pois não constitui ofensa aos direitos do titular de programa de computador a citação parcial do programa, para fins didáticos, desde que identificados o programa e o titular dos direitos respectivos (art. 6º, II CC da Lei 9609/98). GR

**77.** Gabarito: B
Comentário: **A:** incorreta, pois a fixação da base de cálculo do IPVA é exceção à anterioridade nonagesimal – art. 150, § 1º, *in fine*, da CF; **B:** correta, conforme comentário anterior, sendo que o IPVA sujeita-se apenas à anterioridade anual; **C** e **D:** incorretas, até porque não há princípio da anualidade, mas sim anterioridade, no

âmbito tributário; **E:** incorreta, conforme comentários anteriores. Não existe princípio da anualidade, no âmbito tributário, e o IPVA sujeita-se apenas à anterioridade anual, não à nonagesimal. RB

**78.** Gabarito: A
Comentário: O parcelamento é uma das modalidades de suspensão do crédito tributário, nos termos do art. 151, VI, do CTN, de modo que a alternativa "A" é a correta. RB

**79.** Gabarito: E
Comentário: Nos termos do art. 14, § 1º, da LRF, a renúncia de receita compreende anistia, remissão, subsídio, crédito presumido, concessão de isenção em caráter não geral, alteração de alíquota ou modificação de base de cálculo que implique redução discriminada de tributos ou contribuições, e outros benefícios que correspondam a tratamento diferenciado.
**A,** e **B:** incorretas, pois somente a modificação da base de cálculo que implique redução discriminada de tributos ou contribuições é considerada renúncia de receita para fins do art. 14, da LRF; **C:** incorreta, pois a majoração de tributos não é, evidentemente, renúncia de receita; **D:** incorreta, pois somente a isenção de caráter não geral é considerada renúncia de receita para fins do art. 14, da LRF; **E:** correta, conforme comentários iniciais. RB

**80.** Gabarito: C
Comentário: **A:** incorreta, pois II e IOF não estão abrangidos pelo Simples Nacional – art. 13, § 1º, I e II, da LC 123/2006; **B:** incorreta, pois IOF não está abrangido pelo Simples Nacional – art. 13, § 1º, II, da LC 123/2006; **C:** correta, conforme art. 13, I, III e VIII, da LC 123/2006; **D** e **E:** incorretas, pois ITR e contribuição ao FGTS não estão abrangidos pelo Simples Nacional – art. 13, § 1º, IV e VIII, da LC 123/2006. RB

**81.** Gabarito: D
Comentário: A e B: incorretas, pois responsável tributário é sujeito passivo, devedor na relação jurídica obrigacional – art. 121, parágrafo único, II, do CTN; **C:** incorreta, pois o sujeito passivo que tem relação pessoal e direta como fato gerador é contribuinte, não responsável – art. 121, parágrafo único, I, do CTN; **D:** correta, conforme o art. 121, parágrafo único, II, do CTN; **E:** incorreta, pois qualquer sujeito passivo (contribuinte ou responsável) pode ser obrigado às obrigações acessórias – art. 122 do CTN. RB

**82.** Gabarito: A
Comentário: **A:** correta, pois a competência para as legislar sobre contribuições sociais, de intervenção no domínio econômico e de interesse de categorias é exclusiva da União, conforme art. 149 da CF; **B:**

incorreta, pois isso é afastado pelo art. 149, § 2º, I, da CF; **C**: incorreta, pois isso é permitido, nos termos do art. 149, § § 2º, II, da CF; D: incorreta, pois as alíquotas poderão ser específicas, além de *ad valorem* – art. 149, § 2º, III, *b*, da CF; E: incorreta, pois isso é vedado expressamente pelo art. 150, II, da CF (princípio da isonomia). RB

**83.** Gabarito: B
Comentário: O meio ambiente constitui um gênero que apresenta diversas espécies (ou aspectos, como assinala José Afonso da Silva). São elas o meio ambiente natural (a ecologia), o artificial (espaço urbano), o cultural (patrimônio artístico, histórico, paisagístico etc.) e o meio ambiente do trabalho (relações laborais). Nesse sentido já decidiu o Supremo Tribunal Federal, para quem a "defesa do meio ambiente" (CF, art. 170, VI) "traduz conceito amplo e abrangente das noções de meio ambiente natural, de meio ambiente cultural, de meio ambiente artificial (espaço urbano) e de meio ambiente laboral." (ADI 3.540/MC, Pleno, Rel. Min. Celso de Mello, DJ 03/02/2006). Relevante considerar que os autores e a jurisprudência não elencam o meio ambiente histórico e biológico como espécies autônomas (alternativas **A**, **C**, **D** e **E** incorretas). RB

**84.** Gabarito: B
Comentário: As competências ambientais materiais estão disciplinadas na Lei Complementar 140/2011. As atribuições são distribuídas entre a União, os Estados, o Distrito Federal e os Municípios. Nos termos do art. 8º, inciso XIX, representa uma ação administrativa do Estado aprovar o funcionamento de criadouros da fauna silvestre. Observe-se que a União detém a competência para controlar a apanha de espécimes da fauna silvestre (art. 7º, inciso XX). RB

**85.** Gabarito: A
Comentário: A responsabilidade ambiental apresenta diversas formas de manifestação. O art. 225, § 3º, da CF, destaca a administrativa, a penal e a civil. Ocorre que existem instrumentos jurídicos próprios para a tutela de cada uma das espécies de responsabilização. A criminal está adstrita à respectiva ação penal, nos termos do regime previsto na Lei 9.605/98. A administrativa decorre do exercício do poder de polícia, que dispensa, como regra, o manuseio de ação judicial, em razão da autoexecutoriedade. Já a reponsabilidade civil encontra na ação civil pública o instrumental de efetivação. Nos termos da Lei 7.347/85 (lei da ação civil pública), o objeto da demanda abarca a condenação em dinheiro e/ou o cumprimento de obrigação de fazer ou não fazer. RB

**86.** Gabarito: D
Comentário: A Lei 12.651/12 (Código Florestal) instituiu o Programa de Regularização Ambiental-PRA (art. 59), destinado a adequar os imóveis rurais ao sistema de proteção às áreas ambientais especiais. Relevante destacar que as infrações cometidas antes de 22 de julho de 2008 submetem-se a um regime peculiar, considerado constitucional pelo Supremo Tribunal Federal (ADC 42 e outros). Esta data constitui o "marco zero na gestão ambiental do país", ou seja, um marco para a incidência das regras de intervenção em Área de Preservação Permanente ou de Reserva Legal. Nesse sentido, as multas aplicadas por infrações envolvendo áreas ambientais especiais praticadas antes de julho de 2008 podem ser anistiadas, desde que cumpridas determinadas condições (art. 59, §§2º a 5º): (a) aderir ao PRA; (b) inscrição do imóvel no Cadastro Ambiental Rural (registro público eletrônico de âmbito nacional, obrigatório para todos os imóveis rurais); (c) assinatura de termo de compromisso ambiental; e (d) reparação integral do dano. RB

**87.** Gabarito: D
Comentário: A responsabilidade civil ambiental é objetiva (teoria do risco), o que dispensa a comprovação de dolo ou culpa do poluidor (alternativa B incorreta). É o que dispõe o art. 14, §1º, da Lei 6.938/81. A pessoa responsável (poluidor) pode ser pessoa física ou jurídica (alternativa A incorreta). Mais precisamente, aplicável a teoria do risco integral, e não a do risco administrativo (alternativas C e E incorretas). Pela teoria do risco integral, não se admitem excludentes de responsabilidade, de modo a reforçar a tutela ambiental. Trata-se de entendimento consagrado do Superior Tribunal de Justiça: "É firme a jurisprudência do STJ no sentido de que, nos danos ambientais, incide a teoria do risco integral, advindo daí o caráter objetivo da responsabilidade, com expressa previsão constitucional (art. 225, § 3º, da CF) e legal (art.14, § 1º, da Lei n. 6.938/1981), sendo, por conseguinte, descabida a alegação de excludentes de responsabilidade, bastando, para tanto, a ocorrência de resultado prejudicial ao homem e ao ambiente advinda de uma ação ou omissão do responsável." (REsp 1.374.342/MG, 4ª Turma, Relator Ministro Luis Felipe Salomão, DJe 25/09/2013). RB

**88.** Gabarito: A
Comentário: CTF é a abreviação de Cadastro Técnico Federal, instrumento da Política Nacional do Meio Ambiente previsto na Lei 6.938/81. Existem duas categorias de CTFs. O primeiro constitui o CTF de Atividades e Instrumentos de Defesa Ambiental, para registro obrigatório de pessoas físicas ou jurídicas que se dedicam a consultoria técnica sobre problemas ecológicos e ambientais. Com base nisso, Vitor, que pretende trabalhar como consultor, deve ter esta CTF. O

segundo representa o CTF de Atividades Potencialmente Poluidoras ou Utilizadoras de Recursos Ambientais, para registro obrigatório de pessoas físicas ou jurídicas que se dedicam a atividades potencialmente poluidoras e/ou à extração, produção, transporte e comercialização de produtos potencialmente perigosos ao meio ambiente. Assim, a empresa referida na questão, que pretende extrair minério e obter a respectiva licença ambiental, deve ter esta CTF. RB

## 89. Gabarito: D

Comentário: O prazo prescricional do Poder Público, em relação às pretensões de reparação contra terceiros que tenham lhe causado dano, não encontra previsão expressa no Decreto 20.910/32, que, na verdade, prevê o prazo quinquenal para as ações contra a Fazenda Pública. Nesse sentido, a jurisprudência do STJ firmou-se no sentido de que o prazo prescricional da Fazenda Pública deve ser, por analogia, o mesmo prazo previsto no Decreto 20.910/32, em razão do princípio da isonomia. (AgRg no AREsp 768.400/DF, 2ª Turma, Rel. Min. Humberto Martins, DJe 16/11/2015). RBO

## 90. Gabarito: C

Comentário: A questão está desatualizada, em razão das alterações promovidas na Lei 8.429/1992 pela Lei 14.230/2021. Os comentários serão feitos com base no atual regime. Alternativa A incorreta: de acordo com o STF, são imprescritíveis as ações de ressarcimento ao erário fundadas na prática de ato doloso tipificado na Lei de Improbidade Administrativa. Alternativa B incorreta: a ação de improbidade prescreve em 8 (oito) anos, contados a partir da ocorrência do fato ou, no caso de infrações permanentes, do dia em que cessou a permanência (art. 23 da Lei 8.429/1992, cf. redação dada pela Lei 14.230/2021). Alternativa C correta: o STJ firmou entendimento pela possibilidade de dupla condenação ao ressarcimento ao erário pelo mesmo fato (REsp 1413674/SE, Rel. p/ Acórdão Ministro Benedito Gonçalves, DJe 31/05/2016). No entanto, convém observar que, de acordo com o regime instituído pela Lei 14.230/2021, na reparação do dano deve ser deduzido o ressarcimento ocorrido nas demais instâncias que tiver por objeto os mesmos fatos (art. 12, §6º, da Lei 8.429/1992). Alternativa D correta: segundo o regime instituído pela Lei 14.230/2021, a improbidade somente se configura pela prática de conduta dolosa. Alternativa E incorreta: nos termos do art. 12, "caput", da Lei 8.429/1992, as sanções decorrentes da prática de improbidade podem ser aplicadas isolada ou cumulativamente. RB

## 91. Gabarito: B

Comentário: A assertiva apresenta dois dados essenciais para sua compreensão. O primeiro deles é a afirmação de

que se trata de uma obra complexa e sem especificação usual, o que retira a possibilidade de uso da modalidade pregão, somente utilizável para bens e serviços comuns. O segundo é o valor da obra que, por se tratar de orçamento feito em torno de 1,6 milhões, torna necessário que a licitação seja realizada por meio da modalidade concorrência. Vejamos o que diz a lei: "Art. 23. As modalidades de licitação a que se referem os incisos I a III do artigo anterior serão determinadas em função dos seguintes limites, tendo em vista o valor estimado da contratação: c) concorrência: acima de R$ 1.500.000,00 (um milhão e quinhentos mil reais)".
**Atenção!** De acordo com a nova lei de licitações e contratos administrativos (Lei 14.133/2021), as obras devem ser licitadas por meio da modalidade concorrência, própria para a contratação de: (i) bens e serviços especiais; (ii) obras; (iii) serviços comuns e especiais de engenharia. Importante assinalar que não constam no novo diploma as modalidades convite e tomada de preços. RB

## 92. Gabarito: B

Comentário: Eis o que diz a lei: "A multa, aplicada após regular processo administrativo, será descontada da garantia do respectivo contratado" – Art. 86, § 2º, da Lei 8.666/1993. Atenção: o mesmo regime encontra previsão na Lei 14.133/2021 (art. 156, §8º). RB

## 93. Gabarito: B

Comentário: I: incorreta – Não existe a excludente de ilicitude aventada na segunda parte da assertiva. Predomina o entendimento da jurisprudência, nas hipóteses de crimes comissivos cometidos por agentes públicos contra o detento, a responsabilização será na modalidade objetiva, com fundamento no art. 37, § 6º, da Constituição Federativa, onde prevê que o ente público responderá, independentemente de culpa, por atos praticados por seus agentes no desempenho de suas funções. Nessa ótica, basta conferir o teor de alguns julgados: PROCESSUAL CIVIL. APELAÇÃO CÍVEL. AÇÃO DE INDENIZAÇÃO AJUIZADA PELA GENITORA DA VÍTIMA MENOR DE IDADE FALECIDA EM DELEGACIA POLICIAL. DANOS MATERIAIS E MORAIS. RESPONSABILIDADE CIVIL E OBJETIVA DO ESTADO – ART. 37, § 6º DA CF/88. RESPONSABILIDADE SUBJETIVA DA POLICIAL MILITAR – DIREITO DE REGRESSO. RECURSOS CONHECIDOS E IMPROVIDOS PARA MANTER A R. DO JUÍZO MONOCRÁTICO QUANDO A FIXAÇÃO DOS DANOS MATERIAIS – CONDENADO O ESTADO DO AMAZONAS AO PAGAMENTO DA PENSÃO MENSAL DE UM SALÁRIO MÍNIMO MENSAL, ATÉ A DATA EM QUE A VÍTIMA ALCANÇARIA A PROVÁVEL IDADE DE 65 (SESSENTA E CINCO) ANOS. CONDENAÇÃO EM *QUANTUM* RAZOÁVEIS DANOS MORAIS. RAZOABILIDADE NA

FIXAÇÃO DE HONORÁRIO ADVOCATÍCIOS EM 10% (DEZ POR CENTO). RECONHECIMENTO DA PROCEDÊNCIA DE DENUNCIAÇÃO À LIDE. MANTIDO OS DEMAIS TERMOS DA R. DECISÃO DE 1º GRAU" (fl. 255). [...] Não merece prosperar a irresignação, uma vez que **a jurisprudência desta Corte firmou entendimento de que o Estado tem o dever objetivo de zelar pela integridade física e moral do preso sob sua custódia, atraindo então a responsabilidade civil objetiva**, razão pela qual é devida a indenização por danos morais e materiais decorrentes da morte do detento. Agravo regimental em recurso extraordinário. 2. Morte de preso no interior de estabelecimento prisional. 3. Indenização por danos morais e matérias. Cabimento. 4. **Responsabilidade objetiva do Estado. Art. 37, § 6.º, da Constituição Federal. Teoria do risco administrativo. Missão do Estado de zelar pela integridade física do preso.** 5. Agravo regimental a que se nega provimento. (STF. RE 418566 AgR, Relator(a): min. GILMAR MENDES, Segunda Turma, julgado em 26/02/2008). Destarte, vê-se que há entendimento consolidado pela Corte do Supremo no sentido de que o Estado tem o dever de zelar pela integridade física e moral do preso sob sua custódia por força do disposto no art. 5º, XLIX, ao imperar que "é assegurado aos presos o respeito à integridade física e moral". Desse modo, deve o Poder Público suportar o risco natural das atividades de guarda, ou seja, assume a responsabilidade por risco administrativo; **II**: incorreta – Trata-se de tema de certa forma polêmico. O suicídio de detento dentro do sistema carcerário não excluí a responsabilidade estatal se caso houver inobservância do dever específico de guarda e proteção, principalmente dos direitos fundamentais. A CF/88 determina que o Estado se responsabiliza pela integridade física do preso sob sua custódia: Art. 5º (...) XLIX - é assegurado aos presos o respeito à integridade física e moral. Todavia, a responsabilidade civil neste caso, apesar de ser objetiva, é regida pela teoria do risco administrativo. Desse modo, o Estado poderá ser dispensado de indenizar se ficar demonstrado que ele não tinha a efetiva possibilidade de evitar a ocorrência do dano. Sendo inviável a atuação estatal para evitar a morte do preso, é imperioso reconhecer que se rompe o nexo de causalidade entre essa omissão e o dano. Entendimento em sentido contrário implicaria a adoção da teoria do risco integral, não acolhida pelo texto constitucional. A exceção se dá quando o Estado conseguir provar que a morte do detento não podia ser evitada. Rompendo-se o nexo de causalidade entre o resultado morte e a omissão estatal. Não havendo nexo de causalidade consequentemente não terá a responsabilidade civil estatal. Se o detento que praticou o suicídio já possuía indícios de que poderia se matar, e o Estado foi omisso ele deverá indenizar sua família e seus dependentes. Entendendo-se que o Estado deveria ter fornecido tratamento para que o mesmo não ocorresse. Porém existe uma outra situação que é quando o preso não apresenta sinais de que praticará suicídio, assim sendo o Estado não será responsabilizado civilmente, pois foi um ato totalmente imprevisível. Nas duas hipóteses caberá a administração pública demonstrar o ônus da prova que se enquadrará nas excludentes de responsabilidade; **III**: correta: Art. 71 da Lei 8.666/1993 **FB**

---

**94.** Gabarito: D

Comentário: Dispõe o art. 37, VII, da CF: "o direito de greve será exercido nos termos e nos limites definidos em lei específica". Pronunciando-se a respeito desse preceito, e considerando a ausência de disciplina legal a respeito, o STF entendeu (MI 670, 708 e 712), em relação à disciplina do direito de greve pelos agentes públicos, a aplicação, no que couber, da lei de greve vigente do setor privado (Lei n. 7.783/89). Posteriormente, em sede de repercussão geral, a mesma Corte Suprema fixou a seguinte tese: "A administração pública deve proceder ao desconto dos dias de paralisação decorrentes do exercício do direito de greve pelos servidores públicos, em virtude da suspensão do vínculo funcional que dela decorre, permitida a compensação em caso de acordo. O desconto será, contudo, incabível se ficar demonstrado que a greve foi provocada por conduta ilícita do Poder Público" (RE 693.456, rel. min. Dias Toffoli, julg. 27/10/2016, tema 531). Nesse sentido, se os servidores estatutários de uma autarquia ambiental deflagrarem greve e pararem de trabalhar, esse movimento pode ser declarado legal, embora a Administração Pública deverá, como regra, descontar a remuneração dos servidores pelos dias parados. Observe-se que é cabível o afastamento do desconto, mediante compensação pelas horas não trabalhadas, caso haja acordo nesse sentido. Alternativa D correta. **RBO**

---

**95.** Gabarito: E

Comentário: A: incorreta, pois o serviço de fornecimento de água é individualizável (*uti singuli*), no sentido de ser específico e divisível, nos termos do art. 79, II e III, do CTN (específicos, quando possam ser destacados em unidades autônomas de intervenção, de utilidade, ou de necessidades públicas; divisíveis, quando suscetíveis de utilização, separadamente, por parte de cada um dos seus usuários); B: incorreta, pois taxa é espécie de tributo e, portanto, sujeita ao princípio da legalidade, alterável somente por lei. Importante destacar o entendimento de que a concessionária não cobra taxa, mas sim tarifa pelo serviço público, o que não tem natureza tributária (ainda assim, a tarifa é alterada, em regra, pelo poder concedente, nos termos do contrato de concessão e da regulamentação específica) – art. 29, I, da Lei 11.445/2007; C: incorreta, pois o serviço público de fornecimento de água (assim como a coleta e tratamento de esgoto) pode ser delegado, inclusive por meio de concessão – art. 10 da Lei 11.445/2007; E: correta, pois havendo cobrança individualizada (seja por taxa, seja por tarifa ou preço público, o valor deve ser adquado às categorias de usuários (residencial, comercial ou industrial, por exemplo) e às faixas de consumo – art. 30 da Lei 11.445/2007. RB

---

**96.** Gabarito: E

Comentário: Vale a pena replicar aqui a ementa do julgado que apreciou e decidiu diversas questões a respeito do corte no fornecimento de energia elétrica em sede de recurso repetitivo: ADMINISTRATIVO E PROCESSUAL CIVIL. RECURSO REPRESENTATIVO DE CONTROVÉRSIA. ART. 543-C DO CPC/1973 (ATUAL 1.036 DO CPC/2015) E RESOLUÇÃO STJ 8/2008. SERVIÇOS PÚBLICOS. FORNECIMENTO DE ENERGIA ELÉTRICA. FRAUDE NO MEDIDOR DE CONSUMO. CORTE ADMINISTRATIVO DO SERVIÇO. DÉBITOS DO CONSUMIDOR. CRITÉRIOS. ANÁLISE DA CONTROVÉRSIA SUBMETIDA AO RITO DO ART. 543-C DO CPC/1973 (ATUAL 1.036 DO CPC/2015) 1. A concessionária sustenta que qualquer débito, atual ou antigo, dá ensejo ao corte administrativo do fornecimento de energia elétrica, o que inclui, além das hipóteses de mora do consumidor, débitos pretéritos relativos à recuperação de consumo por fraude do medidor. *In casu*, pretende cobrar débito oriundo de fraude em medidor, fazendo-o retroagir aos cinco anos antecedentes. TESE CONTROVERTIDA ADMITIDA 2. Sob o rito do art. 543-C do CPC/1973 (atualmente 1036 e seguintes do CPC/2015), admitiu-se a seguinte tese controvertida: "a possibilidade de o prestador de serviços públicos suspender o fornecimento de energia elétrica em razão de débito pretérito do destinatário final do serviço". PANORAMA GERAL DA JURISPRUDÊNCIA DO STJ SOBRE CORTE DE ENERGIA POR FALTA DE PAGAMENTO 3. São três os principais cenários de corte administrativo do serviço em decorrência de débitos de consumo de energia elétrica por inadimplemento: a) consumo regular (simples mora do consumidor); b) recuperação de consumo por responsabilidade atribuível à concessionária; e c) recuperação de consumo por responsabilidade atribuível ao consumidor (normalmente, fraude do medidor). 4. O caso tratado no presente recurso representativo da controvérsia é o do item "c" acima, já que a apuração de débitos pretéritos decorreu de fato atribuível ao consumidor: fraude no medidor de consumo. 5. Não obstante a delimitação supra, é indispensável à resolução da controvérsia fazer um apanhado da jurisprudência do STJ sobre a possibilidade de corte administrativo do serviço de energia elétrica. 6. Com relação a débitos de consumo regular de energia elétrica, em que ocorre simples mora do consumidor, a jurisprudência do STJ está sedimentada no sentido de que é lícito o corte administrativo do serviço, se houver aviso

prévio da suspensão. A propósito: REsp 363.943/MG, Rel. Ministro Humberto Gomes de Barros, Primeira Seção, DJ 1º.3.2004, p. 119; EREsp 302.620/SP, Rel. Ministro José Delgado, Rel. p/ Acórdão Ministro Franciulli Netto, Primeira Seção, DJ 3.4.2006, p. 207; REsp 772.486/RS, Rel. Ministro Francisco Falcão, Primeira Turma, DJ 6.3.2006, p. 225; AgRg no Ag 1.320.867/RJ, Rel. Ministra Regina Helena Costa, Primeira Turma, DJe 19.6.2017; e AgRg no AREsp 817.879/SP, Rel. Ministro Humberto Martins, Segunda Turma, DJe 12.2.2016. 7. Quanto a débitos pretéritos, sem discussão específica ou vinculação exclusiva à responsabilidade atribuível ao consumidor pela recuperação de consumo (fraude no medidor), há diversos precedentes no STJ que estipulam a tese genérica de impossibilidade de corte do serviço: EREsp 1.069.215/RS, Rel. Ministro Herman Benjamin, Primeira Seção, DJe 1º.2.2011; EAg 1.050.470/SP, Rel. Ministro Benedito Gonçalves, Primeira Seção, DJe 14.9.2010; REsp 772.486/RS, Rel. Ministro Francisco Falcão, Primeira Turma, DJ 6.3.2006, p. 225; AgRg nos EDcl no AREsp 107.900/RS, Rel. Ministro Ari Pargendler, Primeira Turma, DJe 18.3.2013; AgRg no REsp 1.381.468/RN, Rel. Ministro Arnaldo Esteves Lima, Primeira Turma, DJe 14.8.2013; AgRg no REsp 1.536.047/GO, Rel. Ministro Humberto Martins, Segunda Turma, DJe 15.9.2015; AgRg no AREsp 273.005/ES, Rel. Ministro Humberto Martins, Segunda Turma, DJe 26.3.2013; AgRg no AREsp 257.749/PE, Rel. Ministro Humberto Martins, Segunda Turma, DJe 8.2.2013; AgRg no AREsp 462.325/RJ, Rel. Ministro Og Fernandes, Segunda Turma, DJe 15.4.2014; AgRg no AREsp 569.843/PE, Rel. Ministro Napoleão Nunes Maia Filho, Primeira Turma, DJe 11.11.2015; AgRg no AREsp 484.166/RS, Rel. Ministro Ministro Napoleão Nunes Maia Filho, Primeira Turma, DJe 8.5.2014; EDcl no AgRg no AREsp 58.249/PE, Rel. Ministro Napoleão Nunes Maia Filho, Primeira Turma, DJe 25.4.2013; AgRg no AREsp 360.286/RS, Rel. Ministro Mauro Campbell Marques, Segunda Turma, DJe 11.9.2013; AgRg no AREsp 360.181/PE, Rel. Ministro Benedito Gonçalves, Primeira Turma, DJe 26.9.2013; AgRg no AREsp 331.472/PE, Rel. Ministro Benedito Gonçalves, Primeira Turma, DJe 13.9.2013; AgRg no AREsp 300.270/MG, Rel. Ministro Sérgio Kukina, Primeira Turma, DJe 24.9.2015; AgRg no REsp 1.261.303/RS, Rel. Ministro Sérgio Kukina, Primeira Turma, DJe 19.8.2013; EDcl no REsp 1.339.514/MG, Rel. Ministro Sérgio Kukina, Primeira Turma, DJe 5.3.2013; AgRg no AREsp 344.523/PE, Rel. Ministra Eliana Calmon, Segunda Turma, DJe 14.10.2013; AgRg no AREsp 470/RS, Rel. Ministro Teori Albino Zavascki, Primeira Turma, DJe 4.10.2011; e AgRg no Ag 962.237/RS, Rel. Ministro Castro Meira, Segunda Turma, DJe 27.3.2008. CORTE ADMINISTRATIVO POR FRAUDE NO MEDIDOR 8. Relativamente aos casos de fraude do medidor pelo consumidor, a jurisprudência do STJ veda o corte quando o ilícito for aferido unilateralmente pela concessionária. A *contrario sensu*, é possível a suspensão do serviço se o débito pretérito por fraude do medidor cometida pelo consumidor for apurado de forma a proporcionar o contraditório e a ampla defesa. Nesse sentido: AgRg no AREsp 412.849/RJ, Rel. Ministro Humberto Martins, Segunda Turma, DJe 10.12.2013; AgRg no AREsp 370.548/PE, Rel. Ministro Humberto Martins, Segunda Turma, DJe 4.10.2013; AgRg no REsp 1.465.076/SP, Rel. Ministro Napoleão Nunes Maia Filho, Primeira Turma, DJe 9.3.2016; REsp 1.310.260/RS, Rel. Ministro Og Fernandes, Segunda Turma, DJe 28.9.2017; AgRg no AREsp 187.037/PE, Rel. Ministro Mauro Campbell Marques, Segunda Turma, DJe 8.10.2012; AgRg no AREsp 332.891/PE, Relator Min. Mauro Campbell Marques, Segunda Turma, DJe 13.8.2013; AgRg no AREsp 357.553/PE, Rel. Ministro Benedito Gonçalves, Primeira Turma, DJe 26.11.2014; AgRg no AREsp 551.645/SP, Rel. Ministro Benedito Gonçalves, Primeira Turma, DJe 3.10.2014; AgInt no AREsp 967.813/PR, Rel. Ministra Assusete Magalhães, Segunda Turma, DJe 8.3.2017; AgInt no REsp 1.473.448/RS, Rel. Ministra Assusete Magalhães, Segunda Turma, DJe 1º.2.2017; AgRg no AREsp 345.130/PE, Rel. Ministro Sérgio Kukina, Primeira Turma, DJe 10.10.2014; AgRg no AREsp 346.561/PE, Rel. Ministro Sérgio Kukina, Primeira Turma, DJe 1º.4.2014; AgRg no AREsp 448.913/PE, Rel. Ministra Regina Helena Costa, Primeira Turma, DJe 3.9.2015; AgRg no AREsp 258.350/PE, Rel. Ministro Gurgel de Faria, Primeira Turma, DJe 8.6.2016; AgRg no REsp 1.478.948/RS, Rel. Ministro Herman Benjamin, Segunda Turma, DJe 20.3.2015; AgRg no AREsp 159.109/SP, Rel. Ministra Eliana Calmon, Segunda Turma, DJe 18.4.2013; AgRg no AREsp 295.444/RS, Rel. Ministra Marga Tessler (Desembargadora Federal Convocada do TRF/4ª Região), Primeira Turma, DJe de 17.4.2015; AgRg no AREsp 322.763/PE, Rel. Ministra Diva Malerbi (Desembargadora Federal Convocada do TRF/3ª Região), Segunda Turma, DJe 23.8.2016; e AgRg AREsp 243.389/PE, Rel. Ministro Arnaldo Esteves Lima, Primeira Turma, DJe 4.2.2013. RESOLUÇÃO DA CONTROVÉRSIA 9. Como demonstrado acima, em relação a débitos pretéritos mensurados por fraude do medidor de consumo causada pelo consumidor, a jurisprudência do STJ orienta-se no sentido do seu cabimento, desde que verificada com observância dos princípios do contraditório e da ampla defesa. 10. O não pagamento dos débitos por recuperação de efetivo consumo por fraude ao medidor enseja o corte do serviço, assim como acontece para o consumidor regular que deixa de pagar a conta mensal (mora), sem deixar de ser observada a natureza pessoal (não *propter rem*) da obrigação, conforme pacífica jurisprudência do STJ. 11. Todavia, incumbe à concessionária do serviço público observar rigorosamente os direitos ao contraditório e à ampla

defesa do consumidor na apuração do débito, já que o entendimento do STJ repele a averiguação unilateral da dívida. 12. Além disso, o reconhecimento da possibilidade de corte de energia elétrica deve ter limite temporal de apuração retroativa, pois incumbe às concessionárias o dever não só de fornecer o serviço, mas também de fiscalizar adequada e periodicamente o sistema de controle de consumo. 13. Por conseguinte e à luz do princípio da razoabilidade, a suspensão administrativa do fornecimento do serviço - como instrumento de coação extrajudicial ao pagamento de parcelas pretéritas relativas à recuperação de consumo por fraude do medidor atribuível ao consumidor - deve ser possibilitada quando não forem pagos débitos relativos aos últimos 90 (noventa) dias da apuração da fraude, sem prejuízo do uso das vias judiciais ordinárias de cobrança. 14. Da mesma forma, deve ser fixado prazo razoável de, no máximo, 90 (noventa) dias, após o vencimento da fatura de recuperação de consumo, para que a concessionária possa suspender o serviço. TESE REPETITIVA 15. Para fins dos arts. 1.036 e seguintes do CPC/2015, fica assim resolvida a controvérsia repetitiva: Na hipótese de débito estrito de recuperação de consumo efetivo por fraude no aparelho medidor atribuída ao consumidor, desde que apurado em observância aos princípios do contraditório e da ampla defesa, é possível o corte administrativo do fornecimento do serviço de energia elétrica, mediante prévio aviso ao consumidor, pelo inadimplemento do consumo recuperado correspondente ao período de 90 (noventa) dias anterior à constatação da fraude, contanto que executado o corte em até 90 (noventa) dias após o vencimento do débito, sem prejuízo do direito de a concessionária utilizar os meios judiciais ordinários de cobrança da dívida, inclusive antecedente aos mencionados 90 (noventa) dias de retroação. RESOLUÇÃO DO CASO CONCRETO 16. Na hipótese dos autos, o Tribunal Estadual declarou a ilegalidade do corte de energia por se lastrear em débitos não relacionados ao último mês de consumo. 17. Os débitos em litígio são concernentes à recuperação de consumo do valor de R$ 9.418,94 (nove mil, quatrocentos e dezoito reais e noventa e quatro centavos) por fraude constatada no aparelho medidor no período de cinco anos (15.12.2000 a 15.12.2005) anteriores à constatação, não sendo lícita a imposição de corte administrativo do serviço pela inadimplência de todo esse período, conforme os parâmetros estipulados no presente julgamento. 18. O pleito recursal relativo ao cálculo da recuperação de consumo não merece conhecimento por aplicação do óbice da Súmula 7/STJ. 19. Recurso Especial não provido. Acórdão submetido ao regime dos arts. 1.036 e seguintes do CPC/2015. (REsp 1412433/RS, Rel. Ministro HERMAN BENJAMIN, PRIMEIRA SEÇÃO, julgado em 25/04/2018, DJe 28/09/2018).

**97.** Gabarito: A

Comentário: **A**: considerada correta pelo gabarito oficial, porém passível de severas críticas. O art. 1º, §2º, da Lei nº 13.966/2019 expressamente autoriza o uso de contratos de franquia por empresas estatais, e não pela "administração pública indireta", uma vez que este conceito abrange as autarquias e fundações públicas, por exemplo; **B**: incorreta, a franquia não se confunde com parceria empresarial, vez que não há divisão de receitas e despesas, e nem é nova, vez que prevista em nosso ordenamento jurídico desde a Lei nº 8.955/1994; **C**: incorreta. A alternativa descreve a figura do convênio; **D**: incorreta. Serviços *uti universi* são serviços públicos por excelência, de maneira que não podem ser terceirizados; **E**: incorreta, conforme comentários à alternativa "A". HS

**98.** Gabarito: B

Comentário: **A**: incorreta – o poder de polícia consiste no dever-poder que possui a Administração Pública de, nos termos determinados pela lei, limitar a liberdade e a propriedade em prol do bem comum. Não possui relação com atos de natureza penal; **B**: correta – Vejamos ementa de julgado do STJ em que a questão é analisada: "PROCESSUAL CIVIL. ADMINISTRATIVO. MULTA ADMINISTRATIVA APLICADA PELA ANAC. PRINCÍPIO DA LEGALIDADE. LEGITIMIDADE PASSIVA DO ESTADO DE SANTA CATARINA. CONVÊNIO ADMINISTRATIVO ENTRE MUNICÍPIO DE CHAPECÓ E AERÓDROMO. 1. A análise que enseja a responsabilidade do Estado de Santa Catarina sobre a administração do aeródromo localizado em Chapecó/SC enseja observância das cláusulas contratuais, algo que ultrapassa a competência desta Corte Superior, conforme enunciado da Súmula 5/STJ. 2. Não há violação do princípio da legalidade na aplicação de multa previstas em resoluções criadas por agências reguladoras, haja vista que elas foram criadas no intuito de regular, em sentido amplo, os serviços públicos, havendo previsão na legislação ordinária delegando à agência reguladora competência para a edição de normas e regulamentos no seu âmbito de atuação. Precedentes. 3. O pleito de se ter a redução do valor da multa aplicada ao recorrente, por afronta à Resolução da ANAC e à garantia constitucional do art. 5º, XL, da CF/88 e arts. 4º. e 6º da LICC, bem como art. 106, III, alínea "c", c/c art. 112 do CTN, não merece trânsito, haja vista que a respectiva matéria não foi devidamente prequestionada no acórdão em debate. Agravo regimental improvido. (AgRg no AREsp 825.776/SC, Rel. Ministro HUMBERTO MARTINS, SEGUNDA TURMA, julgado em 05/04/2016, DJe 13/04/2016); **C**: incorreta – Trata-se da aplicação dos ciclos do poder de polícia, sendo delegáveis apenas a atividade de polícia de consentimento e fiscalização, e indelegáveis a aplicação de multas. Vejamos julgado a respeito do tema: ADMI-NISTRATIVO. PODER DE POLÍCIA. TRÂNSITO. SANÇÃO PECUNIÁRIA APLICADA POR SOCIEDADE DE ECONO-MIA MISTA. IMPOSSIBILIDADE. 1. Antes de adentrar o mérito da controvérsia, convém afastar a preliminar de conhecimento levantada pela parte recorrida. Embora o fundamento da origem tenha sido a lei local, não há dúvidas que a tese sustentada pelo recorrente em sede de especial (delegação de poder de polícia) é retirada, quando o assunto é trânsito, dos dispositivos do Código de Trânsito Brasileiro arrolados pelo recorrente (arts. 21 e 24), na medida em que estes artigos tratam da compe-tência dos órgãos de trânsito. O enfrentamento da tese pela instância ordinária também tem por consequência o cumprimento do requisito do prequestionamento. 2. No que tange ao mérito, convém assinalar que, em sentido amplo, poder de polícia pode ser conceituado como o dever estatal de limitar-se o exercício da pro-priedade e da liberdade em favor do interesse público. A controvérsia em debate é a possibilidade de exercício do poder de polícia por particulares (no caso, aplicação de multas de trânsito por sociedade de economia mista). 3. As atividades que envolvem a consecução do poder de polícia podem ser sumariamente divididas em quatro grupo, a saber: (i) legislação, (ii) consentimento, (iii) fiscalização e (iv) sanção. 4. No âmbito da limitação do exercício da propriedade e da liberdade no trânsito, esses grupos ficam bem definidos: o CTB estabelece normas genéricas e abstratas para a obtenção da Carteira Nacio-nal de Habilitação (legislação); a emissão da carteira corporifica a vontade o Poder Público (consentimento); a Administração instala equipamentos eletrônicos para verificar se há respeito à velocidade estabelecida em lei (fiscalização); e também a Administração sanciona aquele que não guarda observância ao CTB (sanção). 5. Somente os atos relativos ao consentimento e à fiscalização são delegáveis, pois aqueles referentes à legislação e à sanção derivam do poder de coerção do Poder Público. 6. No que tange aos atos de sanção, o bom desenvolvimento por particulares estaria, inclusive, comprometido pela busca do lucro - aplicação de mul-tas para aumentar a arrecadação. 7. Recurso especial provido. (REsp 817.534/MG, Rel. Ministro MAURO CAMPBELL MARQUES, SEGUNDA TURMA, julgado em 10/11/2009, DJe 10/12/2009); **D**: incorreta. Autoexe-cutoriedade é a faculdade que possui a Administração de decidir e executar diretamente e por seus próprios meios suas decisões, sem precisar recorrer ao Judiciário para tanto; **E**: incorreta – a legalidade, a razoabilidade e a proporcionalidade são passíveis de análise pelo Poder Judiciário. FB

**99.** Gabarito: D

Comentário: **A**: incorreta. Servidão administrativa é ônus real de uso, de natureza pública, imposto pela

Administração ao particular para assegurar a realização e conservação de obras e serviços públicos ou de utilidade pública, mediante indenização dos prejuízos efetivamente suportados pelo proprietário. Deve ser parcial, a fim de possibilitar a utilização da propriedade particular para uma finalidade pública sem a desintegração do domínio privado, e só se efetiva com o registro competente para que possa produzir efeitos *erga omnes*, nos termos do art. 167 I item 6 da Lei nº 6.015/73; **B:** incorreta. Ocupação temporária é a forma de limitação do Estado à propriedade privada que se caracteriza pela utilização transitória, gratuita ou remunerada, de imóvel de propriedade particular, para fins de interesse público; **C:** incorreta. Requisição de bens ou serviços é *o ato pelo qual o Estado determina e efetiva a utilização de bens ou serviços particulares, mediante indenização ulterior, para atender necessidades públicas urgentes e transitórias, ou seja, em caso de iminente perigo público.* O **requisito** para requisição de *bens* está previsto na CF, em seu artigo 5º, XXV: *no caso de iminente perigo público, a autoridade competente poderá usar de propriedade particular, assegurada ao proprietário indenização ulterior, se houver dano*; **D:** correta. Limitação administrativa é *a imposição unilateral, geral e gratuita, que traz os limites dos direitos e atividades particulares de forma a condicioná-los às exigências da coletividade.* Ex.: proibição de construir sem respeitar recuos mínimos; proibição de

instalar indústria ou comércio em determinadas zonas da cidade; leis de trânsito, de obras e de vigilância sanitária; lei do silêncio; **E:** incorreta. O tombamento pode ser **conceituado** como o *ato do Poder Público que declara de valor histórico, artístico, paisagístico, turístico, cultural ou científico, bens ou locais para fins de preservação.* Trata-se de ato intervenção administrativa na propriedade pela qual o Poder Público sujeita determinados bens a limitações para sua conservação e preservação. É uma restrição parcial, que não impede o proprietário de exercer os direitos inerentes ao domínio, razão pela qual, em regra, não dá direito a indenização, de sorte que apenas enseja indenização quando comprovado ser ele ensejador de danos ao proprietário em razão da grande afetação por ele causada aos direitos de propriedade de seu titular. FB

**100.** Gabarito: D
Comentário: *Gun jumping* é expressão em inglês que significa literalmente "queimar a largada". No Direito Econômico, a expressão é aplicada para os atos de concentração de empresas realizados antes da análise e autorização pelo CADE. O art. 88, § 3º, da Lei 12.529/2011 prevê, como sanção ao *gun jumping*, a nulidade do ato, a imposição de multa entre R$60.000,00 e R$60.000.000,00 e a abertura de processo administrativo. HS

**1.** A declaração enganosa de vontade que vise à produção, no negócio jurídico, de efeito diverso do apontado como pretendido consiste em defeito denominado

(A) simulação.

(B) erro.

(C) dolo.

(D) lesão.

(E) reserva mental.

**2.** A multa estipulada em contrato que tenha por objeto evitar o inadimplemento da obrigação principal é denominada

(A) multa penitencial.

(B) cláusula penal.

(C) perdas e danos.

(D) arras penitenciais.

(E) multa pura e simples.

**3.** A doação de determinado bem a mais de uma pessoa é denominada

(A) contemplativa.

(B) mista.

(C) conjuntiva.

(D) divisível.

(E) híbrida.

**4.** A aposição de cláusula proibitiva de endosso no título de crédito é considerada pelo Código Civil como

(A) nula de pleno direito.

(B) não escrita.

(C) anulável.

(D) válida, se aceita expressamente pelo tomador.

(E) inexistente, se dada no anverso do título.

**5.** O Estatuto do Idoso determina que a entidade de atendimento que deixe de proceder aos estudos sociais e pessoais de cada caso estará sujeita à penalidade de

(A) suspensão parcial do repasse de verbas públicas.

(B) advertência.

(C) afastamento provisório de seus dirigentes.

(D) interdição da unidade.

(E) multa.

**6.** A respeito da guarda dos filhos após a separação do casal, julgue os itens a seguir.

I. De acordo com o STJ, o estabelecimento da guarda compartilhada não se sujeita à transigência dos genitores.

II. Na audiência de conciliação, o juiz deverá instar o Ministério Público a informar os pais do significado da guarda compartilhada, da sua importância, da similitude de deveres e dos direitos atribuídos aos genitores bem como das sanções pelo descumprimento de suas cláusulas.

III. O descumprimento imotivado de cláusula de guarda compartilhada acarretará a redução do número de horas de convivência com o filho.

IV. O pai ou a mãe, em cuja guarda não esteja o filho, poderá visitá-lo e tê-lo em sua companhia, segundo o que acordar com o outro cônjuge, bem como fiscalizar a sua manutenção e educação.

Estão certos apenas os itens

(A) I e III.

(B) I e IV.

(C) II e IV.

(D) I, II e III.

(E) II, III e IV.

**7.** Após a abertura de testamento público, foi verificado que havia sido deixado um terreno, no valor de sessenta salários mínimos, a uma das testemunhas signatárias do documento.

Nesse caso, a disposição testamentária será

(A) válida, se for convalidada pelos demais herdeiros.

(B) válida, se não existirem herdeiros legítimos.

(C) anulável, se os herdeiros legítimos comprovarem vício de vontade.

(D) nula de pleno direito.

(E) considerada codicilo, se não representar mais de 1% do valor total do testamento.

**8.** Para que seja caracterizada a posse de boa-fé, o Código Civil determina que o possuidor

(A) apresente documento escrito de compra e venda.

(B) tenha a posse por mais de um ano e um dia sem conhecimento de vício.

(C) aja com ânimo de dono e sem oposição.

(D) tenha adquirido a posse de quem se encontrava na posse de fato.

(E) ignore o vício impedidor da aquisição do bem.

**9.** O oficial de registro imobiliário, antes de registrar o título, deverá verificar se a pessoa que nele figura como alienante é a mesma cujo nome consta no registro como proprietária. Esse procedimento deve-se ao cumprimento do princípio da

(A) legalidade.

(B) especialidade.

(C) continuidade.

(D) força probante.

(E) territorialidade.

**10.** Se, mediante escritura pública, o proprietário de um terreno conceder a terceiro, por tempo determinado, o direito de plantar em seu terreno, então, nesse caso, estará configurado o

(A) direito de superfície.

(B) direito de uso.

(C) usufruto resolutivo.

(D) usufruto impróprio.

(E) comodato impróprio.

**11.** Matheus e Isaac — o primeiro residente e domiciliado em São Paulo – SP, e o segundo em Recife – PE — resolveram adquirir, em condomínio, imóvel localizado na praia de Jurerê, em Florianópolis – SC, pertencente a Tarcísio, residente e domiciliado em Recife – PE. Após a celebração da promessa de compra e venda com caráter irrevogável e irretratável e depois do pagamento do preço ajustado, Tarcísio se recusou a lavrar a escritura pública definitiva do imóvel, sob a alegação de que o preço deveria ser reajustado, em razão da recente instalação de dois famosos *beach clubs* na região. Inconformados, Matheus e Isaac resolveram buscar tutela judicial, a fim de obrigar Tarcísio a cumprir o negócio jurídico.

Nessa situação hipotética, é correto afirmar, à luz das regras do Código de Processo Civil (CPC) e da jurisprudência majoritária do STJ, que o mecanismo jurídico adequado para a tutela pretendida é

(A) a ação de adjudicação compulsória, que independerá do prévio registro do compromisso de compra e venda no cartório de imóveis competente e deverá ser ajuizada em Florianópolis – SC ou Recife – PE, mas não em São Paulo – SP.

(B) a ação reivindicatória, que independerá do prévio registro do compromisso de compra e venda no cartório de imóveis competente e deverá ser ajuizada necessariamente em Florianópolis – SC.

(C) a ação de adjudicação compulsória, que independerá de prévio registro do compromisso de compra e venda no cartório de imóveis com-

petente e deverá ser ajuizada necessariamente em Florianópolis – SC.

(D) a ação reivindicatória, que dependerá do prévio registro do compromisso de compra e venda no cartório de imóveis competente e deverá ser ajuizada em Florianópolis – SC ou Recife – PE, mas não em São Paulo – SP.

(E) a ação de adjudicação compulsória, que dependerá do prévio registro do compromisso de compra e venda no cartório de imóveis e deverá ser ajuizada em Florianópolis – SC ou Recife – PE, mas não em São Paulo – SP.

**12.** A ação de prestação de contas em desfavor de instituição financeira pode ser proposta, de acordo com a jurisprudência do STJ, por

I. titular da conta-corrente bancária, em contrato de conta-corrente.

II. tomador do mútuo, em contratos de mútuo bancário.

III. tomador do financiamento, em contratos de financiamento bancário com garantia de alienação fiduciária.

Assinale a opção correta.

(A) Apenas o item I está certo.

(B) Apenas o item II está certo.

(C) Apenas os itens I e III estão certos.

(D) Apenas os itens II e III estão certos.

(E) Todos os itens estão certos.

**13.** No que se refere à arguição de falsidade como instrumento processual para impugnação de documentos, assinale a opção correta.

(A) A falsidade documental pode ser suscitada em contestação, na réplica ou no prazo de dez dias úteis, contado a partir da intimação da juntada do documento aos autos.

(B) O STJ pacificou o entendimento de que a arguição de falsidade é o meio adequado para impugnar a falsidade material do documento, mas não de falsidade ideológica.

(C) Após os momentos processuais da contestação e da réplica, se arguida a falsidade, esta será autuada como incidente em apartado e, nesse caso, o juiz suspenderá o processo principal.

(D) Após a instauração do procedimento de arguição de falsidade, a outra parte deverá ser ouvida em quinze dias e, então, não será admitida a extinção prematura do feito sem o exame pericial do documento, mesmo que a parte concorde em retirá-lo dos autos.

**(E)** Uma vez arguida, a falsidade documental será resolvida como questão incidental; contudo, é possível que a parte suscitante requeira ao juiz que a decida como questão principal, independentemente de concordância da parte contrária.

**14.** Sérgio ajuizou ação indenizatória para reparação de danos morais contra determinado estabelecimento de Florianópolis, sob a alegação de que, em razão de sua orientação sexual, fora vítima, em quatro dias diversos, de ofensas por parte de prepostos da pessoa jurídica. Na fase de saneamento e organização do processo, o magistrado deferiu a produção da prova testemunhal, e Sérgio apresentou o rol de testemunhas, sendo quatro delas para provar as ofensas ocorridas na primeira ocasião; outras três para a segunda ocasião; outras duas testemunhas para a terceira ocasião; e, por fim, outras duas testemunhas para a quarta ocasião.

Considerando essa situação hipotética, assinale a opção correta à luz do CPC.

**(A)** O referido rol não extrapolou o limite máximo de testemunhas para a prova de cada fato, mas extrapolou o limite máximo global.

**(B)** Não há previsão de limite máximo de testemunhas para a prova de cada fato, mas somente previsão de número máximo global.

**(C)** Não há previsão de limite máximo global de testemunhas, mas apenas de número máximo para a prova de cada fato, cabendo ao magistrado determinar o máximo global no caso concreto.

**(D)** O referido rol extrapolou o limite máximo de testemunhas para a prova de cada fato bem como o limite máximo global.

**(E)** O referido rol não extrapolou o limite máximo de testemunhas para a prova de cada fato nem o limite máximo global.

**15.** De acordo com as disposições do CPC, assinale a opção correta relativa aos procedimentos especiais.

**(A)** Entre os legitimados para requerer a abertura de inventário, estão os credores dos herdeiros ou do autor da herança, mas não os credores do legatário.

**(B)** No caso da ação possessória multitudinária, o oficial de justiça procurará, por uma vez, os ocupantes no imóvel, sendo citados por edital os que não forem encontrados na ocasião, independentemente de outras diligências para citação por hora certa.

**(C)** Em razão da sumariedade do procedimento monitório, o CPC vedou a possibilidade da reconvenção em demandas dessa natureza.

**(D)** Falecendo qualquer uma das partes no curso do processo, a sucessão processual acontecerá por meio do procedimento de habilitação, que ocorrerá nos mesmos autos da demanda, independentemente de suspensão do processo.

**(E)** Em regra, o proprietário fiduciário do bem constrito ou ameaçado não detém legitimidade ativa para ajuizar embargos de terceiro.

**16.** O Ministério Público ajuizou ação civil pública contra determinada empresa e seus sócios, visando tutelar direitos de consumidores lesados por contratos celebrados para a prática de esquema de pirâmide financeira. A sentença condenatória na ação coletiva foi publicada em 5/1/2003 e, após recurso, transitou em julgado em 2/6/2005. Em 6/7/2012, um consumidor beneficiário da referida demanda apresentou execução individual da sentença coletiva.

Nessa situação hipotética, de acordo com o entendimento do STJ, é correto afirmar que, à época da propositura da execução individual pelo beneficiário, a sua pretensão

**(A)** estava prescrita desde o transcurso de cinco anos após o trânsito em julgado da sentença coletiva.

**(B)** não estava prescrita, e só será assim considerada após o transcurso de dez anos do trânsito em julgado da sentença coletiva.

**(C)** estava prescrita desde o transcurso de cinco anos após a publicação da sentença coletiva.

**(D)** não estava prescrita, e só será assim considerada após o transcurso de dez anos após a publicação da sentença coletiva.

**(E)** estava prescrita desde o transcuro de três anos após o trânsito em julgado da sentença coletiva.

**17.** José ajuizou ação de despejo cumulada com cobrança de aluguéis atrasados em desfavor de Paulo, tendo o magistrado julgado procedentes os pedidos, declarando rescindido o contrato de locação, determinando a desocupação do imóvel e condenando Paulo ao pagamento dos valores atrasados. Paulo interpôs recurso de apelação, pedindo a reforma integral da sentença. Durante o trâmite recursal, José iniciou a execução provisória apenas em relação à cobrança dos aluguéis, pois Paulo, após interpor apelação, desocupou voluntariamente o imóvel. Intimado para pagamento da parte líquida da condenação, Paulo agravou da decisão, sustentando ser necessário aguardar o julgamento da apelação antes de se dar andamento à execução provisória.

Nessa situação hipotética, assinale a opção correta à luz da jurisprudência do STJ.

(A) O recurso de agravo de instrumento deverá ser provido, uma vez que, ficando a ação limitada à cobrança dos aluguéis, seria autorizado o recebimento da apelação no efeito suspensivo, visto que a ação passaria a ter natureza exclusivamente condenatória.

(B) O recurso de agravo de instrumento deverá ser provido, pois a Lei 8.245/1991 não prevê regramento específico em relação aos efeitos do recebimento do recurso de apelação; portanto, o apelo deveria ter sido recebido nos efeitos devolutivo e suspensivo, atendendo à regra geral no CPC.

(C) O recurso de agravo de instrumento deverá ser denegado, porque a apelação que ataca sentença proferida em ação de despejo, ainda que cumulada com ação de cobrança de débitos atrasados, deve ser recebida somente no efeito devolutivo, em razão de regramento específico da Lei 8.245/1991 em relação aos efeitos do recebimento da apelação.

(D) O recurso de agravo de instrumento deverá ser denegado, já que, embora não haja regramento específico acerca dos efeitos do recebimento da apelação na Lei 8.245/1991, a desocupação voluntária implicou em desistência do recurso de apelação.

(E) O recurso de agravo de instrumento não deverá ser conhecido, por ausência de pressuposto objetivo de admissibilidade recursal, pois, além de existir regramento específico acerca dos efeitos do recebimento da apelação na Lei 8.245/1991, a desocupação voluntária implicou desistência do recurso de apelação.

**18.** De acordo com os princípios constitucionais e infraconstitucionais do processo civil, assinale a opção correta.

(A) Segundo o princípio da igualdade processual, os litigantes devem receber do juiz tratamento idêntico, razão pela qual a doutrina, majoritariamente, posiciona-se pela inconstitucionalidade das regras do CPC, que estabelecem prazos diferenciados para o Ministério Público, a Advocacia Pública e a Defensoria Pública se manifestarem nos autos.

(B) O conteúdo do princípio do juiz natural é unidimensional, manifestando-se na garantia do cidadão a se submeter a um julgamento por juiz competente e pré-constituído na forma da lei.

(C) O novo CPC adotou o princípio do contraditório efetivo, eliminando o contraditório postecipado, previsto no sistema processual civil antigo.

(D) O paradigma cooperativo adotado pelo novo CPC traz como decorrência os deveres de esclarecimento, de prevenção e de assistência ou auxílio.

(E) O CPC prevê, expressamente, como princípios a serem observados pelo juiz na aplicação do ordenamento jurídico a proporcionalidade, moralidade, impessoalidade, razoabilidade, legalidade, publicidade e a eficiência.

**19.** O CPC considera título executivo extrajudicial

I. o instrumento de transação referendado por conciliador credenciado por tribunal, após homologação pelo juiz.

II. o contrato celebrado por instrumento particular, garantido por direito real de garantia, independentemente de ter sido assinado por duas testemunhas.

III. o contrato celebrado por instrumento particular, garantido por fiança, desde que assinado por duas testemunhas.

IV. o crédito de contribuição extraordinária de condomínio edilício, aprovada em assembleia geral e documentalmente comprovada.

Estão certos apenas os itens

(A) I e III.

(B) I e IV.

(C) II e IV.

(D) I, II e III.

(E) II, III e IV.

**20.** Acerca da reconvenção, assinale a opção correta.

(A) A decisão que indefere a petição inicial da reconvenção é irrecorrível, podendo o reconvinte formular os mesmos pedidos em ação própria autônoma.

(B) Se o autor da demanda originária estiver atuando na condição de substituto processual, haverá ilegitimidade passiva caso o réu reconvinte proponha reconvenção para discutir relação jurídica de direito material com o substituto.

(C) Configurada a revelia, o juiz deverá extinguir, sem julgamento de mérito, eventual reconvenção apresentada pelo réu.

(D) Por ser a reconvenção uma demanda conexa e incidental, quando houver desistência regular da ação principal, o juiz deverá extinguir a reconvenção em razão da ausência de interesse processual.

(E) Apresentada a reconvenção, o reconvindo será citado pessoalmente para apresentar a resposta no prazo de quinze dias.

**21.** No que tange à relação jurídica entre consumidor e incorporadora imobiliária, à comissão de corretagem e à taxa de assessoria técnico-imobiliária, julgue os itens a seguir à luz das disposições do Código de Defesa do Consumidor e do entendimento do STJ.

I. A incorporadora, na condição de promitente-vendedora, é parte ilegítima para figurar no polo passivo da ação que vise à restituição ao consumidor dos valores pagos a título de comissão de corretagem e de taxa de assessoria técnico-imobiliária.

II. É válida a cláusula que transfira ao promitente-comprador a obrigação de pagar a comissão de corretagem nos contratos de promessa de compra e venda de unidade autônoma em regime de incorporação imobiliária, desde que previamente informado o preço total da aquisição da unidade autônoma, com o destaque do valor da comissão de corretagem.

III. É abusiva a cobrança pelo promitente-vendedor do serviço de assessoria técnico-imobiliária, ou atividade congênere, vinculada à celebração de promessa de compra e venda de imóvel.

Assinale a opção correta.

(A) Apenas o item I está certo.

(B) Apenas o item II está certo.

(C) Apenas os itens I e III estão certos.

(D) Apenas os itens II e III estão certos.

(E) Todos os itens estão certos.

**22.** Um cidadão ajuizou ação contra o Banco XY S.A. a respeito de contrato de arrendamento mercantil de veículo automotor firmado entre as partes em 2018.

Os itens a seguir apresentam as alegações feitas na referida ação.

I. Existência de abusividade da cláusula que prevê o ressarcimento pelo consumidor da despesa com o registro do pré-gravame.

II. Ocorrência de descaracterização da mora, em razão da abusividade de encargos acessórios do contrato.

III. Presença de abusividade da cláusula que prevê a obrigação do consumidor de contratar seguro com a instituição financeira ou com seguradora indicada pela instituição bancária.

Assinale a opção correta.

(A) Apenas o item I está certo.

(B) Apenas o item II está certo.

(C) Apenas os itens I e III estão certos.

(D) Apenas os itens II e III estão certos.

(E) Todos os itens estão certos.

**23.** A respeito da defesa do consumidor em juízo, assinale a opção correta.

(A) O Ministério Público possui legitimidade para pleitear, em demandas de saúde contra os entes federativos, tratamentos médicos, exceto quando se tratar de feitos que contenham beneficiários individualizados.

(B) A Defensoria Pública tem legitimidade para ajuizar ação civil pública em defesa de direitos individuais homogêneos de consumidores idosos, independentemente da comprovação de hipossuficiência econômica dos beneficiários.

(C) Associação com fins específicos de proteção ao consumidor possui legitimidade para o ajuizamento de ação civil pública com a finalidade de tutelar interesses coletivos de beneficiários do seguro DPVAT.

(D) Em caso de ação que tenha por objeto o cumprimento da obrigação de fazer ou não fazer, o juiz deverá dar prioridade à conversão da obrigação em perdas e danos.

(E) O comerciante que indenize, em juízo, o consumidor lesado não poderá exercer o direito de regresso contra os demais responsáveis pelo evento danoso nos mesmos autos nem requerer a denunciação da lide.

**24.** Considerando o entendimento do STJ acerca da relação do consumidor com as operadoras de plano de saúde, assinale a opção correta.

(A) As operadoras de plano de saúde são obrigadas a custear medicamento importado, não nacionalizado, mesmo sem registro pela ANVISA, desde que fundamentadamente receitado pelo médico competente.

(B) O reajuste de mensalidade de plano de saúde individual ou familiar fundado na mudança de faixa etária do beneficiário é válido, sendo vedado ao Poder Judiciário analisar a sua adequação ou razoabilidade.

(C) Cirurgia reparadora de mamoplastia, ainda que seja decorrente do tratamento da obesidade mórbida, não poderá ser exigida do plano de saúde se inexistir previsão contratual expressa para sua realização.

(D) Embora seja abusiva cláusula contratual que preveja a interrupção de tratamento psicoterápico por esgotamento do número de consultas anuais asseguradas pela Agência Nacional de Saúde Complementar, o plano de saúde poderá cobrar coparticipação nas consultas excedentes.

(E) É válida a cláusula contratual excludente do custeio de medicamento prescrito e ministrado pelo médico em ambiente domiciliar, desde que escrita com destaque, o que permite a imediata e fácil compreensão do consumidor.

**25.** No que se refere à relação entre seguradoras e consumidores, assinale a opção correta à luz do Código de Defesa do Consumidor e do entendimento do STJ.

(A) É abusiva a exclusão do seguro de acidentes pessoais em contrato de adesão para as hipóteses de intercorrências ou complicações consequentes da realização de exames, tratamentos clínicos ou cirúrgicos.

(B) A seguradora poderá se recusar a contratar seguro se a pessoa proponente tiver restrição financeira em órgãos de proteção ao crédito, mesmo que essa pessoa se disponha a pronto pagamento do prêmio.

(C) Inexiste relação de consumo entre pessoa jurídica e seguradora em contrato de seguro que vise à proteção do patrimônio dessa pessoa jurídica, em razão de tal contrato configurar consumo intermediário.

(D) O contrato de seguro de vida pode vedar a cobertura de sinistro decorrente de acidente de ato praticado pelo segurado em estado de embriaguez, mesmo quando ocorrido após os dois primeiros anos do contrato.

(E) As normas protetivas do Código de Defesa do Consumidor aplicam-se aos contratos de seguro facultativo e, subsidiariamente, ao seguro obrigatório DPVAT.

**26.** Com relação ao direito fundamental das crianças à educação, julgue os itens a seguir à luz do Estatuto da Criança e do Adolescente (ECA) e do entendimento dos tribunais superiores.

I. Direito social fundamental, a educação infantil constitui norma de natureza constitucional programática que orienta os gestores públicos dos entes federativos.

II. Em se tratando de questões que envolvam a educação infantil, poderá o juiz, ao julgá-las, sensibilizar-se diante da limitação da reserva do possível do Estado, especialmente da previsão orçamentária e da disponibilidade financeira.

III. O Poder Judiciário não pode impor à administração pública o fornecimento de vaga em creche para menor, sob pena de contaminação da separação das funções do Estado moderno.

Assinale a opção correta.

(A) Nenhum item está certo.

(B) Apenas o item I está certo.

(C) Apenas o item II está certo.

(D) Apenas os itens I e III estão certos.

(E) Apenas os itens II e III estão certos.

**27.** A Defensoria Pública (DP) apresentou defesa em processo no qual foi proferida, pelo juiz, sentença homologatória de remissão cumulada com medida socioeducativa de liberdade assistida, concedida a adolescente pelo Ministério Público (MP), na ocasião de oitiva informal, alegando o que se afirma nos itens a seguir.

I. Nulidade da oitiva informal do MP por ausência da defesa técnica.

II. Nulidade da sentença homologatória dos termos determinados pelo MP em razão da ausência da defesa técnica.

III. Impossibilidade de o MP conceder remissão cumulada com medida socioeducativa de liberdade assistida.

Considerando essa situação hipotética, assinale a opção correta acerca das alegações da DP.

(A) Apenas o item I está certo.

(B) Apenas o item II está certo.

(C) Apenas os itens I e III estão certos.

(D) Apenas os itens II e III estão certos.

(E) Todos os itens estão certos.

**28.** A respeito de aspectos processuais da justiça da infância e da juventude, assinale a opção correta à luz das disposições do ECA e do entendimento do STJ.

(A) O juiz, caso entenda indispensável estudo psicossocial para a formação de sua convicção, poderá determinar a intervenção de equipe interprofissional no procedimento de habilitação de pretendentes à adoção.

**(B)** Decretar liminarmente o afastamento provisório de dirigente de entidade de atendimento de infantes sem a oitiva prévia é vedado ao juiz.

**(C)** Durante o curso da ação de destituição de poder familiar, é possível a modificação da competência em razão da alteração do domicílio dos menores, o que relativiza a regra da *perpetuatio jurisdictionis*, que impõe a estabilização da competência.

**(D)** No procedimento para aplicação de medida socioeducativa, havendo a confissão do adolescente, o juiz poderá homologar a desistência de produção de demais provas requeridas pelo MP ou pela defesa técnica.

**(E)** No caso de procedimentos previstos no ECA, o MP detém a prerrogativa processual de contagem em dobro dos prazos recursais.

**29.** Determinado sujeito, maior e imputável, adquiriu em sítio da Internet vídeos com cenas de pornografia que envolviam adolescentes e os armazenou em seu computador. Posteriormente, transmitiu esses vídeos, por meio de aplicativo de mensagem instantânea, a dois amigos adolescentes.

Considerando essa situação hipotética, é correto afirmar, de acordo com as disposições do ECA e com o entendimento do STJ, que o sujeito praticou

**(A)** condutas consideradas atípicas.

**(B)** duas condutas típicas, porém, em aplicação ao princípio da consunção, a primeira restou absorvida pela segunda.

**(C)** condutas que caracterizam dois crimes em continuidade delitiva.

**(D)** condutas que caracterizam dois crimes em concurso material.

**(E)** condutas que caracterizam dois crimes em concurso formal.

**30.** Considerando o entendimento do STJ, assinale a opção correta acerca da Lei 12.594/2012, que institui o Sistema Nacional de Atendimento Socioeducativo (SINASE).

**(A)** É direito absoluto do adolescente ser incluído em programa de meio aberto quando inexistir vaga para o cumprimento de medida de privação da liberdade no domicílio de sua residência familiar.

**(B)** O juiz deverá ouvir a defesa técnica antes de decidir a respeito do pedido de regressão da medida socioeducativa, sendo dispensável, no entanto, a oitiva do adolescente.

**(C)** É garantido aos adolescentes em cumprimento de medida socioeducativa de internação o direito de receber visita de filhos, desde que maiores de dois anos de idade.

**(D)** Cabe ao diretor da entidade de atendimento socioeducativo designar socioeducando com bom comportamento para desempenhar função de apuração e aplicação de sanção disciplinar.

**(E)** É vedado ao juiz aplicar nova medida de internação, por ato infracional praticado anteriormente, a adolescente que já tenha concluído o cumprimento de medida socioeducativa dessa natureza.

**31.** À luz das disposições do Código Penal acerca do erro, julgue os itens a seguir.

**I.** De acordo com a teoria da culpabilidade adotada pelo Código Penal, todo erro que recai sobre uma causa de justificação configura erro de proibição.

**II.** No chamado aberratio ictus, quando, por acidente ou erro no uso dos meios de execução, em vez de vitimar a pessoa que pretendia ofender, o agente atingir pessoa diversa, consideram-se as condições e qualidades não da vítima, mas da pessoa que o agente pretendia atingir.

**III.** O erro sobre elemento constitutivo do tipo penal exclui o dolo, se inevitável, ou diminui a pena de um sexto a um terço, se evitável.

**IV.** Constitui crime impossível a prática de conduta delituosa induzida por terceiro que assegure a impossibilidade fática da consumação do delito.

Estão certos apenas os itens

**(A)** I e III.

**(B)** I e IV.

**(C)** II e IV.

**(D)** I, II e III.

**(E)** II, III e IV.

**32.** Em cada uma das opções a seguir, é apresentada uma situação hipotética seguida de uma assertiva a ser julgada, a respeito da substituição das penas privativas de liberdade por penas restritivas de direitos.

**(A)** Antônio, com anterior condenação transitada em julgado pelo delito de dano ao patrimônio público, foi processado e condenado à pena privativa de liberdade de um ano e dois meses de reclusão pelo cometimento do delito de receptação. Nessa situação, em razão da reincidência criminal em crime doloso, não é cabível a substituição da pena corporal imposta a Antônio por pena restritiva de direitos.

(B) Manoel foi processado e condenado pela prática de violência física, de ameaça e de lesão corporal em contexto de violência doméstica contra a mulher, tendo-lhe sido impostas as penas privativas de liberdade de quinze dias de prisão simples e de três meses e um mês de detenção, em regime aberto. Nessa situação, somente é possível a substituição da pena privativa de liberdade por restritiva de direitos em relação à contravenção de violência física.

(C) Pedro, réu primário, foi processado e condenado pela prática de delito de roubo simples na modalidade tentada, tendo-lhe sido imposta pena privativa de liberdade de dois anos e oito meses de reclusão, em regime aberto. Nessa situação, a pena privativa de liberdade imposta a Pedro poderá ser substituída por uma pena restritiva de direitos e multa ou por duas penas restritivas de direitos.

(D) Alberto, réu primário e em circunstâncias judiciais favoráveis, praticou crime de homicídio culposo qualificado ao conduzir embriagado veículo automotor. Em razão dessa conduta, ele foi processado e condenado ao cumprimento de pena privativa de liberdade de cinco anos de reclusão, inicialmente em regime semiaberto. Nessa hipótese, o *quantum* de pena fixado não impede a substituição da pena privativa de liberdade por restritiva de direitos.

(E) João foi processado e condenado à pena privativa de liberdade de um ano e oito meses de reclusão, em regime aberto, pela prática de delito de tráfico de drogas na forma privilegiada. Nessa hipótese, haja vista a condenação por delito equiparável a hediondo, não é admitida a substituição da pena privativa de liberdade por restritiva de direitos.

**33.** Conforme o Código Penal e a legislação aplicável, constitui efeito automático da condenação criminal, que independe de expressa motivação em sentença,

(A) nos casos de crime doloso sujeito à pena de reclusão cometido contra filho, tutelado ou curatelado, a incapacidade para o exercício do poder familiar, da tutela ou da curatela.

(B) nos casos de crimes praticados com violação de dever para com a administração pública, a perda de cargo ou função pública, quando aplicada pena privativa de liberdade igual ou superior a um ano.

(C) nos casos de servidor público condenado pela prática de crime resultante de discriminação ou preconceito de raça, cor, religião ou procedência nacional, a perda do cargo ou da função pública.

(D) nos casos de condenação pela prática de crime falimentar, a inabilitação para o exercício de atividade empresarial, pelo prazo de cinco anos após a extinção da punibilidade.

(E) no caso de servidor público condenado pela prática de crime de tortura, a perda do cargo ou da função pública e a interdição para seu exercício pelo dobro do prazo da pena aplicada.

**34.** Com relação a crimes contra a honra, assinale a opção correta.

(A) O crime de calúnia se consuma no momento em que o ofendido toma conhecimento da imputação falsa contra si.

(B) Calúnia contra indivíduo falecido não se enquadra como crime contra a honra.

(C) A exceção da verdade é admitida em caso de delito de difamação contra funcionário público no exercício de suas funções.

(D) A retratação cabal do agente da calúnia ou da difamação após o recebimento da ação penal é causa de diminuição de pena.

(E) O delito de injúria racial se processa mediante ação penal pública incondicionada.

**35.** Joaquim, fiscal de vigilância sanitária de determinado município brasileiro, estava licenciado do seu cargo público quando exigiu de Paulo determinada vantagem econômica indevida para si, em função do seu cargo público, a fim de evitar a ação da fiscalização no estabelecimento comercial de Paulo.

Nessa situação hipotética, Joaquim praticou o delito de

(A) constrangimento ilegal.

(B) extorsão.

(C) corrupção passiva.

(D) concussão.

(E) excesso de exação.

**36.** À luz do entendimento do STJ, assinale a opção correta a respeito de faltas disciplinares cometidas no curso da execução penal.

(A) A prescrição de faltas disciplinares de natureza grave regula-se pelo menor dos prazos prescricionais previstos no Código Penal, que é de três anos.

**(B)** A prática de falta grave interrompe o prazo para obtenção do livramento condicional e para a progressão de regime de cumprimento da pena.

**(C)** A prática de falta grave interrompe automaticamente os prazos para concessão de indulto e de comutação de pena.

**(D)** O reconhecimento de falta grave decorrente da prática de fato definido como crime doloso no curso da execução penal é condicionado ao trânsito em julgado da sentença condenatória.

**(E)** O cometimento de falta grave implica a perda de até a totalidade dos dias remidos por trabalho ou por estudo.

**37.** Julgue os itens a seguir com base no Código Penal e na jurisprudência do STJ.

**I.** Um indivíduo poderá responder criminalmente por violação sexual mediante fraude, caso pratique *frotteurismo* contra uma mulher em uma parada de ônibus coletivo lotada, sem o consentimento dela.

**II.** Nos casos de parcelamento de contribuições previdenciárias cujo valor seja superior ao estabelecido administrativamente como sendo o mínimo para ajuizamento de suas execuções fiscais, é vedado ao juiz aplicar somente a pena de multa ao agente, ainda que ele seja réu primário.

**III.** Tanto ao agente, maior e capaz, que praticar o crime de estupro coletivo quanto ao agente, maior e capaz, que praticar o crime de estupro corretivo será aplicada a mesma majorante de pena in abstrato.

**IV.** Situação hipotética: Um homem, em 31/12/2018, por volta das cinco horas da madrugada, com a intenção de obter vantagem pecuniária, explodiu um caixa eletrônico situado em um posto de combustível. Assertiva: De acordo com o STJ, ele responderá criminalmente por furto qualificado em concurso formal impróprio com o crime de explosão majorada.

(Juiz de Direito – TJ/SC – 2019 – CESPE/CEBRASPE) Estão certos apenas os itens

**(A)** I e II.

**(B)** II e III.

**(C)** III e IV.

**(D)** I, II e IV.

**(E)** I, III e IV.

**38.** Acerca de punibilidade e de suas causas de extinção, assinale a opção correta de acordo com a jurisprudência dos tribunais superiores.

**(A)** As escusas absolutórias são formuladas de modo positivo, e a sua presença afasta a punibilidade do crime.

**(B)** Nos delitos de punibilidade condicionada, o termo inicial da prescrição não começa a correr a partir do dia em que o crime tenha se consumado.

**(C)** Às medidas de segurança não se aplica a incidência do indulto por não serem elas espécie de pena em sentido estrito.

**(D)** Compete ao magistrado que conduza a ação penal lançar a decisão judicial que reconheça a anistia e declare a extinção da punibilidade, mesmo quando a ação penal estiver no tribunal.

**(E)** Nos crimes conexos, a prescrição e a consequente extinção de punibilidade de um dos crimes alcançam a majorante da pena resultante da conexão e incidente no(s) outro(s) crime(s).

**39.** Constitui uma das características do direito penal do inimigo

**(A)** a legislação diferenciada.

**(B)** a punição a partir de atos executórios.

**(C)** a não utilização de medidas de segurança.

**(D)** a observância das garantias processuais penais.

**(E)** o abrandamento das penas na antecipação da tutela penal.

**40.** O estudo das teorias relaciona-se intimamente com as finalidades da pena. Nesse sentido, a teoria que sustenta que a única função efetivamente desempenhada pela pena seria a neutralização do condenado, especialmente quando a prisão acarreta seu afastamento da sociedade, é a teoria

**(A)** das janelas quebradas.

**(B)** relativa.

**(C)** unificadora.

**(D)** absoluta.

**(E)** agnóstica.

**41.** Mara, pretendendo tirar a vida de Ana, ao avistá-la na companhia da irmã, Sandra, em um restaurante, ainda que consciente da possibilidade de alvejar Sandra, efetuou um disparo, que alvejou letalmente Ana e feriu gravemente Sandra.

Nessa situação hipotética, assinale a opção correta relativa ao instituto do erro.

**(A)** Devido à *aberratio ictus*, Mara responderá somente pelo homicídio de Ana, visto que o dolo estava direcionado a esta, havendo absorção do crime de lesão corporal cometido contra Sandra.

**(B)** Mara responderá por homicídio doloso consumado em relação à Ana e por tentativa de homicídio em relação à irmã desta.

**(C)** Em concurso formal imperfeito, Mara responderá pelo homicídio de Ana e pela lesão corporal de Sandra.

**(D)** Mara incidiu em delito putativo por erro de tipo em unidade complexa.

**(E)** Excluído o dolo e permitida a punição por crime culposo, se essa modalidade for prevista em lei, Mara terá incidido em erro de tipo essencial escusável contra a irmã de Ana.

**42.** A respeito da classificação dos crimes, assinale a opção correta.

**(A)** O crime de associação criminosa configura-se como crime obstáculo; o de falsidade documental para cometimento de estelionato é crime de atitude pessoal.

**(B)** O crime de uso de documento falso configura-se como crime remetido; e o de uso de petrechos para falsificação de moeda, como crime obstáculo.

**(C)** O crime de tráfico de drogas configura-se como crime vago; o de extorsão mediante sequestro constitui crime profissional.

**(D)** O crime de falso testemunho configura-se como crime de tendência; e o de injúria, como crime de ação astuciosa.

**(E)** O crime de rufianismo configura-se como crime de intenção; o de curandeirismo constitui crime de olvido.

**43.** De acordo com a Lei de Execução Penal, caso seja verificada a exigência de que o sentenciado cumpra medida além dos limites fixados na sentença, deverá ser instaurado o incidente

**(A)** de conversão da pena, que poderá ser provocado pelo Ministério Público.

**(B)** administrativo, que poderá ser suscitado por qualquer um dos órgãos que atuam na execução penal.

**(C)** de indulto individual, que poderá ser provocado pela autoridade administrativa.

**(D)** de excesso ou desvio, que poderá ser suscitado pelo sentenciado.

**(E)** de chamamento da execução à ordem, que poderá ser provocado pelo Ministério Público.

**44.** Considerando-se exclusivamente o entendimento sumulado do STJ, é correto afirmar que o juiz de direito substituto agirá corretamente se

**(A)** não homologar a suspensão condicional do processo com base no argumento de que houve procedência parcial da pretensão punitiva.

**(B)** declinar a competência, em favor do foro do local da recusa, para o processamento e o julgamento de crime de estelionato mediante a apresentação de cheque sem provisão de fundos.

**(C)** exigir resposta preliminar, no prazo de quinze dias, em ação penal instruída por inquérito policial que apure crime inafiançável de responsabilidade de funcionário público.

**(D)** aceitar a retratação de vítima e extinguir o processo no caso de crime de lesão corporal resultante de violência doméstica contra mulher: essa ação penal é pública condicionada.

**(E)** fixar a competência da justiça estadual do local da apreensão para julgar crime de tráfico internacional de drogas, no caso de ter sido utilizada a via postal para remessa do exterior.

**45.** De acordo com o Código de Processo Penal, assinale a opção correta acerca do instituto do desaforamento do tribunal do júri.

**(A)** O pedido de desaforamento será distribuído imediatamente e terá preferência de tramitação somente quando for referente a réu preso.

**(B)** O relator poderá determinar, fundamentadamente, a suspensão do julgamento pelo júri quando os motivos alegados forem relevantes.

**(C)** O pedido de desaforamento não será cabível em nenhuma hipótese caso já tenha sido realizado um primeiro julgamento anulado.

**(D)** A pendência de julgamento de recurso interposto contra a decisão de pronúncia não impede que seja realizado pedido de desaforamento.

**(E)** O desaforamento poderá ser determinado caso o júri não possa ser realizado, por excesso de serviço, no prazo de três meses após o trânsito em julgado da sentença de pronúncia.

**46.** De acordo com a legislação vigente acerca de recursos em geral no processo penal, assinale a opção correta.

**(A)** Decisão proferida em sede de recurso interposto por um dos réus em concurso de agentes que reconheça a atipicidade do fato a eles atribuído aproveitará ao outro réu por força do efeito extensivo.

**(B)** É viável que, no curso da tramitação, o Ministério Público desista de recurso que tenha interposto, desde que o assistente de acusação também desista do ato processual.

**(C)** É viável a interposição de recurso por um réu que pleiteie a condenação de outro que tenha sido absolvido.

**(D)** O recurso deverá ser feito por meio de petição escrita caso o réu não saiba assinar o nome, não sendo viável que o recurso seja apresentado por termo nos autos.

**(E)** O princípio da fungibilidade deverá ser aplicado a todos os recursos que forem apresentados de forma indevida.

**47.** Ao receber ação penal para o processamento de crime de lavagem de valores, de acordo com a legislação especial que trata do assunto, o juiz de direito substituto atuará corretamente no caso de

**(A)** suspender o processo, mas determinar a produção antecipada de provas, caso o réu, citado por edital, não compareça aos autos nem constitua advogado.

**(B)** indeferir eventual pedido de declinação de competência do feito para a justiça federal quando somente a infração penal antecedente for de competência da justiça federal.

**(C)** emitir ordem, após o trânsito em julgado de ação de competência da justiça federal ou estadual, para que o valor constante da sentença penal condenatória e depositado judicialmente como medida assecuratória seja incorporado definitivamente ao patrimônio da União.

**(D)** suspender, após ouvir o Ministério Público, medida assecuratória de bens e valores sob o fundamento de que a execução imediata poderá comprometer as investigações.

**(E)** não receber a denúncia sob o fundamento de que a peça foi instruída com infração penal antecedente cuja punibilidade foi extinta.

**48.** De acordo com o Código de Processo Penal, na audiência de instrução para a colheita de depoimento de testemunha, o juiz

**(A)** poderá vedar à testemunha consulta a apontamentos, mesmo que seja breve.

**(B)** deixará de colher depoimento de pessoa não identificada, designando nova data com imediata intimação e determinando diligências para a sua perfeita identificação.

**(C)** poderá colher, de ofício ou a pedido das partes, o depoimento antecipado de testemunha que, por velhice ou doença, possa vir a falecer antes de realizada a instrução criminal.

**(D)** suspenderá a instrução criminal sempre que for emitida carta precatória para oitiva de testemunha em comarca diversa.

**(E)** efetuará primeiro suas perguntas, depois as perguntas de quem arrolou a testemunha, e, por fim, os questionamentos da parte contrária.

**49.** Com relação às características do inquérito policial (IP), assinale a opção correta.

**(A)** O IP, por consistir em procedimento indispensável à formação da *opinio delicti*, deverá acompanhar a denúncia ou a queixa criminal.

**(B)** Não poderá haver restrição de acesso, com base em sigilo, ao defensor do investigado, que deve ter amplo acesso aos elementos de prova já documentados no IP, no que diga respeito ao exercício do direito de defesa.

**(C)** É viável a oposição de exceção de suspeição à autoridade policial responsável pelas investigações, embora o IP seja um procedimento de natureza inquisitorial.

**(D)** Não se admite a utilização de elementos colhidos no IP, salvo quando se tratar de provas irrepetíveis, como fundamento para a decisão condenatória.

**(E)** A autoridade policial não poderá determinar o arquivamento dos autos de IP, salvo na hipótese de manifesta atipicidade da conduta investigada.

**50.** Caso seja verificada conexão probatória entre fatos concernentes a crimes de competência da justiça estadual e a crimes de competência da justiça federal, é correto afirmar que

**(A)** o processamento e o julgamento dos crimes de forma unificada não é possível, em razão da impossibilidade de modificação da regra de competência material pela conexão.

**(B)** o juízo estadual é o competente para o processamento e o julgamento dos crimes conexos, com exceção da hipótese de posterior sentença absolutória em relação ao delito estadual.

**(C)** o juízo federal é o competente para o processamento e o julgamento dos crimes conexos, independentemente da pena prevista para cada um dos delitos.

(D) o juízo federal é o competente para o processamento e o julgamento dos crimes conexos, salvo o caso de ser prevista pena mais grave ao delito estadual.

(E) o juízo federal é o competente para o processamento e o julgamento unificado dos crimes, excluída a hipótese de posterior sentença absolutória em relação ao delito federal.

**51.** Com referência à aplicação das medidas cautelares e à concessão da liberdade provisória, assinale a opção correta.

(A) As medidas cautelares podem ser decretadas no curso da investigação criminal, de ofício, pelo magistrado, ou por representação da autoridade policial ou do Ministério Público.

(B) O descumprimento de qualquer das obrigações impostas a título de medida cautelar é causa suficiente para a decretação imediata de prisão preventiva.

(C) A concessão de liberdade provisória por meio de pagamento de fiança, quando cabível, não impede a cumulação da fiança com outras medidas cautelares.

(D) Ausentes os requisitos para a decretação da prisão preventiva, é admissível a concessão de liberdade provisória aos crimes hediondos mediante o arbitramento de fiança.

(E) O não comparecimento aos atos do processo, quando regularmente intimado e sem motivo justo, é causa de quebra da fiança, cuja declaração independe de decisão judicial.

**52.** De acordo com a jurisprudência do STF, julgue os itens que se seguem, a respeito do procedimento do tribunal do júri.

I. Caso a inimputabilidade seja a única tese defensiva, não sendo o caso de impronúncia ou de absolvição sumária sem imposição de medida de segurança, o juiz poderá, desde logo, proferir absolvição sumária imprópria, impondo ao acusado o cumprimento de medida de segurança.

II. Havendo dúvida sobre a imparcialidade do júri ou a segurança pessoal do acusado, o tribunal poderá determinar o desaforamento do julgado do tribunal do júri para outra comarca da mesma região, onde não existam aqueles motivos, devendo, para tanto, ser ouvida a defesa.

III. Em razão do efeito devolutivo amplo e inerente à apelação criminal, o julgamento pelo tribunal não se restringe aos fundamentos invocados no apelo interposto contra decisão do tribunal do júri.

IV. O princípio da soberania dos veredictos não impede que o tribunal competente, em sede de revisão criminal, desconstitua decisão do tribunal do júri, e, reexaminando a causa, prolate provimento absolutório.

Estão certos apenas os itens

(A) I e II.
(B) I e III.
(C) III e IV.
(D) I, II e IV.
(E) II, III e IV.

**53.** Acerca do benefício do *sursis* processual previsto na Lei 9.099/1995, é correto afirmar que

(A) é cabível o benefício na desclassificação do crime e na procedência parcial da pretensão punitiva, ainda que ocorrida em grau recursal.

(B) é aplicável o benefício no caso de crimes cuja pena mínima não seja superior a um ano, ainda que, em razão da continuidade delitiva, a soma das penas mínimas cominadas aos delitos supere um ano.

(C) o juiz poderá oferecer diretamente o benefício ao acusado, caso o promotor de justiça se recuse a oferecê-lo; isso porque o benefício é um direito subjetivo do réu, desde que preenchidos requisitos objetivos e subjetivos.

(D) deverá ser considerada extinta a punibilidade do crime, caso, após a aceitação do benefício pelo réu, sejam cumpridas as condições impostas e expire o período de prova sem que o benefício tenha sido revogado.

(E) o benefício deverá ser obrigatoriamente revogado, caso o réu, no curso do período de prova, venha a ser processado por contravenção.

**54.** No que tange a interceptação das comunicações telefônicas e a disposições relativas a esse meio de prova, previstas na Lei 9.296/1996, assinale a opção correta.

(A) A referida medida poderá ser determinada no curso da investigação criminal ou da instrução processual destinada à apuração de infração penal punida, ao menos, com pena de detenção.

(B) A existência de outros meios para obtenção da prova não impedirá o deferimento da referida medida.

(C) O deferimento da referida medida exige a clara descrição do objeto da investigação, com indicação e qualificação dos investigados, salvo impossibilidade manifesta justificada.

**(D)** A utilização de prova obtida a partir da referida medida para fins de investigação de fato delituoso diverso imputado a terceiro não é admitida.

**(E)** A decisão judicial autorizadora da referida medida não poderá exceder o prazo máximo de quinze dias, prorrogável uma única vez pelo mesmo período.

**55.** A respeito das constituições classificadas como semânticas, assinale a opção correta.

**(A)** São aquelas que se estruturam a partir da generalização congruente de expectativas de comportamento.

**(B)** São aquelas cujas normas dominam o processo político; e nelas ocorrem adaptação e submissão do poder político à constituição escrita.

**(C)** Funcionam como pressupostos da autonomia do direito; e nelas a normatividade serve essencialmente à formação da constituição como instância reflexiva do sistema jurídico.

**(D)** São aquelas cujas normas são instrumentos para a estabilização e perpetuação do controle do poder político pelos detentores do poder fático.

**(E)** São aquelas cujo sentido das normas se reflete na realidade constitucional.

**56.** Acerca da jurisdição constitucional no Brasil e do controle de constitucionalidade de leis municipais, assinale a opção correta.

**(A)** É defeso aos tribunais de justiça realizar controle abstrato de leis municipais com parâmetro na Constituição da República, ainda que se trate de normas de reprodução obrigatória pelos estados.

**(B)** É cabível ação direta de inconstitucionalidade contra lei do Distrito Federal quando derivada do exercício de sua competência municipal.

**(C)** É cabível arguição de descumprimento de preceito fundamental contra ato regulamentar que atualize a base de cálculo do IPTU segundo parâmetro fixado em lei municipal.

**(D)** Não é cabível reclamação constitucional contra decisão de tribunal estadual que tenha declarado inconstitucional lei municipal de conteúdo idêntico ao de lei estadual declarada constitucional pelo STF.

**(E)** O controle de constitucionalidade difuso de lei municipal contrária à lei orgânica do município é admitido pelo ordenamento jurídico pátrio.

**57.** A respeito de métodos de interpretação constitucional e do critério da interpretação conforme a constituição, assinale a opção correta.

**(A)** A busca das pré-compreensões do intérprete para definir o sentido da norma caracteriza a metódica normativo-estruturante.

**(B)** O método de interpretação científico-espiritual é aquele que orienta o intérprete a identificar tópicos para a discussão dos problemas constitucionais.

**(C)** A interpretação conforme a constituição não pode ser aplicada em decisões sobre constitucionalidade de emendas constitucionais.

**(D)** A interpretação conforme a constituição e a declaração parcial de inconstitucionalidade sem redução de texto são exemplos de situações constitucionais imperfeitas.

**(E)** A interpretação conforme a constituição é admitida ainda que o sentido da norma seja unívoco, pois cabe ao STF fazer incidir o conteúdo normativo adequado ao texto constitucional.

**58.** Com relação à disciplina constitucional das comissões parlamentares de inquérito (CPI), assinale a opção correta de acordo com a doutrina e a jurisprudência do STF.

**(A)** Para o STF, é nula a intimação de indígena não aculturado para oitiva em CPI, na condição de testemunha, fora de sua comunidade.

**(B)** É constitucional a criação de CPI por assembleia legislativa de estado federado ficar condicionada à aprovação de seu requerimento no plenário do referido órgão.

**(C)** À CPI não é oponível o sigilo imposto a processos judiciais que tramitem sob o segredo de justiça.

**(D)** Diferentemente do que ocorre com as investigações policiais, o procedimento das CPI não é caracterizado pela unilateralidade.

**(E)** É inconstitucional norma regimental da Câmara dos Deputados que limite o número de CPI em funcionamento simultâneo.

**59.** A respeito da eficácia mediata dos direitos fundamentais, assinale a opção correta segundo a doutrina e a jurisprudência do STF.

**(A)** A eficácia mediata dos direitos fundamentais independe da atuação do Estado.

**(B)** De acordo com o STF, as normas de direitos fundamentais que instituem procedimentos têm eficácia mediata.

**(C)** Nas relações privadas, a eficácia dos direitos fundamentais é necessariamente mediata.

**(D)** A eficácia mediata desobriga o juiz de observar o efeito irradiante dos direitos fundamentais no caso concreto.

**(E)** A eficácia mediata dos direitos fundamentais dirige-se, primeiramente, ao legislador.

**60.** Acerca do direito fundamental à intimidade e da proteção constitucional à privacidade, assinale a opção correta.

**(A)** De acordo com o STF, a inviolabilidade das comunicações não alcança a proteção dos últimos registros telefônicos de aparelhos celulares apreendidos em flagrante.

**(B)** O ingresso forçado em domicílio, sem mandato judicial, é admitido desde que a autoridade policial justifique previamente a ocorrência de flagrante delito.

**(C)** Para o STF, são ilícitas as provas obtidas via interceptação telefônica determinada por juízo cuja incompetência seja posteriormente reconhecida.

**(D)** É ilícito o uso de prova colhida, por via de interceptação telefônica no curso de inquérito policial, em processo disciplinar instaurado contra servidor não investigado pelo mesmo fato na seara criminal.

**(E)** Em procedimentos de fiscalização da aplicação de recursos públicos, o TCU poderá decretar a quebra de sigilo bancário ou empresarial de terceiros.

**61.** Acerca da proteção ao meio ambiente e da repartição de competências ambientais na estrutura federativa brasileira, assinale a opção correta de acordo com a jurisprudência do STF.

**(A)** O condicionamento da celebração de termos de cooperação pelos órgãos do Sistema Nacional do Meio Ambiente à prévia aprovação do Poder Legislativo estadual é constitucional.

**(B)** Lei estadual que autorize o uso do amianto é considerada constitucional em razão da competência concorrente em matéria ambiental.

**(C)** Atribuição de competência para que assembleia legislativa estadual autorize previamente o licenciamento ambiental de atividade potencialmente poluidora é constitucional.

**(D)** Os estados têm competência para instituir programa de inspeção e manutenção de veículos com o objetivo de proteção ao meio ambiente.

**(E)** Os estados têm competência para legislar sobre o licenciamento de edificações e construções.

**62.** A constituição de determinado estado da Federação dispõe que aos defensores públicos serão garantidas as mesmas prerrogativas, os mesmos impedimentos e os mesmos vencimentos dos membros do Ministério Público. Nessa situação hipotética, à luz do disposto na Constituição Federal de 1988 (CF) e do entendimento jurisprudencial do STF, a referida norma estadual é

**(A)** constitucional, pois é uma opção viável do constituinte originário do estado.

**(B)** inconstitucional, pois ofende norma da CF, que veda a equiparação e a vinculação remuneratória entre os referidos órgãos.

**(C)** constitucional, pois a CF confere as mesmas vantagens e os mesmos impedimentos aos integrantes das carreiras dos referidos órgãos.

**(D)** inconstitucional, pois o constituinte estadual não pode dispor sobre a organização dos órgãos que componham as funções essenciais à justiça.

**(E)** constitucional, por consagrar a isonomia entre integrantes das carreiras dos referidos órgãos, que têm estatutos jurídicos semelhantes.

**63.** A propósito de titularidade, âmbito de proteção e conformação constitucional de ação civil pública, assinale a opção correta.

**(A)** Não é cabível ação civil pública para anular ato administrativo de aposentadoria de servidor público, se esta importar em lesão ao erário.

**(B)** De acordo com o STF, é inconstitucional lei estadual que atribua legitimação exclusiva a procurador-geral de justiça estadual para propor ação civil pública contra prefeito municipal.

**(C)** O Ministério Público tem legitimidade para ingressar com ação civil pública relativa ao pagamento de indenizações do seguro DPVAT.

**(D)** A Defensoria Pública não tem legitimidade para propor ação civil pública que verse sobre a manutenção de creche infantil.

**(E)** A condenação de agente público por ato de improbidade em ação civil pública depende da tipificação administrativa ou penal do ato lesivo ao patrimônio público.

**64.** A respeito da organização dos poderes e da defesa do estado e das instituições democráticas, assinale a opção correta.

**(A)** É viável o controle judicial da legalidade dos atos praticados por agentes públicos na vigência de estado de sítio.

**(B)** Durante o estado de sítio, imunidades de deputados e senadores só podem ser suspensas por voto da maioria absoluta da respectiva casa, nos casos de atos incompatíveis com a execução da medida.

**(C)** Compete ao Conselho da República opinar sobre a decretação do estado de defesa, do estado de sítio e da intervenção federal.

**(D)** O estado de sítio somente poderá ser decretado quando presente a declaração do estado de guerra ou diante de ineficácia das medidas tomadas durante o estado de defesa.

**(E)** O estado de defesa poderá ser decretado apenas após a deliberação da maioria absoluta do Congresso Nacional.

**65.** Terão acesso aos recursos do fundo partidário e à propaganda gratuita no rádio e na televisão os partidos políticos que, na legislatura seguinte às eleições de 2018, obtiverem, nas eleições para a Câmara dos Deputados, no mínimo

**(A)** 1% dos votos válidos, distribuídos em pelo menos um terço das unidades da Federação, com, no mínimo, 1% dos votos válidos em cada uma delas.

**(B)** 1,5% dos votos válidos, distribuídos em pelo menos um terço das unidades da Federação, com, no mínimo, 1% dos votos válidos em cada uma delas.

**(C)** 2% dos votos válidos, distribuídos em pelo menos um terço das unidades da Federação, com, no mínimo, 1,5% dos votos válidos em cada uma delas.

**(D)** 2,5% dos votos válidos, distribuídos em pelo menos um terço das unidades da Federação, com no mínimo, 2% dos votos válidos em cada uma delas.

**(E)** 2,5% dos votos válidos, distribuídos em pelo menos um terço das unidades da Federação, com, no mínimo, 2,5% dos votos válidos em cada uma delas.

**66.** Embora os partidos políticos com registro deferido pelo Tribunal Superior Eleitoral (TSE) possam receber dinheiro proveniente de várias fontes para a sua própria manutenção, existem regramentos a serem obedecidos no gasto desse dinheiro pelos partidos políticos. Acerca desse assunto, assinale a opção correta.

**(A)** Os partidos políticos são autorizados a utilizar recursos do fundo partidário para celebrar contratos bancários, tais como empréstimos e consórcios, com o objetivo de adquirir imóvel para funcionar como sede de suas atividades.

**(B)** Os diretórios partidários são impedidos de utilizar recursos próprios para liquidação de contratos bancários, tais como empréstimos e consórcios, celebrados com o objetivo de adquirir imóvel para funcionar como sede de suas atividades.

**(C)** Os partidos políticos têm permissão para executar, com recursos do fundo partidário, obras de benfeitorias em imóvel locado como sede partidária por período não inferior a cinco anos, ainda que estritamente necessárias.

**(D)** Os diretórios partidários, em todas as instâncias, são autorizados a liquidar, com recursos próprios, contratos bancários, tais como empréstimos e consórcios, celebrados para aquisição de imóvel para funcionar como sede de suas atividades.

**(E)** Os partidos políticos são autorizados a empregar recursos do fundo partidário na execução de obras de benfeitorias, se estritamente necessárias, em imóvel locado como sede partidária por período inferior a cinco anos.

**67.** Serão admitidos como recursos destinados às campanhas eleitorais os valores que

**(A)** forem provenientes de receitas decorrentes da aplicação financeira de recursos de campanha.

**(B)** forem provenientes de doações estimáveis em dinheiro feitas por pessoas jurídicas.

**(C)** não forem provenientes de doações de outros partidos e de outros candidatos.

**(D)** forem provenientes de doações em dinheiro feitas por pessoas jurídicas.

**(E)** não forem provenientes de promoção de eventos de arrecadação realizados diretamente pelo candidato.

**68.** A respeito da criação de partidos políticos no Brasil, assinale a opção correta.

**(A)** Os fundadores de partido político em formação, em número máximo de cento e um, são encarregados de subscrever e dirigir os requerimentos de registro do partido para o cartório de registro civil de pessoas jurídicas competente.

**(B)** Após obter o seu registro civil, o partido político em formação deverá informar sua criação ao TSE, no prazo de cem dias contados da obtenção desse registro.

**(C)** Em até um ano após adquirir personalidade jurídica, o partido político tem de comprovar o apoiamento mínimo de eleitores filiados, no total de, pelo menos, 0,5% dos votos dados na última eleição geral para a Câmara dos Deputados, não computados os votos em branco e os nulos.

**(D)** A apresentação do requerimento de registro de partido político em formação no cartório de registro civil basta para autorizar à nova agremiação o recebimento de recursos do fundo partidário e o acesso gratuito ao rádio e à televisão para propaganda.

**(E)** A estrutura interna, a organização e o funcionamento do partido político em formação serão determinados pela justiça eleitoral, até o registro definitivo do partido.

**69.** A respeito das regras que devem ser obedecidas por candidatos, eleitores e pela justiça eleitoral em dia de eleições, desde o início até o término da votação, é correto afirmar que

**(A)** é vedada a manifestação individual e silenciosa da preferência do eleitor por determinado partido político, coligação ou candidato.

**(B)** é permitida a aglomeração de pessoas portando vestuário padronizado, bandeiras, broches, dísticos e adesivos que caracterizem manifestação coletiva.

**(C)** é permitido aos fiscais partidários o uso de crachá com o nome e a sigla do partido político ou da coligação de sua preferência, bem como de vestuário padronizado.

**(D)** é permitida aos candidatos e aos fiscais partidários a arregimentação de eleitores, desde que a uma distância mínima de duzentos metros das zonas eleitorais.

**(E)** é vedada a divulgação de qualquer espécie de propaganda de partidos políticos ou de seus candidatos, assim como a publicação de novos conteúdos ou o impulsionamento de conteúdos de caráter partidário em aplicações de Internet.

**70.** A respeito da prestação de contas por partidos políticos e candidatos e da arrecadação de dinheiro para fins eleitorais, julgue os seguintes itens.

**I.** As doações realizadas por pessoas físicas a partido político são limitadas a 10% dos rendimentos brutos auferidos pelo doador no ano-calendário anterior à eleição.

**II.** As contas bancárias utilizadas para o registro da movimentação financeira de campanha eleitoral estão submetidas ao sigilo, e seus extratos integram informações de natureza privada, não compondo a prestação de contas à justiça eleitoral.

**III.** O candidato deverá emitir recibo eleitoral referente à cessão de automóvel de propriedade de seu cônjuge que tenha sido destinado ao uso pessoal do candidato durante a campanha.

**IV.** Os partidos políticos devem destinar, no mínimo, 20% do montante do Fundo Especial de Financiamento de Campanha para aplicação nas campanhas de suas candidatas.

Assinale a opção correta.

**(A)** Apenas o item I está certo.

**(B)** Apenas o item II está certo.

**(C)** Apenas o item III está certo.

**(D)** Apenas os itens II e IV estão certos.

**(E)** Apenas os itens I, III e IV estão certos.

**71.** Entre as competências da Secretaria de Acompanhamento Econômico do Ministério da Fazenda, órgão do Sistema Brasileiro de Defesa da Concorrência (SBDC), inclui-se a de

**(A)** decidir pela insubsistência dos indícios, arquivando os autos do inquérito administrativo ou de seu procedimento preparatório.

**(B)** sugerir ao Tribunal Administrativo de Defesa Econômica condições para a celebração de acordo em controle de concentrações e fiscalizar o seu cumprimento.

**(C)** desenvolver estudos e pesquisas objetivando orientar a política de prevenção de infrações da ordem econômica.

**(D)** opinar, quando considerar pertinente, sobre proposições legislativas em tramitação no Congresso Nacional, nos aspectos referentes à promoção da concorrência.

**(E)** instruir o público sobre as diversas formas de infração da ordem econômica e os modos de sua prevenção e repressão.

**72.** Determinado título de crédito foi emitido com eficácia sujeita às normas previstas no Código Civil, não sendo aplicável, na espécie, nenhuma norma especial. A respeito desse título, é correto afirmar que será possível a realização do

**(A)** aval, que será válido com a simples assinatura do avalista no anverso do título.

**(B)** endosso, que deverá ser dado exclusivamente no anverso do título.

**(C)** endosso, na forma parcial.

**(D)** aval, na forma parcial.

**(E)** endosso condicional e o aval cancelado.

**73.** Para recuperação judicial nos termos legais, as microempresas e as empresas de pequeno porte, assim definidas em lei, poderão apresentar plano especial de recuperação judicial, o qual

(A) deverá abranger todos os credores, sendo possível em qualquer hipótese a inclusão posterior dos credores não habilitados na recuperação judicial.

(B) não deverá abranger os créditos vincendos na data do pedido de recuperação judicial.

(C) deverá prever o parcelamento em até sessenta parcelas, iguais e sucessivas, atualizadas monetariamente, mas sem acréscimo de juros.

(D) deverá prever o pagamento da primeira parcela no prazo máximo de sessenta dias, contado da distribuição do pedido de recuperação judicial.

(E) não deverá acarretar a suspensão do curso da prescrição nem das ações e execuções por créditos não abrangidos pelo plano de recuperação judicial.

**74.** À luz do Código Civil, assinale a opção correta a respeito das empresas individuais de responsabilidade limitada (EIRELI).

(A) O nome empresarial deverá ser formado com o uso do termo limitada após a firma ou a denominação social.

(B) A participação do empresário em outra EIRELI é permitida, sendo a ele, entretanto, vedada a participação em outras espécies societárias.

(C) A formação dessas empresas poderá ser resultado da concentração de quotas de outra modalidade societária na pessoa de um único sócio.

(D) As regras previstas para as sociedades em comandita simples serão aplicadas às EIRELI, no que couber.

(E) A constituição de tais empresas exige um capital social integralizado, com valor máximo de quarenta salários mínimos.

**75.** Um juiz de direito substituto que considerar as normas previstas no Código Civil e no Código de Processo Civil acerca de estabelecimento comercial procederá corretamente se

(A) decidir pela eficácia da alienação do estabelecimento, ocorrida sem anuência ou ciência dos credores, e determinar a divisão do valor, mesmo que insuficiente para solver o passivo do estabelecimento.

(B) indeferir pedido da defesa para nomeação de um administrador-depositário, determinando-lhe que apresente plano de administração sobre a penhora de um estabelecimento comercial.

(C) decidir que, após doze meses contados da data do negócio, o alienante poderá fazer concorrência ao adquirente de um estabelecimento comercial caso não exista disposição sobre esse ponto no contrato.

(D) reconhecer efeito da cessão dos créditos referentes ao estabelecimento transferido aos devedores, desde a publicação da transferência, porém o devedor será exonerado da obrigação se, de boa-fé, pagar ao cedente.

(E) indeferir o pedido de ineficácia dos efeitos do arrendamento do estabelecimento comercial quanto a terceiros, ainda que comprovado o fundamento do pedido sobre a falta de publicidade e do devido registro do ato de arrendamento.

**76.** Um banco emissor assumiu perante o ordenante a obrigação de proceder ao pagamento em favor de beneficiário, condicionado esse pagamento à apresentação de determinada comprovação do negócio jurídico realizado entre o ordenante e o beneficiário.

Considerando-se essa situação hipotética, é correto afirmar que esse contrato é um

(A) depósito bancário.

(B) desconto bancário.

(C) mútuo bancário.

(D) resseguro.

(E) crédito documentário.

**77.** Para aprovação das deliberações, as sociedades limitadas exigem quóruns diferenciados, a depender da matéria a ser discutida. Acerca desse assunto, assinale a opção que indica uma matéria que exige, no mínimo, o quórum de três quartos do capital social para sua aprovação.

(A) aprovação das contas da administração

(B) destituição dos administradores da sociedade

(C) pedido de recuperação de empresa em juízo

(D) nomeação e destituição do liquidante e julgamento de suas contas

(E) modificação do contrato social

**78.** De acordo com a Lei 4.320/1964, classificam-se como inversões financeiras as dotações orçamentárias destinadas

(A) a despesas às quais não corresponda contra-prestação direta em bens ou serviços, bem como as destinadas a obras de conservação e adaptação de bens imóveis.

(B) a obras de conservação e adaptação de bens imóveis e ao aumento do capital de empresas que visem a objetivos financeiros.

(C) ao aumento do capital de empresas que visem a objetivos financeiros, bem como as destinadas ao planejamento e à execução de obras.

(D) ao planejamento e à execução de obras e à aquisição de bens de capital já em utilização.

(E) à aquisição de bens de capital já em utilização e ao aumento do capital de empresas que visem a objetivos financeiros.

**79.** Para os efeitos da Lei Complementar 123/2006, observados os limites de receita bruta e os demais requisitos legais, consideram-se como microempresas, além da sociedade empresária,

(A) a sociedade por ações, as cooperativas de consumo e o empresário.

(B) a sociedade simples, a empresa individual de responsabilidade limitada e o empresário.

(C) a sociedade simples, a empresa individual de responsabilidade limitada e as cooperativas que não sejam de consumo.

(D) a empresa individual de responsabilidade limitada, o empresário e as cooperativas que não sejam de consumo.

(E) a sociedade simples, a sociedade por ações e o empresário.

**80.** Uma autoridade tributária, respaldada por lei, emitiu despacho concedendo moratória em caráter individual para determinado contribuinte e, assim, suspendeu a exigibilidade do crédito tributário. Posteriormente, o benefício foi revogado de ofício pelo fisco, em razão de ter sido comprovado que o beneficiário dolosamente simulou as condições para a sua fruição. Com esse fundamento, houve a imposição de penalidade ao contribuinte e a sua exclusão formal do programa em questão.

Nessa situação hipotética, de acordo com o Código Tributário Nacional,

(A) a concessão da moratória suspendeu o prazo decadencial para a cobrança do crédito, não sendo computado o tempo decorrido entre a concessão e a revogação do benefício.

(B) a concessão da moratória interrompeu o prazo prescricional para a cobrança do crédito, razão

pela qual esse prazo somente recomeçou a correr após a revogação do benefício.

(C) o tempo decorrido entre a concessão do benefício e a sua revogação não é computado para efeito da prescrição do direito à cobrança do crédito.

(D) a revogação do benefício só terá validade se tiver ocorrido antes do término do prazo prescricional do direito à cobrança do crédito.

(E) a revogação do benefício só terá validade se tiver ocorrido antes do término do prazo decadencial relativo ao direito de constituição do crédito.

**81.** O § 1º do art. 145 da Constituição Federal de 1988 dispõe que "Sempre que possível, os impostos terão caráter pessoal e serão graduados segundo a capacidade econômica do contribuinte, facultado à administração tributária, especialmente para conferir efetividade a esses objetivos, identificar, respeitados os direitos individuais e nos termos da lei, o patrimônio, os rendimentos e as atividades econômicas do contribuinte".

O princípio do direito tributário relacionado à norma constitucional transcrita anteriormente é o

(A) princípio da capacidade contributiva.

(B) princípio da igualdade tributária.

(C) princípio da irretroatividade tributária.

(D) princípio da não cumulatividade.

(E) princípio da benignidade.

**82.** Determinada lei tributária prevê o valor do teto para a cobrança de uma taxa de fiscalização, permitindo que ato do Poder Executivo fixe o valor específico do tributo e autorizando o ministro da Economia a corrigir monetariamente, a partir de critérios próprios, esse valor.

A respeito dessa lei hipotética, considerando-se a jurisprudência do STF acerca do princípio da legalidade tributária, é correto afirmar que

(A) a delegação do ato infralegal para a fixação do valor da taxa ou determinação dos critérios para a sua correção é inconstitucional.

(B) os índices de correção monetária da taxa podem ser atualizados por ato do Poder Executivo, ainda que em percentual superior aos índices de correção monetária legalmente previstos.

(C) a fixação do valor da taxa por ato normativo infralegal, se em proporção razoável com os custos da atuação estatal, é permitida, devendo sua correção monetária ser atualizada em percentual não superior aos índices legalmente previstos.

**(D)** o Poder Executivo tem permissão legal para fixar discricionariamente o valor da correção monetária da referida taxa, independentemente de previsão legal de índice de correção.

**(E)** a fixação, em atos infralegais, de critérios para a correção monetária de taxas é inconstitucional, independentemente de observar expressa previsão legal.

**83.** A respeito de imunidade tributária e isenção tributária, é correto afirmar que

**(A)** a isenção está no campo infraconstitucional e corresponde a uma hipótese de não incidência da norma tributária.

**(B)** a imunidade está no plano constitucional e proíbe a própria instituição do tributo relativamente às situações e pessoas imunizadas.

**(C)** a isenção é criada diretamente pela Constituição Federal de 1988, sendo uma norma negativa de competência tributária.

**(D)** a imunidade pressupõe a incidência da norma tributária, sendo o crédito tributário excluído pelo legislador.

**(E)** a imunidade está no plano de aplicação da norma tributária, sendo equivalente ao estabelecimento de uma alíquota nula.

**84.** Uma associação de moradores de um bairro de determinado município da Federação propôs uma ação civil pública (ACP) em desfavor da concessionária de energia local, para que seja determinada a redução do campo eletromagnético em linhas de transmissão de energia elétrica localizadas nas proximidades das residências dos moradores do bairro, alegando eventuais efeitos nocivos à saúde humana em decorrência desse campo eletromagnético. Apesar de estudos desenvolvidos pela Organização Mundial da Saúde afirmarem a inexistência de evidências científicas convincentes que confirmem a relação entre a exposição humana a valores de campos eletromagnéticos acima dos limites estabelecidos e efeitos adversos à saúde, a entidade defende que há incertezas científicas sobre a possibilidade de esse serviço desequilibrar o meio ambiente ou atingir a saúde humana, o que exige análise dos riscos.

Nessa situação hipotética, o pedido da associação feito na referida ACP se pauta no princípio ambiental

**(A)** da precaução.

**(B)** da proporcionalidade.

**(C)** da equidade.

**(D)** do poluidor-pagador.

**(E)** do desenvolvimento sustentável.

**85.** Na propriedade de Roberto, localizada em um município do estado de Santa Catarina, existe um conjunto de cavidades naturais subterrâneas, sobre o qual Roberto pretende construir um empreendimento.

De acordo com a Constituição Federal de 1988, a pretensão de Roberto é juridicamente inviável, porque essas cavidades são bens de titularidade

**(A)** do estado de Santa Catarina.

**(B)** do município de localização da propriedade.

**(C)** da União.

**(D)** comum da União, do estado de Santa Catarina e do município de localização da propriedade.

**(E)** concorrente da União, do estado de Santa Catarina e do município de localização da propriedade.

**86.** O Instituto do Meio Ambiente de Santa Catarina (IMA/SC) é o órgão ambiental da esfera estadual catarinense responsável pela execução de programas e projetos de proteção ambiental, bem como pelo controle e pela fiscalização de atividades potencialmente causadoras de degradação ambiental. De acordo com a Lei 6.938/1981, o IMA/SC compõe o Sistema Nacional do Meio Ambiente (SISNAMA) na qualidade de

**(A)** órgão superior.

**(B)** órgão supervisor.

**(C)** órgão local.

**(D)** órgão seccional.

**(E)** órgão consultivo e deliberativo.

**87.** Determinada empresa pretende instalar uma indústria cloroquímica no estado de Santa Catarina e está ciente de que as atividades dessa indústria gerarão resíduos sólidos, líquidos e gasosos perigosos à saúde, ao bem-estar e à segurança da população local, ainda que sejam adotados todos os métodos adequados de controle e tratamento de efluentes.

Para compatibilizar as atividades da referida indústria cloroquímica com a proteção ambiental, a empresa deverá instalar esse empreendimento em

**(A)** zona de uso estritamente industrial aprovada e delimitada pelo governo do estado de Santa Catarina.

(B) zona de uso predominantemente industrial aprovada e delimitada pelo governo do estado de Santa Catarina.

(C) zona de uso diversificado aprovada e delimitada pelo governo do estado de Santa Catarina.

(D) zona de uso ambiental-industrial aprovada e delimitada pela União e pelo município interessado.

(E) zona de uso estritamente industrial aprovada e delimitada pela União, ouvidos os governos interessados, tanto do estado de Santa Catarina quanto do município.

**88.** Uma associação de proteção ao patrimônio ambiental de Santa Catarina, constituída havia seis meses, ajuizou ACP requerendo a paralisação das obras de construção de um *resort* sobre dois sambaquis do estado — depósitos de conchas dos povos pré-históricos que habitaram as regiões litorâneas do estado. A entidade, cumprindo sua finalidade institucional de proteger o meio ambiente, pleiteou na ACP a condenação do proprietário do *resort* pelos danos até então causados ao patrimônio arqueológico.

De acordo com a legislação que rege os meios processuais para a defesa ambiental, a referida associação

(A) não detém legitimidade para propor a ACP, em razão do seu tempo de pré-constituição, mas poderia propor ação popular com o mesmo fim.

(B) não detém legitimidade para propor a ACP, porque a defesa de patrimônio arqueológico extrapola as suas finalidades.

(C) detém legitimidade para propor a ACP, independentemente de ter sido constituída nos termos da lei civil, pois não se exige das associações o registro do seu estatuto em cartório.

(D) detém legitimidade para propor a ACP, pois o requisito de tempo de pré-constituição poderá ser dispensado pelo juiz, se verificado manifesto interesse social pela dimensão do dano.

(E) não detém legitimidade para propor a ACP, a menos que atue em litisconsórcio com o Ministério Público.

**89.** Joana, moradora de uma comunidade quilombola, tem baixo grau de instrução e trabalha na principal atividade de subsistência da sua comunidade, que é a pesca. Durante uma pescaria, feita sempre aos domingos, no período noturno, ela capturou dois filhotes de baleia-franca, espécie inserida na lista local de espécies ameaçadas de extinção. Depois desse dia, Joana passou a fazer da pesca dessa espécie animal uma atividade econômica, com a

venda para o comércio da região. Somente após ter praticado reiteradamente a atividade criminosa, ela descobriu que essa espécie de baleia era ameaçada de extinção. Arrependida, Joana dirigiu-se a uma delegacia de polícia e informou, com antecedência, à autoridade policial todos os locais em que havia instalado armadilhas de pesca. Além disso, passou a trabalhar em um projeto social para reparar o dano causado e a colaborar com os agentes encarregados da vigilância e do controle ambiental.

Conforme as disposições da Lei 9.605/1998, assinale a opção que indica circunstâncias atenuantes de eventual pena criminal que possa ser imputada a Joana.

(A) o baixo grau de instrução de Joana e o seu pertencimento a uma comunidade quilombola

(B) o arrependimento de Joana, sua pretensão de reparar o dano e a periodicidade das pescas (sempre aos domingos)

(C) a comunicação prévia de Joana do perigo iminente de degradação ambiental, em razão das armadilhas de pesca instaladas, e a periodicidade das pescas (sempre aos domingos)

(D) o baixo grau de instrução de Joana e sua colaboração com os agentes encarregados da vigilância e do controle ambiental

(E) o pertencimento de Joana a uma comunidade quilombola e a sua desistência voluntária

**90.** Laura tem uma propriedade com 100 hectares de vegetação nativa de campos localizada na área urbana de Blumenau, no estado de Santa Catarina.

Com referência a essa situação hipotética, assinale a opção correta à luz do Código Florestal.

(A) Laura tem obrigação de preservar 20% da vegetação nativa do seu imóvel a título de reserva legal.

(B) Laura tem obrigação de preservar 35% da vegetação nativa do seu imóvel a título de reserva legal.

(C) Laura tem obrigação de preservar 50% da vegetação nativa do seu imóvel a título de reserva legal.

(D) Laura tem obrigação de preservar 80% da vegetação nativa do seu imóvel a título de reserva legal.

(E) Laura é dispensada de preservar a vegetação nativa do seu imóvel a título de reserva legal.

**91.** No âmbito do direito administrativo, segundo a doutrina majoritária, a autoexecutoriedade dos atos administrativos é caracterizada pela possibilidade de a administração pública

**(A)** anular seus próprios atos, quando eivados de vícios que os tornem ilegais, sem necessidade de controle judicial.

**(B)** assegurar a veracidade dos fatos indicados em suas certidões, seus atestados e suas declarações, o que afasta o controle judicial.

**(C)** impor os atos administrativos a terceiros, independentemente de sua concordância, por meio de ato judicial.

**(D)** executar suas decisões por meios coercitivos próprios, sem a necessidade da interferência do Poder Judiciário.

**(E)** executar ato administrativo por meios coercitivos próprios, o que afasta o controle judicial posterior.

**92.** Um bem imóvel, que foi adquirido pela administração pública em decorrência de procedimento judicial, deverá ser alienado.

Nessa situação, à luz da Lei 8.666/1993, as modalidades de licitação que podem ser adotadas pela administração pública para alienação do referido bem são

**(A)** concorrência e leilão.

**(B)** concorrência e convite.

**(C)** leilão e pregão.

**(D)** convite e tomada de preço.

**(E)** tomada de preço e pregão.

**93.** De acordo com a Lei 8.987/1995 — que dispõe sobre o regime de concessão e permissão da prestação de serviços públicos previsto no art. 175 da Constituição Federal —, na hipótese de concessão de serviço público precedida de execução de obra pública,

**(A)** a subconcessão é juridicamente possível, situação que dispensa a realização de concorrência para a sua outorga.

**(B)** a concessionária não poderá contratar terceiros para o desenvolvimento de atividades inerentes, acessórias ou complementares ao serviço concedido.

**(C)** o julgamento da licitação deverá ser feito exclusivamente de acordo com o critério do menor valor da tarifa do serviço público a ser prestado.

**(D)** a concessão poderá ser feita a pessoa física ou jurídica que demonstre capacidade para o seu desempenho e a obra deverá ser realizada por conta e risco da concessionária.

**(E)** o investimento da concessionária será remunerado e amortizado mediante a exploração do serviço ou da obra por prazo determinado.

**94.** Tendo como referência as disposições da Lei Estadual 6.745/1985, do estado de Santa Catarina, assinale a opção correta.

**(A)** O regime de trabalho dos servidores públicos do estado de Santa Catarina será, em regra, de quarenta e quatro horas semanais, ressalvada previsão específica na legislação de regência de determinada carreira.

**(B)** A equivalência de vencimentos e a manutenção da essência das atribuições do cargo são requisitos que devem ser observados para fins de redistribuição.

**(C)** Readaptação implica em mudança de cargo e não tem prazo certo de duração, devendo ser observados os demais requisitos legais.

**(D)** O tempo de serviço público prestado à União, a estado, a município ou ao Distrito Federal é computado integralmente para efeito de aposentadoria do servidor, mas não para pagamento de adicional por tempo de serviço.

**(E)** O vencimento consiste na retribuição mensal paga ao servidor pelo exercício do cargo e corresponde ao valor da remuneração somado às vantagens pecuniárias.

**95.** A alteração unilateral de contrato administrativo pela administração pública poderá

**(A)** ser qualitativa, se houver necessidade de modificar o projeto ou as especificações, ou quantitativa, se for necessária a modificação do valor em razão de acréscimo ou diminuição do seu objeto.

**(B)** ocorrer normalmente, desde que sejam atendidos os limites legais, mas não deverá servir para garantir o reequilíbrio econômico-financeiro do contrato.

**(C)** ocorrer comumente, porque é aceita pela doutrina e pela jurisprudência pátria, embora não esteja prevista expressamente na legislação aplicável.

**(D)** ser unicamente quantitativa, não sendo possível que o poder público diminua o montante contratual a valor inferior ao que foi acordado na licitação.

**(E)** implicar na modificação do regime de execução da obra ou do serviço ou na substituição da garantia de execução.

**96.** De acordo com o entendimento majoritário e atual do STJ, a responsabilidade civil do Estado por condutas omissivas é

(A) objetiva, bastando que sejam comprovadas a existência do dano, efetivo ou presumido, e a existência de nexo causal entre conduta e dano.

(B) objetiva, bastando a comprovação da culpa *in vigilando* e do dano efetivo.

(C) subjetiva, sendo necessário comprovar negligência na atuação estatal, o dano causado e o nexo causal entre ambos.

(D) subjetiva, sendo necessário comprovar a existência de dolo e dano, mas sendo dispensada a verificação da existência de nexo causal entre ambos.

(E) objetiva, bastando que seja comprovada a negligência estatal no dever de vigilância, admitindo-se, assim, a responsabilização por dano efetivo ou presumido.

**97.** Com referência a essa situação, assinale a opção correta a partir do entendimento majoritário e atual do STF.

(A) O Estado possui culpa presumida e responde solidariamente pelos encargos trabalhistas inadimplidos, visto que a terceirização da atividade-fim constitui ato ilícito.

(B) O Estado possui responsabilidade solidária e de aplicação automática com relação às dívidas trabalhistas da empresa contratada.

(C) O Estado possui responsabilidade subsidiária, a qual independe de culpa, sendo suficiente a comprovação de que não foi possível realizar a cobrança em desfavor da empresa inadimplente.

(D) A responsabilidade pelo pagamento das dívidas trabalhistas não é transferida automaticamente da empresa contratada para o poder público, seja em caráter solidário ou subsidiário.

(E) A responsabilidade pelo pagamento das dívidas trabalhistas é transferida automaticamente da empresa contratada para o poder público, sendo suficiente, para tanto, a comprovação da inadimplência do empregador.

**98.** Segundo entendimento do STJ, para a aplicação da teoria da encampação em mandado de segurança, é suficiente que se demonstrem nos autos, cumulativamente,

(A) a existência das informações prestadas pelo órgão de representação judicial, a manifestação a respeito do mérito nas informações prestadas e a ausência de modificação de competência estabelecida na Constituição Federal.

(B) o vínculo hierárquico entre a autoridade que prestou as informações e a que ordenou a prática do ato impugnado, a manifestação a respeito do mérito nas informações prestadas e a ausência de modificação de competência estabelecida na Constituição Federal.

(C) a manifestação do órgão de representação judicial da pessoa jurídica interessada e as informações prestadas pela autoridade indicada como coautora.

(D) o vínculo hierárquico entre a autoridade que prestou informações e a que ordenou a prática do ato impugnado e a não configuração de qualquer das hipóteses de incompetência absoluta estabelecidas na Constituição Federal.

(E) a manifestação a respeito do mérito nas informações prestadas nos autos e a não configuração de qualquer das hipóteses de incompetência absoluta estabelecidas na Constituição Federal.

**99.** As ilhas costeiras são bens públicos que pertencem

(A) aos estados, no caso de ilhas situadas nas águas interiores e na zona contígua, até o limite interior da plataforma continental, ou à União, no caso de ilhas situadas na plataforma continental.

(B) à União, com exceção das ilhas que contenham as sedes de capitais ou que possuam unidades de conservação estadual ou municipal.

(C) à União, ressalvadas as ilhas que contenham a sede de municípios, que podem ter áreas sob domínio municipal ou particular, e as áreas sob o domínio dos estados.

(D) aos municípios, no caso de ilhas situadas aquém das águas interiores, ou aos estados, no caso de ilhas situadas nas águas interiores até o fim da zona contígua.

(E) aos estados, salvo as que contenham a sede de municípios, as áreas afetadas ao serviço público dos demais entes e as unidades ambientais federais.

**100.** A respeito de organizações sociais, assinale a opção correta considerando o entendimento do STF em sede de controle concentrado.

(A) É inconstitucional a previsão legal de cessão de servidor público a organização social: essa hipótese configura desvio de função.

(B) O contrato de gestão não configura hipótese de convênio, uma vez que prevê negócio jurídico de natureza comutativa e se submete ao mesmo regime jurídico dos contratos administrativos.

(C) As organizações sociais, por integrarem o terceiro setor, integram a administração pública, razão pela qual devem submeter-se, em suas contratações com terceiros, ao dever de licitar.

(D) O indeferimento do requerimento de qualificação da organização social deve ser pautado pela publicidade, transparência e motivação, mas não precisa observar critérios objetivos, devendo ser respeitada a ampla margem de discricionariedade do Poder Público.

(E) A qualificação da entidade como organização social configura hipótese de simples credenciamento, o qual não exige licitação em razão da ausência de competição.

# FOLHA DE RESPOSTAS

| | | | | | | | | | | | |
|---|---|---|---|---|---|---|---|---|---|---|---|
| 1 | A | B | C | D | E | | 39 | A | B | C | D | E |
| 2 | A | B | C | D | E | | 40 | A | B | C | D | E |
| 3 | A | B | C | D | E | | 41 | A | B | C | D | E |
| 4 | A | B | C | D | E | | 42 | A | B | C | D | E |
| 5 | A | B | C | D | E | | 43 | A | B | C | D | E |
| 6 | A | B | C | D | E | | 44 | A | B | C | D | E |
| 7 | A | B | C | D | E | | 45 | A | B | C | D | E |
| 8 | A | B | C | D | E | | 46 | A | B | C | D | E |
| 9 | A | B | C | D | E | | 47 | A | B | C | D | E |
| 10 | A | B | C | D | E | | 48 | A | B | C | D | E |
| 11 | A | B | C | D | E | | 49 | A | B | C | D | E |
| 12 | A | B | C | D | E | | 50 | A | B | C | D | E |
| 13 | A | B | C | D | E | | 51 | A | B | C | D | E |
| 14 | A | B | C | D | E | | 52 | A | B | C | D | E |
| 15 | A | B | C | D | E | | 53 | A | B | C | D | E |
| 16 | A | B | C | D | E | | 54 | A | B | C | D | E |
| 17 | A | B | C | D | E | | 55 | A | B | C | D | E |
| 18 | A | B | C | D | E | | 56 | A | B | C | D | E |
| 19 | A | B | C | D | E | | 57 | A | B | C | D | E |
| 20 | A | B | C | D | E | | 58 | A | B | C | D | E |
| 21 | A | B | C | D | E | | 59 | A | B | C | D | E |
| 22 | A | B | C | D | E | | 60 | A | B | C | D | E |
| 23 | A | B | C | D | E | | 61 | A | B | C | D | E |
| 24 | A | B | C | D | E | | 62 | A | B | C | D | E |
| 25 | A | B | C | D | E | | 63 | A | B | C | D | E |
| 26 | A | B | C | D | E | | 64 | A | B | C | D | E |
| 27 | A | B | C | D | E | | 65 | A | B | C | D | E |
| 28 | A | B | C | D | E | | 66 | A | B | C | D | E |
| 29 | A | B | C | D | E | | 67 | A | B | C | D | E |
| 30 | A | B | C | D | E | | 68 | A | B | C | D | E |
| 31 | A | B | C | D | E | | 69 | A | B | C | D | E |
| 32 | A | B | C | D | E | | 70 | A | B | C | D | E |
| 33 | A | B | C | D | E | | 71 | A | B | C | D | E |
| 34 | A | B | C | D | E | | 72 | A | B | C | D | E |
| 35 | A | B | C | D | E | | 73 | A | B | C | D | E |
| 36 | A | B | C | D | E | | 74 | A | B | C | D | E |
| 37 | A | B | C | D | E | | 75 | A | B | C | D | E |
| 38 | A | B | C | D | E | | 76 | A | B | C | D | E |

| 77 | A | B | C | D | E |
|----|---|---|---|---|---|
| 78 | A | B | C | D | E |
| 79 | A | B | C | D | E |
| 80 | A | B | C | D | E |
| 81 | A | B | C | D | E |
| 82 | A | B | C | D | E |
| 83 | A | B | C | D | E |
| 84 | A | B | C | D | E |
| 85 | A | B | C | D | E |
| 86 | A | B | C | D | E |
| 87 | A | B | C | D | E |
| 88 | A | B | C | D | E |

| 89 | A | B | C | D | E |
|-----|---|---|---|---|---|
| 90 | A | B | C | D | E |
| 91 | A | B | C | D | E |
| 92 | A | B | C | D | E |
| 93 | A | B | C | D | E |
| 94 | A | B | C | D | E |
| 95 | A | B | C | D | E |
| 96 | A | B | C | D | E |
| 97 | A | B | C | D | E |
| 98 | A | B | C | D | E |
| 99 | A | B | C | D | E |
| 100 | A | B | C | D | E |

# GABARITO COMENTADO

**1.** Gabarito: A
Comentário: **A:** Correta, pois essa é a definição de negócio jurídico simulado. Ex: a pessoa simula uma compra venda, quando na realidade o que faz na prática é uma doação. O vício está previsto no art. 167 CC e torna nulo o negócio jurídico simulado, porém subsiste o negócio que se dissimulou se válido for na substância e na forma; **B:** incorreta, pois o erro ocorre quando a pessoa se engana, há uma falsa percepção da realidade em relação a uma pessoa, negócio, objeto ou direito. É o vício de consentimento que se forma sem induzimento intencional de pessoa interessada (art. 138 a 144 CC); **C:** incorreta, pois o dolo é o erro induzido de maneira artificiosa, ou seja, a intenção ardilosa de viciar a vontade de determinada pessoa em uma dada situação concreta (art. 145 a 150 CC); **D:** incorreta, pois a lesão ocorre quando uma pessoa, sob premente necessidade, ou por inexperiência, se obriga a prestação manifestamente desproporcional ao valor da prestação oposta (art. 157 CC); **E:** incorreta, pois a reserva mental ocorre quando a declaração expressa não corresponde com a vontade real do agente. Há uma declaração não querida em seu conteúdo com a intenção de enganar o destinatário o terceiro (art. 110 CC). GN

**2.** Gabarito: D
Comentário: A: incorreta, pois a multa penitencial não tem relação com a inexecução do contrato. Consiste no preço definido pelas partes para o exercício do direito potestativo de arrependimento, cujo valor deve ser fixado pela liberdade contratual segundo a boa-fé objetiva e a função social do contrato. Esses limites da boa-fé objetiva e da função social do contrato são disciplinados de modo expresso no art. 473, parágrafo único, do CC, o qual versa sobre o direito de resilição unilateral decorrente de expressa ou implícita permissão legal, relacionado, via de regra, aos contratos de execução continuada firmados por tempo indeterminado; **B:** correta, pois a cláusula penal está diretamente ligada a inexecução do contrato e é aplicada desde que, culposamente, deixe de cumprir a obrigação ou se constitua em mora (art. 408 CC); **C:** incorreta, pois as perdas e danos têm caráter indenizatório e abrangem, além do que o credor efetivamente perdeu, o que razoavelmente deixou de lucrar (art. 402 CC); **D:** incorreta, pois as arras penitenciais possuem a finalidade de garantir o direito de arrependimento entre as partes, vedando indenização suplementar por perdas e danos aos contraentes. Têm condão puramente indenizatório (art. 420 CC); **E:**

incorreta, pois a multa pura e simples não tem relação com inadimplemento contratual, sendo estipulada para casos de infração de certos deveres, como a imposta ao infrator de trânsito. Ex: art. 183 do Código de Trânsito Brasileiro: *Parar o veículo sobre a faixa de pedestres na mudança de sinal luminoso (Infração – média): Penalidade – multa.* GN

**3.** Gabarito: C
Comentário: **A:** incorreta, pois a doação contemplativa é aquela que é feita levando em consideração o merecimento do donatário. Também é chamada de meritória (art. 540, 1ª parte CC); **B:** incorreta, pois a doação mista é aquela em que se procura beneficiar por meio de um contrato de caráter oneroso. Decorre da inserção de liberalidade em alguma modalidade diversa de contrato. Embora haja a intenção de doar, há também um preço, um valor fixado, que caracteriza a venda (art. 540, 2ª parte CC); **C:** correta (art. 551 CC); **D:** incorreta, pois por tratar-se de um bem único a mais de uma pessoa entende-se que o bem não pode ser dividido. Na verdade, quanto a doação, entende-se distribuída entre os donatários por igual (art. 551, parte final CC); **E:** incorreta, pois a doação hibrida trata-se de uma doação mista (*negotium mixtum cum donatione*) com matiz de contrato oneroso. Ex: um sujeito paga, livremente, 500 reais por um bem que vale apenas 100 (art. 540, 2ª parte CC). GN

**4.** Gabarito: B
Comentário: **A:** incorreta, pois a cláusula proibitiva de endosso é considerada como não escrita (art. 890 CC); **B:** correta (art. 890 CC); **C:** incorreta, pois não se trata aposição anulável, mas tida como não escrita (art. 890 CC); **D:** incorreta, pois não se trata de aposição válida, se aceita expressamente pelo tomador, mas sim de aposição não escrita (art. 890 CC); **E:** incorreta, pois não se trata de aposição inexistente, se dada no anverso do título, mas sim de aposição não escrita (art. 890 CC). GN

**5.** Gabarito: Anulada

**6.** Gabarito: B
Comentário: **I:** Certa: Recurso Especial. Civil e processual civil. Família. Guarda compartilhada. Consenso. Desnecessidade. Limites geográficos. Implementação. Impossibilidade. Melhor interesse dos menores. Súmula 7/STJ. 1. A implementação da guarda compartilhada não se sujeita à transigência dos genitores. 2. As peculiaridades do caso concreto inviabilizam a implementação

da guarda compartilhada, tais como a dificuldade geográfica e a realização do princípio do melhor interesse dos menores, que obstaculizam, a princípio, sua efetivação. 3. Às partes é concedida a possibilidade de demonstrar a existência de impedimento insuperável ao exercício da guarda compartilhada, como por exemplo, limites geográficos. Precedentes. 4. A verificação da procedência dos argumentos expendidos no recurso especial exigiria, por parte desta Corte, o reexame de matéria fática, o que é vedado pela Súmula 7 deste Tribunal. 5. Recurso especial não provido. Recurso Especial 1.605.477 – RS (2016/0061190-9); **II:** errada, pois esse dever é do juiz, não do Ministério Público. O próprio juiz é que deve informar os pais (art. 1.584, § 1º CC); **III:** errada, pois o descumprimento imotivado de cláusula de guarda compartilhada acarretará a redução de prerrogativas atribuídas ao seu detentor (art. 1.584, § 4º CC); **IV:** certa (art. 1.589 *caput* CC). Portanto, a alternativa correta é a letra B. GN

---

**7.** Gabarito: D

Comentário: **A:** incorreta, pois há proibição expressa no sentido de que testemunha signatária não pode der herdeira nem legatária no testamento (art. 1.801, II CC). Neste caso, a disposição é nula (art. 1.802, *caput* CC), não passível, portanto, nem de convalidação e nem de confirmação; **B:** incorreta, pois a disposição é nula nos termos do art. 1.802, *caput* CC; **C:** incorreta, pois trata-se de disposição nula e não anulável, conforme art. 1.802, *caput* CC, logo, não há que se falar em comprovação de vício de vontade; **D:** correta (arts. 1.801, II e 1.802, *caput* CC); **E:** incorreta, pois codicilo (também chamado de testamento anão) é um instrumento em que o testador faz disposições especiais sobre o seu enterro, sobre esmolas de pouca monta a certas e determinadas pessoas, ou, indeterminadamente, aos pobres de certo lugar, assim como legar móveis, roupas ou joias, de pouco valor, de seu uso pessoal (art. 1.881 CC) GN

---

**8.** Gabarito: E

Comentário: **A:** incorreta, pois para caracterizar a posse de boa-fé a lei não exige documento escrito de compra e venda. Caso ele exista presume-se a boa-fé (art. 1.201, 1ª parte CC), porém ele não é indispensável. A posse apenas perde o caráter de boa-fé no caso e desde o momento em que as circunstâncias façam presumir que o possuidor não ignora que possui indevidamente (art. 1.202 CC); **B:** incorreta, pois não é relevante o tanto de tempo que a pessoa fique sem conhecer o vício. Basta que ela simplesmente ignore o vício (art. 1.202 CC); **C:** incorreta, pois esses requisitos também se aplicam na posse de má-fé. O que importa saber é se o possuidor ignora o vício ou não (art. 1.202 CC); **D:** incorreta, pois não é relevante para fins de determinar a boa-fé se o

possuidor recebeu a posse de alguém que possuía de fato a coisa ou exercia a posse indireta. O que importa saber é se ele tinha ciência do vício ou não (art. 1.202 CC); **E:** correta (art. 1.202 CC). GN

---

**9.** Gabarito: C

Comentário: **A:** incorreta, pois pelo princípio da legalidade compete ao oficial do cartório avaliar a legalidade, validade e eficácia do título apresentado para registro (art. 198 da Lei 6.015/73); **B:** incorreta, pois o princípio da especialidade rege os dois pilares do registro imobiliário que são o objeto e as partes contratantes. O objeto do contrato deve ser perfeitamente identificado, descrito e indicar o título anterior; sendo especializado de tal forma que o torne heterogêneo, único e destacado. As partes contratantes devem ser identificadas e particularizadas, para que caso a situação jurídica de uma delas tenha se modificado, haja uma adequação do registro com a nova situação, para só então haver uma similaridade entre o título e o que consta no registro (arts. 176, § 1º, II, itens 3 e 4, 222 e 225 da Lei 6015/73); **C:** correta, pois o princípio da continuidade é aquele através do qual se garante a segurança dos registros imobiliários, devendo cada registro se apoiar no anterior, formando um encadeamento histórico de titularidade, o que caracteriza o imóvel (arts. 195 e 196 da Lei 6015/73); **D:** incorreta, pois pelo princípio da força probante também conhecido como princípio da fé pública, presume-se pertencer o direito real à pessoa em cujo nome se encontra registrado o imóvel. Induz a presunção de propriedade produzindo todos os efeitos legais enquanto existir e a partir do momento que se descobre que o documento não produz a verdade pode ele ser retificado ou anulado como elencado no art. 1.247 CC; **E:** incorreta, pois prevê o princípio da territorialidade que o imóvel deve ser localizado dentro do território previsto em lei para que determinada serventia torne o ato de registro válido, ou seja, exige-se que o registro seja feito na circunscrição imobiliária da situação do imóvel (art. 169 da Lei 6015/73). GN

---

**10.** Gabarito: A

Comentário: **A:** correta (art. 1.369, *caput* CC); **B:** incorreta, pois no direito de uso o usuário usará da coisa e perceberá os seus frutos, quanto o exigirem as necessidades suas e de sua família (art. 1.412, CC). Esse direito não está relacionado a ceder a terra por tempo determinado para plantar; **C:** incorreta, pois o usufruto é um direito real que recai sobre coisa alheia, de caráter temporário, inalienável e impenhorável, concedido a outrem para que este possa usar e fruir coisa alheia como se fosse própria, sem alterar sua substância e zelando pela sua integridade e conservação. O usufrutuário poderá utilizar e perceber os frutos naturais, industriais e civis da coisa, enquanto o nu-proprietário possui a faculdade de dispor da mesma (art. 1.390 seguintes CC). É possível que se imponha uma condição resolutiva ao usufruto. Enquanto esta não realizar, vigorará o negócio jurídico (usufruto, no caso), podendo exercer-se desde a conclusão deste o direito por ele estabelecido (art. 127 CC); **D**: incorreta, pois o usufruto impróprio, chamado de quase usufruto, recai sobre bens fungíveis e/ou consumíveis. Assim dispõe o artigo 1.392 CC. Nessa situação, o usufrutuário adquire a propriedade e ao término do usufruto vai devolver bens do mesmo gênero quantidade e qualidade; **E**: incorreta, pois prevê o art. 579 CC que o comodato é o empréstimo gratuito de coisas não fungíveis. Perfaz-se com a tradição do objeto. O chamado comodato irregular ou impróprio tem como característica a infungibilidade limitada ao gênero, vale dizer, uma fungibilidade na espécie. Logo, o comodato irregular ou impróprio nada mais é do que um contrato de mútuo. GN

**11.** Gabarito: C
Comentário: **A**: incorreta, pois a ação deve ser ajuizada no foro de situação do bem imóvel, ou seja, Florianópolis/SC (CPC, art. 47); **B**: incorreta, porque a medida adequada é ação de adjudicação compulsória (CC, art. 1.418); **C**: correta, conforme entendimento sumulado do STJ (CPC, art. 47 e Súmula 239/STJ: O direito à adjudicação compulsória não se condiciona ao registro do compromisso de compra e venda no cartório de imóveis); **D**: incorreta, já que a medida adequada seria a ação de adjudicação compulsória, que independerá do registro do compromisso de compra e venda no registro de imóveis e a ação deve ser proposta em Florianópolis/SC (CPC, art. 47 e Súmula 239/STJ); **E**: incorreta, considerando que independe do registro do compromisso de compra e venda no registro de imóveis e a ação deve ser proposta em Florianópolis/SC (CPC, art. 47 e Súmula 239/STJ). LD/ACC

**12.** Gabarito: Anulada

**13.** Gabarito: E
Comentário: **A**: incorreta, pois o prazo para suscitar a falsidade é de 15 dias úteis (CPC, art. 430); **B**: incorreta, tendo em vista que o STJ admite a arguição de falsidade ideológica, desde que a declaração de falsidade não importe em desconstituição da situação jurídica discutida; **C**: incorreta, já que a falsidade será, em regra, resolvida como questão incidental (e não em incidente apartado), além disso, não haverá suspensão do processo (CPC, art. 430, p.u.); **D**: incorreta, porque se a parte que produziu o documento concordar em retirá-lo, não será realizado o exame pericial (CPC, art. 432, p.u.); **E**: correta (CPC, art. 430, p.u.) – e nesse caso haverá coisa julgada. LD/ACC

**14.** Gabarito: Anulada

**15.** Gabarito: B
Comentário: **A**: incorreta, pois os credores do legatário têm legitimidade para requerer a abertura do inventário (CPC, art. 616, VI); **B**: correta, por expressa previsão legal (CPC, art. 554, §§1º e 2º); **C**: incorreta, porque é expressamente admitida reconvenção em ação monitória – sendo vedada a reconvenção à reconvenção (CPC, art. 702, §6º); **D**: incorreta, já que a morte de qualquer das partes é causa de suspensão do curso do processo (CPC, art. 313, I e §§ 1º e 2º) – sendo a habilitação realizada para que haja a sucessão no polo processual (CPC, art. 687); **E**: incorreta, considerando que os embargos podem ser opostos por terceiro proprietário, inclusive o proprietário fiduciário (CPC, art. 674, § 1º). LD/ACC

**16.** Gabarito: A
Comentário: **A**: correta (vide STJ, Informativo 580); **B**: incorreta, já que, segundo o entendimento do STJ, o prazo prescricional para a execução individual de sentença coletiva proferida em ACP é de 5 anos (STJ, Informativo 515); **C**: incorreta, pois o prazo prescricional é contado do trânsito em julgado da sentença coletiva (STJ, Informativo 580); **D**: incorreta, porque o prazo prescricional é de 5 anos, contados do trânsito em julgado da sentença (STJ, Informativos 515 e 580); **E**: incorreta, uma vez que o prazo de prescrição é quinquenal (STJ, Informativo 515). LD/ACC

**17.** Gabarito: C
Comentário: **A**: incorreta, pois a posterior desocupação do imóvel não obsta o cumprimento provisório da sentença em relação aos aluguéis (vide AgInt no AREsp 544.885/RS); **B**: incorreta, porque a Lei 8.245/91 prevê que nas ações de despejo os recursos interpostos contra a sentença terão efeito apenas devolutivo (Lei 8.245/91, art. 58, V); **C**: correta, por se tratar de expressa previsão legal (Lei 8.245/91, art. 58, V); **D**: incorreta, já que há regramento específico na Lei de Locações (Lei 8.245/91, art. 58, V); **E**: incorreta, considerando que o mérito do recurso não se limita à ordem de desocupação, logo, não há que se falar em desistência do recurso. LD/ACC

**18.** Gabarito: D
Comentário: **A**: incorreta, pois a doutrina (e jurisprudência) entendem como constitucionais as prerrogativas processuais do MP, Advocacia Pública e Defensoria, considerando a natureza dos interesses defendidos em juízo (CPC, arts. 7º e 139, I); **B**: incorreta, porque, conforme parte da doutrina, o conceito teria três enfoques ("tridimensional"), pois envolve: (i) vedação de instituição de juízo ou tribunal de exceção (ou seja, pós-fato); (ii) garantia de julgamento por juiz competente; e (iii)

imparcialidade (CF, art. 5°, XXXVII); **C:** incorreta, já que há previsão de situações de contraditório postergado ou diferido no CPC/15, como concessão de tutela de urgência e, em alguns casos, de tutela de evidência (CPC, art. 9°, p.u.); **D:** correta, pois para parte da doutrina, esses são os pilares do princípio da cooperação (CPC, art. 6°); **E:** incorreta, porque não foram expressamente previstos os princípios da moralidade e impessoalidade (CPC, art. 8°). LD/ACC

**19.** Gabarito: C
Comentário: **I:** incorreta, pois a decisão de autocomposição judicial ou extrajudicial, uma vez homologada pelo *juiz*, constitui título executivo *judicial* – o simples instrumento de transação referendado por conciliador é que constitui título executivo *extrajudicial* (CPC, arts. 515, II e III e 784, IV); **II:** correta (CPC, art. 784, V); **III:** incorreta, já que o contrato garantido por caução (seja garantia real ou fidejussória) constitui, por si só, título executivo extrajudicial, dispensando a assinatura das 2 testemunhas (CPC, art. 784, V); **IV:** correta (CPC, art. 784, X). LD/ACC

**20.** Gabarito: Anulada

**21.** Gabarito: D
Comentário: **I:** Falsa. Em sede de Recurso Repetitivo, (tema 939), o STJ firmou a seguinte tese: "Legitimidade passiva 'ad causam' da incorporadora, na condição de promitente-vendedora, para responder pela restituição ao consumidor dos valores pagos a título de comissão de corretagem e de taxa de assessoria técnico-imobiliária, nas demandas em que se alega prática abusiva na transferência desses encargos ao consumidor'. **II:** Verdadeira. Em sede de Recurso Repetitivo (Tema 938), o STJ firmou as seguintes teses: (I) Incidência da prescrição trienal sobre a pretensão de restituição dos valores pagos a título de comissão de corretagem ou de serviço de assistência técnico-imobiliária (SATI), ou atividade congênere (artigo 206, § 3°, IV, CC). (vide REsp n. 1.551.956/SP). (I) Validade da cláusula contratual que transfere ao promitente-comprador a obrigação de pagar a comissão de corretagem nos contratos de promessa de compra e venda de unidade autônoma em regime de incorporação imobiliária, desde que previamente informado o preço total da aquisição da unidade autônoma, com o destaque do valor da comissão de corretagem; (vide REsp n. 1.599.511/SP). (II, parte final) Abusividade da cobrança pelo promitente-vendedor do serviço de assessoria técnico-imobiliária (SATI), ou atividade congênere, vinculado à celebração de promessa de compra e venda de imóvel. (vide REsp n. 1.599.511/SP). **III:** Verdadeira. Conforme justificativa acima. RD

**22.** Gabarito: C
Comentário: Em sede de recurso repetitivo, o STJ fixou as seguintes teses (tema 972): "1. Abusividade da cláusula que prevê o ressarcimento pelo consumidor da despesa com o registro do pré-gravame, em contratos celebrados a partir de 25/02/2011, data de entrada em vigor da Res.-CMN 3.954/2011, sendo válida a cláusula pactuada no período anterior a essa resolução, ressalvado o controle da onerosidade excessiva. 2. Nos contratos bancários em geral, o consumidor não pode ser compelido a contratar seguro com a instituição financeira ou com seguradora por ela indicada. 3. A abusividade de encargos acessórios do contrato não descaracteriza a mora". RD

**23.** Gabarito: B
Comentário: **A:** incorreta. Entende o STJ que "O Ministério Público é parte legítima para pleitear tratamento médico ou entrega de medicamentos nas demandas de saúde propostas contra os entes federativos, mesmo quando se tratar de feitos contendo beneficiários individualizados, porque se refere a direitos individuais indisponíveis, na forma do art. 1° da Lei n. 8.625/1993 (Lei Orgânica Nacional do Ministério Público)" (Tema 766). **B:** correta. O tema é sensível e amplamente discutível na doutrina e jurisprudência. A legitimidade da defensoria está expressamente prevista no art. 5° da LACP e se justifica pela hipossuficiência econômica, jurídica e organizacional dos beneficiários da ação. Veja o acórdão muito elucidativo: Embargos de divergência no recurso especial nos embargos infringentes. Processual civil. Legitimidade da defensoria pública para a propositura de ação civil pública em favor de idosos. Plano de saúde. Reajuste em razão da idade tido por abusivo. Tutela de interesses individuais homogêneos. Defesa de necessitados, não só os carentes de recursos econômicos, mas também os hipossuficientes jurídicos. Embargos de divergência acolhidos. (...) 2. A atuação primordial da Defensoria Pública, sem dúvida, é a assistência jurídica e a defesa dos necessitados econômicos, entretanto, também exerce suas atividades em auxílio a necessitados jurídicos, não necessariamente carentes de recursos econômicos, como é o caso, por exemplo, quando exerce a função do curador especial, previsto no art. 9°, inciso II, do Código de Processo Civil, e do defensor dativo no processo penal, conforme consta no art. 265 do Código de Processo Penal. 3. No caso, o direito fundamental tutelado está entre os mais importantes, qual seja, o direito à saúde. Ademais, o grupo de consumidores potencialmente lesado é formado por idosos, cuja condição de vulnerabilidade já é reconhecida na própria Constituição Federal, que dispõe no seu art. 230, sob o Capítulo VII do Título VIII ("Da Família, da Criança, do Adolescente, do Jovem e do Idoso"): "A

família, a sociedade e o Estado têm o dever de amparar as pessoas idosas, assegurando sua participação na comunidade, defendendo sua dignidade e bem-estar e garantindo-lhes o direito à vida." 4. "A expressão 'necessitados' (art. 134, *caput*, da Constituição), que qualifica, orienta e enobrece a atuação da Defensoria Pública, deve ser entendida, no campo da Ação Civil Pública, em sentido amplo, de modo a incluir, ao lado dos estritamente carentes de recursos financeiros – os miseráveis e pobres –, os hipervulneráveis (isto é, os socialmente estigmatizados ou excluídos, as crianças, os idosos, as gerações futuras), enfim todos aqueles que, como indivíduo ou classe, por conta de sua real debilidade perante abusos ou arbítrio dos detentores de poder econômico ou político, 'necessitem' da mão benevolente e solidarista do Estado para sua proteção, mesmo que contra o próprio Estado. Vê-se, então, que a partir da ideia tradicional da instituição forma-se, no Welfare State, um novo e mais abrangente círculo de sujeitos salvaguardados processualmente, isto é, adota-se uma compreensão de *minus habentes* impregnada de significado social, organizacional e de dignificação da pessoa humana" (REsp 1.264.116/RS, Rel. Ministro Herman Benjamin, Segunda Turma, julgado em 18/10/2011, DJe 13/04/2012). 5. O Supremo Tribunal Federal, a propósito, recentemente, ao julgar a ADI 3943/DF, em acórdão ainda pendente de publicação, concluiu que a Defensoria Pública tem legitimidade para propor ação civil pública, na defesa de interesses difusos, coletivos ou individuais homogêneos, julgando improcedente o pedido de declaração de inconstitucionalidade formulado contra o art. 5º, inciso II, da Lei 7.347/1985, alterada pela Lei 11.448/2007 ("Art. 5º Têm legitimidade para propor a ação principal e a ação cautelar: ... II – a Defensoria Pública"). 6. Embargos de divergência acolhidos para, reformando o acórdão embargado, restabelecer o julgamento dos embargos infringentes prolatado pelo Terceiro Grupo Cível do Tribunal de Justiça do Estado do Rio Grande do Sul, que reconhecera a legitimidade da Defensoria Pública para ajuizar a ação civil pública em questão. (EREsp 1192577/RS, Rel. Ministra Laurita Vaz, Corte Especial, julgado em 21/10/2015, DJe 13/11/2015). **C:** incorreta. Entendeu o STJ que não está presente a relação de consumo entre a seguradora e o segurado do DPVAT. Por essa razão, a associação de defesa do consumidor não pode representar em juízo os segurados: "Ausente, sequer tangencialmente, relação de consumo, não se afigura correto atribuir a uma associação, com fins específicos de proteção ao consumidor, legitimidade para tutelar interesses diversos, como é o caso dos que se referem ao seguro DPVAT, sob pena de desvirtuar a exigência da representatividade adequada, própria das ações coletivas" (STJ, 1.091.756 – MG). **D:** incorreta. Na forma do art. 84 do CDC a "ação que tenha por objeto o cumprimento da obrigação de fazer ou não fazer, o juiz concederá a tutela específica da obrigação ou determinará providências que assegurem o resultado prático equivalente ao do adimplemento". Só será convertida em perdas e danos se por elas optar o autor ou se impossível a tutela específica ou a obtenção do resultado prático correspondente (§ 1º do art. 84 do CDC). **E:** incorreta. Na hipótese de ação de regresso prevista no art. 13 do CDC, poderá, por força do art. 88 do mesmo diploma legal, ser ajuizada em processo autônomo, sendo facultada a possiblidade de prosseguir-se nos mesmos autos, sendo expressamente vedada a denunciação da lide. **RD**

---

**24.** Gabarito: D
Comentário: questão controvertida

---

**25.** Gabarito: A
Comentário: **A:** correta. Conforme entendimento do STJ, é abusiva a exclusão do seguro de acidentes pessoais em contrato de adesão para as hipóteses de: I) gravidez, parto ou aborto e suas consequências; II) perturbações e intoxicações alimentares de qualquer espécie; e III) todas as intercorrências ou complicações consequentes da realização de exames, tratamentos clínicos ou cirúrgicos. (REsp. 1635238/SP). **B:** incorreta. A seguradora não pode recusar a contratação de seguro a quem se disponha a pronto pagamento se a justificativa se basear unicamente na restrição financeira do consumidor junto a órgãos de proteção ao crédito. (STJ. 3ª Turma. REsp 1594024-SP, Rel. Min. Ricardo Villas Bôas Cueva, julgado em 27/11/2018 – Informativo 640). **C:** Conforme entendimento do STJ, há relação de consumo entre a seguradora e a concessionária de veículos que firmam seguro empresarial visando à proteção do patrimônio desta em razão da destinação pessoal, ainda que com o intuito de resguardar veículos utilizados em sua atividade comercial, desde que o seguro não integre os produtos ou serviços oferecidos por esta. (Veja REsp 733.560-RJ, e REsp 814.060-RJ). **D:** incorreta. Conforme a súmula 620 do STJ "A embriaguez do segurado não exime a seguradora do pagamento da indenização prevista em contrato de seguro de vida". **E:** incorreta. Conforme entendimento externado pelo STJ, as normas protetivas do Código de Defesa do Consumidor não se aplicam ao seguro obrigatório (DPVAT) (Veja REsp 1.635.398-PR). **RD**

---

**26.** Gabarito: A
Comentário: **I:** incorreta. O direito fundamental à educação está expressamente previsto no art. 208 e seguintes da Constituição Federal e não tem natureza programática (aplicação imediata nos termos do art. 5º, § 1º, da CF). **II:** incorreta. Sendo norma de aplicação imediata, não já que se falar em reserva do possível, devendo o poder público oferecer educação desde o nascimento da criança até o

ensino médio. Nesse sentido, já entendeu o STF: "(...) o papel do poder judiciário na implementação de políticas públicas previstas na constituição e não efetivadas pelo poder público a fórmula da reserva do possível na perspectiva da teoria dos custos dos direitos: impossibilidade de sua invocação para legitimar o injusto inadimplemento de deveres estatais de prestação constitucionalmente impostos ao poder público. (CPC, art. 85, § 11)". (RE 1.101.106). Veja também: Recurso Extraordinário. Criança de até cinco anos de idade. Atendimento em creche. Educação infantil. Direito assegurado pelo próprio texto constitucional (CF, art. 208, IV, na redação dada pela EC 53/2006). Compreensão global do direito constitucional à educação – dever jurídico cuja execução se impõe ao poder público (CF, art. 211, § 2º)". (RE 1101106). **III:** incorreta. Tendo em vista o direito à educação ser norma de eficácia imediata, pode o poder judiciário impor à administração pública o dever de matricular o infante na rede pública de ensino. Ademais, é possível a atuação do Poder Judiciário na garantia de direitos sociais, não havendo violação a separação dos poderes (ADPF 45). Vide também comentários anteriores. ▣

___

**27.** Gabarito: B

Comentário: **I:** incorreta. A oitiva informal, prevista no art. 179 do ECA, não exige defesa técnica, posto que o Ministério Público não tem a função acusatória prevista expressamente no Código de Processo Penal. Assim, entende também o Superior Tribunal de Justiça que a oitiva informal *não está submetida aos princípios do contraditório e da ampla defesa* (HC 109.242/SP). **II:** correta. Apesar de válida a audiência informal sem defesa técnica, é inválida a sentença homologatória que impõe medida socioeducativa sem a presença de defensor. Nesse sentido: **"Em que pese o Tribunal de origem não tenha debatido satisfatoriamente a questão, a liminar deve ser deferida, de ofício. Isto porque, ainda que admita a jurisprudência a falta de defesa técnica na oitiva com o Ministério Público, a ausência do defensor na apresentação em Juízo e na sentença homologatória evidencia a ilegalidade, sendo violado o princípio da ampla defesa.** No mesmo sentido: *Habeas corpus*. ECA. Remissão concedida pelo Ministério Público ao paciente, como forma de exclusão dos procedimentos, cumulada com medida socioeducativa de prestação de serviços à comunidade. Cumprimento das medidas por precatória. Ausência de defesa técnica em juízo quando da homologação. Ilegalidade flagrante. Ofensa ao princípio da ampla defesa. Anulação do procedimento. Incompetência do tribunal *a quo* para revisar decisão proferida pelo juízo deprecante. Supressão de instância. Ordem concedida de ofício. (...)" HC 435.209/DF. **III:** incorreta. Nos termos do art. 126 do ECA, "Antes de iniciado o procedimento judicial para apuração de ato infracional, o representante

do Ministério Público poderá conceder a remissão, como forma de exclusão do processo, atendendo às circunstâncias e consequências do fato, ao contexto social, bem como à personalidade do adolescente e sua maior ou menor participação no ato infracional". Assim, pode o Ministério Público conceder a remissão em conjunto com as medidas socioeducativas previstas no art. 112, incisos I a IV, desde que haja homologação a autoridade judicial (Súmula 108 do STJ: A aplicação de medidas socioeducativas ao adolescente, pela prática de ato infracional, é da competência exclusiva do juiz). ▣

___

**28.** Gabarito: C

Comentário: **A**: incorreta. Nos termos do art. 197-C, *caput*, do ECA, a intervenção de equipe interdisciplinar é mandatória: "*Intervirá no feito, obrigatoriamente, equipe interprofissional a serviço da Justiça da Infância e da Juventude, que deverá elaborar estudo psicossocial, que conterá subsídios que permitam aferir a capacidade e o preparo dos postulantes para o exercício de uma paternidade ou maternidade responsável, à luz dos requisitos e princípios desta Lei*". **B**: incorreta. Nos termos do art. 191, parágrafo único, do Eca, "*Havendo motivo grave, poderá a autoridade judiciária, ouvido o Ministério Público, decretar liminarmente o afastamento provisório do dirigente da entidade, mediante decisão fundamentada*". **C**: correta. Conforme a súmula 383 do STJ "A competência para processar e julgar as ações conexas de interesse de menor é, em princípio, do foro do domicílio do detentor de sua guarda". A regra favorece a aplicação da proteção integral do menor que também justifica a relativização da regra da *perpetuatio jurisdictionis*. Sobre o assunto veja: STJ. CC 147.057/SP, rel. Min. Moura Ribeiro, j. 07.12.2016. **D**: incorreta. A desistência de outras provas diante da confissão do adolescente é considerada nula (Súmula 342 do STJ). **E)** incorreta. Os prazos estabelecidos no ECA são contados em dias corridos, excluído o dia do começo e incluído o dia do vencimento, sendo vedado o prazo em dobro para a Fazenda Pública e para o Ministério Público. (art. 152, § 2º, do ECA). ▣

___

**29.** Gabarito: D

Comentário: As condutas descritas são típicas conforme art. 241-B do ECA, tratando-se, portanto, de crimes em concurso material:

Art. 241-B. Adquirir, possuir ou armazenar, por qualquer meio, fotografia, vídeo ou outra forma de registro que contenha cena de sexo explícito ou pornográfica envolvendo criança ou adolescente:

Pena – reclusão, de 1 (um) a 4 (quatro) anos, e multa.

§ 1º A pena é diminuída de 1 (um) a 2/3 (dois terços) se de pequena quantidade o material a que se refere o caput deste artigo.

§ 2º Não há crime se a posse ou o armazenamento tem a finalidade de comunicar às autoridades competentes a ocorrência das condutas descritas nos arts. 240, 241, 241-A e 241-C desta Lei, quando a comunicação for feita por:
I – agente público no exercício de suas funções;
II – membro de entidade, legalmente constituída, que inclua, entre suas finalidades institucionais, o recebimento, o processamento e o encaminhamento de notícia dos crimes referidos neste parágrafo;
III – representante legal e funcionários responsáveis de provedor de acesso ou serviço prestado por meio de rede de computadores, até o recebimento do material relativo à notícia feita à autoridade policial, ao Ministério Público ou ao Poder Judiciário.
§ 3º As pessoas referidas no § 2º deste artigo deverão manter sob sigilo o material ilícito referido. ED

---

**30.** Gabarito: E
Comentário: **A:** incorreta. De acordo com o art. 49 da Lei 12.594/12 "São direitos do adolescente submetido ao cumprimento de medida socioeducativa, sem prejuízo de outros previstos em lei: (...) II – ser incluído em programa de meio aberto quando inexistir vaga para o cumprimento de medida de privação da liberdade, exceto nos casos de ato infracional cometido mediante grave ameaça ou violência à pessoa, quando o adolescente deverá ser internado em Unidade mais próxima de seu local de residência". **B:** incorreta. Conforme a súmula 265 STJ: "É necessária a oitiva do menor infrator antes de decretar-se a regressão da medida socioeducativa". **C:** incorreta. De acordo com o art. 69 da Lei 12.594/12 "É garantido aos adolescentes em cumprimento de medida socioeduca-tiva de internação o direito de receber visita dos filhos, independentemente da idade desses". **D:** incorreta. De acordo com o art. 73 da Lei 12.594/12: "Nenhum socioeducando poderá desempenhar função ou tarefa de apuração disciplinar ou aplicação de sanção nas entidades de atendimento socioeducativo". **E:** correta. Nos termos do art. 45, § 2º, da Lei 12.594/12: "É vedado à autoridade judiciária aplicar nova medida de interna-ção, por atos infracionais praticados anteriormente, a adolescente que já tenha concluído cumprimento de medida socioeducativa dessa natureza, ou que tenha sido transferido para cumprimento de medida menos rigorosa, sendo tais atos absorvidos por aqueles aos quais se impôs a medida socioeducativa extrema". ED

---

**31.** Gabarito: C
Comentário: questão controvertida

---

**32.** Gabarito: D
Comentário: **A:** incorreta. Somente a reincidência em crime doloso, nos termos do art. 44, II, CP, tem o condão de obstar a substituição. Ainda assim (reinci-dência em crime doloso), pode o magistrado proceder à substituição, desde que a medida revele-se socialmente recomendável e a reincidência não se tenha operado em virtude da prática do mesmo crime (reincidência específica), conforme estabelece o art. 44, § 3º, CP; **B:** incorreta, pois contraria o entendimento consagrado na Súmula 588 do STJ, que veda a substituição da pena privativa de liberdade por restritiva de direitos na hipótese narrada no enunciado: "A prática de crime ou contravenção penal contra a mulher com violência ou grave ameaça no ambiente doméstico impossibilita a substituição da pena privativa de liberdade por restritiva de direitos"; **C:** incorreta. Por força do que estabelece o art. 44, I, do CP, é vedada a substituição da pena privativa de liberdade por restritiva de direitos na hipótese de o crime ser cometido com violência ou grave a ameaça contra a pessoa. No caso do roubo, como bem sabemos, a violência ou grave ameaça é ínsita ao tipo penal, o que impede a substituição, ainda que a pena estabelecida na sentença seja igual ou inferior a quatro anos. Em outras palavras, além do requisito "duração da pena" (igual ou inferior a 4 anos), é necessária a presença do requisito "espécie de crime" (crime desprovido de violência ou grave ameaça); **D:** correta. De fato, ao tempo em que foi aplicada esta prova, a substituição se impunha pelo fato de se tratar de crime culposo (art. 44, I, CP). A partir do advento da Lei 14.071/2020, publicada em 14/10/2020 e com *vacatio* de 180 dias, tal realidade mudou. Com efeito, segundo estabelece o art. 312-B da Lei 9.503/1997 (Código de Trânsito Brasileiro), intro-duzido pela Lei 14.071/2020, *aos crimes previstos no § 3º do art. 302 e no § 2º do art. 303 deste Código não se aplica o disposto no inciso I do caput do art. 44 do Decreto-Lei 2.848, de 7 de dezembro de 1940 (Código Penal)*. Assim, veda-se a substituição da pena privativa de liberdade por restritiva de direitos quando o crime praticado for: homicídio culposo de trânsito qualificado pela embriaguez (art. 302, § 3º, do CTB) e lesão corporal de trânsito qualificada pela embriaguez (art. 303, § 2º, do CTB). Apenas para registro, o legislador, no lugar de fazer referência ao *caput* do art. 44 do CP, o fez em relação ao seu inciso I, que corresponde a um dos requisitos para concessão da substituição; **E:** incorreta. O Plenário do STF, ao julgar o HC 118.533/MS, em 23.06.2016, cuja relatoria foi da Min. Cármen Lúcia, entendeu, em dissonância com o posicionamento então adotado pelo STJ, que o crime de tráfico de drogas privilegiado não tem natureza hedionda. Já o STJ, por meio da Súmula n. 512, não mais em vigor, de forma diversa da do STF, fixou o entendimento segundo o qual "A aplicação da causa de diminuição de pena prevista no art. 33, § 4º, da Lei 11.343/2006 não afasta a hediondez do crime de tráfico de drogas". Pois bem. Sucede que a Terceira Seção do STJ, na sessão realizada em 23 de novembro

de 2016, ao julgar a QO na Pet 11.796-DF, determinou o cancelamento da referida Súmula n. 512, alinhando-se ao entendimento adotado pelo STF no sentido de que o delito de tráfico privilegiado não pode ser equiparado a crime hediondo. Atualmente, portanto, temos que tanto o STF quanto o STJ adotam o posicionamento no sentido de que o chamado tráfico privilegiado não constitui delito equiparado a hediondo. Mais recentemente, a Lei 13.964/2019 (Pacote Anticrime) inseriu no art. 112 da Lei de Execução Penal, que trata da progressão de regime, o § 5º, segundo o qual "não se considera hediondo ou equiparado, para os fins deste artigo, o crime de tráfico de drogas previsto no § 4º do art. 33 da Lei 11.343, de 23 de agosto de 2006". ED

---

**33.** Gabarito: E

Comentário: **A:** incorreta, já que, por força do que dispõe o art. 92, parágrafo único, do CP, o efeito da condenação previsto no art. 92, II, do CP não é automático, sendo de rigor que o juiz assim se manifeste na sentença; **B:** incorreta. Trata-se de efeito específico da condenação (não automático), nos termos do art. 92, I, *a*, e parágrafo único, do CP; **C:** incorreta. Segundo dispõem os arts. 16 e 18 da Lei 7.716/1989, não constitui efeito automático da condenação a perda do cargo ou função pública nos crimes praticados por servidor público resultantes de discriminação ou preconceito de raça, cor, religião ou procedência nacional; **D:** incorreta. Cuida-se de efeito não automático, nos termos do art. 181, I e § 1º, da Lei 11.101/2005; **E:** correta, uma vez que, no caso de servidor público condenado pela prática de tortura, a perda do cargo ou da função pública e a interdição para seu exercício pelo dobro do prazo da pena aplicada constitui efeito automático da condenação, sendo prescindível, portanto, que o magistrado, na sentença, expressamente assim declare (art. 1º, § 5º, da Lei 9.455/1997). Na jurisprudência: "(...) A perda do cargo, função ou emprego público – que configura efeito extrapenal secundário – constitui consequência necessária que resulta, automaticamente, de pleno direito, da condenação penal imposta ao agente público pela prática do crime de tortura (...)" (STF, AI 769637 AgR-ED – MG, 2ª T., rel. Min. Celso de Melo, 25.06.2013). ED

---

**34.** Gabarito: C

Comentário: **A:** incorreta. O crime de *calúnia* (art. 138, CP), que consiste em atribuir a alguém fato capitulado como crime, atinge a chamada honra *objetiva*, que corresponde ao conceito que o sujeito tem diante do grupo no qual está inserido. Por essa razão, a consumação deste delito é alcançada no instante em que a falsa imputação de crime chega ao conhecimento de terceiro, que não a vítima. Tal também se aplica ao crime de difamação (art. 139, CP), na medida que, tal como na

calúnia, a honra atingida é a objetiva. Diferentemente, o crime de injúria (art. 140, CP), em que a honra violada é a *subjetiva* (que corresponde ao que pensamos de nós mesmos, ou seja, autoestima), o momento consumativo é atingido no exato instante em que a ofensa chega ao conhecimento da vítima. Não é necessário, portanto, que terceiro dela tome conhecimento; **B:** incorreta, na medida em que, por expressa disposição contida no art. 138, § 2º, do CP, é punível, sim, a calúnia contra os mortos; **C:** correta. O crime de difamação, ante o que estabelece o art. 139, parágrafo único, do CP, admite a exceção da verdade, desde que a vítima seja funcionária pública e a ofensa seja relativa ao exercício de suas funções; **D:** incorreta, uma vez que a retratação, nas circunstâncias acima, constitui causa de isenção de pena (art. 143, *caput*, do CP); **E:** incorreta. A injúria discriminatória, definida no art. 140, § 3º, do CP, é crime de ação penal pública condicionada à representação (art. 145, parágrafo único, do CP, com a redação que lhe foi dada pela Lei 12.033/2009). ED

---

**35.** Gabarito: D

Comentário: Joaquim, ao exigir de Paulo determinada quantia para evitar ação fiscalizatória no estabelecimento comercial deste, cometeu o crime de concussão. Tratando-se de crime próprio do funcionário público, a questão que aqui se coloca é saber se Joaquim, mesmo licenciado do cargo que ocupa, pode incorrer neste delito. A resposta deve ser afirmativa. A despeito de se encontrar afastado do cargo de fiscal de vigilância sanitária, é certo que Joaquim, ao impor a Paulo o pagamento de vantagem indevida, se valeu do cargo que ocupava. A descrição típica contida no art. 316, *caput*, do CP não deixa dúvidas de que o sujeito ativo abrange o *intraneus* que se encontra fora da função, quer porque está suspenso, quer porque está licenciado. O importante, como já ponderado, é que o agente, ainda que fora da função ou antes de assumi-la, se valha de sua função para o fim de demandar vantagem que não lhe é devida, invocando sua atividade. ED

---

**36.** Gabarito: Anulada

---

**37.** Gabarito: B

Comentário: **I:** incorreta. A expressão *frotteurismo*, derivada do francês, consiste na excitação sexual gerada pelo ato de tocar órgãos genitais/seios ou esfregar-se (genitais contra o corpo) em determinada pessoa sem o seu consentimento. Clássico exemplo é aquele em que homens, em ônibus e trens lotados, molestam mulheres e, em alguns casos, chegam a ejacular. Episódio amplamente divulgado pelos meios de comunicação é o de um homem que, dentro do transporte público, em São Paulo, ejaculou no pescoço de uma mulher. Atualmente, a partir do advento da Lei 13.718/2018, a conduta em questão configura o crime de *importunação sexual*, disposto no art. 215-A, nos seguintes termos: *Praticar contra alguém e sem a sua anuência ato libidinoso com o objetivo de satisfazer a própria lascívia ou a de terceiro: Pena – reclusão, de 1 (um) a 5 (cinco) anos, se o ato não constitui crime mais grave*. Antes, a responsabilização se dava pela contravenção penal de *importunação ofensiva ao pudor*, definida no art. 61 da LCP, cujo preceito secundário estabelecia exclusivamente pena de multa, dispositivo este que foi revogado, de forma expressa, pela Lei 13.718/2018, tendo a conduta ali descrita migrado para o novo art. 215-A do CP, em face da regra da continuidade típico-normativa. Evidente que a pena, agora mais grave, não poderá retroagir e atingir fatos anteriores à entrada em vigor da Lei 13.718/2018. O crime de violação sexual mediante fraude, definido no art. 215 do CP, pressupõe que o agente, utilizando-se de ardil, tenha conjunção carnal ou outro ato libidinoso com a vítima. Perceba que, neste delito, o resultado pretendido pelo agente (conjunção carnal/ato libidinoso diverso) é alcançado por meio de uma fraude. Em conclusão, não é este o crime em que incorre o sujeito que pratica *frotteurismo*, e sim o de *importunação sexual*; **II**: correta, pois reflete o disposto no art. 168-A, § 4º, do CP, introduzido pela Lei 13.606/2018; **III**: correta. A Lei 13.718/2018 fez inserir, no art. 226 do CP, o inciso IV, estabelecendo que a pena será aumentada, em um terço a dois terços, nos casos de *estupro coletivo* e *estupro corretivo*; **IV**: incorreta. Prevalecia o entendimento de que a subtração de valores de caixas eletrônicos por meio da utilização de explosivos, muitas vezes com a consequente destruição parcial da agência, configurava concurso formal entre os crimes de furto e explosão. Para alguns, tratar-se-ia de hipótese de concurso formal próprio; para outros, concurso formal impróprio. Conferir: "Igualmente descabida a absorção porquanto os delitos cometidos apresentam objetividades jurídicas e sujeitos passivos diversos, visto que o furto é delito contra o patrimônio e o de explosão contra a incolumidade pública, e com vítimas diversas, ou seja, a instituição bancária e os moradores dos arredores. O mesmo se diga pelo fato de que é necessário que o crime-meio seja menos grave que o crime-fim, o que se verifica através da comparação das sanções respectivas. Ora, o crime de explosão tem apenação inicial de três anos, além de haver causa de aumento de 1/3 em seu § 2º, enquanto que a do furto qualificado inicia-se em dois anos. Cabe asseverar que o § 2º do artigo 251 traz causa de aumento, que penaliza a prática do delito, dentre outras situações, com a finalidade de obter vantagem pecuniária. Isso demonstra que o legislador, mesmo sabendo que existem tipos penais específicos para delitos contra o patrimônio, preocupou-se em punir mais severamente aquele que, ao menos objetivando ganho patrimonial, vale-se de meio que expõe a perigo a vida ou bens alheios". (TJSP, Apelação Criminal 0011705.91-2011.8.26.0201, julgado em 10/10/2013, DJe 21/10/2013). *Vide* a Tese Institucional n. 383, do Ministério Público do Estado de São Paulo. Com o advento da Lei 13.654/2018, foram introduzidas no CP duas novas modalidades de qualificadora do crime de furto, a saber: quando, para viabilizar a subtração, o agente empregar explosivo ou artefato análogo que cause perigo comum (art. 155, § 4º-A, CP), sendo esta a hipótese narrada na assertiva; e quando a subtração for de substâncias explosivas ou de acessórios que, conjunta ou isoladamente, possibilitem sua fabricação, montagem ou emprego (art. 155, § 7º, do CP). Desnecessário dizer que tal inovação legislativa teve como espoco viabilizar um combate mais efetivo a essa onda de crimes patrimoniais (furto e roubo) cometidos por meio da explosão de bancos e seus caixas eletrônicos. Mais recentemente, a Lei 13.964/2019, ao incluir o inciso IX ao art. 1º da Lei 8.072/1990, passou a considerar como hediondo o crime de *furto qualificado pelo emprego de explosivo ou de artefato análogo que cause perigo comum* (art. 155, § 4º-A, CP). Por mais estranho que possa parecer, o mesmo não ocorreu com o delito de roubo praticado nas mesmas condições (art. 157, § 2º-A, II, CP). ED

---

**38.** Gabarito: Anulada

---

**39.** Gabarito: A
Comentário: O denominado "direito penal do inimigo" foi concebido pelo jurista alemão Günther Jakobs. *Grosso modo*, esta teoria sustenta uma flexibilização ou até supressão de diversas garantias materiais e processuais. "Inimigo", para o penalista alemão, é o indivíduo que, ao violar de forma sistemática a ordem jurídica, desafia o Estado e a sociedade, de forma a desestabilizá-los. Em razão disso, o Estado, em reação, deve conferir-lhe tratamento diferenciado, flexibilizando e até suprimindo as garantias materiais e processuais, às quais somente devem fazer jus as pessoas consideradas "de bem". Dito de outro modo, as garantias conferidas às pessoas de bem (assim considerados "cidadãos") não podem ser estendidas aos inimigos, cujo objetivo consiste em afrontar o Estado. Para fazer frente a tal desafio, poderá o Estado adotar uma série de medidas, como a supressão dos direitos à ampla defesa e ao contraditório, o recrudescimento das penas e da execução penal e a criação, de forma indiscriminada, de tipos penais. Enfim, o direito penal do inimigo pressupõe um tratamento diferenciado a ser conferido ao "cidadão" e ao "não cidadão", o que exige a elaboração de uma legislação diferenciada (alternativa correta). O ataque terrorista às torres gêmeas, em Nova Iorque, ocorrido em 11 de setembro de 2000, representa um típico exemplo do chamado direito penal

do inimigo. A partir dessa tragédia, o Estado passou a produzir uma legislação "antiterror", com a supressão de diversas garantias. [ED]

## 40. Gabarito: E

Comentário: **A:** incorreta. A chamada *teoria das janelas quebradas* tem como tônica a ideia de que, ao se quebrar uma janela, se nenhuma providência for adotada, logo a casa será destruída. Traduzindo: se acaso as pequenas desordens, em princípio inofensivas, não forem reprimidas, logo se caminhará para a ocorrência de delitos mais graves. Trata-se de uma política criminal preventiva, em que o controle social enérgico de condutas menos graves (como a quebra de uma janela) serve de exemplo para desestimular o cometimento dos delitos mais graves (a casa como um todo). Cuida-se, como se pode ver, de uma política de *tolerância zero* (com os delitos menos graves). Exemplo emblemático é o caso de Nova Iorque, que, nos idos da década de 90, diante de um recrudescimento vertiginoso da violência e desordem (tráfico, homicídio, gangues etc.), adotou a política da tolerância zero, reprimindo, de forma intensa e enérgica, por meio do aparato de segurança pública, os delitos menos graves, isso com vistas a prevenir os mais graves; **B:** incorreta. A finalidade da pena, para as *teorias relativas*, tem caráter preventivo, servindo ao objetivo de evitar a prática de novas infrações penais. A pena, para esta teoria, deve ser vista como um instrumento destinado a prevenir o crime. Não se trata, pois, de uma retribuição, uma compensação, tal como preconizado pelas *teorias absolutas*. No contexto das *teorias relativas*, temos a prevenção geral e a especial. A geral está associada à ideia de intimidação de toda a coletividade, que sabe que o cometimento de uma infração penal ensejará, como consequência, a imposição de sanção penal. É dirigida, pois, ao controle da violência; **C:** incorreta. Para as *teorias ecléticas*, *unificadoras* ou *mistas*, a pena deve unir justiça e utilidade. É dizer, a pena deve, a um só tempo, servir de castigo ao condenado que infringiu a lei penal e evitar a prática de novas infrações penais. Há, pois, a conjugação das teorias absolutas e relativas. Esta é a teoria por nós adotada de acordo com o art. 59, *caput*, do CP, que assim dispõe: "(...) conforme seja necessário e suficiente para reprovação e prevenção do crime"; **D:** incorreta. As chamadas *teorias absolutas*, que se contrapõem às relativas, consideram que a pena se esgota na ideia de pura retribuição. Sua finalidade consiste numa reação punitiva, isto é, uma resposta ao mal causado pela prática criminosa; **E:** correta. Também chamada de *teoria negativa*, a *teoria agnóstica*, como o próprio nome sugere, centra-se na ideia de que a única função desempenhada pela pena consiste na neutralização do reeducando, isso em razão da ineficácia dos modelos preconizados pelas teorias absolutas e relativas. [ED]

## 41. Gabarito: C

Comentário: O enunciado não é claro quanto ao propósito de Mara em relação ao resultado produzido em Sandra. Seja como for, considerou que se trata de hipótese de concurso formal *impróprio* ou *imperfeito*. Nos termos do art. 70 do CP, o concurso formal poderá ser *próprio* (perfeito) ou *impróprio* (imperfeito). No primeiro caso (primeira parte do *caput*), temos que o agente, por meio de uma única ação ou omissão (um só comportamento), pratica dois ou mais crimes, idênticos ou não, com *unidade de desígnio*; já no *concurso formal impróprio* ou *imperfeito* (segunda parte do *caput*), a situação é diferente. Aqui, a conduta única decorre de desígnios autônomos, vale dizer, o agente, no seu atuar, deseja os resultados produzidos. Como consequência, as penas serão somadas, aplicando-se o critério ou sistema do *cúmulo material*. No concurso formal perfeito, diferentemente, se as penas previstas forem idênticas, aplica-se somente uma; se diferentes, aplica-se a maior, acrescida, em qualquer caso, de um sexto até metade (sistema da exasperação). [ED]

## 42. Gabarito: B

Comentário: **A:** incorreta. Crime *obstáculo* é aquele que se constitui em atos preparatórios tipificados como delito autônomo. É o caso da associação criminosa (art. 288, CP). *Crimes de atitude pessoal* ou *de tendência* são aqueles cuja existência está condicionada a determinada intenção do agente, não sendo esse o caso da falsidade documental para cometimento de estelionato; **B:** correta. Delito *remetido* é aquele cuja descrição típica contém referência a outro dispositivo de lei que o integra. O uso de documento falso, previsto no art. 304 do CP, é típico exemplo, na medida em que o tipo penal faz menção aos crimes definidos nos art. 297 a 302 do CP. O delito de uso de petrechos para falsificação de moeda constitui crime *obstáculo*, já que a sua descrição típica traduz atos preparatórios do crime de falsificação de moeda; **C:** incorreta. *Vago* é o crime cujo sujeito passivo é desprovido de personalidade jurídica. É o que se dá no crime de tráfico de drogas, que tem como sujeito passivo a sociedade. São também exemplos: violação de sepultura (art. 210, CP) e aborto consentido (art. 124, CP), nos quais a vítima é ente destituído de personalidade jurídica. Crime *profissional* é o delito habitual levado a efeito com o propósito de lucro, não sendo este o caso da extorsão mediante sequestro, que não pode ser classificado como crime habitual; **D:** incorreta. *Crimes de tendência* são aqueles cuja existência está condicionada a determinada intenção do agente, não sendo este o caso do crime de falso testemunho. Crime *de ação astuciosa* é aquele praticado por meio de fraude, engodo, não sendo este o caso da injúria. Exemplo típico é o estelionato; **E:** incorreta. Crime *de intenção* é aquele em que o agente busca a produção de um resultado não exigido pelo tipo penal. Clássico exemplo é o da extorsão mediante sequestro, em que a obtenção do valor do resgate constitui desdobramento típico não exigido pelo tipo penal, já que a consumação é alcançada em momento anterior, ou seja, com a perda da liberdade de locomoção da vítima. Crime de *olvido* ou *esquecimento* é aquele em que a omissão se dá em razão da negligência referente ao dever de evitar o resultado (art. 13, § 2º, CP). ED

## 43. Gabarito: D
Comentário: Excesso ou desvio de execução ocorre quando, durante a execução da pena, algum ato for praticado além dos limites fixados na sentença, em normas legais ou regulamentes (art. 185, LEP). Nas palavras de Guilherme de Souza Nucci, "instaura-se um incidente próprio, que correrá em apenso ao processo de execução, quando houver *desvio* (destinação diversa da finalidade da pena) ou *excesso* (aplicação abusiva do previsto em lei) em relação ao cumprimento da pena, seja ela de que espécie for." (*Leis penais e processuais penais comentadas*. 8. ed. São Paulo: Editora Forense, 2014. p. 366). ED

## 44. Gabarito: B
Comentário: **A:** incorreta, pois contraria o entendimento consolidado por meio da Súmula 337, do STJ; **B:** correta. Segundo entendimento sedimentado por meio das Súmulas 244, do STJ, e 521, do STF, compete ao foro do local da recusa processar o crime de estelionato mediante cheque sem provisão de fundos; **C:** incorreta. A peculiaridade do procedimento referente aos crimes de responsabilidade dos funcionários públicos reside na impugnação ofertada pelo funcionário antes do recebimento da denúncia. É a chamada *resposta* ou *defesa preliminar*, prevista no art. 514 do CPP, que somente terá incidência nos crimes funcionais afiançáveis. Com a edição da Súmula 330 do STJ, esta defesa que antecede o recebimento da denúncia deixou de ser necessária na ação penal alicerçada em inquérito policial. Dessa forma, a formalidade imposta pelo art. 514 do CPP somente se imporá, segundo o STJ, quando a denúncia se basear em outras peças de informação que não o inquérito policial; **D:** incorreta. Em decisão tomada no julgamento da ADIn n. 4.424, de 09.02.2012, o STF estabeleceu a natureza *incondicionada* da ação penal nos crimes de lesão corporal, independente de sua extensão, praticados contra a mulher no ambiente doméstico. Tal entendimento encontra-se sedimentado na Súmula 542, do STJ; **E:** incorreta, uma vez que ao juiz federal com jurisdição sobre o local da apreensão da droga remetida do exterior pela via postal compete processar e julgar o crime de tráfico transnacional de substâncias entorpecentes, nos termos da Súmula 528, do STJ. ED

## 45. Gabarito: B
Comentário: **A:** incorreta, já que não corresponde ao que estabelece o art. 427, § 1º, do CPP, segundo o qual o pedido de desaforamento será distribuído imediatamente e terá preferência de julgamento na Câmara ou Turma competente, esteja o réu preso ou solto; **B:** correta, pois reflete o disposto no art. 427, § 2º, do CPP; **C:** incorreta, pois em desconformidade com o art. 427, § 4º, do CPP; **D:** incorreta, uma vez que contraria o que dispõe o art. 427, § 4º, do CPP; **E:** incorreta, na medida em que o art. 428, *caput*, do CPP estabelece o prazo de seis meses (e não de três). ED

## 46. Gabarito: A
Comentário: **A:** correta. O chamado efeito *extensivo* diz respeito à ampliação do alcance do recurso ao corréu que, embora não haja recorrido, também foi beneficiado pelo resultado do recurso interposto por outro corréu. Em outras palavras, o corréu que não recorreu será beneficiado por recurso que não haja interposto. É o que se extrai do art. 580 do CPP. A restrição à aplicação deste dispositivo diz respeito às situações em que o recurso se fundar em motivo de caráter exclusivamente pessoal, não sendo este o caso em que é dado provimento ao recurso de forma a reconhecer-se a atipicidade do fato. Se o fato é atípico para um corréu, será também para o outro, sendo este alcançado pelos efeitos do recurso interposto por aquele; **B:** incorreta. Nada obsta que o MP renuncie ao direito de recorrer; o que não se admite é que o órgão acusador, depois de interpor o recurso, desista de dar-lhe seguimento. É o que estabelece o art. 576 do CPP, que enuncia o princípio da indisponibilidade. De igual forma e com base nesse mesmo princípio, não é dado ao MP desistir da ação que haja proposto (art. 42, CPP); **C:** incorreta, já que não será admitida a interposição de recurso da parte que não tiver interesse na reforma ou modificação da decisão (art. 577, parágrafo único, CPP); **D:** incorreta. Se o recorrente não souber assinar o nome, o termo será assinado por alguém a seu rogo na presença de duas testemunhas (art. 578, § 1º, CPP); **E:** incorreta, na medida em que não se aplicará o princípio da fungibilidade na hipótese de má-fé ou erro grosseiro (art. 579, *caput*, do CPP). ED

## 47. Gabarito: D
Comentário: **A:** incorreta, uma vez que, a teor do art. 2º, § 2º, da Lei 9.613/1998, a suspensão do processo, instituto previsto no art. 366 do CPP, não tem incidência no âmbito dos crimes de lavagem de capitais; **B:** incorreta, pois contraria o disposto no art. 2º, III, *b*, da Lei 9.613/1998; **C:** incorreta, pois contraria o disposto no art. 4º, § 5º, I, da Lei 9.613/1998; **D:** correta, pois em conformidade com o art. 4º-B da 9.613/1998; **E:** incorreta, uma vez que não reflete o disposto no art. 2º, § 1º, da Lei 9.613/1998. ED

**48.** Gabarito: C

Comentário: **A:** incorreta. O testemunho somente pode ser dado de forma oral, sendo vedado à testemunha apresentá-lo por escrito (art. 204, CPP); agora, nada impede que a testemunha, no ato de seu depoimento, faça breve consulta a informações contidas em anotações (art. 204, parágrafo único, CPP); **B:** incorreta, uma vez que é dado ao juiz, diante da existência de dúvida acerca da identidade da testemunha, tomar o seu depoimento desde logo; antes, porém, deverá o magistrado proceder à verificação pelos meios de que dispõe, com vistas a esclarecer a identidade do depoente. É o que estabelece o art. 205 do CPP; **C:** correta, pois corresponde ao que estabelece o art. 225 do CPP; **D:** incorreta, uma vez que o art. 222, § 1º, do CPP é claro ao afirmar que a expedição de carta precatória para oitiva de testemunha que resida fora da jurisdição do juiz processante não autoriza a suspensão da instrução criminal; **E:** incorreta. Antes de o Código de Processo Penal ser alterado pela Lei de Reforma 11.690/2008, vigia, entre nós, o *sistema presidencialista*, pelo qual a testemunha, depois de inquirida pelo juiz, respondia, por intermédio deste, às perguntas formuladas pelas partes. Por este sistema, não podiam acusação e defesa formular seus questionamentos diretamente à testemunha, o que somente era feito por meio do juiz. Com a alteração promovida pela Lei 11.690/2008 na redação do art. 212 do CPP, o *sistema presidencialista*, até então em vigor, deu lugar ao chamado sistema *cross examination,* segundo o qual as partes passam a dirigir suas indagações às testemunhas sem a intermediação do magistrado, de forma direta, vedados os questionamentos que puderem induzir a resposta, não tiverem relação com a causa ou importarem na resposta de outra já respondida. Ao final do depoimento, se ainda restar algum ponto não esclarecido, poderá o magistrado complementar, formulando à testemunha novas perguntas (art. 212, parágrafo único, do CPP). É por essa razão que se diz que a atividade do juiz é complementar à das partes. 🔲

**49.** Gabarito: B

Comentário: **A:** incorreta, na medida em que o inquérito policial não é imprescindível à formação da *opinio delicti*, podendo o titular da ação penal, se dispuser de provas suficientes e idôneas para sustentar a peça acusatória, promover diretamente a ação penal. É o que se extrai do art. 12 do CPP: *o inquérito policial acompanhará a denúncia ou queixa sempre que servir de base a uma ou outra*; **B:** correta. O sigilo, que é imanente ao inquérito policial (art. 20 do CPP), não pode, ao menos em regra, ser oposto ao advogado do investigado. Com efeito, por força do que estabelece o art. 7º, XIV, da Lei 8.906/1994 (Estatuto da Advocacia), constitui direito do advogado, entre outros: "examinar, em qualquer insti-

tuição responsável por conduzir investigação, mesmo sem procuração, autos de flagrante e de investigações de qualquer natureza, findos ou em andamento, ainda que conclusos à autoridade, podendo copiar peças e tomar apontamentos, em meio físico ou digital" (redação determinada pela Lei 13.245/2016). Sobre este tema, o STF editou a Súmula Vinculante 14, a seguir transcrita: "É direito do defensor, no interesse do representado, ter acesso amplo aos elementos de prova que, já documentados em procedimento investigatório realizado por órgão com competência de polícia judiciária, digam respeito ao exercício do direito de defesa". Registre-se, todavia, que determinados procedimentos de investigação, geralmente realizados em autos apartados, como a interceptação telefônica e a infiltração, somente serão acessados pelo patrono do investigado depois de concluídos e inseridos nos autos do inquérito. Ou seja, tais procedimentos permanecerão em sigilo, nesse caso absoluto, enquanto não forem encerrados. Nesse sentido já se manifestou o STJ: "1. Ao inquérito policial não se aplica o princípio do contraditório, porquanto é fase investigatória, preparatória da acusação, destinada a subsidiar a atuação do órgão ministerial na persecução penal. 2. Deve-se conciliar os interesses da investigação com o direito de informação do investigado e, consequentemente, de seu advogado, de ter acesso aos autos, a fim de salvaguardar suas garantias constitucionais. 3. Acolhendo a orientação jurisprudencial do Supremo Tribunal Federal, o Superior Tribunal de Justiça decidiu ser possível o acesso de advogado constituído aos autos de inquérito policial em observância ao direito de informação do indiciado e ao Estatuto da Advocacia, ressalvando os documentos relativos a terceiras pessoas, os procedimentos investigatórios em curso e os que, por sua própria natureza, não dispensam o sigilo, sob pena de ineficácia da diligência investigatória. 4. *Habeas corpus* denegado" (HC 65.303/PR, Rel. Ministro Arnaldo Esteves Lima, Quinta Turma, julgado em 20.05.2008, *DJe* 23.06.2008); **C:** incorreta, visto que não corresponde ao que estabelece o art. 107 do CPP, que assim dispõe: "Não se poderá opor suspeição às autoridades policiais nos atos do inquérito, mas deverão elas declarar-se suspeitas, quando ocorrer motivo legal"; **D:** incorreta. As partes e o juiz podem valer-se dos elementos informativos colhidos ao longo das investigações; o que não se admite, por imposição do art. 155, *caput*, do CPP, é que o juiz forme seu convencimento com base exclusiva nos elementos produzidos na investigação; dito de outra forma, o inquérito não pode servir de suporte único para uma condenação; **E:** incorreta. Ainda que diante de hipótese de manifesta atipicidade da conduta investigada, é defeso à autoridade policial proceder ao arquivamento dos autos de inquérito policial (art. 17, CPP). Vale aqui o registro de que a Lei 13.964/2019, ao conferir nova redação ao art. 28 do CPP, alterou todo o procedimento de arquivamento do inquérito policial. Com isso, o representante do *parquet* deixa de requerer o arquivamento e passa a, ele mesmo, determiná-lo, sem qualquer interferência do magistrado, cuja atuação, nesta etapa, em homenagem ao sistema acusatório, deixa de existir. No entanto, ao determinar o arquivamento do IP, o membro do MP deverá submeter sua decisão, segundo a nova redação conferida ao art. 28, *caput*, do CPP, à instância revisora dentro do próprio Ministério Público, para fins de homologação. Sem prejuízo disso, caberá ao promotor que determinou o arquivamento comunicar a sua decisão ao investigado, à autoridade policial e à vítima. Esta última, por sua vez, ou quem a represente, poderá, se assim entender, dentro do prazo de 30 dias a contar da comunicação de arquivamento, submeter a matéria à revisão da instância superior do órgão ministerial (art. 28, § 1º, CPP). Por fim, o § 2º deste art. 28, com a redação que lhe deu a Lei 13.964/2019, estabelece que, nas ações relativas a crimes praticados em detrimento da União, Estados e Municípios, a revisão do arquivamento do IP poderá ser provocada pela chefia do órgão a quem couber a sua representação judicial. Este novo art. 28 do CPP, que, como dissemos, alterou todo o procedimento que rege o arquivamento do IP, no entanto, teve suspensa, por força de decisão cautelar proferida pelo STF, a sua eficácia. O ministro Luiz Fux, relator, ponderou, em sua decisão, tomada na ADI 6.305, de 22.01.2020, que, embora se trate de inovação louvável, a sua implementação, no prazo de 30 dias (*vacatio legis*), revela-se inviável, dada a dimensão dos impactos sistêmicos e financeiros que por certo ensejarão a adoção do novo procedimento de arquivamento do inquérito policial. ED

processual, inclusive no curso da ação penal. Seja como for, a assertiva está incorreta, pois, ao afirmar que o juiz pode decretar medidas cautelares de ofício no curso da investigação criminal, está em desconformidade com a redação anterior e atual do art. 282, § 2º, do CPP; **B:** incorreta. Diante do descumprimento de medida cautelar imposta ao acusado, poderá o juiz, considerando as particularidades do caso concreto, substituir a medida anteriormente imposta, impor outra em cumulação ou, somente em último caso, decretar a prisão preventiva, que, como se pode ver, tem caráter subsidiário (art. 282, § 4º, CPP, cuja redação foi determinada pela Lei 13.964/2019). Mesmo antes da modificação operada neste dispositivo, a prisão preventiva somente poderia ser decretada em último caso; **C:** correta, pois corresponde ao que estabelece o art. 321 do CPP; **D:** incorreta. Nos crimes hediondos e assemelhados, o art. 5º, XLIII, da Constituição Federal veda a concessão de *fiança*. Com o advento da Lei 11.464/2007, que modificou a redação do art. 2º da Lei de Crimes Hediondos, cuja redação original vedava a concessão de fiança e liberdade provisória, passou a ser possível a sua concessão sem fiança, já que foi extraída do dispositivo (art. 2º, II, da Lei 8.072/1990). Após, a Lei 12.403/2011 promoveu uma série de inovações no âmbito da prisão e da liberdade provisória, entre elas alterou a redação do art. 323 do CPP, que passou a prever que os crimes hediondos e os delitos a eles equiparados são *inafiançáveis*. Em resumo: *os crimes hediondos e equiparados, embora não comportem a concessão de fiança, admitem a liberdade provisória (desde que sem fiança)*; **E:** incorreta, já que a declaração de quebra de fiança pressupõe decisão judicial. ED

## 50. Gabarito: C

Comentário: A solução desta questão deve ser extraída da Súmula 122 do STJ: "Compete à Justiça Federal o processo e julgamento unificado dos crimes conexos de competência federal e estadual, não se aplicando a regra do art. 78, II, *a*, do Código de Processo Penal". ED

## 51. Gabarito: C

Comentário: **A:** incorreta. Ao tempo em que foi aplicada esta prova, as medidas cautelares somente podiam ser decretadas de ofício pelo juiz no curso da instrução criminal; se no curso das investigações, a decretação somente poderia se der em razão de requerimento do MP ou de representação da autoridade policial (art. 282, § 2º, do CPP). A Lei 13.964/2019, ao modificar o art. 282, § 2º, do CP, afastou a possibilidade, até então existente, de o magistrado decretar medidas cautelares de ofício no curso da ação penal. Atualmente, temos que é defeso ao juiz agir de ofício na decretação de medidas cautelares de natureza pessoal, como a prisão

## 52. Gabarito: D

Comentário: **I:** correta. De acordo com o art. 415, parágrafo único, do CPP, cabe absolvição sumária imprópria quando a inimputabilidade do réu por doença mental for a única tese defensiva; **II:** correta, pois em conformidade com o art. 427, *caput*, do CPP e a Súmula 712, do STF: "É nula a decisão que determina o desaforamento de processo da competência do júri sem audiência da defesa"; **III:** incorreta, pois contraria o entendimento sedimentado por meio da Súmula 713, do STF: "O efeito devolutivo da apelação contra decisões do júri é adstrito aos fundamentos da sua interposição"; **IV:** correta. Atualmente, prevalece na doutrina e na jurisprudência o entendimento segundo o qual a soberania dos veredictos, no Tribunal do Júri, não é absoluta, podendo a decisão do Conselho de Sentença ser modificada por meio da revisão criminal. Na jurisprudência: "I. Transitada em julgado a sentença condenatória, proferida com fundamento em decisão do Tribunal do Júri, o Tribunal *a quo* julgou procedente a Revisão Criminal, ajuizada pela defesa, absolvendo, desde logo, o réu, por ocorrência de erro judiciário, em face de contrariedade à prova dos autos, bem como pela existência de novas provas de sua inocência, a teor dos arts. 621, I e III, e 626 do CPP (…) V. Uma vez que o Tribunal de origem admitiu o erro judiciário, não por nulidade no processo, mas em face de contrariedade à prova dos autos e de existência de provas da inocência do réu, não há ofensa à soberania do veredicto do Tribunal do Júri se, em juízo revisional, absolve-se, desde logo, o réu, desconstituindo-se a injusta condenação. Precedente da 6ª Turma do STJ. VI. "A obrigação do Poder Judiciário, em caso de erro grave, como uma condenação que contrarie manifestamente as provas dos autos, é reparar de imediato esse erro. Por essa razão é que a absolvição do ora paciente (e peticionário, na revisão criminal) é perfeitamente aceitável, segundo considerável corrente jurisprudencial e doutrinária (STJ, REsp 1304155/MT, Rel. Ministro Sebastião Reis Júnior, Rel. p/ Acórdão Ministra Assusete Magalhães, Sexta Turma, julgado em 20.06.2013, *DJe* 01.07.2014). 🔲

---

**53.** Gabarito: A

Comentário: **A:** assertiva correta, porque corresponde ao entendimento firmado na Súmula 337 do STJ: "É cabível a suspensão condicional do processo na desclassificação do crime e na procedência parcial da pretensão punitiva"; **B:** incorreta. A solução desta alternativa deve ser extraída das Súmulas: 243, do STJ: *O benefício da suspensão do processo não é aplicável em relação às infrações penais cometidas em concurso material, concurso formal ou continuidade delitiva, quando a pena mínima cominada, seja pelo somatório, seja pela incidência da majorante, ultrapassar o limite de 1 (um) ano*; e 723, do STF: *Não se admite a suspensão condicional do processo por crime continuado, se a soma da pena mínima da infração mais grave com o aumento mínimo de um sexto for superior a um ano*; **C:** incorreta. Se o membro do MP se recusar a propor a suspensão condicional do processo, cabe ao magistrado, se discordar, aplicar, por analogia, o comando contido no art. 28 do CPP, remetendo a questão para apreciação do procurador-geral de Justiça. É esse o entendimento firmado na Súmula 696 do STF; **D:** a nosso ver, esta assertiva está correta, pois em conformidade com o art. 89, § 5º, da Lei 9.099/1995; **E:** incorreta, já que se trata de revogação *facultativa*, nos termos do art. 89, § 4º, da Lei 9.099/1995. 🔲

---

**54.** Gabarito: C

Comentário: **A:** incorreta, já que, a teor do art. 2º, III, da Lei 9.296/1996, somente será autorizada a interceptação de comunicações telefônicas na hipótese de o fato objetivo da investigação constituir infração penal punida com reclusão; **B:** incorreta, uma vez que, segundo estabelece o art. 2º, II, da Lei 9.296/1996, não será admitida

a interceptação de comunicações telefônicas quando a prova puder ser feita por outros meios disponíveis; **C:** correta, pois reflete o disposto no art. 2º, parágrafo único, da Lei 9.296/1996; **D:** incorreta. A assertiva contempla o fenômeno denominado *encontro fortuito de provas*, em que, no curso de investigação de determinada infração penal, termina-se por identificar outros crimes, diversos daquele investigado. É o caso da interceptação telefônica, no curso da qual, deferida para elucidar crime apenado com reclusão, acaba-se por elucidar delito conexo apenado com detenção. A jurisprudência reconhece a licitude da prova assim produzida, desde que estabelecida conexão ou continência com a investigação original. Não se trata, portanto, de *prova ilícita* (art. 157, § 1º, do CPP). **E:** incorreta. Segundo entendimento consolidado pelos tribunais superiores, as interceptações telefônicas podem ser prorrogadas sucessivas vezes, desde que tal providência seja devidamente fundamentada pela autoridade judiciária (art. 5º da Lei 9.296/1996). Conferir: "De acordo com a jurisprudência há muito consolidada deste Tribunal Superior, as autorizações subsequentes de interceptações telefônicas, uma vez evidenciada a necessidade das medidas e a devida motivação, podem ultrapassar o prazo previsto em lei, considerado o tempo necessário e razoável para o fim da persecução penal" (AgRg no REsp 1620209/RS, Rel. Ministra Maria Thereza De Assis Moura, Sexta Turma, julgado em 09.03.2017, DJe 16.03.2017). No STF: "(...) Nesse contexto, considerando o entendimento jurisprudencial e doutrinário acerca da possibilidade de se prorrogar o prazo de autorização para a interceptação telefônica por períodos sucessivos quando a intensidade e a complexidade das condutas delitivas investigadas assim o demandarem, não há que se falar, na espécie, em nulidade da referida escuta e de suas prorrogações, uma vez que autorizada pelo Juízo de piso com a observância das exigências previstas na lei de regência (Lei 9.296/1996, art. 5º) (...)" (STF, 1ª T., RHC 120.111, rel. Min. Dias Toffoli, j. 11.03.2014). 🔲

---

**55.** Gabarito: D

Comentário: Correta é a letra **D**, pois a Constituição semântica é aquela que busca eternizar no poder o dominador, comum para os regimes ditatoriais. A minha dica é lembrar desse "macete": "SEMANTica é para SE MANTER no poder". As demais alternativas abordam conceitos não relativos para com uma Constituição semântica, logo, equivocadas. 🔲

---

**56.** Gabarito: Anulada

---

**57.** Gabarito: D

Comentário: Correta é a letra **D**, pois atenua-se uma declaração de nulidade, utilizando-se de uma interpretação possível para com o texto constitucional, logo, uma situação constitucional imperfeita, pois deveria ter sido declarada a norma inconstitucional como um todo. A letra **A** está errada, porque não aponta para o método normativo-estruturante (a norma jurídica é o resultado de um processo de concretização). A letra **B** está errada, pois seria o método tópico-problemático. A letra **C** está errada, pois não existem tais óbices. Por fim, a letra **E** é incorreta, pois o sentido da norma deverá ser plural, plurívoco. 🅰🅱

## 58. Gabarito: A

Comentário: Correta é a letra **A**, uma vez que o STF decidiu que: "A intimação de indígena para prestar depoimento na condição de testemunha, fora do seu habitat é uma violação às normas constitucionais que conferem proteção específica aos povos indígenas." (HC 80.240. Pleno. STF). A letra **B** está errada, pois não há a necessidade de aprovação do requerimento no plenário, em razão do princípio da simetria (ADI 3.619. Pleno. STF). Letra **C** errada, pois é sim oponível o sigilo (MS 27.483. Pleno. STF). A letra **D** está incorreta, pois a unilateralidade ocorre tanto na investigação policial quanto na CPI, sempre respeitadas as garantias constitucionais por parte da autoridade competente que conduz o procedimento. Letra **E** errada, pois o STF decidiu pela constitucionalidade (ADI 1.635. Pleno. STF). 🅰🅱

## 59. Gabarito: E

Comentário: Correta é a letra **E**, uma vez que o legislador não poderá editar lei que viole tais direitos, bem como deverá editar leis que implemente tais direitos. A letra **A** está errada, pois requer sim uma atuação positiva do Estado (legislador). A letra **B** está incorreta, porque a eficácia é imediata (MI 107. Rel. Min. Moreira Alves. STF). A letra **C** também está errada, pois a eficácia é imediata. Por último, a letra **D** está errada uma vez que o Poder Judiciário deve sim observar o efeito irradiante dos direitos fundamentais ao caso concreto. 🅰🅱

## 60. Gabarito: Anulada

## 61. Gabarito: D

Comentário: Correta é a letra **D**, nos exatos termos da ADI 3.338/STF: "O DF possui competência para implementar medidas de proteção ao meio ambiente, fazendo-o nos termos do disposto no artigo 23, VI, da CB/88". A letra **A** está errada, pois é inconstitucional (ADI 4.348/STF). A letra **B** está errada, pois seria constitucional a lei estadual que proibisse o amianto (ADI 3.937. STF). A letra **C** não prevalece, pois seria uma invasão na esfera do Executivo, pelo Legislativo (ADI 1.505. Rel. Min. Eros Grau. STF). A letra **E** está incorreta, nos termos do STF (RE 218.110). 🅰🅱

## 62. Gabarito: B

Comentário: Correta é a letra **B**, nos termos da ADI 145, do STF (Ver informativo 907, do STF). A letras **A**, **C** e **E** estão erradas, pois ofendem o artigo 37, XIII, da CF. A letra **D** está errada, pois não guarda compatibilidade com o enunciado. 🅰🅱

## 63. Gabarito: C

Comentário: Correta é a letra **C**, nos termos da nova posição do STF ( RE 631.111. Pleno. STF). A letra **A** está errada, pois é sim cabível (RE 409.356. Rel. Min. Luiz Fux. STF). A letra **B** é incorreta, pois é constitucional nos termos do artigo 128, § 5º, da CF. A letra **D** ofende atual jurisprudência do STF, no sentido de que a Defensoria Pública tem sim tal legitimidade (ADI 3.943). A letra **E** está errada, pois as esferas são independentes. 🅰🅱

## 64. Gabarito: A

Comentário: Correta é a letra **A**, pois a vigência do estado de sítio não afasta os deveres de legalidade do agente público, nos termos do artigo 141, da CF: "Cessado o estado de defesa ou o estado de sítio, cessarão também seus efeitos, sem prejuízo da responsabilidade pelos ilícitos cometidos por seus executores ou agentes.". A letra **B** está errada, pois requer 2/3 dos votos, nos termos do artigo 53, § 8º, da CF. Errada a letra **C**, pois não condiz com a literalidade do artigo 90, I, da CF, pois é caso de pronunciamento, não de opinião. A letra **D** está errada, porque ofende os incisos do artigo 137, da CF. A letra **E** está errada, pois a decretação é anterior à manifestação do Congresso Nacional: "Decretado o estado de defesa ou sua prorrogação, o Presidente da República, dentro de vinte e quatro horas, submeterá o ato com a respectiva justificação ao Congresso Nacional, que decidirá por maioria absoluta." (artigo 136, § 4º, da CF). 🅰🅱

## 65. Gabarito: B

Comentário: A EC 97/2017 trouxe importantes alterações ao art. 17, CF, relativamente aos partidos políticos. Considerando a abordagem da questão, necessário conhecimento do texto da emenda, e não apenas as alterações apresentadas no citado art. 17. Explico: uma das alterações envolve a criação da chamada "cláusula de barreira" ou "cláusula de desempenho", de modo que a agremiação apenas terá acesso aos recursos do fundo partidário e à propaganda gratuita no rádio e na televisão (direito de antena) se comprovar desempenho mínimo nas urnas. O art. 3º, EC 97/2017 traz um escalonamento deste "desempenho", indicando qual é o mínimo a ser cumprido em cada legislatura posterior às eleições indicadas, considerando as eleições para a Câmara dos Deputados (não pode ser considerado o número de senadores eleitos no cumprimento deste critério). Vejamos:

**I – na legislatura seguinte às eleições de 2018:**
*a)* 1,5% (um e meio por cento) dos votos válidos, distribuídos em pelo menos um terço das unidades da Federação, com um mínimo de 1% (um por cento) dos votos válidos em cada uma delas; ou
*b)* tiverem elegido pelo menos nove Deputados Federais distribuídos em pelo menos um terço das unidades da Federação;
**II – na legislatura seguinte às eleições de 2022:**
*a)* 2% (dois por cento) dos votos válidos, distribuídos em pelo menos um terço das unidades da Federação, com um mínimo de 1% (um por cento) dos votos válidos em cada uma delas; ou
*b)* tiverem elegido pelo menos onze Deputados Federais distribuídos em pelo menos um terço das unidades da Federação;
**III – na legislatura seguinte às eleições de 2026:**
*a)* 2,5% (dois e meio por cento) dos votos válidos, distribuídos em pelo menos um terço das unidades da Federação, com um mínimo de 1,5% (um e meio por cento) dos votos válidos em cada uma delas; ou
*b)* tiverem elegido pelo menos treze Deputados Federais distribuídos em pelo menos um terço das unidades da Federação.

Desta forma, a resposta correta está contida na alternativa B. SC

---

**66.** Gabarito: D
Comentário: **Atenção:**
Não obstante a questão ser de 2019, especialmente em razão da inclusão do inciso X, art. 44, Lei dos Partidos Políticos (Lei 9.096/95), promovido pela Lei 13.877/2019, que estabelece que "os recursos oriundos do Fundo Partidário serão aplicados na compra ou locação de bens móveis e imóveis, bem como na edificação ou construção de sedes e afins, e na realização de reformas e outras adaptações nesses bens".
A questão, originalmente, exigia conhecimento acerca da Consulta TSE n. 52988, que orientava no sentido contrário da utilização, pelos diretórios partidários, de celebrar contratos bancários visando adquirir imóvel para funcionar como sede de suas atividades com a utilização dos recursos do Fundo Partidário (circunstância que passou a ser autorizada com o advento da Lei 13.877/2019). SC

---

**67.** Gabarito: A
Comentário: Como fundamento das assertivas que serão comentadas em sequência, temos o conteúdo da Resolução TSE 23553/2017.
**A:** Correta. Pois de acordo com o art. 15, VI, Resolução 23.607/2019, os recursos destinados às campanhas eleitorais, respeitados os limites previstos, somente são admitidos quando provenientes de rendimentos gerados pela aplicação de suas disponibilidades. **B:** Incorreta, uma vez que o art. 31, I, da Resolução veda que o partido político e o candidato receba tais quantias provenientes de pessoas jurídicas (é neste sentido, também, o inciso II, art. 31, Lei 9.096/95). **C:** Incorreta, vez que é admitido expressamente pelo art. 15, III da Resolução. **D:** Incorreta. Expressa vedação do art. 31, I, da Resolução. Também, inciso II, art. 31, Lei 9.096/95. **E:** Incorreta. Pois o art. 15, IV, Resolução, admite expressamente que sejam admitidos quando provenientes de promoção de eventos de arrecadação realizados diretamente pelo candidato. SC

---

**68.** Gabarito: B
Comentário: **A:** Incorreta. O art. 8º, Lei 9.096/95, estabelece que o apoiamento inicial, para fins de aquisição de personalidade (registro do estatuto) junto ao cartório de registro civil de pessoas jurídicas deverá obedecer número nunca inferior a 101 fundadores. **B:** Correta. Trata-se de redação contida na Resolução TSE 23.571/18, art. 10, § 3º, que estabelece o prazo de 100 dias, a contar da obtenção do primeiro registro (aquisição de personalidade), para informar sua criação ao TSE. **C:** Incorreta. Pois o período em que é possível comprovar o apoiamento mínimo de eleitores é de dois anos (art. 7º, § 1º, Lei 9.096/95). **D:** Incorreta, pois para participar do processo eleitoral é necessário que o partido tenha cumprido com os dois registros: no cartório de pessoas jurídicas e no TSE. **E:** Incorreta. Pois tanto o art. 17, CF quanto o art. 3º, Lei 9.096/95, asseguram ao partido político autonomia para que defina sua estrutura interna, organização e funcionamento. SC

---

**69.** Gabarito: E
Comentário: **A:** Incorreta. A manifestação individual e silenciosa, no dia das eleições, é permitida (art. 39-A, Lei 9.504/97). **B e C:** Incorretas. O art. 39-A, § 1º, da Lei 9.504/97 veda, no dia do pleito, até o término do horário de votação, a aglomeração de pessoas portando vestuário padronizado. **D:** Incorreta. O art. 39, § 5º, Lei 9.504/97, dispõe que constitui crime, no dia da eleição, a arregimentação de eleitor ou a propaganda boca de urna. **E:** Correta. Trata-se de disposição contida no art. 39, § 5º, Lei 9.504/97, que estabelece constituir crime, no dia da eleição, a divulgação de qualquer espécie de propaganda de partidos ou candidatos. No mesmo sentido, também é vedada a publicação de novos conteúdos ou impulsionamento de conteúdos na internet. SC

---

**70.** Gabarito: A
Comentário: **I:** Verdadeiro. Conforme art. 23, Lei 9.504/97, que estabelece o limite de doações e contribuições até 10% dos rendimentos brutos auferidos

pelo doador no ano anterior às eleições. **II:** Falso. O art. 34, Lei 9.096/97 dispõe que a Justiça Eleitoral exerce a fiscalização sobre a prestação de contas do partido e das despesas de campanha eleitoral, devendo atestar se elas refletem adequadamente a real movimentação financeira os dispêndios e os recursos aplicados nas campanhas eleitorais. **III:** Falso. O art. 28, § 6º, Lei 9.504/97, estabelece situações de dispensa de comprovação de prestação de contas, dentre as situações, a de cessão de automóvel de propriedade de candidato, do cônjuge e de seus parentes até o terceiro grau para seu uso pessoal durante a campanha (inciso III). **IV:** Falso. Por ocasião do julgamento da ADI 5617, o STF entendeu que ao menos 30% dos recursos do Fundo Partidário deve ser direcionado às campanhas de candidatas, sem fixação de percentual máximo (julgamento em 15.03.2018). SC

**71.** Gabarito: D
Comentário: Nos termos do art. 19 da Lei 12.529/2011, compete à Secretaria de Acompanhamento Econômico promover a concorrência em órgãos de governo e perante a sociedade cabendo-lhe, especialmente, o seguinte: (i) opinar, nos aspectos referentes à promoção da concorrência, sobre propostas de alterações de atos normativos de interesse geral dos agentes econômicos, de consumidores ou usuários dos serviços prestados submetidos a consulta pública pelas agências reguladoras e, quando entender pertinente, sobre os pedidos de revisão de tarifas e as minutas; (ii) opinar, quando considerar pertinente, sobre minutas de atos normativos elaborados por qualquer entidade pública ou privada submetidos à consulta pública, nos aspectos referentes à promoção da concorrência; (iii) opinar, quando considerar pertinente, sobre proposições legislativas em tramitação no Congresso Nacional, nos aspectos referentes à promoção da concorrência; (iv) elaborar estudos avaliando a situação concorrencial de setores específicos da atividade econômica nacional, de ofício ou quando solicitada pelo Cade, pela Câmara de Comércio Exterior ou pelo Departamento de Proteção e Defesa do Consumidor do Ministério da Justiça ou órgão que vier a sucedê-lo; (v) elaborar estudos setoriais que sirvam de insumo para a participação do Ministério da Fazenda na formulação de políticas públicas setoriais nos fóruns em que este Ministério tem assento; (vi) propor a revisão de leis, regulamentos e outros atos normativos da administração pública federal, estadual, municipal e do Distrito Federal que afetem ou possam afetar a concorrência nos diversos setores econômicos do País; (vii) manifestar-se, de ofício ou quando solicitada, a respeito do impacto concorrencial de medidas em discussão no âmbito de fóruns negociadores relativos às atividades de alteração tarifária, ao acesso a mercados e à defesa comercial, ressalvadas as competências dos órgãos envolvidos;

(viii) encaminhar ao órgão competente representação para que este, a seu critério, adote as medidas legais cabíveis, sempre que for identificado ato normativo que tenha caráter anticompetitivo.
Como se vê, a alternativa "D" é a correta, nos termos do art. 19, III, da Lei 12.529/2011. RB

**72.** Gabarito: A
Comentário: **A:** correta, nos termos do art. 898, § 1º, do Código Civil; **B:** incorreta. O endosso pode ser feito no verso ou no anverso do título (art. 910 do CC); **C:** incorreta. É nulo o endosso parcial (art. 912, parágrafo único, do CC); **D:** incorreta. É nulo o aval parcial nos títulos atípicos (art. 897, parágrafo único, do CC); **E:** incorreta. O endosso condicional é tratado como endosso comum, pois é condição considerada não escrita (art. 912 do CC), e o aval cancelado será também considerado como não escrito (art. 898, § 2º, do CC). HS

**73.** Gabarito: E
Comentário: **A:** incorreta. Ficam excluídos os créditos decorrentes de repasses oficiais, os fiscais e os previstos nos §§3º e 4º do art. 49 da Lei de Falências (art. 71, I, da LF); **B:** incorreta. Também os créditos não vencidos se sujeitam ao plano (art. 71, I, da LF); **C:** incorreta. O parcelamento autorizado por lei se fará em 36 parcelas (art. 71, II, da LF); **D:** incorreta. O prazo máximo para pagamento da primeira parcela é de 180 dias (art. 71, III, da LF); **E:** correta, nos termos do art. 71, parágrafo único, da LF. HS

**74.** Gabarito: C
Comentário: **A:** incorreta. A partícula "limitada" é exclusiva das sociedades. A empresa individual de responsabilidade limitada deve incluir a expressão "EIRELI" após o seu nome (art. 980-A, § 1º, do CC); **B:** incorreta. A pessoa física poderá ser titular de apenas uma EIRELI (art. 980-A, § 2º, do CC); **C:** correta, nos termos do art. 980-A, § 3º, do CC); **D:** incorreta. As normas supletivas da EIRELI são as da sociedade limitada (art. 980-A, § 6º, do CC); **E:** incorreta. A EIRELI deve ser criada com capital social mínimo equivalente a 100 salários mínimos (art. 980-A, caput, do CC). HS

**75.** Gabarito: D
Comentário: **A:** incorreta. Não havendo bens suficientes para quitar o passivo após a alienação do estabelecimento, sua eficácia depende da concordância, expressa ou tácita, dos credores (art. 1.145 do CC); **B:** incorreta. A determinação de apresentação do plano de administração deve ocorrer após a nomeação do administrador-depositário (art. 862 do CPC); **C:** incorreta. No silêncio do contrato, a cláusula de não restabelecimento se presume pelo prazo de 5 anos (art. 1.147 do CC); **D:** correta,

nos termos do art. 1.149 do CC; **E:** incorreta, dadas as formalidades essenciais à eficácia perante terceiros previstas no art. 1.144 do CC. HS

**76.** Gabarito: E
Comentário: questão controvertida

**77.** Gabarito: E
Comentário: **A** e **D:** incorretas. O quórum é de maioria simples (art. 1.076, III, do CC); **B** e **C:** incorretas. O quórum é de mais da metade do capital (art. 1.076, II, do CC); **E:** correta, nos termos do art. 1.076, I, do CC. HS

**78.** Gabarito: E
Comentário: **A:** incorreta, pois a assertiva se refere a transferências correntes – art. 12, § 2º, da Lei 4.320/1964; **B:** incorreta, pois as obras são investimentos – art. 12, § 4º, da Lei 4.320/1964. O aumento de capital de empresas que visem a objetivos comerciais ou financeiros é classificado como inversão financeira – art. 12, § 5º, III, da Lei 4.320/1964; **C** e **D:** incorretas, pois o planejamento e a execução de obras referem-se a investimentos, não a inversões financeiras – art. 12, § 4º, da Lei 4.320/1964. A aquisição de imóveis ou bens de capital já em utilização é inversão financeira – art. 12, § 5º, I, da Lei 4.320/1964; **E:** correta – art. 12, § 5º, I e III, da Lei 4.320/1964. RB

**79.** Gabarito: B
Comentário: A sociedade por ações e as cooperativas, exceto as de consumo, não podem ser enquadradas como microempresa (art. 3º, § 4º, VI e X, da Lei Complementar 123/2006). HS

**80.** Gabarito: C
Comentário: Nos termos do art. 155 do CTN, a concessão da moratória em caráter individual não gera direito adquirido e será revogado de ofício, sempre que se apure que o beneficiado não satisfazia ou deixou de satisfazer as condições ou não cumprira ou deixou de cumprir os requisitos para a concessão do favor. No caso de revogação, cobra-se o crédito acrescido de juros de mora: (i) com imposição da penalidade cabível, nos casos de dolo ou simulação do beneficiado, ou de terceiro em benefício daquele; ou (ii) sem imposição de penalidade, nos demais casos. Nesses casos de dolo ou simulação do beneficiado, ou de terceiro, o tempo decorrido entre a concessão da moratória e sua revogação não se computa para efeito da prescrição do direito à cobrança do crédito. Por essas razões, a alternativa "C" é a correta. RB

**81.** Gabarito: A
Comentário: **A:** correta, referindo-se adequadamente ao princípio da capacidade contributiva; **B:** incorreta, a isonomia é descrita no art. 150, II, da CF; **C:** incorreta, a retroatividade é referida no art. 150, III, *a*, da CF; **D:** incorreta, pois o princípio da não cumulatividade é previsto expressamente na Constituição em relação ao IPI, ao ICMS e a determinadas contribuições sociais, além do imposto da competência residual da União (arts. 153, § 3º, II, 154, I, 155, § 2º, I, 195, § 12, da CF); **E:** incorreta, pois não há previsão expressa desse princípio na Constituição. RB

**82.** Gabarito: C
Comentário: **A:** incorreta, pois o STF admitiu essa possibilidade, conforme a tese de repercussão geral 829/STF "Não viola a legalidade tributária a lei que, prescrevendo o teto, possibilita o ato normativo infralegal fixar o valor de taxa em proporção razoável com os custos da atuação estatal, valor esse que não pode ser atualizado por ato do próprio conselho de fiscalização em percentual superior aos índices de correção monetária legalmente previstos"; **B:** incorreta, conforme comentário anterior; **C:** correta, conforme comentários anteriores; **D** e **E:** incorretas, conforme comentários anteriores. RB

**83.** Gabarito: B
Comentário: **A:** incorreta, pois a isenção é benefício fiscal fixado por lei que, nos termos do art. 175 do CTN, implica exclusão do crédito tributário (a norma incide e surge a obrigação, mas o crédito é excluído, dispensa-se o pagamento – o conceito é bastante criticado pela doutrina mais moderna); **B:** correta, já que a imunidade é norma constitucional que afasta a competência tributária, delimitando-a negativamente; **C:** incorreta, conforme comentários anteriores (a isenção é concedida por norma legal, pressupõe a competência tributária do ente que a concede); **D:** incorreta, pois a imunidade afasta a competência tributária, não há como legislar prevendo a incidência, muito menos haver essa incidência; **E:** incorreta, pois a imunidade está no plano da delimitação da competência tributária, no âmbito constitucional. RB

**84.** Gabarito: A
Comentário: A situação hipotética faz referência à "inexistência de evidências científicas" sobre os impactos do campo eletromagnético em linhas de transmissão de energia elétrica. Essa característica está associada ao princípio da precaução, pelo qual a incerteza em relação aos impactos de determinada medida não afasta a necessidade de medidas contra eventuais efeitos nocivos (aplicação do brocardo "in dubio pro ambiente"). O princípio encontra previsão na Declaração do Rio sobre Meio Ambiente e Desenvolvimento. De acordo com o seu "princípio 15", o princípio da precaução deverá ser amplamente observado pelos Estados, de modo que, quando houver ameaça de danos graves ou irreversíveis, a ausência de certeza científica absoluta não será utilizada

como razão para o adiamento de medidas economicamente viáveis para prevenir a degradação ambiental. RBO

**85.** Gabarito: C

Comentário: Cavidades naturais subterrâneas representam "todo e qualquer espaço subterrâneo acessível pelo ser humano, com ou sem abertura identificada" (MILARÉ, Edis. "Dicionário de Direito Ambiental", p. 173). São popularmente conhecidas como cavernas ou grutas. De acordo com a CF, constituem bens da União (art. 20, X). RBO

**86.** Gabarito: D

Comentário: O Sistema Nacional do Meio Ambiente (SISNAMA) é o conjunto de órgãos e entidades que atuam na área ambiental. A sua estrutura está prevista no art. 6º da Lei 6.938/81 (Lei da Política Nacional do Meio Ambiente), composta da seguinte forma: I – órgãos superior: Conselho de Governo; II – órgão consultivo e deliberativo: CONAMA; III – órgão central: Ministério do Meio Ambiente; IV – órgãos executores (federais): IBAMA e Instituto Chico Mendes (ICMBIO); V – órgãos seccionais: órgãos estaduais responsáveis pela tutela ambiental (como é o caso do Instituto do Meio Ambiente de Santa Catarina); VI – órgãos locais: órgãos municipais com competência de proteção ao meio ambiente. Nesse sentido, a IMA/SC constitui um órgão seccional. RBO

**87.** Gabarito: E

Comentário: A Lei federal 6.803/1980 dispõe sobre as diretrizes básicas para o zoneamento industrial nas áreas críticas de poluição. Entre as modalidades de zoneamento que estão previstas, citem as zonas de uso estritamente industrial, que se destinam à localização de estabelecimentos industriais cujos resíduos sólidos, líquidos e gasosos, ruídos, vibrações, emanações e radiações possam causar perigo à saúde, ao bem-estar e à segurança das populações, mesmo depois da aplicação de métodos adequados de controle e tratamento de efluentes (art. 2º, "caput"). Caberá exclusivamente à União, ouvidos os Governos Estadual e Municipal interessados, aprovar a delimitação e autorizar a implantação de zonas de uso estritamente industrial que se destinem à localização de polos cloroquímicos, entre outros (petroquímicos, carboquímicos e instalações nucleares). É o que estabelece o art. 10, § 2º. RBO

**88.** Gabarito: D

Comentário: Existem diversos legitimados para o ajuizamento de ação civil pública (cf. art. 5º da Lei 7.347/85). Entre eles estão as associações, caso estejam constituídas há pelo menos um ano (requisito de pré-constituição) e incluam, entre suas finalidades institucionais, a proteção do interesse coletivo *lato sensu* objeto da ação. No entanto, esse requisito da pré-constituição poderá ser dispensado pelo juiz, quando haja manifesto interesse social evidenciado pela

dimensão ou característica do dano, ou pela relevância do bem jurídico a ser protegido (cf. art. 5º, § 4º). RBO

**89.** Gabarito: D

Comentário: A Lei 9.605/98 disciplina a responsabilidade penal em matéria ambiental. O seu art. 14 elenca as circunstâncias que atenuam a pena, entre as quais o baixo grau de instrução ou escolaridade do agente (inciso I) e a colaboração com os agentes encarregados da vigilância e do controle ambiental (inciso IV). As demais circunstâncias são: o arrependimento do infrator, manifestado pela espontânea reparação do dano, ou limitação significativa da degradação ambiental causada (inciso II) e a comunicação prévia pelo agente do perigo iminente de degradação ambiental (inciso III). RBO

**90.** Gabarito: Anulada

**91.** Gabarito: D

Comentário: De acordo com a doutrina do direito administrativo, diversos são os atributos do ato administrativo, entre os quais a presunção de legitimidade, a coercibilidade e a autoexecutoriedade. A autoexecutoriedade constitui a prerrogativa pela qual a Administração pode executar os atos administrativos por seus próprios meios coercitivos, independentemente da intervenção prévia do Poder Judiciário. Cite-se como exemplo a interdição de um comércio pelas autoridades sanitárias, dotada de autoexecutoriedade. RBO

**92.** Gabarito: A

Comentário: Nos termos do art. 19, III, da Lei 8.666/93, os bens imóveis da Administração Pública, cuja aquisição haja derivado de procedimentos judiciais ou de dação em pagamento, poderão ser alienados sob a modalidade de concorrência ou leilão. RBO

**93.** Gabarito: E

Comentário: Alternativa **A** incorreta (a subconcessão deve ser precedida de concorrência, cf. art. 26, § 1º). Alternativa **B** incorreta (a concessionária poderá contratar com terceiros o desenvolvimento de atividades inerentes, acessórias ou complementares ao serviço concedido, cf. art. 25, § 1º). Alternativa **C** incorreta (a Lei 8.987/95 prevê diversos critérios para o julgamento da licitação, entre os quais o menor valor da tarifa do serviço a ser prestado, a melhor proposta técnica etc.). Alternativa **D** incorreta (somente cabível o firmamento de concessão com pessoa jurídica ou consórcio de empresas, e não com pessoa física, cf. art. 2º, II e III). Alternativa **E** correta (cf. consta no art. 2º, III). RBO

**94.** Gabarito: B

Comentário: A Lei Estadual 6.745/85 constitui o Estatuto dos Servidores Públicos Civis do Estado de Santa Catarina. Alternativa **A** incorreta (o regime de trabalho dos funcionários públicos do Estado, como regra, é de 40 horas semanais, cf. art. 23, "caput"). Alternativa **B** correta (cf. art. 32, II e III). Alternativa **C** incorreta (a readaptação não implica mudança de cargo e terá prazo certo de duração, cf. art. 35, § 1º). Alternativa **D** incorreta (o tempo de serviço público prestado à União, Estados, Municípios ou ao Distrito Federal é computado integralmente para efeito de aposentadoria, disponibilidade e adicional por tempo de serviço, cf. art. 42, "caput"). Alternativa **E** incorreta (remuneração é a retribuição mensal paga ao funcionário pelo exercício do cargo, correspondente ao vencimento e vantagens pecuniárias, cf. art. 81, "caput"). RBO

## 95. Gabarito: A
Comentário: A Lei 8.666/93 prevê expressamente a possibilidade de alteração unilateral do contratado administrativo pela Administração, nos termos do art. 65, I. Essa prerrogativa pode ser ou qualitativa, quando houver modificação do projeto ou das especificações, para melhor adequação técnica aos seus objetivos (alínea "a"); ou quantitativa, quando necessária a modificação do valor contratual em decorrência de acréscimo ou diminuição quantitativa de seu objeto (alínea "b"). Em havendo alteração unilateral do contrato que aumente os encargos do contratado, a Administração deverá restabelecer o equilíbrio econômico-financeiro inicial (art. 65, § 6º). RBO

## 96. Gabarito: C
Comentário: Embora seja polêmico o tema da responsabilidade civil do Estado por omissão, o entendimento majoritário atual do STJ adota a teoria subjetiva. É o que se extrai da seguinte decisão: "A jurisprudência do STJ é firme no sentido de que a responsabilidade civil do Estado por condutas omissivas é subjetiva, sendo necessário, dessa forma, comprovar a negligência na atuação estatal, o dano e o nexo causal entre ambos." (AgInt no AREsp 1.249.851/SP, 1ª Turma, Rel. Min. Benedito Gonçalves, DJe 26/09/18). RBO

## 97. Gabarito: D
Comentário: O tema referente à responsabilidade da Administração contratante pelo encargos trabalhistas do contratado está disciplinado no art. 71, § 1º, da Lei 8.666/93, além de contar com importante jurisprudência do STF. Nos termos do RE 760.931/DF (Pleno, Rel. Min. Rosa Weber, DJe 12/09/2017) a Corte Suprema fixou a seguinte tese: "O inadimplemento dos encargos trabalhistas dos empregados do contratado não transfere automaticamente ao Poder Público contratante a responsabilidade pelo seu pagamento, seja em caráter solidário ou subsidiário, nos termos do art. 71, § 1º, da Lei 8.666/93." Desta forma, correta a alternativa D. RBO

## 98. Gabarito: B
Comentário: A teoria da encampação em mandado de segurança é objeto da Súmula 628 do STJ, que apresenta o seguinte teor: "A teoria da encampação é aplicada no mandado de segurança quando presentes, cumulativamente, os seguintes requisitos: a) existência de vínculo hierárquico entre a autoridade que prestou informações e a que ordenou a prática do ato impugnado; b) manifestação a respeito do mérito nas informações prestadas; e c) ausência de modificação de competência estabelecida na Constituição Federal." Assim, de acordo com esta jurisprudência, está correta a alternativa B. RBO

## 99. Gabarito: C
Comentário: Nos termos do art. 20, IV, da CF, são bens da União as ilhas costeiras, excluídas as que contenham a sede de Municípios (exceto aquelas áreas afetadas ao serviço público e a unidade ambiental federal), bem como as referidas no art. 26, II, que indica como bens dos Estados as ilhas que estiverem no seu domínio, excluídas aquelas sob domínio da União, Municípios ou terceiros. A conjugação desses dispositivos permite concluir que as ilhas costeiras são bens públicos que pertencem à União, ressalvadas as ilhas que contenham a sede de Municípios, que podem ter áreas sob domínio municipal ou particular, e as áreas sob o domínio dos estados. Assim, correta a alternativa C. RBO

## 100. Gabarito: E
Comentário: As organizações sociais representam uma entidade integrante do chamado Terceiro Setor. O STF apreciou o modelo das organizações sociais no âmbito da ADI 1923 (Pleno, Rel. Min. Luiz Fux, DJe 16/12/2015). Com base em tal julgado, pode-se avaliar o acerto ou a incorreção das alternativas. A alternativa A está incorreta (é constitucional a previsão legal de cessão de servidor público a organização social). Incorreta a alternativa B (as organizações sociais são baseadas no firmamento de contrato de gestão, que configura hipótese de convênio). A alternativa C, incorreta (conforme decidiu o STF, "as organizações sociais, por integrarem o Terceiro Setor, não fazem parte do conceito constitucional de Administração Pública, razão pela qual não se submetem, em suas contratações com terceiros, ao dever de licitar"). Alternativa D incorreta (o indeferimento do requerimento de qualificação, além de pautado pela publicidade, transparência e motivação, deve observar critérios objetivos). A alternativa E está correta (como decidiu o STF, "a atribuição de título jurídico de legitimação da entidade através da qualificação configura hipótese de credenciamento, no qual não incide a licitação pela própria natureza jurídica do ato, que não é contrato, e pela inexistência de qualquer competição"). RBO

**1.** É característica da posse:

(A) que a coisa sobre a qual se exerce seja divisível e passível de aquisição do domínio por meio de usucapião.

(B) a detenção da coisa, por si ou em relação de dependência para com outro, em nome deste e em cumprimento de ordens ou instruções suas.

(C) o exercício, pelo possuidor, de modo pleno ou não, de algum dos poderes inerentes à propriedade, direta ou indiretamente.

(D) que seu exercício seja necessariamente justo e de boa-fé, não violento, clandestino ou precário.

(E) sua aquisição exclusivamente por quem a pretender, em nome próprio, por meio da apropriação física sobre a coisa.

**2.** Quanto à mora e às perdas e danos, é correto afirmar:

(A) A mora do credor subtrai o devedor isento de dolo à responsabilidade pela conservação da coisa, obriga o credor a ressarcir as despesas empregadas em conservá-la e sujeita-o a recebê-la pela estimação mais favorável ao devedor, se o seu valor oscilar entre o dia estabelecido para o pagamento e o da sua efetivação.

(B) Havendo fato ou omissão imputável ao devedor, este não incorre em mora.

(C) Nas obrigações provenientes de ato ilícito, considera-se o devedor em mora a partir do ajuizamento da ação indenizatória correspondente.

(D) O devedor em mora responde pela impossibilidade da prestação, salvo, em qualquer caso, se essa impossibilidade resultar de caso fortuito ou força maior.

(E) Salvo se a inexecução resultar de dolo do devedor, as perdas e danos só incluem os prejuízos efetivos e os lucros cessantes por efeito dela direto e imediato, sem prejuízo do disposto na lei processual.

**3.** Luiz Antônio, sentindo-se perto da morte, por meio de testamento, dispõe gratuitamente do próprio corpo em prol da Universidade Federal de Mato Grosso do Sul, para estudos em curso médico. Excepciona porém o coração, em relação ao qual pleiteia seja enterrado no túmulo de sua família. Esse ato

(A) não é válido, porque a disposição do próprio corpo após a morte não se encontra na discricionariedade do indivíduo, tratando-se de direito indisponível.

(B) não é válido, porque a disposição gratuita do próprio corpo só pode ter objetivo altruístico e não científico.

(C) não é válido, pois a disposição gratuita do próprio corpo, embora seja possível para fins científicos, não pode ocorrer de forma parcial, mas apenas no todo.

(D) é válido porque a disposição do próprio corpo após a morte é ato discricionário do indivíduo, para qualquer finalidade ou objetivo, gratuitamente ou não.

(E) é válido, por ter objetivo científico, ser gratuito e por não ser defesa a disposição parcial do corpo após a morte.

**4.** A compra e venda

(A) transfere o domínio da coisa pelo só fato da celebração do contrato.

(B) pode ter por objeto coisa atual ou futura; neste caso, ficará sem efeito o contrato se esta não vier a existir, salvo se a intenção das partes era a de concluir contrato aleatório.

(C) deve ter a fixação do preço efetuada somente pelas partes, vedada a fixação por terceiros por sua potestividade.

(D) não pode ter o preço fixado por taxa de mercado ou de bolsa, por sua aleatoriedade e incerteza.

(E) é defesa entre cônjuges, em relação a bens excluídos da comunhão.

**5.** Em relação à invalidade do negócio jurídico, considere os enunciados seguintes:

I. É nulo o negócio jurídico simulado, mas subsistirá o que se dissimulou, se válido for na substância e na forma.

II. O negócio jurídico nulo não é suscetível de confirmação, embora convalesça pelo decurso do tempo.

III. A anulabilidade não tem efeito antes de julgada por sentença, nem se pronuncia de ofício; só os interessados a podem alegar, e aproveita exclusivamente aos que a alegarem, salvo o caso de solidariedade ou indivisibilidade.

IV. Quando a lei dispuser que determinado ato é anulável, sem estabelecer prazo para pleitear-se a anulação, será este de quatro anos, a contar da data da conclusão do ato.

V. Respeitada a intenção das partes, a invalidade parcial de um negócio jurídico não o prejudicará na parte válida, se esta for separável; a invalidade da obrigação principal implica a das obrigações acessórias, mas a destas não induz a da obrigação principal.

Está correto o que se afirma APENAS em

(A) I, III e V.

(B) I, III, IV e V.

(C) II, IV e V.

(D) I, II e III.

(E) II, III e IV.

**6.** Quanto à prescrição e à decadência, é correto afirmar:

(A) salvo disposição legal em contrário, aplicam-se à decadência as normas que impedem, suspendem ou interrompem a prescrição.

(B) a interrupção da prescrição por um credor aproveita aos outros; semelhantemente, a interrupção operada contra o codevedor, ou seu herdeiro, prejudica aos demais coobrigados.

(C) suspensa a prescrição em favor de um dos credores solidários, só aproveitam os outros se a obrigação for indivisível.

(D) a prescrição pode ser interrompida por qualquer interessado.

(E) se a decadência for convencional, a parte a quem aproveita pode alegá-la em qualquer grau de jurisdição, podendo o juiz suprir a alegação.

**7.** Quanto à prova:

(A) Em nenhuma hipótese admitir-se-á depoimento de menores de dezesseis anos.

(B) A pessoa com deficiência poderá testemunhar em igualdade de condições com as demais pessoas, sendo-lhe assegurados todos os recursos de tecnologia assistiva.

(C) A recusa à perícia médica ordenada pelo juiz não poderá suprir a prova que se pretendia obter com o exame.

(D) As declarações constantes de documentos assinados são verdadeiras em relação aos signatários e terceiros, estes desde que partícipes do ato enunciado.

(E) O instrumento particular, feito e assinado, ou somente assinado por quem esteja na livre disposição e administração de seus bens, prova as obrigações convencionais de qualquer valor, bem como operam-se seus efeitos imediatamente em relação a terceiros, independentemente de outras formalidades legais.

**8.** Examine o seguinte enunciado legal: *Aquele que, trabalhando em matéria-prima em parte alheia, obtiver espécie nova, desta será proprietário, se não se puder restituir à forma anterior.* Esta disposição refere-se à

(A) adjunção.

(B) ocupação.

(C) extinção.

(D) confusão.

(E) especificação.

**9.** No tocante à sucessão, é correto afirmar:

(A) morrendo a pessoa sem testamento, transmite a herança aos herdeiros legítimos; o mesmo ocorrerá quanto aos bens que não forem compreendidos no testamento, mas não subsiste a sucessão legítima se o testamento caducar, ou for julgado nulo.

(B) legitimam-se a suceder as pessoas já nascidas, somente, no momento da abertura da sucessão.

(C) na sucessão testamentária é possível chamar a suceder os filhos ainda não concebidos, mas não as pessoas jurídicas.

(D) a herança transmite-se aos herdeiros legítimos e testamentários com o pedido de abertura do inventário dos bens deixados pelo falecido.

(E) o herdeiro não responde por encargos superiores às forças da herança; incumbe-lhe, porém, a prova do excesso, salvo se houver inventário que a escuse, demonstrando o valor dos bens herdados.

**10.** Em relação ao direito patrimonial entre os cônjuges:

(A) é obrigatório o regime da separação de bens no casamento da pessoa maior de sessenta anos.

(B) é admissível a livre alteração do regime de bens, independentemente de autorização judicial, ressalvados porém os direitos de terceiros.

(C) podem os cônjuges, independentemente de autorização um do outro, comprar, mesmo que a crédito, as coisas necessárias à economia doméstica, bem como obter, por empréstimo, as quantias que a aquisição dessas coisas exigir, situações que os obrigarão solidariamente.

(D) em nenhuma hipótese pode o cônjuge, sem autorização do outro, alienar ou gravar de ônus real os bens imóveis.

(E) é anulável o pacto antenupcial se não for feito por escritura pública, e nulo se não lhe seguir o casamento.

**11.** O pagamento

**(A)** feito de boa-fé ao credor putativo é válido, salvo se provado depois que ele não era credor.

**(B)** deve ser feito ao credor ou a quem de direito o represente, sob pena de só valer depois de por ele ratificado, ou tanto quanto reverter em seu proveito.

**(C)** não vale quando cientemente feito ao credor incapaz de quitar, em nenhuma hipótese.

**(D)** autoriza-se a recebê-lo o portador da quitação, fato que origina presunção absoluta.

**(E)** feito pelo devedor ao credor, apesar de intimado da penhora feita sobre o crédito, ou da impugnação a ele oposta por terceiros, não valerá contra estes, que poderão constranger o devedor a pagar de novo, prejudicado o direito de regresso contra o credor.

**12.** O *proprietário pode conceder a outrem o direito de construir ou de plantar em seu terreno, por tempo determinado, mediante escritura pública devidamente registrada no Cartório de Registro de Imóveis.* Este enunciado refere-se

**(A)** ao direito de superfície.

**(B)** à servidão.

**(C)** ao arrendamento.

**(D)** ao usufruto.

**(E)** à anticrese.

**13.** Na alienação fiduciária imobiliária, diz o artigo 26, *caput*, da Lei 9.514/1997: *Vencida e não paga, no todo ou em parte, a dívida e constituído em mora o fiduciante, consolidar-se-á, nos termos deste artigo, a propriedade do imóvel em nome do fiduciário.* O trâmite procedimental previsto para a intimação do devedor fiduciante dar-se-á do modo seguinte:

**(A)** a intimação far-se-á pessoalmente ao fiduciante, ou ao seu representante legal ou ao procurador regularmente constituído, podendo ser promovida, por solicitação do oficial do Registro de Imóveis, por oficial de Registro de Títulos e Documentos da comarca da situação do imóvel ou do domicílio de quem deva recebê-la, ou pelo correio, com aviso de recebimento, aplicando-se subsidiariamente as normas pertinentes à matéria estabelecidas no CPC.

**(B)** para os fins do disposto neste artigo, o fiduciante, ou seu representante legal ou procurador regularmente constituído, será intimado, a requerimento do fiduciário, pelo oficial do

competente Registro de Imóveis, a satisfazer, no prazo de trinta dias, a prestação vencida e as que se vencerem até a data do pagamento, os juros convencionais, as penalidades e os demais encargos contratuais, os encargos legais, inclusive tributos, as contribuições condominiais imputáveis ao imóvel, além das despesas de cobrança e de intimação.

**(C)** a intimação far-se-á exclusivamente na pessoa do devedor fiduciante, pela drástica consequência da perda do imóvel, podendo ser promovida, por solicitação do oficial do Registro de Imóveis, por oficial de Registro de Títulos e Documentos da comarca da situação do imóvel ou do domicílio de quem deva recebê-la, ou pelo correio, com aviso de recebimento.

**(D)** o prazo de carência após o qual será expedida a intimação do fiduciante é sempre o de noventa dias.

**(E)** nos condomínios edilícios ou outras espécies de conjuntos imobiliários com controle de acesso, a intimação poderá ser feita na pessoa do síndico, defeso que se realize no funcionário da portaria responsável pelo recebimento da correspondência.

**14.** Verificando a condição culturalmente baixa de José Roberto, lavrador em Ribas do Rio Pardo, Glauco Silva adquire sua propriedade agrícola por R$ 500.000,00, quando o valor de mercado era o de R$ 2.000.000,00. A venda se deu por premente necessidade financeira de José Roberto. Essa situação caracteriza

**(A)** erro por parte de José Roberto, em função de sua inexperiência e premente necessidade, anulando-se o negócio jurídico, sem convalidação por se tratar de erro substancial.

**(B)** estado de perigo, pela premente necessidade de José Roberto, que o fez assumir prejuízo excessivamente oneroso, anulando-se o negócio jurídico, sem possibilidade de convalidação.

**(C)** dolo de oportunidade de Glauco Silva, anulando-se o negócio jurídico por ter sido a conduta dolosa a causa da celebração do negócio jurídico, podendo este ser convalidado somente se for pago o valor correto, de mercado, pelo imóvel.

**(D)** lesão, pela manifesta desproporção entre o valor do bem e o que foi pago por ele, em princípio anulando-se o negócio jurídico, salvo se for oferecido suplemento suficiente por Glauco Silva, ou se este concorrar com a redução do proveito.

**(E)** tanto lesão como estado de perigo, nulificando-se o negócio jurídico pela gravidade da conduta, sem possibilidade de ratificação ou convalidação pela excessiva onerosidade a José Roberto.

**15.** No que tange à jurisdição, é correto afirmar:

**(A)** em obediência ao princípio da inafastabilidade da jurisdição, em nenhuma hipótese a parte precisará exaurir a via administrativa de solução de conflitos, podendo sempre, desde logo, buscar a solução pela via do Poder Judiciário.

**(B)** a integração obrigatória à relação jurídico-processual concerne ao princípio da inevitabilidade da jurisdição, gerando o estado de sujeição das partes às decisões jurisdicionais.

**(C)** o princípio segundo o qual ninguém será processado senão pela autoridade competente diz respeito à indelegabilidade da jurisdição.

**(D)** nos procedimentos especiais de jurisdição voluntária, a intervenção do Judiciário não é obrigatória para que se obtenha o bem da vida pretendido, mostrando-se sempre facultativa essa interferência.

**(E)** em obediência ao princípio do juiz natural, é defesa a criação de varas especializadas, câmaras especializadas nos tribunais ou foros distritais.

**16.** Em relação ao Código de Organização e Divisão Judiciárias do Estado do Mato Grosso do Sul, é correto afirmar:

**(A)** O Desembargador que se encontrar na ordem de antiguidade para compor o Órgão Especial poderá renunciar ao encargo, desde que o faça fundamentadamente.

**(B)** O Órgão Especial tem a competência originária para eleger o Presidente, o Vice-Presidente e o Corregedor-Geral de Justiça para o biênio seguinte.

**(C)** Compete originariamente ao Tribunal Pleno decidir, em sessão pública e mediante voto aberto, nominal e fundamentado, sobre a promoção de juiz de direito ao Tribunal de Justiça, pelo critério de antiguidade.

**(D)** Somente pelo voto da maioria absoluta de seus membros poderá o Órgão Especial declarar a inconstitucionalidade de lei ou de ato normativo do Poder Público, devendo tais julgamentos funcionar com pelo menos metade de seus membros.

**(E)** Compete ao Governador do Estado dar posse aos membros do Tribunal de Justiça.

**17.** Em relação aos princípios constitucionais do processo civil, considere os enunciados seguintes:

**I.** A publicidade processual é a regra geral prevista tanto na Constituição Federal como no Código de Processo Civil; as exceções a esse princípio são estabelecidas por meio de rol taxativo em ambas as normas legais citadas.

**II.** O princípio da isonomia processual não deve ser entendido abstrata e sim concretamente, garantindo às partes manter paridade de armas, como forma de manter equilibrada a disputa judicial entre elas; assim, a isonomia entre partes desiguais só pode ser atingida por meio de um tratamento também desigual, na medida dessa desigualdade.

**III.** A razoável duração do processo abrange sua solução integral, incluindo-se a atividade satisfativa, assegurados os meios que garantam a celeridade da tramitação processual.

**IV.** O princípio do contraditório processual aplica-se apenas à matéria dispositiva, mas não às matérias de ordem pública, casos em que o juiz poderá agir de ofício prescindindo-se da oitiva prévia das partes.

Está correto o que se afirma APENAS em

**(A)** I e IV.

**(B)** I e II.

**(C)** III e IV.

**(D)** II e III.

**(E)** II, III e IV.

**18.** No tocante à citação, é correto afirmar:

**(A)** a interrupção da prescrição, operada pelo despacho que ordena a citação, retroagirá à data da prática do fato que originou a demanda.

**(B)** quando frustrada a citação pessoal, por meio de oficial de justiça, esta far-se-á por via postal e, mostrando-se infrutífera, por edital.

**(C)** a citação válida, salvo se ordenada por juízo incompetente, induz litispendência, torna litigiosa a coisa e constitui em mora o devedor.

**(D)** não se fará citação quando se verificar que o citando é mentalmente incapaz ou está impossibilitado de recebê-la.

**(E)** a citação será sempre pessoal, salvo exclusivamente a feita na pessoa do curador do incapaz.

**19.** Alberto Roberto tornou-se réu em uma ação de cobrança de nota promissória. Ficou sabendo por um escrevente do Cartório, procurou um advogado e, antes mesmo de ser citado, contestou o feito. Essa contestação

(A) será tida por intempestiva, pois o que define a tempestividade é o início da contagem do prazo, ainda não iniciado.

(B) será considerada tempestiva, sem necessidade de reiteração do ato após a citação de Alberto Roberto.

(C) será considerada um ato praticado condicionalmente, pois dependerá de ratificação por Alberto Roberto, necessariamente dentro do prazo legal de oferecimento da defesa.

(D) é intempestiva, porque praticado o ato fora do prazo, o que se dá tanto antes quanto depois de finalizada sua contagem; no entanto, se o autor concordar, será a contestação tida por tempestiva, caracterizando a anuência um negócio jurídico- processual.

(E) será tida por inexistente, devendo ser praticado o ato novamente no prazo legal da contestação.

**20.** A tutela provisória

(A) da evidência será concedida sempre e unicamente quando caracterizado o abuso do direito de defesa ou o manifesto propósito protelatório da parte.

(B) observará o rol taxativo previsto na norma processual.

(C) conserva sua eficácia na pendência do processo, mas pode a qualquer tempo ser modificada, embora não revogada.

(D) de urgência de natureza antecipada só poderá ser concedida após justificação prévia.

(E) de urgência de natureza cautelar pode ser efetivada mediante arresto, sequestro, arrolamento de bens, registro de protesto contra alienação de bem e qualquer outra medida idônea para asseguração do direito.

**21.** Indeferida a inicial, o autor

(A) poderá apelar, facultado ao juiz, no prazo de cinco dias, retratar-se; se não houver retratação, o juiz mandará citar o réu para responder ao recurso.

(B) poderá apelar, subindo os autos ao Tribunal imediatamente, sem citação do réu para resposta ao recurso.

(C) poderá impetrar mandado de segurança, pelo direito líquido e certo à prestação jurisdicional.

(D) deverá aguardar o trânsito em julgado, se quiser ajuizar nova demanda sobre a mesma matéria, não sendo possível o juízo de retratação.

(E) poderá apelar, com possibilidade de retratação do juiz em cinco dias; não havendo retratação, os autos subirão imediatamente, não havendo citação do réu porque não chegou a se constituir a relação jurídico-processual.

**22.** Quanto aos princípios recursais,

(A) o princípio da taxatividade recursal tem sido mitigado, admitindo-se a criação de recursos não previstos expressamente em lei, desde que as partes criem tais recursos de comum acordo, como negócio jurídico-processual.

(B) pelo princípio da singularidade ou unirrecorribilidade afirma-se que só se admite uma espécie recursal como meio de impugnação de cada decisão judicial, mostrando-se defeso interpor sucessiva ou concomitantemente duas espécies recursais contra a mesma decisão.

(C) o princípio da dialeticidade diz respeito ao elemento volitivo, ou seja, à vontade da parte em recorrer, expressa na interposição do recurso correspondente à situação jurídica dos autos.

(D) o princípio da fungibilidade não foi previsto normativamente no atual ordenamento jurídico processual, não mais se podendo receber um recurso por outro em situações de pretensa dúvida.

(E) o princípio da *reformatio in pejus*, ou seja, reforma para piorar a situação de quem recorre, não foi admitido em nenhuma hipótese no atual processo civil brasileiro.

**23.** No que tange ao procedimento concernente ao cumprimento da sentença, é correto afirmar:

(A) como regra, o devedor será intimado pessoalmente para cumprir a sentença espontaneamente em quinze dias, sob pena de multa.

(B) o cumprimento da sentença que reconhece o dever de pagar quantia, provisório ou definitivo, far-se-á de ofício ou a requerimento do credor.

(C) o cumprimento da sentença não poderá ser promovido em face do fiador, do coobrigado ou do corresponsável que não tiver participado da fase de conhecimento.

(D) quando o juiz decidir relação jurídica sujeita a condição ou termo, o cumprimento da sentença não dependerá de demonstração de que se realizou a condição ou de que ocorreu o termo.

**(E)** o cumprimento provisório da sentença impugnada por recurso desprovido de efeito suspensivo não poderá em nenhuma situação admitir o levantamento de depósito em dinheiro ou a prática de atos que importem transferência de posse ou domínio, pela possibilidade de irreversibilidade dos efeitos de tais atos.

**24.** Em relação às ações reguladas por procedimentos especiais, é correto afirmar:

**(A)** no caso de ação possessória em que figure no polo passivo grande número de pessoas, serão feitas a citação pessoal dos ocupantes que forem encontrados no local e a citação por edital dos demais, determinando-se, ainda, a intimação do Ministério Público e, se envolver pessoas em situação de hipossuficiência econômica, da Defensoria Pública.

**(B)** no tocante à ação de consignação em pagamento, será o depósito requerido no lugar do pagamento, cessando para o devedor, à data do depósito, os juros e os riscos da mora, ainda que a demanda seja ao depois julgada improcedente, por sua demonstração tempestiva de boa-fé objetiva.

**(C)** a ação de dissolução parcial de sociedade tem por objeto único a resolução da sociedade empresária contratual ou simples em relação ao sócio falecido, excluído ou que exerceu o direito de retirada ou recesso.

**(D)** a ação monitória será proposta por aquele que afirmar, com base em prova oral ou escrita sem exequibilidade, ter direito de exigir do devedor capaz o pagamento de valor em dinheiro ou a entrega de coisa fungível ou infungível, ou de bem móvel ou imóvel.

**(E)** a oposição é manifestada por aquele que, denunciado da lide ou chamado ao processo, impugna sua condição de responsável pela obrigação contratual ou extracontratual.

**25.** Quanto aos Juizados Especiais Cíveis, examine os enunciados seguintes:

**I.** Caberão embargos de declaração contra sentença ou acórdão nos casos previstos no Código de Processo Civil, os quais interromperão o prazo para a interposição de recurso e serão interpostos por escrito ou oralmente, no prazo de cinco dias, contados da ciência da decisão.

**II.** A execução da sentença processar-se-á no próprio Juizado; não cumprida voluntariamente a sentença transitada em julgado, tendo havido solicitação do interessado, escrita ou oral, ou agindo o juiz de ofício, proceder-se-á desde logo à citação do executado para pagamento ou nomeação a penhora de bens suficientes à satisfação do crédito.

**III.** O acesso ao Juizado Especial independerá, em qualquer grau de jurisdição, do pagamento de custas, taxas ou despesas e do acompanhamento de advogado em primeiro grau de jurisdição, tendo porém a parte que constituir patrono para a interposição eventual de recurso, dirigido ao próprio Juizado.

**IV.** A sentença mencionará os elementos da convicção do juiz, com breve resumo dos fatos relevantes ocorridos em audiência, dispensado o relatório; não se admitirá sentença condenatória por quantia ilíquida, ainda que genérico o pedido.

Está correto o que se afirma APENAS em

**(A)** I, III e IV.
**(B)** I, II e III.
**(C)** II, III e IV.
**(D)** I e IV.
**(E)** II e III.

**26.** Laura compareceu a uma loja de departamentos, onde comprou um aparelho de som, que seria entregue na sua casa no prazo de dez dias. Ao chegar em casa, pesquisou o preço do produto na internet, vindo então a descobrir que o mesmo aparelho de som estava em promoção numa outra loja, sendo anunciado pela metade do preço que pagou. Então, no mesmo dia, voltou à loja onde havia feito a compra, pleiteando o desfazimento do negócio e a restituição integral do preço. Nesse caso, de acordo com o Código de Defesa do Consumidor, Laura

**(A)** tem direito ao desfazimento do negócio, pois o consumidor pode desistir do contrato no prazo de 7 (sete) dias contados da sua celebração.

**(B)** tem direito ao desfazimento do negócio, pois o consumidor pode desistir do contrato no prazo de 7 (sete) dias contados da data do recebimento do produto.

**(C)** tem direito ao desfazimento do negócio, pois se reputa prática abusiva a venda de produto por preço igual ou superior ao dobro do praticado por concorrente.

**(D)** tem direito ao desfazimento do negócio, mas somente se provar ter adquirido o produto anunciado pelo outro fornecedor.

**(E)** não tem direito ao desfazimento do negócio por mero arrependimento.

**27.** Renato, cliente de determinada operadora de telefonia, recebeu fatura cobrando valor muito superior ao contratado. Percebendo o equívoco, Renato deixou de pagar a fatura e contatou a operadora, requerendo o envio de outra, com o valor correto. No entanto, apesar de reconhecer a falha, a operadora enviou nova fatura cobrando o mesmo valor em excesso, razão pela qual Renato novamente se recusou a pagar. Nesse caso, de acordo com o Código de Defesa do Consumidor, Renato

(A) tem direito de receber o dobro do valor cobrado em excesso na primeira fatura, apenas.

(B) tem direito de receber o dobro do valor cobrado em excesso em cada uma das duas faturas.

(C) tem direito de receber o dobro do valor total da primeira fatura, apenas.

(D) tem direito de receber o dobro do valor total de cada uma das duas faturas.

(E) não tem direito de receber o dobro do valor cobrado em excesso ou do total de nenhuma das faturas.

**28.** Em 10 de janeiro de 2019, Patrícia foi até uma loja onde adquiriu uma televisão, que ficou, desde então, guardada em sua residência. Quando Patrícia retirou o aparelho da caixa, em 20 de março de 2019, notou que a tela estava trincada. Em 19 de maio de 2019, formulou reclamação formal ao fornecedor da televisão. Em 22 de maio de 2019, o fornecedor respondeu à reclamação, negando-se a reparar o produto. Inconformada, Patrícia ajuizou ação contra o fornecedor, em 18 de junho de 2019, pleiteando a substituição do produto. Em contestação, o fornecedor arguiu a decadência do direito. Nesse caso, a arguição de decadência deve ser

(A) acolhida, pois o direito de reclamar pelo vício do produto caducou em fevereiro de 2019.

(B) acolhida, pois o direito de reclamar pelo vício do produto caducou em abril de 2019.

(C) acolhida, pois o direito de reclamar pelo vício do produto caducou em junho de 2019.

(D) rejeitada, pois a decadência foi obstada pela reclamação feita ao fornecedor.

(E) rejeitada, pois o direito de reclamar pelo vício do produto só caducaria em agosto de 2019.

**29.** De acordo com o Código de Defesa do Consumidor, a garantia legal de adequação do produto

(A) sempre depende de termo expresso, podendo ser excluída ou atenuada contratualmente, mediante desconto do preço, desde que isso não coloque o consumidor em situação de exagerada desvantagem.

(B) depende de termo expresso apenas no caso de produtos duráveis, sendo vedada, em qualquer hipótese, a exoneração contratual do fornecedor.

(C) independe de termo expresso, podendo ser excluída ou atenuada contratualmente, mediante desconto do preço, desde que isso não coloque o consumidor em situação de exagerada desvantagem.

(D) independe de termo expresso, sendo vedada, em qualquer hipótese, a exoneração contratual do fornecedor.

(E) independe de termo expresso, mesmo que se trate de produtos duráveis, podendo ser excluída contratualmente, mediante desconto do preço, desde que isso não coloque o consumidor em situação de exagerada desvantagem.

**30.** De acordo com o Código de Defesa do Consumidor, a publicidade que explora a superstição dos consumidores é

(A) abusiva e enganosa.

(B) abusiva, apenas.

(C) enganosa, apenas.

(D) enganosa por omissão.

(E) permitida, desde que não seja contrária aos bons costumes.

**31.** De acordo com o Código de Defesa do Consumidor, o contrato de adesão

(A) não permite a supressão do direito do consumidor de discutir ou modificar substancialmente o conteúdo de cada uma das suas cláusulas.

(B) perde essa natureza mediante a inserção, no formulário, de cláusula nova, resultante de discussão com o consumidor.

(C) admite cláusula resolutória.

(D) deve ser redigido em termos claros e com caracteres de qualquer tamanho de fonte, desde que ostensivos e legíveis, de modo a facilitar sua compreensão pelo consumidor.

(E) não admite cláusulas que impliquem limitação de direito do consumidor.

**32.** Acerca das cláusulas abusivas, considere:

I. São nulas de pleno direito as cláusulas que autorizem o fornecedor a cancelar o contrato unilateralmente, ainda que igual direito seja conferido ao consumidor.

II. As multas de mora decorrentes do inadimplemento de obrigações no seu termo poderão ser de, no máximo, quatro por cento do valor da prestação.

III. Desde que expressamente previsto no contrato, é assegurada ao consumidor a liquidação antecipada do débito, total ou parcialmente, mediante redução proporcional dos juros e demais acréscimos.

IV. Qualquer consumidor pode, individualmente, requerer ao Ministério Público que ajuíze a competente ação para ser declarada a nulidade de cláusula contratual que não assegure o justo equilíbrio entre direitos e obrigações das partes.

V. São válidas as cláusulas que obriguem o consumidor a ressarcir os custos de cobrança de sua obrigação se igual direito lhe for conferido contra o fornecedor.

De acordo com o Código de Defesa do Consumidor, está correto o que se afirma APENAS em

(A) I e II.
(B) I e III.
(C) II e IV.
(D) III e V.
(E) IV e V.

**33.** Mariana adquiriu numa loja uma geladeira nova, para utilizar em sua residência. Apenas dois dias depois da compra, o produto apresentou vício, deixando de refrigerar. Mariana então pleiteou a imediata restituição do preço, o que foi negado pelo fornecedor sob o fundamento de que o produto poderia ser consertado. Nesse caso, de acordo com o Código de Defesa do Consumidor, assiste razão

(A) à Mariana, por se tratar de produto essencial, circunstância que lhe garante exigir a imediata restituição do preço, ainda que o vício do produto possa ser sanado.

(B) à Mariana, em virtude de o vício ter se manifestado dentro do prazo de sete dias contado da compra, circunstância que lhe garante exigir a imediata restituição do preço, ainda que o vício do produto possa ser sanado.

(C) ao fornecedor, pois o consumidor só terá direito à restituição do preço se o vício do produto não for reparado no prazo legal de trinta dias, que pode ser aumentado ou diminuído por convenção das partes.

(D) ao fornecedor, pois o consumidor só terá direito à restituição do preço se o vício do produto não for reparado no prazo legal de trinta dias, que não pode ser aumentado nem diminuído por convenção das partes.

(E) ao fornecedor, pois o consumidor só terá direito à restituição do preço se o vício do produto não for reparado no prazo legal de trinta dias, que não pode ser aumentado, mas pode ser diminuído por convenção das partes.

**34.** Nos termos expressos da Convenção Internacional sobre os Direitos da Criança, os Estados-Partes buscarão promover o estabelecimento de uma idade

(A) mínima antes da qual se presumirá que a criança não tem capacidade para infringir as leis penais.

(B) acima da qual não se imporá qualquer medida de cuidados familiares alternativos sem o expresso consentimento da criança.

(C) abaixo da qual não se exigirá consentimento da criança para que receba tratamento médico, psicológico ou funcional visando a promoção de sua saúde física e mental.

(D) mínima para que o exercício dos direitos sexuais e reprodutivos da criança não sejam considerados infração à lei penal vigente no Estado.

(E) antes da qual os pais e outras pessoas responsáveis pela criança não poderão, por ato de disposição de vontade, antecipar a maioridade civil da criança.

**35.** O acompanhamento domiciliar é previsto expressamente no Estatuto da Criança e do Adolescente

(A) para o atendimento das crianças na faixa etária da primeira infância com suspeita ou confirmação de violência de qualquer natureza, se necessário.

(B) nas hipóteses de desistência dos genitores da entrega de criança após o nascimento, pelo prazo de 180 dias.

(C) para crianças e adolescentes reintegrados à sua família natural ou extensa após a permanência em serviços de acolhimento institucional.

(D) às gestantes que apresentem gravidez de alto risco à saúde e ao desenvolvimento do nascituro.

(E) às crianças detectadas com sinais de risco para o desenvolvimento biopsicossocial por meios dos protocolos padronizados de avaliação.

**36.** Servidor voluntário credenciado constata a presença de adolescentes desacompanhados dos pais em um espetáculo promovido em ginásio esportivo da cidade, sem observância das regras previstas no Estatuto da Criança e do Adolescente. Diante de tal constatação, é correto afirmar que

**(A)** é descabida, segundo a jurisprudência dominante no STJ, a aplicação de multa para a pessoa jurídica promotora do evento, cabendo punição apenas em face dos organizadores do espetáculo.

**(B)** seria possível, além da multa, segundo o texto da lei, determinar-se o fechamento do estabelecimento por até 30 dias, mas o STF declarou inconstitucional a sanção de fechamento.

**(C)** é lícita a aplicação de multa se o Juiz da Infância e Juventude competente não expediu alvará autorizando a realização do espetáculo.

**(D)** cabe ao servidor elaborar auto de infração, mas somente a autoridade judiciária é competente para eventual aplicação de multa pela suposta infração administrativa.

**(E)** ainda que a lei preveja apenas a autuação do organizador do espetáculo, a jurisprudência tem admitido a imposição de sanção também ao responsável pelo estabelecimento.

**37.** A impugnação do Plano Individual de Atendimento, no âmbito da execução das medidas socioeducativas, conforme previsão expressa da Lei 12.594/2012 (Lei do Sinase),

**(A)** no que ultrapassa os aspectos meramente formais, deve ser fundamentada em laudo técnico.

**(B)** uma vez admitida, obriga a designação de audiência para oitiva do adolescente, seus pais e técnicos do programa.

**(C)** suspende o prazo de reavaliação obrigatória da medida socioeducativa até que seja decidido o mérito da impugnação.

**(D)** não suspenderá a execução do plano individual, salvo determinação judicial em contrário.

**(E)** precede a homologação da guia de execução nas medidas socioeducativas privativas de liberdade.

**38.** Ana tem 12 anos e foi vítima de violência sexual. Conforme previsão expressa da Lei 13.431/2017,

**(A)** a escuta de Ana, bem como das testemunhas do fato, seguirá o rito cautelar de antecipação de prova.

**(B)** a escuta especializada de Ana será gravada em áudio e vídeo.

**(C)** salvo para os fins de assistência à saúde e de persecução penal, é vedado o repasse a terceiros das declarações feitas por Ana.

**(D)** a escuta especializada de Ana reger-se-á por protocolos padronizados de inquirição a serem observados pelo Conselho Tutelar e pela autoridade policial.

**(E)** como parte de seu direito à informação, antes de ser colhido seu depoimento pessoal, será feita a leitura da denúncia para Ana.

**39.** Jorge tem 20 anos e completou 3 anos ininterruptos de cumprimento de medida de internação. Assim, de acordo com o que dispõe expressamente a lei, Jorge

**(A)** deverá ser imediatamente liberado, independentemente de prévia autorização judicial.

**(B)** poderá ser colocado em regime de semiliberdade, liberdade assistida ou prestação de serviços à comunidade.

**(C)** poderá ser encaminhado, excepcionalmente, a Hospital de Custódia e Tratamento Psiquiátrico caso persista a periculosidade e tenha sido decretada sua interdição.

**(D)** deverá ser encaminhado a uma residência inclusiva caso não disponha de local para morar.

**(E)** pode permanecer em medida de internação caso nova internação tenha sido aplicada por ato infracional praticado durante a execução.

**40.** Maria, não desejando ficar com seu filho João, que não tem pai registral, entrega-o a um casal de amigos, Marta e Vicente, os quais desejam adotá-lo. Segundo previsão expressa de lei,

**(A)** Maria, Marta e Vicente, estando de acordo, poderão requerer ao Cartório de Registro Civil o reconhecimento de Marta e Vicente como pais socioafetivos de João, com prejuízo da filiação registral originária.

**(B)** Marta e Vicente não poderão adotar João, exceto se já tiverem sido previamente habilitados a adotar e incluídos no cadastro de adoção.

**(C)** Maria pode perder, por decisão judicial, o poder familiar sobre o filho por tê-lo entregue de forma irregular a terceiros para fins de adoção.

**(D)** Marta e Vicente, ainda que não habilitados, têm prioridade para a adoção da criança porque foram indicados pela própria genitora de João como adotantes de sua preferência.

**(E)** sendo do interesse de João, sua adoção pode ser concedida a Marta e Vicente, os quais sujeitam-se, em tese, às penas do crime de burla de cadastro adotivo.

**41.** Em relação à tipicidade penal, correto afirmar que

**(A)** é excluída pelos chamados princípios da insignificância e adequação social, ausentes tipicidade formal e material, respectivamente.

**(B)** o consentimento do ofendido, às vezes, pode afastar a própria tipicidade da conduta e, em outras, constituir causa supralegal de exclusão da ilicitude, segundo entendimento doutrinário.

**(C)** o erro sobre elemento do tipo exclui o dolo e, por isso, incide sobre a ilicitude do comportamento, refletindo na culpabilidade, de modo a excluí-la ou atenuá-la.

**(D)** é afastada nas hipóteses de crime impossível e arrependimento posterior.

**(E)** o dolo, segundo a teoria finalista, constitui elemento normativo do tipo.

**42.** Em matéria de concurso de pessoas, correto afirmar que

**(A)** inadmissível nos crimes monossubjetivos.

**(B)** haverá único crime para os coautores e partícipes, segundo a teoria monista adotada pelo Código Penal, todos por ele respondendo em absoluta igualdade de condições.

**(C)** admissível a coautoria nos crimes omissivos impróprios ou comissivos por omissão.

**(D)** inadmissível nos crimes próprios, embora possível nos delitos culposos.

**(E)** indispensável prévia combinação entre os agentes e adesão subjetiva à vontade do outro.

**43.** No tocante à tentativa, acertado afirmar que

**(A)** é impunível nos casos de contravenção penal e de falta grave no curso da execução penal.

**(B)** o cálculo da prescrição em abstrato é regulado pelo máximo da pena cominada ao delito imputado, menos dois terços.

**(C)** não incide o respectivo redutor na fixação da quantidade de dias-multa.

**(D)** é aplicável o redutor mínimo de um terço para efeito de verificação de cabimento da suspensão condicional do processo.

**(E)** é possível nos crimes formais, se plurissubsistentes.

**44.** Na aplicação da pena,

**(A)** incidindo as causas de diminuição da tentativa e do arrependimento posterior, pode o juiz limitar-se a uma só diminuição, prevalecendo, todavia, a causa que mais diminua.

**(B)** o juiz, na terceira fase do cálculo, ao fixar a fração de acréscimo pela causa de aumento identificada, sempre atentará à culpabilidade, aos antecedentes, à conduta social, à personalidade do agente, aos motivos, às circunstâncias e consequências do crime, bem como ao comportamento da vítima.

**(C)** as qualificadoras, representando fatores de acréscimo assinalados em quantidades fixas ou em limites, incidem na terceira fase do cálculo, não permitindo, contudo, a fixação da pena acima do máximo legal.

**(D)** se concorrerem duas qualificadoras em um mesmo crime, aceita a jurisprudência que só uma delas incida como tal, podendo a outra servir como circunstância agravante, se cabível.

**(E)** se reconhecido o crime continuado específico, aplica-se a pena de um só dos delitos, se idênticas, ou a mais grave, se diversas, aumentada, em qualquer caso, de um sexto a dois terços, considerado o número de infrações cometidas, incidindo a extinção da punibilidade sobre o total da pena imposta.

**45.** No tocante à prescrição, correto afirmar que

**(A)** cometido o homicídio qualificado para ocultar outro crime, a prescrição deste impede a qualificação daquele.

**(B)** os crimes mais leves prescrevem com os mais graves, se cometidos em concurso de delitos.

**(C)** é regulada pelo total da pena nos casos de evasão do condenado ou de revogação do livramento condicional.

**(D)** não se aplicam às penas restritivas de direito os mesmos prazos previstos para as privativas de liberdade.

**(E)** a sua ocorrência em relação ao crime de furto não alcança a receptação que o tinha como pressuposto.

**46.** No tocante ao crime de lesão corporal praticado no ambiente doméstico, correto afirmar que

**(A)** inaplicável a suspensão condicional do processo, independentemente da condição da vítima, ainda que de natureza leve.

**(B)** a pena será aumentada de 1/3 (um terço), se de natureza grave, mas apenas se a vítima for mulher.

**(C)** não é vedada por entendimento sumulado a aplicação, em tese e para algumas situações, do chamado princípio da insignificância.

**(D)** a ação penal é sempre pública condicionada.

**(E)** incabível a suspensão condicional da pena.

**47.** Quanto aos crimes contra a honra, correto afirmar que

(A) não constitui difamação ou calúnia punível a ofensa irrogada em juízo, na discussão da causa, pela parte ou por seu procurador.

(B) cabível a exceção da verdade na difamação e na injúria.

(C) há isenção de pena se o querelado, antes da sentença, se retrata cabalmente da difamação ou da injúria.

(D) a ação penal é pública incondicionada na injúria com preconceito.

(E) possível a propositura de ação penal privada no caso de servidor público ofendido em razão do exercício de suas funções.

**48.** Constitui crime de

(A) tráfico de influência, delito contra a administração da justiça, solicitar ou receber dinheiro ou qualquer outra utilidade, a pretexto de influir em juiz, jurado, órgão do Ministério Público, funcionário da justiça, perito, tradutor, intérprete ou testemunha.

(B) tergiversação, delito contra a administração da justiça, o ato do advogado ou procurador judicial que defende na mesma causa, sucessivamente, partes contrárias.

(C) exploração de prestígio, delito praticado por particular contra a administração em geral, solicitar, exigir, cobrar ou obter, para si ou para outrem, vantagem ou promessa de vantagem, a pretexto de influir em ato praticado por funcionário público no exercício da função.

(D) patrocínio infiel, delito praticado por funcionário púbico contra a administração em geral, patrocinar, direta ou indiretamente, interesse privado perante a administração pública, valendo-se da qualidade de funcionário.

(E) favorecimento real, delito contra a administração da justiça, auxiliar a subtrair-se à ação de autoridade pública autor de crime a que é cominada pena de reclusão.

**49.** No que concerne à lei de drogas, correto afirmar:

(A) cabível a redução da pena de um sexto a dois terços para o agente que tem em depósito, sem autorização ou em desacordo com determinação legal ou regulamentar, matéria-prima, insumo ou produto químico destinado à preparação de drogas, desde que primário, de bons antecedentes, não se dedique às atividades criminosas nem integre organização criminosa.

(B) o juiz, na fixação das penas, em igualdade de condições com todas as circunstâncias previstas no Código Penal para estabelecimento das sanções básicas, considerará a natureza e a quantidade da substância ou do produto.

(C) a pena de multa pode ser aumentada até o limite do triplo se, em virtude da situação econômica do acusado, considerá-la o juiz ineficaz, ainda que aplicada no máximo.

(D) para a caracterização da majorante do tráfico entre Estados da Federação ou entre este e o Distrito Federal, necessária a efetiva transposição das respectivas fronteiras, não bastando a demonstração inequívoca da intenção de realizar o tráfico interestadual.

(E) é de dois anos o prazo de prescrição no crime de posse de droga para consumo pessoal, não se aplicando, contudo, as causas de interrupção previstas no Código Penal.

**50.** O interrogatório do acusado

(A) pode ser realizado por sistema de videoconferência, desde que necessária a medida para prevenir risco à segurança pública e intimadas as partes da decisão que o determinar com 05 (cinco) dias de antecedência.

(B) em processo por tráfico de entorpecentes deve ocorrer após a inquirição das testemunhas arroladas pela acusação e pela defesa, nesta ordem, sob pena de nulidade do feito, independentemente da data de encerramento da instrução criminal.

(C) deve ser realizado novamente nas hipóteses de *emendatio libelli* e *mutatio libelli*.

(D) pode ser procedido novamente a todo tempo a pedido fundamentado de qualquer das partes, vedada, no entanto, a repetição do ato por determinação de ofício do juiz.

(E) pode ser novamente realizado por tribunal, câmara ou turma no julgamento de recurso de apelação

**51.** Cabível a absolvição sumária

(A) se demonstrada a existência de causa de exclusão do crime, mas unicamente no procedimento do júri.

(B) se provado, no procedimento comum, não ser o acusado autor ou partícipe do fato.

(C) por inimputabilidade, em determinada situação, no procedimento do júri.

(D) se demonstrada, no procedimento comum, a manifesta existência de qualquer causa excludente da culpabilidade.

(E) sempre que demonstrada, no procedimento do júri, a existência de causa de isenção de pena.

**52.** Quanto aos aspectos processuais da Lei de Drogas, correto afirmar que

(A) o agente surpreendido na posse de droga para consumo pessoal será processado e julgado perante o Juizado Especial Criminal, permitida a transação penal, ainda que haja concurso com o delito de tráfico de entorpecentes, a ser apurado no juízo comum.

(B) o inquérito policial será concluído no prazo de 30 (trinta) dias, se o indiciado estiver preso, e de 90 (noventa) dias, quando solto, podendo haver duplicação de tais prazos pelo juiz, ouvido o Ministério Público, mediante pedido justificado da autoridade de polícia judiciária.

(C) o juiz, oferecida a denúncia, ordenará a notificação do acusado para oferecer defesa prévia, por escrito, no prazo de 10 (dez) dias, decidindo a seguir em 05 (cinco) dias, apresentada ou não a resposta.

(D) suficiente o laudo de constatação da natureza e quantidade da droga, firmado por perito oficial ou, na falta deste, por pessoa idônea, para efeito da lavratura do auto de prisão em flagrante e estabelecimento da materialidade do delito, ficando impedido, porém, o perito que o subscrever de participar do laudo definitivo.

(E) o Ministério Público, recebidos os autos do inquérito policial, poderá, no prazo de 10 (dez) dias, requerer o arquivamento, requisitar diligências que entender necessárias ou oferecer denúncia arrolando até 08 (oito) testemunhas.

**53.** No que toca às sanções disciplinares na fase de execução penal, correto afirmar que

(A) a advertência verbal e a repreensão serão aplicadas por ato do diretor do estabelecimento, desnecessárias motivação e comunicação ao juiz da execução.

(B) compete ao juiz da execução a aplicação da suspensão ou restrição de direitos.

(C) a autorização para inclusão de preso em regime disciplinar diferenciado dependerá de requerimento circunstanciado elaborado pelo diretor do estabelecimento, decidindo o juiz no prazo máximo de quinze dias, ouvida apenas a defesa.

(D) o isolamento na própria cela, ou em local adequado, nos estabelecimentos que possuam alojamento coletivo, será determinado pelo diretor do presídio e comunicado ao juiz da execução.

(E) cabe exclusivamente ao juiz da execução decretar o isolamento preventivo do faltoso pelo prazo de até dez dias.

**54.** Quanto à sentença, correto afirmar que o juiz

(A) poderá declarar a sentença, sempre que nela houver obscuridade, ambiguidade, contradição ou omissão, se qualquer das partes o requerer no prazo de 5 (cinco) dias.

(B) poderá, sem modificar a descrição contida na denúncia ou queixa, atribuir ao fato definição jurídica diversa e, havendo possibilidade de proposta de suspensão condicional do processo, procederá de acordo com o disposto na lei, ainda que, por força do crime continuado, a soma da pena mínima da infração mais grave com o aumento mínimo de um sexto for superior a um ano.

(C) poderá proferir sentença condenatória, ainda que requerida a absolvição pela acusação, independentemente da natureza da ação.

(D) não fica adstrito aos termos do aditamento, se procedido após encerrada a instrução probatória em consequência de prova existente nos autos de elemento ou circunstância da infração penal não contida na acusação.

(E) poderá reconhecer circunstância agravante não alegada pela acusação, segundo previsto na legislação processual penal.

**55.** Quanto às medidas protetivas de urgência, correto afirmar que

(A) indispensável prévia manifestação do Ministério Público para a sua concessão, se requeridas pela ofendida.

(B) serão aplicadas isolada ou cumulativamente, vedada posterior substituição por outras, embora possível a decretação da prisão preventiva para garantir a execução das impostas.

(C) podem consistir na restrição ou suspensão de visitas aos dependentes menores, dispensada manifestação de equipe de atendimento multidisciplinar ou serviço similar.

(D) a ofendida, salvo se defendida por advogado constituído, deverá ser notificada dos atos processuais relativos ao agressor, especialmente dos pertinentes ao ingresso e à saída da prisão.

(E) podem consistir na suspensão da posse ou restrição do porte de armas, com comunicação ao órgão competente.

**56.** Em relação aos Juizados Especiais Criminais, correto afirmar que

(A) a competência será determinada pelo lugar em que foi praticada a infração penal ou pelo domicílio da vítima, a critério desta.

(B) cabível a interposição de recurso em sentido estrito, no prazo de 05 (cinco) dias, contra a decisão de rejeição da denúncia ou queixa, com abertura de vista para apresentação das razões em 08 (oito) dias.

(C) não cabe recurso especial contra decisão proferida por turma recursal, competindo a esta, porém, processar e julgar mandado de segurança contra ato de juizado especial.

(D) cabem embargos de declaração, no prazo de 05 (cinco) dias, quando, em sentença ou acórdão, houver obscuridade, contradição ou omissão, sem interrupção, contudo, do prazo para a interposição de recurso.

(E) os atos processuais serão públicos e poderão realizar-se em horário noturno e em qualquer dia da semana, incabível, porém, a prática em outras comarcas.

**57.** No tocante à revisão criminal, correto afirmar que

(A) será processada e julgada em primeira instância, por juízo diverso da condenação, se a decisão condenatória transitou em julgado sem a interposição de recurso.

(B) será julgada extinta se o condenado falecer em seu curso e requerida a absolvição por contrariedade à evidência dos autos.

(C) inadmissível, em qualquer situação, a reiteração de pedido já apreciado em revisão anterior.

(D) possível, no julgamento de procedência, a absolvição do réu, a alteração da classificação da infração, a modificação da pena ou a anulação do processo.

(E) inadmissível sem recolhimento do condenado à prisão, se imposta pena privativa de liberdade em regime fechado.

**58.** O Governador do Estado do Mato Grosso do Sul pretende instituir região metropolitana, constituída por Municípios limítrofes do mesmo complexo geoeconômico e social, a fim de integrar a organização, o planejamento e a execução de fun-ções públicas de interesse comum. Considerando os limites e requisitos impostos pelas Constituições Federal e Estadual em relação ao tema, bem como a jurisprudência do Supremo Tribunal Federal, a criação da região metropolitana

I. dependerá de edição de lei complementar estadual, não sendo exigível consulta prévia, mediante plebiscito, às populações dos municípios envolvidos.

II. poderá ter por objetivo integrar a organização, o planejamento e a execução de funções públicas de competência material comum entre Estado e Municípios, não podendo abranger as funções que se inserem entre as atribuições privativas municipais, como, por exemplo, o saneamento básico.

III. implicará o exercício, pelo Estado, de competência exclusiva para disciplinar a concessão e a prestação dos serviços públicos para os quais se voltará a região metropolitana.

IV. não impedirá o exercício, pelos Municípios que a integrarem, da competência para promover o adequado ordenamento territorial, mediante planejamento e controle do uso, do parcelamento e da ocupação do solo urbano.

Está correto o que se afirma APENAS em

(A) I e IV.
(B) I e II.
(C) II e IV.
(D) II e III.
(E) III e IV.

**59.** Considerando as disposições das Constituições Federal e Estadual do Mato Grosso do Sul, insere-se no âmbito das competências do Governador

(A) prover os cargos públicos efetivos e os em comissão vinculados ao Poder Executivo, observando, quanto a esses últimos, o disposto em lei, de iniciativa privativa do Parlamento estadual, que discipline os casos, condições e percentuais mínimos dos cargos públicos em comissão que deverão ser preenchidos por servidores de carreira.

(B) realizar operações de crédito, mediante prévia autorização da Assembleia Legislativa, atendidos os limites globais e as condições fixadas pelo Senado Federal no exercício de sua competência privativa nessa matéria.

(C) a iniciativa legislativa para apresentação de projeto de lei fixando o subsídio dos Secretários de Estado, observando que o valor não poderá ser acrescido de qualquer gratificação, adicional, abono, prêmio, verba de representação ou outra espécie remuneratória.

(D) indicar três sétimos dos Conselheiros do Tribunal de Contas do Estado, independentemente de aprovação pela Assembleia Legislativa, devendo dois deles ser escolhidos alternadamente, entre Auditores e membros do Ministério Público junto ao Tribunal de Contas, indicados em lista tríplice organizada pelo Tribunal, segundo os critérios de antiguidade e merecimento.

(E) decretar e executar a intervenção em Municípios, mediante prévio provimento à representação, pelo Superior Tribunal de Justiça, quando a medida tiver por fundamento o descumprimento de ordem judicial, caso em que é dispensada a submissão do decreto interventivo à Assembleia Legislativa.

**60.** Ao dispor sobre a criação de cargos em comissão, o legislador deve observar as normas constitucionais e a jurisprudência do Supremo Tribunal Federal nessa matéria, segundo as quais

(A) a criação de cargos em comissão somente se justifica para o exercício de funções de direção, chefia e assessoramento, não se prestando ao desempenho de atividades burocráticas, técnicas ou operacionais, pressupondo necessária relação de confiança entre a autoridade nomeante e o servidor nomeado.

(B) cabe à lei que os instituir definir, objetivamente, suas atribuições, podendo, todavia, delegar essa competência ao administrador, para que discipline a matéria por meio de ato regulamentar, uma vez que a Constituição Federal não veda a delegação de competências entre os Poderes.

(C) pode a lei do ente federativo facultar aos servidores públicos ocupantes exclusivamente de cargo público em comissão a opção entre aderir ao Regime Geral de Previdência Social ou ao Regime Próprio de Previdência Social.

(D) os servidores públicos ocupantes exclusivamente de cargo público em comissão devem aposentar-se compulsoriamente aos 70 (setenta) anos de idade ou, na forma da lei complementar federal, aos 75 (setenta e cinco) anos de idade.

(E) é inconstitucional, por violação à norma constitucional que permite a livre nomeação pelo administrador público, norma estadual que estabeleça requisito de formação, em curso de nível superior, para o preenchimento de cargo em comissão.

**61.** Mostra-se compatível com as normas constitucionais que regem o Sistema Tributário Nacional a

(A) instituição de alíquotas progressivas para o imposto sobre a transmissão *causa mortis*, fixadas de acordo com o valor dos bens ou direitos a serem transmitidos, observada a alíquota máxima fixada pelo Congresso Nacional.

(B) edição de lei que, ao instituir taxa pelo exercício de poder de polícia, fixa-lhe o limite máximo e prescreve que o respectivo valor será definido em regulamento a ser editado pelo Poder Executivo estadual, em proporção razoável com os custos da atuação estatal.

(C) instituição de taxas em razão dos serviços de conservação e limpeza de logradouros, bem como em razão dos serviços públicos de coleta, remoção e tratamento ou destinação de lixo ou resíduos provenientes de imóveis.

(D) instituição de taxa que tenha a mesma base de cálculo de imposto previsto na Constituição Federal, uma vez que se trata de espécies tributárias distintas.

(E) instituição de impostos sobre patrimônio, renda ou serviços de autarquias e fundações instituídas e mantidas pelo Poder Público, uma vez que a imunidade tributária recíproca alcança apenas os entes federativos.

**62.** A cláusula de reserva de plenário (regra do *full bench*), nos termos da Constituição Federal e da jurisprudência do Supremo Tribunal Federal (STF), tem aplicabilidade à decisão

I. das Turmas Recursais dos Juizados Especiais, consideradas como tribunais para o propósito de reconhecimento da inconstitucionalidade de preceitos normativos.

II. fundada em jurisprudência das Turmas ou Plenário do STF, não se aplicando, contudo, na hipótese de se fundar em entendimento sumulado do órgão de guarda constitucional.

III. que declara a inconstitucionalidade de lei, ainda que parcial, inexistindo violação à referida cláusula na decisão de órgão fracionário quando houver declaração anterior proferida pela maioria absoluta do órgão especial ou Plenário do Tribunal respectivo.

IV. que deixa de aplicar lei ou ato normativo a caso concreto, ainda que não fundada em sua incompatibilidade com norma constitucional, uma vez que a negativa de vigência equivale à declaração de inconstitucionalidade.

Está correto o que se afirma APENAS em

(A) I, II e III.

**(B)** I, II e IV.

**(C)** III.

**(D)** IV.

**(E)** II, III e IV.

**63.** A Constituição Federal estabelece que a Arguição de Descumprimento de Preceito Fundamental (ADPF), dela decorrente, será apreciada pelo Supremo Tribunal Federal (STF), na forma da lei. A esse propósito, considerada a regulamentação da matéria à luz da jurisprudência da referida Corte,

**(A)** em sede de medida liminar, pode ser determinada a suspensão dos efeitos de decisões judiciais relacionadas com a matéria objeto da ADPF, admitida a relativização dos decorrentes de coisa julgada, por decisão de maioria qualificada do STF, diante de circunstâncias de excepcional interesse social.

**(B)** admite-se o ingresso de *amici curiae* na ADPF, pela aplicação, por analogia, do estabelecido em lei relativamente à ação direta de inconstitucionalidade, desde que demonstradas a relevância da matéria e a representatividade dos postulantes.

**(C)** considerado seu caráter subsidiário, não pode a ADPF ser conhecida como ação direta de inconstitucionalidade, acaso manejada em hipótese de cabimento desta, sendo inaplicável o princípio da fungibilidade entre ações de controle concentrado.

**(D)** não se admite a modulação dos efeitos da declaração de inconstitucionalidade em sede de ADPF, por ausência de previsão legal, diferentemente do que ocorre em relação às ações direta de inconstitucionalidade e declaratória de constitucionalidade.

**(E)** as normas processuais destinadas a resguardar os interesses da Fazenda Pública, a exemplo da exigência de intimação pessoal dos entes públicos para início da contagem de prazos, são aplicáveis no âmbito da ADPF, embora não o sejam nos demais processos de controle concentrado, por sua natureza objetiva.

**64.** À luz da jurisprudência do Supremo Tribunal Federal, em matéria de direitos e garantias fundamentais e aspectos correlatos,

**(A)** o uso de células-tronco embrionárias, ainda que em pesquisas científicas para fins terapêuticos, autorizadas em lei federal, viola o direito à vida, pela potencialidade de formação de pessoa humana, cuja dignidade recebe proteção máxima constitucional.

**(B)** é compatível com a Constituição Federal a interpretação segundo a qual a interrupção da gravidez de feto anencéfalo viola o direito à vida, recaindo na esfera de proteção que a legislação penal outorga a esse bem jurídico, vedando sua prática.

**(C)** a obrigatoriedade de aceitação de transferência de alunos entre universidades, ainda que instituída por lei e observada a identidade de natureza jurídica das instituições de ensino superior envolvidas, é incompatível com a Constituição, segundo a qual o acesso aos níveis mais elevados do ensino é assegurado segundo a capacidade de cada um.

**(D)** admitem-se limitações ao livre exercício de atividade econômica, ainda que sob a forma de cobrança indireta de tributos, desde que estabelecidas por lei e com vistas à tutela de outros princípios constitucionais da ordem econômica, como a livre concorrência e a redução das desigualdades regionais e sociais.

**(E)** admitem-se limitações por lei ao livre exercício das profissões, sendo consideradas legítimas quando o inadequado exercício de determinada atividade possa vir a causar danos a terceiros e desde que obedeçam a critérios de adequação e razoabilidade.

**65.** A Câmara Municipal de uma Capital estadual pretende instalar Comissão Parlamentar de Inquérito (CPI) para investigar possível ilicitude na conduta de empresas que, embora prestem serviço na Capital, recolhem o Imposto sobre Serviços em Município vizinho, onde tais empresas têm filiais, e no qual a alíquota incidente sobre a base de cálculo do imposto é menor, prática que, entendem os Vereadores, tem redundado em sonegação fiscal vultosa, causadora de prejuízos à Prefeitura da Capital. Nesse caso, considerada a disciplina da matéria na Constituição Federal e a jurisprudência pertinente do Supremo Tribunal Federal,

**(A)** se instalada, a CPI estará impedida de exigir informações contábeis das empresas investigadas, por não dispor de poderes para determinar a quebra do sigilo bancário e fiscal das empresas contribuintes investigadas, ambas matérias sujeitas à reserva jurisdicional.

**(B)** os atos de investigação da CPI estarão sujeitos a controle jurisdicional, mediante provocação dos interessados, inclusive por meio de mandado de segurança, em defesa de direito líquido e certo próprio, não se aplicando, nessa hipótese, a regra da prejudicialidade por perda de objeto, ainda que haja a extinção da

CPI em virtude da conclusão dos trabalhos investigatórios.

**(C)** para ser instalada, a CPI dependerá do requerimento de, no mínimo, um terço dos membros da Câmara dos Vereadores, sujeitando-se ainda a eventual aprovação do Plenário, caso assim previsto na Lei Orgânica municipal ou Regimento Interno do órgão legislativo respectivo.

**(D)** para seu funcionamento, a CPI estará sujeita ao prazo determinado em seu ato de instalação, admitidas prorrogações, igualmente determinadas e devidamente justificadas, dentro da legislatura respectiva, cabendo-lhe, se for o caso, o encaminhamento de suas conclusões ao Ministério Público, para promoção da responsabilidade civil ou criminal dos infratores.

**(E)** a CPI não poderá ser instalada, uma vez que o objeto de investigação não se insere dentro das competências do Município, mas sim do Estado, seja por recair sobre conduta que extrapola os limites territoriais municipais, seja por existir suspeita da prática de crime, sujeita, portanto, à investigação e persecução penal.

**66.** À luz da jurisprudência do Tribunal Superior Eleitoral, no âmbito do processo de registro de candidatos para disputa de mandato eletivo,

**(A)** o partido que não impugnou o pedido de registro de candidato não tem legitimidade para recorrer da sentença que o deferiu, salvo se se cuidar de matéria constitucional.

**(B)** há formação de litisconsórcio passivo necessário entre o candidato e seu partido ou coligação, na ação de impugnação de registro de candidatura.

**(C)** compete à Justiça Eleitoral verificar a prescrição da pretensão punitiva ou executória do candidato e declarar a extinção da pena imposta pela Justiça Comum.

**(D)** o juiz eleitoral não pode conhecer de ofício da existência de causas de inelegibilidade ou da ausência de condição de elegibilidade, mesmo que resguardados o contraditório e a ampla defesa.

**(E)** a Carteira Nacional de Habilitação não gera a presunção da escolaridade necessária ao deferimento do registro de candidatura.

**67.** Consideradas a disciplina normativa e a jurisprudência do Tribunal Superior Eleitoral a respeito do alistamento, da transferência do eleitor, do domicílio eleitoral e do cancelamento da inscrição,

**(A)** o domicílio eleitoral é determinado pelo lugar em que o eleitor estabelece a sua residência com ânimo definitivo, não se admitindo a demonstração de outros vínculos para tal determinação.

**(B)** a transferência de título eleitoral de servidor público civil, militar, autárquico, ou de membro de sua família, por motivo de remoção ou transferência, não exige o transcurso de, pelo menos, 1 (um) ano do alistamento ou da última transferência.

**(C)** a transferência de domicílio eleitoral deve ocorrer independentemente da apresentação, pelo eleitor, de declaração relativa a período mínimo de residência no novo domicílio.

**(D)** a suspensão e a perda dos direitos políticos não são causas de cancelamento do alistamento eleitoral.

**(E)** o eleitor transferido poderá votar no novo domicílio eleitoral em eleição suplementar à que tiver sido realizada antes de sua transferência.

**68.** O artigo 1º, inciso I, alínea "e", da Lei Complementar federal 64, de 18 de maio de 1990, estabelece, como causa de inelegibilidade para qualquer cargo, a condenação, pelos crimes que especifica, em decisão transitada em julgado ou proferida por órgão judicial colegiado, desde a condenação até o transcurso do prazo de 8 (oito) anos após o cumprimento da pena. A esse respeito, o Tribunal Superior Eleitoral tem decidido que

**(A)** o reconhecimento da prescrição da pretensão executória pela Justiça Comum afasta a inelegibilidade em questão.

**(B)** os crimes contra a ordem tributária não estão abrangidos pela citada hipótese de inelegibilidade.

**(C)** o Tribunal do Júri não pode ser considerado órgão judicial colegiado para os fins da aplicação dessa hipótese de inelegibilidade.

**(D)** os crimes previstos na Lei de Licitações (Lei federal 8.666, de 21 de junho de 1993) não estão abrangidos pela citada hipótese de inelegibilidade.

**(E)** o prazo concernente à hipótese de inelegibilidade em questão projeta-se por 8 (oito) anos após o cumprimento da pena, seja ela privativa de liberdade, restritiva de direito ou multa.

**69.** Ao disciplinar a arrecadação e a aplicação de recursos nas campanhas eleitorais, a Lei no 9.504, de 30 de setembro de 1997, estabelece que

(A) as despesas de natureza pessoal do candidato com combustível e manutenção de veículo automotor por ele usado na campanha são consideradas gastos eleitorais, sujeitando-se à prestação de contas.

(B) as despesas relativas à realização de pesquisas ou testes pré-eleitorais não são consideradas gastos eleitorais, não se lhes aplicando o dever de registro, nem os limites fixados na lei.

(C) o descumprimento dos limites de gastos fixados para cada campanha acarretará o pagamento de multa em valor equivalente a 100% (cem por cento) da quantia que ultrapassar o limite estabelecido, sem prejuízo da apuração da ocorrência de abuso do poder econômico.

(D) é facultativo para o partido e para os candidatos abrir conta bancária específica para registrar o movimento financeiro da campanha.

(E) é vedado ao candidato utilizar recursos próprios em sua campanha.

**70.** Em relação ao crime de falsidade ideológica eleitoral, definido no Código Eleitoral,

(A) a desaprovação das contas pela Justiça Eleitoral tipifica, por si só, o crime em questão, eis que, nesse caso, é possível presumir que determinadas despesas foram omitidas na prestação de contas.

(B) trata-se de crime material, que depende, para a sua consumação, de resultado danoso naturalístico.

(C) eventual falsidade cometida em processo de prestação de contas, por ser posterior à data das eleições, impossibilita a configuração desse crime, eis que tal elemento cronológico não se compatibiliza com a finalidade eleitoral da conduta.

(D) de acordo com o entendimento do Tribunal Superior Eleitoral, não é meio necessário, tampouco fase normal de preparação, para a prática do crime de induzimento à inscrição fraudulenta de eleitor, igualmente tipificado no Código Eleitoral.

(E) a demonstração da potencialidade lesiva da conduta não é necessária para a caracterização do crime, mas, se tal potencialidade estiver presente, incidirá causa de aumento de pena.

**71.** Um grupo de amigos constituiu uma sociedade limitada para exploração da atividade de organização de festas de casamento. O capital social dessa espécie de sociedade

(A) divide-se em quotas, que poderão ser desiguais.

(B) divide-se em ações, que poderão ser ordinárias ou preferenciais.

(C) poderá ser integralizado mediante a prestação de serviços.

(D) divide-se em ações ou quotas.

(E) divide-se em quotas, que não admitem condomínio.

**72.** No dia 11 de março de 2019, Ricardo enviou telegrama à empresa "XPTO Construções Ltda.", a fim de comunicar sua renúncia ao cargo de administrador dessa sociedade. No dia 12 de março de 2019, o telegrama foi entregue na sede da sociedade, sendo recebido por Leandro, outro administrador. No dia 13 de março de 2019, a renúncia de Ricardo foi averbada no Registro de Empresas, sendo essa averbação publicada no dia 14 de março de 2019. Finalmente, no dia 15 de março de 2019, a sociedade realizou assembleia geral extraordinária para designar outro administrador para ocupar o cargo deixado por Ricardo. Nesse caso, a renúncia de Ricardo ao cargo de administrador tornou-se eficaz em relação à sociedade no dia

(A) 14 de março de 2019.

(B) 12 de março de 2019.

(C) 13 de março de 2019.

(D) 11 de março de 2019.

(E) 15 de março de 2019.

**73.** De acordo com a atual redação da Lei 11.101/2005, o pedido de recuperação judicial, com base em plano especial para microempresas e empresas de pequeno porte,

(A) abrange exclusivamente os créditos quirografários.

(B) é obrigatório para as microempresas e facultativo para as empresas de pequeno porte.

(C) acarreta a suspensão das execuções movidas contra o devedor, ainda que fundadas em créditos não abrangidos pelo plano.

(D) dispensa a convocação de assembleia geral de credores para deliberar sobre o plano.

(E) só será julgado procedente se houver a concordância expressa de mais da metade dos credores sujeitos ao plano.

**74.** De acordo com a Lei 5.474/1968, que dispõe sobre as duplicatas,

(A) é vedado ao comprador resgatar a duplicata antes de aceitá-la.

(B) o pagamento da duplicata poderá ser assegurado por aval, mas o aval dado posteriormente ao vencimento do título não produz efeitos.

(C) não se incluirão, no valor total da duplicata, os abatimentos de preços das mercadorias feitas pelo vendedor até o ato do faturamento, desde que constem da fatura.

(D) a duplicata não admite reforma ou prorrogação do prazo de vencimento.

(E) as fundações, mesmo que se dediquem à prestação de serviços, não podem emitir duplicata.

**75.** Considere as seguintes proposições acerca da propriedade industrial:

I. Não são patenteáveis o todo ou parte dos seres vivos, com exceção dos microrganismos transgênicos que atendam aos requisitos legais de patenteabilidade e que não sejam mera descoberta.

II. À pessoa de boa-fé que, antes da data de depósito ou de prioridade de pedido de patente, explorava seu objeto no País, será assegurado o direito de continuar a exploração, sem ônus, na forma e condição anteriores.

III. Se dois ou mais autores tiverem realizado a mesma invenção ou modelo de utilidade, de forma independente, o direito de obter patente será assegurado àquele cuja invenção ou criação for mais antiga, independentemente da data do depósito.

IV. Quando se tratar de invenção ou de modelo de utilidade realizado conjuntamente por duas ou mais pessoas, a patente somente poderá ser requerida por todas elas, em conjunto, vedado o requerimento individual.

V. É patenteável a invenção que atenda aos requisitos de novidade e atividade inventiva, ainda que desprovida de aplicação industrial.

De acordo com a atual redação da Lei 9.279/1996, está correto o que se afirma APENAS em

(A) I e II.

(B) I e III.

(C) II e IV.

(D) III e V.

(E) IV e V.

**76.** A respeito do contencioso tributário no âmbito judicial, é correto afirmar:

(A) Os embargos à execução se constituem o único meio adequado para a defesa do devedor em execução fiscal, e para tanto é necessária a penhora ou o oferecimento de garantia do débito tributário em discussão.

(B) O contribuinte pode optar por receber o indébito tributário por compensação ou por precatório, quando o indébito tributário for reconhecido em sentença declaratória, independentemente de autorização legal do ente tributante.

(C) O mandado de segurança constitui ação adequada para declarar o direito à compensação tributária, mas não para convalidar compensação já realizada pelo contribuinte.

(D) É incompatível com a Constituição o artigo da Lei de Execução Fiscal que afirma incabível o recurso de apelação em casos de execução fiscal cujo valor seja inferior a 50 ORTN, por limitar ao contribuinte o acesso ao segundo grau de jurisdição.

(E) A citação em execução fiscal é causa de interrupção da prescrição.

**77.** A respeito do princípio da anterioridade tributária, é correto afirmar:

(A) Medida provisória pode instituir ou majorar imposto e, neste caso, a obediência à anterioridade anual tributária pressupõe a sua conversão em lei até o último dia do exercício financeiro em que for editada, para que a nova norma possa ser aplicada no ano seguinte.

(B) A lei estadual que implique em postergação de novas hipóteses de creditamento relativo ao Imposto sobre Circulação de Mercadorias e Serviços (ICMS) sujeita-se à regra da anterioridade tributária.

(C) Há tributos que podem ser majorados sem precisar observar o princípio da anterioridade anual, todavia essas exceções se aplicam apenas a alguns impostos federais.

(D) O Senado Federal pode majorar alíquotas do Imposto sobre Circulação de Mercadorias e Serviços (ICMS) sem que seja aplicável o princípio da anterioridade anual.

(E) A majoração da base de cálculo do Imposto Sobre Propriedade Territorial Urbana (IPTU) deve respeitar o princípio da anterioridade nonagesimal.

**78.** A respeito das isenções tributárias, é correto afirmar:

(A) Nos termos do Código Tributário Nacional, a isenção é causa de extinção do crédito tributário.

(B) Nos termos da jurisprudência do Supremo Tribunal Federal, lei ordinária posterior não pode revogar isenção concedida por lei complementar.

**(C)** São inconstitucionais tratados internacionais que prevejam isenção de tributos estaduais, por serem firmados por órgãos da União.

**(D)** A concessão da isenção por despacho da autoridade administrativa dispensa também do cumprimento das obrigações acessórias.

**(E)** A isenção, quando condicionada e por prazo certo, não pode ser livremente revogada pelo ente tributante.

**79.** A respeito do tema decadência e prescrição tributárias, é correto afirmar:

**(A)** Quando previsto em lei, é possível confessar e parcelar débito tributário. Nesse caso, o contribuinte não mais poderá discutir a ocorrência da decadência, em razão da novação da dívida.

**(B)** A Constituição Federal impõe que lei complementar trate de normas gerais de direito tributário. Assim, é constitucional lei ordinária que trate especificamente de prazos de decadência e prescrição de forma distinta do Código Tributário Nacional, dilatando estes prazos.

**(C)** Na hipótese de tributo sujeito a lançamento por homologação, se o contribuinte realizar o depósito judicial com vistas à suspensão da exigibilidade do crédito tributário, não se considera realizada a constituição do crédito tributário por homologação, cabendo ao Fisco realizar o lançamento por homologação, sob pena de ocorrer a decadência.

**(D)** Nos tributos lançados por homologação, a entrega de declaração pelo contribuinte reconhecendo débito fiscal constitui o crédito tributário, dispensada qualquer outra providência por parte do fisco. Assim, não pago o tributo em seu vencimento, passa a contar o prazo prescricional para a cobrança do débito tributário.

**(E)** Nos termos do Código Tributário Nacional, diferencia-se a prescrição da decadência, pois com a decadência ocorre a extinção do crédito tributário, já com a prescrição não se extingue o crédito tributário, mas o direito de ação da Fazenda pública.

**80.** O contribuinte João, percebendo que deixou de recolher certo valor ao Fisco, paga espontaneamente o tributo e os juros da mora. Considerando o fato descrito e a jurisprudência relativa ao Código Tributário Nacional (CTN), é correto afirmar:

**(A)** Caso o pagamento feito seja precedido de início de fiscalização a respeito do fato, o contribuinte João poderá se utilizar dos benefícios da denúncia espontânea.

**(B)** O contribuinte João poderá se beneficiar da denúncia espontânea, ainda que opte pelo pagamento parcelado do tributo e dos juros de mora.

**(C)** Caso já tenha declarado o tributo anteriormente e o equívoco diga respeito apenas à falha de recolhimento tempestivo, o contribuinte João não poderá se beneficiar da denúncia espontânea.

**(D)** Caso a denúncia espontânea se caracterize, o contribuinte João ficará desobrigado ao pagamento de multas punitivas, mas não da multa moratória.

**(E)** A declaração do tributo devido, com o seu parcelamento e quitação, excluem a incidência somente das multas punitivas, mas não das moratórias.

**81.** A empresa Móveis Ltda., empresa de grande porte, em boa saúde financeira e com vários estabelecimentos, vende um de seus estabelecimentos para a empresa Sofás Ltda., em 10/01/2015. A atividade do estabelecimento é mantida, assim como a da empresa Móveis Ltda. No instrumento do trespasse, a empresa Móveis Ltda. se compromete a pagar todos os tributos referentes aos fatos geradores ocorridos até o dia 31/12/2014. Em janeiro de 2018, houve uma fiscalização na qual foi lançado tributo referente a fatos geradores de agosto de 2014 referentes ao estabelecimento em questão. Após o contencioso administrativo, o tributo é inscrito em dívida ativa. A respeito desses fatos, à luz do Código Tributário Nacional,

**(A)** ambas as empresas poderão ser cobradas em ação de execução fiscal, mas Sofás Ltda. somente subsidiariamente.

**(B)** somente a empresa Móveis Ltda. poderá ser cobrada em ação de execução fiscal, pois assim se comprometeu no trespasse.

**(C)** somente a empresa Sofás Ltda. poderá ser cobrada em ação de execução fiscal, pois era a empresa titular do estabelecimento no momento da fiscalização.

**(D)** somente a empresa Móveis Ltda. poderá ser cobrada em ação de execução fiscal, pois era a titular do estabelecimento no momento da ocorrência do fato gerador.

**(E)** somente a empresa Sofás Ltda. poderá ser cobrada em ação de execução fiscal, pois houve substituição tributária.

**82.** À luz do Código Tributário Nacional e da jurisprudência atualmente sedimentada a respeito da responsabilidade dos sócios de empresas limitadas e desconsideração da personalidade jurídica,

(A) os sócios cotistas, sem poder de administração, também podem ser atingidos pelo redirecionamento de ação de execução fiscal, ainda que o capital social esteja integralizado.

(B) o ônus da prova de atos de excesso de poderes ou infração a lei, contrato social ou estatutos é do fisco, ainda que o nome do sócio conste na certidão de dívida ativa.

(C) a simples falta de pagamento do tributo configura fraude a lei para a responsabilização do sócio que seja administrador da pessoa jurídica.

(D) a pessoa jurídica tem interesse recursal para interpor medida contra decisão que determinou o redirecionamento da execução fiscal em face dos sócios.

(E) por ser matéria afeita a lei complementar, lei ordinária não pode criar hipótese de responsabilidade solidária relativa a sócio sem poder de gestão em empresa constituída na forma de sociedade limitada.

**83.** A respeito dos impostos estaduais e municipais, é correto afirmar:

(A) O Imposto de Transmissão Inter Vivos de Bens Imóveis (ITBI) e o Imposto sobre Propriedade Territorial Urbana (IPTU), instituídos pelo município, podem, ambos, ser progressivos com base no valor venal do imóvel, em homenagem ao princípio da capacidade contributiva.

(B) O Estado-Membro pode instituir Imposto sobre Transmissão Causa Mortis e Doação (ITCMD) progressivo, com base no valor da doação ou da sucessão causa morte.

(C) O Imposto sobre Circulação de Mercadorias e Serviços (ICMS) incide sobre a alienação de salvados de sinistro pelas seguradoras, pois tais exercem atividade empresarial.

(D) O Imposto sobre Circulação de Mercadorias e Serviços (ICMS) não incide sobre a importação de veículos do exterior por pessoas físicas que não exercem atividade empresarial, ainda que exista lei estadual com essa previsão.

(E) O Imposto sobre Serviços de Qualquer Natureza (ISS) incide sobre a operação exclusiva de locação de bens móveis.

**84.** No tocante ao exercício do poder de autotutela pela Administração Pública, é correto afirmar:

(A) O exercício, pela Administração Pública, do poder de anular seus próprios atos não está sujeito a limites temporais, por força do princípio da supremacia do interesse público.

(B) Somente é admissível a cassação de ato administrativo em razão de conduta do beneficiário que tenha sido antecedente à outorga do ato.

(C) É vedada a aplicação retroativa de nova orientação geral, para invalidação de situações plenamente constituídas com base em orientação geral vigente à época do aperfeiçoamento do ato administrativo que as gerou.

(D) É possível utilizar-se a revogação, ao invés da anulação, de modo a atribuir efeito *ex nunc* à revisão de ato administrativo, quando se afigurar conveniente tal solução, à luz do princípio da confiança legítima.

(E) Não é possível convalidar ato administrativo cujos efeitos já tenham se exaurido.

**85.** No tocante ao domínio público, considera-se

(A) investidura: a alienação aos proprietários de imóveis lindeiros de área remanescente ou resultante de obra pública, sendo hipótese de dispensa de licitação, desde que obedecidos os requisitos e limites estatuídos na Lei 8.666/1993.

(B) direito de extensão: a prerrogativa que a Administração Pública possui de ampliar a desapropriação para áreas contíguas que sejam necessárias ao melhor aproveitamento da obra ou serviço que resultarão do ato expropriatório.

(C) terrenos de marinha: áreas que, banhadas pelas correntes navegáveis, fora do alcance das marés, vão até a distância de 15 metros para a parte de terra, contados desde o ponto médio das enchentes ordinárias.

(D) faixa de segurança: a faixa interna de 150 km (cento e cinquenta quilômetros) de largura, paralela à linha divisória terrestre do território nacional.

(E) zona contígua brasileira: faixa que se estende das doze às duzentas milhas marítimas, contadas a partir das linhas de base que servem para medir a largura do mar territorial.

**86.** No âmbito da legislação federal sobre parcerias entre a Administração Pública e organizações não governamentais, considera-se acordo de cooperação o instrumento firmado entre o Poder Público e

**(A)** entidades qualificadas como organizações da sociedade civil de interesse público, destinado à formação de vínculo de cooperação entre as partes, para o fomento e a execução de atividades de interesse público previstas na lei das OSCIPs.

**(B)** organizações da sociedade civil, para a consecução de finalidades de interesse público e recíproco proposto pela Administração Pública, que envolvam a transferência de recursos financeiros.

**(C)** a entidade qualificada como organização social, com vistas à formação de parceria entre as partes para fomento e execução de atividades contempladas na lei das Organizações Sociais.

**(D)** organizações da sociedade civil, para a consecução de finalidades de interesse público e recíproco proposto pelas organizações da sociedade civil, que envolvam a transferência de recursos financeiros.

**(E)** organizações da sociedade civil, para a consecução de finalidades de interesse público e recíproco que não envolvam a transferência de recursos financeiros.

**87.** Em conhecido acórdão proferido em regime de repercussão geral, versando sobre a morte de detento em presídio –Recurso Extraordinário 841.526 (Tema 592) – o Supremo Tribunal Federal confirmou decisão do Tribunal de Justiça do Rio Grande do Sul, calcada em doutrina que, no tocante ao regime de responsabilização estatal em condutas omissivas, distingue-a conforme a natureza da omissão. Segundo tal doutrina, em caso de omissão específica, deve ser aplicado o regime de responsabilização

**(A)** integral; em caso de omissão genérica, aplica-se o regime de responsabilização objetiva.

**(B)** objetiva; em caso de omissão genérica, aplica-se o regime de responsabilização subjetiva.

**(C)** subjetiva; em caso de omissão genérica, aplica-se o regime de responsabilização objetiva.

**(D)** objetiva; em caso de omissão genérica, não há possibilidade de responsabilização.

**(E)** subjetiva apenas em relação ao agente, exonerado o ente estatal de qualquer responsabilidade; em caso de omissão genérica, aplica-se o regime de responsabilização objetiva do ente estatal.

**88.** Juan Mesquita é brasileiro naturalizado, tem 55 anos de idade e acaba de se aposentar. Antes da aposentadoria, ocupava emprego público de fisio-

terapeuta em Hospital Municipal. Candidatou-se em concurso público para o cargo efetivo de fiscal de rendas do Estado e foi aprovado. Sabe-se que dispõe da escolaridade exigida para o cargo, goza de boa saúde física e mental, está em dia com suas obrigações militares e eleitorais e em pleno gozo de seus direitos políticos. Considerando a situação descrita, é correto concluir que Juan

**(A)** poderá tomar posse no cargo público, desde que requeira a desaposentação em relação ao vínculo anterior.

**(B)** não poderá tomar posse no cargo público, pois se trata de cargo privativo de brasileiro nato.

**(C)** não poderá tomar posse no cargo público, pois a percepção da aposentadoria com os vencimentos do cargo implica acúmulo vedado pela Constituição Federal.

**(D)** poderá tomar posse no cargo público, pois não há nenhum impedimento para tanto.

**(E)** não poderá tomar posse no cargo público, pois ultrapassou a idade máxima exigida para vincular-se ao regime próprio de previdência dos servidores públicos.

**89.** No tocante aos chamados "tipos de licitação", dispõe a Lei Federal 8.666/1993 que

**(A)** quando a concorrência for do tipo "melhor técnica" ou "técnica e preço", o prazo mínimo para recebimento das propostas será de 45 dias.

**(B)** é vedada a adoção dos tipos "melhor técnica" ou "técnica e preço" para licitações na modalidade convite.

**(C)** quando a tomada de preço for do tipo "melhor técnica" ou "técnica e preço", o prazo mínimo para recebimento das propostas será de 20 dias.

**(D)** a adoção dos tipos "melhor técnica" ou "técnica e preço" para licitações na modalidade pregão é possível, porém limitada à fase de julgamento e classificação das propostas, não se aplicando à fase de lances.

**(E)** para contratação de bens e serviços de informática, a Administração Pública adotará obrigatoriamente o tipo de licitação "melhor técnica", permitido o emprego de outro tipo de licitação nos casos indicados em decreto do Poder Executivo.

**90.** A Lei das Estatais – Lei Federal 13.303/2016 – estabelece diversas hipóteses de dispensa de licitação aplicáveis às empresas públicas e sociedades de economia mista. Segundo o artigo 29 da lei, é dispensável a licitação:

(A) para obras e serviços de engenharia de valor até R$ 300.000,00 (trezentos mil reais), desde que não se refiram a parcelas de uma mesma obra ou serviço ou ainda a obras e serviços de mesma natureza e no mesmo local que possam ser realizadas conjunta e concomitantemente.

(B) para aquisição de materiais, equipamentos ou gêneros que só possam ser fornecidos por produtor, empresa ou representante comercial exclusivo.

(C) na contratação de remanescente de obra, de serviço ou de fornecimento, em consequência de rescisão contratual, desde que atendida a ordem de classificação da licitação anterior e mantidas as condições da proposta do licitante a ser contratado, inclusive quanto ao preço, devidamente corrigido.

(D) na doação de bens móveis para fins e usos de interesse social, após avaliação de sua oportunidade e conveniência socioeconômica relativamente à escolha de outra forma de alienação.

(E) na contratação de serviços técnicos especializados relativos a assessorias ou consultorias técnicas e auditorias financeiras ou tributárias, com profissionais ou empresas de notória especialização.

**91.** A Lei de Responsabilidade Fiscal – Lei Complementar 101/2000 – impõe, em seu artigo 22, uma série de medidas restritivas para os Poderes e órgãos que ultrapassarem o chamado "limite prudencial", correspondente a 95% dos limites máximos de despesas de pessoal, constantes dos artigos 19 e 20 do mesmo diploma, calculados em percentuais da receita corrente líquida dos respectivos entes políticos. Ainda que atingido o limite prudencial, será permitido promover

(A) a criação de cargo, emprego ou função pública nas áreas de saúde e educação.

(B) a alteração de estrutura de carreira, ainda que implique aumento de despesa.

(C) a revisão geral anual da remuneração e do subsídio dos agentes públicos.

(D) a contratação de hora extra, desde que devidamente justificada a necessidade pelo gestor público.

(E) o provimento de cargo público, admissão ou contratação de pessoal para reposição decorrente de aposentadoria ou falecimento de servidores de quaisquer áreas da administração pública.

**92.** No que se refere ao acordo de leniência, previsto na Lei Anticorrupção – Lei Federal 12.846, de 1º de agosto de 2013 –, a sua celebração

(A) suspende o prazo prescricional dos atos ilícitos previstos na referida lei.

(B) afasta integralmente a multa que seria aplicável à empresa que celebrou o acordo.

(C) evitará a sanção de publicação extraordinária da decisão condenatória.

(D) implica afastamento imediato dos dirigentes ou administradores que deram causa ao ilícito.

(E) obriga a pessoa jurídica signatária a implementar ou aprimorar mecanismos internos de integridade.

**93.** A propósito do procedimento da desapropriação, a redação vigente do Decreto-lei 3.365/1941 estatui que

(A) a desapropriação deverá se efetivar mediante acordo ou judicialmente, dentro de 5 (cinco) anos, contados da data da expedição do respectivo decreto e, decorrido tal prazo, este caducará.

(B) notificado administrativamente o expropriado, ele terá o prazo de 15 (quinze) dias para aceitar ou rejeitar a oferta de indenização, sendo que o silêncio será considerado aceitação.

(C) a alegação de urgência deve constar obrigatoriamente do decreto de utilidade pública e obrigará o expropriante a requerer a imissão provisória dentro do prazo improrrogável de 120 (cento e vinte) dias a contar de sua publicação.

(D) uma vez notificado pelo expropriante, o particular que não concordar com a indenização oferecida poderá optar por resolver a questão por mediação ou arbitragem.

(E) a ação, quando a União for autora, será proposta no Distrito Federal ou no foro da Capital do Estado onde for domiciliado o réu, perante o juízo privativo, se houver; se for o Estado o autor, será proposta no foro da Capital respectiva; sendo outro o autor, no foro da situação dos bens.

**94.** O Conselho Estadual do Meio Ambiente (CON-SEMA) deliberou que os licenciamentos ambientais conduzidos por Estudo de Impacto Ambiental e Respectivo Relatório (EIA-RIMA) serão estaduais e os demais, salvo aqueles de competência da União (Lei Complementar Federal 140, de 08 de dezembro de 2011), serão municipais. A presente deliberação

(A) é nula, pois o Conselho Estadual do Meio Ambiente não possui atribuição legal para fixar regras de competência para o licenciamento ambiental.

(B) é válida, pois compete ao Conselho Estadual do Meio Ambiente definir quais licenciamentos ambientais serão conduzidos pelo Município.

(C) depende de regulamentação dos Conselhos Municipais de Meio Ambiente para entrar em vigor.

(D) é nula, pois o critério selecionado está em desacordo com a normativa que rege o tema.

(E) depende de ratificação do Conselho Nacional do Meio Ambiente (CONAMA) para entrar em vigor.

**95.** O Ministério Público ajuizou uma ação civil pública visando à declaração de nulidade de licenciamento ambiental conduzido por estudo ambiental diverso do Estudo de Impacto Ambiental e Respectivo Relatório (EIA-RIMA). O Magistrado deverá

(A) julgar, de forma antecipada, a ação procedente, uma vez que o EIA-RIMA é obrigatório no licenciamento ambiental.

(B) julgar, de forma antecipada, a ação improcedente, diante da presunção de legalidade do ato administrativo.

(C) determinar a produção de prova pericial para aferir a necessidade de elaboração do EIA-RIMA no licenciamento ambiental.

(D) determinar a produção de prova testemunhal para aferir a necessidade de elaboração do EIA-RIMA.

(E) extinguir o processo, sem resolução de mérito, por verificar a ausência de interesse processual.

**96.** A audiência pública no processo de licenciamento ambiental

(A) é obrigatória, independentemente do grau de impacto do empreendimento ou da atividade licenciada.

(B) deve ser realizada no início do processo de licenciamento ambiental para colheita de críticas e sugestões e, ao final do processo, para a respectiva devolutiva.

(C) será realizada na sede do órgão ambiental responsável pelo licenciamento ambiental.

(D) não obriga o órgão responsável pelo licenciamento ambiental a acolher as contribuições dela decorrentes, desde que apresente justificativa.

(E) ocorre em momento anterior à elaboração do EIA-RIMA.

**97.** O Zoneamento Ecológico-Econômico (ZEE) de determinado estado da federação foi produzido pela área técnica da Secretaria do Meio Ambiente e por renomados professores da respectiva universidade estadual, sendo, portanto,

(A) inválido, diante da ausência de ampla participação democrática.

(B) válido pela qualificada discussão presente na sua elaboração.

(C) válido como fundamento para a elaboração de planos diretores municipais.

(D) válido como fundamento para compensação de reserva legal.

(E) inválido, diante da ausência de participação de uma universidade federal presente no território do estado.

**98.** Em mandado de segurança impetrado contra ato de fiscal ambiental que apreendeu animal silvestre (papagaio-verdadeiro) adquirido irregularmente, o impetrante confessa a origem ilícita da ave, mas alega que a adquiriu para sua filha pequena há 01 (um) ano, sendo a ave um verdadeiro membro da família. Alega, por fim, que a menina sente muita falta do papagaio. A ordem deverá ser

(A) negada, diante da origem ilícita do animal silvestre.

(B) concedida, tendo em vista a adaptabilidade do animal ao convívio humano.

(C) concedida em parte para permitir visitas da família ao cativeiro do animal.

(D) concedida em parte para permitir a permanência do animal com a família por mais 02 (dois) anos.

(E) negada com fundamento no princípio da pessoalidade da sanção.

**99.** A utilização da Área de Uso Restrito da planície inundável do Pantanal NÃO poderá comprometer as funções ambientais do território,

(A) que tem por finalidade principal garantir a geração de energia hidráulica.

(B) sendo admitida a presença extensiva do gado, caracterizada como de baixo impacto, em pastagens nativas nas áreas de preservação permanente dos rios, corixos e baías.

(C) e deverá respeitar as limitações estabelecidas no Zoneamento Ecológico-Econômico (ZEE) Pantanal – Planície Litorânea.

(D) e deverá respeitar as limitações estabelecidas no Zoneamento Ecológico-Econômico (ZEE) realizado pelo MERCOSUL.

**(E)** estando, ainda, condicionada à prévia autorização do Conselho Estadual do Meio Ambiente.

**100.** Em ação civil pública ajuizada pelo Ministério Público, pretende-se a declaração de nulidade de processo de licitação para a concessão da área de uso público de um parque estadual. A ação será

**(A)** julgada procedente, tendo em vista a impossibilidade de concessão de unidade de conservação da natureza.

**(B)** extinta, sem resolução de mérito, por falta de interesse de agir diante da ausência do início efetivo do período de concessão de uso do bem público.

**(C)** julgada parcialmente procedente para condicionar o processo licitatório à concessão integral da unidade de conservação.

**(D)** extinta, sem resolução de mérito, por ilegitimidade de parte no polo ativo.

**(E)** julgada improcedente pela ausência de ilegalidade no modelo proposto.

# FOLHA DE RESPOSTAS

| 1 | A | B | C | D | E |
|---|---|---|---|---|---|
| 2 | A | B | C | D | E |
| 3 | A | B | C | D | E |
| 4 | A | B | C | D | E |
| 5 | A | B | C | D | E |
| 6 | A | B | C | D | E |
| 7 | A | B | C | D | E |
| 8 | A | B | C | D | E |
| 9 | A | B | C | D | E |
| 10 | A | B | C | D | E |
| 11 | A | B | C | D | E |
| 12 | A | B | C | D | E |
| 13 | A | B | C | D | E |
| 14 | A | B | C | D | E |
| 15 | A | B | C | D | E |
| 16 | A | B | C | D | E |
| 17 | A | B | C | D | E |
| 18 | A | B | C | D | E |
| 19 | A | B | C | D | E |
| 20 | A | B | C | D | E |
| 21 | A | B | C | D | E |
| 22 | A | B | C | D | E |
| 23 | A | B | C | D | E |
| 24 | A | B | C | D | E |
| 25 | A | B | C | D | E |
| 26 | A | B | C | D | E |
| 27 | A | B | C | D | E |
| 28 | A | B | C | D | E |
| 29 | A | B | C | D | E |
| 30 | A | B | C | D | E |
| 31 | A | B | C | D | E |
| 32 | A | B | C | D | E |
| 33 | A | B | C | D | E |
| 34 | A | B | C | D | E |
| 35 | A | B | C | D | E |
| 36 | A | B | C | D | E |
| 37 | A | B | C | D | E |

| 38 | A | B | C | D | E |
|---|---|---|---|---|---|
| 39 | A | B | C | D | E |
| 40 | A | B | C | D | E |
| 41 | A | B | C | D | E |
| 42 | A | B | C | D | E |
| 43 | A | B | C | D | E |
| 44 | A | B | C | D | E |
| 45 | A | B | C | D | E |
| 46 | A | B | C | D | E |
| 47 | A | B | C | D | E |
| 48 | A | B | C | D | E |
| 49 | A | B | C | D | E |
| 50 | A | B | C | D | E |
| 51 | A | B | C | D | E |
| 52 | A | B | C | D | E |
| 53 | A | B | C | D | E |
| 54 | A | B | C | D | E |
| 55 | A | B | C | D | E |
| 56 | A | B | C | D | E |
| 57 | A | B | C | D | E |
| 58 | A | B | C | D | E |
| 59 | A | B | C | D | E |
| 60 | A | B | C | D | E |
| 61 | A | B | C | D | E |
| 62 | A | B | C | D | E |
| 63 | A | B | C | D | E |
| 64 | A | B | C | D | E |
| 65 | A | B | C | D | E |
| 66 | A | B | C | D | E |
| 67 | A | B | C | D | E |
| 68 | A | B | C | D | E |
| 69 | A | B | C | D | E |
| 70 | A | B | C | D | E |
| 71 | A | B | C | D | E |
| 72 | A | B | C | D | E |
| 73 | A | B | C | D | E |
| 74 | A | B | C | D | E |

| 75 | A | B | C | D | E |
|----|---|---|---|---|---|
| 76 | A | B | C | D | E |
| 77 | A | B | C | D | E |
| 78 | A | B | C | D | E |
| 79 | A | B | C | D | E |
| 80 | A | B | C | D | E |
| 81 | A | B | C | D | E |
| 82 | A | B | C | D | E |
| 83 | A | B | C | D | E |
| 84 | A | B | C | D | E |
| 85 | A | B | C | D | E |
| 86 | A | B | C | D | E |
| 87 | A | B | C | D | E |

| 88 | A | B | C | D | E |
|-----|---|---|---|---|---|
| 89 | A | B | C | D | E |
| 90 | A | B | C | D | E |
| 91 | A | B | C | D | E |
| 92 | A | B | C | D | E |
| 93 | A | B | C | D | E |
| 94 | A | B | C | D | E |
| 95 | A | B | C | D | E |
| 96 | A | B | C | D | E |
| 97 | A | B | C | D | E |
| 98 | A | B | C | D | E |
| 99 | A | B | C | D | E |
| 100 | A | B | C | D | E |

# Gabarito Comentado

**1.** Gabarito: C
Comentário: **A:** incorreta, pois é possível exercício da posse sobre coisa indivisível. Ex: posse sobre uma máquina fotográfica. O art. 1.199 CC em sua primeira parte traz redação que admite a posse de coisa indivisível, *in verbis*: *"Se duas ou mais pessoas possuírem coisa indivisa (...)"*; **B:** incorreta, pois a detenção ocorre quando o detentor achando-se em relação de dependência para com outro, conserva a posse em nome deste e em cumprimento de ordens ou instruções suas (art. 1.198, *caput* CC). Logo, a detenção é uma forma de exercício da posse onde outra pessoa "toma conta" do bem do possuidor. O exemplo mais comum é o do caseiro em um sítio. O detentor não exerce a posse por si; **C:** correta (art. 1.196 CC); **D:** incorreta, pois o art. 1.208, segunda parte CC menciona que *não autorizam a aquisição da posse os atos violentos, ou clandestinos, senão depois de cessar a violência ou a clandestinidade*. Logo, cessada a violência ou clandestinidade a posse passará a ser exercida, porém de forma injusta e de má-fé. Isso traz algumas repercussões, tais como consequências na percepção de frutos, direito de indenização por benfeitorias, tempo de aquisição por usucapião; **E:** incorreta, pois a posse pode ser adquirida pela própria pessoa que a pretende ou por seu representante e também por terceiro sem mandato, dependendo de ratificação (art. 1.205, I e II CC). GR

**2.** Gabarito: A
Comentário: **A:** correta (art. 400 CC); **B:** incorreta, pois havendo fato ou omissão imputável ao devedor ele incorre em mora (art. 396 CC); **C:** incorreta, pois nas obrigações provenientes de ato ilícito, considera-se o devedor em mora, *desde que o praticou* (art. 398 CC); **D:** incorreta, pois o devedor em mora responde pela impossibilidade da prestação, *embora* essa impossibilidade resulte de caso fortuito ou de força maior, se estes ocorrerem durante o atraso. Apenas não responde se provar isenção de culpa, ou que o dano sobreviria ainda quando a obrigação fosse oportunamente desempenhada (art. 399 CC); **E:** incorreta, pois *ainda que* a inexecução resulte de dolo do devedor, as perdas e danos só incluem os prejuízos efetivos e os lucros cessantes por efeito dela direto e imediato, sem prejuízo do disposto na lei processual (art. 403 CC). GR

**3.** Gabarito: E
Comentário: **A:** incorreta, pois é válida a disposição do próprio corpo após a morte atendidos os requisitos

previstos em lei, tratando-se de ato discricionário do indivíduo (art. 14, *caput* CC); **B:** incorreta, pois a disposição pode ter ambos os objetivos, altruísticos ou científicos (art. 14, *caput* CC); **C:** incorreta, pois a disposição pode ser no todo ou em parte (art. 14, *caput* CC); **D:** incorreta, pois não é para qualquer objetivo, mas apenas para fins altruístico e científico e sempre de forma gratuita; **E:** correta (art. 14, c*aput* CC). GR

**4.** Gabarito: B
Comentário: **A:** incorreta, pois a compra e venda é um contrato onde uma das partes *apenas se obriga a transferir* o domínio e a outra a pagar o preço (art. 481 CC). O domínio propriamente só é transferido no caso de bens imóveis pelo registro no cartório de registro de imóveis e no caso de bens móveis pela tradição; **B:** correta (art. 483 CC); **C:** incorreta, pois a fixação do preço pode ser deixada ao arbítrio de terceiro, que os contratantes logo designarem ou prometerem designar (art. 485, 1ª parte CC); **D:** incorreta, pois as partes poderão deixar a fixação do preço à taxa de mercado ou de bolsa, em certo e determinado dia e lugar (art. 486 CC); **E:** incorreta, pois é lícita a compra e venda entre cônjuges, com relação a bens excluídos da comunhão (art. 499 CC). GR

**5.** Gabarito: A
Comentário: **I:** correta (art. 167, *caput* CC); **II:** incorreta, pois o negócio jurídico nulo não convalesce pelo decurso do tempo (art. 169 CC); **III:** correta (art. 177 CC); **IV:** incorreta, pois neste caso o prazo é de dois anos (art. 179 CC); **V:** correta (art. 184 CC). Logo, a alternativa correta é a letra A. GR

**6.** Gabarito: ANULADA

**7.** Gabarito: B
Comentário: **A:** incorreta, pois será admitido, por autorização judicial o depoimento de menores de dezesseis anos para a prova de fatos que só eles conheçam (art. 228, § 1º CC); **B:** correta (art. 228, § 2º CC); **C:** incorreta, pois a recusa à perícia médica ordenada pelo juiz *poderá* suprir a prova que se pretendia obter com o exame (art. 232 CC); **D:** incorreta, pois as declarações constantes de documentos assinados presumem-se verdadeiras em relação *apenas* aos signatários (art. 219, *caput* CC); **E:** incorreta, pois seus efeitos, bem como os da cessão, não se operam, a respeito de terceiros, antes de registrado no registro público (art. 221, *caput* CC). GR

**8.** Gabarito: E

Comentário: **A:** incorreta, pois a adjunção é uma forma de aquisição da propriedade móvel quando ocorre a justaposição de coisa móvel à outra. Aplicam-se as regras dos arts. 1.272 a 1.274 do CC; **B:** incorreta, pois a ocupação é uma forma de aquisição da propriedade móvel quando uma pessoa se assenhora de uma coisa sem dono (art. 1.263 CC); **C:** incorreta, pois não existe o instituto da extinção no Direito Brasileiro; **D:** incorreta, pois a confusão é a forma de aquisição da propriedade móvel pela mistura de coisas líquidas. Aplicam-se as regras dos arts. 1.272 a 1.274 do CC **E:** correta (art. 1.269 CC). 

**9.** Gabarito: E

Comentário: **A:** incorreta, pois *subsiste* a sucessão legítima se o testamento caducar, ou for julgado nulo (art. 1.788 CC); **B:** incorreta, pois legitimam-se a suceder as pessoas nascidas *ou já concebidas* no momento da abertura da sucessão (art. 1.798 CC); **C:** incorreta, pois também é possível chamar para as pessoas jurídicas (art. 1.799, II CC); **D:** incorreta, pois a herança é transmitida desde logo no momento da sucessão (art. 1.784 CC); **E:** correta (art. 1.792 CC). 

**10.** Gabarito: C

Comentário: **A:** incorreta, pois a idade para ser obrigatório o regime de separação de bens é de setenta anos (art. 1.641, II CC); **B:** incorreta, pois é admissível alteração do regime de bens, *mediante autorização* judicial em pedido motivado de ambos os cônjuges, apurada a procedência das razões invocadas e ressalvados os direitos de terceiros (art. 1.639, § 2º CC); **C:** correta (arts. 1.643 e 1.644 CC); **D:** incorreta, pois caso haja recusa injustificada do cônjuge ou ele por alguma razão não possa expressar seu consentimento, o juiz pode suprir essa manifestação e assim o cônjuge interessado poderá alienar ou gravar de ônus real os bens imóveis (art. 1.647 CC); **E:** incorreta, pois é *nulo* o pacto antenupcial se não for feito por escritura pública, e *ineficaz* se não lhe seguir o casamento (art. 1.653 CC). 

**11.** Gabarito: B

Comentário: **A:** incorreta, pois o pagamento feito de boa-fé ao credor putativo é válido, *ainda* provado depois que não era credor (art. 309 CC); **B:** correta (art. 308 CC); **C:** incorreta, pois não vale se o devedor não provar que em benefício dele efetivamente reverteu (art. 310 CC); **D:** incorreta, pois considera-se autorizado a receber o pagamento o portador da quitação, salvo se as circunstâncias contrariarem a presunção daí resultante. Logo, a presunção é relativa (art. 311 CC); **E:** incorreta, pois fica ressalvado, isto é, não fica prejudicado o direito de regresso contra o credor (art. 312 CC). 

**12.** Gabarito: A

Comentário: **A:** correta (art. 1.369, *caput* CC); **B:** incorreta, pois a servidão proporciona utilidade para o prédio dominante, e grava o prédio serviente, que pertence a diverso dono, e constitui-se mediante declaração expressa dos proprietários, ou por testamento, e subsequente registro no Cartório de Registro de Imóveis (art. 1.378 CC); **C:** incorreta, pois o arrendamento é o contrato que visa à obtenção de uma renda, por meio do qual uma pessoa (denominada arrendatário) cede a outra (arrendador), por determinado período de tempo e paga, o direito de uso e gozo de uma propriedade. O art. 1.399 CC traz um exemplo de como o arrendamento pode se dar; **D:** incorreta, pois usufruto é o desmembramento da propriedade, de caráter temporário, em que o titular tem o direito de usar e perceber os frutos da coisa, sem afetar-lhe a substância. Está previsto entre os arts. 1.390 a 1.411 CC; **E:** incorreta, pois a anticrese é um direito real de garantia estabelecido em favor do credor e com a finalidade de compensar a dívida do devedor, por meio do qual este entrega os frutos e rendimentos provenientes do imóvel. Está prevista entre os arts. 1.506 a 1.510 CC. 

**13.** Gabarito: A

Comentário: **A:** correta (art. 26, § 3º da Lei 9.514/1997); **B:** incorreta, pois o prazo é de quinze dias e não de trinta (art. 26, § 1º da Lei 9.514/1997); **C:** incorreta, pois a intimação não será feita exclusivamente na pessoa do devedor fiduciante, mas também pode ser feita ao seu representante legal ou ao procurador regularmente constituído (art. 26, § 3º da Lei 9.514/1997); **D:** incorreta, pois o contrato definirá o prazo de carência após o qual será expedida a intimação (art. art. 26, § 2º da Lei 9.514/1997); **E:** incorreta, pois a intimação poderá ser feita ao funcionário da portaria responsável pelo recebimento de correspondência (art. 26, § 3º-B da Lei 9.514/1997). 

**14.** Gabarito: D

Comentário: **A:** incorreta, pois o erro é um engano fático, uma falsa noção da realidade, ou seja, em relação a uma pessoa, negócio, objeto ou direito, que acomete a vontade de uma das partes que celebrou o negócio jurídico. A pessoa se engana sem a indução de outra (art. 138 a 144 CC). Ex: comprei um anel folheado a ouro pensando que era de ouro. O erro substancial torna o negócio jurídico anulável, podendo ser convalidado quando a pessoa, a quem a manifestação de vontade se dirige, se oferecer para executá-la na conformidade da vontade real do manifestante (art. 144 CC); **B:** incorreta, pois configura-se o estado de perigo quando alguém, premido da necessidade de salvar-se, ou a pessoa de sua família, de grave dano conhecido pela outra parte, assume obrigação excessivamente onerosa. No caso em tela não foi dito que havia grave dano conhecido pela outra parte nem que José Roberto ou alguém de sua família estavam em situação de perigo (art. 156, *caput* CC); **C:** incorreta, pois dolo é artifício ou expediente astucioso, empregado para induzir alguém à prática de um ato jurídico, que o prejudica, aproveitando ao autor do dolo ou a terceiro. Pode-se dizer, então, que dolo é qualquer meio utilizado intencionalmente para induzir ou manter alguém em erro na prática de um ato jurídico. Está previsto entre os arts. 145 e 150 CC. No caso em tela não houve dolo, pois Glauco não induziu José Roberto a vender o bem por este valor. O vendedor apenas colocou o preço baixo porque estava desesperado para vender o bem; **D:** correta, pois ocorre a lesão quando uma pessoa, sob premente necessidade, ou por inexperiência, se obriga a prestação manifestamente desproporcional ao valor da prestação oposta (art. 157, *caput*, CC). Na hipótese em questão foi exatamente o que aconteceu. José Roberto vendeu o bem por preço abaixo do valor de mercado por premente necessidade e Glauco aproveitou; **E:** incorreta, pois na hipótese em tela não há estado de perigo (vide justificativa da alternativa B), mas apenas de lesão, nos termos da justificativa da alternativa D. É possível que haja convalidação se for oferecido suplemento suficiente, ou se a parte favorecida concordar com a redução do proveito (art. 157, § 2º CC). **GR**

---

**15.** Gabarito: B

Comentário: **A:** Incorreta, considerando que o princípio da inafastabilidade comporta exceção, na própria Constituição, ao exigir o esgotamento das vias da justiça desportiva para se pleitear a tutela jurisdicional (CF, art. 217, § 1º). **B:** Correta, pois apreciada a causa pelo judiciário, a decisão é inevitável, no sentido de que ambas as partes estão sujeitas a ela, independentemente da vontade ou opção dos litigantes. **C:** Incorreta, porque a alternativa descreve o princípio do juiz natural (CF, art. 5º, LIII). **D:** Incorreta, tendo em vista que nos procedimentos de jurisdição voluntária exige-se a intervenção do poder judiciário para a obtenção do bem da vida pretendido, mesmo que não haja conflito (CPC, art. 719 e ss.). **E:** Incorreta, pois as varas especializadas estão previstas em lei, de modo que são admitidas em nosso sistema. O juiz natural é o juiz competente para julgar a lide, previsto em abstrato, antes mesmo de sua ocorrência – ou o órgão previsto na Constituição e Códigos, para julgar um conflito, antes mesmo que ele ocorra (CF, art. 5º, LIII). **LD**

---

**16.** Gabarito: C

Comentário: Pergunta que trata, como se percebe pelo enunciado, de legislação local específica do estado em que ocorre o concurso. Ainda que não seja o melhor critério para avaliar conhecimento, é algo que ocorre

com alguma frequência. **A:** Incorreta, porque a lei prevê o oposto (Lei Estadual 1.511/1994, art. 31, § 1º: "O Desembargador que se encontrar na ordem de antiguidade para compor o Órgão Especial *não poderá* renunciar ao encargo".). **B:** Incorreta, pois compete ao Tribunal Pleno eleger o Presidente, o Vice-Presidente e o Corregedor-Geral de Justiça (Lei Estadual 1.511/1994, art. 30, VII). **C:** Correta, por expressa previsão legal (CPC, art. 30, IV). **D:** Incorreta, considerando que o quórum, nesse caso, é de pelo menos dois terços de seus membros (Lei Estadual nº 1.511/1994, art. 31, § 2º). **E:** Incorreta, por essa ser uma atividade atribuída ao Tribunal Pleno (Lei Estadual 1.511/1994, art. 30, VI). **LD**

---

**17.** Gabarito: D

Comentário: **I:** Errada, pois a lei não prevê rol taxativo para as exceções ao princípio da publicidade (CPC, arts. 8º e 11). **II:** Correta, pois havendo desigualdade entre as partes, o tratamento deve ser desigual para garantir o exercício de direitos e faculdades processuais (CPC, art. 7º). **III:** Correta, pois "As partes têm o direito de obter em prazo razoável a solução integral do mérito, incluída a atividade satisfativa." (CPC, art. 4º). **IV:** Errada, pois o princípio aplica-se inclusive para matérias de ordem pública. Assim, não será proferida decisão sem que a parte se manifeste previamente, mesmo que o juiz possa conhecer da matéria de ofício (CPC, arts. 9º e 10). **LD**

---

**18.** Gabarito: D

Comentário: **A:** Incorreta, pois retroagirá à data de propositura da ação (CPC, art. 240, § 1º). **B:** Incorreta, porque o critério para citar por edital não é, apenas, a citação anterior infrutífera, mas sim o fato de o réu estar em local "ignorado, incerto ou inacessível" (CPC, art. 256, II). **C:** Incorreta, pois a citação, ainda que ordenada por *juízo incompetente*, induz litispendência, torna litigiosa a coisa e constitui em mora o devedor (CPC, art. 240). **D:** Correta, por expressa previsão legal, caso em que o "oficial de justiça descreverá e certificará minuciosamente a ocorrência" devolverá o mandado e o juiz determinará a realização de perícia médica (CPC, art. 245, *caput* e §§). **E:** Incorreta, considerando que a citação também não será pessoal, por exemplo, na hipótese do procurador habilitado a receber citação em nome da parte que assiste (CPC, art. 105, *caput*). **LD**

---

**19.** Gabarito: B

Comentário: **A:** Incorreta, pois a contestação ofertada antes do início do prazo não é intempestiva (CPC, art. 239, 1º). **B:** Correta, por expressa previsão legal (CPC, art. 239, § 1º). **C:** Incorreta, considerando não ser necessária, como visto, qualquer retificação (CPC, art. 239, § 1º). **D:** Incorreta, porque é intempestiva apenas se for apresentada fora do prazo. E, nos termos da alternativa "B", independe da concordância do autor para ser tempestiva. **E:** Incorreta, é permitido ofertar contestação antes mesmo de ser citado (CPC, art.239, §1°). [LD]

## 20. Gabarito: E
Comentário: **A:** Incorreta, pois existem quatro hipóteses de concessão de tutela de evidência (CPC, art. 311), e uma delas é o abuso de direito de defesa ou manifesto propósito protelatório. **B:** Incorreta, porque a lei processual não prevê um rol taxativo de situações em que cabível a tutela provisória, mas sim dois requisitos (CPC, art. 300). **C:** Incorreta, considerando que a tutela provisória poderá ser a qualquer tempo revogada ou modificada (CPC, art.296). **D:** Incorreta, pois também pode ser concedida liminarmente (CPC, art. 300, § 2°). **E:** Correta, sendo essa a previsão legal para tutela de urgência cautelar (CPC, art. 301). [LD]

## 21. Gabarito: A
Comentário: **A:** Correta, sendo essa a previsão legal (CPC, art. 331, *caput* e § 1°). **B:** Incorreta, pois se não houver retratação, os autos somente serão remetidos ao tribunal *após a citação do réu* e apresentação de sua resposta ao recurso (CPC, arts. 331 e 1.010, §3°). **C:** Incorreta, porque a decisão que indefere a inicial tem de ser impugnada por sentença (CPC, art. 1.009). Somente é cabível mandado de segurança (que não é recurso, mas sim ação autônoma) quando se estiver diante de decisão não passível de impugnação por recurso (Súmula 267/STF), **D:** Incorreta, considerando ser possível apelar dessa decisão, como já visto (CPC, art. 1009). **E:** Incorreta, pois a lei processual prevê que o juiz mande citar o réu para responder ao recurso (CPC, 331, § 1°). [LD]

## 22. Gabarito: B
Comentário: **A:** Incorreta, pois são cabíveis apenas os recursos previstos em lei – princípio da taxatividade recursal (CPC, arts. 994 e 997 e Lei 9.099/90, art. 41), que não deve ser confundido com a tese da "taxatividade mitigada" do agravo, decidida pelo STJ. **B:** Correta para a banca. Essa é regra, pelo princípio mencionado no enunciado. Assim, usualmente, para cada decisão, somente será cabível um recurso (*porém, existem exceções, como REsp e RE, além de agravo interno e AREsp, conforme Enunciado 77/CJF; assim, eventualmente, a alternativa poderia ser errada – a depender das demais alternativas [mas todas as demais estão claramente erradas] e da banca. **C:** Incorreta, porque pelo o princípio da dialeticidade deve-se argumentar, trazer as razões de reforma da decisão – ou seja, deve haver correlação entre a decisão recorrida e o recurso interposto (CPC, art. 932, III, parte final). **D:** Incorreta, considerando que há situações de fungibilidade no próprio Código (arts. 1.032 e 1.033, por exemplo), além de se admitir, na doutrina e jurisprudência,

outras hipóteses de fungibilidade, no caso de "dúvida objetiva quanto ao recurso cabível". **E:** Incorreta, pois a *reformatio in pejus* (a reforma para pior, ou seja, em desfavor do recorrente), ainda que usualmente vedada (CPC, art. 1.013), é excepcionalmente admitida diante da existência de matéria de ordem pública. [LD]

## 23. Gabarito: C
Comentário: **A:** Incorreta, pois o devedor será preferencialmente intimado pelo Diário da Justiça, na pessoa de seu advogado (CPC, art. 513, § 2°, I). **B:** Incorreta, considerando que o cumprimento da sentença não será feito de ofício (CPC, art. 513, § 1°). **C:** Correta, sendo essa a expressa previsão legal (CPC,513, §5°), em homenagem à coisa julgada. **D:** Incorreta, porque nesse caso o cumprimento de sentença dependerá de demonstração de que se realizou a condição ou de que o termo ocorreu (CPC, art. 514). **E:** Incorreta, pois no cumprimento provisório, o levantamento de depósito em dinheiro ou prática de atos que importem transferência de posse ou domínio, é possível desde que o exequente *apresente caução* (CPC, art. 520, IV). [LD]

## 24. Gabarito: A
Comentário: **A:** Correta, sendo essa a previsão legal (CPC, art. 554, § 1°). **B:** Incorreta, porque a alternativa é o oposto do previsto em lei. Caso a demanda seja julgada improcedente, o devedor terá que arcar com os juros e riscos do inadimplemento (CPC, art. 540). **C:** Incorreta, considerando que a ação de dissolução pode ter por objeto a resolução da sociedade empresária contratual ou simples e/ou a apuração dos haveres (CPC, art. 599). **D:** Incorreta, pois o uso da monitória demanda (i) prova escrita ou (ii) prova oral documentada antes do ajuizamento – e, portanto, descabe monitória com prova oral (CPC, art. 700, *caput* e § 1°). **E:** Incorreta, porque a oposição pode ser apresentada por aquele que pretender, no todo ou em parte, a coisa ou o direito sobre que controvertem autor e réu (CPC, art. 682). [LD]

## 25. Gabarito: D
Comentário: **I:** Correta por ser essa a previsão legal (Lei 9.099/95, arts. 48 a 50). **II:** Errada, pois não pode o juiz de ofício instaurar a fase executiva e nem há necessidade de nova citação (Lei 9.099/95, art. 52, IV). **III:** Errada, pois o acesso ao Juizado Especial, independerá, apenas em primeiro grau de jurisdição, do pagamento de custas, taxas ou despesas (Lei 9.099/95, art. 54). Portanto, na fase recursal há custas. **IV:** Correta, sendo essa a previsão legal (Lei 9.099/95, art. 38, *caput* e p.u.). [LD]

## 26. Gabarito: E
Comentário: De acordo com o art. 49 do Código de Defesa Consumidor, o consumidor pode desistir do

contrato, no prazo de 7 (sete) dias a contar de sua assinatura ou do ato de recebimento do produto ou serviço, sempre que a contratação de fornecimento de produtos e serviços ocorrer fora do estabelecimento comercial. Uma vez que Laura efetuou a compra em estabelecimento de forma presencial, a consumidora não poderá usufruir do direito de arrependimento estabelecido pelo dispositivo em comento. RD

## 27. Gabarito: E

Comentário: De acordo com o art. 42 do CDC, "o consumidor cobrado em quantia indevida tem direito à repetição do indébito, por valor igual ao dobro do que pagou em excesso, acrescido de correção monetária e juros legais, salvo hipótese de engano justificável". Dessa forma, de acordo com a leitura do dispositivo e do enunciado em questão, Renato não pagou a quantia indevida, bem como o valor foi claramente cobrado de forma acidental por parte da telefonia, descartando a hipóteses da restituição em dobro dos valores mencionados. RD

## 28. Gabarito: B

Comentário: De acordo com o art. 26, II do CDC, o direito de reclamar pelos vícios aparentes ou de fácil constatação, como aquele descrito no caso em tela, caduca em noventa dias, tratando-se de fornecimento de serviço ou produto durável. Ainda de acordo com o § 1º do referido dispositivo, a contagem do prazo decadencial inicia-se com a entrega efetiva do produto (ou do término da execução do serviço). Dessa forma, a partir do dia 10 de janeiro de 2019, Patrícia tinha 90 dias para reclamar pelo vício do produto e seu direito caducou em abril de 2019. RD

## 29. Gabarito: D

Comentário: Conforme art. 24 do Código de Defesa do Consumidor: "A garantia legal de adequação do produto ou serviço independe de termo expresso, vedada a exoneração contratual do fornecedor". RD

## 30. Gabarito: B

Comentário: De acordo com o art. 37, § 2º, do CDC é abusiva, dentre outras, a publicidade que explore o medo ou a superstição do consumidor. RD

## 31. Gabarito: C

Comentário: A: Errada. Conforme art. 54, caput, do CDC, "contrato de adesão é aquele cujas cláusulas tenham sido aprovadas pela autoridade competente ou estabelecidas unilateralmente pelo fornecedor de produtos ou serviços, sem que o consumidor possa discutir ou modificar substancialmente seu conteúdo". B: errada. Conforme o art. 54, § 1º, do CDC, "a inserção de cláusula no formulário não desfigura a natureza de

adesão do contrato". C: Correta. De acordo com o art. 54, § 2º, do CDC, "nos contratos de adesão admite-se cláusula resolutória, desde que a alternativa, cabendo a escolha ao consumidor, ressalvando-se o disposto no § 2º do artigo anterior". D: incorreta. Conforme o art. 54, § 3º, do CDC, "os contratos de adesão escritos serão redigidos em termos claros e com caracteres ostensivos e legíveis, cujo tamanho da fonte não será inferior ao corpo doze, de modo a facilitar sua compreensão pelo consumidor". E: incorreta. Conforme o art. 54, § 4º, do CDC "as cláusulas que implicarem limitação de direito do consumidor deverão ser redigidas com destaque, permitindo sua imediata e fácil compreensão". RD

## 32. Gabarito: E

Comentário: I: Falso. De acordo com o art. 51, XI, "são nulas de pleno direito as cláusulas contratuais que autorizem o fornecedor a cancelar o contrato unilateralmente, sem que igual direito seja conferido ao consumidor". II: Falso. De acordo com o art. 52, § 1º, do CDC, "as multas de mora decorrentes do inadimplemento de obrigações no seu termo não poderão ser superiores a dois por cento do valor da prestação". III: Falso. "É assegurado ao consumidor a liquidação antecipada do débito, total ou parcialmente, mediante redução proporcional dos juros e demais acréscimos" (art. 52, § 2º do CDC). Sendo assim, não há que se falar na necessidade de previsão contratual para tanto. IV: Verdadeiro. Conforme previsto no art. 51, § 4º, do CDC. V: Verdadeiro. Conforme previsto no 51, XII, do CDC. RD

## 33. Gabarito: A

Comentário: A questão deve ser analisada sob o prisma do art. 18 do Código de Defesa do Consumidor. De fato, quando um produto apresenta um vício, pode o consumidor fazer a reclamação junto o fornecedor que, por sua vez, tem até 30 dias para realizar o conserto do produto. No entanto, conforme art. 18, § 3º, do CDC, caso o consumidor tenha adquirido um produto considerado essencial, pode exigir imediatamente, sem aguardar o prazo de 30 dias para conserto, qualquer das três alternativas: devolução do dinheiro, abatimento proporcional do preço ou troca do produto (art. 18, § 1º, do CDC). RD

## 34. Gabarito: A

Comentário: De acordo com a Convenção Internacional sobre Direitos da Criança (art. 40, item 3) a disposição sobre promoção de estabelecimento de leis, procedimentos, autoridades e instituições específicas para crianças que se alegue ter infringido leis penais. Na alínea a, prevê expressamente a necessidade de estabelecimento de idade mínima da qual se presumirá que a criança não tem capacidade para infringir as leis penais. RD

**35.** Gabarito: A

Comentário: **A:** Correta. Conforme previsto no art. 13, § 2º, do Estatuto da Criança e do Adolescente, o acompanhamento domiciliar deverá ser concedido, se necessário, àquelas crianças da primeira infância com suspeita ou confirmação de violência de qualquer natureza, nos seguintes termos: "Os serviços de saúde em suas diferentes portas de entrada, os serviços de assistência social em seu componente especializado, o Centro de Referência Especializado de Assistência Social (Creas) e os demais órgãos do Sistema de Garantia de Direitos da Criança e do Adolescente deverão conferir máxima prioridade ao atendimento das crianças na faixa etária da primeira infância com suspeita ou confirmação de violência de qualquer natureza, formulando projeto terapêutico singular que inclua intervenção em rede e, se necessário, acompanhamento domiciliar". **B:** incorreta. Conforme o art. 19-A, § 8º, "Na hipótese de desistência pelos genitores – manifestada em audiência ou perante a equipe interprofissional – da entrega da criança após o nascimento, a criança será mantida com os genitores, e será determinado pela Justiça da Infância e da Juventude o **acompanhamento familiar** pelo prazo de 180 (cento e oitenta) dias" (grifo nosso). **C:** incorreta. Não há previsão de acompanhamento domiciliar ou familiar nessa hipótese. **D:** incorreta. Os direitos da gestante estão especificados no art. 8º do ECA, sem qualquer menção ao acompanhamento domiciliar. **E:** incorreta. Conforme art. 11, § 3º, do ECA, "os profissionais que atuam no cuidado diário ou frequente de crianças na primeira infância receberão formação específica e permanente para a detecção de sinais de risco para o desenvolvimento psíquico, bem como para o acompanhamento que se fizer necessário". RD

---

**36.** Gabarito: D

Comentário: **A:** incorreta. A respeito da possibilidade de responsabilização da pessoa jurídica no que toca à prática de infração administrativa: "1. Infração tipificada no art. 250 do ECA, com lavratura de auto contra a pessoa jurídica (hotel que recebeu uma adolescente desacompanhada dos pais e sem autorização). 2. A responsabilização das pessoas jurídicas, tanto na esfera penal, como administrativa, é perfeitamente compatível com o ordenamento jurídico vigente. 3. A redação dada ao art. 250 do ECA demonstra ter o legislador colocado pessoa jurídica no polo passivo da infração administrativa, ao prever como pena acessória à multa, no caso de reincidência na prática de infração, o "fechamento do estabelecimento". 4. É fundamental que os estabelecimentos negligentes que fazem pouco caso das leis que amparam o menor também sejam responsabilizados, sem prejuízo da responsabilização direta das pessoas físicas envolvidas em cada caso, com o intuito de dar

efetividade à norma de proteção integral à criança e ao adolescente. 5. Recurso especial provido" (STJ, REsp n. 622.707/SC, relatora Ministra Eliana Calmon, Segunda Turma, julgado em 2/2/2010, DJe de 10/2/2010); **B:** incorreta, já que o STF não se manifestou no sentido do afirmado; **C:** incorreta. Alvará não se presta a autorizar a realização de diversões pública, mas a autorizar a participação de determinada pessoa em evento (art. 149, ECA). Por meio do alvará, é fornecida uma autorização específica a determinada pessoa; **D:** correta, conforme se depreende dos arts. 148 e 194 do ECA; **E:** incorreta (art. 258, ECA). ED

---

**37.** Gabarito: D

Comentário: **A:** incorreta. Não há exigência de que a impugnação seja fundamentada em laudo técnico: "A impugnação ou complementação do plano individual, requerida pelo defensor ou pelo Ministério Público, deverá ser fundamentada, podendo a autoridade judiciária indeferi-la, se entender insuficiente a motivação" (art. 41, § 2º, da Lei do Sinase). **B:** incorreta. A audiência é facultativa: "Admitida a impugnação, ou se entender que o plano é inadequado, a autoridade judiciária designará, se necessário, audiência da qual cientificará o defensor, o Ministério Público, a direção do programa de atendimento, o adolescente e seus pais ou responsável" (art. 41, § 3º, da Lei do Sinase). **C:** incorreta. Não há suspensão da execução nem do prazo de reavaliação. Vide justificativa da próxima questão. **D:** correta. "A impugnação não suspenderá a execução do plano individual, salvo determinação judicial em contrário" (art. 41, § 4º, da Lei do Sinase). **E:** incorreta. "Findo o prazo sem impugnação, considerar-se-á o plano individual homologado" (art. 41, § 5º, da Lei do Sinase). RD

---

**38.** Gabarito: C

Comentário: De acordo com o a Lei 13.431/2017, **escuta especializada** é o procedimento de entrevista sobre situação de violência com criança ou adolescente perante a rede de atendimento de proteção à crianças e adolescentes, ficando limitado o relato estritamente ao necessário para o cumprimento de sua finalidade. Já o **depoimento especial** é o procedimento de oitiva de criança ou adolescente vítima ou testemunha de violência perante autoridade policial ou judiciária. **A:** incorreta. Conforme art. 11 da lei, o depoimento especial de Ana seguirá o rito cautelar de antecipação de provas, e não sua escuta especializada. **B:** incorreta. O depoimento especial de Ana será gravado em áudio e vídeo, conforme art. 12, VI, nada tratando a lei sobre a sua escuta especializada. **C:** correta. Conforme expressamente previsto no art. 5º, XIV da Lei 13.431/2017: "A aplicação desta Lei, sem prejuízo dos princípios estabelecidos nas demais normas nacionais e internacionais de proteção dos direitos da criança e do adolescente, terá como base, entre outros, os direitos e garantias fundamentais da criança e do adolescente a: (...) XIV – ter as informações prestadas tratadas confidencialmente, sendo vedada a utilização ou o repasse a terceiro das declarações feitas pela criança e pelo adolescente vítima, salvo para os fins de assistência à saúde e de persecução penal". **D:** incorreta. Conforme distinção feita acima sobre escuta especializada e depoimento pessoa, a escuta especializada ocorrerá perante o órgão da rede de proteção (do qual o Conselho Tutelar) faz parte e o depoimento especial ocorrerá perante a autoridade policial ou judiciária. **E:** incorreta. O art. 12, I, da mencionada lei estabelece que os profissionais especializados esclarecerão à criança ou o adolescente sobre a tomada do depoimento especial, informando-lhe os seus direitos e os procedimentos a serem adotados e planejando sua participação, sendo vedada a leitura da denúncia ou de outras peças processuais. RD

---

**39.** Gabarito: E

Comentário: **A:** incorreta. Conforme preceitua o art. 121, § 6º, do ECA, "em qualquer hipótese a desinternação será precedida de autorização judicial, ouvido o Ministério Público". **B:** incorreta. Conforme preceitua o art. 121, § 4º, do ECA, uma vez que houve o cumprimento o prazo de 3 anos da medida socioeducativa, o adolescente deverá ser liberado, colocado em regime de semiliberdade ou de liberdade assistida. **C:** incorreta. Caso o adolescente apresente indícios de transtorno mental, de deficiência mental, ou associadas, deverá ser avaliado e colocado em tratamento (vide art. 64 da Lei 12.594/2021). Vale notar que o Código Penal, em seu art. 41, de fato determina que o condenado deve ser recolhido a hospital de custódia e tratamento psiquiátrico ou, à falta, a outro estabelecimento adequado. **D:** incorreta. A residência inclusiva está prevista apenas no Estatuto da Pessoa com Deficiência (art. 3º, X, e art. 31). **E:** correta. Conforme estabelecido pelo art. 45 da Lei 12.594/2021 (SINASE): "Se, no transcurso da execução, sobrevier sentença de aplicação de nova medida, a autoridade judiciária procederá à unificação, ouvidos, previamente, o Ministério Público e o defensor, no prazo de 3 (três) dias sucessivos, decidindo-se em igual prazo. § 1º É vedado à autoridade judiciária determinar reinício de cumprimento de medida socioeducativa, ou deixar de considerar os prazos máximos, e de liberação compulsória previstos na Lei 8.069, de 13 de julho de 1990 (Estatuto da Criança e do Adolescente), excetuada a hipótese de medida aplicada por ato infracional praticado durante a execução". RD

---

**40.** Gabarito: C

Comentário: **A:** incorreta. A adoção à brasileira é expressamente proibida no direito brasileiro, conforme art. 242

do Código Penal: "'Dar parto alheio como próprio; registrar como seu o filho de outrem; ocultar recém-nascido ou substituí-lo, suprimindo ou alterando direito inerente ao estado civil". **B:** incorreta. Mesmo que Marta e João estivessem habilitados e na fila de adoção, não seria possível adotar João, posto que o Cadastro Nacional de Adoção (fila de adoção) estabelecido no art. 50 do ECA, deve ser sempre observado. Assim, João deveria ser entregue o primeiro que aguarda na fila de cadastro. **C:** correta. De acordo com o art. 1.638, inciso V, do Código Civil, perderá por ato judicial o poder familiar o pai ou a mãe que entregar de forma irregular o filho a terceiros para fins de adoção. **D:** incorreta. Vide justificativas da alternativa "a" e "b". **E:** incorreta. A decisão sobre a pessoa a ser escolhida para receber a criança ou adolescente em adoção é da autoridade judicial, sempre observando os critérios legais. A criança e o adolescente podem ser ouvidos quanto à medida e o adolescente deve consentir com a colocação em família substituta, mas não são os infantes quem escolhem. Ademais, incorreriam Marta e Vicente no já mencionado crime do art. 242 do Código Penal. RD

---

**41.** Gabarito: B

Comentário: **A:** incorreta, uma vez ambos os postulados levam à exclusão da tipicidade *material*, não havendo repercussão no campo da tipicidade *formal*. Vejamos. Enuncia o princípio da insignificância ou bagatela que o Direito Penal não deve atuar diante de fatos insignificantes, desprezíveis, de forma que somente se deve recorrer a esse ramo do direito em casos relevantes, isto é, não pode ser considerada típica a conduta causadora de lesão insignificante ao bem jurídico tutelado pela norma penal. De acordo com a doutrina e jurisprudência consolidadas, o postulado da insignificância atua como causa de exclusão da tipicidade material. Segundo o princípio da adequação social, não se pode reputar criminosa a conduta tolerada pela sociedade, ainda que corresponda a uma descrição típica. É dizer, embora formalmente típica, porque subsumida num tipo penal, carece de tipicidade material, porquanto em sintonia com a realidade social em vigor. A sociedade se mostra, nessas hipóteses, indiferente ante a prática da conduta, como é o caso da tatuagem. Também são exemplos: a circuncisão praticada na religião judaica; o furo na orelha para colocação de brinco etc.; **B:** correta. De fato, o consentimento do ofendido atuará como causa de exclusão da tipicidade do fato quando o elemento "vontade" do sujeito passivo se revele como requisito expresso ou tácito da conduta penalmente típica. É o que se verifica, por exemplo, no estupro (art. 213 do CP), que tem, como pressuposto, o dissenso da vítima no tocante à conjunção carnal ou à prática de atos libidinosos diversos. De outra borda, o consentimento do ofendido poderá atuar como causa de exclusão da ilicitude (causa supralegal), desde que satisfeitos alguns requisitos; **C:** incorreta. Conforme dispõe o art. 20 do CP, o erro sobre elemento do tipo exclui sempre o dolo, permitindo a punição a título de culpa, desde que haja previsão nesse sentido. A exclusão do dolo afasta a conduta e, por conseguinte, o fato típico, ou seja, não há crime, não havendo, portanto, nenhuma repercussão no campo da ilicitude e da culpabilidade; **D:** incorreta. A assertiva está correta em relação ao crime impossível (art. 17, CP), que tem como natureza jurídica causa de exclusão da tipicidade, na medida em que o fato praticado pelo agente não se subsume a nenhum tipo legal; o mesmo não se diga em relação ao arrependimento posterior (art. 16, CP), que, como o próprio nome sugere, ocorre após a consumação do crime. Sua natureza jurídica é de causa pessoal e obrigatória de diminuição de pena, não havendo que se falar, portanto, em exclusão da tipicidade; **E:** incorreta. O dolo, para a teoria finalista, é classificado como *natural*, contendo apenas elementos cognitivo (consciência) e volitivo (vontade). Já para a teoria clássica, o dolo, que integrava a culpabilidade, era normativo. **ED**

**42.** Gabarito: C
Comentário: **A:** incorreta. Consideram-se crimes monos-subjetivos (unissubjetivos ou de concurso eventual) aqueles que podem ser praticados por uma única pessoa, admitindo-se, neste caso, o concurso de pessoas; já os crimes plurissubjetivos (ou de concurso necessário), que são os que, para a própria tipicidade penal, exigem a concorrência de duas ou mais pessoas, não admitem o concurso de pessoas; **B:** incorreta. De fato, segundo o art. 29, *caput*, do CP, adotou-se, como regra, a teoria monista ou unitária, segundo a qual quem, de qualquer modo, concorrer para o crime, responderá pelo mesmo ilícito (crime único); entretanto, é incorreto afirmar-se que todos responderão em absoluta igualdade de condições, já que a responsabilidade de cada um será proporcional à sua participação (na medida de sua culpabilidade – art. 29, *caput*, CP). Em outras palavras, deve o juiz, ao fixar a pena, fazer um juízo de reprovação em relação a cada um dos agentes envolvidos na empreitada criminosa, de sorte a sopesar, de forma individualizada, cada conduta; **C:** correta. Os crimes omissivos impróprios (também chamados de impuros, espúrios ou comissivos por omissão), que são aqueles que derivam da inobservância, pelo agente, de um dever jurídico de agir para impedir o resultado (art. 13, § 2º, do CP), comportam coautoria. É o caso dos pais que deixam de alimentar o filho que, em razão disso, vem a morrer por inanição. Pai e mãe, neste exemplo, respondem na qualidade de coautores; **D:** incorreta. *Crime próprio* é o que exige do agente uma característica especial. São exemplos o peculato (art. 312, CP), em que somente

poderá figurar como sujeito ativo o funcionário público, e o infanticídio (art. 123 do CP), cujo sujeito ativo há de ser a mãe em estado puerperal. Nestes dois exemplos, são admitidas, a teor do art. 30 do CP, a coautoria e a participação, inclusive de pessoas desprovidas dessas qualidades. Nos crimes culposos não é admitida a participação, somente a coautoria. Isso porque o crime culposo tem o seu tipo aberto, razão pela qual não se afigura razoável afirmar-se que alguém auxiliou, instigou ou induziu uma pessoa a ser imprudente, sem também sê-lo. Conferir o magistério de Cleber Masson, ao tratar da coautoria no crime culposo: "A doutrina nacional é tranquila ao admitir a coautoria em crimes culposos, quando duas ou mais pessoas, conjuntamente, agindo por imprudência, negligência ou imperícia, violam o dever objetivo de cuidado a todos imposto, produzindo um resultado naturalístico". No que toca à participação no contexto dos crimes culposos, ensina que "firmou-se a doutrina pátria no sentido de rejeitar a possibilidade de participação em crimes culposos" (*Direito Penal esquematizado – parte geral*. 8. ed. São Paulo: Método, 2014. v. 1, p. 559). Na jurisprudência: "É perfeitamente admissível, segundo o entendimento doutrinário e jurisprudencial, a possibilidade de concurso de pessoas em crime culposo, que ocorre quando há um vínculo psicológico na cooperação consciente da conduta culposa de outrem. O que não se admite nos tipos culposos, ressalve-se, é a participação" (HC 40.474/PR, Rel. Ministra LAURITA VAZ, QUINTA TURMA, julgado em 06.12.2005, *DJ* 13.02.2006); **E:** incorreta, já que o chamado *ajuste prévio* não é necessário à configuração do concurso de pessoas; basta, aqui, que haja, entre os agentes, unidade de desígnios, isto é, que uma vontade adira à outra. **ED**

**43.** Gabarito: E
Comentário: **A:** incorreta. O art. 4º da Lei das Contravenções Penais reza que a tentativa de contravenção não é punida. Até aqui a assertiva está correta. Já no que concerne à falta grave cometida no curso da execução penal, a sua tentativa será punida com a pena correspondente à falta consumada (art. 49, parágrafo único, LEP). Incorreto, portanto, afirmar-se que a tentativa de falta grave é impunível; **B:** incorreta. Isso porque, no cálculo da prescrição em abstrato, presente causa de diminuição de pena de quantidade variável, como é o caso da tentativa, deve-se utilizar o percentual de menor redução, ou seja, um terço (segundo o art. 14, parágrafo único, do CP, a tentativa é punida com a pena correspondente ao crime consumado, diminuída de um a dois terços); **C:** incorreta, uma vez que tem prevalecido na doutrina e na jurisprudência o entendimento segundo o qual o cálculo da quantidade de dias-multa levará em conta não somente as circunstâncias judiciais (art. 59, CP), mas

também as agravantes e atenuantes, bem como as causas de aumento e diminuição, em conformidade com os parâmetros estabelecidos no art. 68 do CP; **D:** incorreta. Isso porque prevalece o entendimento no sentido de que, na apreciação da possibilidade da suspensão condicional do processo para crimes cuja pena mínima cominada é de um ano, deve-se levar em consideração para o cálculo da tentativa o redutor máximo, que corresponde a dois terços (art. 14, parágrafo único, CP); **E:** correta. Formais são os crimes em que o resultado, embora previsto no tipo penal, não é imprescindível à consumação do delito. São também chamados, bem por isso, de crimes de resultado cortado ou consumação antecipada. Exemplo sempre lembrado pela doutrina é o crime de *extorsão mediante sequestro* (art. 159 do CP), cujo momento consumativo é atingido com a privação de liberdade da vítima. A obtenção do resgate, resultado previsto no tipo penal, se ocorrer, constituirá mero exaurimento do delito (desdobramento típico). Crime plurissubsistente, por sua vez, é aquele cuja conduta do agente se exterioriza pela prática de dois ou mais atos, contrapondo-se aos crimes unissubsistentes, em que a conduta é representada por um único ato. Este último não admite a modalidade tentada; já os plurissubsistentes admitem. Dessa forma, a tentativa, nos delitos formais, somente será possível se estes forem plurissubsistentes, é dizer, se a conduta for passível de fracionamento. ED

---

**44.** Gabarito: D

Comentário: **A:** incorreta. É que, em se tratando de causas de diminuição previstas na parte geral do CP (como é o caso da tentativa e do arrependimento posterior), deverá o juiz aplicar todas, ou seja, não se admite compensação entre elas; a regra prevista no art. 68, parágrafo único, do CP, segundo a qual o juiz aplicará uma só diminuição, refere-se às causas contidas na parte especial do CP. O mesmo raciocínio se aplica às causas de aumento de pena; **B:** incorreta. A assertiva contém os vetores presentes no art. 59 do CP, que são as chamadas *circunstâncias judiciais*, a serem levadas em consideração na eleição do *quantum* da pena-base, que corresponde à primeira fase de fixação da pena, e não à terceira, como consta da proposição; **C:** incorreta. A assertiva se refere às causas de aumento e diminuição, que são sopesadas na terceira etapa de fixação da pena e que podem elevá-la além do limite máximo e aquém do limite mínimo. Não se confundem com as qualificadoras, que estão contidas no tipo penal incriminador, alterando os limites mínimo e máximo abstratamente cominados. Bem por isso, as qualificadoras não estão presentes na análise da dosimetria, diferentemente das causas de aumento e diminuição de pena, que, como já dito, integram a derradeira etapa de fixação da pena; **D:** correta. De fato, a jurisprudência consagrou o entendimento no

sentido de que, havendo pluralidade de qualificadoras, apenas uma servirá como fundamento para deslocar a pena a novos patamares, sendo que as demais incidirão como circunstâncias agravantes, desde que haja correspondência na lei, ou, em caso negativo, como circunstância judicial do art. 59 do CP. Nesse sentido: "(...) Havendo mais de uma circunstância qualificadora reconhecida no decreto condenatório, apenas uma deve formar o tipo qualificado, enquanto as outras devem ser consideradas circunstâncias agravantes, quando expressamente previstas como tais, ou circunstâncias judiciais desfavoráveis, de forma residual" (STJ, HC 290.261/SP, Rel. Ministro GURGEL DE FARIA, QUINTA TURMA, julgado em 10/12/2015, DJe 17/02/2016); **E:** incorreta. O chamado *crime continuado específico* encontra previsão no art. 71, parágrafo único, do CP, que se verifica nos crimes dolosos, contra vítimas diferentes, cometidos mediante violência ou grave ameaça à pessoa. Neste caso, deverá ser aplicada a pena de qualquer dos crimes, se idênticas, ou a mais grave, se diversas, aumentada até o triplo. ED

---

**45.** Gabarito: E

Comentário: **A:** incorreta, pois contraria o disposto no art. 108, parte final, do CP, segundo o qual, *nos crimes conexos, a extinção da punibilidade de um deles não impede, quanto aos outros, a agravação da pena resultante da conexão*; **B:** incorreta. De acordo com o art. 119 do CP, em caso de concurso de crimes, a extinção da punibilidade incidirá sobre a pena de cada um deles, isoladamente; **C:** incorreta, pois não corresponde ao que estabelece o art. 113 do CP, que assim dispõe: *no caso de evadir-se o condenado ou de revogar-se o livramento condicional, a prescrição é regulada pelo tempo que resta da pena*; **D:** incorreta, pois não reflete o disposto no art. 109, parágrafo único, do CP; **E:** correta, pois em consonância com o que dispõe o art. 108 do CP. ED

---

**46.** Gabarito: C

Comentário: **A:** incorreta. É fato que a suspensão condicional do processo não tem incidência no âmbito dos crimes sujeitos ao rito da Lei Maria da Penha (Súmula 536, STJ), desde que, é claro, a vítima seja mulher. O erro da alternativa está em afirmar que tal entendimento se aplica independentemente da condição da vítima; **B:** incorreta, pois o aumento de 1/3, previsto no art. 129, § 10, do CP, também incidirá quando a vítima for ascendente, descendente, irmão, cônjuge ou companheiro do agente (art. 129, § 9º, CP); **C:** correta. A Súmula 589, do STJ, veda a aplicação do princípio da insignificância nos crimes ou contravenções penais praticados contra a mulher no âmbito das relações domésticas. O enunciado, por sua vez, se refere à lesão corporal praticada no ambiente doméstico, sem especificar se se trata de vítima homem ou mulher. Se a vítima for mulher, aplica-se a Súmula 589; se for homem, não se aplica, não sendo vedada, portanto, a incidência do princípio da insignificância; **D:** incorreta. O STF, no julgamento da ADIn n° 4.424, de 09.02.2012, estabeleceu a natureza incondicionada da ação penal nos crimes de lesão corporal, independente de sua extensão, praticados contra mulher no ambiente doméstico, entendimento esse atualmente consagrado na Súmula 542, do STJ; **E:** incorreta, já que não há tal vedação. 🔲

---

**47.** Gabarito: E

Comentário: Antes de mais nada, façamos algumas considerações a respeito dos crimes contra a honra, diferenciando-os. No crime de *injúria*, temos que o agente, sem imputar fato criminoso ou desonroso ao ofendido, atribui-lhe qualidade negativa. É a adjetivação pejorativa, o xingamento, enfim a ofensa à honra subjetiva da vítima. Não deve, portanto, ser confundida com os crimes de calúnia e difamação, em que o agente imputa ao ofendido fato definido como crime (no caso da calúnia) ou ofensivo à sua reputação (no caso da difamação). Dito isso, passemos à análise das assertivas. A: incorreta. Isso porque o art. 142 do CP, que tem natureza jurídica de *causa de exclusão de crime*, não contempla a *calúnia*, tão somente a *injúria* e a *difamação*; B: incorreta. A exceção da verdade somente é admissível para o crime de calúnia (art. 138, § 3°, do CP) e difamação cometida contra funcionário público, desde que a ofensa seja relativa ao exercício de suas funções (art. 139, parágrafo único, do CP). Portanto, o crime de injúria não comporta a exceção da verdade; C: incorreta, na medida em que a possibilidade de retratação, nos crimes contra a honra, somente alcança os crimes de calúnia e difamação (art. 143, caput, do CP); D: incorreta. Nos termos do art. 145, parágrafo único, parte final, do CP, a injúria discriminatória, também conhecida como injúria racial, processar-se-á mediante ação penal pública condicionada à representação do ofendido; E: correta. Segundo entendimento firmado na Súmula 714 do STF, se se tratar de ação penal por crime contra honra de servidor público em razão do exercício de suas funções, será concorrente a legitimidade do ofendido, mediante queixa, e do Ministério Público, condicionada à representação da vítima. Dentro do tema *crimes contra a honra*, tratado aqui nesta questão, vale o registro de que o Projeto de Lei 6.341/2019, que deu origem ao pacote anticrime, previa a inclusão de nova causa de aumento de pena aos crimes contra a honra (calúnia, difamação e injúria), na hipótese de eles serem cometidos ou divulgados em redes sociais ou na rede mundial de computadores, o que foi feito por meio da inserção do § 2° ao art. 141 do CP. O texto original estabelecia que a pena, nesta hipótese, seria triplicada. Ao apreciar o PL, o presidente da Repú-

blica vetou o dispositivo. Posteriormente, o Congresso Nacional derrubou esse veto, de forma que o dispositivo (art. 141, § 2°) que, no projeto original, previa que a pena fosse triplicada nos crimes contra a honra praticados ou divulgados em redes sociais ou na rede mundial de computadores, foi reincorporado ao pacote anticrime, nos seguintes termos: se o crime é cometido ou divulgado em quaisquer modalidades das redes sociais da rede mundial de computadores, aplica-se em triplo a pena. O presidente da República, ao vetar este dispositivo, ponderou que a propositura legislativa, ao promover o incremento da pena no triplo quando o crime for cometido ou divulgado em quaisquer modalidades das redes da rede mundial de computadores, viola o princípio da proporcionalidade entre o tipo penal descrito e a pena cominada, notadamente se considerarmos a existência de legislação atual que já tutela suficientemente os interesses protegidos pelo Projeto, ao permitir o agravamento da pena em um terço na hipótese de qualquer dos crimes contra a honra ser cometido por meio que facilite a sua divulgação. Ademais, a substituição da lavratura de termo circunstanciado nesses crimes, em razão da pena máxima ser superior a dois anos, pela necessária abertura de inquérito policial, ensejaria, por conseguinte, superlotação das delegacias, e, com isso, redução do tempo e da força de trabalho para se dedicar ao combate de crimes graves, tais como homicídio e latrocínio. 🔲

---

**48.** Gabarito: B

Comentário: **A:** incorreta. Tráfico de influência, crime praticado por particular contra a administração em geral, corresponde à conduta do agente que solicita, exige, cobra ou obtém, para si ou para outrem, vantagem ou promessa de vantagem, alegando gozar de prestígio junto à Administração para influir no comportamento de servidor público (art. 332 do CP); **B:** correta. De fato, comete o crime de tergiversação ou patrocínio simultâneo o advogado ou procurador judicial que defende, na mesma causa, simultânea ou sucessivamente, partes contrárias. É delito próprio (só pode ser praticado por advogado ou procurador judicial) praticado contra a Administração da Justiça; **C:** incorreta, já que a assertiva contém a descrição típica do crime de tráfico de influência, delito praticado por particular contra a administração em geral previsto no art. 332 do CP. A exploração de prestígio (art. 357 do CP) caracteriza-se quando o agente *solicitar ou receber dinheiro ou qualquer outra utilidade*, a pretexto de influir em *juiz, jurado, órgão do Ministério Público, funcionário de justiça, perito, tradutor, intérprete ou testemunha*. Perceba que as pessoas em relação às quais o agente alega gozar de prestígio estão especificadas no tipo penal: juiz, jurado, órgão do MP, funcionário de justiça, etc. É crime contra a administração da Justiça, ao passo que o tráfico de influência é delito contra a administração pública em geral; **D:** incorreta. A assertiva contém a descrição típica do crime de advocacia administrativa, tipificado no art. 321 do CP, que pressupõe que um funcionário público, valendo-se dessa qualidade, patrocine, direta ou indiretamente, interesse privado perante a Administração Pública. Apesar do nome, não se exige que o sujeito ativo seja *advogado*. Cuida-se, isto sim, como já dito, de delito praticado por funcionário público (é crime próprio) que, valendo-se do cargo que ocupa, defende interesse privado de terceiro perante a Administração. Patrocínio infiel (art. 355, CP) é o crime do advogado que trai o dever profissional, prejudicando interesse, cujo patrocínio, em juízo, lhe é conferido; **E:** incorreta. No favorecimento real (art. 349 do CP), o agente delitivo busca prestar a criminoso auxílio destinado a tornar seguro o proveito do crime, não se confundindo com o favorecimento pessoal (art. 348 do CP), este sim destinado a auxiliar autor de crime a subtrair-se à ação de autoridade pública (fuga, por exemplo). ⬛ED

---

**49.** Gabarito: A

Comentário: **A:** correta (art. 33, §§ 1º, I, e 4º, da Lei 11.343/2006); **B:** incorreta. Isso porque, de acordo com o art. 42 da Lei 11.343/2006, o juiz, na fixação das penas, considerará, com preponderância sobre o previsto no art. 59 do Código Penal, *a natureza e a quantidade da substância ou do produto, a personalidade e a conduta social do agente*; **C:** incorreta, pois não corresponde ao que estabelece o art. 43, parágrafo único, da Lei 11.343/2006; **D:** incorreta. É que, segundo entendimento consolidado nos tribunais superiores, é prescindível, para a incidência desta causa de aumento, a transposição das divisas dos Estados, sendo suficiente que fique demonstrado que a droga se destinava a outro Estado da Federação. Nesse sentido, conferir: "(...) Esta Corte possui entendimento jurisprudencial, no sentido de que a incidência da causa de aumento, conforme prevista no art. 40, V, da Lei 11.343/2006, não exige a efetiva transposição da divisa interestadual, sendo suficientes as evidências de que a substância entorpecente tem como destino qualquer ponto além das linhas da respectiva Unidade da Federação (...)" (AGRESP 201103088503, Campos Marques (Desembargador convocado do TJ/PR), STJ, Quinta Turma, *DJ*e 01.07.2013). Consolidando tal entendimento, o STJ editou a Súmula 587: "Para a incidência da majorante prevista no art. 40, V, da Lei 11.343/2006, é desnecessária a efetiva transposição de fronteiras entre estados da Federação, sendo suficiente a demonstração inequívoca da intenção de realizar o tráfico interestadual"; **E:** incorreta, na medida em que contraria o disposto no art. 30 da Lei 11.343/2006. ⬛ED

**50.** Gabarito: E

Comentário: **A:** incorreta. Em primeiro lugar, o interrogatório por sistema de videoconferência somente é possível na hipótese de o acusado encontrar-se preso, tal como estabelece o art. 185, § 2º, do CPP. Este é o primeiro erro da assertiva. Além disso – e aqui está o segundo erro, da decisão que determinar a realização do interrogatório por sistema de videoconferência, as partes serão intimadas com *dez* dias de antecedência, e não *cinco*, como constou da assertiva. É o que dispõe o art. 185, § 3º, do CPP. Nunca é demais lembrar que o interrogatório por sistema de videoconferência constitui exceção, somente podendo ser realizado nas hipóteses listadas no art. 185, § 2º, do CPP. A regra, portanto, é que o interrogatório seja realizado no estabelecimento em que o réu estiver preso; não sendo isso possível, por falta de estrutura do presídio, o interrogatório realizar-se-á no fórum, com requisição, pelo juiz, do acusado (art. 185, § 7º, do CPP); **B:** incorreta. Segundo jurisprudência consolidada nos tribunais superiores, o rito processual para o interrogatório, previsto no art. 400 do CPP, deve alcançar todos os procedimentos disciplinados por leis especiais, aqui incluído o rito previsto na Lei de Drogas, cujo art. 57 estabelece que o interrogatório realizar-se-á no começo da instrução. Significa que o interrogatório, mesmo nos procedimentos regidos por leis especiais, passa a ser o derradeiro ato da instrução. No entanto, com o fito de não abalar a segurança jurídica dos feitos em que já fora proferida sentença, tal entendimento somente deve ser aplicável aos processos com instrução ainda não ultimada até o dia 11.03.2016, que corresponde à data em que se deu a publicação da ata de julgamento, pelo STF, do HC 127.900. Conferir: "1. Por ocasião do julgamento do HC n. 127.900/AM, ocorrido em 3/3/2016 (DJe 3/8/2016), o Pleno do Supremo Tribunal Federal firmou o entendimento de que o rito processual para o interrogatório, previsto no art. 400 do Código de Processo Penal, deve ser aplicado a todos os procedimentos regidos por leis especiais. Isso porque a Lei n. 11.719/2008 (que deu nova redação ao referido art. 400) prepondera sobre as disposições em sentido contrário previstas em legislação especial, por se tratar de lei posterior mais benéfica ao acusado (*lex mitior*). 2. De modo a não comprometer o princípio da segurança jurídica dos feitos já sentenciados (CR, art. 5º, XXXVI), houve modulação dos efeitos da decisão: a Corte Suprema estabeleceu que essa nova orientação somente deve ser aplicada aos processos cuja instrução ainda não se haja encerrado. 3. Se nem a doutrina nem a jurisprudência ignoram a importância de que se reveste o interrogatório judicial – cuja natureza jurídica permite qualificá-lo como ato essencialmente de defesa –, não é necessária para o reconhecimento da nulidade processual, nos casos em que o interrogatório do réu tenha sido realizado no início da instrução, a comprovação de efetivo prejuízo à defesa, se do processo resultou condenação. Precedente. 4. O interrogatório é, em verdade, o momento ótimo do acusado, o seu "dia na Corte" (day in Court), a única oportunidade, ao longo de todo o processo, em que ele tem voz ativa e livre para, se assim o desejar, dar sua versão dos fatos, rebater os argumentos, as narrativas e as provas do órgão acusador, apresentar álibis, indicar provas, justificar atitudes, dizer, enfim, tudo o que lhe pareça importante para a sua defesa, além, é claro, de responder às perguntas que quiser responder, de modo livre, desimpedido e voluntário. 5. Não há como se imputar à defesa do acusado o ônus de comprovar eventual prejuízo em decorrência de uma ilegalidade, para a qual não deu causa e em processo que já lhe ensejou sentença condenatória. Isso porque não há, num processo penal, prejuízo maior do que uma condenação resultante de um procedimento que não respeitou as diretrizes legais e tampouco observou determinadas garantias constitucionais do réu (no caso, a do contraditório e a da ampla defesa). 6. Uma vez fixada a compreensão pela desnecessidade de a defesa ter de demonstrar eventual prejuízo decorrente da inversão da ordem do interrogatório do réu, em processo do qual resultou a condenação, também não se mostra imprescindível, para o reconhecimento da nulidade, que a defesa tenha alegado o vício processual já na própria audiência de instrução. 7. Porque reconhecida a nulidade do interrogatório do recorrente, com a determinação de que o Juízo de primeiro grau proceda à nova realização do ato, fica prejudicada a análise das demais matérias suscitadas neste recurso (reconhecimento da minorante prevista no § 4° do art. 33 da Lei de Drogas, fixação do regime aberto e substituição da reprimenda privativa de liberdade por restritivas de direitos). 8. Recurso especial provido, para anular o interrogatório do recorrente e determinar que o Juízo de primeiro grau proceda à nova realização do ato (Processo n. 0000079-90.2016.8.26.0592, da Vara Criminal da Comarca de Tupã – SP)" (STJ, REsp 1825622/SP, Rel. Ministro ROGERIO SCHIETTI CRUZ, SEXTA TURMA, julgado em 20/10/2020, DJe 28/10/2020); **C:** incorreta. No campo da *emendatio libelli*, o fato descrito pela acusação na peça inicial permanece inalterado, sem prejuízo, por isso mesmo, para a defesa. A mudança, aqui, incide na classificação da conduta, levada a efeito pela acusação, no ato da propositura da ação, e retificada pelo juiz, de ofício, no momento da sentença, sendo desnecessário, em vista disso, ouvir a esse respeito o defensor ou mesmo proceder-se a novo interrogatório do acusado. Na *mutatio libelli*, diferentemente, temos que a prova colhida na instrução aponta para uma nova definição jurídica do fato, diversa daquela contida na inicial. Por força do que estabelece o art. 384, *caput*, do CPP, impõe-se o aditamento da exordial pelo órgão acusatório, com a designação de audiência na qual se

procederá à inquirição de testemunhas e realizar-se-á novo interrogatório do acusado, seguido de debates de julgamento (art. 384, § 2°, CPP); **D:** incorreta, na medida em que é dado ao juiz, a todo tempo, proceder a novo interrogatório, de ofício ou a pedido fundamentado das partes (art. 196, CPP); **E:** correta, pois corresponde ao que estabelece o art. 616 do CPP. [ED]

---

**51.** Gabarito: C
Comentário: **A:** incorreta. A expressão *exclusão do crime*, empregada no inciso IV do art. 415 do CPP (absolvição sumária no júri), conquanto não contemplada no rol do art. 397 do CPP (absolvição sumária no procedimento comum), equivale às causas excludentes de ilicitude a que faz referência o art. 397, I, do CPP. Desta forma, é incorreto afirmar-se que a existência de causa de exclusão do crime somente autoriza a absolvição sumária no procedimento do júri; **B:** incorreta, já que se trata de hipótese de absolvição do art. 386, IV, do CPP, com sentença proferida ao final da instrução. Não se está diante, portanto, de hipótese de absolvição sumária (art. 397, CPP); **C:** correta. É defeso ao juiz absolver sumariamente o réu com fulcro na inimputabilidade (doença mental – art. 26, CP), salvo se esta constituir a única tese defensiva. É o que estabelece o art. 415, parágrafo único, do CPP. Como bem sabemos, a inimputabilidade leva à aplicação de medida de segurança, razão pela qual, caso haja tese defensiva subsidiária, é mais vantajoso ao acusado ser julgado pelo Tribunal Popular, pois pode ser ali absolvido; **D:** incorreta, uma vez que o art. 397, II, do CPP exclui a possibilidade de proceder-se à absolvição sumária em caso de *inimputabilidade*, dado que tal circunstância deverá ser apurada no curso da instrução processual; **E:** incorreta, pois contraria o disposto no art. 415, parágrafo único, do CPP. [ED]

---

**52.** Gabarito: B
Comentário: **A:** incorreta, já que o art. 48, § 1°, da Lei 11.343/2006 excepciona da incidência do procedimento previsto na Lei 9.099/1995 a hipótese de concurso com os crimes definidos nos arts. 33 a 37 da Lei de Drogas; **B:** correta. A Lei de Drogas estabelece, em seu art. 51, o prazo de trinta dias para a conclusão das investigações na hipótese de o investigado encontrar-se preso e noventa se estiver solto. Esses dois prazos comportam dilação (duplicação), nos moldes do que prevê o art. 51, parágrafo único, da Lei 11.343/06; **C:** incorreta, na medida em que, não sendo apresentada a resposta no prazo legal, incumbe ao juiz nomear defensor para oferecê-la em 10 dias, após o que decidirá em cinco dias (art. 55, §§ 3° e 4°, da Lei de Drogas); **D:** incorreta, uma vez que o perito que subscrever o laudo de constatação da natureza e quantidade da droga não ficará impedido de participar da elaboração do laudo definitivo (art. 50,

§ 2º, Lei 11.343/2006); **E:** incorreta, já que o MP poderá arrolar, na denúncia, até *cinco* testemunhas (e não *oito*), conforme estabelece o art. 54, III, da Lei de Drogas. [ED]

---

**53.** Gabarito: D

Comentário: **A:** incorreta, pois, na dicção do art. 54, *caput*, da Lei 7.210/1984, a *advertência verbal* e a *repreensão* somente serão aplicadas mediante ato *motivado* do diretor do estabelecimento prisional; **B:** incorreta, na medida em que a suspensão ou restrição de direitos (art. 53, III, LEP) será aplicada por ato motivado do diretor do estabelecimento (art. 54, *caput*, LEP); **C:** incorreta. A autorização para inclusão de preso em regime disciplinar diferenciado dependerá de requerimento circunstanciado elaborado pelo diretor do estabelecimento (ou outra autoridade administrativa), devendo o juiz, após manifestação do Ministério Público e da defesa, decidir no prazo máximo de quinze dias, tal como estabelece o art. 54, §§ 1º e 2º, da LEP; **D:** correta, pois reflete o disposto nos arts. 53, IV, e 58, parágrafo único, da LEP; **E:** incorreta, uma vez que a inserção do faltoso em isolamento preventivo (pelo prazo de até 10 dias) será decretada por autoridade administrativa (art. 60, *caput*, LEP). Dependerá de decisão judicial a inclusão do preso no regime disciplinar diferenciado. [ED]

---

**54.** Gabarito: E

Comentário: **A:** incorreta. É fato que podem as partes opor embargos de declaração com o fim de aclarar o conteúdo da sentença que se mostra obscura, ambígua, contraditória ou omissa, mas deverão fazê-lo, segundo estabelece o art. 382 do CPP, no prazo de *dois* dias, e não de *cinco*, como constou da assertiva; **B:** incorreta. Como bem sabemos, o acusado, no processo penal, defende-se dos fatos que lhe são imputados, e não da capitulação que é atribuída ao crime na peça acusatória, denúncia ou queixa. Pouco importa, pois, a classificação operada pelo titular da ação penal na exordial. É isso que estabelece o art. 383 do CPP (*emendatio libelli*). Note que o fato, na *emendatio libelli*, permanece inalterado, sem prejuízo, por isso mesmo, para a defesa. A mudança, aqui, incide na classificação da conduta, levada a efeito pela acusação, no ato da propositura da ação, e retificada pelo juiz, de ofício, no momento da sentença, sendo desnecessário, em vista disso, ouvir a esse respeito o defensor, ainda que a pena correspondente ao novo tipo penal seja mais grave. Pois bem. Este é o fenômeno descrito na alternativa. Estabelece o § 1º do art. 383 do CPP que, sendo possível, como consequência da nova classificação atribuída ao fato, aplicar a suspensão condicional do processo, caberá ao juiz proceder de acordo com a lei, determinando abertura de vista ao MP, a fim de que este ofereça a proposta, se for o caso, conforme art. 89 da Lei 9.099/1995, que autoriza a concessão deste

benefício aos crimes em que a pena mínima cominada for igual ou inferior a um ano. Agora, no contexto do crime continuado, se a soma da pena mínima da infração mais grave com o aumento mínimo de um sexto for superior a um ano, o agente não fará jus ao benefício da suspensão condicional do processo (aqui está o erro da assertiva). É este o entendimento consagrado na Súmula 723 do STF: *Não se admite a suspensão condicional do processo por crime continuado, se a soma da pena mínima da infração mais grave com o aumento mínimo de um sexto for superior a um ano*; **C:** incorreta, uma vez que a regra presente no art. 385 do CPP, que autoriza o juiz a proferir sentença condenatória ainda que o MP pugne pela absolvição, somente tem incidência no contexto da ação penal pública; na ação penal privada, caso o querelante, em alegações finais, não formule pedido de condenação do querelado, operar-se-á a perempção (art. 60, III, do CPP), com a consequente extinção da punibilidade. Isso porque a ação penal privada é regida, ao contrário da pública, pelo princípio da oportunidade, que confere ao seu titular a prerrogativa de manifestar o desinteresse em punir o querelado; **D:** incorreta, na medida em que contraria o disposto no art. 384, § 4º, do CPP, segundo o qual, *havendo aditamento, cada parte poderá arrolar até 3 (três) testemunhas, no prazo de 5 (cinco) dias, ficando o juiz, na sentença, adstrito aos termos do aditamento*; **E:** correta, pois em conformidade com o que estabelece o art. 385 do CPP, que autoriza o magistrado a reconhecer, de ofício, agravantes não suscitadas. [ED]

---

**55.** Gabarito: E

Comentário: **A:** incorreta. Isso porque o art. 19, § 1º, da Lei 11.340/2006 (Maria da Penha) estabelece que *as medidas protetivas de urgência poderão ser concedidas de imediato, independentemente de audiência das partes e de manifestação do Ministério Público, devendo este ser prontamente comunicado*; **B:** incorreta, uma vez que as medidas protetivas de urgência podem, a qualquer tempo, ser substituídas por outras mais eficazes (art. 19, § 2º, da Lei 11.340/2006); **C:** incorreta, já que a aplicação da medida protetiva consistente na restrição ou suspensão de visitas aos dependentes menores está condicionada à manifestação de equipe de atendimento multidisciplinar ou serviço similar. É o que estabelece o art. 22, IV, da Lei 11.340/2006; **D:** incorreta. A notificação de que trata o art. 21 da Lei Maria da Penha é de rigor ainda que a ofendida seja defendida por advogado constituído; **E:** correta, pois reflete o disposto no art. 22, I, da Lei 11.340/2006. Atentar à inclusão do inciso IV ao art. 18 da Lei Maria da Penha promovida pela Lei 13.880/2019, segundo o qual caberá ao juiz, depois de recebido o expediente com o pedido da ofendida, no prazo de 48 horas, determinar a apreensão imediata da arma de fogo sob a posse do agressor. [ED]

**56.** Gabarito: C

Comentário: **A:** incorreta. Isso porque a competência, no âmbito do Juizado Especial Criminal, será determinada, a teor do art. 63 da Lei 9.099/1995, em razão do lugar em que foi *praticada* a infração penal (e não em função do domicílio da vítima); **B:** incorreta. O art. 82, *caput* e § 1º, da Lei 9.099/1995 estabelece que da decisão que rejeitar a denúncia ou a queixa caberá recurso de apelação (e não em sentido estrito), a ser interposto, por petição escrita, no prazo de dez dias, da qual deverão constar as razões e o pedido. O julgamento deste recurso caberá a uma turma composta de três juízes em exercício no primeiro grau de jurisdição, reunidos na sede do Juizado; **C:** correta, porquanto em consonância com o entendimento consolidado nas Súmulas 203 e 376, ambas do STJ; **D:** incorreta, uma vez que os embargos de declaração interrompem, sim, o prazo para a interposição de recurso, conforme art. 83, § 2º, da Lei 9.099/1995, cuja redação foi alterada pela Lei 13.105/2015; **E:** incorreta, já que a prática de atos processuais em outra comarca poderá ser solicitada por qualquer meio hábil de comunicação (art. 65, § 2º, da Lei 9.099/1995). 🔲

**57.** Gabarito: D

Comentário: **A:** incorreta. O julgamento da revisão criminal é de competência originária dos tribunais, não podendo, em hipótese alguma, ser apreciada por juiz de primeira instância (art. 624, CPP); **B:** incorreta, pois não reflete o que dispõem os arts. 623 e 631 do CPP; **C:** incorreta, na medida em que será admitida a reiteração do pedido quando fundado em novas provas (art. 622, parágrafo único, CPP); **D:** correta, pois em conformidade com o art. 626, *caput*, do CPP; **E:** incorreta, pois contraria o entendimento sufragado na Súmula 393, do STF: *para requerer revisão criminal, o condenado não é obrigado a recolher-se à prisão.* 🔲

**58.** Gabarito: A

Comentário: **I:** correto, pois o art. 25, § 3º, da CF prevê que os Estados poderão, mediante lei complementar, instituir regiões metropolitanas, aglomerações urbanas e microrregiões, constituídas por agrupamentos de municípios limítrofes, para integrar a organização, o planejamento e a execução de funções públicas de interesse comum, não exigindo consulta prévia às populações dos municípios envolvidos. Nesse sentido, o STF já decidiu que "a instituição de regiões metropolitanas, aglomerações urbanas e microrregiões, constituídas por agrupamentos de Municípios limítrofes, depende, apenas, de lei complementar estadual." (ADI 1.841, rel. min. Carlos Velloso, j. 1º.08.2002, P, DJ de 20.09.2002; ADI 1.842, rel. p/ o ac. min. Gilmar Mendes, j. 06.03.2013, P, DJE de 16.09.2013); **II:** incorreto, pois é competência comum da União, dos Estados, do Distrito Federal e

dos Municípios promover programas de construção de moradias e a melhoria das condições habitacionais e de saneamento básico (art. 23, IX, da CF). Segundo o STF, "o interesse comum inclui funções públicas e serviços que atendam a mais de um Município, assim como os que, restritos ao território de um deles, sejam de algum modo dependentes, concorrentes, confluentes ou integrados de funções públicas, bem como serviços supramunicipais. (...) A função pública do saneamento básico frequentemente extrapola o interesse local e passa a ter natureza de interesse comum no caso de instituição de regiões metropolitanas, aglomerações urbanas e microrregiões, nos termos do art. 25, § 3º, da CF. Para o adequado atendimento do interesse comum, a integração municipal do serviço de saneamento básico pode ocorrer tanto voluntariamente, por meio de gestão associada, empregando convênios de cooperação ou consórcios públicos, consoante o arts. 3º, II, e 24 da Lei federal 11.445/2007 e o art. 241 da CF, como compulsoriamente, nos termos em que prevista na lei complementar estadual que institui as aglomerações urbanas. A instituição de regiões metropolitanas, aglomerações urbanas ou microrregiões pode vincular a participação de Municípios limítrofes, com o objetivo de executar e planejar a função pública do saneamento básico, seja para atender adequadamente às exigências de higiene e saúde pública, seja para dar viabilidade econômica e técnica aos Municípios menos favorecidos." (ADI 1.842, rel. p/ o ac. min. Gilmar Mendes, j. 06.03.2013, P, DJE de 16.09.2013); **III:** incorreto, pois o STF já assinalou que "o interesse comum é muito mais que a soma de cada interesse local envolvido, pois a má condução da função de saneamento básico por apenas um Município pode colocar em risco todo o esforço do conjunto, além das consequências para a saúde pública de toda a região. O parâmetro para aferição da constitucionalidade reside no respeito à divisão de responsabilidades entre Municípios e Estado. É necessário evitar que o poder decisório e o poder concedente se concentrem nas mãos de um único ente para preservação do autogoverno e da autoadministração dos Municípios. Reconhecimento do poder concedente e da titularidade do serviço ao colegiado formado pelos Municípios e pelo Estado federado." (ADI 1.842, rel. p/ o ac. min. Gilmar Mendes, j. 06.03.2013, P, DJE de 16-9-2013); **IV:** correto, visto que a criação da região metropolitana não impede o exercício, pelos municípios que a integram, das competências constitucionais, como promover o ordenamento territorial, mediante planejamento e controle do uso, do parcelamento e da ocupação do solo urbano (art. 30, VIII, da CF). 🔲

**59.** Gabarito: B

Comentário: **A:** incorreta, pois são de iniciativa do Governador do Estado as leis que disponham sobre a criação de cargos, de funções ou de empregos públicos na administração direta e autárquica ou sobre o aumento de sua remuneração; bem como as que disponham sobre os servidores públicos do Estado, seu regime jurídico, provimento de cargos, estabilidade e aposentadoria de civis, reforma e transferência de militares para a inatividade (art. 67, § 1º, II, "a" e "b", da Constituição do Estado de Mato Grosso do Sul); **B:** correta, nos termos do art. 89, XIII, da Constituição Estadual de Mato Grosso do Sul concomitantemente com o art. 52, VII, da Constituição Federal; **C:** incorreta, porque compete privativamente à Assembleia Legislativa fixar, para cada exercício financeiro, a remuneração do Governador, do Vice-Governador e dos Secretários de Estado (art. 63, VIII, da CE/MS). Vale lembrar que o art. 39, § 4º, da Constituição Federal dispõe que o membro de Poder, o detentor de mandato eletivo, os Ministros de Estado e os Secretários Estaduais e Municipais serão remunerados exclusivamente por subsídio fixado em parcela única, vedado o acréscimo de qualquer gratificação, adicional, abono, prêmio, verba de representação ou outra espécie remuneratória; **D:** incorreta, já que três sétimos dos Conselheiros do Tribunal de Contas do Estado serão indicados pelo Governador do Estado, com aprovação da Assembleia Legislativa; sendo dois escolhidos alternadamente, entre Auditores e membros do Ministério Público junto ao Tribunal de Contas, indicados em lista tríplice organizada pelo Tribunal, segundo os critérios de antiguidade e merecimento; e quatro sétimos dos Conselheiros do Tribunal de Contas do Estado serão escolhidos pela Assembleia Legislativa (art. 80, § 3º, I e II, da CE/MS); **E:** incorreta, pois a intervenção no Município dar-se-á por decreto do Governador, mediante requisição do Tribunal de Justiça, quando o Tribunal de Justiça der provimento a representação para assegurar a observância de princípios indicados na Constituição ou para prover a execução de lei, de ordem ou de decisão judicial, caso em que é dispensada a apreciação da Assembleia Legislativa (art. 12, II, e § 2º, da CE/MS). AMN

**60.** Gabarito: A
Comentário: **A:** correta, de acordo com o entendimento do STF. Em sede de repercussão geral, o STF reafirmou sua jurisprudência sobre os requisitos estabelecidos pela Constituição Federal para a criação de cargos em comissão de livre nomeação e exoneração, fixando a seguinte tese: "a) A criação de cargos em comissão somente se justifica para o exercício de funções de direção, chefia e assessoramento, não se prestando ao desempenho de atividades burocráticas, técnicas ou operacionais; b) tal criação deve pressupor a necessária relação de confiança entre a autoridade nomeante e o servidor nomeado; c) o número de cargos comissionados criados deve guardar proporcionalidade com a necessidade que eles visam

suprir e com o número de servidores ocupantes de cargos efetivos no ente federativo que os criar; e d) as atribuições dos cargos em comissão devem estar descritas, de forma clara e objetiva, na própria lei que os instituir." (RE 1.041.210 RG, rel. min. Dias Toffoli, j. 27.09.2018, P, DJE de 22.05.2019, Tema 1.010); **B:** incorreta, pois o STF entende que as atribuições dos cargos em comissão devem estar descritas, de forma clara e objetiva, na própria lei que os instituir (RE 1.041.210 RG, rel. min. Dias Toffoli, j. 27.09.2018, P, DJE de 22.05.2019, Tema 1.010), considerando inconstitucional a delegação ao chefe do Poder Executivo para dispor, mediante decreto, sobre as competências, as atribuições e as especificações de cargos públicos. Nesse sentido, o STF fixou o seguinte entendimento: "A delegação de poderes ao Governador para, mediante decreto, dispor sobre "as competências, as atribuições, as denominações das unidades setoriais e as especificações dos cargos, bem como a organização e reorganização administrativa do Estado", é inconstitucional porque permite, em última análise, sejam criados novos cargos sem a aprovação de lei." (ADI 4125, Relator(a): min. Cármen Lúcia, Tribunal Pleno, julgado em 10.06.2010); **C:** incorreta, visto que o Regime Próprio de Previdência Social não se aplica para os ocupantes exclusivamente de cargo em comissão. Segundo o art. 40, § 13, da Constituição, aplica-se ao agente público ocupante, exclusivamente, de cargo em comissão declarado em lei de livre nomeação e exoneração, de outro cargo temporário, inclusive mandato eletivo, ou de emprego público, o Regime Geral de Previdência Social; **D:** incorreta, porque o STF fixou entendimento, em sede de repercussão geral, no sentido de que "os servidores ocupantes de cargo exclusivamente em comissão não se submetem à regra da aposentadoria compulsória prevista no art. 40, § 1º, II, da CF, a qual atinge apenas os ocupantes de cargo de provimento efetivo, inexistindo, também, qualquer idade limite para fins de nomeação a cargo em comissão." (RE 786.540, rel. min. Dias Toffoli, j. 15.12.2016, P, DJE de 15.12.2017, Tema 763); **E:** incorreta, porque, no julgamento da ADI 3.174, o Ministro Relator asseverou que "o art. 37, V, da Constituição não restringe as atividades de assessoramento aos cargos de nível superior e ou às funções estritamente técnico-científicas. O dispositivo exige apenas que o cargo em comissão tenha natureza de diretoria, chefia ou assessoramento, que pode exigir níveis educacionais diferenciados a depender do cargo, cabendo à lei de criação específica-los caso a caso." (ADI 3174, Relator: Roberto Barroso, Tribunal Pleno, julgado em 23.08.2019). AMN

**61.** Gabarito: B
Comentário: **A:** incorreta, porque compete ao Senado Federal fixar as alíquotas máximas do ITCMD, nos termos

do art. 155, § 1º, IV, da CF. Em sede de repercussão geral, o STF fixou tese no sentido de que "é constitucional a fixação de alíquota progressiva para o Imposto sobre Transmissão Causa Mortis e Doação – ITCD" (Tema 21). Segundo o entendimento do STF, todos os impostos estão sujeitos ao princípio da capacidade contributiva, especialmente os diretos, independentemente de sua classificação como de caráter real ou pessoal. (RE 562.045, rel. p/ o ac. min. Cármen Lúcia, voto do min. Eros Grau, j. 06.02.2013, P, DJE de 27.11.2013, Tema 21); **B**: correta, conforme tese de repercussão geral fixada pelo STF: "Não viola a legalidade tributária a lei que, prescrevendo o teto, possibilita o ato normativo infralegal fixar o valor de taxa em proporção razoável com os custos da atuação estatal, valor esse que não pode ser atualizado por ato do próprio conselho de fiscalização em percentual superior aos índices de correção monetária legalmente previstos." (RE 838.284, voto do rel. min. Dias Toffoli, j. 19.10.2016, P, DJE de 22.09.2017, Tema 829); **C**: incorreta, pois o STF entende que "as taxas cobradas em razão exclusivamente dos serviços públicos de coleta, remoção e tratamento ou destinação de lixo ou resíduos provenientes de imóveis são constitucionais, ao passo que é inconstitucional a cobrança de valores tidos como taxa em razão de serviços de conservação e limpeza de logradouros e bens públicos." (RE 576.321 QO-RG, voto do rel. min. Ricardo Lewandowski, j. 04.12.2008, P, DJE de 13.02.2009, Tema 146). O STF fixou a seguinte tese de repercussão geral: "I – A taxa cobrada exclusivamente em razão dos serviços públicos de coleta, remoção e tratamento ou destinação de lixo ou resíduos provenientes de imóveis não viola o artigo 145, II, da Constituição Federal; II – A taxa cobrada em razão dos serviços de conservação e limpeza de logradouros e bens públicos ofende o art. 145, II, da Constituição Federal; III – É constitucional a adoção, no cálculo do valor de taxa, de um ou mais elementos da base de cálculo própria de determinado imposto, desde que não haja integral identidade entre uma base e outra." (Tema 146); **D**: incorreta, visto que o art. 145, § 2º, da Constituição Federal estabelece que as taxas não poderão ter base de cálculo própria de impostos; **E**: incorreta, já que a imunidade tributária recíproca (art. 150, VI, "a", da CF) é extensiva às autarquias e às fundações instituídas e mantidas pelo Poder Público, no que se refere ao patrimônio, à renda e aos serviços, vinculados a suas finalidades essenciais ou às delas decorrentes, nos termos do art. 150, § 2º da CF. AMN

---

**62.** Gabarito: C

Comentário: **I**: incorreta, porque o STF entende que a regra da chamada reserva do plenário para declaração de inconstitucionalidade (art. 97 da CF) não se aplica às turmas recursais de juizado especial (RE 453.744 AgR,

voto do rel. min. Cezar Peluso, j. 13.06.2006, 1ª T, DJ de 25-8-2006). Segundo o STF, "o art. 97 da Constituição, ao subordinar o reconhecimento da inconstitucionalidade de preceito normativo a decisão nesse sentido da "maioria absoluta de seus membros ou dos membros dos respectivos órgãos especiais", está se dirigindo aos tribunais indicados no art. 92 e aos respectivos órgãos especiais de que trata o art. 93, XI. A referência, portanto, não atinge juizados de pequenas causas (art. 24, X) e juizados especiais (art. 98, I), os quais, pela configuração atribuída pelo legislador, não funcionam, na esfera recursal, sob regime de plenário ou de órgão especial." (ARE 792.562 AgR, rel. min. Teori Zavascki, j. 18.03.2014, 2ª T, DJE de 02.04.2014); **II**: incorreta, pois a jurisprudência pacífica do STF, reafirmada em sede de repercussão geral, entende que "é desnecessária a submissão de demanda judicial à regra da reserva de plenário na hipótese em que a decisão judicial estiver fundada em jurisprudência do Plenário do STF ou em súmula deste Tribunal, nos termos dos arts. 97 da CF e 481, parágrafo único, do CPC." (ARE 914.045 RG, rel. min. Edson Fachin, j. 15.10.2015, P, DJE de 19.11.2015, Tema 856); **III**: correta, de acordo com a Súmula Vinculante 10 e o seguinte julgado do STF: "Controle incidente de constitucionalidade de normas: reserva de plenário (CF, art. 97): viola o dispositivo constitucional o acórdão proferido por órgão fracionário, que declara a inconstitucionalidade de lei, ainda que parcial, sem que haja declaração anterior proferida por órgão especial ou plenário." (RE 544.246, rel. min. Sepúlveda Pertence, j. 15-5-2007, 1ª T, DJ de 08.06.2007). Logo, inexiste violação à cláusula de reserva de plenário na decisão de órgão fracionário quando houver declaração anterior proferida pela maioria absoluta do órgão especial ou Plenário do Tribunal respectivo, conforme o art. 949, parágrafo único, do CPC; **IV**: incorreta, pois o entendimento prevalecente no STF é o de que não afronta o comando da Súmula Vinculante 10, nem a regra do art. 97 da Constituição Federal, o ato da autoridade judiciária que deixa de aplicar a norma infraconstitucional por entender que não há subsunção aos fatos ou, ainda, que a incidência normativa seja resolvida mediante a sua mesma interpretação, sem potencial ofensa direta à Constituição (Rcl 24.284 AgR, rel. min. Edson Fachin, j. 22.11.2016, 1ª T, DJE de 11.05.2017; Informativo STF 848). Nesse sentido, os seguintes julgados: "A simples ausência de aplicação de uma dada norma jurídica ao caso sob exame não caracteriza, apenas por isso, violação da orientação firmada pelo STF. Para caracterização da contrariedade à Súmula Vinculante 10, do STF, é necessário que a decisão fundamente-se na incompatibilidade entre a norma legal tomada como base dos argumentos expostos na ação e a Constituição." (Rcl 6.944, rel. min. Cármen Lúcia, j. 23.06.2010, P, DJE de 13.08.2010); "O Verbete Vinculante 10 da

Súmula do Supremo não guarda pertinência quando o pronunciamento judicial formalizado na origem está assentado em interpretação de norma legal e não em reconhecimento do conflito com a Carta da República." (Rcl 14.953 AgR, rel. min. Marco Aurélio, j. 24.10.2013, P, DJE de 14.11.2013). AMN

## 63. Gabarito: B

Comentário: **A:** incorreta, pois o STF, por decisão da maioria absoluta de seus membros, pode deferir pedido de medida liminar, que poderá consistir na determinação de que juízes e tribunais suspendam o andamento de processo ou os efeitos de decisões judiciais, ou de qualquer outra medida que apresente relação com a matéria objeto da arguição de descumprimento de preceito fundamental, salvo se decorrentes da coisa julgada (art. 5º, *caput* e § 3º, da Lei 9.882/1999). Segundo o STF: "A Lei 9.882, de 1999, prevê a possibilidade de concessão de medida liminar na arguição de descumprimento, mediante decisão da maioria absoluta dos membros do Tribunal. (...) Além da possibilidade de decretar a suspensão direta do ato impugnado, admite-se na cautelar prevista para a arguição de descumprimento a determinação de que os juízes e tribunais suspendam o andamento de processo ou os efeitos de decisões judiciais ou de qualquer outra medida que guarde relação com a matéria discutida na ação (art. 5º, § 3º), tal como requerido. Confere-se, assim, ao Tribunal um poder cautelar expressivo, impeditivo da consolidação de situações contra a possível decisão definitiva que venha a tomar. Nesse aspecto, a cautelar da ação de descumprimento de preceito fundamental assemelha-se à disciplina conferida pela Lei 9.868, de 1999, à medida liminar na ação declaratória de constitucionalidade (art. 21). Dessa forma, a liminar passa a ser também um instrumento de economia processual e de uniformização da orientação jurisprudencial." (ADPF 33 MC, voto do rel. min. Gilmar Mendes, j. 29.10.2003, P, DJ de 06.08.2004); **B:** correta, conforme a jurisprudência do STF: "a Lei 9.882, de 3 de dezembro de 1999, que dispõe sobre o processo e julgamento da arguição de descumprimento de preceito fundamental, não traz dispositivo explícito acerca da figura do *amicus curiae*. No entanto, vem entendendo este STF cabível a aplicação analógica do art. 7º da Lei 9.868, de 10 de novembro de 1999 (ADPF 33, rel. min. Gilmar Mendes; ADPF 46, rel. min. Marco Aurélio; e ADPF 73, rel. min. Eros Grau). E o fato é que esse dispositivo legal, após vedar a intervenção de terceiros no processo de ação direta de inconstitucionalidade, diz, em seu § 2º, que "o relator, considerando a relevância da matéria e a representatividade dos postulantes, poderá, por despacho irrecorrível, admitir, observado o prazo fixado no parágrafo anterior, a manifestação de outros órgãos ou entidades"." (ADPF 183, rel. min. Carlos Britto, j. 1º-12-

2009, dec. monocrática, DJE de 7-12-2009); **C:** incorreta, pois a jurisprudência do STF admite a aplicação do princípio da fungibilidade entre ações de controle concentrado de constitucionalidade. Confira os seguintes julgados: "Aplicação do princípio da fungibilidade. (...) É lícito conhecer de ação direta de inconstitucionalidade como arguição de descumprimento de preceito fundamental, quando coexistentes todos os requisitos de admissibilidade desta, em caso de inadmissibilidade daquela." (ADI 4.180 REF-MC, rel. min. Cezar Peluso, j. 10.03.2010, P, DJE de 27.08.2010); "1. O ato normativo impugnado é passível de controle concentrado de constitucionalidade pela via da ação direta. Precedente: ADI 349, rel. Min. Marco Aurélio. Incidência, no caso, do disposto no art. 4º, § 1º, da Lei 9.882/99; 2. Questão de ordem resolvida com o aproveitamento do feito como ação direta de inconstitucionalidade, ante a perfeita satisfação dos requisitos exigidos à sua propositura (legitimidade ativa, objeto, fundamentação e pedido), bem como a relevância da situação trazida aos autos, relativa a conflito entre dois Estados da Federação." (ADPF 72 QO, Relatora: Ellen Gracie, Tribunal Pleno, julgado em 01.06.2005); **D:** incorreta, porque o art. 11 da Lei 9.882/1999 prevê que ao declarar a inconstitucionalidade de lei ou ato normativo, no processo de arguição de descumprimento de preceito fundamental, e tendo em vista razões de segurança jurídica ou de excepcional interesse social, poderá o Supremo Tribunal Federal, por maioria de dois terços de seus membros, restringir os efeitos daquela declaração ou decidir que ela só tenha eficácia a partir de seu trânsito em julgado ou de outro momento que venha a ser fixado; **E:** incorreta, pois o STF entende que as normas processuais destinadas a resguardar os interesses da Fazenda Pública não são aplicáveis a ações de índole objetiva (ADI 1797 MC-AgR-ED, Relator: ILMAR GALVÃO, Tribunal Pleno, julgado em 18.04.2001). Em decisão mais recente, o STF reiterou seu entendimento de que "as prerrogativas processuais dos entes públicos, tal como prazo recursal em dobro e intimação pessoal, não se aplicam aos processos em sede de controle abstrato" (ADI 5814 MC-AgR-AgR, Relator: Roberto Barroso, Tribunal Pleno, julgado em 06.02.2019). AMN

## 64. Gabarito: E

Comentário: **A:** incorreta, pois o STF, ao julgar a ADI 3510, entendeu que o uso de células-tronco embrionárias em pesquisas científicas para fins terapêuticos não viola o direito à vida. Segundo o STF, não há "ofensas ao direito à vida e da dignidade da pessoa humana, pois a pesquisa com células-tronco embrionárias (inviáveis biologicamente ou para os fins a que se destinam) significa a celebração solidária da vida e alento aos que se acham à margem do exercício concreto e inalienável dos direitos à felicidade e do viver com dignidade (Ministro Celso de

Mello)". Veja a ementa do julgado: "Constitucional. Ação Direta de Inconstitucionalidade. Lei de biossegurança. Impugnação em bloco do art. 5º da Lei 11.105, de 24 de março de 2005 (lei de biossegurança). Pesquisas com células-tronco embrionárias. inexistência de violação do direito à vida. Constitucionalidade do uso de células-tronco embrionárias em pesquisas científicas para fins terapêuticos. descaracterização do aborto. Normas constitucionais conformadoras do direito fundamental a uma vida digna, que passa pelo direito à saúde e ao planejamento familiar. Descabimento de utilização da técnica de interpretação conforme para aditar à lei de biossegurança controles desnecessários que implicam restrições às pesquisas e terapias por ela visadas. Improcedência total da ação. I – o conhecimento científico, a conceituação jurídica de células-tronco embrionárias e seus reflexos no controle de constitucionalidade da lei de biossegurança. (...) II – legitimidade das pesquisas com células-tronco embrionárias para fins terapêuticos e o constitucionalismo fraternal." (ADI 3510, Relator: Ayres Britto, Tribunal Pleno, julgado em 29.05.2008); **B:** incorreta, pois o STF, ao julgar a ADPF 54, declarou a inconstitucionalidade da interpretação segundo a qual a interrupção da gravidez de feto anencéfalo é conduta tipificada nos artigos 124, 126 e 128, incisos I e II, do Código Penal. Segundo o STF, "a interrupção da gestação de feto anencefálico não configura crime contra a vida – revela-se conduta atípica." (ADPF 54, Relator: Marco Aurélio, Tribunal Pleno, julgado em 12.04.2012); **C:** incorreta, visto que o STF entende que "a transferência de alunos entre universidades congêneres é instituto que integra o sistema geral de ensino, não transgredindo a autonomia universitária, e é disciplina a ser realizada de modo abrangente, não em vista de cada uma das universidades existentes no País, como decorreria da conclusão sobre tratar-se de questão própria ao estatuto de cada qual. Precedente: RE 134.795, rel. min. Marco Aurélio, RTJ 144/644." (RE 362.074 AgR, rel. min. Eros Grau, j. 29.03.2005, 1ª T, DJ de 22.04.2005); **D:** incorreta, já que "o STF tem reiteradamente entendido que é inconstitucional restrição imposta pelo Estado ao livre exercício de atividade econômica ou profissional, quanto aquelas forem utilizadas como meio de cobrança indireta de tributos." (ARE 914.045 RG, rel. min. Edson Fachin, j. 15-10-2015, P, DJE de 19-11-2015, Tema 856). Em sede de repercussão geral, o STF a seguinte tese: "I – É desnecessária a submissão à regra da reserva de plenário quando a decisão judicial estiver fundada em jurisprudência do Plenário ou em Súmula deste Supremo Tribunal Federal; II – É inconstitucional a restrição ilegítima ao livre exercício de atividade econômica ou profissional, quando imposta como meio de cobrança indireta de tributos." (Tema 856); **E:** correta, de acordo com a jurisprudência do STF: "As limitações ao livre exercício das profissões serão legítimas apenas quando o inadequado exercício de determinada atividade possa vir a causar danos a terceiros e desde que obedeçam a critérios de adequação e razoabilidade, o que não ocorre em relação ao exercício da profissão de músico, ausente qualquer interesse público na sua restrição. A existência de um conselho profissional com competências para selecionar, disciplinar e fiscalizar o exercício da profissão de músico (art. 1º), para proceder a registros profissionais obrigatórios, para expedir carteiras profissionais obrigatórias (arts. 16 e 17) e para exercer poder de polícia, aplicando penalidades pelo exercício ilegal da profissão (arts. 18, 19, 54 e 55), afronta as garantias da liberdade de profissão e de expressão artística." (ADPF 183, rel. min. Alexandre de Moraes, j. 27.09.2019, P, DJE de 18-11-2019). AMN

---

**65.** Gabarito: D

Comentário: **A:** incorreta, pois a CPI pode requisitar documentos e buscar todos os meios de prova legalmente admitidos, podendo exigir informações contábeis das empresas investigadas. No julgamento da Ação Cível Originária 730, Relator o Ministro Joaquim Barbosa, o Plenário do Supremo Tribunal Federal entendeu que, ainda que seja omissa a Lei Complementar n. 105/2001, podem as comissões parlamentares de inquérito estaduais requerer quebra de sigilo de dados bancários com base no art. 58, § 3º, da Constituição da República: "Observância obrigatória, pelos Estados-Membros, de aspectos fundamentais decorrentes do princípio da separação de poderes previsto na Constituição Federal de 1988. Função fiscalizadora exercida pelo Poder Legislativo. Mecanismo essencial do sistema de checks--and-counterchecks adotado pela Constituição Federal de 1988. Vedação da utilização desse mecanismo de controle pelos órgãos legislativos dos Estados-Membros. Impossibilidade. Violação do equilíbrio federativo e da separação de Poderes. Poderes de CPI estadual: ainda que seja omissa a Lei Complementar 105/2001, podem essas comissões estaduais requerer quebra de sigilo de dados bancários, com base no art. 58, § 3º, da Constituição." (ACO 730, rel. min. Joaquim Barbosa, julgamento em 22.09.2004, Plenário, DJ de 11.11.2005). No julgamento da ACO 730 e da ACO 1.217, foi discutido em *obiter dictum* que as CPIs municipais não teriam o poder de quebrar os sigilos fiscal, bancário e telefônico, pois os municípios não foram dotados pela Constituição de Poder Judiciário e, por conseguinte, não detêm poderes inerentes a esse; **B:** incorreta, pois "a jurisprudência do STF entende prejudicadas as ações de mandado de segurança e de *habeas corpus*, sempre que – impetrados tais *writs* constitucionais contra CPIs – vierem estas a extinguir-se, em virtude da conclusão de seus trabalhos investigatórios, independentemente da aprovação, ou não, de seu relatório final." (MS 23.852 QO, rel. min.

Celso de Mello, j. 28-6-2001, P, DJ de 24.08.2001; MS 25.459 AgR, rel. min. Cezar Peluso, j. 04.02.2010, P, DJE de 12.03.2010; HC 95.277, rel. min. Cármen Lúcia, j. 19.12.2008, P, DJE de 20.02.2009); **C:** incorreta, porque o STF entende que "a prerrogativa institucional de investigar, deferida ao Parlamento (especialmente aos grupos minoritários que atuam no âmbito dos corpos legislativos), não pode ser comprometida pelo bloco majoritário existente no Congresso Nacional, que não dispõe de qualquer parcela de poder para deslocar, para o Plenário das Casas Legislativas, a decisão final sobre a efetiva criação de determinada CPI, sob pena de frustrar e nulificar, de modo inaceitável e arbitrário, o exercício, pelo Legislativo (e pelas minorias que o integram), do poder constitucional de fiscalizar e de investigar o comportamento dos órgãos, agentes e instituições do Estado, notadamente daqueles que se estruturam na esfera orgânica do Poder Executivo." (MS 26.441, rel. min. Celso de Mello, j. 25.04.2007, P, DJE de 18.12.2009). Nesse sentido, pode-se destacar o seguinte julgado: "A Constituição do Brasil assegura a 1/3 dos membros da Câmara dos Deputados e a 1/3 dos membros do Senado Federal a criação da CPI, deixando, porém, ao próprio parlamento o seu destino. A garantia assegurada a 1/3 dos membros da Câmara ou do Senado estende-se aos membros das assembleias legislativas estaduais – garantia das minorias. O modelo federal de criação e instauração das CPIs constitui matéria a ser compulsoriamente observada pelas casas legislativas estaduais. A garantia da instalação da CPI independe de deliberação plenária, seja da Câmara, do Senado ou da assembleia legislativa. (...) Não há razão para a submissão do requerimento de constituição de CPI a qualquer órgão da assembleia legislativa. Os requisitos indispensáveis à criação das CPIs estão dispostos, estritamente, no art. 58 da Constituição do Brasil/1988." (ADI 3.619, rel. min. Eros Grau, j. 1º.08.2006, P, DJ de 20.04.2007); **D:** correta, de acordo com a jurisprudência do STF, *in verbis*: "A duração do inquérito parlamentar – com o poder coercitivo sobre particulares, inerentes à sua atividade instrutória e à exposição da honra e da imagem das pessoas a desconfianças e conjecturas injuriosas – e um dos pontos de tensão dialética entre a CPI e os direitos individuais, cuja solução, pela limitação temporal do funcionamento do órgão, antes se deve entender matéria apropriada à lei do que aos regimentos: donde, a recepção do art. 5º, § 2º, da Lei 1.579/1952, que situa, no termo final de legislatura em que venha constituída, o limite intransponível de duração, ao qual, com ou sem prorrogação do prazo inicialmente fixado, se há de restringir a atividade de qualquer CPI." (HC 71.261, rel. min. Sepúlveda Pertence, j. 11.05.1994, P, DJ de 24.06.1994); **E:** incorreta, pois podem ser objeto de investigação todos os assuntos que estejam na competência legislativa ou fiscalizatória do Casa Legislativa. Logo, a CPI poderá ser instalada,

uma vez que o objeto de investigação – sonegação fiscal relativa ao Imposto sobre Serviços – insere-se dentro das competências do Município. De acordo com o STF: "A possibilidade de criação de CPI se não duvida, nem discute; é tranquila; sobre todo e qualquer assunto? Evidentemente, não; mas sobre todos os assuntos de competência da Assembleia; assim, Câmara e Senado podem investigar questões relacionadas com a esfera federal de governo; tudo quanto o Congresso pode regular, cabe-lhe investigar; segundo Bernard Schwartz, o poder investigatório do Congresso se estende a toda a gama dos interesses nacionais a respeito dos quais ele pode legislar, 'it may be employed over the Whole range of the national interests concerning which the Congress may legislate or decide', A Commentary on the Constitution of the United Station, 1963, I, n. 42, p. 126. O mesmo vale dizer em relação às CPI's estaduais; seu raio de ação é circunscrito aos interesses do estado; da mesma forma quanto às comissões municipais, que hão de limitar-se às questões de competência do município." (HC 71.039, voto do rel. min. Paulo Brossard, julgamento em 07.04.1994, Plenário, DJ 06.12.1996.). **AMN**

---

**66.** Gabarito: A

Comentário: **A:** Correta, conforme enunciado da Súmula TSE 11: "No processo de registro de candidatos, o partido que não o impugnou não tem legitimidade para recorrer da sentença que o deferiu, salvo se se cuidar de matéria constitucional."; **B:** Incorreta. Pois não há litisconsórcio passivo necessário, conforme Súmula 40, TSE: "O partido político não é litisconsorte passivo necessário em ações que visem à cassação de diploma". Importante ter atenção para que não haja confusão com a Súmula TSE 38, que trata do litisconsórcio passivo necessário entre titular e vice em chapa majoritária, na AIRC; **C:** Incorreta. A Súmula TSE, 58, estabelece que "não compete à Justiça Eleitoral, em processo de registro de candidatura, verificar a prescrição da pretensão punitiva ou executória do candidato e declarar a extinção da pena imposta pela Justiça Comum"; **D:** Incorreta. Pois a Súmula 45, TSE, estabelece que "Nos processos de registro de candidatura, o Juiz Eleitoral pode conhecer de ofício da existência de causas de inelegibilidade ou da ausência de condição de elegibilidade, desde que resguardados o contraditório e a ampla defesa"; **E:** Incorreta. Pois a redação da Súmula, 55, TSE, estabelece que "A Carteira Nacional de Habilitação gera a presunção da escolaridade necessária ao deferimento do registro de candidatura". **SC**

---

**67.** Gabarito: B

Comentário: **A:** Incorreta. O código Eleitoral estabelece um conceito mais amplo de domicílio eleitoral, diferentemente do Código Civil. Especificamente, o art. 42, parágrafo único, Código Eleitoral, dispõe que para "o efeito da inscrição, é domicílio eleitoral o lugar de residência ou moradia do requerente, e, verificado ter o alistando mais de uma, considerar-se-á domicílio qualquer delas"; **B:** Correta, nos termos do art. 55, § 2º, que estabelece que neste caso não se aplicam as regras contidas, no mesmo dispositivo, nos incisos II e III. Ou seja, quando se tratar de servidor público civil, militar, autárquico, ou de membro de sua família, por motivo de remoção ou transferência, haverá possibilidade de transferência; **C:** Incorreta. O art. 55, Código Eleitoral, estabelece a exigência mínima de 3 meses no novo domicílio; **D:** Incorreta. O art. 71, Código Eleitoral, indica como causa de cancelamento (inciso II) a "suspensão ou perda dos direitos políticos"; **E:** Incorreta. O art. 60, Código Eleitoral, estabelece que neste caso não haverá a possibilidade de que o eleitor transferido vote (diferentemente do que diz a assertiva). SC

**68.** Gabarito: E
Comentário: **A:** Incorreta. A Súmula TSE 59, dispõe que "O reconhecimento da prescrição da pretensão executória pela Justiça Comum não afasta a inelegibilidade prevista no art. 1º, I, e, da LC 64/1990, porquanto não extingue os efeitos secundários da condenação.". **B:** Incorreta. Conforme jurisprudência do TSE no AgR-REsp 40650, os crimes contra a ordem tributária enquadram-se nos crimes contra a administração pública, previstos no item "1", da alínea "e", inciso I, do art. 1, da LC 64/90; **C:** Incorreta. Conforme jurisprudência do TSE no RO 263449 e, de 21.5.2013, no REsp 61103 " a inelegibilidade prevista no item 9, da alínea "e", inciso I, do art. 1º, da LC 64/90, incide nas hipóteses de condenação criminal emanada do Tribunal do Júri, órgão colegiado soberano, integrante do Poder Judiciário"; **D:** Incorreta. Conforme jurisprudência do TSE "no REsp 12922, os crimes contra a administração e o patrimônio públicos, previstos no item "1", da alínea "e", inciso I, do art. 1, da LC 64/90, abrangem os previstos na Lei de Licitações"; **E:** Correta, conforme redação da Súmula 61, TSE, "O prazo concernente à hipótese de inelegibilidade prevista no art. 1º, I, e, da LC 64/1990 projeta-se por oito anos após o cumprimento da pena, seja ela privativa de liberdade, restritiva de direito ou multa". SC

**69.** Gabarito: C
Comentário: **A:** Incorreta. O art. 26, § 3º, Lei das Eleições, estabelece que não são considerados gastos, dentre outros, o combustível e manutenção de veículo automotor usado pelo candidato em campanha; **B:** Incorreta. Uma vez que o art. 26, XII, Lei das Eleições, dispõe que são considerados gastos, sujeitos a registro e aos limites legais, dentre outros, a realização de pesquisas ou testes pré-eleitorais; **C:** Correta. Conforme texto do art. 18-B,

Lei das Eleições, "O descumprimento dos limites de gastos fixados para cada campanha acarretará o pagamento de multa em valor equivalente a 100% (cem por cento) da quantia que ultrapassar o limite estabelecido, sem prejuízo da apuração da ocorrência de abuso do poder econômico"; **D:** Incorreta. O art. 22, Lei das Eleições, estabelece que é obrigatório (e não facultativo) para o partido político e os candidatos, abrir conta bancária específica para registrar todo o movimento financeiro da campanha; **E:** Incorreta. O art. 23, § 2º-A, Lei das Eleições, estabelece que o candidato poderá usar recursos próprios em sua campanha até o total de 10% dos limites previstos para gastos de campanha no cargo em que concorrer. SC

**70.** Gabarito: D
Comentário: **A:** Incorreta. A mera desaprovação das contas pela Corte Eleitoral não tipifica, por si só, o crime previsto no art. 350, Código Eleitoral (STF, no AG.REG. na Petição 7.354/DF); **B:** Incorreta. De acordo com a jurisprudência do TSE, o tipo previsto neste artigo é um crime de natureza formal, sendo irrelevante a existência do resultado naturalístico, bastando que o documento falso tenha potencialidade lesiva (Ac.-TSE, de 7.12.2011, no HC 154094); **C:** Incorreta. De acordo com a jurisprudência do TSE, "é equivocada a afirmação de que nenhuma omissão de informações ou inserção de informações inverídicas em prestação de contas tem aptidão para configurar o delito em análise, por ser cronologicamente posterior às eleições" (Ac.-TSE, de 4.8.2015, no REspe 41861); **D:** Correta, sendo posição jurisprudencialmente aceita: "o tipo previsto neste artigo não é meio necessário nem fase normal de preparação para a prática do delito tipificado no art. 290 deste código; são crimes autônomos que podem ser praticados sem que um dependa do outro" (Ac.-TSE, de 18.8.2011, no REspe 23310); **E:** Incorreta. Conforme já apresentado anteriormente, basta que o documento falso possua potencialidade lesiva (Ac.-TSE, de 7.12.2011, no HC 154094). SC

**71.** Gabarito: A
Comentário: A sociedade limitada é sociedade contratual, de forma que seu capital se divide em quotas, iguais ou desiguais (art. 1.055 do CC). É vedada a contribuição de sócio que consista em prestação de serviços (art. 1.055, § 2º, do CC). HS

**72.** Gabarito: B
Comentário: A renúncia do administrador torna-se eficaz, em relação à sociedade, desde o momento em que esta toma conhecimento da comunicação escrita do renunciante (art. 1.063, § 3º, do CC). No caso do enunciado, isso se deu com a entrega do telegrama na sede da sociedade, no dia 12 de março. HS

**73.** Gabarito: D

Comentário: **A:** incorreta. São abrangidas todas as classes de crédito (art. 70, I, da LF); **B:** incorreta. O plano específico das ME e EPP é facultativo (art. 70 da LF); **C:** incorreta. Créditos não abrangidos pelo plano não terão suas execuções suspensas (art. 71, parágrafo único, da LF); **D:** correta, nos termos do art. 72 da LF; **E:** incorreta. O pedido é julgado procedente se não houver **recusa** expressa de credores que representem mais da metade de qualquer das classes sujeitas ao plano (art. 72, parágrafo único, da LF). HS

**74.** Gabarito: C

Comentário: **A:** incorreta. É lícito ao devedor resgatar a duplicada antes do aceita ou do vencimento (art. 9º da Lei 5.474/1968); **B:** incorreta. O aval dado após o vencimento produz os mesmos efeitos daquele feito antes (art. 12, parágrafo único, da Lei 5.474/1968); **C:** correta, nos termos do art. 3º, § 1º, da Lei 5.474/1968; **D:** incorreta. É possível a reforma ou prorrogação do vencimento, nos termos do art. 11 da Lei 5.474/968; **E:** incorreta. É permitida a emissão de duplicata de prestação de serviços pelas fundações (art. 20 da Lei 5.474/1968). HS

**75.** Gabarito: A

COMENTÁRIO: **I: CORRETA, NOS TERMOS DO ART. 10, IX, DA LEI 9.279/1996; II: CORRETA, NOS TERMOS DO ART. 45 DA LEI 9.279/1996; III: INCORRETA. A PRIORIDADE É CONCEDIDA CONFORME A DATA DO DEPÓSITO DO PEDIDO (ART. 7º DA LEI 9.279/1996); IV:** incorreta. É possível o requerimento individual (art. 6º, § 3º, da Lei 9.279/1996); **V:** incorreta. A aplicação industrial é requisito de patenteabilidade (art. 8º da Lei 9.279/1996). HS

**76.** Gabarito: C

Comentário: **A:** incorreta, pois o executado pode, excepcionalmente, opor-se à execução sem garantia do juízo, por meio de exceção de pré-executividade, desde que alegue matérias cognoscíveis de ofício (ordem pública) que não demandem dilação probatória – Súmula 393/STJ; **B:** incorreta, pois a compensação tributária depende de autorização legal – art. 170 do CTN; **C:** correta, conforme a Súmula 213/STJ; **D:** incorreta, pois o STF reconhece a constitucionalidade do dispositivo, conforme a Tese de Repercussão Geral 408; **E:** incorreta, pois o despacho do juiz que ordena a citação é que interrompe a prescrição art. 174, parágrafo único, I, do CTN. RB

**77.** Gabarito: A

Comentário: **A:** correta, conforme o art. 62, § 2º, da CF; **B:** incorreta, pois não se trata de criação ou majoração de tributo – art. 150, III, *b* e *c*, da CF; **C:** incorreta, pois há exceções à anterioridade nonagesimal em relação à base

de cálculo do IPVA e do IPTU (art. 150, § 1º, da CF), e à anterioridade anual em relação ao restabelecimento das alíquotas do ICM sobre combustíveis e lubrificantes (art. 155, § 4º, IV, *c*, da CF); **D:** incorreta, pois a competência exclusiva para fixação das alíquotas do ICMS é dos Estados e do DF – art. 155, II, da CF. Ao Senado compete apenas fixar as alíquotas interestaduais e determinadas alíquotas mínimas e máximas para as operações internas – art. 155, § 2º, I e V, da CF; **E:** incorreta, conforme o art. 150, § 1º, da CF. RB

**78.** Gabarito: E

Comentário: **A:** incorreta, pois o CTN descreve a isenção como modalidade de exclusão do crédito tributário, assim como a anistia – art. 175 do CTN; **B:** incorreta, pois o STF reconhece que lei complementar que veicula matéria de lei ordinária é considerada materialmente lei ordinária e, como tal, pode ser alterada ou revogada por lei ordinária posterior – ver Tese de Repercussão Geral 71; **C:** incorreta, pois STF decidiu que o disposto no art. 151, III, da CF não impede a concessão de isenções tributárias heterônomas por meio de tratados internacionais, ou seja, é possível instituição de benefícios fiscais relativos a tributos estaduais ou municipais por meio de tratados internacionais (RE 543.943 AgR/PR); **D:** incorreta, pois a isenção não dispensa as obrigações acessórias – art. 175, parágrafo único, do CTN; **E:** correta – art. 178 do CTN. RB

**79.** Gabarito: D

Comentário: **A:** incorreta, pois a decadência extingue o crédito tributário que seria parcelado, prejudicando-o – art. 173 do CTN. Ademais, o parcelamento não implica novação, apenas suspensão do crédito tributário – art. 151 do CTN; **B:** incorreta, pois decadência e prescrição em matéria tributária são matérias a serem veiculadas por norma geral nacional, especificamente por lei complementar federal – art. 146, III, *b*, da CF; **C:** incorreta, pois o depósito, nesse caso, implica lançamento, afastando a fluência do prazo decadencial – ver EREsp 686.479/RJ-STJ; **D:** correta, conforme a Súmula 436/STJ; **E:** incorreta, pois o CTN descreve tanto a decadência como a prescrição como modalidades de extinção do crédito tributário – art. 156 do CTN. RB

**80.** Gabarito: C

Comentário: **A:** incorreta, pois, se houve início da fiscalização relativa ao tributo, fica afastado o benefício da denúncia espontânea – art. 138, parágrafo único, do CTN; **B:** incorreta, pois somente o pagamento integral permite fruição do benefício da denúncia espontânea – art. 138 do CTN; **C:** correta, conforme comentário anterior; **D e E:** incorretas, pois a denúncia espontânea afasta qualquer espécie de multa – art. 138 do CTN. RB

**81.** Gabarito: A
Comentário: **A:** correta, pois há responsabilidade por sucessão, com subsidiariedade, conforme o art. 133, II, do CTN. Ademais, o acordo entre as partes não altera essa responsabilidade em relação aos débitos anteriores à alienação – art. 123 do CTN; **B, C, D e E:** incorretas, conforme comentários anteriores. RB

**82.** Gabarito: E
Comentário: **A:** incorreta, pois somente os administradores da empresa podem ser responsáveis, nos termos do art. 135, III, do CTN; **B:** incorreta, pois, a inscrição em dívida ativa gera presunção de liquidez e certeza em relação à responsabilidade, cabendo ao interessado ilidi-la – art. 204 do CTN; **C:** incorreta, pois o simples inadimplemento não implica responsabilidade, nos termos do art. 135 do CTN – Súmula 430/STJ; **D:** incorreta, pois a pessoa jurídica não é atingida em sua esfera de direitos, nessa hipótese, inexistindo sucumbência e, portanto, interesse recursal; **E:** correta, pois a reserva a lei complementar federal se refere apenas à definição dos contribuintes, em relação aos impostos previstos na constituição – art. 146, III, *a*, da CF. RB

**83.** Gabarito: B
Comentário: **A:** incorreta, pois a CF prevê a progressividade apenas em relação ao IPTU – art. 156, § 1º, I, da CF. O STF vinha entendendo que outros impostos reais (além do IPTU pós EC 29/2000) não poderiam ter alíquotas progressivas em relação ao valor da base de cálculo, considerando inexistir expressa previsão constitucional (ver Súmula 656/STF). Ocorre que posteriormente a Suprema Corte reviu a questão, especificamente em relação ao ITCMD, reconhecendo que o imposto pode ser progressivo, atendendo assim o princípio da capacidade contributiva (RE 562.045/RS – Repercussão Geral). Esse entendimento pode ser posteriormente aplicado ao ITBI municipal, de modo que o estudante deve atentar para a evolução jurisprudencial; **B:** correta, conforme comentário anterior; **C:** incorreta, pois o STF afastou essa possibilidade de tributação – Súmula Vinculante 32/STF; **D:** incorreta, pois incide o ICMS sobre importações, ainda que o importador não exerça atividade empresarial em relação ao bem importado – art. 155, § 2º, IX, *a*, da CF; **E:** incorreta, pois essa incidência foi afastada pelo STF – Súmula Vinculante 31/STF. RB

**84.** Gabarito: C
Comentário: A: incorreta (como regra, há limite temporal para a Administração Pública anular os: seus próprios atos; no âmbito federal, o prazo é de 5 anos, cf. art. 54 da Lei 9.784/99). B: incorreta (a cassação representa a extinção do ato administrativo em razão de descumprimento de condição pelo beneficiário, o que pressupõe que a respectiva conduta seja posterior à outorga do ato). C: correta (art. 24 da Lei de Introdução às Normas do Direito Brasileiro). D: incorreta (a revogação não se confunde com a anulação, motivo pelo qual uma não pode ser utilizada ao invés da outra; a revogação significa a extinção do ato por motivo de conveniência e oportunidade e detém efeito ex nunc; já a anulação constitui a extinção do ato por razão de sua invalidade e apresenta, como regra, efeito ex tunc). E: incorreta (é possível convalidar ato administrativo cujos efeitos já tenham se exaurido). RBO

**85.** Gabarito: A
Comentário: A: correta (art. 17, § 3º, I, da Lei 8.666/93). B: incorreta (direito de extensão constitui o direito do expropriado de exigir que se inclua na desapropriação a parte do imóvel que ficou inaproveitável isoladamente). C: incorreta (terrenos de marinha são aqueles que, banhados pelas águas do mar ou dos rios navegáveis que sofram a influência das marés, alcançam a distância de 33 metros para a parte da terra, contados do ponto em que chega o preamar médio). D: incorreta (é considerada faixa de fronteira a faixa interna de 150 km de largura, paralela à linha divisória terrestre do território nacional, cf. Lei 6.634/79). E: incorreta (a zona contígua brasileira compreende uma faixa que se estende das doze às vinte e quatro milhas marítimas, contadas a partir das linhas de base que servem para medir a largura do mar territorial, cf. art. 4º da Lei 8.617/93). RBO

**86.** Gabarito: E
Comentário: De acordo com o art. 2º, VIII-A, da Lei 13.019/14 (que estabelece o regime jurídico das parcerias entre a administração pública e as organizações da sociedade civil), acordo de cooperação constitui o instrumento por meio do qual são formalizadas as parcerias estabelecidas pela administração pública com organizações da sociedade civil para a consecução de finalidades de interesse público e recíproco que não envolvam a transferência de recursos financeiros. RBO

**87.** Gabarito: B
Comentário: O RE 841.526/RS, julgado pelo STF em março de 2016, debruçou-se sobre Acórdão do Tribunal de Justiça do Rio Grande do Sul, baseado no seguinte entendimento: "Conforme o artigo 37, § 6º, da Constituição Federal, responde o Estado objetivamente pelos danos que seus agentes, nessa qualidade, causarem a terceiros, sendo desnecessária a comprovação de dolo ou culpa. Por se tratar de omissão do Estado, a responsabilidade será objetiva, se a omissão for específica, e subjetiva, se a omissão for genérica" (grifo nosso). Nesse sentido, correta a alternativa B. RBO

**88.** Gabarito: D

Comentário: Como regra, é vedada a acumulação de proventos de aposentadoria com a remuneração de cargo, emprego ou função, com exceção das situações previstas no art. 37, § 10, CF. No entanto, referida proibição abrange a acumulação envolvendo a aposentadoria no Regime Próprio de Previdência Social. Ocorre que Juan Mesquita, por ter ocupado emprego público, aposentou-se pelo Regime Geral de Providência. Diante disso, poderá tomar posse no cargo público (correta a alternativa D). RBO

**89.** Gabarito: A

Comentário: A: correta (art. 21, § 2º, inc. I, "b", Lei 8.666/93). B: incorreta (os tipos de licitação estão elencados no art. 45, § 1º, da Lei 8.666/93; assim, com exceção do concurso, os tipos "melhor técnica" e "técnica e preço" podem ser aplicados em todas as modalidades licitatórias). C: incorreta (quando a tomada de preço for do tipo "melhor técnica" ou "técnica e preço", o prazo mínimo para recebimento das propostas é de 30 dias, cf. art. 21, § 2º, inc. II, "b"). D: incorreta (a modalidade pregão somente admite o tipo menor preço, cf. art. 4º, inc. X, da Lei 10.520/02). E: incorreta (para contratação de bens e serviços de informática, a Administração Pública adotará obrigatoriamente o tipo de licitação "técnica e preço", permitido o emprego de outro tipo de licitação nos casos indicados em decreto do Poder Executivo). RBO

**90.** Gabarito: D

Comentário: A: incorreta (o valor envolvido é de até de R$ 100.000,00, e não R$ 300.000,00, cf. inc. I do art. 29). B: incorreta (trata-se de hipótese de inexigibilidade, e não de licitação dispensável, cf. art. 30, inc. I). C: incorreta (na hipótese prevista no art. 29, inc. VI, devem ser mantidas as mesmas condições do contrato encerrado por rescisão ou distrato). D: correta (cf. art. 29, inc. XVII). E: incorreta (trata-se de hipótese de inexigibilidade, e não de licitação dispensável, cf. art. 30, inc. II). RBO

**91.** Gabarito: C

Comentário: O parágrafo único do art. 22 estabelece vedações impostas ao Poder Público na hipótese de ser ultrapassado o "limite prudencial". A: incorreta (é vedada a criação de cargo, emprego ou função, cf. art. 22, parágrafo único, inc. II). B: incorreta (é proibida a Alteração de estrutura de carreira que implique aumento de despesa, cf. art. 22, parágrafo único, inc. III). C: correta (há expressa ressalva admitindo a revisão geral anual da remuneração e do subsídio dos agentes públicos, cf. art. 22, parágrafo único, inc. I; no final de tal dispositivo, ressalva-se "a revisão prevista no inciso X do art. 37 da Constituição"). D: incorreta (é vedada contratação de

hora extra, salvo no caso do disposto no inciso II do § 6º do art. 57 da Constituição e as situações previstas na lei de diretrizes orçamentárias, cf. art. 22, parágrafo único, inc. V). E: incorreta (são vedados provimento de cargo público, admissão ou contratação de pessoal a qualquer título, ressalvada a reposição decorrente de aposentadoria ou falecimento de servidores das áreas de educação, saúde e segurança, cf. art. 22, parágrafo único, inc. IV). RBO

**92.** Gabarito: C

Comentário: A: incorreta (a celebração do acordo de leniência interrompe o prazo prescricional, cf. art. 16, § 9º). B: incorreta (o firmamento do acordo de leniência reduz o valor da multa em até dois terços, cf. art. 16, § 2º). C: correta (cf. art. 16, § 2º). D: incorreta (não existe tal previsão na Lei 12.846/2013). E: incorreta (o requisito de implementar ou aprimorar mecanismos internos de integridade não está mais previsto na Lei 12.846/2013; importante apontar que tal exigência foi inserida no art. 16, § 1º, inc. IV, pela Medida Provisória 703/2015, mas sua vigência foi encerrada). RBO

**93.** Gabarito: D

Comentário: A: incorreta (o enunciado está incompleto; de fato, nos termos do art. 10 do DL 3.365/41, embora o decreto caducará após a fluência de 5 anos contados da sua expedição, poderá o mesmo bem ser objeto de nova declaração após decorrido um ano de sua caducidade). B: incorreta (o silêncio do expropriado será considerado rejeição, cf. art. 10-A, §1º, inc. IV). C: incorreta (a alegação de urgência não deve constar obrigatoriamente no decreto de utilidade pública; considerando que a urgência representa requisito para a imissão provisória na posse, sua alegação se dá durante a ação judicial de desapropriação). D: correta (cf. art. 10-A e 10-B, incluídos no DL 3.365/41 pela Lei 13.867/19). E: incorreta (cf. art. 11, a ação, quando a União for autora, será proposta no Distrito Federal ou no foro da Capital do Estado onde for domiciliado o réu, perante o juízo privativo, se houver; sendo outro o autor, no foro da situação dos bens). RBO

**94.** Gabarito: D

Comentário: A competência material ambiental é comum da União, Estados, Distrito Federal e Municípios (art. 23, inc. VI, CF). Já o parágrafo único do mesmo art. 23 dispõe que leis complementares fixarão normas para a cooperação entre a União e os Estados, o Distrito Federal e os Municípios, tendo em vista o equilíbrio do desenvolvimento e do bem-estar em âmbito nacional. Com base nesse preceito constitucional é que foi editada a Lei Complementar 140/11, que estabelece as competências ambientais da União (art. 7º), dos Estados (art. 8º) e dos Municípios (art. 9º). De acordo com a distribuição das atribuições estabelecida pela LC 140/11, inexiste relação entre a competência para o licenciamento e a exigência de EIA-RIMA. Nesse sentido, pode-se afirmar que a deliberação do CONSEMA, descrita na questão, é nula, pois o critério selecionado está em desacordo com a normativa que rege o tema. RBO

## 95. Gabarito: C
Comentário: Não é qualquer licenciamento ambiental que exige a elaboração de EIA-RIMA, o qual representa instrumento obrigatório para empreendimentos e atividades considerados causadoras de significativa degradação do meio ambiente (cf. art. 225, § 1º, inc. IV, CF). Diante disso, o Magistrado deverá determinar a produção de prova pericial, para avaliar, no caso concreto objeto da ação civil pública, se a atividade envolvida tem a aptidão para gerar degradação significativa. Caso positivo, o licenciamento apresenta um vício, sendo passível de anulação. RBO

## 96. Gabarito: D
Comentário: Conforme já apontado, "no âmbito do licenciamento e da elaboração do EIA, cabível a realização de audiências públicas, que representam importante mecanismo democrático, verdadeiro instrumento de implementação do princípio da participação." (BORDALO, Rodrigo. Manual de direito ambiental, 2019, p. 69). O regime da audiência pública encontra-se contemplado na Resolução CONAMA n. 9/1987. Nesse sentido, pode-se estabelecer que: alternativa A incorreta (a audiência não é obrigatória; sempre que julgar necessário, ou quando for solicitado por entidade civil, pelo Ministério Público, ou por cinquenta ou mais cidadãos, o órgão público ambiental promoverá a sua realização); alternativa B incorreta (não há previsão sobre a obrigatoriedade de realização de duas audiências públicas); alternativa C incorreta (a audiência pública deve ocorrer em local acessível aos interessados, e não necessariamente na sede do órgão ambiental); alternativa D certa (as contribuições dadas em razão da audiência pública não vinculam a decisão administrativo relacionada ao licenciamento); alternativa E incorreta (de modo geral, a audiência pública ocorre em momento posterior à elaboração do EIA-RIMA). RBO

## 97. Gabarito: A
Comentário: O Zoneamento Ecológico-Econômico (ZEE) encontra-se disciplinado pelo Decreto federal 4.297/02. O processo de sua elaboração e implementação deve contar com ampla participação democrática (art. 4º, inc. II). Nesse sentido, a produção do ZEE apresentada no enunciado da questão está revestida de invalidade, em razão da ausência de ampla participação democrática, motivo pelo qual está correta a alternativa A. RBO

## 98. Gabarito: A
Comentário: A aquisição irregular de animal silvestre constitui infração administrativa contra o meio ambiente (cf. art. 70, "caput", da Lei 9.605/98 c/c. art. 24 do Decreto 6.514/08). Nesse sentido, cabível a apreensão do espécime animal (papagaio-verdadeiro) pelo fiscal ambiental (art. 72, inc. IV, da Lei 9.605/98), razão pela qual o mandado de segurança impetrado deve ser negado. RBO

## 99. Gabarito: B
Comentário: A questão explora o regime do Decreto estadual 14.273/2015, que dispõe sobre as Áreas de Uso Restrito da planície inundável do Pantanal no Estado de Mato Grosso do Sul. Alternativa A incorreta (referido decreto não prevê tal finalidade). Alternativa B correta (art. 4º, § 1º, do Decreto 14.273/15). Alternativa C incorreta (o decreto faz alusão à Zona Planície Pantaneira, cf. art. 2º, inc. I). Alternativa D incorreta (o decreto não faz referência ao MERCOSUL). Alternativa E incorreta (a competência pertence, como regra, ao Instituto de Meio Ambiente de Mato Grosso do Sul-IMASUL). RBO

## 100. Gabarito: E
Comentário: O parque estadual (assim com o parque nacional e o municipal) representa uma categoria de unidade de conservação, disciplinada pela Lei 9.985/00. Trata-se de espaço ambiental cujo domínio é público. Nesse sentido, cabível a concessão da área de uso público, desde que precedida de licitação, motivo pelo qual a ação civil pública deve ser julgada improcedente, ante a ausência de ilegalidade do modelo proposto. RBO

**1.** Compete ao tutor, independentemente de autorização do juiz,

(A) receber as rendas e pensões do menor e transigir.

(B) vender os bens móveis e imóveis do menor, cuja conservação não convier, aplicando os respectivos preços na sua educação.

(C) representar o menor até os dezesseis anos nos atos da vida civil e, após essa idade, assisti-lo nos atos em que for parte, bem como promover-lhe, mediante preço conveniente, o arrendamento de bens imóveis.

(D) pagar as dívidas do menor e alienar seus bens destinados à venda.

(E) aceitar, pelo menor, heranças, legados ou doações com ou sem encargo.

**2.** No regime da comunhão parcial de bens do casamento, comunicam-se

(A) os bens sub-rogados em lugar daqueles que cada cônjuge possuir ao casar.

(B) os bens adquiridos a título oneroso na constância da sociedade conjugal, se móveis por qualquer dos cônjuges, e se imóveis, apenas se com o concurso financeiro e em nome de ambos.

(C) as obrigações provenientes de atos ilícitos.

(D) quaisquer bens adquiridos a título oneroso, exceto os proventos do trabalho pessoal de cada cônjuge.

(E) os bens que forem adquiridos na constância do casamento a título oneroso, ainda que só em nome de um dos cônjuges.

**3.** Na Lei no 14.010, de 10 de junho de 2020, que entrou em vigor na data de sua publicação, há a seguinte disposição: *Art. 3° - Os prazos prescricionais consideram-se impedidos ou suspensos, conforme o caso, a partir da entrada em vigor desta Lei até 30 de outubro de 2020.*

Referida Lei classifica-se como

(A) temporária e especial e, findos seus efeitos, as disposições do Código Civil sobre a mesma matéria foram repristinadas.

(B) temporária, e os efeitos desta disposição se extinguiram em 30 de outubro de 2020, independentemente de outra lei que a revogasse, subsistindo as regras do Código Civil sobre suspensão e óbice da fluição dos prazos prescricionais.

(C) permanente, no que diz respeito ao impedimento do prazo, mas temporária, no que se refere à suspensão do prazo prescricional.

(D) permanente, por tratar de matéria disciplinada no Código Civil e cuja perda de eficácia dependerá de outra lei que a revogue.

(E) temporária, e seus efeitos se extinguiram em 30 de outubro de 2020, mas é necessária outra lei que restabeleça as regras do Código Civil sobre a matéria, porque não existe repristinação automática da lei.

**4.** O juiz poderá desconsiderar a personalidade de pessoa jurídica de fins econômicos, a requerimento da parte ou do Ministério Público,

(A) somente quando se verificar a utilização da pessoa jurídica com o propósito de lesar credores ou para a prática de atos ilícitos.

(B) se, cobrada judicialmente, os bens da pessoa jurídica não forem suficientes para o pagamento do credor.

(C) se ocorrer a transferência, entre os sócios e a sociedade, de ativos ou de passivos, sem efetivas contraprestações, salvo se de valor proporcionalmente insignificante.

(D) se houver grupo econômico e uma das sociedades que o integra deixar de cumprir obrigação pecuniária.

(E) quando houver expansão ou alteração da finalidade original da atividade específica da pessoa jurídica.

**5.** Em ação de investigação de paternidade, a recusa do réu, indigitado pai, em submeter-se ao exame de DNA

(A) não lhe traz consequência alguma, porque não é obrigado a fazer prova contra si.

(B) autoriza o julgamento de procedência do pedido, por ser esta a única prova pertinente.

(C) determina a presunção absoluta de paternidade.

(D) impede-o de aproveitar de sua recusa, sem outra consequência legal no processo.

(E) determina presunção relativa de paternidade, invertendo-se o ônus da prova.

**6.** Quando o direito à indenização fundada na responsabilidade civil extracontratual originar de fato que deva ser apurado no juízo criminal, o prazo prescricional

(A) será considerado também esgotado, se o juízo criminal considerar extinta a punibilidade pela prescrição.

(B) começa a fluir com o trânsito em julgado da sentença no processo criminal.

**(C)** será idêntico àquele estabelecido para a pena mínima do crime cometido pelo autor do dano.

**(D)** considerar-se-á suspenso apenas se a sentença proferida no juízo criminal for condenatória.

**(E)** é interrompido com o recebimento da denúncia ou da queixa crime e volta a fluir integralmente com a sentença transitada em julgado, absolutória ou condenatória.

**7.** Uma construtora pretende edificar vários prédios de apartamento, porém, ao longo das obras, necessitará financiamentos, que deseja garantir com os créditos que possui em razão das vendas das unidades autônomas. Quer, também, preservar os interesses dos adquirentes dos apartamentos, evitando que seus credores, por dívidas contraídas na construção de cada prédio, possam alcançar edifício distinto. Para isso

**(A)** poderá submeter cada incorporação ao regime de afetação e emitir Certificado de Recebíveis Imobiliários, que serão postos em circulação no mercado por uma companhia securitizadora ou por uma entidade financeira.

**(B)** deverá submeter cada incorporação ao regime de afetação e obter os recursos financeiros necessários, mediante securitização de créditos imobiliários, cujo Termo de Securitização de Créditos será lavrado por uma companhia securitizadora à qual é facultado instituir regime fiduciário, mediante declaração unilateral, para lastrear a emissão de Certificado de Recebíveis Imobiliários, que, entretanto, não poderão constituir patrimônio separado, dada a natureza de garantia que tem a securitização.

**(C)** não poderá submeter qualquer incorporação ao regime de afetação, a fim de obter os recursos financeiros necessários mediante securitização de créditos imobiliários, cujo Termo de Securitização de Créditos será lavrado por uma entidade financeira na modalidade de companhia securitizadora, a qual deverá instituir regime fiduciário, mediante declaração unilateral, para lastrear a emissão de Certificado de Recebíveis Imobiliários, constituindo patrimonial separado, em lugar da afetação patrimonial de cada incorporação.

**(D)** deverá submeter cada incorporação ao regime de afetação e poderá obter os recursos financeiros necessários mediante securitização de créditos imobiliários, cujo Termo de Securitização de Créditos será lavrado por uma companhia securitizadora, à qual é facultado instituir regime fiduciário, mediante decla-

ração unilateral, para lastrear a emissão de Certificado de Recebíveis Imobiliários, que, igualmente, constituirão patrimônio separado.

**(E)** deverá submeter cada incorporação ao regime de afetação e só poderá receber os recursos financeiros necessários mediante hipoteca ou alienação fiduciária de cada imóvel em construção.

**8.** Carlos é proprietário de dois imóveis rurais, sendo que na Fazenda Água Suja planta soja, e na Fazenda Água Limpa, milho. Rafael adquiriu de Carlos, para a entrega futura, toda a safra de soja, pagando antecipadamente e assumindo o risco de a produção atingir somente 30% do esperado, bem como toda a safra de milho, também com pagamento antecipado, assumindo o risco de nada ser colhido. Em virtude de problemas climáticos, nada produziram as fazendas. Diante disto, Carlos

**(A)** nada terá de restituir a Rafael, do que recebeu pela venda de milho, mas terá de restituir o valor recebido pela venda de soja.

**(B)** terá de restituir tudo o que recebeu de Rafael, sem juros, mas com correção monetária.

**(C)** nada terá de restituir a Rafael, tanto pela venda de soja, como pela venda de milho.

**(D)** terá de restituir a Rafael 50% do que recebeu pelas vendas.

**(E)** terá de restituir a Rafael o que recebeu pela venda de milho, mas nada terá de restituir pelo que recebeu pela venda de soja.

**9.** Nos compromissos de compra e venda de imóvel loteado, se houver rescisão por inadimplemento do adquirente, as benfeitorias

**(A)** necessárias, por ele levadas a efeito no imóvel, deverão ser indenizadas, mas o contrato poderá dispor que não serão indenizadas as úteis e voluptuárias.

**(B)** não serão indenizadas, salvo se o contrário dispuser o contrato.

**(C)** necessárias, úteis e voluptuárias levadas a efeito no imóvel deverão ser indenizadas, sendo ineficaz disposição contratual em contrário.

**(D)** necessárias e úteis por ele levadas a efeito no imóvel deverão ser indenizadas, salvo disposição em contrário no contrato.

**(E)** necessárias e úteis por ele levadas a efeito no imóvel deverão ser indenizadas, sendo ineficaz disposição contratual em sentido contrário.

**10.** João, proprietário de um imóvel rural, denominado Fazenda São João, de difícil acesso a estrada, adquiriu servidão de passagem com dois mil metros de extensão, pela Fazenda dos Coqueiros, de propriedade de Pedro, levando o título aquisitivo ao Registro de Imóveis. Falecendo João, sua Fazenda foi partilhada entre seus filhos Antônio e José, que promoveram a divisão geodésia, passando, cada qual, a ser dono de um imóvel com registro distinto no Registro Imobiliário. Em seguida, José vendeu seu imóvel para Joaquim. Nesse caso, a servidão

**(A)** subsiste, em benefício de cada porção do prédio dominante, salvo se a servidão se aplicar apenas a certa parte de um dos imóveis resultantes da divisão.

**(B)** não subsiste, salvo se houver ratificação por escritura pública, outorgada pelo dono do prédio serviente, aos sucessores do proprietário do prédio dominante.

**(C)** não subsiste, porque a alienação do prédio dominante ou do prédio serviente sempre implica extinção da servidão.

**(D)** subsiste para Antônio, que é dono do imóvel dominante por sucessão hereditária, mas não subsiste para Joaquim, tendo em vista o princípio da relatividade do contrato, não prejudicando nem beneficiando terceiro.

**(E)** não subsiste, porque as servidões são intransmissíveis, salvo se outra coisa se dispuser em testamento ou contrato.

**11.** Em sucessão legítima, o direito de representação dar-se-á apenas

**(A)** na linha reta descendente e na linha transversal até o quarto grau.

**(B)** na linha reta descendente.

**(C)** entre parentes até o terceiro grau, na linha reta ou na linha colateral.

**(D)** nas linhas retas descendente e ascendente.

**(E)** na linha reta descendente e, na linha transversal, em favor dos filhos de irmãos do falecido, quando com irmãos deste concorrerem.

**12.** Na imputação do pagamento, havendo capital e juros

**(A)** a escolha sobre se primeiro imputará nos juros ou no capital cabe exclusivamente ao credor.

**(B)** a imputação será proporcionalmente distribuída entre o capital e os juros.

**(C)** o pagamento imputar-se-á primeiro nos juros vencidos e depois no capital, salvo estipulação em contrário, ou se o credor passar a quitação por conta do capital.

**(D)** a imputação ocorrerá primeiro no capital, salvo se a somatória dos juros for maior, hipótese em que primeiro será destinada a amortização dos juros.

**(E)** o pagamento imputar-se-á primeiro no capital e depois nos juros vencidos, salvo estipulação em contrário, ou se o credor passar a quitação por conta dos juros.

**13.** De acordo com a Lei no 9.099, de 26 de setembro de 1995, no âmbito dos Juizados Especiais Cíveis,

**(A)** dá-se a revelia na hipótese em que o réu não comparece à sessão de conciliação ou à audiência de instrução e julgamento, caso em que se reputam verdadeiros os fatos alegados na inicial, salvo se o contrário resultar da convicção do Juiz.

**(B)** não são cabíveis embargos de declaração contra a sentença, mas os erros materiais podem ser corrigidos de ofício.

**(C)** caberá, da sentença, recurso oral ou escrito, cujo preparo deverá ser realizado em quarenta e oito horas da intimação para o depósito, sob pena de deserção.

**(D)** não podem ser partes, ativa ou passiva, o incapaz, o preso, as pessoas jurídicas de direito público ou privado, as empresas públicas da União, a massa falida e o insolvente civil.

**(E)** é lícito ao réu, depois de citado, apresentar reconvenção e contestação, na qual deverão ser arguidas todas as exceções que lhe competirem.

**14.** No regime da Lei nº 9.514, de 20 de novembro de 1997,

**(A)** a intimação para a purga da mora não dispensa a comunicação do devedor fiduciante acerca do processo de alienação extrajudicial.

**(B)** as controvérsias acerca de encargos contratuais e valor do imóvel impedem a alienação extrajudicial e a reintegração na posse.

**(C)** em não desocupando o imóvel, após a liminar de reintegração de posse, o devedor fiduciante pagará ao credor fiduciário taxa de ocupação de meio por cento do valor do imóvel, contada da data da alienação do bem.

**(D)** é assegurado ao fiduciário, seu cessionário e sucessores, assim como ao adquirente do imóvel no processo de alienação extrajudicial, a reintegração na posse do imóvel, que será concedida liminarmente, para desocupação em trinta dias, independentemente da consolidação da propriedade.

(E) a ausência de notificação do devedor fiduciante para o processo de alienação extrajudicial do imóvel resolve-se em perdas e danos, não obstando a consolidação da propriedade e a reintegração na posse do imóvel.

**15.** No caso de inadimplemento de obrigação garantida por alienação fiduciária em garantia, no regime do Decreto-lei nº 911, de 1o de outubro de 1969, o credor fiduciário,

(A) comprovando previamente a mora, por meio de carta registrada com aviso de recebimento, assinado necessariamente pelo próprio destinatário, requererá a busca e apreensão do bem contra o devedor fiduciante, que poderá apresentar resposta em até cinco dias da execução da liminar.

(B) comprovando previamente a mora, por meio de carta registrada com aviso de recebimento, assinado necessariamente pelo próprio destinatário, requererá a busca e apreensão do bem contra o devedor fiduciante, que, para se ver restituído do bem, livre de ônus, poderá realizar a purga da mora, depositando o valor das parcelas em atraso em até cinco dias da execução da liminar.

(C) comprovando previamente a mora, por meio de carta registrada com aviso de recebimento, assinado ou não pelo próprio destinatário, requererá busca e apreensão do bem contra o devedor fiduciante, que, para se ver restituído do bem, livre de ônus, deverá pagar a integralidade da dívida em até cinco dias da execução da liminar.

(D) depois do transcurso do prazo para a resposta, em ação de busca e apreensão, poderá apropriar-se da coisa alienada, dando ao devedor quitação da dívida mediante termo próprio.

(E) independentemente de comprovação da mora, requererá a busca e apreensão do bem contra o devedor fiduciante, que poderá apresentar resposta em até cinco dias da execução da liminar.

**16.** O valor da causa

(A) é utilizado, qualquer que seja, como base de cálculo para fixação dos honorários advocatícios, nas causas em que impossível mensurar o proveito econômico.

(B) pode ser meramente estimado, e não o da condenação pretendida, nas ações nas quais se pede compensação por dano moral.

(C) constitui matéria dispositiva, não podendo ser alterado, a pedido da parte nem de ofício, se não constar de impugnação, em preliminar de contestação.

(D) corresponde à somatória dos pedidos principal e subsidiário, nas ações que contenham pedidos principal e subsidiário.

(E) deve levar em consideração o pedido de tutela final, no procedimento de tutela antecipada requerida em caráter antecedente.

**17.** XPTO Ltda. foi demandada por Y, que, pretendendo atingir bens dos sócios, por vislumbrar a ocorrência de confusão patrimonial, deverá instaurar incidente de desconsideração da personalidade jurídica, o qual

(A) é decidido por sentença.

(B) deve ser instaurado ainda que o pleito conste da petição inicial e suspende o processo até que seja decidido, por decisão interlocutória.

(C) implica, se acolhido, anulação das alienações havidas em fraude à execução.

(D) é cabível apenas no cumprimento de sentença e se infrutíferas as tentativas de penhora de bens da sociedade empresária.

(E) suspende o processo, salvo se a desconsideração houver sido pleiteada na petição inicial.

**18.** No cumprimento definitivo de sentença que haja imposto condenação em quantia certa, ou já fixada em liquidação,

(A) o executado, a requerimento do exequente, será intimado a pagar voluntariamente o débito no prazo de quinze dias, já acrescido de custas e honorários advocatícios, sob pena de multa de dez por cento.

(B) serão arbitrados honorários em benefício do executado no caso de acolhimento, ainda que parcial, de impugnação ou de exceção de pré-executividade.

(C) a incidência da multa demanda prévia intimação pessoal do executado.

(D) se o executado realizar o pagamento tempestivo, ainda que parcial, não incidirá em multa.

(E) não efetuado tempestivamente o pagamento voluntário, o juiz, a pedido do exequente, determinará a expedição de mandado de penhora e avaliação.

**19.** A penhora

(A) deve ser averbada no registro competente para que tenha efeito entre as partes do processo.

(B) incidente sobre quotas autoriza que o exequente passe a integrar a sociedade empresária, na qualidade de sócio, salvo se os demais exercerem direito de preferência na aquisição.

(C) não pode recair sobre os bens inalienáveis, seus frutos e rendimentos, mesmo que à falta de outros bens.

(D) será comunicada ao executado, em regra, por meio de intimação a seu advogado ou à sociedade de advogados a que pertença.

(E) que recaia sobre imóvel ou direito real sobre imóvel impõe a intimação do cônjuge do executado, qualquer que seja o regime de bens.

**20.** De acordo com a legislação e princípios que regem a matéria,

(A) a competência em razão da matéria constitui pressuposto de constituição e de desenvolvimento válido e regular do processo e sua não observância acarreta sua extinção sem resolução do mérito.

(B) a competência em razão da matéria constitui pressuposto de constituição e de desenvolvimento válido e regular do processo e sua não observância acarreta sua extinção com resolução do mérito.

(C) a incompetência territorial, no âmbito dos Juizados Especiais Cíveis, implica extinção do processo sem resolução de mérito.

(D) a abusividade da cláusula de eleição de foro é matéria de ordem pública, e, independentemente da natureza da relação, não se sujeita à preclusão.

(E) os processos de ações conexas devem ser reunidos para decisão conjunta, ainda que um deles já tenha sido sentenciado.

**21.** A homologação da desistência da ação

(A) pode ser apresentada somente até a contestação.

(B) faz coisa julgada material.

(C) não resolve o mérito e impõe, ao desistente, o dever de arcar com as despesas.

(D) obsta o prosseguimento da reconvenção.

(E) deve ser precedida de anuência do réu, ainda que revel.

**22.** Mévio vendeu um carro a Tício, que se obrigou a pagá-lo em vinte e quatro prestações mensais sucessivas. No quarto mês, porém, Tício caiu em inadimplência, razão pela qual Mévio ajuizou ação de cobrança do débito vencido, a qual foi julgada procedente.

Na sentença, o juiz, além dos consectários compreendidos no pedido, deverá condenar Tício ao pagamento

(A) apenas do débito vencido, sobre pena de a sentença ser considerada *ultra petita*.

(B) do débito vencido e das prestações vincendas, enquanto durar a obrigação, ainda que Mévio não as tenha pedido expressamente, se, no curso do processo, não forem pagas nem consignadas.

(C) apenas do débito vencido, pois é vedado ao juiz proferir sentença genérica.

(D) apenas do débito vencido, sob pena de a sentença ser considerada *extra petita*.

(E) do débito vencido e das prestações que se vencerem até a citação, ainda que Mévio não as tenha pedido expressamente, se, no curso do processo, não forem pagas nem consignadas.

**23.** A reconvenção

(A) prossegue mesmo que ocorra causa extintiva que impeça o exame de mérito da ação principal.

(B) dispensa a atribuição de valor à causa.

(C) pode ser proposta apenas pelo réu contra o próprio autor.

(D) não leva, se improcedente, à condenação em honorários advocatícios, os quais são devidos apenas pela procedência do pedido principal.

(E) só pode ser proposta se oferecida contestação.

**24.** Acerca das provas, considere:

I. Para que seja aplicada, a pena de confesso demanda prévia intimação pessoal para o depoimento pessoal.

II. O juiz não pode indeferir a prova testemunhal ainda que os fatos hajam sido confessados.

III. O perito pode escusar-se da nomeação, caso em que o juiz nomeará novo perito.

IV. Findo o depoimento, a parte poderá contraditar a testemunha.

Está correto o que se afirma APENAS em

(A) I.

(B) I, II e III.

(C) II, III e IV.

**(D)** I e III.

**(E)** II e IV.

**25.** Em relação às práticas comerciais e à publicidade nas relações consumeristas, o Código de Defesa do Consumidor estabelece:

**(A)** Tratando-se de produtos refrigerados oferecidos ao consumidor, suas informações gerais, legalmente previstas, serão gravadas de forma indelével.

**(B)** É proibida a publicidade de bens e serviços por telefone, ainda que a chamada seja gratuita ao consumidor, sem anuência prévia deste.

**(C)** O ônus da prova da veracidade e correção da informação ou comunicação publicitária cabe a quem alega sua falsidade ou incorreção.

**(D)** Os fabricantes e importadores deverão assegurar a oferta de componentes e peças de reposição por todo o período de vida útil do produto, limitado ao tempo que constar no manual de garantia respectiva.

**(E)** A publicidade pode ser veiculada como notícia, sem necessidade de ser identificada como propaganda, desde que se refira a aspectos técnicos do produto.

**26.** De acordo com a definição do Código de Defesa do Consumidor, uma cláusula contratual em avença consumerista que estabeleça a ambas as partes a utilização compulsória de arbitragem será

**(A)** anulável, por se tratar de direitos disponíveis, havendo o consumidor que provar prejuízo.

**(B)** válida, pois a imposição foi bilateral.

**(C)** nula de pleno direito, sendo irrelevante que se imponha a ambas as partes a compulsoriedade.

**(D)** tida por inexistente, por ser contrária ao princípio constitucional da inafastabilidade da jurisdição.

**(E)** ineficaz, por caracterizar condição juridicamente impossível.

**27.** Em relação à responsabilidade por vício do produto, o Código de Defesa do Consumidor prevê:

**(A)** Relativamente aos vícios de quantidade, o fornecedor imediato será responsável quando fizer a pesagem ou a medição e o instrumento utilizado não estiver aferido segundo os padrões oficiais, nesse caso afastando-se a responsabilidade da fabricante.

**(B)** A ampliação do prazo para sanar o vício, ou sua redução, podem ser convencionadas, salvo na hipótese de contrato de adesão.

**(C)** Na hipótese de fornecimento de produtos *in natura*, o único responsável perante o consumidor é o fornecedor imediato, ainda que identificado claramente o produtor, cabendo àquele voltar-se regressivamente contra este.

**(D)** Os prazos para reclamar o vício do produto, seja de qualidade ou de quantidade, são prescricionais, uma vez que as ações são de ressarcimento material e ou moral.

**(E)** A contagem do prazo para demandar o reconhecimento do vício inicia-se sempre a partir da aquisição do produto.

**28.** No que se refere à proteção contratual disciplinada pelo Código de Defesa do Consumidor, considere:

**I.** As declarações de vontade constantes de escritos particulares, recibos e pré-contratos relativos às relações de consumo vinculam o fornecedor, ensejando inclusive execução específica.

**II.** O consumidor pode desistir do contrato no prazo de 30 dias a contar de sua assinatura ou do ato de recebimento do produto ou serviço sempre que a contratação de fornecimento de produtos e serviços ocorrer fora do estabelecimento comercial.

**III.** Nos contratos de compra e venda de bens móveis ou imóveis mediante pagamento em prestações, bem como na alienação fiduciária em garantia deles, consideram-se nulas de pleno direito as cláusulas que estabeleçam a perda total das prestações pagas em benefício do credor que, em razão do inadimplemento, pleitear a resolução do contrato e a retomada do produto alienado.

**IV.** Nos contratos do sistema de consórcio de produtos duráveis, a compensação ou a restituição das parcelas quitadas, terá descontada, além da vantagem econômica auferida com a fruição, os prejuízos que o desistente ou inadimplente causar ao grupo.

Está correto o que se afirma APENAS em

**(A)** II e III.

**(B)** III e IV.

**(C)** I e II.

**(D)** I e IV.

**(E)** I, III e IV.

**29.** Cabe ao Departamento Nacional de Defesa do Consumidor, na qualidade de organismo de coordenação da política do Sistema Nacional de Defesa do Consumidor,

**(A)** levar ao conhecimento dos órgãos competentes crimes contra os interesses difusos e coletivos dos consumidores.

**(B)** fiscalizar, direta e exclusivamente, preços, abastecimento, quantidade e segurança de bens e serviços.

**(C)** receber, analisar, avaliar e julgar consultas, denúncias ou sugestões apresentadas por entidades representativas ou pessoas jurídicas de direito público ou privado.

**(D)** planejar, elaborar, propor, coordenar e executar a política nacional de proteção ao consumidor.

**(E)** informar, conscientizar e motivar o consumidor através de portarias, decretos e informativos.

**30.** De acordo com a jurisprudência do STJ, constante de súmula,

**(A)** nos contratos bancários, é possível ao julgador conhecer de ofício, da abusividade das cláusulas contratuais, por se tratar de hipótese de nulidade.

**(B)** o contrato de seguro por danos pessoais compreenderá sempre os danos morais.

**(C)** a embriaguez do segurado não exime a seguradora do pagamento de indenização prevista em contrato de seguro de vida.

**(D)** dada sua natureza, o Código de Defesa do Consumidor não se aplica aos empreendimentos habitacionais promovidos pelas sociedades cooperativas.

**(E)** o Código de Defesa do Consumidor é aplicável tanto às entidades abertas de previdência complementar como aos contratos celebrados com entidades previdenciárias fechadas.

**31.** No que tange às relações de consumo, a desconsideração da personalidade jurídica

**(A)** só se admite a desconsideração direta, não a desconsideração inversa da pessoa jurídica.

**(B)** poderá ocorrer sempre que a personalidade da pessoa jurídica for, de alguma forma, obstáculo ao ressarcimento de prejuízos causados aos consumidores, no que é doutrinariamente denominada a teoria menor do instituto.

**(C)** aplica-se também a sociedades consorciadas somente por culpa e subsidiariamente.

**(D)** regula-se apenas pelas normas do Código Civil, somente não se exigindo a caracterização de confusão patrimonial.

**(E)** só será aplicada se houver a falência da empresa em face da qual se operou a desconsideração.

**32.** No tocante à defesa do consumidor em juízo,

**(A)** para a defesa dos direitos e interesses protegidos pelo Código de Defesa do Consumidor admitem-se somente ações condenatórias e mandamentais, por serem demandas aptas a pleitear e conceder a tutela específica da obrigação.

**(B)** a indenização por perdas e danos poderá abranger danos materiais e morais e far-se-á com prejuízo de multa.

**(C)** nas ações coletivas não haverá adiantamento de despesas ou honorários periciais, mas incidirá como regra a condenação da associação autora em honorários de advogado, custas e despesas processuais, salvo se obtiver o benefício da gratuidade judiciária.

**(D)** em caso de litigância de má-fé, os diretores responsáveis pela propositura de ação coletiva serão diretamente condenados nos ônus sucumbenciais e eventuais perdas e danos, isentada a associação autora.

**(E)** para a tutela específica ou para a obtenção do resultado prático equivalente, poderá o juiz determinar as medidas necessárias, tais como busca e apreensão, remoção de coisas e pessoas, desfazimento de obra, impedimento de atividade nociva, além de requisição de força policial.

**33.** No procedimento de apuração de ato infracional, conforme determina a lei, a autoridade judiciária, ao proferir a sentença, convencida da existência de provas suficientes de autoria e materialidade da infração,

**(A)** determinará a realização de estudo psicossocial polidimensional para orientar a fixação da medida socioeducativa mais adequada.

**(B)** poderá aplicar remissão judicial se o adolescente for primário e não se tratar de fato passível de aplicação de medida de internação ou semiliberdade.

**(C)** fixará a medida socioeducativa mais adequada para o adolescente, individualizando, em qualquer caso, seu tempo de duração.

**(D)** levará em conta a capacidade de cumprimento do adolescente, entre outros critérios, ao aplicar-lhe a medida socioeducativa.

**(E)** decidirá o cabimento de medida socioeducativa de acordo com a idade e a maturidade do adolescente.

**34.** A habilitação de pretendentes à adoção, segundo regra do Estatuto da Criança e do Adolescente,

**(A)** resulta na inclusão dos habilitados em cadastros gerenciados por técnicos responsáveis pela política municipal de garantia do direito à convivência familiar.

(B) inicia-se com a fase de inclusão no cadastro, seguida da etapa de aproximação e preparação para o estágio de convivência.

(C) faz-se por meio de processo judicial que deverá ser concluído no prazo máximo de 120 dias, prorrogável por igual período.

(D) deverá ser renovada, mediante avaliação por equipe interprofissional, no mínimo bienalmente ou sempre que houver recusa de criança indicada.

(E) é dispensada em relação ao pretendente localizado por meio de busca ativa para adoção de adolescentes ou crianças maiores.

**35.** No âmbito da proteção da população infanto-juvenil, considerando os termos expressos da normativa vigente, os conceitos de risco e vulnerabilidade, em suas diferentes modalidades, ganham relevância na medida em que

(A) a Lei do Sinase estabelece que o Plano Individual de Atendimento deverá prever atividades de integração social e medidas de redução da vulnerabilidade social do adolescente.

(B) o enfoque mais voltado à prevenção do risco social do que do risco pessoal é o que difere, segundo a Tipificação Nacional dos Serviços Socioassistenciais, os serviços de proteção social básica dos serviços de proteção social especial.

(C) a Lei Orgânica da Assistência Social dispõe que, na organização dos serviços da assistência social, serão criados programas de amparo às crianças e adolescentes em situação de risco pessoal e social.

(D) a situação de risco é utilizada no texto do Estatuto da Criança e do Adolescente como critério para fixação da competência da Justiça da Infância e Juventude em alguns casos.

(E) a Lei de Diretrizes e Bases da Educação Nacional estabelece a vulnerabilidade social como critério, entre outros, para inclusão em creche enquanto não alcançada a universalização do acesso.

**36.** A autoridade judiciária tem expressa permissão legal para determinar a busca e apreensão

(A) de adolescente que se ausenta da audiência de apresentação no procedimento de apuração de ato infracional por não ter sido localizado e notificado para fins de comparecimento.

(B) de adolescente que, embora compromissado, não se apresenta ao Ministério Público após liberação aos pais pela autoridade policial em casos de flagrante de ato infracional.

(C) de crianças e adolescentes que, sem autorização judicial, se desliguem de comunidades terapêuticas onde foram internados compulsoriamente para tratamento contra drogadição.

(D) para viabilizar a apresentação de adolescente ao programa de liberdade assistida em caso de descumprimento reiterado e injustificado da medida, esgotados os recursos do orientador.

(E) de adolescentes que se evadam de serviços de acolhimento institucional para permanecer com parentes de cujo convívio foram anteriormente retirados em razão de grave conflito familiar.

**37.** A equipe interprofissional destinada a assessorar a Justiça da Infância e da Juventude, segundo disposição expressa do Estatuto da Criança e do Adolescente,

(A) compõe, ao lado do comissariado e dos agentes de proteção, os três serviços auxiliares da Justiça da Infância e da Juventude.

(B) terá, em caso de ausência de servidores públicos do Poder Judiciário, suas funções exercidas, por meio de requisição, por servidores do Poder Executivo local.

(C) será composta por psicólogos, assistentes sociais e pedagogos selecionados por concurso público de provas e títulos.

(D) tem como atribuição desenvolver trabalhos de aconselhamento, orientação, encaminhamento e outros, tudo sob a imediata subordinação à autoridade judiciária.

(E) tem assegurada a livre manifestação do ponto de vista técnico, observando, contudo, as abordagens teóricas e as práticas de intervenção decorrentes de lei ou decisão judicial.

**38.** A Lei no 13.431, 04 de abril de 2017, ao instituir o sistema de garantia de direitos da criança e do adolescente vítima ou testemunha de violência, denomina e define

(A) a escuta especializada como a oitiva da criança vítima realizada em local separado, por profissional especializado, preservando a imagem e a intimidade da criança.

(B) a entrevista forense como o procedimento, orientado por protocolos, de inquirição de criança ou adolescente vítima ou testemunha de violência ou negligência.

**(C)** o depoimento sem dano como a oitiva de crianças e adolescentes vítimas de violência sexual com observância de procedimentos que preservem sua integridade psicológica e previnam a revitimização.

**(D)** a escuta protegida como o procedimento humanizado de inquirição de crianças vítimas de violência ou negligência, mediada por profissionais especializados, em âmbito judicial ou extrajudicial.

**(E)** o depoimento especial como o procedimento de oitiva de criança ou adolescente vítima ou testemunha de violência perante autoridade policial ou judiciária.

**39.** Célia deu à luz Pedro em estabelecimento de atenção à saúde da gestante, de modo que, segundo dispõe expressamente o Estatuto da Criança e do Adolescente,

**(A)** devem ser aplicados protocolos para rastreamento e diagnóstico de eventual depressão pós-parto em Célia, e, em caso de confirmação, com notificação compulsória à rede de proteção à criança do território da família.

**(B)** cometerá crime, ainda que de forma culposa, o dirigente do estabelecimento se deixar de fornecer a Célia, por ocasião da alta médica, declaração de nascimento onde constem as intercorrências do parto e do desenvolvimento de Pedro.

**(C)** na ausência de pais ou responsável legal, caso Célia seja adolescente, a liberação da alta hospitalar na companhia de Pedro está condicionada a prévia autorização judicial ou do Conselho Tutelar.

**(D)** incidirão em infração administrativa o enfermeiro ou dirigente de estabelecimento caso deixem de identificar corretamente Pedro por ocasião do parto mediante o registro de sua impressão plantar.

**(E)** se Célia manifestar interesse em entregar Pedro para adoção, deve o estabelecimento, ouvido o pai indicado, comunicar o fato, imediatamente, ao Ministério Público e aguardar determinação quanto ao destino da criança.

**40.** Sandro é dirigente de programa de atendimento socioeducativo em regime de internação, de modo que, de acordo com a legislação vigente,

**(A)** deve comprovar, para exercício da função, sem prejuízo de outros requisitos, formação em nível superior e experiência no trabalho com adolescentes de, no mínimo, dois anos.

**(B)** tem a atribuição de rever, a pedido do interessado, decisões das comissões internas responsáveis pela aplicação de sanção disciplinar ao adolescente em caso de falta grave ou média.

**(C)** pode, em processo judicial iniciado por auto de infração elaborado por servidor efetivo ou voluntário credenciado, ser afastado de suas funções no caso de irregularidade no programa de atendimento que dirige.

**(D)** pode suspender temporariamente as visitas aos adolescentes, inclusive de pais ou responsável, se existirem motivos sérios e fundados de sua prejudicialidade aos interesses do adolescente.

**(E)** cabe a ele, ou à direção que representa, solicitar à autoridade judiciária a liberação de visita íntima ao adolescente privado de liberdade que seja casado ou que viva, comprovadamente, em união estável.

**41.** A ação penal é pública condicionada

**(A)** no crime de dano cometido por motivo egoístico.

**(B)** no crime de exercício arbitrário das próprias razões, se não há emprego de violência.

**(C)** no crime contra a honra de servidor público em razão do exercício de suas funções, admitindo-se, porém, a legitimidade concorrente do ofendido para oferecimento de queixa.

**(D)** nos crimes contra a liberdade sexual, se a vítima é maior de quatorze e menor de dezoito anos.

**(E)** no crime de estelionato, salvo, entre outras situações, se a vítima for maior de sessenta anos.

**42.** Quanto ao livramento condicional,

**(A)** a falta grave interrompe o prazo para a sua obtenção, da mesma forma que se verifica para a progressão de regime.

**(B)** a ausência de suspensão ou revogação antes do término do período de prova não dá ensejo à extinção da punibilidade pelo integral cumprimento da pena.

**(C)** é exigível o cumprimento de dois terços da pena para o condenado por associação para o tráfico, a despeito da não hediondez do delito, segundo entendimento do Superior Tribunal de Justiça.

**(D)** é cabível ao condenado a pena igual ou superior a dois anos, desde que comprovado o não cometimento de falta grave nos últimos vinte e quatro meses.

(E) a pena unificada para atender o limite de quarenta anos de cumprimento deve ser considerada para efeito de concessão do benefício.

**43.** Segundo entendimento do Superior Tribunal de Justiça quanto aos crimes previstos na Lei no 11.343, de 23 de agosto de 2006,

(A) é inviável a aplicação da causa especial de diminuição da pena do art. 33, § 4o, da Lei 11.343/2006, quando há condenação simultânea do agente nos crimes de tráfico de drogas e de associação para o tráfico, mas possível que a fração de redução, em caso de exclusiva condenação por tráfico, seja modulada em razão da qualidade e da quantidade de droga apreendida, além das demais circunstâncias do delito, não obstando a aplicação da minorante, por si só, a condição de "mula".

(B) para a incidência da majorante do art. 40, V, da Lei no 11.343/2006, é desnecessária a efetiva transposição de fronteiras, bastando a demonstração inequívoca da intenção de realizar o tráfico interestadual, e, se além dela, houver a incidência de outra circunstância elencada no mesmo artigo, possível a aplicação de acréscimo acima da fração mínima com base apenas no número de causas de aumento identificadas.

(C) é desproporcional que condenações anteriores pelo delito do art. 28 da Lei no 11.343/2006 configurem reincidência e, por isso, quando cometido no interior de estabelecimento prisional, não constitui falta grave.

(D) o agente que atua diretamente na traficância e que também financia ou custeia a aquisição de drogas deve responder pela conduta autônoma prevista no art. 36 da Lei no 11.343/2006, e não pelo crime do art. 33, caput, com a causa de aumento do art. 40, VII, admitindo-se, porém, a aplicação do princípio da consunção entre os delitos do art. 33, § 1o, e do art. 34, desde que não caracterizada a existência de contextos autônomos e coexistentes, aptos a vulnerar o bem jurídico tutelado de forma distinta.

(E) acarreta *bis in idem* a incidência simultânea das majorantes previstas no art. 40 da Lei no 11.343/2006 aos crimes e tráfico de drogas e de associação para fins de tráfico, bem como a consideração da natureza e a quantidade da droga para justificar o aumento da pena-base e para afastar a redução prevista no art. 33, § 4o.

**44.** No tocante às faltas graves na execução penal, a jurisprudência do Superior Tribunal de Justiça considera:

(A) O reconhecimento da falta grave no curso da execução penal justifica a perda de até 1/3 do total de dias trabalhados pelo apenado até a data do ato de indisciplina carcerária, desde que haja declaração judicial da remição.

(B) A falta disciplinar de natureza grave praticada no período estabelecido pelos decretos presidenciais que tratam de benefícios executórios impede a concessão de indulto ou de comutação da pena, desde que a penalidade tenha sido homologada antes da data de publicação das normas.

(C) A imposição da falta grave ao executado em razão de conduta praticada por terceiro, não viola, em qualquer hipótese, o princípio constitucional da intranscendência.

(D) A data da fuga é o marco inicial da prescrição para apuração da falta grave correspondente.

(E) O cometimento de falta disciplinar de natureza grave no curso da execução penal justifica a exigência de exame criminológico para fins de progressão de regime.

**45.** Segundo tese fixada pelo Superior Tribunal de Justiça, os apenados que, embora tenham cometido crime hediondo ou equiparado sem resultado morte, e que não sejam reincidentes em delito de natureza semelhante, poderão progredir de regime prisional quando tiverem cumprido ao menos

(A) sessenta por cento da pena.

(B) oitenta por cento da pena.

(C) cinquenta por cento da pena.

(D) quarenta por cento da pena.

(E) setenta por cento da pena.

**46.** No que se refere ao crime de roubo,

(A) passou a ser considerado hediondo, em qualquer modalidade, pela Lei no 13.964, de 24 de dezembro de 2019.

(B) se consuma com a inversão da posse do bem mediante emprego de violência ou grave ameaça, ainda que por breve tempo e em seguida à perseguição imediata ao agente e recuperação da coisa roubada, revelando-se imprescindível, porém, a posse mansa e pacífica ou desvigiada.

(C) configura-se na forma imprópria quando o agente, antes de subtraída a coisa, emprega violência ou grave ameaça, a fim de assegurar a impunidade do crime ou a detenção da coisa para si ou para outrem.

(D) já não constitui causa de aumento da pena o emprego de arma branca.

(E) a fração de aumento pela majorante do emprego de arma de fogo dependerá da natureza do instrumento.

**47.** No que se refere às penas restritivas de direitos,

(A) a prestação de serviços à comunidade é aplicável a qualquer condenação não superior a quatro anos, facultado ao condenado cumpri-la em menor tempo, nunca inferior à metade da pena privativa de liberdade, se a pena substituída foi superior a um ano.

(B) a prestação pecuniária, se não paga, não poderá ser convertida em pena privativa de liberdade e será considerada dívida de valor, aplicando-se as normas da legislação relativa à dívida ativa da Fazenda Pública.

(C) a correspondente execução independe do trânsito em julgado da condenação, mas poderá o juiz, motivadamente, alterar a forma de cumprimento da prestação de serviços à comunidade, ajustando-a às condições pessoais do condenado.

(D) o juiz poderá estabelecer condição especial para a concessão do regime aberto, sem prejuízo das gerais e obrigatórias, desde que não constitua pena substitutiva.

(E) o descumprimento injustificado da restrição, imposta em sentença condenatória ou acordada em sede de transação penal, conduz à conversão para pena privativa de liberdade.

**48.** No cálculo da pena,

(A) o aumento pelo crime continuado comum, incidente na terceira etapa, decorrerá da culpabilidade, dos antecedentes, da conduta social e da personalidade do agente, bem como dos motivos e das circunstâncias, aplicando-se a pena de um só dos crimes, se idênticas, ou mais grave, se diversas, até o triplo.

(B) se reconhecido o concurso formal, próprio ou impróprio, as penas de multa são aplicadas distinta e integralmente.

(C) o juiz, havendo concurso de causas de aumento ou de diminuição previstas na parte geral do Código Penal, pode limitar-se a um só aumento ou a uma só diminuição, prevale-

cendo, todavia, a causa que mais aumente ou diminua.

(D) o acréscimo na pena privativa de liberdade pelo concurso formal impróprio, incidente na terceira etapa, deve considerar o número de vítimas.

(E) o arrependimento posterior como circunstância atenuante incide na segunda fase do cálculo, mas não pode conduzir a pena abaixo do mínimo legal.

**49.** No tocante às garantias constitucionais aplicáveis ao processo penal,

(A) todos os julgamentos dos órgãos do Poder Judiciário serão públicos, e fundamentadas todas as decisões, sob pena de nulidade, podendo a lei limitar a presença, em determinados atos, às próprias partes e a seus advogados, mas não somente a estes.

(B) o civilmente identificado jamais pode ser submetido a identificação criminal, sob pena de caracterização de constrangimento ilegal.

(C) o preso tem direito à identificação do responsável por sua prisão, mas nem sempre por seu interrogatório policial.

(D) a razoável duração do processo e os meios que garantam a celeridade de sua tramitação são garantias exclusivamente aplicáveis à ação penal.

(E) a garantia do juiz natural é contemplada, mas não só, na previsão de proibição de juízo ou tribunal de exceção.

**50.** Em relação ao acordo de colaboração premiada, a Lei de Organização Criminosa, Lei no 12.850, de 02 de agosto de 2013, estabelece:

(A) Configura violação de sigilo e quebra de confiança e da boa-fé a divulgação das tratativas iniciais acerca do acordo de colaboração premiada, assim como de documento que formalize tais tratativas, até o levantamento de sigilo por decisão judicial.

(B) Medidas cautelares reais ou pessoais podem ser decretadas com fundamento apenas nas declarações do colaborador, as quais, porém, são insuficientes, como fundamento único, para decisão de recebimento de denúncia e sentença condenatória.

(C) Dado o sigilo, o registro das tratativas e dos atos de colaboração não deve ser feito por meios ou recursos de gravação magnética, estenotipia ou técnica similar.

(D) Caso não haja indeferimento sumário de acordo de colaboração premiada, as partes deverão firmar termo de confidencialidade para prosseguimento das tratativas, mas isso não vincula os órgãos envolvidos na negociação, nem impede o indeferimento posterior sem justa causa.

(E) Se beneficiado por perdão judicial ou não denunciado, o colaborador não poderá ser ouvido em juízo, mas apenas na fase de investigação.

**51.** No tocante à competência no processo penal, o Código de Processo Penal estabelece:

(A) Quando incerto o limite territorial entre duas ou mais jurisdições, ou quando incerta a jurisdição por ter sido a infração consumada ou tentada nas divisas de duas ou mais jurisdições, a competência firmar-se-á pelo domicílio ou residência do réu.

(B) Na determinação da competência por conexão ou continência, no concurso de jurisdições de mesma categoria, preponderará sempre a competência por prevenção.

(C) Nos casos de exclusiva ação de iniciativa privada, o querelante poderá preferir o foro de seu domicílio ou residência, ainda quando conhecido o lugar da infração.

(D) Em caso de estelionato praticado mediante depósito, a competência será definida pelo local de domicílio da vítima e, em caso de pluralidade de vítimas, a competência firmar-se-á pela prevenção.

(E) A competência será, de regra, determinada pelo lugar em que se consumar a infração, ou, no caso de tentativa, pelo lugar em que for praticado o primeiro ato de execução.

**52.** Segundo entendimento sumulado,

(A) é nulo o julgamento da apelação após a manifestação nos autos da renúncia do único defensor, ainda que o réu tenha sido previamente intimado para constituir outro.

(B) salvo quando nula a decisão de primeiro grau, o acórdão que provê o recurso contra a rejeição da denúncia vale, desde logo, pelo recebimento dela.

(C) a renúncia do réu ao direito de apelação, manifestada sem a assistência do defensor, impede o conhecimento da apelação por este interposta.

(D) constitui nulidade a falta de intimação do denunciado para oferecer contrarrazões ao recurso interposto da rejeição da denúncia, mas a nomeação de defensor dativo a supre.

(E) é cabível apelação da decisão que determina o sequestro de bens no processo penal.

**53.** Em relação ao acordo de não persecução penal, a legislação vigente estabelece:

(A) É cabível acordo de não persecução penal para infração penal praticada sem violência ou grave ameaça, com pena mínima igual ou inferior a quatro anos.

(B) A vítima será intimada da homologação do acordo de não persecução penal, mas não de seu descumprimento.

(C) É cabível acordo de não persecução penal, mesmo se o agente tiver se beneficiado, nos cinco anos anteriores ao cometimento da infração penal, em transação penal ou suspensão condicional do processo.

(D) Para aferição da pena mínima cominada ao delito, não devem ser consideradas as causas de aumento e diminuição aplicáveis ao caso.

(E) Se o juiz considerar inadequadas, insuficientes ou abusivas as condições dispostas no acordo de não persecução penal, devolverá os autos ao Ministério Público para que seja reformulada a proposta de acordo, com concordância do investigado e seu defensor.

**54.** Em relação à prisão preventiva e às medidas cautelares alternativas à prisão, o Código de Processo Penal estabelece:

(A) A decisão que decretar, substituir ou denegar a prisão preventiva será motivada e fundamentada, admitindo-se, no caso de denegação da prisão, que haja simples indicação do ato normativo aplicável ao caso.

(B) O juiz pode revogar a prisão preventiva se, no correr da investigação ou do processo, verificar a falta de motivo para que ela subsista, mas o mesmo juiz já não pode depois novamente decretá-la.

(C) A decisão que decretar a prisão preventiva deve ser motivada e fundamentada em receio de perigo e existência concreta de fatos novos ou contemporâneos que justifiquem a aplicação da medida adotada.

(D) O juiz somente pode substituir a prisão preventiva pela domiciliar quando o agente for maior de oitenta anos e extremamente debilitado por motivo de doença grave.

**(E)** A suspensão do exercício de função pública ou de atividade de natureza econômica ou financeira é medida cautelar diversa da prisão, cabível independentemente de haver receio de utilização da função ou atividade para a prática de infrações penais.

**55.** Em relação à prova no processo penal,

**(A)** o Supremo Tribunal Federal, por maioria de votos, entende legítimo o compartilhamento, com o Ministério Público e as autoridades policiais, para fins de investigação criminal, da integralidade dos dados bancários e fiscais do contribuinte obtidos pela Receita Federal e pelo Conselho de Controle de Atividade Financeira, sem a necessidade de autorização prévia do Poder Judiciário.

**(B)** as perguntas serão formuladas pelas partes diretamente à testemunha, não admitindo o juiz apenas aquelas que puderem induzir a resposta.

**(C)** a captação ambiental de sinais eletromagnéticos, ópticos ou acústicos poderá ser autorizada pelo juiz, para investigação ou instrução criminal, quando houver elementos probatórios razoáveis de autoria e participação em infrações criminais cujas penas máximas sejam iguais ou superiores a quatro anos e a prova não puder ser feita por outros meios disponíveis e igualmente eficazes.

**(D)** a infiltração de agentes de polícia em tarefas de investigação depende de circunstanciada, motivada e sigilosa autorização do juiz competente, e poderá ser autorizada pelo prazo de até seis meses, vedada renovação.

**(E)** será admitida a interceptação de comunicações telefônicas quando o fato investigado constituir infração penal punida com pena de detenção, desde que a pena máxima seja superior a dois anos.

**56.** Quanto à sentença penal, o Código de Processo Penal dispõe:

**(A)** O juiz, ao proferir sentença condenatória, fixará valores mínimo e máximo para reparação dos danos causados pela infração, considerando os prejuízos sofridos pelo ofendido que tiverem sido apurados na instrução processual.

**(B)** Ao proferir sentença condenatória, o juiz decidirá, fundamentadamente, sobre a manutenção ou, se for o caso, a imposição de prisão preventiva ou de outra medida cautelar, sem prejuízo do conhecimento de apelação que vier a ser interposta.

**(C)** Na sentença absolutória, o juiz ordenará a cessação das medidas cautelares e provisoriamente aplicadas, salvo se devidamente justificada a necessidade de sua manutenção para fins de reparação do dano na esfera cível.

**(D)** O juiz, sem modificar a descrição do fato contida na denúncia, poderá atribuir-lhe definição jurídica diversa, apenas se a pena aplicada for menos grave.

**(E)** Se existirem circunstâncias que excluam o crime ou isentem o réu de pena, o juiz absolverá o réu por inexistência de prova suficiente para a condenação.

**57.** Lei estadual de Goiás, ao disciplinar a contratação temporária de excepcional interesse público, fixou o prazo máximo de vigência do contrato, determinando que não poderá ser realizada a contratação para a prestação de serviços ordinários permanentes do Estado que estejam sob o espectro das contingências normais da Administração, cabendo ao decreto regulamentar dispor sobre os casos excepcionais que poderão ensejar a contratação temporária. À luz da Constituição Federal, da Constituição do Estado de Goiás e da jurisprudência do Supremo Tribunal Federal, a lei estadual mostra-se

**(A)** compatível com a Constituição Estadual, mas incompatível com a Constituição Federal, podendo ser impugnada mediante ação direta de inconstitucionalidade perante o Supremo Tribunal Federal, proposta, dentre outros legitimados, pela Mesa da Assembleia Legislativa do Estado e por partido político com representação na Assembleia Legislativa do Estado.

**(B)** incompatível com a Constituição Federal e com a Constituição Estadual, podendo ser impugnada mediante ação direta de inconstitucionalidade perante o Supremo Tribunal Federal, mas não perante o Tribunal de Justiça do Estado, sob pena de ser usurpada a competência do Supremo Tribunal Federal.

**(C)** incompatível com a Constituição Federal e com a Constituição Estadual, podendo ser impugnada mediante ação direta de inconstitucionalidade proposta tanto perante o Supremo Tribunal Federal, quanto perante o Tribunal de Justiça do Estado, cabendo a suspensão do processo em trâmite no Tribunal de Justiça caso o controle concentrado e principal de constitucionalidade da mesma norma seja também instaurado perante o Supremo Tribunal Federal.

**(D)** compatível com a Constituição Federal, mas incompatível com a Constituição Estadual, podendo ser impugnada mediante ação direta de inconstitucionalidade perante o Tribunal de Justiça do Estado, proposta, dentre outros legitimados, pelo Procurador-Geral de Justiça do Estado.

**(E)** compatível com a Constituição Federal e com a Constituição do Estado, podendo ser objeto de ação declaratória de constitucionalidade perante o Supremo Tribunal Federal, proposta, dentre outros legitimados, pelo Governador do Estado, sendo incabível o ajuizamento da ação perante o Tribunal de Justiça do Estado.

**58.** De acordo com as normas aplicáveis à matéria e a jurisprudência do Supremo Tribunal Federal, mandado de segurança coletivo visando a questionar a aplicação de decreto do Governador que, com base em autorização prevista em lei ordinária, tenha aumentado alíquota de determinado imposto estadual, pode ser impetrado por

**(A)** parlamentar, com a finalidade de impedir a aplicação da lei que autorizou a edição do decreto, para a defesa de seu direito líquido e certo à regularidade do processo legislativo em face da ordem constitucional.

**(B)** entidade de classe, em defesa do direito líquido e certo de seus associados de não serem compelidos ao pagamento da alíquota majorada, ainda que a pretensão veiculada interesse apenas a uma parte da respectiva categoria.

**(C)** associação legalmente constituída, desde que em funcionamento há pelo menos um ano, para assegurar direito líquido e certo de seus associados de não serem compelidos ao pagamento da alíquota majorada, sendo exigida para a propositura da demanda autorização expressa de seus membros.

**(D)** partido político, ainda que sem representação no Poder Legislativo e mesmo que não esteja constituído há pelo menos um ano, para defesa de direito líquido e certo dos contribuintes do imposto de não serem compelidos ao pagamento da alíquota majorada, desde que a propositura da ação esteja relacionada às suas finalidades institucionais.

**(E)** sindicato de categoria profissional ou econômica, desde que constituído e em funcionamento há pelo menos um ano, em defesa do direito líquido e certo de seus membros de não serem compelidos ao pagamento da alíquota majorada, independentemente de autorização expressa de seus integrantes.

**59.** Considerando o sistema de controle de constitucionalidade previsto na Constituição Federal, mostra-se

**(A)** incabível, no exercício do controle jurisdicional abstrato e principal de constitucionalidade por omissão, que seja fixado prazo para que o órgão administrativo supra a omissão inconstitucional.

**(B)** incabível a produção de efeitos repristinatórios à decisão judicial que declara a inconstitucionalidade de lei ou de ato normativo em sede de controle abstrato de constitucionalidade.

**(C)** cabível o exercício do controle concreto e incidental, bem como do controle abstrato e principal de constitucionalidade, em face da Constituição Federal, de tratados internacionais que tenham sido incorporados ao direito brasileiro.

**(D)** cabível o exercício do controle de constitucionalidade de lei municipal em face da Constituição Federal, realizado originariamente pelo Supremo Tribunal Federal em sede de ação direta de inconstitucionalidade.

**(E)** cabível o exercício do controle jurisdicional abstrato e principal de constitucionalidade de decreto regulamentar que contrarie os limites que lhe foram impostos pela lei regulamentada, por violação ao princípio constitucional da legalidade.

**60.** Certo município do Estado de Goiás editou lei restringindo a utilização do fogo na agricultura, com a finalidade de proteger o meio ambiente. Todavia, o ato normativo municipal disciplinou a matéria de modo incompatível com as normas estabelecidas pela União e pelo Estado sobre o mesmo assunto, ensejando o ajuizamento de ação civil pública pelo Ministério Público estadual pleiteando a prolação de sentença determinando que os órgãos de fiscalização ambiental autorizassem o uso do fogo na agricultura em conformidade com a legislação federal e com a estadual, declarando-se, incidentalmente, a inconstitucionalidade da norma municipal em face da Constituição Federal. Considerando as normas constitucionais aplicáveis ao caso e a jurisprudência do Supremo Tribunal Federal, a lei municipal é

**(A)** inconstitucional, uma vez que o município não tem competência para legislar sobre o meio ambiente, mas a inconstitucionalidade deve ser arguida em sede de controle principal e abstrato de constitucionalidade, perante o Tribunal de Justiça do Estado, cujo acórdão é passível de ser impugnado mediante interposição de recurso extraordinário.

(B) inconstitucional, uma vez que, embora o município tenha competência para legislar sobre a matéria no limite do seu interesse local, deve exercê-la de modo a não contrariar o regramento editado pelos demais entes federados, podendo ser reconhecida, incidentalmente, a inconstitucionalidade da norma municipal em face da Constituição Federal em sede de ação civil pública.

(C) inconstitucional, uma vez que os municípios não têm competência para legislar sobre o meio ambiente, podendo ser reconhecida, incidentalmente, a inconstitucionalidade da norma local em face da Constituição Federal em sede de ação civil pública.

(D) ilegal, por ter contrariado o regramento editado pela União e pelo Estado, mas não inconstitucional, podendo a nulidade da norma local ser reconhecida, incidentalmente, em sede de ação civil pública.

(E) ilegal, por ter contrariado o regramento editado pela União e pelo Estado, mas não inconstitucional, não podendo, todavia, a nulidade da norma ser reconhecida, ainda que incidentalmente, em sede de ação civil pública, vez que isso caracterizaria usurpação da competência do Supremo Tribunal Federal para julgar a matéria em sede de arguição de descumprimento de preceito fundamental.

**61.** Ao dispor em matéria de servidores públicos titulares de cargos efetivos e de policiais militares, a Constituição Federal

(A) determina que a aposentadoria compulsória no âmbito de ambas as categorias dá-se aos setenta anos de idade, ou aos setenta e cinco anos de idade, na forma da lei complementar editada pela União.

(B) veda aos policiais militares a acumulação remunerada de cargos públicos, ainda que haja compatibilidade de horários, embora permita aos servidores públicos efetivos acumular o exercício do cargo público nas hipóteses previstas na Constituição Federal, incidindo o limite remuneratório máximo sobre a somatória da remuneração percebida em todos os cargos.

(C) assegura a ambas as categorias os direitos de sindicalização e de greve, na forma da lei, devendo, no último caso, ser garantida a continuidade da prestação de serviços públicos.

(D) atribui à União competência para editar normas gerais tanto em matéria de inatividade e pensão das polícias militares, como sobre previdência social dos servidores públicos efetivos dos Estados.

(E) determina que deverá ser aplicada a pena de demissão ao policial militar que, contando com menos de dez anos de serviço, candidatar-se a cargo eletivo federal ou estadual, não se aplicando a mesma regra aos servidores públicos efetivos, que poderão acumular o exercício do mandato eletivo federal ou estadual com o cargo público, caso haja compatibilidade de horário.

**62.** O Tribunal de Justiça do Estado de Goiás proferiu ordem judicial em demanda ajuizada por associação de servidores públicos municipais, determinando que fossem nomeados os candidatos aprovados em concurso público municipal, até o limite do número de vagas previstas no edital de abertura do concurso, em vista da ausência de motivação e da inexistência de situações excepcionais e imprevisíveis que justificassem a recusa da Administração Pública em nomear os candidatos. Transitada em julgado a decisão judicial e frustradas as medidas judiciais ordinárias para que a ordem judicial fosse cumprida pelo Município, foi proposta representação interventiva perante o Tribunal de Justiça, que deu provimento ao pedido e requisitou ao Governador do Estado as providências cabíveis voltadas ao cumprimento da ordem judicial. Considerando a Constituição Federal e a jurisprudência do Supremo Tribunal Federal, a ordem judicial que determinou a nomeação dos candidatos é

(A) incompatível com a jurisprudência do Supremo Tribunal Federal na matéria, mas o Tribunal de Justiça é competente para julgar a representação interventiva na hipótese, cabendo ao Governador decretar a intervenção no Município, dispensada a apreciação do decreto interventivo pela Assembleia Legislativa.

(B) incompatível com a jurisprudência do Supremo Tribunal Federal na matéria, sendo que o Tribunal de Justiça não poderia ter conhecido da representação, já que, no caso, a medida interventiva dependia de requisição do Supremo Tribunal Federal.

(C) compatível com a jurisprudência do Supremo Tribunal Federal na matéria, mas a representação interventiva deveria ter sido proposta perante o Superior Tribunal de Justiça, uma vez que a ordem judicial descumprida foi proferida pelo Tribunal de Justiça.

(D) compatível com a jurisprudência do Supremo Tribunal Federal na matéria, mas o Tribunal de Justiça não poderia ter conhecido da representação, já que a medida interventiva dependia de provimento de representação proposta pelo Pro- curador Geral da República perante o Supremo Tribunal Federal.

(E) compatível com a jurisprudência do Supremo Tribunal Federal na matéria, sendo o Tribunal de Justiça competente para julgar a representação interventiva, cabendo ao Governador, ao decretar a intervenção no Município, nomear interventor, caso essa providência mostre-se necessária para o restabelecimento da normalidade.

**63.** Em ação direta de inconstitucionalidade por omissão proposta perante o Supremo Tribunal Federal, com fundamento na ausência de lei específica tipificando criminalmente a prática de discriminação decorrente de orientação sexual ou de identidade de gênero, o autor pleiteou:

I. o reconhecimento do estado de mora inconstitucional do Poder Legislativo federal na implementação da prestação legislativa exigida pela Constituição Federal, bem como a cientificação do Congresso Nacional para as providências necessárias.

II. a fixação de prazo para que o Poder Legislativo federal edite a lei demandada pelo texto constitucional, sob pena de o crime e a respectiva pena serem definidos pelo Supremo Tribunal Federal.

III. a condenação do Estado brasileiro ao pagamento de indenização às vítimas de todas as formas de homofobia e transfobia, caso a lei não venha a ser editada no prazo fixado judicialmente.

De acordo com a Constituição Federal e a jurisprudência do Supremo Tribunal Federal, mostra-se cabível APENAS o requerimento expresso em

(A) II e III.
(B) III.
(C) I.
(D) I e II.
(E) I e III.

**64.** Um dos municípios do Estado de Goiás editou lei dispondo sobre a distância mínima exigida para a instalação de estabelecimentos comerciais do mesmo ramo, como medida de facilitação de acesso aos respectivos serviços pelos consumidores, tendo previsto a imposição de multa aos infratores. Considerando o teor da Constituição Federal e a jurisprudência do Supremo Tribunal Federal, esse ato normativo mostra-se

(A) inconstitucional, uma vez que a matéria encontra-se inserida no âmbito da competência legislativa reservada aos Estados.

(B) constitucional, uma vez que cabe ao poder público municipal fixar a política de desenvolvimento urbano, tendo por objetivo ordenar o pleno desenvolvimento das funções sociais da cidade e garantir o bem-estar de seus habitantes.

(C) inconstitucional, uma vez que ofende o princípio da livre concorrência.

(D) inconstitucional, uma vez que cabe privativamente à União legislar em matéria de consumo, cabendo aos municípios apenas o exercício da atividade de fiscalização.

(E) constitucional, uma vez que cabe ao poder público exercer, como agente normativo e regulador da atividade econômica, as funções de fiscalização, incentivo e planejamento.

**65.** Tratado internacional que venha a ser celebrado pela República Federativa do Brasil em matéria de proteção da igualdade será incorporado ao direito nacional e deverá ser cumprido em território brasileiro

(A) após sua aprovação pelo Congresso Nacional e posterior promulgação pelo Presidente do Senado, sendo equivalente à emenda constitucional desde que seja aprovado, em cada Casa do Congresso Nacional, em dois turnos, por três quintos dos votos dos respectivos membros.

(B) após sua aprovação pelo Congresso Nacional e posterior promulgação pelo Presidente da República, sendo equivalente à emenda constitucional desde que seja aprovado, em cada Casa do Congresso Nacional, em dois turnos, por três quintos dos votos dos respectivos membros.

(C) imediatamente após sua celebração, por dispor em matéria de direitos humanos, sob condição de ser ratificado pelo Congresso Nacional no prazo legal, sendo equivalente, nesse caso, à lei ordinária.

(D) após sua aprovação pelo Congresso Nacional e posterior promulgação pelo Presidente do Senado, sendo equivalente à emenda constitucional desde que seja aprovado, em sessão conjunta das Casas do Congresso Nacional, em dois turnos, por três quintos dos votos de seus membros.

(E) após sua aprovação pelo Congresso Nacional e posterior promulgação pelo Presidente da

República, sendo equivalente à emenda constitucional desde que seja aprovado em sessão conjunta das Casas do Congresso Nacional, em dois turnos, por três quintos dos votos de seus membros.

**66.** O Governador do Estado de Goiás apresentou projeto de lei que dispôs sobre a carreira de médicos titulares de cargos públicos estaduais efetivos e fixou os valores em reais da respectiva remuneração. O projeto de lei foi aprovado com emenda parlamentar que estabeleceu a vinculação da remuneração dos cargos públicos de médico a percentuais do limite remuneratório máximo aplicável ao Poder Executivo estadual, elevando a despesa prevista inicialmente no projeto de lei. Considerando a ordem jurídica constitucional, a emenda parlamentar aprovada é

(A) inconstitucional, uma vez que a fixação de remuneração dos médicos é matéria de iniciativa privativa do Governador, não podendo ser objeto de emenda parlamentar que importe aumento de despesa, ainda que seja materialmente constitucional a vinculação da remuneração nos termos propostos pela emenda parlamentar.

(B) inconstitucional, uma vez que, embora a situação permita a apresentação de emenda parlamentar que implique aumento de despesa, desde que amparada em estudos de impacto econômico-financeiro, mostra-se materialmente inconstitucional a vinculação da remuneração nos termos propostos pela emenda parlamentar.

(C) constitucional, uma vez que a fixação de remuneração dos médicos não é matéria de iniciativa privativa do Governador, podendo ser objeto de emenda parlamentar, ainda que isso importe aumento de despesa, desde que amparada em estudos de impacto econômico-financeiro, sendo constitucional o estabelecimento da vinculação da remuneração nos termos propostos pela emenda parlamentar.

(D) inconstitucional, uma vez que, ainda que a fixação de remuneração dos médicos não seja matéria de iniciativa privativa do Governador, não pode ser objeto de emenda parlamentar que importe aumento de despesa em projeto de iniciativa do Chefe do Poder Executivo, em que pese seja materialmente constitucional a vinculação da remuneração nos termos propostos pela emenda parlamentar.

(E) inconstitucional, uma vez que a fixação de remuneração dos médicos é matéria de inicia-

tiva privativa do Governador, não podendo ser objeto de emenda parlamentar que importe aumento de despesa, sendo materialmente inconstitucional a vinculação da remuneração nos termos propostos pela emenda parlamentar.

**67.** Os partidos políticos

(A) que tenham registrado seus estatutos no Tribunal Superior Eleitoral podem, nos termos da lei, participar do processo eleitoral, receber recursos do Fundo Partidário e ter acesso gratuito ao rádio e à televisão, além de ter assegurada a exclusividade de sua denominação, sigla e símbolos, vedada a utilização, por outros partidos, de variações que venham a induzir a erro ou confusão.

(B) podem ter caráter nacional ou regional, na medida em que o artigo 17 da Constituição Federal consagra o princípio da liberdade de criação dos partidos políticos.

(C) ostentam natureza jurídica híbrida, pois são pessoas jurídicas de direito privado que se equiparam a entidades paraestatais.

(D) adquirem personalidade jurídica com o registro de seus estatutos no Tribunal Superior Eleitoral.

(E) podem participar das eleições desde que tenham, a qualquer tempo, registrado seus estatutos no Tribunal Superior Eleitoral, bem como constituído órgão de direção na circunscrição até a data da convenção.

**68.** A ação de impugnação de mandato eletivo (AIME)

(A) pode ser promovida por candidato, desde que tenha disputado o mesmo cargo para o qual o impugnado foi efeito.

(B) acarreta, se julgada procedente, a desconstituição do mandato, com afastamento do impugnado do cargo.

(C) pode ter como causa de pedir a ausência de condição de elegibilidade ou a presença de causa de inelegibilidade.

(D) tem por objetivos a cassação do registro ou diploma de candidato e a imposição de inelegibilidade.

(E) deve ser proposta no prazo decadencial de trinta dias contados da data da diplomação.

**69.** A respeito da organização da Justiça Eleitoral, considere:

I. A Justiça Eleitoral é composta pelos seguintes órgãos: Tribunal Superior Eleitoral, Tribunais

Regionais Eleitorais, Juízes Eleitorais, Juntas Eleitorais, Zonas Eleitorais e Seções Eleitorais.

II. A Justiça Eleitoral desempenha, além das funções administrativa, jurisdicional e normativa, a função consultiva.

III. Os juízes de direito que exercem funções eleitorais são designados pelo Tribunal Regional Eleitoral em caráter vitalício.

IV. A zona eleitoral é o espaço territorial sob a jurisdição do juiz eleitoral para fins de organização do eleitorado, ao passo que a seção eleitoral é a menor unidade na divisão judiciária eleitoral.

Está correto o que se afirma APENAS em

(A) I e IV.

(B) II e IV.

(C) I e II.

(D) I e III.

(E) II e III.

**70.** A inelegibilidade reflexa

(A) alcança o cônjuge e parentes dos chefes do Poder Executivo e dos seus respectivos vices, mesmo que estes não os tenham substituído durante o mandato.

(B) não incide se o cônjuge ou parente do titular do mandato também já for titular de mandato eletivo; logo, se o filho do Presidente da República já for vereador, será elegível para o cargo de Deputado Federal.

(C) é aquela que atinge o cônjuge e os parentes, consanguíneos ou afins, em qualquer grau, do titular do mandato.

(D) é espécie de inelegibilidade constitucional e, portanto, não se sujeita à preclusão temporal, podendo ser arguida tanto na impugnação do registro de candidatura quanto no recurso contra expedição de diploma.

(E) é de natureza absoluta, de modo que o cônjuge e parentes de prefeito são inelegíveis em qualquer Município.

**71.** Em relação às microempresas e empresas de pequeno porte, conforme a Lei complementar no 123, de 14 de dezembro de 2006,

(A) a solicitação de baixa do empresário ou da pessoa jurídica implica responsabilidade subsidiária dos empresários, dos titulares, dos sócios e dos administradores, no período da ocorrência dos respectivos fatos geradores, dentro do prazo prescricional concedido aos credores ou prejudicados.

(B) o arquivamento, nos órgãos de registro, dos atos constitutivos de empresários, de sociedades empresárias e de demais equiparados que se enquadrarem como microempresa ou empresa de pequeno porte, bem como o arquivamento de suas alterações, exigem certidão de inexistência de condenação criminal e prova de quitação, regularidade ou inexistência de débito tributário federal ou estadual, dispensada a prova da quitação do débito municipal.

(C) a baixa do empresário ou da pessoa jurídica obsta que, posteriormente, sejam lançados ou cobrados tributos, contribuições e respectivas penalidades, decorrentes da falta do cumprimento de obrigações ou da prática comprovada e apurada em processo administrativo ou judicial de outras irregularidades praticadas pelos empresários, pelas pessoas jurídicas ou por seus titulares, sócios ou administradores.

(D) seus atos e contratos constitutivos só podem ser admitidos a registro, nos órgãos competentes, quando visados por advogados, economistas, contadores ou administradores de empresa devidamente inscritos em seus conselhos profissionais.

(E) o registro dos atos constitutivos, de suas alterações e extinções (baixas), referentes a empresários e pessoas jurídicas em qualquer órgão dos três âmbitos de governo ocorrerá independentemente da regularidade de obrigações tributárias, previdenciárias ou trabalhistas, principais ou acessórias, do empresário, da sociedade, dos sócios, dos administradores ou de empresas de que participem, sem prejuízo das responsabilidades do empresário, dos titulares, dos sócios ou dos administradores por tais obrigações, apuradas antes ou após o ato de extinção.

**72.** Em relação ao protesto de títulos, a Lei no 9.492, de 10 de setembro de 1997, estabelece:

(A) O protesto será registrado dentro de dois dias úteis, contados da protocolização do título ou documento de dívida, incluindo-se tanto o dia da protocolização como o do vencimento.

(B) O protesto será tirado sempre após o vencimento, seja por falta de pagamento, de aceite ou de devolução, defesa a recusa da lavratura ou registro do protesto por motivo não previsto na lei cambial.

(C) Protesto é o ato registrário pelo qual se objetiva discutir o cumprimento ou não de obrigações originadas em títulos creditícios ou contratos em geral.

**(D)** Poderão ser protestados títulos e outros documentos de dívida em moeda estrangeira, emitidos fora do Brasil, desde que acompanhados de tradução efetuada por tradutor público juramentado, constando obrigatoriamente do registro do protesto a descrição do documento e sua tradução.

**(E)** Qualquer irregularidade formal observada pelo Tabelião de Protesto de Títulos, ou a ocorrência de prescrição ou caducidade por ele verificada, obstará o registro do protesto.

**73.** Concernentes à administração da sociedade simples, considere:

**I.** Quando, por lei ou pelo contrato social, competir aos sócios decidir sobre os negócios da sociedade, as deliberações serão tomadas por unanimidade dos sócios com direito a voto.

**II.** Para formação da maioria absoluta são necessários votos correspondentes a mais de metade do capital.

**III.** O administrador, nomeado por instrumento em separado, deve averbá-lo à margem da inscrição da sociedade e, pelos atos que praticar, antes de requerer a averbação, responde subsidiariamente com a sociedade.

**IV.** A administração da sociedade, nada dispondo o contrato social, compete separadamente a cada um dos sócios; se a administração competir separadamente a vários administradores, cada um pode impugnar operação pretendida por outro, cabendo a decisão aos sócios por maioria de votos.

Está correto o que se afirma APENAS em

**(A)** II e IV.

**(B)** I, III e IV.

**(C)** I e II.

**(D)** I, II e III.

**(E)** III e IV.

**74.** No que se refere às disposições aplicáveis às empresas públicas e às sociedades de economia mista, segundo a Lei no 13.303 de 30 de junho de 2016,

**(A)** por explorar atividade econômica, a empresa pública poderá lançar debêntures ou outros títulos ou valores mobiliários, desde que conversíveis em ações.

**(B)** o acionista controlador da empresa pública e da sociedade de economia mista responderá pelos atos praticados com abuso de poder, podendo a ação ser proposta pelos demais sócios, desde que autorizados pela assembleia geral de acionistas.

**(C)** a empresa pública e a sociedade de economia mista poderão celebrar convênio ou contrato de patrocínio com pessoa física ou com pessoa jurídica para promoção de atividades culturais, sociais, esportivas, educacionais e de inovação tecnológica, desde que comprovadamente vinculadas ao fortalecimento de sua marca.

**(D)** a exploração de atividade econômica pelo Estado será exercida por meio de empresa pública, de autarquia, de sociedade de economia mista e de suas subsidiárias.

**(E)** empresa pública é a entidade dotada de personalidade jurídica de direito público, com criação autorizada por lei e com patrimônio próprio, cujo capital social é integralmente detido pela União, pelos Estados, pelo Distrito Federal ou pelos Municípios.

**75.** No tocante à sociedade limitada, a legislação vigente estabelece:

**(A)** A sociedade limitada pode ser constituída por uma ou mais pessoas; se for unipessoal, aplicar-se-ão ao documento de constituição do sócio único, no que couber, as disposições do contrato social.

**(B)** A designação de administradores não sócios dependerá de aprovação de dois terços dos sócios, enquanto o capital não estiver integralizado, e de metade mais um após a integralização.

**(C)** Tratando-se de sócio nomeado administrador no contrato, sua destituição só é possível pela aprovação de titulares de quotas correspondentes a mais da metade do capital social, não se admitindo disposição contratual diversa.

**(D)** O capital social das sociedades limitadas divide-se em cotas iguais e, pela exata estimação dos bens conferidos ao capital social, respondem subsidiariamente todos os sócios até o prazo de cinco anos da data do registro da sociedade.

**(E)** O contrato social poderá prever regência complementar da sociedade limitada pelas normas das sociedades cooperativas.

**76.** A Cédula de Crédito Bancário, regulada pela Lei no 10.931, de 02 de agosto de 2004,

**I.** é título de crédito emitido, por pessoa física ou jurídica, em favor de instituição financeira fiscalizada pelo Banco Central, representando promessa de pagamento em dinheiro ou em outros bens móveis ou imóveis, decorrente de operação de crédito, de qualquer modalidade, firmada exclusivamente em moeda nacional.

II. poderá ser emitida sob a forma escritural, por meio do lançamento em sistema eletrônico de escrituração.

III. será transferível mediante endosso em preto, ao qual se aplicarão, no que couberem, as normas do direito cambiário, caso em que o endossatário, mesmo não sendo instituição financeira ou entidade a ela equiparada, poderá exercer todos os direitos por ela conferidos, inclusive cobrar os juros e demais encargos na forma pactuada na Cédula.

IV. poderá ser protestada por indicação, desde que o credor apresente declaração de posse da sua única via negociável, inclusive no caso de protesto parcial.

Está correto o que se afirma APENAS em

(A) I, II e IV.

(B) II, III e IV.

(C) III e IV.

(D) I e II.

(E) I, II e III.

**77.** De acordo com o Código Tributário Nacional, a lei tributária que deve ser interpretada da maneira mais favorável ao acusado, em caso de dúvida quanto à capitulação legal do fato, e quanto a outras situações previstas, é aquela que

(A) tenha sido declarada parcialmente inconstitucional, sem redução de texto, em controle concentrado de constitucionalidade.

(B) define infrações ou que comina penalidades ao infrator.

(C) tem cunho expressamente interpretativo e que produz efeitos retroativos.

(D) estabelece os efeitos e o alcance da decadência e da prescrição tributárias.

(E) identifica, de modo impreciso, o contribuinte do tributo ou o respectivo responsável.

**78.** O imposto sobre a prestação de serviços de qualquer natureza (ISSQN) é um tributo da competência municipal. De acordo com a Constituição Federal e com a Lei Complementar no 116, de 31 de julho de 2003,

(A) o ISSQN incide sobre a prestação de serviços relativos à organização de festas e recepções (bufês), inclusive sobre a alimentação e as bebidas fornecidas, sempre que o prestador do serviço também for o fornecedor dos alimentos e bebidas.

(B) a base de cálculo do ISSQN, na prestação de serviços de transporte intermunicipal, é o preço do serviço.

(C) o fato gerador do ISSQN, na prestação onerosa de serviço de comunicação, feita por qualquer meio, ocorre no momento da prestação, ainda que o destinatário da comunicação não a receba ou se recuse a recebê-la.

(D) os serviços mencionados na lista anexa à referida Lei Complementar não ficam sujeitos ao ICMS, ainda que sua prestação envolva fornecimento de mercadorias, ressalvadas as exceções expressas na referida lista.

(E) o contribuinte do ISSQN, na prestação de serviços de transporte interestadual, é o prestador do serviço.

**79.** O imposto sobre transmissão *causa mortis* e doação, de quaisquer bens ou direitos (ITCD) é da competência dos Estados e do Distrito Federal. De acordo com a Constituição Federal,

(A) em nenhuma hipótese parte de sua arrecadação pertencerá aos Municípios.

(B) na doação de bem imóvel e da riquíssima mobília que nele se encontra, tudo localizado no território nacional, o ITCD incidirá, integral e necessariamente, a favor do Estado em que esse bem imóvel se encontrar localizado.

(C) no caso de permuta de bens imóveis localizados em diferentes Estados da federação, o ITCD incidente sobre a eventual diferença de valores venais entre os dois, ainda que haja torna, será de competência do Estado em que se localizar o imóvel de maior valor venal.

(D) as alíquotas máxima e mínima desse imposto serão fixadas por meio de lei complementar.

(E) a competência para instituição desse imposto será regulada por lei complementar, desde que se trate de transmissão por doação de direito relativo a bem imóvel situado no Brasil, e o donatário do bem seja domiciliado ou residente no exterior.

**80.** Relativamente aos impostos lançados de ofício, tal como ocorre com o IPTU, em diversos Municípios brasileiros, o Código Tributário Nacional estabelece que o direito de a Fazenda Pública constituir o crédito tributário extingue-se após cinco anos, contados

(A) do primeiro dia do exercício seguinte àquele em que o lançamento poderia ter sido efetuado, ou da data da ocorrência do fato gerador, de acordo com a maior ou menor proximidade com o momento da ocorrência do fato gerador, configurando-se, assim, a prescrição tributária.

(B) da data da ocorrência do fato gerador, desde que não tenha ocorrido dolo, fraude ou simulação do sujeito passivo, configurando-se, assim, a decadência tributária.

(C) do primeiro dia do exercício seguinte àquele em que o lançamento poderia ter sido efetuado, ou da data da ocorrência do fato gerador, de acordo com o que for mais favorável, em cada caso, ao sujeito passivo, configurando-se, assim, a decadência tributária.

(D) da data da ocorrência do fato gerador, configurando-se, assim, a prescrição tributária.

(E) do primeiro dia do exercício seguinte àquele em que o lançamento poderia ter sido efetuado, configurando-se, assim, a decadência tributária.

**81.** O imposto sobre operações relativas à circulação de mercadorias e sobre prestações de serviços de transporte interestadual e intermunicipal e de comunicação (ICMS) é da competência dos Estados e do Distrito Federal. De acordo com a Constituição Federal, esse imposto NÃO incidirá sobre

(A) os suportes materiais que contenham videofonogramas musicais produzidos no Brasil, com obras de autores nacionais ou estrangeiros e interpretadas por artistas brasileiros.

(B) as operações internas com combustíveis líquidos derivados de petróleo, nem sobre aquelas que destinem etanol, em estado de pureza absoluta, a outros Estados e ao Distrito Federal.

(C) as operações que destinem mercadorias para o exterior, vedada a manutenção e o aproveitamento do montante do imposto cobrado nas operações e prestações anteriores.

(D) o ouro, quando definido em lei como ativo financeiro ou instrumento cambial, nem sobre materiais de uso médico ou odontológico, em cuja elaboração ou confecção tenham sido utilizados ouro ou platina, em percentual superior a oitenta por cento.

(E) as prestações de serviço de comunicação, exclusivamente na modalidade de radiodifusão sonora, seja qual for o modo de recepção.

**82.** Para os efeitos do Código Tributário do Estado de Goiás, Lei estadual no 11.651, de 26 de dezembro de 1991, consideram-se crédito tributário os valores

(A) correspondentes aos saldos dos créditos acumulados do ICMS, decorrentes de aquisições de mercadorias, em operações internas, com alíquotas superiores às praticadas nas subsequentes operações interestaduais.

(B) correspondentes aos precatórios a serem pagos pela Fazenda Pública do Estado de Goiás.

(C) devidos a título de tributo, de multa, inclusive a de caráter moratório, acrescidos dos correspondentes juros de mora.

(D) correspondentes aos saldos credores eventualmente apurados pelo contribuinte do ICMS, ao final dos períodos de apuração do imposto.

(E) devidos a título de tributo, de multa, exceto a de caráter moratório, de atualização monetária, de juros de mora e de outras verbas, inclusive de verbas de sucumbência devidas à Procuradoria do Estado.

**83.** O proprietário da Fazenda Santa Teresa, cuja área corresponde a três módulos fiscais, foi autuado pelo plantio de soja em área de preservação permanente localizada ao longo de um curso d'água que corta o imóvel rural. Em defesa, alegou e provou que o plantio ocorreu em data anterior a 22 de julho de 2008. A Fazenda não está inscrita no Cadastro Ambiental Rural (CAR). O auto de infração ambiental foi mantido. O proprietário ajuizou uma ação buscando a anulação do ato administrativo, que deverá ser julgada

(A) parcialmente procedente para determinar a continuidade da atividade agrícola com a recuperação de uma faixa de quinze metros ao longo do curso d'água.

(B) extinta, sem resolução de mérito, diante da presunção de veracidade dos atos administrativos.

(C) parcialmente procedente para manter a continuidade da atividade agrícola, mas sem possibilidade de alternância de cultura.

(D) procedente por se tratar da continuidade de atividade agrícola em área consolidada.

(E) improcedente pela impossibilidade de adesão ao Programa de Regularização Ambiental (PRA).

**84.** O Ministério Público Estadual ajuizou uma ação civil pública em face dos atuais proprietários da Fazenda São Pedro requerendo a instituição da Reserva Legal. Em contestação, os réus alegaram que a supressão da vegetação nativa respeitou os percentuais de Reserva Legal previstos pela legislação vigente à época do fato. A narrativa trazida pela defesa restou comprovada por prova documental e pericial. A Fazenda não está inscrita no Cadastro Ambiental Rural (CAR). A ação deverá ser julgada

(A) improcedente por se tratar de obrigação dos proprietários que realizaram a supressão da vegetação nativa.

(B) procedente, diante da ausência de inscrição da Fazenda São Pedro no Cadastro Ambiental Rural (CAR).

(C) improcedente, uma vez que a supressão da vegetação nativa respeitou a legislação vigente à época do fato.

(D) procedente, uma vez que toda propriedade rural deve possuir uma Reserva Legal em percentual fixado pelo atual Código Florestal.

(E) procedente, visto que a supressão foi realizada pelos antigos proprietários, cabendo aos novos proprietários instituir uma Reserva Legal nos moldes estabelecidos pelo atual Código Florestal.

**85.** A titularidade do serviço público de saneamento básico será

(A) dos Estados em regiões metropolitanas.

(B) dos Estados em regiões metropolitanas e dos municípios nos demais casos.

(C) dos municípios e do Distrito Federal no caso de interesse local.

(D) dos Estados.

(E) da União.

**86.** José Bento, que cursou até a terceira série do ensino fundamental, foi denunciado por adentrar, sem autorização, um Refúgio da Vida Silvestre portando um facão. Confessou que sabia da ilegalidade da conduta, mas sua intenção era colher sementes para confecção de artesanato. A ação penal deverá ser julgada

(A) procedente com circunstância atenuante.

(B) procedente com aplicação do perdão judicial.

(C) improcedente pela atipicidade formal do fato.

(D) improcedente pela ausência de dolo.

(E) procedente com aplicação da pena dentro do balizamento trazido pelo tipo penal, sem circunstâncias agravantes ou atenuantes.

**87.** Na gestão da fauna silvestre, compete aos estados

(A) exercer, de forma consorciada, o controle ambiental da pesca em âmbito regional.

(B) controlar a apanha de espécimes, ovos e larvas destinadas à implantação de criadouros e à pesquisa científica.

(C) elaborar lista de espécies existentes em cada município para fins comerciais.

(D) aprovar a liberação de exemplares de espécie exótica em ecossistemas naturais frágeis ou protegidos.

(E) proteger a fauna migratória.

**88.** Diante de uma crise hídrica, o setor energético propõe uma gestão mais austera de seus reservatórios de água para garantir o abastecimento de energia elétrica. Nesse cenário,

(A) o uso do reservatório será compartilhado, de forma equânime e exclusiva, entre a produção energética e o consumo humano.

(B) deve ser garantido o uso múltiplo e igualitário dos reservatórios sem que haja qualquer grau de prioridade.

(C) deve ser assegurado o uso prioritário dos recursos hídricos para o consumo humano e para a dessedentação de animais.

(D) é obrigação do Poder Público buscar alternativas para o consumo humano diante da prioridade do setor energético no uso de seus reservatórios de água.

(E) a prioridade de uso dos reservatórios de água será do setor energético, que deverá, diante da ausência de alternativa viável, ceder até dez por cento do reservatório para consumo exclusivo humano.

**89.** O município de Jararacuçu, após a promulgação de lei autorizativa, constituiu uma sociedade de economia mista, sob a forma de sociedade anônima com capital aberto e ações negociadas no mercado acionário, sendo-lhe outorgado o serviço público de coleta e manejo de resíduos sólidos provenientes das residências e estabelecimentos econômicos situados na área urbana. A remuneração do serviço público prestado decorrerá do pagamento, pelos usuários, de taxa estabelecida por lei municipal específica, além de receitas alternativas decorrentes da própria atividade outorgada. Nesse caso,

(A) é possível a prestação do serviço público em questão por sociedade de economia mista, mas não é cabível a cobrança de taxa, por se tratar de serviço *uti universi*.

(B) por se tratar de empresa estatal prestadora de serviço público em regime de monopólio, a sociedade em questão gozará de privilégios inerentes à atuação da Fazenda Pública em juízo, como o prazo em dobro para manifestações processuais.

**(C)** a empresa em questão, apesar de ser prestadora de serviços públicos, não está sujeita à imunidade tributária recíproca constante do art. 150, VI, 'a', da Constituição Federal.

**(D)** é possível a criação da sociedade de economia mista para a prestação do serviço público em questão, mas não lhe deve ser outorgado o serviço, devendo disputá-lo em concorrência com outras prestadoras.

**(E)** é inadequada a criação de sociedade de economia mista para a prestação de serviços públicos, visto que tais serviços devem ser prestados exclusivamente por empresas públicas.

**90.** A Lei de Licitações, Lei no 14.133, de 1o de abril de 2021, dispõe sobre a elaboração do projeto básico, que pode ser sintetizado como sendo o *conjunto de elementos necessários e suficientes, com nível de precisão adequado para definir e dimensionar a obra ou o serviço, ou o complexo de obras ou de serviços objeto da licitação [...]"* (art. 6o, XXV). O projeto básico

**(A)** deve obrigatoriamente ser elaborado por comissão composta por servidores efetivos ou empregados públicos do quadro permanente da Administração pública.

**(B)** é dispensável na licitação de obras e serviços de engenharia quando for adotado o regime de contratação integrada ou semi-integrada.

**(C)** é elemento obrigatório e deve compor a fase preparatória em todas as contratações de obras e serviços de engenharia.

**(D)** deve sempre conter orçamento detalhado do custo global da obra, fundamentado em quantitativos de serviços e fornecimentos propriamente avaliados.

**(E)** deve ser elaborado com base nas indicações de estudo técnico preliminar, documento que caracteriza o interesse público envolvido e aponta a melhor solução para sua satisfação.

**91.** A Associação Goiana de Aeromodelismo, entidade privada sem fins lucrativos, procura a Secretaria da Educação de Goiás, propondo a realização de um projeto de oficinas de aeromodelismo nas escolas estaduais, sendo que tal proposta se coaduna com um dos objetivos de seu estatuto social, referente à "promoção de ações educativas associadas ao aeromodelismo". Conforme o plano de trabalho proposto para o ajuste, voluntários do quadro da entidade atuarão como instrutores de forma gratuita, cabendo ao órgão estadual fornecer o material de consumo e disponibilizar as instalações para desenvolvimento da atividade. Diante de tais características e tendo em vista o que dispõe a Lei no 13.019, de 31 de julho de 2014, constata-se que se pretende estabelecer um

**(A)** termo de colaboração, visto que o fornecimento de materiais pelo Estado pode ser considerado uma forma de repasse financeiro.

**(B)** acordo de cooperação, visto que o ajuste não implica transferência de recursos financeiros.

**(C)** convênio, visto que houve a apresentação de plano de trabalho pela entidade proponente.

**(D)** termo de parceria, visto que a entidade, por suas características, pode ser considerada uma OSCIP.

**(E)** termo de fomento, haja vista que o projeto foi proposto pela entidade civil.

**92.** Libório Kazantzakis acumulava duas posições na Administração pública, obtidas pela via do concurso público: o emprego público de químico em empresa estadual de saneamento básico e o cargo efetivo de professor de educação básica na rede de ensino do Estado de Goiás. Todavia, estava afastado de ambas as posições, pois fora nomeado para o cargo público comissionado de Secretário Estadual de Meio Ambiente. Em 1o de abril, Libório completou setenta e cinco anos de idade. Nesse caso, Libório

**(A)** não sofrerá nenhuma alteração em sua situação, visto que a aposentadoria compulsória é instituto que depende de regulamentação por lei complementar, ainda não editada.

**(B)** será aposentado compulsoriamente em ambas as posições alcançadas por concurso público, mas poderá manter-se no cargo comissionado, para o qual não há limitação temporal de exercício.

**(C)** será aposentado compulsoriamente em ambas as posições alcançadas por concurso público, devendo ser exonerado do cargo público comissionado, dada a presunção absoluta de sua incapacidade para o exercício de funções públicas.

**(D)** será aposentado compulsoriamente no cargo efetivo de professor, mas terá inalterada sua situação no emprego público e no cargo público comissionado.

(E) está em situação de tríplice acumulação, o que é vedado pela Constituição Federal, devendo optar por apenas um dos vínculos e exonerar-se dos demais.

**93.** A propósito do tratamento de dados pessoais, no âmbito da Lei Geral de Proteção de Dados, Lei no 13.709 de 14 de agosto de 2018, e da Lei de Acesso à Informação Pública, Lei no 12.527, de 18 de novembro de 2011, verifica-se que

(A) a comunicação ou o uso compartilhado de dados pessoais de pessoa jurídica de direito público a pessoa de direito privado será informado à autoridade nacional de proteção de dados e sempre dependerá de consentimento do titular.

(B) o acesso a dados pessoais de terceiros depende de pedido de instauração de procedimento de desclassificação, dirigido à autoridade máxima do órgão detentor das informações.

(C) os serviços notariais e de registro exercidos em caráter privado, por delegação do Poder Público, terão o mesmo tratamento dispensado às pessoas jurídicas de direito público, no tocante ao tratamento de dados pessoais.

(D) as informações pessoais tratadas pelas pessoas jurídicas de direito público devem ser disponibilizadas publicamente, salvo expressa manifestação de vontade de seus titulares em sentido contrário.

(E) as empresas públicas e sociedades de economia mista terão o mesmo tratamento dispensado às pessoas jurídicas de direito público, independentemente da atividade por elas desempenhada.

**94.** O direito administrativo contemporâneo é marcado pela tendência de promover maior consensualidade nas relações administrativas. Os métodos alternativos de resolução de conflitos, antes reservados aos conflitos de natureza privada, passaram a compor a caixa de ferramentas da Administração pública. É certo, porém, que tais ferramentas devem ser devidamente adaptadas ao uso no ambiente público, dada a primazia dos interesses gerais da coletividade. A propósito de tal tema, a legislação vigente estatui:

(A) Os contratos administrativos são passíveis de extinção por força de decisão arbitral, caso haja convenção relativa à adoção desse meio de resolução de controvérsias.

(B) Para que um litígio contratual envolvendo a Administração pública seja objeto de arbitragem, é obrigatório que haja prévia cláusula compromissória entre as partes da relação contratual.

(C) A arbitragem envolvendo relações contratuais da Administração pública não abrange questões relacionadas ao inadimplemento contratual do contratado, aspecto atinente ao poder regulatório da Administração e, portanto, indisponível.

(D) Dada a indisponibilidade do interesse público, sentenças arbitrais envolvendo a Administração pública somente são executáveis após homologação judicial que ateste a validade da convenção e a regularidade formal do procedimento arbitral.

(E) Uma vez que haja processo arbitral ou judicial em curso, afasta-se a hipótese de uso da mediação, quando a Administração pública for parte, visto que se operou preclusão administrativa.

# FOLHA DE RESPOSTAS

| 1 | A | B | C | D | E |
|---|---|---|---|---|---|
| 2 | A | B | C | D | E |
| 3 | A | B | C | D | E |
| 4 | A | B | C | D | E |
| 5 | A | B | C | D | E |
| 6 | A | B | C | D | E |
| 7 | A | B | C | D | E |
| 8 | A | B | C | D | E |
| 9 | A | B | C | D | E |
| 10 | A | B | C | D | E |
| 11 | A | B | C | D | E |
| 12 | A | B | C | D | E |
| 13 | A | B | C | D | E |
| 14 | A | B | C | D | E |
| 15 | A | B | C | D | E |
| 16 | A | B | C | D | E |
| 17 | A | B | C | D | E |
| 18 | A | B | C | D | E |
| 19 | A | B | C | D | E |
| 20 | A | B | C | D | E |
| 21 | A | B | C | D | E |
| 22 | A | B | C | D | E |
| 23 | A | B | C | D | E |
| 24 | A | B | C | D | E |
| 25 | A | B | C | D | E |
| 26 | A | B | C | D | E |
| 27 | A | B | C | D | E |
| 28 | A | B | C | D | E |
| 29 | A | B | C | D | E |
| 30 | A | B | C | D | E |
| 31 | A | B | C | D | E |
| 32 | A | B | C | D | E |
| 33 | A | B | C | D | E |
| 34 | A | B | C | D | E |
| 35 | A | B | C | D | E |
| 36 | A | B | C | D | E |
| 37 | A | B | C | D | E |
| 38 | A | B | C | D | E |

| 39 | A | B | C | D | E |
|----|---|---|---|---|---|
| 40 | A | B | C | D | E |
| 41 | A | B | C | D | E |
| 42 | A | B | C | D | E |
| 43 | A | B | C | D | E |
| 44 | A | B | C | D | E |
| 45 | A | B | C | D | E |
| 46 | A | B | C | D | E |
| 47 | A | B | C | D | E |
| 48 | A | B | C | D | E |
| 49 | A | B | C | D | E |
| 50 | A | B | C | D | E |
| 51 | A | B | C | D | E |
| 52 | A | B | C | D | E |
| 53 | A | B | C | D | E |
| 54 | A | B | C | D | E |
| 55 | A | B | C | D | E |
| 56 | A | B | C | D | E |
| 57 | A | B | C | D | E |
| 58 | A | B | C | D | E |
| 59 | A | B | C | D | E |
| 60 | A | B | C | D | E |
| 61 | A | B | C | D | E |
| 62 | A | B | C | D | E |
| 63 | A | B | C | D | E |
| 64 | A | B | C | D | E |
| 65 | A | B | C | D | E |
| 66 | A | B | C | D | E |
| 67 | A | B | C | D | E |
| 68 | A | B | C | D | E |
| 69 | A | B | C | D | E |
| 70 | A | B | C | D | E |
| 71 | A | B | C | D | E |
| 72 | A | B | C | D | E |
| 73 | A | B | C | D | E |
| 74 | A | B | C | D | E |
| 75 | A | B | C | D | E |
| 76 | A | B | C | D | E |

| 77 | A | B | C | D | E |
|----|---|---|---|---|---|
| 78 | A | B | C | D | E |
| 79 | A | B | C | D | E |
| 80 | A | B | C | D | E |
| 81 | A | B | C | D | E |
| 82 | A | B | C | D | E |
| 83 | A | B | C | D | E |
| 84 | A | B | C | D | E |
| 85 | A | B | C | D | E |
| 86 | A | B | C | D | E |
| 87 | A | B | C | D | E |
| 88 | A | B | C | D | E |

| 89 | A | B | C | D | E |
|-----|---|---|---|---|---|
| 90 | A | B | C | D | E |
| 91 | A | B | C | D | E |
| 92 | A | B | C | D | E |
| 93 | A | B | C | D | E |
| 94 | A | B | C | D | E |
| 95 | A | B | C | D | E |
| 96 | A | B | C | D | E |
| 97 | A | B | C | D | E |
| 98 | A | B | C | D | E |
| 99 | A | B | C | D | E |
| 100 | A | B | C | D | E |

# GABARITO COMENTADO

**1.** Gabarito: C

Comentário: **A:** incorreta, pois o tutor apenas pode transigir com autorização judicial (art. 1.748, III CC); **B:** incorreta, pois a venda de bens, seja móvel ou imóvel requer autorização do juiz, ainda que seja para aplicar na educação do tutelado (art. 1.748, IV CC); **C:** correta (art. 1.747, I e V CC ); **D:** incorreta, pois ele apenas pode pagar as dívidas do menor com autorização judicial (art. 1.748, I CC); **E:** incorreta, pois ele só pode aceitar, pelo menor, heranças, legados ou doações com ou sem encargo com autorização judicial (art. 1.748, II CC). **GR**

**2.** Gabarito: E

Comentário: **A:** incorreta, pois os bens sub-rogados em lugar daqueles que cada cônjuge possuía ao casar não entram na comunhão (art. 1.659, I CC); **B:** incorreta, pois comunicam-se os bens adquiridos a título oneroso na constância da sociedade conjugal e o Código Civil não traz essa exceção com relação aos bens móveis e imóveis no rol do art. 1.659 nem nos artigos seguintes da sessão; **C:** incorreta, pois excluem-se da comunhão as obrigações provenientes de atos ilícitos, salvo reversão em proveito do casal (art. 1.659, IV CC); **D:** incorreta, pois além de não entrar na comunhão os proventos do trabalho pessoal de cada cônjuge (art. 1.659, VI CC), o Código Civil ainda traz mais exceções nos art. 1.659, I, II, III, IV, V e VII); **E:** correta (art. 1.660, I CC). **GR**

**3.** Gabarito: B

Comentário: **A:** incorreta, pois o sistema jurídico brasileiro não admite a repristinação (art. 2º, § 3º da LINDB). Ela somente ocorrerá se houver disposição expressa em contrário e no caso em tela a Lei 14.010/20 não houve essa previsão. Outro ponto importante a se destacar é a repristinação requer a revogação de uma lei anterior. No caso o CC não foi revogado. Apenas o que tivemos foi uma lei temporária impedindo ou suspendendo prazos prescricionais numa situação de emergência. Findo o prazo de vigência da lei especial o CC (lei geral) volta a se aplicar normalmente; **B:** correta (art. 2º, *caput* da LINDB). A lei de vigência temporária perde sua vigência de forma automática, sendo dispensável uma lei que a revogue. Assim, permanece vigente as normas gerais que tratam da matéria; **C:** incorreta, pois toda a lei é considerada de vigência temporária, seja quanto ao impedimento seja quanto a suspensão da prescrição. O prazo de seu exaurimento se aplica por completo a todas as suas disposições, uma vez que não há ressalvas (art. 2º, *caput* da LINDB); **D:** incorreta, pois trata-se de lei de

vigência temporária, pois ela mesma traz em seu texto a data em que perderá a vigência. Neste passo, a perda da vigência é automática, não necessitando de outra lei que a revogue. Apenas lei de caráter permanente precisa de outra lei que a revogue (art. 2º, *caput* da LINDB); **E:** incorreta, pois o Código Civil não foi revogado pela Lei 14.010/20. Essa lei apenas veio trazer uma disposição temporária para regular uma situação emergencial, mas cessada a sua vigência a lei geral (o CC) continua vigendo normalmente, não necessitando de outra lei para ele voltar ao ordenamento jurídico (art. 2º, § 2º da LINDB). **GR**

**4.** Gabarito: C

Comentário: **A:** incorreta, pois além dessa hipótese que configura desvio de finalidade, a personalidade jurídica também pode ser desconsiderada quando houver confusão patrimonial (art. 50, *caput* CC); **B:** incorreta, pois ainda que a pessoa jurídica seja insolvente, a personalidade jurídica apenas pode ser desconsiderada se houver abuso de personalidade (art. 50, *caput* CC). Ainda que tenha dívidas, se não esteja agindo de forma fraudulenta o juiz não pode desconsiderar a personalidade. Neste caso o correto é seguir para corriqueira execução do débito; **C:** correta (art. 50, § 2º, II CC); **D:** incorreta, pois a mera existência de grupo econômico sem a caracterização do abuso de personalidade por desvio de finalidade ou confusão patrimonial não autoriza a desconsideração da personalidade jurídica (art. 50, § 4º CC). Se uma das sociedades que integra o grupo deixar de cumprir sua obrigação pecuniária ela deve ser cobrada pelos meios legais; **E:** incorreta, pois não constitui desvio de finalidade a mera expansão ou a alteração da finalidade original da atividade econômica específica da pessoa jurídica, logo isso não justifica a desconsideração (art. 50, § 5º CC). **GR**

**5.** Gabarito: D

Comentário: **A:** incorreta, pois a recusa do réu em fazer o exame gera consequência, qual seja, a presunção relativa de paternidade, nos termos do art. 2º-A, § 1º da Lei 8.560/92 e Súmula 301 do STJ e; **B:** incorreta, pois na ação de investigação de paternidade, todos os meios legais, bem como os moralmente legítimos, serão hábeis para provar a verdade dos fatos e a presunção referente ao exame de DNA será apreciada em conjunto com o contexto probatório (art. 2º-A *caput* e § 1º da Lei 8.560/92; **C:** incorreta, pois a presunção é relativa, uma vez que deve ser levado em conta todo o contexto probatório e alegação admite prova em contrário (art.

2º-A, § 1º da Lei 8.560/92); **D:** correta, pois ele não apenas fica impedido de se aproveitar da recusa como esse ato gera presunção relativa de paternidade para ele (art. 2º-A, § 1º da Lei 8.560/92 e Súmula 301 do STJ); **E:** incorreta, pois o ônus da prova não é invertido, pois não existe previsão legal nem jurisprudencial nesse sentido. O art. 2º-A, § 1º da Lei 8.560/92 que trata do assunto não traz essa previsão. GR

---

**6.** Gabarito: B

Comentário: **A:** incorreta, pois enquanto não houver sentença definita no juízo criminal o prazo prescricional do juízo cível não começará a correr (art. 200 CC); **B:** correta (art. 200 CC); **C:** incorreta, pois o prazo prescricional não tem nada a ver com a pena mínima do crime cometido pelo autor. O prazo para a reparação civil será o previsto no CC de acordo com a natureza do fato e ficará impedido de correr até sentença definita no juízo criminal (art. 200 CC); **D:** incorreta, pois o prazo de prescrição não começará a correr no juízo cível até que haja no juízo criminal sentença definitiva, independentemente se a sentença for condenatória ou absolutória (art. 200 CC); **E:** incorreta, pois a prescrição sequer começa a correr no juízo cível. O marco inicial para que a prescrição cível comece a correr é a sentença definita no juízo criminal (art. 200 CC). GR

---

**7.** Gabarito: D

Comentário: Questão desatualizada pela MP 1.103/2022. GR

---

**8.** Gabarito: A

Comentário: **A:** correta, pois no que diz respeito ao milho Rafael assumiu o risco de nada ser colhido. Considerando que isso aconteceu sem que tenha havido dolo ou culpa de Carlos, este último não tem o dever de restituir nada a Rafael. No que se refere a soja, Rafael assumiu um risco de a produção atingir somente 30% do esperado. Como não houve nenhuma produção, Carlos deverá restituir o valor recebido, pois Rafael não se responsabilizou pelo risco completo (art. 458 CC); **B:** incorreta, pois sobre o valor recebido pelo milho não deverá restituir nada, pois o risco pela não produção foi 100% assumido (art. 458 CC). Quanto a soja terá de restituir nos termos da alternativa A, contudo a lei não prevê correção monetária; **C:** incorreta, pois terá de restituir o valor da soja. Rafael assumiu um risco de a produção atingir somente 30% do esperado. Como não houve nenhuma produção, Carlos deverá restituir o valor recebido, pois Rafael não se responsabilizou pelo risco completo (art. 458 CC); **D:** incorreta, pois a restituição dirá respeito ao valor correspondente pago pelo preço integral da soja (art. 458 CC); **E:** incorreta, nos termos da alternativa A. GR

---

**9.** Gabarito: E

Comentário: **A:** incorreta, pois obrigatoriamente as benfeitorias úteis também precisarão ser indenizadas e qualquer disposição contratual em sentido contrário não terá efeito (art. 34 da Lei 6.766/79); **B:** incorreta, pois a Lei define que serão indenizadas as benfeitorias necessárias e úteis (art. 34 da Lei 6.766/79); **C:** incorreta, pois a Lei exclui as benfeitorias voluptuárias dessa disposição (art. 34 da Lei 6.766/79); **D:** incorreta, pois tanto as benfeitorias necessárias quanto as úteis deverão ser indenizadas, sendo de nenhum efeito qualquer disposição contratual em contrário (art. 34 da Lei 6.766/79); **E:** correta (art. 34 da Lei 6.766/79). GR

---

**10.** Gabarito: A

Comentário: **A:** correta (art. 1.386 CC); **B:** incorreta, pois subsistem, no caso de divisão dos imóveis, em benefício de cada uma das porções do prédio dominante, e continuam a gravar cada uma das do prédio serviente, salvo se, por natureza, ou destino, só se aplicarem a certa parte de um ou de outro. Não é necessário ratificação por escritura pública pelo dono do prédio serviente (art. 1.386 CC); **C:** incorreta, pois a alienação de nenhum dos prédios implica extinção da servidão. Os casos de extinção estão previstos nos arts.1.387 a 1.389 CC; **D:** incorreta, pois subiste para os dois, pois a lei não faz essa diferenciação na qualidade de aquisição do imóvel (seja por herança seja por compra e venda); **E:** incorreta, pois as servidões prediais são indivisíveis e não intransmissíveis. Logo, elas subsistem caso haja transmissão da propriedade do imóvel (art. 1.356 CC). GR

---

**11.** Gabarito: E

Comentário: **A:** incorreta, pois na linha transversal apenas se dá em favor dos filhos de irmãos do falecido, quando com irmãos deste concorrerem (art. 1.853 CC); **B:** incorreta, pois não ocorre apenas na linha descendente, mas também na linha transversal em favor dos filhos de irmãos do falecido, quando com irmãos deste concorrerem (art. 1.853 CC); **C:** incorreta, pois não será a todos os parentes da linha reta nem da linha colateral. Neste passo, a representação não ocorre na linha ascendente (art. 1.852 CC) e na linha transversal apenas se dá em favor dos filhos de irmãos do falecido, quando com irmãos deste concorrerem (art. 1.853 CC); **D:** incorreta, pois a representação não ocorre na linha ascendente (art. 1.852 CC); **E:** correta (art. 1.852 e 1.853 CC). GR

---

**12.** Gabarito: C

Comentário: **A:** incorreta, pois num primeiro momento a lei define que o pagamento imputar-se-á primeiro nos juros vencidos, e depois no capital, salvo estipulação em contrário, ou se o credor passar a quitação por conta do capital (art. 354 CC); **B:** incorreta, pois o pagamento imputar-se-á primeiro nos juros vencidos e depois no capital, não havendo que se falar nessa regra de proporcionalidade (art. 354 CC); **C:** correta (art. 354 CC); **D:** incorreta, pois apenas o pagamento apenas imputar-se-á no capital após ser imputado nos juros vencidos (art. 354 CC); **E:** incorreta, pois o pagamento imputar-se-á primeiro nos juros vencidos e depois no capital, salvo estipulação em contrário, ou se o credor passar a quitação por conta do capital (art. 354 CC). GR

---

**13.** Gabarito: A

Comentário: **A:** correta, sendo essa a previsão legal (Lei nº 9.099/95, art. 20); **B:** incorreta, pois são cabíveis embargos de declaração contra sentença e acórdão, nos mesmos casos previstos no CPC (Lei nº 9.099/95, art. 48); **C:** incorreta, visto que o recurso será interposto por petição *escrita* e o preparo deve ser realizado nas 48h seguintes à interposição do recurso, *independentemente* de intimação (Lei nº 9.099/95, art. 42); **D:** incorreta, uma vez que as pessoas jurídicas de direito *privado* podem figurar como parte passiva no JEC (Lei nº 9.099/95, art. 8º - é imensa a quantidade de processos no JEC com empresas no polo passivo); **E:** incorreta, porque não se admite reconvenção no JEC, mas pedido contraposto (Lei nº 9.099/95, arts. 30 e 31). LD

---

**14.** Gabarito: A

Comentário: essa lei trata do sistema financeiro imobiliário (crédito habitacional), especificamente da alienação fiduciária de bem imóvel. **A:** correta, de acordo com entendimento jurisprudencial: ou seja, se não houver tanto a intimação para purgar a mora como da alienação extrajudicial do bem imóvel, haverá nulidade (STJ, AgInt nos EDcl no AREsp 490.517/DF e Lei nº 9.514/97, art. 27, §2º-A); **B:** incorreta, pois as controvérsias sobre encargos contratuais serão resolvidas em perdas e danos e não obstam a reintegração de posse (Lei nº 9.514/97, art. 30); **C:** incorreta, porque a taxa de ocupação será de *1% do valor do imóvel*, devida desde a *data da consolidação da propriedade fiduciária* (Lei nº 9.514/97, art. 37-A); **D:** incorreta, visto que o prazo para desocupação do imóvel é de *60 dias* (Lei nº 9.514/97, art. 30); **E:** incorreta, pois a ausência de notificação do devedor não se resolve em perdas e danos (há nulidade do procedimento, como visto em "A") e obsta a reintegração na posse do imóvel (Lei nº 9.514/97, art. 30, parágrafo único). LD

---

**15.** Gabarito: C

Comentário: A questão trata de alienação fiduciária de bem móvel (o mais frequente no cotidiano envolve carros). **A:** incorreta, pois não se exige a assinatura do próprio destinatário no AR e o prazo para resposta é de 15 dias após a execução da liminar (Decreto-lei 911/69, arts. 2º, §2º e 3º, §3º); **B:** incorreta, já que não se exige a

assinatura do próprio destinatário no AR e, para purgar a mora, o devedor deve depositar a integralidade da dívida pendente, cf. valores apresentados pelo credor fiduciário (Decreto-lei 911/69, art. 3º, §§1º e 2º); C: correta, pois a alternativa traz todos os requisitos previstos no DL para que haja a retomada do bem ou se evite isso (Decreto-lei 911/69, art. 3º, §§1º e 2º); D: incorreta, pois o credor fiduciário poderá se apropriar do bem alienado antes do decurso do prazo para resposta (Decreto-lei 911/69, art. 3º, §1º); E: incorreta, porque a busca e apreensão do bem alienado depende da comprovação da mora do devedor e o prazo de resposta é de 15 dias da execução da liminar (Decreto-lei 911/69, art. 3º, §3º). LD

---

**16.** Gabarito: E

Comentário: **A:** incorreta, porque sendo o valor do proveito econômico irrisório ou inestimável, ou quando o valor da causa for muito baixo, o juiz fixará honorários por apreciação equitativa (CPC, art. 85, §8º); **B:** questão polêmica e ainda aberta na jurisprudência do STJ é saber se possível pedido genérico de dano moral; de qualquer forma, pela letra da lei, a alternativa deve ser entendida como incorreta, tendo em vista que, nas ações de indenização por dano moral, o valor da causa será o valor pretendido (CPC, art. 292, V); **C:** incorreta, pois o valor da causa pode ser modificado, de ofício, pelo juiz, quando não corresponder ao conteúdo patrimonial em discussão ou ao proveito econômico (CPC, art. 292, §3º); **D:** incorreta, visto que, nas ações em que há pedido subsidiário, o valor da causa será o do pedido principal (CPC, art. 292, VIII); **E:** correta, sendo essa a expressa previsão legal (CPC, art. 303, §4º). LD

---

**17.** Gabarito: E

Comentário: **A:** incorreta, visto que o IDPJ, em regra, é decidido por decisão interlocutória (CPC, art. 136); **B:** incorreta, já que o incidente não será instaurado se a desconsideração for requerida na inicial, hipótese em que o processo não será suspenso (CPC, art. 133, §§ 2º e 3º); **C:** incorreta, pois, se acolhido, as alienações em fraude à execução serão *ineficazes* em relação ao requerente (CPC, art. 137); **D:** incorreta, o IRDR é cabível em todas as fases do processo de conhecimento, cumprimento de sentença e execução (CPC, art. 134); **E:** correta, sendo essa a previsão legal – suspensão do que mais se debate, até decisão do IDPJ (CPC, art. 133, §§ 2º e 3º). LD

---

**18.** Gabarito: B

Comentário: **A:** incorreta, porque os honorários de 10% e a multa de 10% só serão acrescidos ao débito caso não haja o pagamento voluntário no prazo de 15 dias (CPC, art. 523, §1º); **B:** correta; há honorários na exceção de pré-executividade, mesmo que parcialmente acolhida (Tema Repetitivo 410, STJ - REsp 1134186/RS); C: incorreta, considerando não haver necessidade de intimação *pessoal*, sendo que a multa incidirá tão logo não ocorra o pagamento voluntário do débito (CPC, art. 523, §1º); D: incorreta, já que, em caso de pagamento parcial, a multa e os honorários incidirão sobre o valor restante (CPC, art. 523, §2º); E: incorreta, pois o mandado de penhora e avaliação será expedido independentemente de pedido do exequente (CPC, art. 523, §3º). [LD]

**19.** Gabarito: D
Comentário: A: incorreta, porque a averbação é exigida para presunção absoluta de conhecimento por *terceiros* e não para efeitos entre as partes (CPC, art. 844); B: incorreta, porque a penhora das quotas sociais não faz do exequente sócio, na verdade as quotas penhoradas serão liquidadas caso não haja interesse dos sócios em sua aquisição (CPC, art. 861); C: incorreta, visto que podem ser penhorados, na falta de outros bens, os *frutos e rendimentos* de bens inalienáveis (CPC, art. 834); D: correta, por expressa previsão legal (CPC, art. 841, §1º); E: incorreta, pois não haverá intimação do cônjuge do executado caso sejam casados em regime de *separação total* de bens (CPC, art. 842). [LD]

**20.** Gabarito: C
Comentário: A: incorreta, visto que (exceto no JEC), a incompetência – ainda que absoluta – acarreta a remessa dos autos ao juízo competente e não a extinção do processo (CPC, art. 64, §3º); B: incorreta, vide alternativa A (CPC, art. 64, §3º); C: correta, sendo essa uma especificidade do JEC (Lei nº 9.099/95, art. 51, III), não prevista no CPC; D: incorreta, já que, se o juiz não a reconhecer de ofício (o que é possível), o réu deve alegar a abusividade da cláusula em contestação, sob pena de preclusão (CPC, art. 63, §4º); E: incorreta, pois as ações conexas *não* serão reunidas para decisão conjunta quando um deles já houver sido sentenciado (CPC, art. 55, §1º). [LD]

**21.** Gabarito: C
Comentário: A: incorreta, pois a parte pode desistir da ação até a sentença (CPC, art. 485, §5º); B: incorreta, visto que, tratando-se de decisão sem resolução de mérito, a homologação da desistência faz coisa julgada apenas formal (CPC, arts. 485, VIII e 502); C: correta, tratando-se de decisão sem mérito, a qual impõe ao desistente o dever pelas custas (CPC, arts. 90 e 485, VIII); D: incorreta, já que a desistência da ação não impede o prosseguimento da reconvenção (CPC, 343, §2º); E: incorreta, considerando que, apenas *após* o oferecimento da contestação, é que o autor dependerá do consentimento do réu para desistir da ação (CPC, art. 485, §4º). [LD]

**22.** Gabarito: B
Comentário: A: incorreta, pois as prestações vincendas (que vencem durante a tramitação do processo) devem ser incluídas na condenação, mesmo que não haja pedido – trata-se de expressa previsão legal, sendo que as parcelas vincendas são consideradas como pedidos implícitos (CPC, arts. 323 e 492); B: correta, considerando o exposto em "A" (CPC, art. 323); C: incorreta, porque a inclusão das parcelas vincendas não faz a sentença genérica, considerando que o objeto da ação é o cumprimento de obrigação de pagar em parcelas sucessivas (CPC, 323); D: incorreta, já que não se trata de condenação do réu em objeto diverso do pedido - as parcelas vincendas são consideradas como pedidos implícitos (CPC, arts. 323 e 492); E: incorreta, uma vez que as parcelas vincendas serão incluídas na condenação enquanto durar a obrigação (CPC, art. 323). [LD]

**23.** Gabarito: A
Comentário: A: correta, por expressa previsão legal (CPC, art. 343, §2º); B: incorreta, pois deve ser atribuído valor da causa à reconvenção (CPC, art. 292); C: incorreta, já que se admite reconvenção proposta contra o autor e terceiro (CPC, art. 343, §3º); D: incorreta, porque são devidos honorários advocatícios na reconvenção (CPC, art. 85, §1º); E: incorreta, visto que – ainda que não seja comum no cotidiano forense – o réu pode propor reconvenção independentemente de contestação (CPC, art. 343, §6º). [LD]

**24.** Gabarito: D
Comentário: I: correta, pois somente se a parte for intimada a comparecer à audiência é que possível se falar em pena de confesso (CPC, art. 385, §1º); II: incorreta, pois o juiz pode indeferir a prova testemunhal para prova de fatos já provados por confissão da parte (CPC, art. 443, I); III: correta, por expressa previsão legal (CPC, art. 467); IV: incorreta, visto que a parte poderá contraditar a testemunha *antes* do depoimento iniciar, sob pena de preclusão (CPC, art. 457, §1º). [LD]

**25.** Gabarito: A
Comentário: **A:** Correta. Conforme inteligência do art. 31, parágrafo único, do CDC. **B:** Incorreta. É proibida a publicidade de bens e serviços por telefone, quando a chamada for onerosa ao consumidor que a origina (art. 33, parágrafo único). **C:** Incorreta. O ônus da prova da veracidade e correção da informação ou comunicação publicitária cabe a quem as patrocina (art. 38). **D:** Incorreta. Os fabricantes e importadores deverão assegurar a oferta de componentes e peças de reposição enquanto não cessar a fabricação ou importação do produto (art. 32). **E:** Incorreta. Conforme inteligência do art. 36 do CDC, a publicidade deve ser veiculada de

tal forma que o consumidor, fácil e imediatamente, a identifique como tal. RD

## 26. Gabarito: C

Comentário: De acordo com o art. 51, VII, do CDC "são nulas de pleno direito, entre outras, as cláusulas contratuais relativas ao fornecimento de produtos e serviços que determinem a utilização compulsória de arbitragem". RD

## 27. Gabarito: A

Comentário: **A:** Correta. Conforme art. 19, § 2º, do CDC. **B:** Incorreta. De acordo com o art. 18, § 2º, do CDC "poderão as partes convencionar a redução ou ampliação do prazo previsto no parágrafo anterior, não podendo ser inferior a sete nem superior a cento e oitenta dias. Nos contratos de adesão, a cláusula de prazo deverá ser convencionada em separado, por meio de manifestação expressa do consumidor". **C:** Incorreta. De acordo com o art. 18, § 5º, do CDC "no caso de fornecimento de produtos *in natura*, será responsável perante o consumidor o fornecedor imediato, exceto quando identificado claramente seu produtor". **D:** Incorreta. Os prazos para reclamar o vício do produto, seja de quantidade ou de qualidade, são decadenciais e tratados pelo art. 26 do CDC. Já os prazos estabelecidos relativos ao defeito de produto e serviço são prescricionais, na forma do art. 27 do CDC. **E:** Incorreta. A contagem do prazo decadencial inicia-se a partir da entrega efetiva do produto ou término da execução do serviço, conforme disposição do art. 26, § 1º. Entretanto, em se tratando de vício oculto, a contagem do prazo inicia-se no momento em que ficar evidenciado o defeito, conforme inteligência do art. 26, § 3º, do CDC. RD

## 28. Gabarito: E

Comentário: **I:** Correta. Em conformidade com o art. 48 do CDC. **II:** Incorreta. De acordo com o art. 49 do CDC, o prazo para desistência de compra de produto ou serviço realizada fora do estabelecimento comercial é de 7 dias. **III:** Correta. Em conformidade com o art. 53 do CDC. **IV:** Correta. Em conformidade com o art. 53, § 2º, do CDC. RD

## 29. Gabarito: D

Comentário: **A:** Incorreta. De acordo com o art. 106, VII, do CDC, o órgão é responsável por levar ao conhecimento dos órgãos competentes *as infrações de ordem administrativa* que violarem os interesses difusos, coletivos ou individuais dos consumidores. **B:** Conforme entendimento do art. 106, VIII, o órgão é responsável por *auxiliar* a fiscalização de preços, abastecimento, quantidade e segurança de bens de serviço, junto à outras entidades da União, Estados, Distrito Federal e

Municípios. Ou seja, não se trata e competência *direta e exclusiva*. **C:** Incorreta. De acordo com o art. 106, II, do CDC, o órgão é responsável por receber, analisar, avaliar e *encaminhar* consultas, denúncias ou sugestões apresentadas por entidades representativas ou pessoas jurídicas de direito público ou privado. Ou seja, não é responsável por *julgar*. **D:** Correta. Conforme art. 106, I, do CDC. **E:** Incorreta. De acordo com o art. 106, IV, cabe ao órgão informar, conscientizar e motivar o consumidor através dos diferentes meios de comunicação. RD

## 30. Gabarito: C

Comentário: **A:** Incorreta. Conforme entendimento da Súmula 381 do STJ: "Nos contratos bancários, é vedado ao julgador conhecer, de ofício, da abusividade das cláusulas". **B:** Incorreta. Conforme disposição da Súmula 402-STJ: "O contrato de seguro por danos pessoais compreende os danos morais, salvo cláusula expressa de exclusão". **C:** Correta. Conforme Súmula 620 do STJ. **D:** Incorreta. De acordo com a Súmula 602 do STJ: "O Código de Defesa do Consumidor é aplicável aos empreendimentos habitacionais promovidos pelas sociedades cooperativas". **E:** Incorreta. De acordo com a Súmula 563 do STJ: "O CDC é aplicável às entidades abertas de previdência complementar, não incidindo nos contratos previdenciários celebrados com entidades fechadas". RD

## 31. Gabarito: B

Comentário: **A:** Incorreta. A desconsideração inversa da pessoa jurídica é cabível nas relações de consumo. **B:** Correta. Conforme art. 28 do CDC, o juiz poderá desconsiderar a personalidade jurídica da sociedade quando, em detrimento do consumidor, houver abuso de direito, excesso de poder, infração da lei, fato ou ato ilícito ou violação dos estatutos ou contrato social. Também é possível determinar a desconsideração quando houver falência, estado de insolvência, encerramento ou inatividade da pessoa jurídica provocados por má administração. Além desses casos, poderá ser desconsiderada a pessoa jurídica sempre que sua personalidade for, de alguma forma, obstáculo ao ressarcimento de prejuízos causados aos consumidores. Adota-se, portanto, a teoria menor da desconsideração da personalidade jurídica, posto que mais ampla e mais benéfica ao consumidor, não sendo exigida prova da fraude ou abuso de direito. **C:** Incorreta. As sociedades consorciadas são solidariamente responsáveis pelas obrigações decorrentes do CDC (art. 28, § 3º). **D:** Incorreta. O Código Civil, em seu art. 50, trata da desconsideração da personalidade jurídica, adotando a teoria maior da desconsideração. Nesse caso, exige-se prova da caracterização de confusão patrimonial. **E:** Incorreta. Vide justificativa da alternativa B. RD

**32.** Gabarito: E
Comentário: **A:** Incorreta. Conforme estabelecido pelo art. 83 do CDC, são admissíveis todas as espécies de ações capazes de propiciar a adequada e efetiva tutela dos direitos e interesses protegidos pelo código. **B:** Incorreta. Diante do estabelecido pelo art. 84, § 2º, a indenização por perdas e danos ocorrerá sem prejuízo de multa. **C:** Incorreta. De acordo com o art. 87 do CDC, nas ações coletivas não haverá adiantamento de custas, emolumentos, honorários periciais e quaisquer outras despesas. Ressalta o dispositivo, ainda, que não haverá condenação da associação autora, salvo comprovada má-fé, em honorários de advogados, custas e despesas processuais. **D:** Incorreta. Conforme inteligência do art. 87, parágrafo único, em caso de litigância de má-fé, a associação autora e os diretores responsáveis pela propositura da ação serão solidariamente condenados em honorários advocatícios e ao décuplo das custas, sem prejuízo da responsabilidade por perdas e danos. **E:** Correta. Conforme art. 84, § 5º, do CDC. [RD]

**33.** Gabarito: D
Comentário: **A:** incorreta. Cuida-se de providência não prevista em lei (para este caso); **B:** incorreta, pois em desconformidade com os arts. 114 e 126 a 128 do ECA. Sobre a remissão, valem alguns esclarecimentos. Cuida-se do *perdão concedido pelo MP ao adolescente autor de ato infracional*. Neste caso, tem natureza administrativa e depende de homologação. Inexiste inconstitucionalidade nesta medida, já que está o Ministério Público credenciado a decidir pela aplicação da remissão ou pelo oferecimento da representação. Essa é a *remissão ministerial* (art. 126, *caput*, do ECA). Uma vez iniciado o procedimento, a remissão não mais poderá ser concedida pelo promotor de justiça, somente pela autoridade judiciária. Essa é a *remissão judicial*, que importa na suspensão ou extinção do processo (art. 126, parágrafo único, do ECA) e tem como propósito amenizar os efeitos da continuidade desse. Observações quanto às duas espécies de remissão: a) a remissão ministerial importa na exclusão do início do processo de conhecimento. Já a judicial, que é aquela em que o processo de conhecimento já teve início com a representação formulada pelo MP, implica a extinção ou suspensão do processo – em curso; b) a despeito de a lei nada ter dito a esse respeito, a remissão ministerial está condicionada ao consentimento expresso do adolescente e de seu representante legal. Motivo: na hipótese de o adolescente sustentar que não cometeu o ato infracional a ele imputado, terá a oportunidade, por meio do processo de conhecimento, de provar sua inocência. Com muito mais razão, quando se tratar de remissão cumulada com medida socioeducativa (STJ entende ser possível a cumulação); c) a remissão judicial prescinde

de anuência do MP, que, no entanto, será ouvido, sob pena de nulidade. A esse respeito, conferir: STF, HC 96.659-MG, Rel. Min. Gilmar Mendes, j. 28.09.2010; d) ainda no âmbito da remissão judicial, o juiz da infância e da juventude poderá, neste caso, suspender (paralisar) ou ainda extinguir (pôr fim) o processo. Suspenderá na hipótese de o adolescente ser submetido a uma medida socioeducativa em que se faça necessário o seu acompanhamento, como, por exemplo, a prestação de serviços à comunidade. Ao término desta, o processo será extinto. Por fim, será extinto sempre que não for necessária a imposição de medida socioeducativa cumulada com a remissão ou mesmo no caso de ser aplicada medida que prescinda de acompanhamento. Ex.: advertência; e) a remissão não implica necessariamente o reconhecimento ou comprovação da responsabilidade, nem prevalece para efeito de antecedentes (art. 127 do ECA). É dizer, o fato de o adolescente e seu representante aquiescerem na aplicação da medida não quer dizer que aquele está admitindo culpa pelo ato infracional praticado; se assim preferir, poderá recusar a benesse e provar a sua inocência no curso do processo de conhecimento; f) a medida que eventualmente for aplicada junto com a remissão, que nunca poderá ser a de colocação em regime de semiliberdade e internação, poderá ser revista judicialmente a qualquer tempo, mediante pedido do adolescente ou de seu representante legal, ou do MP; **C:** incorreta. A internação, por exemplo, por força do que dispõe o art. 121, § 2º, do ECA, não comporta prazo determinado, devendo sua manutenção ser reavaliada, mediante decisão fundamentada, no máximo a cada seis meses. Seja como for, o período de internação não excederá a 3 anos (art. 121, § 3º, do ECA); **D:** correta, pois reflete o disposto no art. 112, § 1º, do ECA; **E:** incorreta. Trata-se de critérios não contemplados em lei. [ED]

**34.** Gabarito: C
Comentário: **A:** incorreta, pois contraria o disposto no art. 50, § 9º, do ECA, que estabelece que *compete à Autoridade Central Estadual zelar pela manutenção e correta alimentação dos cadastros, com posterior comunicação à Autoridade Central Federal brasileira*; **B:** incorreta, tendo em vista o que estabelece o art. 197-A do ECA; **C:** correta, pois em conformidade com o que estabelece o art. 197-F do ECA, introduzido pela Lei 13.509/2017; **D:** incorreta, em face do que dispõe o art. 197-E, § 2º, do ECA, cuja redação foi alterada pela Lei 13.509/2017; **E:** incorreta. Trata-se de previsão não contida em lei. [ED]

**35.** Gabarito: C
Comentário: **A:** incorreta, tendo em vista o que dispõe o art. 54 da Lei 12.594/2012 (Sinase); **B:** incorreta. Trata-se de previsão não contida na legislação pertinente; **C:** correta, uma vez que reflete o disposto no art. 23, § 2º,

I, da Lei 8.742/1993 (Lei Orgânica da Assistência Social); **D:** incorreta (art. 147, ECA); **E:** incorreta. Previsão não contina em lei. ⬛

---

**36.** Gabarito: A

Comentário: A solução desta questão deve ser extraída do art. 184, § 3º, do ECA, que assim dispõe: *não sendo localizado o adolescente, a autoridade judiciária expedirá mandado de busca e apreensão, determinando o sobrestamento do feito, até a efetiva apresentação.* ⬛

---

**37.** Gabarito: D

Comentário: **A:** incorreta, já que a assertiva não corresponde a disposição expressa do ECA; **B:** incorreta. Por força do que dispõe o art. 151, parágrafo único, do ECA, introduzido pela Lei 13.509/2017, em face da ausência ou insuficiência de servidores integrantes do Poder Judiciário, o magistrado procederá à nomeação de perito, tal como estabelece o art. 156 do CPC; **C:** incorreta. Cuida-se de previsão não contida no ECA; **D:** correta, pois reflete o disposto no art. 151, *caput*, do ECA; **E:** incorreta, já que o que se afirma na proposição não corresponde a norma do ECA. ⬛

---

**38.** Gabarito: E

Comentário: **A:** incorreta. Segundo o art. 7º da Lei 13.431/2017, a *escuta especializada* consiste no *procedimento de entrevista sobre situação de violência com criança ou adolescente perante órgão da rede de proteção, limitado o relato estritamente ao necessário para o cumprimento de sua finalidade*; **B:** incorreta. A Lei 13.431/2017 não contém a denominação *entrevista forense*; **C:** incorreta. O chamado *depoimento sem dano* (denominação não empregada pela Lei 13.431/2017) corresponde ao *depoimento especial*, este sim previsto no art. 8º da Lei 13.431/2017, que consiste no *procedimento de oitiva de criança ou adolescente vítima ou testemunha de violência perante autoridade policial ou judiciária*; **D:** incorreta. A Lei 13.431/2017 faz uso do termo *escuta especializada* (não faz referência à *escuta protegida*); **E:** correta. Vide comentário à alternativa "C". ⬛

---

**39.** Gabarito: B

Comentário: **A:** incorreta. Trata-se de previsão não contemplada no ECA; **B:** correta, uma vez que configura o crime capitulado no art. 228 do ECA: *Deixar o encarregado de serviço ou o dirigente de estabelecimento de atenção à saúde de gestante de manter registro das atividades desenvolvidas, na forma e prazo referidos no art. 10 desta Lei, bem como de fornecer à parturiente ou a seu responsável, por ocasião da alta médica, declaração de nascimento, onde constem as intercorrências do parto e do desenvolvimento do neonato*; **C:** incorreta: exigência

não contida no ECA; **D:** incorreta, na medida em que a conduta descrita corresponde ao crime do art. 229 do ECA. Não se trata, pois, de infração administrativa; **E:** incorreta, uma vez que não reflete o disposto no art. 13, § 1º, do ECA, segundo o qual *as gestantes ou mães que manifestem interesse em entregar seus filhos para adoção serão obrigatoriamente encaminhadas, sem constrangimento, à Justiça da Infância e da Juventude.* ⬛

---

**40.** Gabarito: A

Comentário: A solução desta questão deve ser extraída do art. 17 da Lei 12.594/2012 (Sinase), que assim dispõe: *Para o exercício da função de dirigente de programa de atendimento em regime de semiliberdade ou de internação, além dos requisitos específicos previstos no respectivo programa de atendimento, é necessário: I – formação de nível superior compatível com a natureza da função; II – comprovada experiência no trabalho com adolescentes de, no mínimo, 2 (dois) anos; e III – reputação ilibada.* ⬛

---

**41.** Gabarito: C

Comentário: **A:** incorreta, já que a ação penal, no crime de dano cometido por motivo egoístico (art. 163, parágrafo único, IV, do CP), é privativa do ofendido, à luz do que estabelece o art. 167 do CP; **B:** incorreta. No crime de exercício arbitrário das próprias razões, na hipótese de não haver emprego de violência, somente se procede mediante queixa (ação penal privativa do ofendido), conforme dispõe o art. 345, parágrafo único, do CP; **C:** correta. Segundo entendimento firmado na Súmula 714 do STF, se se tratar de ação penal por crime contra a honra de servidor público em razão do exercício de suas funções, será concorrente a legitimidade do ofendido, mediante queixa, e do Ministério Público, condicionada à representação da vítima; **D:** incorreta. Atualmente, a ação penal, nos crimes contra a liberdade sexual, será sempre pública incondicionada. Quanto a isso, valem alguns esclarecimentos. A Lei 13.718/2018 promoveu uma série de alterações no universo dos crimes sexuais, aqui incluída a natureza da ação penal. Senão vejamos. A ação penal, nos delitos sexuais, era, em regra, de iniciativa privada. Era o que estabelecia a norma contida no *caput* do art. 225 do Código Penal. As exceções ficavam por conta do § 1º do dispositivo. Com o advento da Lei 12.015/09, que introduziu uma série de modificações nos crimes sexuais, agora chamados *crimes contra a dignidade sexual*, nomenclatura, a nosso ver, mais adequada aos tempos atuais, a ação penal deixou de ser privativa do ofendido para ser pública condicionada à representação, exceção feita às hipóteses em que a vítima era menor de 18 anos ou pessoa vulnerável, caso em que a ação era pública incondicionada (art. 225, parágrafo único, do CP). Mais recentemente, entrou em vigor a Lei 13.718/2018, que, dentre várias inovações implementadas nos crimes contra a dignidade sexual, mudou, uma vez mais, a natureza da ação penal nesses delitos. Com isso, a ação penal, nos crimes sexuais, passa a ser pública incondicionada. Vale lembrar que, antes do advento desta Lei, a ação era, em regra, pública condicionada, salvo nas situações em que a vítima era vulnerável ou menor de 18 anos. Fazendo um breve histórico, temos o seguinte quadro: a ação penal, nos crimes sexuais, era, em regra, privativa do ofendido, a este cabendo a propositura da ação penal; posteriormente, a partir do advento da Lei 12.015/2009, a ação penal, nesses crimes, deixou de ser privativa do ofendido para ser pública condicionada a representação, em regra; agora, com a entrada em vigor da Lei 13.718/2018, a ação penal, nos crimes contra a dignidade sexual, que antes era pública condicionada, passa a ser pública incondicionada. Com isso, o titular da ação penal, que é o MP, prescinde de manifestação de vontade da vítima para promover a ação penal; **E:** incorreta. A ação penal, no estelionato, sempre foi, via de regra, pública incondicionada. As exceções ficavam por conta das hipóteses elencadas no art. 182 do CP (imunidade relativa), que impunha que a vítima manifestasse seu desejo, por meio de representação, no sentido de ver processado o ofensor, legitimando o Ministério Público, dessa forma, a agir. Com o advento da Lei 13.964/2019, o que era exceção, no crime de estelionato, virou regra. Ou seja, o crime capitulado no art. 171 do CP passa a ser de ação penal pública condicionada à representação do ofendido, conforme impõe o art. 171, § 5º, do CP. Este mesmo dispositivo, no entanto, estabelece exceções (hipóteses em que a ação penal será pública incondicionada), a saber: quando a vítima for: a Administração Pública, direta ou indireta; criança ou adolescente; pessoa com deficiência mental; ou maior de 70 anos ou incapaz (e não de 60, como consta da assertiva). **ED**

---

**42.** Gabarito: C

Comentário: **A:** incorreta, já que contraria o entendimento sedimentado na Súmula 441 do STJ: "A falta grave não interrompe o prazo para obtenção de livramento condicional"; **B:** incorreta, pois em desconformidade com o teor da Súmula 617, do STJ, *in verbis*: "A ausência de suspensão ou revogação do livramento condicional antes do término do período de prova enseja a extinção da punibilidade pelo integral cumprimento da pena"; **C:** correta, pois em conformidade com o que estabelece o art. 44, parágrafo único, da Lei 11.343/2006. O STJ, em edição de n. 131 da ferramenta *Jurisprudência em Teses*, publicou, sobre este tema, a seguinte tese (n. 53): "A despeito de não ser considerado hediondo, o crime de associação para o tráfico, no que se refere à concessão do livramento condicional, deve, em razão do princípio

da especialidade, observar a regra estabelecida pelo art. 44, parágrafo único, da Lei n. 11.343/2006: cumprimento de 2/3 (dois terços) da pena e vedação do benefício ao reincidente específico"; **D:** incorreta, pois não reflete o disposto no art. 83, III, b, do CP, que estabelece que, para fazer jus ao livramento condicional, o agente não pode ter cometido falta grave nos últimos 12 meses (e não 24, tal como consta da assertiva). Quanto a este tema, é importante que se diga que a Lei 13.964/2019, com vigência a partir de 23 de janeiro de 2020, introduziu novo requisito para a concessão do livramento condicional. Até então, tínhamos que o inciso III do art. 83 do CP continha os seguintes requisitos: comportamento satisfatório no curso da execução da pena; bom desempenho no trabalho atribuído ao reeducando; e aptidão para prover à própria subsistência por meio de trabalho honesto. O que fez a Lei 13.964/2019 foi inserir, neste inciso III, um quarto requisito. Doravante, além de preencher os requisitos contemplados no art. 83 do CP (nos seus cinco incisos), é de rigor que o reeducando, para fazer jus à concessão do livramento, não tenha cometido falta grave nos últimos 12 meses. O inciso III, que passou a abrigar esta modificação, foi fracionado em quatro alíneas ("a", "b", "c" e "d"), cada qual correspondente a um requisito (os três aos quais me referi acima e este novo requisito introduzido pela *novel* lei); **E:** incorreta, na medida em que contraria o entendimento sufragado na Súmula 715 do STF. A pena unificada não será considerada para efeito de concessão de benefícios penais, tais como o livramento condicional e a progressão de regime. Para estes, será utilizada a quantidade de pena aplicada (e não a unificada para fins de execução). Vale lembrar que, com a alteração promovida pela Lei 13.964/2019 na redação do art. 75 do CP (*caput* e § 1º), o tempo máximo de cumprimento da pena privativa de liberdade, que era de 30 anos, passou a ser de 40 anos. **ED**

---

**43.** Gabarito: A

Comentário: **A:** correta. *Vide* Teses 23, 24 e 25 da edição de n. 131 da ferramenta *Jurisprudência em Teses*, do STJ; **B:** incorreta. A primeira parte da assertiva está correta, pois em conformidade com o entendimento consolidado nos tribunais superiores, segundo o qual é prescindível, para a incidência desta causa de aumento, a transposição das divisas dos Estados, sendo suficiente que fique demonstrado que a droga se destinava a outro Estado da Federação. Nesse sentido, conferir: "(...) Esta Corte possui entendimento jurisprudencial, no sentido de que a incidência da causa de aumento, conforme prevista no art. 40, V, da Lei n. 11.343/2006, não exige a efetiva transposição da divisa interestadual, sendo suficientes as evidências de que a substância entorpecente tem como destino qualquer ponto além das linhas da respectiva Unidade da Federação (...)" (AGRESP 201103088503,

Campos Marques (Desembargador convocado do TJ/PR), STJ, Quinta Turma, *DJ*e 01.07.2013). Consolidando tal entendimento, o STJ editou a Súmula 587: "Para a incidência da majorante prevista no art. 40, V, da Lei 11.343/2006, é desnecessária a efetiva transposição de fronteiras entre estados da Federação, sendo suficiente a demonstração inequívoca da intenção de realizar o tráfico interestadual". A segunda parte da assertiva, no entanto, está incorreta, já que em desconformidade com a jurisprudência do STJ, que publicou, na ferramenta *Jurisprudência em Teses*, Edição n. 131, a seguinte tese sobre este tema (n. 43): "A aplicação das majorantes previstas no art. 40 da Lei de Drogas exige motivação concreta, quando estabelecida acima da fração mínima, não sendo suficiente a mera indicação do número de causas de aumento"; **C**: incorreta. Conferir Tese n. 10 da Edição n. 131 da ferramenta *Jurisprudência em Teses*, do STJ: "A posse de substância entorpecente para uso próprio configura crime doloso e quando cometido no interior do estabelecimento prisional constitui falta grave, nos termos do art. 52 da Lei de Execução Penal - LEP (Lei n. 7.210/1984)"; **D**: incorreta. A incorreção está na primeira parte da proposição, já que em desconformidade com a Tese n. 17 da Edição n. 131 da ferramenta *Jurisprudência em Teses*, do STJ; a segunda parte está em consonância com a Tese n. 18 da Edição n. 131 da ferramenta *Jurisprudência em Teses*, do STJ; **E**: incorreta. *Vide* Teses n. 36 e 45 da Edição n. 131 da ferramenta *Jurisprudência em Teses*, do STJ. 🔲

---

**44.** Gabarito: E

Comentário: **A**: incorreta. Conferir: "O reconhecimento de falta grave no curso da execução penal justifica a perda de até 1/3 do total de dias trabalhados pelo apenado até a data do ato de indisciplina carcerária, ainda que não haja declaração judicial da remição, consoante a interpretação sistemática e teleológica do art. 127 da LEP" (STJ, AgRg no HC 630.013/SP, Rel. Ministro Ribeiro Dantas, Quinta Turma, julgado em 07/12/2021, DJe 13/12/2021); **B**: incorreta. Conferir: "Este Superior Tribunal firmou entendimento no sentido de que o óbice à concessão de indulto ocorrerá se a falta grave tiver sido cometida dentro do prazo previsto no Decreto, mesmo que sua homologação aconteça depois do ato presidencial" (STJ, AgRg no AREsp 1374816/ES, Rel. Ministro Ribeiro Dantas, Quinta Turma, julgado em 07/02/2019, DJe 15/02/2019); **C**: incorreta. Conferir: "O reconhecimento da prática de falta grave em razão da conduta praticada por terceiro que enviou a encomenda via SEDEX viola o princípio constitucional da intranscendência (art. 5.º, inciso XLV, da Constituição da República), o qual preconiza que ninguém pode ser responsabilizado por ato praticado por terceira pessoa." (STJ, AgRg no HC 642.504/SP, Rel. Ministra Laurita Vaz, Sexta Turma,

julgado em 09/03/2021, DJe 19/03/2021); **D**: incorreta. Conferir: "2. As Turmas que compõem a Terceira Seção desta Corte firmaram o entendimento de que, em razão da ausência de legislação específica, a prescrição da pretensão de se apurar falta disciplinar, cometida no curso da execução penal, deve ser regulada, por analogia, pelo prazo do art. 109 do Código Penal, com a incidência do menor lapso previsto, atualmente de três anos, conforme dispõe o inciso VI do aludido artigo. 3. In casu, conforme consta do voto condutor do acórdão impugnado, a falta grave foi cometida em 4/4/2017 (fuga em 26/12/2013, com recaptura do sentenciado em 4/4/2017), tendo sido determinada a instauração de procedimento administrativo disciplinar para a respectiva apuração. 4. O termo inicial do prazo prescricional, no caso de fuga, é a data da recaptura, por ser uma infração disciplinar de natureza permanente (HC n. 362.895/RS, Rel. Ministro FELIX FISCHER, Quinta Turma, julgado em 14/2/2017, DJe 22/2/2017) 5. A conduta foi praticada após a edição da Lei n. 12.234/2010, cujo menor lapso prescricional é de 3 anos, prazo ainda não implementado. 6. Habeas corpus não conhecido." (STJ, HC 527.625/SP, Rel. Ministro Reynaldo Soares Da Fonseca, Quinta Turma, julgado em 12/11/2019, DJe 26/11/2019); **E**: correta. Conferir Tese n. 11 da Edição de n. 146 da ferramenta *Jurisprudência em teses*, do STJ: "O cometimento de falta disciplinar de natureza grave no curso da execução penal justifica a exigência de exame criminológico para fins de progressão de regime." 🔲

---

**45.** Gabarito: D

Comentário: Tal entendimento encontra-se sedimentado na Tese n. 1, da Edição de n. 184 (Pacote Anticrime), da ferramenta *Jurisprudência em Teses*, do STJ: "Após a entrada em vigor do Pacote Anticrime, reconhece-se a retroatividade do patamar estabelecido no art. 112, V, da Lei n. 7.210/1984, àqueles apenados que, embora tenham cometido crime hediondo ou equiparado sem resultado morte, não sejam reincidentes em delito de natureza semelhante." Quanto ao tema *progressão de regime*, valem algumas ponderações, tendo em conta o advento da Lei 13.964/2019 (Pacote Anticrime), que, ao alterar a redação do art. 112 da LEP, promoveu a inclusão de novas faixas de fração de cumprimento de pena a possibilitar a progressão do reeducando a regime menos rigoroso, aqui incluídos os crimes hediondos e equiparados. **Com isso, a nova tabela de progressão ficou mais detalhada, já que, até então, contávamos com o percentual único de 1/6 para os crimes comuns e 2/5 e 3/5 para os crimes hediondos e equiparados. Doravante, passamos a ter novas faixas, agora expressas em porcentagem, que levam em conta, no seu enquadramento, fatores como primariedade e o fato de o delito haver sido praticado com violência/grave** ameaça. A primeira faixa corresponde a 16%, a que estão sujeitos os condenados que forem primários e cujo crime praticado for desprovido de violência ou grave ameaça (art. 112, I, LEP); em seguida, passa-se à faixa de 20%, destinada ao sentenciado reincidente em crime praticado sem violência à pessoa ou grave ameaça (art. 112, II, LEP); a faixa seguinte, de 25%, é aplicada ao apenado primário que tiver cometido crime com violência à pessoa ou grave ameaça (art. 112, III, LEP); à faixa de 30% ficará sujeito o condenado reincidente em crime cometido com violência contra a pessoa ou grave ameaça (art. 112, IV, LEP); deverá cumprir 40% da pena o condenado pelo cometimento de crime hediondo ou equiparado, se primário (art. 112, V, LEP); estão sujeitos ao cumprimento de 50% da pena imposta o condenado pela prática de crime hediondo ou equiparado, com resultado morte, se for primário; o condenado por exercer o comando, individual ou coletivo, de organização criminosa estruturada para a prática de crime hediondo ou equiparado; e o condenado pela prática do crime de constituição de milícia privada (art. 112, VI, LEP); deverá cumprir 60% da pena o condenado reincidente na prática de crime hediondo ou equiparado (art. 112, VII, LEP); e 70%, que corresponde à última faixa, o sentenciado reincidente em crime hediondo ou equiparado com resultado morte (art. 112, VIII, LEP). O art. 2º, § 2º, da Lei 8.072/1990, como não poderia deixar de ser, foi revogado, na medida em que a progressão, nos crimes hediondos e equiparados, passou a ser disciplinada no art. 112 da LEP. Além disso, o art. 112, § 1º, da LEP, com a nova redação determinada pela Lei 13.964/2019, impõe que somente fará jus à progressão de regime, nos novos patamares, o apenado que ostentar boa conduta carcerária, a ser atestada pelo diretor do estabelecimento. Por sua vez, o art. 112, § 5º, da LEP, incluído pela Lei 13.964/2019, consagrando entendimento jurisprudencial, estabelece que não se considera hediondo ou equiparado o crime de tráfico de drogas previsto no art. 33, § 4º, da Lei 11.343/2006. Registre-se que, mais recentemente, quando já em vigor as alterações implementadas pelo pacote anticrime, o Congresso Nacional, ao apreciar os vetos impostos pelo presidente da República ao PL 6341/2019 (que deu origem à Lei 13.964/2019), rejeitou (derrubou) vários deles (na verdade, 16 dos 24 vetos). No que toca ao tema *bom comportamento como condicionante à progressão de regime*, o texto original do projeto de lei previa a inclusão ao art. 112 da LEP do § 7º, segundo o qual *o bom comportamento é readquirido após 1 (um) anos da ocorrência do fato, ou antes, após o cumprimento do requisito temporal exigível para a obtenção do direito*. Pois bem. Este dispositivo, entre tantos outros, foi objeto de rejeição ao veto imposto pelo PR, de sorte que ele passa a integrar o

pacote anticrime. O Palácio do Planalto assim justificou a imposição do veto: *a propositura legislativa, ao dispor que o bom comportamento, para fins de progressão de regime, é readquirido após um ano da ocorrência do fato, ou antes, após o cumprimento do requisito temporal exigível para a obtenção do direito, contraria o interesse público, tendo em vista que a concessão da progressão de regime depende da satisfação de requisitos não apenas objetivos, mas, sobretudo de aspectos subjetivos, consistindo este em bom comportamento carcerário, a ser comprovado, a partir da análise de todo o período da execução da pena, pelo diretor do estabelecimento prisional. Assim, eventual pretensão de objetivação do requisito vai de encontro à própria natureza do instituto, já pré-concebida pela Lei 7.210, de 1984, além de poder gerar a percepção de impunidade com relação às faltas e ocasionar, em alguns casos, o cometimento de injustiças em relação à concessão de benesses aos custodiados.* ED

**46.** Gabarito: E
Comentário: **A:** incorreta. Com o advento da Lei 13.964/2019, foram inseridas três modalidades de roubo majorado (circunstanciado) no rol de crimes hediondos, a saber: roubo majorado pela restrição de liberdade da vítima (art. 157, § 2º, V); roubo majorado pelo emprego de arma de fogo (art. 157, § 2º-A, I); roubo majorado pelo emprego de arma de fogo de uso proibido ou restrito (art. 157, § 2º-B). Como se vê, o roubo, com a entrada em vigor do pacote anticrime, não passou a ser considerado hediondo em qualquer de suas modalidades, mas somente nas hipóteses a que fizermos referência; **B:** incorreta. Ainda que o agente não tenha tido a posse mansa e pacífica do objeto material do crime, o crime de roubo (e também o de furto), ainda assim, estará consumado. Isso porque a jurisprudência do STF e do STJ dispensa, para a consumação do roubo/furto, o critério da saída da coisa da *esfera de vigilância da vítima* e se contenta com a constatação de que, cessada a clandestinidade ou a violência, o agente tenha tido a posse da res, mesmo que retomada, em seguida, pela perseguição imediata: STF, HC 92450-DF, 1ª T., Rel. Min. Ricardo Lewandowski, 16.9.08; STJ, REsp 1059171-RS, 5ª T., Rel. Min. Felix Fischer, j. 2.12.08. Consagrando tal entendimento, o STJ editou a Súmula 582: *Consuma-se o crime de roubo com a inversão da posse do bem mediante emprego de violência ou grave ameaça, ainda que por breve tempo e em seguida à perseguição imediata ao agente e recuperação da coisa roubada, sendo prescindível a posse mansa e pacífica ou desvigiada;* **C:** incorreta. O reconhecimento do roubo impróprio (art. 157, § 1º, do CP) tem como pressuposto o fato de a violência contra a pessoa ou grave ameaça verificar-se após a subtração da res (e não antes, como consta da

assertiva). É este o caso, por exemplo, do agente que, após efetuar a subtração de determinado bem (furto), ao deixar o local se depara com o proprietário da *res*, contra o qual o agente desfere um soco, que vem a ocasionar-lhe um desmaio e acaba por assegurar ao agente a detenção da coisa subtraída. O roubo próprio, por seu turno, que é a modalidade mais comum desse crime, se dá quando a violência ou grave ameaça é empregada com o fim de retirar os bens da vítima. Em outras palavras, a violência ou a grave ameaça, no roubo próprio, constitui meio para o agente chegar ao seu objetivo, que é o de efetuar a subtração. O roubo impróprio se consuma com o emprego da violência ou grave ameaça; já o roubo próprio alcança a sua consumação com a inversão da posse do bem mediante violência ou grave ameaça (Súmula 582, STJ); **D:** incorreta. Quanto ao emprego de arma como meio para o cometimento do crime de roubo, valem alguns esclarecimentos, em face de inovações legislativas ocorridas neste campo. Com o advento da Lei 13.654/2018, o art. 157, § 2º, I, do CP, que impunha aumento de pena no caso de a violência ou ameaça, no crime de roubo, ser exercida com emprego de *arma*, foi revogado. Em relação à incidência desta causa de aumento, a jurisprudência havia consolidado o entendimento segundo o qual o termo *arma* tinha acepção ampla, ou seja, estavam inseridas no seu conceito tanto as armas *próprias*, como, por excelência, a de fogo, quanto as *impróprias* (faca, punhal, foice etc.). Além de revogar o dispositivo acima, a Lei 13.654/2018 promoveu a inclusão da mesma causa de aumento de pena (emprego de arma) no § 2º-A, I, do CP. Até aí, nenhum problema. Como bem sabemos, o deslocamento de determinado comportamento típico de um para outro dispositivo, por força da regra da continuidade típico-normativa, não tem o condão de descriminalizar a conduta. Sucede que a Lei 13.654/2018, ao deslocar esta causa de aumento do art. 157, § 2º, I, do CP para o art. 157, § 2º-A, I, também do CP, limitou o alcance do termo *arma*, já que passou a referir-se tão somente à arma de *fogo*, do que se conclui que somente incorrerá nesta causa de aumento o agente que se valer, para a prática do roubo, de arma de fogo (revólver, pistola fuzil etc.); a partir da entrada em vigor desta lei, portanto, se o agente utilizar, para o cometimento deste delito, arma branca, o roubo será simples, já que, repita-se, a nova redação do dispositivo especificou que tipo de arma é apta a configurar o aumento: arma de fogo. Outro detalhe: pela redação anterior, o agente que fizesse uso de arma (de fogo ou branca) estaria sujeito a um aumento de pena da ordem de um terço até metade; a partir de agora, se utilizar arma (necessariamente de fogo), sujeitar-se-á a um incremento da ordem de dois terços. Desnecessário dizer que tal inovação não poderá retroagir e atingir fatos ocorridos antes da entrada em vigor desta lei, já que constitui *lex gravior*. De outro lado, essa mesma norma que excluiu a arma que não seja de fogo deverá retroagir para beneficiar o agente (*novatio legis in mellius*) que praticou o crime de roubo com emprego de arma branca antes de ela entrar em vigor. Este quadro, que acima explicitamos, perdurou até o dia 23 de janeiro de 2020, data em que entrou em vigor a Lei 13.964/2019 (pacote anticrime). Duas modificações foram promovidas por esta lei nas majorantes do crime de roubo. Em primeiro lugar, foi reinserida a causa de aumento na hipótese de o agente se valer, para a prática do crime de roubo, de arma branca (inserção do inciso VII no § 2º do art. 157 do CP). Lembremos que, com a edição da Lei 13.654/2018, o emprego de arma branca, no roubo, deixou de configurar causa de aumento. Pois bem. Além disso, a Lei 13.964/2019 introduziu no art. 157 do CP o § 2º-B, que estabelece nova causa de aumento de pena para o roubo, quando a violência ou grave ameaça for exercida com emprego de arma de fogo de uso restrito ou proibido. Neste caso, a pena prevista no *caput* será aplicada em dobro. Em resumo, com a entrada em vigor da Lei Anticrime, passamos a ter o seguinte quadro: violência/grave ameaça exercida com emprego de arma branca (art. 157, § 2º, VII, CP): aumento de pena da ordem de um terço até metade; violência/grave ameaça exercida com emprego de arma de fogo, desde que não seja de uso restrito ou proibido (art. 157, § 2º-A, I, CP): a pena será aumentada de dois terços; violência/grave ameaça exercida com emprego de arma de fogo de uso restrito ou proibido (art. 157, § 2º-B, CP): a pena será aplicada em dobro; **E:** correta. De fato, se a violência ou grave ameaça for exercida com emprego de arma de fogo (de uso permitido), a pena será aumentada de dois terços (art. 157, § 2º-A, I, CP); agora, sendo a arma de fogo de uso restrito ou proibido, a pena será aplicada em dobro, nos termos do art. 157, § 2º-B, CP. A fração de aumento, portanto, levará em conta a natureza do instrumento (se de uso permitido ou restrito/proibido). ED

---

**47.** Gabarito: D

Comentário: **A:** incorreta. O erro incide sobre a primeira parte da assertiva, que está em desconformidade com o art. 46, *caput*, do CP; a segunda parte, que está correta, reflete o disposto no art. 46, § 4º, do CP; **B:** incorreta. A prestação pecuniária, que constitui modalidade de pena restritiva de direitos (art. 43, I, CP), uma vez descumprida de forma injustificada, será convolada em pena privativa de liberdade, nos termos do art. 44, § 4º, do CP. A regra contida na proposição se refere à *multa* (art. 51, CP); **C:** incorreta, uma vez que a execução da pena restritiva de direitos depende, sim, do trânsito em julgado da condenação (Súmula 643, STJ); **D:** correta (art. 115 da LEP e Súmula 493, do STJ); **E:** incorreta, pois não corresponde ao entendimento consolidado por meio da Súmula Vinculante 35. ED

**48.** Gabarito: B

Comentário: **A:** incorreta, na medida em que o aumento, neste caso, será da ordem de um sexto a dois terços (art. 71, *caput*, CP); **B:** correta (art. 72, CP); **C:** incorreta. É que, em se tratando de causas de aumento ou diminuição previstas na parte geral do CP, deverá o juiz aplicar todas, ou seja, não se admite compensação entre elas; a regra prevista no art. 68, parágrafo único, do CP, segundo a qual o juiz aplicará um só aumento ou uma só diminuição, refere-se às causas contidas na parte especial do CP; **D:** incorreta (art. 70, *caput*, segunda parte, do CP); **E:** incorreta. Isso porque o arrependimento posterior (art. 16, CP), sendo causa de diminuição de pena, incidirá na terceira e derradeira fase de fixação da pena (art. 68, *caput*, do CP). **ED**

**49.** Gabarito: E

Comentário: **A:** incorreta, pois não corresponde ao teor do art. 93, IX, da CF, a seguir transcrito: "todos os julgamentos dos órgãos do Poder Judiciário serão públicos, e fundamentadas todas as decisões, sob pena de nulidade, podendo a lei limitar a presença, em determinados atos, às próprias partes e a seus advogados, ou somente a estes (...)" (destaque nosso); **B:** incorreta. Regra geral, o civilmente identificado não será submetido a identificação criminal (art. 5º, LVIII, CF; art. 1º da Lei 12.037/2009). Há situações, no entanto, que, mesmo tendo sido apresentado documento de identificação, a autoridade poderá proceder à identificação criminal. Estas situações, que constituem exceção, estão elencadas no art. 3º da Lei 12.037/2009, entre as quais está a hipótese em que o documento contém rasura ou indício de falsificação. Neste caso, a autoridade determinará a identificação criminal, aqui incluídos os processos datiloscópico e o fotográfico (art. 5º, *caput*, Lei 12.037/2009); **C:** incorreta, já que o preso terá direito à identificação dos responsáveis por sua prisão ou por seu interrogatório policial (art. 5º, LXIV, CF); **D:** incorreta, na medida em que a garantia prevista no art. 5º, LXXVIII, da CF (razoável duração do processo) tem incidência tanto no âmbito judicial quanto no administrativo. É aplicável, portanto, a título de exemplo, no inquérito policial, procedimento de natureza administrativa que compõe a persecução penal; **E:** correta (art. 5º, XXXVII e LIII, da CF). **ED**

**50.** Gabarito: A

Comentário: **A:** correta, pois em consonância com o disposto no art. 3º-B da Lei 12.850/2013, incluído pela Lei 13.964/2019 (pacote anticrime); **B:** incorreta. A Lei 13.964/2019, ao inserir o § 16 no art. 4º da Lei 12.850/2013, eliminou a possibilidade, que antes havia, de determinadas medidas serem adotadas ou certas decisões serem proferidas com base exclusiva nas decla-

rações do colaborador, entre as quais estão as medidas cautelares reais ou pessoais e o ato de recebimento de denúncia ou queixa; **C:** incorreta, uma vez que, em que pese o sigilo, o registro das tratativas e dos atos de colaboração deverá, sim, ser feito por meios ou recursos de gravação magnética, estenotipia ou técnica similar (art. 4º, § 13, da Lei 12.850/2013); **D:** incorreta. Por força do que dispõe o art. 3º-B, § 2º, da Lei 12.850/2013, caso não haja indeferimento sumário do acordo de colaboração premiada, as partes deverão firmar termo de confidencialidade para prosseguimento das tratativas, o que vinculará os órgãos envolvidos na negociação bem como impedirá o indeferimento posterior sem justa causa; **E:** incorreta, pois não reflete o disposto no art. 4º, § 12, da Lei 12.850/2013, que estabelece que, mesmo que beneficiado por perdão judicial ou não denunciado, o colaborador poderá, sim, ser ouvido em juízo, e não apenas na fase de investigação. **ED**

**51.** Gabarito: D

Comentário: **A:** incorreta, já que, neste caso, a competência será firmada em razão da *prevenção*; **B:** incorreta. Na determinação da competência por conexão ou continência, no concurso de jurisdições de mesma categoria, preponderará a do lugar da infração à qual for cominada a pena mais grave (art. 78, II, *a*, do CPP); **C:** incorreta. Isso porque, nos termos do art. 73 do CPP, nos casos de exclusiva ação de iniciativa privada, o querelante poderá preferir o foro de domicílio ou da residência do réu, ainda que conhecido o lugar da infração. Note que a proposição fala em foro do domicílio do próprio querelante, o que está incorreto; **D:** correta, pois em conformidade com a redação do novo art. 70, § 4º, do CPP, dispositivo inserido pela Lei 14.155/2021; **E:** incorreta. Por força do disposto no art. 70, *caput*, do CPP, a competência será determinada, em regra, pelo local em que se deu a consumação do delito; no caso de crime tentado, a competência firmar-se-á em razão do local em que foi praticado o derradeiro ato de execução (e não o primeiro, como consta da assertiva). **ED**

**52.** Gabarito: B

Comentário: **A:** incorreta, uma vez que não corresponde ao entendimento sufragado na Súmula 708, do STF: *É nulo o julgamento da apelação se, após a manifestação nos autos da renúncia do único defensor, o réu não foi previamente intimado para constituir outro*; **B:** correta, pois reflete o entendimento contido na Súmula 709, do STF: *Salvo quando nula a decisão de primeiro grau, o acórdão que provê o recurso contra a rejeição da denúncia vale, desde logo, pelo recebimento dela*; **C:** incorreta, pois em desconformidade com o entendimento presente na Súmula 705, do STF: *A renúncia do réu ao direito de apelação, manifestada sem a assistência do* *defensor, não impede o conhecimento da apelação por este interposta*; **D:** incorreta, pois não reflete a Súmula 707, do STF: *Constitui nulidade a falta de intimação do denunciado para oferecer contrarrazões ao recurso interposto da rejeição da denúncia, não a suprindo a nomeação de defensor dativo*; **E:** incorreta. É que, embora a assertiva esteja correta, à luz da atual jurisprudência do STJ, trata-se de tema não sumulado. 🔲

## 53. Gabarito: E

Comentário: Antes de analisar, uma a uma, as assertivas, importante que façamos algumas ponderações sobre o chamado acordo de não persecução penal. Pois bem. A Lei 13.964/2019 introduziu, no art. 28-A, o chamado acordo de não persecução penal, que consiste, em linhas gerais, no ajuste obrigacional firmado entre o Ministério Público e o investigado, em que este admite sua responsabilidade pela prática criminosa e aceita se submeter a determinadas condições menos severas do que a pena que porventura ser-lhe-ia aplicada em caso de condenação. Este instrumento de justiça penal consensual não é novidade no ordenamento jurídico brasileiro, uma vez que já contava com previsão na Resolução 181/2017, editada pelo CNMP, posteriormente modificada pela Resolução 183/2018. O art. 28-A do CPP impõe os seguintes requisitos à celebração do acordo de não persecução penal: a) que não seja caso de arquivamento da investigação; b) crime praticado sem violência ou grave ameaça à pessoa; c) crime punido com pena mínima inferior a 4 anos; d) confissão formal e circunstanciada; e) que o acordo se mostre necessário e suficiente para reprovação e prevenção do crime; f) não ser o investigado reincidente; g) não haver elementos probatórios que indiquem conduta criminosa habitual, reiterada ou profissional; h) não ter o agente sido agraciado com outro acordo de não persecução, transação penal ou suspensão condicional do processo nos 5 anos anteriores ao cometimento do crime; i) não se tratar de crimes praticados no âmbito de violência doméstica ou familiar ou praticados contra a mulher por razões da condição de sexo feminino, em favor do agressor. Feitas essas considerações, passemos ao comentário das proposições. **A:** incorreta. Isso porque o art. 28-A, *caput*, do CPP estabelece como um dos requisitos para a celebração do acordo de não persecução penal que a pena mínima cominada seja inferior a quatro anos (e não igual); **B:** incorreta, na medida em que, por imposição do art. 28-A, § 9º, do CPP, a vítima será intimada tanto da homologação do acordo de não persecução penal quanto de seu descumprimento pelo beneficiário; **C:** incorreta, pois contraria o disposto no art. 28-A, § 2º, III, do CPP, que impede que o acordo de não persecução penal seja firmado na hipótese de o agente houver se beneficiado, nos cinco anos anteriores ao cometimento da infração

penal, em transação penal ou suspensão condicional do processo; **D:** incorreta, pois não reflete o art. 28-A, § 1º, do CPP, que estabelece que, para aferição da pena mínima cominada ao delito, serão consideradas as causas de aumento e diminuição aplicáveis ao caso; **E:** correta, pois em conformidade com o disposto no art. 28-A, § 5º, do CPP. 🔲

## 54. Gabarito: C

Comentário: **A:** incorreta, na medida em que a decisão que decretar, substituir ou denegar a prisão preventiva será <u>sempre</u> motivada e fundamentada (art. 315, *caput*, do CPP), não se admitindo, mesmo no caso de denegação da prisão, que haja simples indicação do ato normativo aplicável ao caso (art. 315, § 2º, I, do CPP); **B:** incorreta. À luz do disposto no art. 316, *caput*, do CPP, é dado ao juiz, de ofício ou mediante provocação das partes, revogar a custódia preventiva quando, no decorrer da investigação ou do processo, constatar a sua desnecessidade, podendo novamente decretá-la, se sobrevierem razões que a justifiquem; **C:** correta, pois corresponde à redação do art. 312, § 2º, do CPP, introduzido pela Lei 13.964/2019; **D:** incorreta, já que a substituição poderá ser implementada em outras hipóteses, além das mencionadas na assertiva, que estão previstas, respectivamente, no art. 318, I e II, do CPP. É importante que se diga que a prisão domiciliar não está inserida no âmbito das medidas cautelares diversas da prisão (art. 319, CPP). Cuida-se, isto sim, de prisão preventiva que deverá ser cumprida no domicílio do investigado/acusado, desde que, é claro, este esteja em uma das situações previstas no art. 318 do CPP: maior de 80 anos; extremamente debilitado por motivo de doença grave; imprescindível aos cuidados especiais de pessoa menor de 6 anos de idade ou com deficiência; gestante; mulher com filho de até 12 (doze) anos de idade incompletos; homem, caso seja o único responsável pelos cuidados do filho de até 12 (doze) anos de idade incompletos. Atenção: a Lei 13.769/2018 inseriu no CPP o art. 318-A, que prevê a substituição da prisão preventiva por prisão domiciliar da mulher gestante, mãe ou responsável por crianças ou pessoas com deficiência. Além disso, esta mesma Lei disciplina o regime de cumprimento de pena privativa de liberdade de condenadas na mesma situação, com alteração da Lei de Crimes Hediondos e da Lei de Execução Penal. Como bem sabemos, a 2ª turma do STF, ao julgar o HC coletivo 143.641, assegurou a conversão da prisão preventiva em domiciliar a todas as presas provisórias do país que sejam gestantes, puérperas ou mães de crianças e deficientes sob sua guarda. Perceba, dessa forma, que o legislador, ao inserir o art. 318-A do CPP, nada mais fez do que contemplar, no texto legal, o entendimento consolidado no *habeas corpus* coletivo a que fizemos referência. Também em consonância com o que ficou decidido no julgamento do HC, o legislador impôs dois requisitos: que não tenha sido cometido crime com grave ameaça ou violência contra a pessoa; que não tenha sido cometido contra o filho ou dependente. O art. 318-B, também inserido por meio da Lei 13.769/2018, prevê a possibilidade de aplicação concomitante da prisão domiciliar e das medidas alternativas previstas no art. 319 do CPP, na esteira do decidido no HC 143.641. Vale ainda o registro de que, para além da inserção desses dois dispositivos legais no CPP, a Lei 13.769/2018 promoveu alterações na LEP. De ver-se que os arts. 318, 318-A e 318-B tratam da concessão da prisão domiciliar no contexto da prisão preventiva, que constitui modalidade de prisão provisória. Pressupõe-se, aqui, portanto, ausência de condenação definitiva. Após o trânsito em julgado da condenação, a prisão domiciliar passa a ser disciplinada, como não poderia deixar de ser, pela LEP. Neste caso, temos que a Lei 13.769/2018 inseriu no art. 112 da LEP o § 3º, que estabelece fração diferenciada de cumprimento de pena para que a mulher, nas condições a que fizemos referência, possa alcançar o regime mais brando (a fração necessária, que antes era um sexto, passou para um oitavo). Para tanto, a reeducanda deve reunir quatro requisitos cumulativos, além de ter cumprido um oitavo da pena que lhe foi imposta. Também incluído pela Lei 13.769/2018, o § 4º do art. 112 da LEP estabelece que a prática de novo crime doloso ou falta grave acarretará a revogação do benefício; **E:** incorreta, já que o art. 319, VI, do CPP, que prevê a medida cautelar consistente em suspender o exercício de função pública ou de atividade de natureza econômica ou financeira, estabelece a necessidade de haver receio de utilização da função ou atividade para a prática de infrações penais. ED

**55.** Gabarito: A
Comentário: **A:** correta. *Vide* RE 1055941, da relatoria do ministro Dias Toffoli, julgado pelo Pleno do STF em 04/12/2019, com publicação no dia 18/03/2021; **B:** incorreta. As perguntas serão formuladas pelas partes diretamente à testemunha, não admitindo o juiz, além daquelas que puderem induzir a resposta, também as que não tiverem relação com a causa ou importarem na repetição de outra pergunta já respondida (art. 212, *caput*, CPP); **C:** incorreta. É que, segundo estabelece o art. 8º-A, II, da Lei 9.296/1996, introduzido pela Lei 13.964/2019, a pena máxima cominada ao crime sob investigação, para se autorizar a captação ambiental de sinais eletromagnéticos, ópticos ou acústicos, deve ser *superior* a quatro anos, não bastando que seja *igual* (a 4 anos); **D:** incorreta, uma vez que a infiltração de agentes, que será concedida pelo prazo de até seis meses, poderá ser renovada, desde que comprovada a sua necessidade (art. 10, § 3º, da Lei 12.850/2013); **E:** incorreta, visto que

a interceptação telefônica somente será deferida se o fato investigado constituir infração penal punida com pena de reclusão – art. 2º, III, da Lei 9.296/96. ED

**56.** Gabarito: B
Comentário: **A:** incorreta, na medida em que o juiz, ao proferir sentença condenatória, fixará tão somente valor *mínimo* (e não *máximo*) para reparação dos danos causados pela infração, considerando os prejuízos sofridos pelo ofendido (art. 387, IV, do CPP); **B:** correta, pois reflete o disposto no art. 387, § 1º, do CPP; **C:** incorreta, já que, sobrevindo sentença absolutória, o juiz ordenará a cessação das medidas cautelares e provisoriamente aplicadas, não havendo que se falar na sua manutenção para o fim de reparação do dano na esfera cível (art. 386, parágrafo único, CPP); **D:** incorreta. Se o juiz constatar, no momento da sentença, que a descrição do fato delituoso foi correta, porém com equívoco do titular da ação penal na respectiva capitulação legal (tipificação incorreta), deverá, por força da *emendatio libelli*, atribuir-lhe a adequada definição (leia-se: capitulação legal), ainda que isso implique a imposição de pena mais grave (art. 383, CPP); **E:** incorreta. Trata-se de excludentes de ilicitude e de culpabilidade (art. 386, VI, do CPP). ED

**57.** Gabarito: C
Comentário: **A:** errada, é incompatível tanto com a constituição Estadual, quanto com a constituição Federal, além de ser necessária a representação por partido político no congresso nacional e não na assembleia legislativa do estado. **B:** errada, poderia perfeitamente ser atribuída perante o Tribunal de Justiça do Estado; **D:** errada, ela não é compatível com a constituição Federal; **E:** errada, é incompatível tanto com a CF, quanto com a Constituição Estadual. MG/RG

**58.** Gabarito: B
Comentário: A alternativa "B" está correta, pois conforme a Súmula 630 do STF, a entidade de classe tem legitimação para o mandado de segurança ainda quando a pretensão veiculada interesse apenas a uma parte da respectiva categoria, a questão exige conhecimento a respeito da propositura do remédio constitucional em questão, contendo " pegadinhas " como associação legalmente constituída e em funcionamento há pelo menos um ano, e não dos sindicatos , ou por se tratar de interesse de apenas parte de seu sindicato, o que é perfeitamente cabível. MG/RG

**59.** Gabarito: C
Comentário: **A:** errada, está previsto prazo de 30 dias na CF, portanto, não há esse objetivo de ser fixado prazo; **B:** errada, em regra, haverá a reprodução de efeitos repristinatórios, o que descarta totalmente a alternativa;

**C:** correta, tendo sido aprovado da devida maneira, tem caráter constitucional , sujeito ao controle de constitucionalidade; **D:** Não é cabível o controle constitucional de lei municipal frente a CF, até por não se tratar de lei de repetição obrigatória; **E:** errada, não é cabível controle de constitucionalidade em decreto regulamentar. MG/RG

---

**60.** Gabarito: B
Comentário: questão controvertida

---

**61.** Gabarito: D
Comentário: A assertiva mesclou competências privativas e concorrentes da União. E todas cumprindo totais requisitos previstos em leis. As demais alternativas apresentam os seguintes erros: acúmulo de cargos para militares é algo que não é possível em regra, militares não se aposentam e sim vão para a reserva remunerada, o exercício de greve é vedado para militares. MG/RG

---

**62.** Gabarito: E
Comentário: O candidato aprovado em concurso público dentro do número de vagas previsto no edital possui direito subjetivo à nomeação. (Tese definida no RE 598.099, rel. min. Gilmar Mendes, P, j. 10-8-2011, DJE 189 de 3-10-2011). Tendo em vista o descumprimento da ordem judicial pelo Município, cabível a intervenção estadual, nos termos do artigo 35, IV, CF. MG/RG

---

**63.** Gabarito: C
Comentário: **I:** correto. Em conclusão de julgamento, o Plenário, por maioria, julgou procedentes os pedidos formulados em ação direta de inconstitucionalidade por omissão (ADO) e em mandado de injunção (MI) para reconhecer a mora do Congresso Nacional em editar lei que criminalize os atos de homofobia e transfobia; **II:** incorreto, não está definido que a pena será decidida pelo STF; **III:** incorreto, não houve condenação do estado Brasileiro. MG/RG

---

**64.** Gabarito: C
Comentário: A questão, na verdade, fez referência à Súmula Vinculante 49, STF, que afirma que ofende o princípio da livre concorrência lei municipal que impede a instalação de estabelecimentos comerciais do mesmo ramo em determinada área. MG/RG

---

**65.** Gabarito: B
Comentário: Art. 5º [...] § 3º Os tratados e convenções internacionais sobre direitos humanos que forem aprovados, em cada Casa do Congresso Nacional, em dois turnos, por três quintos dos votos dos respectivos membros, serão equivalentes às emendas constitucionais, observação importante: Se os tratados internacionais sobre Direitos Humanos não forem aprovados com o quórum previsto no art. 5º, § 3º, da CF/88, terão status de norma supralegal. MG/RG

---

**66.** Gabarito: E
Comentário: Há inconstitucionalidade formal por vício de iniciativa. No que tange ao aspecto material, também há inconstitucionalidade, haja vista incidir a vedação do art. 37, XIII, da CRFB, que aduz que é vedada a vinculação ou equiparação de quaisquer espécies remuneratórias para o efeito de remuneração de pessoal do serviço público. Ou seja, além de vício de iniciativa da emenda e aumento de despesa, a vinculação criada colide frontalmente com o texto constitucional. Portanto, estamos diante de duas inconstitucionalidades: formal e material. Observar o Art. 61. A iniciativa das leis complementares e ordinárias cabe a qualquer membro ou Comissão da Câmara dos Deputados, do Senado Federal ou do Congresso Nacional, ao Presidente da República, ao Supremo Tribunal Federal, aos Tribunais Superiores, ao Procurador-Geral da República e aos cidadãos, na forma e nos casos previstos nesta Constituição.§ 1º São de iniciativa privativa do Presidente da República as leis que: II – disponham sobre: a) criação de cargos, funções ou empregos públicos na administração direta e autárquica ou aumento de sua remuneração. MG/RG

---

**67.** Gabarito: A
Comentário: **A:** Correta. A alternativa aponta exatamente o disposto nos §§ 2º e 3º do art. 7º da Lei 9.096/1995 (Lei dos Partidos Políticos), em que dispõem, respectivamente, que "só o partido que tenha registrado seu estatuto no Tribunal Superior Eleitoral pode participar do processo eleitoral, receber recursos do Fundo Partidário e ter acesso gratuito ao rádio e à televisão" e "somente o registro do estatuto do partido no Tribunal Superior Eleitoral assegura a exclusividade da sua denominação, sigla e símbolos, vedada a utilização, por outros partidos, de variações que venham a induzir a erro ou confusão". **B:** Incorreta. A alternativa contraria o artigo 17, I da CF, em que aponta como preceito para criação de partido político o caráter nacional, bem como o art. 7º, § 1º, da lei 9.096/1995 (Lei dos Partidos Políticos), que em sua clareza dispõe que somente será admitido o registro do estatuto de partido político que tenha caráter nacional. Assim, não há que se falar em consagração do Princípio da Liberdade de criação dos partidos políticos para justificar criação regional. **C:** Incorreta. Ao observarmos o art. 1º da Lei 9.096/1995 (Lei dos Partidos Políticos), notamos que ele é claro no que diz a natureza jurídica de direito privado dos partidos políticos, sendo incorreta a afirmação que ostentam natureza jurídica híbrida. Do mesmo modo, o parágrafo único do mesmo dispositivo dispões que "o partido político não se equipara às entidades paraestatais", assim, a alternativa traz exatamente o

contrário do que é apontado na legislação em comento. **D:** Incorreta. Alternativa incorreta no que diz respeito a aquisição da personalidade jurídica *com* o registro do estatuto no TSE (Tribunal Superior Eleitoral), pois, o art. 7º da Lei 9.096/1995 (Lei dos Partidos Políticos) aponta que *após* aquisição da personalidade jurídica na forma da lei civil, o partido político registrará seu estatuto no Tribunal Superior Eleitoral. Observamos aí uma troca no processo, em que o examinador afirma que *com* o registro do estatuto no TSE existiria a aquisição da personalidade jurídica, e o momento é posterior. Tal aquisição se dá nos exatos termos da lei civil, para somente num segundo momento, ser registrado. **E:** Incorreta. Alternativa errada no que diz respeito ao tempo de registro do estatuto, pois, não é livre "a qualquer tempo", e sim, o art. 4º da Lei 9.504/19979 (Lei das Eleições) aduz que "poderá participar das eleições o partido que, até seis meses antes do pleito, tenha registrado seu estatuto no Tribunal Superior Eleitoral, conforme o disposto em lei, e tenha, até a data da convenção, órgão de direção constituído na circunscrição, de acordo com o respectivo estatuto". Importante também observação da Resolução 23.609/2019 do Tribunal Superior Eleitoral (Dispõe sobre a escolha e o registro de candidatas e candidatos para as eleições), que em seu art. 2º, I, dispõe: "I – o partido político que, até 6 (seis) meses antes da data do pleito, tenha registrado seu estatuto no TSE e tenha, até a data da convenção, órgão de direção definitivo ou provisório constituído na circunscrição, devidamente anotado no tribunal eleitoral competente, de acordo com o respectivo estatuto partidário Lei 9.504/1997, art. 4º; Lei 9.096/1995, art. 10, § 1º, I e II; e Res.-TSE 23.571/2018, arts. 35 e 43); e (Incluído pela Resolução 23.675/2021)". FVS

**68.** Gabarito: B
Comentário: A alternativa "B" está correta. Conhecida como AIME (Ação de Impugnação de Mandato Eletivo), possui fundamentação jurídica no art. 14, § 10, da Constituição Federal, tendo como objetivo cassação de mandato, ou seja, a desconstituição do diploma conferido ao eleito para investidura no cargo. O prazo para propositura da ação será de 15 (quinze) dias contados da diplomação. Em relação a causa de pedir, dispõe a Constituição que AIME será instruída com provas de abuso do poder econômico, corrupção ou fraude. Todavia, importante doutrina aponta no sentido que a expressão "abuso de poder econômico" poderá ser alargada para considerar como causa de pedir o "abuso de poder político", e, neste sentido, o TSE (Tribunal Superior Eleitoral) se posicionou que o "abuso de poder político" somente será admitido quando houver conexão com o "abuso de poder econômico', assim vejamos: "[...] AIME. [...] *Abuso do poder político entrelaçado com o econômico.*

[...] 5. *O TSE já pacificou ser cabível o manejo da AIME que aponta como causa de pedir fatos configuradores de abuso do poder político quando imbricados ao abuso do poder econômico. Precedentes. [...]" (Ac. de 19.11.2019 no REsp 142, rel. Min. Tarcisio Vieira de Carvalho Neto.)* "[...] *Ação de impugnação de mandato eletivo (AIME). Art. 14, § 10, da CF/88. Abuso de poder econômico entrelaçado com abuso de poder político. [...] 2. O abuso de poder político entrelaçado ao abuso de poder econômico pode ser objeto de Ação de Impugnação de Mandato Eletivo (AIME). Trata-se de hipótese em que o agente público emprega recursos patrimoniais, públicos ou privados, sob os quais detém gestão ou controle, em seu favorecimento eleitoral, de forma a comprometer a legitimidade do pleito. Precedentes. [...]" (Ac. de 10.10.2019 no AgR-REsp 97818, rel. Min. Jorge Mussi.)* "[...] *1. A teor da jurisprudência desta Corte Superior: 'possível apurar, em Ação de Impugnação de Mandato Eletivo (AIME), abuso de poder político entrelaçado com abuso de poder econômico. Trata-se de hipótese em que agente público, mediante desvio de sua condição funcional, emprega recursos patrimoniais, privados ou do Erário, de forma a comprometer a legitimidade das eleições e a paridade de armas entre candidatos'. Precedente.[...]" (Ac. de 24.5.2018 no AgR-REsp 3611, rel. Min. Rosa Weber).* FVS

**69.** Gabarito: B
Comentário: Sobre a organização da Justiça Eleitoral devemos observar alguns pontos, bem como algumas peculiaridades. No que tange aos órgãos que a compõem, o art. 118, da Constituição Federal aponta o Tribunal Superior Eleitoral, os Tribunais Regionais Eleitorais, os Juízes Eleitorais e as Juntas Eleitorais, não abarcando as zonas eleitorais e as seções eleitorais como vimos na questão em comento. Está correta a assertiva II quando aponta as 04 (quatro) funções, pois, ampla doutrina está de acordo que a Justiça Eleitoral possui função com características particulares, além da função jurisdicional, observa-se a função executiva (administrativa) no que tange a organização te todas as etapas que compõem os processos eleitorais, tais como, cadastramento dos eleitores, apuração de votos e diplomação dos eleitos. Importante particularidade também observamos na função normativa, em que a justiça eleitoral possui competência para editar atos normativos gerais sobre matéria eleitoral. Também, identificamos a função consultiva, conforme previsão do Código Eleitoral nos artigos 23, XII e 30, VIII, em que responderá a consulta feita de caráter genérico e impessoal, sem caráter de decisão judicial. No que tange a designação dos juízes eleitorais, o art. 121, § 2º, da Constituição Federal, determina que "salvo motivo justificado, servirão por dois anos, no mínimo, e nunca por mais de dois

biênios consecutivos, sendo os substitutos escolhidos na mesma ocasião e pelo mesmo processo, em número igual para cada categoria", assim, em nada é observada a vitaliciedade. Correta também está a assertiva IV quando aduz sobre a organização da Justiça Eleitoral, afirmando que a zona eleitoral é o espaço territorial sob a jurisdição do juiz eleitoral para fins de organização do eleitorado, ao passo que a seção eleitoral é a menor unidade na divisão judiciária eleitoral. **FVS**

---

**70.** Gabarito: D

Comentário: A inelegibilidade reflexa é também conhecida como "inelegibilidade de família", observada no art. 14, §§ 5° e 7° da Constituição Federal, bem como no art. 1°, § 3° da Lei Complementar 64/1990. Assim, serão "inelegíveis, no território da jurisdição do titular, o cônjuge e os parentes consanguíneos ou afins, até o segundo grau ou por adoção, do Presidente da República, de Governador de Estado ou Território, do Distrito Federal, de prefeito ou de quem os haja substituído dentro dos seis meses anteriores ao pleito, salvo se já titular mandato eletivo e candidato à reeleição". Observamos aqui que a inelegibilidade reflexa alcança o cônjuge e os parentes até o segundo grau apenas, excluindo os mais remotos, bem como aqueles que já possuem mandatos eletivos e suas respectivas reeleições, respeitando o condicionamento do cargo afeto de acordo com a norma constitucional apontada. Nesse ponto, importante observar a Súmula Vinculante 18 do STF (Supremo Tribunal Federal): "A dissolução da sociedade ou do vínculo conjugal, no curso do mandato, não afasta a inelegibilidade prevista no § 7° do artigo 14 da Constituição Federal." Importante salientar que a alternativa "D" está correta quando aduz a não sujeição ao instituto da prescrição, visto que, é espécie de inelegibilidade constitucional, tanto na impugnação do registro de candidatura quanto no recurso contra expedição de diploma. Outro importante apontamento na questão é sobre a natureza da inelegibilidade reflexa, aduzindo a alternativa E ser esta absoluta, assim, identificamos como incorreta, pois, o art. 14, § 7°, da Constituição Federal, como pudemos observar, menciona tal aplicação para o território da jurisdição do titular do cargo, o que evidencia a natureza relativa do instituto em comento. Neste caso, seriam absolutas se o impedimento fosse observado para qualquer cargo eletivo e a qualquer tempo, então, sendo observadas as restrições para determinados pleitos eleitorais e mandatos, em face as situações e momentos específicos apontados pela normatização, a inelegibilidade reflexa se mostra como relativa. Sobre o instituto, importantes posicionamentos do TSE (Tribunal Superior Eleitoral), vejamos: "*Impugnação de mandato eletivo. Inelegibilidade de ordem constitucional (art. 14, § 7°, da CF/88). Afastada a preclusão, haja vista que o exame*

*de mérito da inelegibilidade poderá ser arguido na fase da diplomação.* [...]" *NE: Inelegibilidade suscitada na fase de apuração de votos, em requerimento recebido pelo juiz como recurso contra a apuração, ao qual negou provimento, ao fundamento de que a arguição deveria ter sido apresentada na fase de registro. Não tendo havido sentença de mérito, a questão pode ser suscitada no recurso contra a expedição do diploma. (Ac. 11100 no Ag 8517, de 8.5.90, rel. Min. Octávio Gallotti.);* "[...] 1. A restrição constitucional, disposta no § 7° do art. 14 da Constituição Federal, dá-se somente em relação à inelegibilidade de cônjuge e parentes dos detentores dos cargos de chefia do Poder Executivo. 2. O vice não possui, originariamente, atribuições governamentais, exercendo-as tão somente no caso de substituição do titular do cargo efetivo, quando, dentro dos limites temporais prescritos, incide a norma de inelegibilidade por parentesco. [...] 3. Cônjuge e parentes de vice são elegíveis para o mesmo cargo, desde que o vice de primeiro mandato não venha a substituir ou suceder o titular nos seis meses anteriores ao pleito"* (Res. 22245 na Cta 1266, de 8.6.2006, rel. Min. José Delgado).* **FVS**

---

**71.** Gabarito: E

Comentário: A: incorreta, a responsabilidade é solidária (art. 9°, §5°, da Lei Complementar n° 123/2006); B: incorreta, tais documentos são expressamente dispensados pelo art. 9°, §1°, da Lei Complementar n° 123/2006; C: incorreta. É possível o lançamento posterior dos tributos (art. 9°, §4°, da LC 123); D: incorreta. O visto de advogado é dispensado para as ME's e EPP's (art. 9°, §2°, da LC 123); E: correta, nos termos do art. 9°, *caput*, da LC 123. **HS**

---

**72.** Gabarito: D

Comentário: A: incorreta. O prazo é de três dias úteis (art. 12 da Lei n° 9.492/1997); B: incorreta. O vencimento é marco apenas para o protesto por falta de pagamento (art. 21, §2°, da Lei n° 9.492/1997); C: incorreta. Protesto é o ato formal e solene pelo qual se prova a inadimplência e o descumprimento de obrigação originada em títulos e outros documentos de dívida (art. 1° da Lei n° 9.492/1997); D: correta, nos termos do art. 10, *caput* e §1°, da Lei n° 9.492/1997; E: incorreta. Não cabe ao tabelião apurar a ocorrência de prescrição ou decadência (art. 9°, *caput*, da Lei n° 9.492/1997). **HS**

---

**73.** Gabarito: A

Comentário: I: incorreta. O quórum padrão é a maioria de votos, proporcionais à participação no capital (art. 1.010 do CC); II: correta, nos termos do art. 1.010, §1°, do CC); III: incorreta. A responsabilidade é solidária (art. 1.012 do CC); IV: correta, nos termos do art. 1.013, *caput* e §1°, do CC. **HS**

**74.** Gabarito: C
Comentário: A: incorreta (a empresa pública não pode lançar debêntures ou outros títulos ou valores mobiliários, conversíveis em ações, cf. art. 11, I, da Lei 13.303/2016). B: incorreta (a ação independe de autorização da assembleia geral de acionistas, cf. art. 15, §1º, da Lei 13.303/2016). C: correta (art. 27, §3º, da Lei 13.303/2016). D: incorreta (conforme o art. 2º, "caput", do Estatuto das Estatais, a exploração de atividade econômica pelo Estado será exercida por meio de empresa pública, de sociedade de economia mista e de suas subsidiárias; não há referência às autarquias, que não são empresas estatais). E: incorreta (empresa pública é entidade dotada de personalidade jurídica de direito privado, cf. art. 3º, "caput", da Lei 13.303/2016). RBO

**75.** Gabarito: A
Comentário: A: correta, nos termos do art. 1.052, §§1º e 2º, do CC; B: incorreta. A nomeação de administrador não sócio deve contar com a unanimidade de sócios, se o capital não estiver integralizado, ou 2/3, se já estiver integralizado (art. 1.061 do CC); C: incorreta. É possível disposição contratual diversa (art. 1. 63, §1º, parte final, do CC); D: incorreta. As quotas podem ser desiguais (art. 1.055, *caput*, do CC) e a responsabilidade dos sócios, nesse caso, é solidária (art. 1.055, §1º, do CC); E: incorreta. Está autorizada a opção somente pela Lei das Sociedades Anônimas (art. 1.053, parágrafo único, do CC). HS

**76.** Gabarito: B
Comentário: I: incorreta. O pagamento deve ser previsto exclusivamente em dinheiro e é possível a emissão em moeda estrangeira (art. 26, *caput* e §2º, da Lei nº 10.931/2004); II: correta, nos termos do art. 27-A da Lei nº 10.931/2004; III: correta, nos termos do art. 29, §1º, da Lei nº 10.931/2004; IV: correta, nos termos do art. 41 da Lei nº 10.931/2004. HS

**77.** Gabarito: B
Comentário: Nos termos do art. 112 do CTN, a lei tributária que define infrações, ou lhe comina penalidades, deve ser interpretada da maneira mais favorável ao acusado, em caso de dúvida quanto: (i) à capitulação legal do fato, (ii) à natureza ou às circunstâncias materiais do fato, ou à natureza ou extensão dos seus efeitos, (iii) à autoria, imputabilidade, ou punibilidade, e (iv) à natureza da penalidade aplicável, ou à sua graduação. Por essas razões, a alternativa "B" é a correta. RB

**78.** Gabarito: D
Comentário: A: incorreta, pois incide ICMS sobre o fornecimento de alimentação e bebidas, nesse caso – item 17.11 da lista anexa à LC 116/2003; B: incorreta, pois não incide ISS, mas sim ICMS, no caso de transporte intermunicipal ou interestadual – art. 155, II, da CF; C: incorreta, pois incide ICMS nesse caso – art. 155, II, da CF; D: correta, conforme art. 1º, § 1º, da LC 116/2003; E: incorreta, pois não incide ISS, mas sim ICMS, no caso de transporte intermunicipal ou interestadual – art. 155, II, da CF. RB

**79.** Gabarito: A
Comentário: A: correta, pois não há repartição da receita tributária do ITCMD estadual – art. 157 e seguintes da CF; B: incorreta, pois o ITCMD incidente sobre doação de bem imóvel é devido ao Estado ou DF em que localizado o imóvel. Mas o imposto sobre a doação dos bens móveis é devido no domicílio do doador – art. 155, § 1º, I e II, da CF; C: incorreta, pois a permuta de imóveis é transação onerosa *intervivos*, sujeita à incidência do ITBI municipal, não do ITCMD estadual – art. 156, II, da CF; D: incorreta, pois somente as alíquotas máximas são fixadas, e pelo Senado Federal, não por lei complementar – art. 155, § 1º, IV, da CF; E: incorreta, pois a necessidade de regulamentação por lei complementar federal se dá apenas no caso de doador (não donatário) com residência ou domicílio no exterior – art. 155, § 1º, III, *a*, da CF. RB

**80.** Gabarito: E
Comentário: Nos termos do art. 173, I, do CTN, o direito de a Fazenda Pública constituir o crédito tributário extingue-se após 5 (cinco) anos, contados do primeiro dia do exercício seguinte àquele em que o lançamento poderia ter sido efetuado. Por essa razão, a alternativa "E" é a correta. RB

**81.** Gabarito: A
Comentário: A: correta, conforme art. 150, VI, *e*, da CF; B: incorreta, pois a não incidência (imunidade, na verdade) nesse caso refere-se a operações que destinem a outros Estados petróleo, inclusive lubrificantes, combustíveis líquidos e gasosos dele derivados, e energia elétrica – art. 155, § 2º, X, *b*, da CF; C: incorreta, pois, no caso de exportação, não é vedada, pelo contrário, é assegurada a manutenção e o aproveitamento do montante do imposto cobrado nas operações e prestações anteriores – art. 155, § 2º, X, *a*, da CF; D: incorreta, pois a imunidade do ouro em relação ao ICMS restringe-se àquele definido em lei como ativo financeiro ou instrumento cambial, hipótese em que se sujeita exclusivamente ao IOF federal – art. 155, § 2º, X, *c*, da CF; E: incorreta, pois a imunidade nesse caso refere-se apenas às prestações de serviço de comunicação nas modalidades de radiodifusão sonora e de sons e imagens de recepção livre e gratuita – art. 155, § 2º, X, *d*, da CF. RB

**82.** Gabarito: C

Comentário: Crédito tributário é objeto da obrigação tributária, corresponde ao valor pecuniário que o que o fisco exige do sujeito passivo – art. 139 e seguintes do CTN. **A, B, D:** incorretas, pois não se referem ao crédito objeto da obrigação tributária, de titularidade do fisco; **C:** correta, conforme comentários iniciais e por exclusão das demais; **E:** incorreta, pois toda multa tributária compõe o crédito tributário, e porque verbas sucumbenciais não têm natureza tributária. RB

**83.** Gabarito: E

Comentário: O Código Florestal, nos termos do art. 61-A, autoriza a continuidade das atividades agrícolas em áreas de preservação permanente localizadas em áreas rurais consolidadas até 22 de junho 2008 (marco temporal estabelecido pela lei). Para tanto, é obrigatória a recomposição da faixa marginal de 15 metros ao longo do curso d'água. (art. 61-A, § 3º). Trata-se de medida que depende de adesão ao Programa de Regularização Ambiental (PRA), prevista no art. 59 da Lei 12.651/2012. Ocorre que a inscrição do imóvel no Cadastro Ambiental Rural (registro público eletrônico de âmbito nacional, cogente para todos os imóveis rurais) é obrigatória para adesão ao PRA (art. 59, § 2º). Considerando que, conforme apontado pelo enunciado da questão, que a Fazenda Santa Teresa não está inscrita no CAR, incabível a adesão do PRA. Assim, a demanda para anulação do ato administrativo deve ser julgada improcedente. Correta a alternativa E. RBO

**84.** Gabarito: C

Comentário: O Código Florestal dispõe que os proprietários (ou possuidores) de imóveis rurais que realizaram supressão de vegetação nativa respeitando os percentuais de Reserva Legal previstos pela legislação em vigor à época em que ocorreu a supressão são dispensados de promover a recomposição, compensação ou regeneração para os percentuais exigidos na Lei 12.651/2012 (art. 68 do Código Florestal, dispositivo declarado constitucional pelo STF, porquanto a regra *tempus regit actum* está ajustada à preservação da segurança jurídica). A aplicação desse regime independe da inscrição da área no Cadastro Ambiental Rural (CAR). Deve-se alertar que a obrigação de reparar o dano ambiental decorrente da supressão da vegetação é "propter rem", ou seja, de natureza real (cf. Súmula 623 do STJ), de modo que os atuais proprietários podem ser cobrados para a reparação, mesmo que os antigos donos tenham praticado a degradação. RBO

**85.** Gabarito: C

Comentário: O serviço público de saneamento básico é disciplinado pela Lei 11.445/2007 (cf. relevantes alterações introduzidas pela Lei 14.026/2020). De acordo com o seu art. 8º, I, exercem a sua titularidade "os Municípios

e o Distrito Federal, no caso de interesse local". Assim, correta a alternativa C. Deve-se apontar que o inciso II do art. 8º dispõe que, no caso de regiões metropolitanas, aglomerações urbanas e microrregiões, a titularidade é exercida pelo Estado, em conjunto com os Municípios que integram tais áreas, e desde que compartilham efetivamente instalações operacionais. RBO

**86.** Gabarito: A

Comentário: O fato praticado por José Bento configura tipo penal previsto no art. 52 da Lei 9.605/1998 (Lei dos Crimes Ambientais): "Penetrar em Unidades de Conservação conduzindo substâncias ou instrumentos próprios para caça ou para exploração de produtos ou subprodutos florestais, sem licença da autoridade competente: Pena - detenção, de seis meses a um ano, e multa." De acordo com o enunciado, a autor do crime confessou que sabia da ilegalidade, o caracteriza a presença de dolo. Nesse sentido, ação penal deve ser julgada procedente. Ocorre que José Bento detém baixo grau de instrução ou escolaridade, o que configura circunstância que atenua a pena (art. 14, I, da Lei 9.605/1998). Assim, correta a alternativa A. RBO

**87.** Gabarito: B

Comentário: A questão explora as competências ambientais disciplinadas na Lei Complementar 140/2011, que dispõe sobre as ações administrativas da União (art. 7º), dos Estados (art. 8º) e dos Municípios (art. 9º). **A:** incorreta (compete à União exercer o controle ambiental da pesca em âmbito nacional ou regional, cf. art. 7º, XXII). **B:** correta (art. 8º, XVIII). Deve-se atentar que o art. 7º, XX, atribui à União a competência para controlar a apanha de espécimes da fauna silvestre, ovos e larvas. **C:** incorreta (não existe tal atribuição na LC 140/2011). **D:** incorreta (compete à União aprovar a liberação de exemplares de espécie exótica da fauna e da flora em ecossistemas naturais frágeis ou protegidos, cf. art. 7º, XVIII). **E:** incorreta (compete à União proteger a fauna migratória, cf. art. 7º, XXI). RBO

**88.** Gabarito: C

Comentário: a Lei 9.433/1997 disciplina a Política Nacional de Recursos Hídricos. Entre os seus fundamentos está o uso prioritário dos recursos hídricos em situação de escassez, devendo ser utilizados ao consumo humano e à dessedentação de animais (art. 1º, III). Assim, correta a alternativa C. As demais alternativas estão erradas, pois tratam de modo desvinculado da lei a prioridade que se deve dar aos recursos hídricos. RBO

**89.** Gabarito: C

Comentário: Comentário: **A:** incorreta (de acordo com o STF, o serviço público de coleta e manejo de resíduos sólidos provenientes de residências ou estabelecimentos econômicos é considerado *uti singuli*, ou seja, é singular e divisível, admitindo-se a cobrança de taxa). **B:** incorreta (segundo o STF, as prerrogativas processuais da Fazenda Pública, como o prazo em dobro, não são extensíveis às empresas públicas ou às sociedades de economia mista, mesmo aquelas prestadoras de serviços públicos). **C:** correta (o STF já decidiu que a imunidade tributária recíproca, prevista no art. 150, VI, "a", CF, não é aplicável às sociedades de economia mista cuja participação acionária é negociada em Bolsas de Valores, e que, inequivocamente, estão voltadas à remuneração do capital de seus controladores ou acionistas, unicamente em razão das atividades desempenhadas). **D e E:** incorretas (é possível, segundo o STF, a criação de sociedade de economia mista para a prestação de serviço público, mesmo que em regime de monopólio). RBO

**90.** Gabarito: E
Comentário: **A:** errada (a elaboração do projeto básico pode ser delegada pela Administração a terceiros por meio de contrato administrativo, conforme se extrai, por exemplo, dos arts. 6º, XXXII e 14, I). **B e C:** erradas (nos termos do art. 46, § 2º, a Administração é dispensada da elaboração de projeto básico nos casos de contratação integrada, aplicável para obras e serviços de engenharia; assim, não é elemento obrigatório na fase preparatória de todas as licitações). **D:** errada (o orçamento detalhado, como elemento do projeto básico, não é obrigatório para os regimes de execução integrada e semi-integrada, cf. art. art. 6º, XXV, "f"). **E:** correta (de fato, nos termos do art. 6º, XX, o estudo técnico preliminar é documento constitutivo da primeira etapa do planejamento de uma contratação que caracteriza o interesse público envolvido e a sua melhor solução, servindo de base, entre outros, ao projeto básico). RBO

**91.** Gabarito: B
Comentário: A Lei 13.019/2014 estabelece o regime jurídico das parcerias voluntárias entre a Administração e as organizações da sociedade civil. Trata-se do Marco Regulatório das Organizações da Sociedade Civil (MROSC). A norma disciplina três instrumentos para a formalização das parcerias: 1º) *termo de colaboração*: caracterizada pelo repasse de recursos financeiros (obs.: o fornecimento de materiais não pode ser considerado uma forma de repasse financeiro), sendo que a proposta para a sua instituição parte da Administração; 2º) *termo de fomento*: caracterizada pelo repasse de recursos financeiros, sendo que a proposta para a sua instituição parte da organização da sociedade civil; 3º) *acordo de colaboração*: parceria que não envolve o repasse de recursos financeiros (obs.: pode contemplar outras espécies de recurso,

como o compartilhamento de bem patrimonial). Observe-se que a Lei 13.019/2014 não disciplina a figura do *convênio* e do *termo de parceria* (cf. art. 3º da Lei do MROSC). Diante disso, tem-se o seguinte: **A:** incorreta (o fornecimento de materiais pelo Estado não pode ser considerado repasse de recurso financeiro); **B:** correta; **C:** incorreta (o convênio não está disciplinado pela Lei 13.019/2014); **D:** incorreta (o termo de parceria, associado às OSCIPs, não é disciplinado pela Lei 13.019/2014); E incorreta (a parceria proposta pela Associação Goiana de Aeromodelismo não envolve o repasse de recursos financeiros, o que afasta a utilização de termo de fomento). RBO

**92.** Gabarito: D
Comentário: Libório Kazantzakis detém dois vínculos permanentes com a Administração: 1º) o vínculo de emprego público, cujo regime de previdência é o geral, ou seja, equivalente ao do trabalhador privado; 2º) o vínculo de cargo público, em relação ao qual incide o regime especial da previdência. Observe-se que tais funções públicas (professor + técnico/científico) são acumuláveis, nos termos do art. 37, XVI, CF. Além disso, o fato de estar afastado permite Libório de exercer cargo comissionado. No que tange ao regime de previdência especial (aplicável somente ao cargo público, portanto), existe a aposentadoria compulsória por idade aos 75 anos de idade (instituída pela Emenda Constitucional 88/2015 e pela Lei complementar 152/2015). Diante disso, tem-se o seguinte: **A:** incorreta (a aposentaria compulsória por idade é disciplinada pela LC 152/2015); **B:** incorreta (a aposentadoria compulsória por idade não incide na relação de emprego público detida por Libório); **C:** incorreta (além de não incidir na relação de emprego, a aposentadoria compulsória por idade igualmente não atinge o cargo comissionado); **D:** correta; **E:** incorreta (as funções permanentes associadas ao cargo e ao emprego são acumuláveis, assim com o exercício do cargo em comissão, já que Libório estava afastado). RBO

**93.** Gabarito: C
Comentário: **A:** incorreta (cf. art. 27 da Lei 13.079/2018, a comunicação ou o uso compartilhado de dados pessoais de pessoa jurídica de direito público a pessoa de direito privado será informado à autoridade nacional de proteção de dados e dependerá de consentimento do titular, com exceção das situações previstas nos incisos do mesmo dispositivo; por exemplo, não haverá necessidade de consentimento na hipótese de tratamento e uso compartilhado, pela Administração Pública, de dados necessários à execução de políticas públicas previstas em leis e regulamentos ou respaldadas em contratos, convênios ou instrumentos congêneres, cf.

art. 7º, III, da Lei 13.079/2018 – LGPD). **B:** incorreta (o acesso de informações pessoas por terceiros depende de previsão legal ou consentimento expresso da pessoa a que eles se referirem, cf. art. 31, § 1º, da Lei 12.527/2012 – LAI; além disso, o procedimento de desclassificação detém relação com o desenquadramento de informações sigilosas – ultrassecretas, secretas e reservadas -, com previsão nos arts. 27 e seguintes da LAI). **C:** correta (art. 23, § 4º, da LGPD). **D:** incorreta (as informações pessoais, relativas à intimidade, vida privada, honra e imagem das pessoas, têm o seu acesso restrito, nos termos do art. 31 da Lei 12.527/2012). **E:** (o regime de dados pessoas das empresas públicas e das sociedades de economia mista depende da atividade desempenhada, cf. prevê o art. 24 da LGPD; se exploradoras de atividade econômica, atuando no regime concorrencial, têm o mesmo tratamento dispensado às pessoas jurídicas de direito privado particulares; por outro lado, se prestadoras de serviço público, têm o mesmo tratamento dispensado aos órgãos e às entidades do Poder Público). RBO

**94.** Gabarito: A

Comentário: **A:** correta (art. 138, III, da Lei 14.133/2021). **B:** incorreta (a arbitragem envolvendo a Administração pode ser objeto de cláusula compromissória – ou seja, no âmbito do contrato, previamente ao litígio – ou compromisso arbitral – durante o litígio). **C:** incorreta (cf. art. 151, parágrafo único, da Lei 14.133/2021, a utilização da arbitragem pela Administração pressupõe a existência de controvérsia relacionada a direitos patrimoniais disponíveis, como as questões relacionadas ao restabelecimento do equilíbrio econômico-financeiro do contrato, ao inadimplemento de obrigações contratuais por quaisquer das partes e ao cálculo de indenizações). **D:** incorreta (cf. art. 18 da Lei 9.307/1996, Lei da Arbitragem, o árbitro é juiz de fato e de direito, e a sentença que proferir não fica sujeita a recurso ou a homologação pelo Poder Judiciário). **E:** incorreta (considerando que a mediação pode ser utilizada pela Administração, incidente o art. 16 da Lei 13.140/2015 – Lei da Mediação, pelo qual as partes podem submeter-se à mediação, ainda que haja processo arbitral ou judicial em curso). RBO

**01.** Assinale a alternativa correta sobre a simulação.

(A) A simulação não pode ser alegada por uma das partes partícipes do negócio contra a outra.

(B) Tal como ocorre na reserva mental, a simulação pressupõe concorrência de vontades voltadas à produção de efeitos que, na verdade, não são desejados.

(C) Na simulação relativa, o aproveitamento do negócio dissimulado se subordina à verificação de ausência de ofensa à lei e preenchimento de requisitos de validade, e não decorre tão somente da invalidade do negócio jurídico simulado.

(D) A simulação gera a nulidade do negócio jurídico, com efeitos *ex tunc*, razão pela qual não há como preservar eventuais direitos de terceiros de boa-fé.

**02.** Assinale a alternativa **incorreta** sobre prescrição e de- cadência, segundo entendimento dominante e atual do Superior Tribunal de Justiça.

(A) Não se encontra sujeito a prazo prescricional extintivo o direito do proprietário de reivindicar a coisa em face de quem injustamente a possua ou detenha.

(B) Não se encontra sujeito a prazo prescricional o direito do promissário comprador com preço solvido à adjudicação compulsória.

(C) O prazo de prescrição da pretensão de reparação civil aquiliana é o trienal, e o prazo de prescrição da pretensão indenizatória em decorrência de ilícito contratual é o ordinário de dez anos.

(D) A exceção substancial do contrato não cumprido não se encontra sujeita a prazo prescricional.

**03.** Assinale a alternativa correta sobre mora e inadimplemento absoluto.

(A) A mora faculta ao credor exigir a prestação acrescida de perdas e danos, juros, correção monetária e honorários advocatícios, enquanto o inadimplemento absoluto abre ao credor a opção de resolver o contrato.

(B) A mora se converte em inadimplemento absoluto quando não mais persiste para o devedor a possibilidade de cumprir a prestação.

(C) Os juros de mora por inadimplemento contratual contam-se sempre a partir da citação.

(D) O devedor em mora responde pela impossibilidade da prestação salvo se provar que tal impossibilidade resultou de caso fortuito ou força maior.

**04.** Assinale a alternativa correta sobre cláusula penal.

(A) A cláusula penal deve ser convencionada simultaneamente com a obrigação, não se admitindo a convenção em ato posterior.

(B) A cláusula penal deve ser reduzida de ofício pelo juiz de modo equitativo, caso verifique o parcial cumprimento da prestação ou se o montante da penalidade for manifestamente excessivo, tendo em vista a natureza e a finalidade do negócio.

(C) Para exigir a cláusula penal, não é necessário ao credor alegar prejuízo, mas, se este exceder o valor da multa, não poderá ser cobrada indenização suplementar, ainda que as partes tenham convencionado tal possibilidade e se prove dano de maior valor.

(D) Quando se estipular cláusula penal para o total inadimplemento da obrigação, esta se converte em alternativa para o credor, que poderá escolher entre pedir a multa ou as perdas e danos sofridas em razão do inadimplemento.

**05.** Assinale a alternativa **incorreta** sobre a extinção dos contratos.

(A) O distrato deve seguir a mesma forma exigida para o contrato.

(B) O direito de resolver o contrato por inadimplemento tem natureza de pretensão e se encontra sujeito à prescrição.

(C) A cláusula resolutiva expressa opera de pleno direito, ou seja, sem a necessidade de intervenção judicial.

(D) A resolução por inadimplemento nos contratos de execução diferida e prestação fracionada provoca efeitos *ex tunc*, enquanto nos contratos de execução continuada, ou sucessiva, provoca efeitos *ex nunc*.

**06.** Assinale a alternativa **incorreta** sobre representação e contrato de mandato.

(A) É válido o contrato consigo mesmo, se o permitir a lei ou o representado.

(B) O mandato para venda exige poderes expressos (menção ao tipo negocial) e especiais (menção ao bem a ser alienado).

(C) Quando o contrato de mandato contiver cláusula de irrevogabilidade não pode ser revogado pelo mandante, ainda que este responda por perdas e danos.

(D) A revogação provoca a extinção do mandato e deve ser notificada ao mandatário, mas não pode ser oposta a terceiros que, ignorando-a e de boa-fé, com ele contrataram.

**07.** Assinale a alternativa correta sobre alienação fiduciária e propriedade fiduciária, segundo entendimento dominante e atual do Superior Tribunal de Justiça.

(A) O registro imobiliário é constitutivo da propriedade fiduciária sobre bens imóveis, e deve ser precedido do recolhimento do imposto de transmissão *inter vivos*.

(B) A alienação fiduciária sobre bens imóveis permite ao devedor fiduciante inadimplente tomar a iniciativa de pedir a resolução do contrato, com objetivo de obter a restituição de parte das parcelas pagas.

(C) No regime atual da Lei no 9.514/97, o devedor fiduciante inadimplente será intimado pelo Oficial do Registro de imóveis a satisfazer a prestação vencida e as que se vencerem, com os encargos da mora, até o momento da realização do leilão extrajudicial.

(D) O contrato de venda com alienação fiduciária em garantia sobre bens imóveis, independentemente de seu valor, pode ser celebrado por escritura pública ou instrumento particular com efeitos de escritura pública.

**08.** Assinale a alternativa correta sobre regimes de bens do casamento e da união estável, conforme entendimento dominante e atual do Superior Tribunal de Justiça.

(A) No regime da comunhão parcial de bens, é incomunicável imóvel prometido à venda e com preço solvido pelo cônjuge antes do casamento, mas cujos escritura e respectivo registro imobiliário são posteriores às núpcias.

(B) No regime da comunhão parcial, são incomunicáveis os bens móveis e imóveis adquiridos com os proventos do trabalho pessoal e pensões de cada um dos cônjuges.

(C) A alteração do regime de bens não coloca fim ao casamento, razão pela qual é vedada a partilha, que deve aguardar a dissolução da sociedade ou do vínculo conjugal.

(D) O contrato de convivência que altera o regime de bens da união estável pode ter efeitos retroativos, desde que pactuados mediante cláusula expressa pelos conviventes.

**09.** "A" vivia em união estável com "B" pelo regime da separação obrigatória de bens e veio a falecer no ano de 2020, sem deixar testamento ou descendentes. Deixou "A", porém, o pai, dois avós paternos e dois avós maternos vivos (a mãe era pré-morta). Assinale a alternativa correta, no que se refere à partilha dos bens da herança, segundo entendimento dominante e atual do Superior Tribunal de Justiça.

(A) A viúva "B" receberá 1/3 parte da herança e 2/3 caberão ao pai do falecido.

(B) A viúva "B" receberá metade da herança e o pai do falecido, a outra metade.

(C) A viúva "B" nada receberá, em razão do regime da separação obrigatória de bens, e a herança será inteiramente recolhida pelo pai do falecido.

(D) A viúva "B" receberá 1/3 parte; o pai do falecido, 1/3 parte e cada um dos avós maternos do falecido, 1/6 parte da herança.

**10.** Assinale a alternativa incorreta quanto ao direito real de habitação do viúvo, de acordo com entendimento dominante e atual do Superior Tribunal de Justiça:

(A) O fato de o viúvo ser casado pelo regime da separação obrigatória de bens não impede o reconhecimento do direito real de habitação.

(B) Exige-se o registro imobiliário para constituição do direito real de habitação do viúvo.

(C) O viúvo pode renunciar ao direito real de habitação nos autos de inventário ou por escritura pública, sem prejuízo de sua participação na herança.

(D) A copropriedade entre o autor da herança e os descendentes, anterior à abertura da sucessão, impede o reconhecimento do direito real de habitação em favor do viúvo.

**11.** Após a prolação de sentença arbitral, por unanimidade dos três árbitros, em desfavor do requerido, este descobre fato que configura suspeição de um dos árbitros. Diante desse fato,

(A) não é cabível impugnação, na medida em que, ainda que um árbitro seja suspeito, os demais teriam decidido no mesmo sentido, mantendo incólume o resultado.

(B) não é cabível impugnação, na medida em que as decisões arbitrais não estão sujeitas a qualquer espécie de controle.

(C) é cabível ação rescisória, a ser interposta perante o próprio Tribunal Arbitral.

**(D)** é cabível a propositura de ação anulatória, a ser interposta perante a jurisdição estatal.

**12.** Caio e Tício, em conjunto e solidariamente, firmaram compromisso de compra e venda para aquisição de um imóvel de Semprônio. Em razão da falta de pagamento, o vendedor pretende resolver o negócio, propondo demanda a esse fim em face dos compradores. A partir dessa narrativa, temos

**(A)** não é possível a identificação do tipo de litisconsórcio sem que se saiba qual o teor da sentença.

**(B)** litisconsórcio passivo, necessário e unitário.

**(C)** litisconsórcio passivo, facultativo e unitário.

**(D)** litisconsórcio passivo, facultativo e comum.

**13.** Proposta demanda em face de ente público para fornecimento de medicamento, foi concedida tutela de urgência em 02.09 para fornecimento imediato, tendo o réu sido intimado na mesma data. A liminar não foi cumprida. Diante desse fato, o juízo prolatou em 06.10 nova decisão fixando multa diária de R$ 5.000,00, retroativa a 02.09, até que a tutela de urgência fosse cumprida. Com base nesses fatos, pode-se afirmar que

**(A)** é cabível a fixação de multa diária nessas hipóteses contra o ente público, no entanto ela não pode retroagir.

**(B)** é cabível a fixação de multa diária nessas hipóteses contra o ente público, no entanto ela deve ficar limitada ao valor equivalente a doze meses de fornecimento do medicamento.

**(C)** é cabível a fixação de multa diária nessas hipóteses contra o ente público e ela pode retroagir com base no poder geral de cautela do juiz.

**(D)** não é cabível a fixação de multa diária nessas hipóteses contra o ente público e ela, por consequência, não poderia retroagir.

**14.** Interpostos embargos de declaração de natureza manifestamente protelatória e subvertendo a verdade dos fatos, o juízo de primeira instância

**(A)** poderá condenar o embargante a pagar a multa por embargos de declaração manifestamente protelatórios, que não pode ser cumulada com as penalidades da litigância de má fé.

**(B)** poderá condenar o embargante como litigante de má fé a indenizar o embargado, condenação esta que não pode ser cumulada com a multa por embargos de declaração protelatórios.

**(C)** não poderá o juiz de primeiro grau aplicar nenhuma penalidade ou fixar indenização, pois estas somente são de competência do Tribunal.

**(D)** poderá condenar o embargante como litigante de má fé a indenizar o embargado, podendo ser cumulada a indenização com a multa por embargos de declaração manifestamente protelatórios.

**15.** O Ministério Público do Estado de São Paulo interpôs ação civil pública com o objetivo de obrigar a empresa ré a prestar serviços a consumidores na área de saúde. A demanda foi proposta na Comarca de Matão e julgada procedente, tendo a decisão sido mantida pelo Tribunal de Justiça do Estado de São Paulo. O recurso especial não foi conhecido pelo Superior Tribunal de Justiça. No tocante aos limites geográficos, por se tratar de ação coletiva na defesa de direito individuais homogêneos, pode-se afirmar que a coisa julgada material produzirá efeitos *erga omnes*:

**(A)** em todo o território nacional, na medida em que o derradeiro recurso foi julgado pelo Superior Tribunal de Justiça.

**(B)** no Estado de São Paulo, uma vez que a demanda foi proposta pelo Ministério Público do Estado de São Paulo.

**(C)** em todo o território nacional, independente do órgão julgador.

**(D)** na Comarca de Matão, uma vez que lá foi proposta a demanda.

**16.** Caio propõe ação de despejo por falta de pagamento em face de Tício, alegando a existência de um débito de R$ 20.000,00. Citado, Tício entende que deve, mas somente R$ 12.000,00. Diante desse quadro, o réu depositou em juízo R$ 12.000,00 para purgar a mora e ofereceu contestação em relação à diferença. Diante desse quadro, o Juízo deve

**(A)** liberar o valor depositado a favor do autor e determinar o prosseguimento da demanda para discussão a respeito da diferença.

**(B)** determinar a emenda da defesa para que o réu efetue o depósito como consignação em pagamento em reconvenção e após o prosseguimento da demanda para julgamento do mérito.

**(C)** rejeitar o depósito judicial como purgação da mora, liberar o valor a favor do réu e determinar o prosseguimento da demanda para análise do mérito.

**(D)** liberar o valor depositado a favor do autor e decretar o despejo na medida em que é incompatível o oferecimento de contestação com a purgação da mora.

**17.** Caio, Abel e Adão são os únicos sócios de uma sociedade anônima de capital fechado, detendo, respectivamente, 40%, 30% e 30% das ações. Por entender que a sociedade não pode mais preencher o seu fim, Caio propõe ação de dissolução parcial de sociedade cumulada com apuração de haveres em face de Abel e Adão, não incluindo a sociedade. A demanda é julgada procedente e apurados os haveres em R$ 1.000.000,00. Considerando essa situação, assinale a alternativa correta.

**(A)** A sociedade somente pode responder pelo débito se, em incidente processual, for obtida a desconsideração inversa da personalidade jurídica.

**(B)** A sentença é válida, mas ineficaz em relação à sociedade.

**(C)** Apesar de não incluída no polo passivo a sociedade sofre os efeitos da decisão e da autoridade da coisa julgada.

**(D)** O processo deve ser declarado nulo, pois a sociedade deve obrigatoriamente ser incluída no polo passivo.

**18.** Cícero, menor impúbere, representado pela genitora, propõe ação de alimentos em face do pai. O autor não requereu a fixação de alimentos provisórios, sendo omissa a inicial a respeito do tema. Diante desse quadro, deve o juiz

**(A)** não fixar os alimentos provisórios e determinar a citação do réu.

**(B)** fixar os alimentos provisórios, de ofício, independentemente de requerimento.

**(C)** determinar a emenda da inicial, para que o autor esclareça se pretende ou não a fixação de alimentos provisórios.

**(D)** determinar o encaminhamento dos autos ao Ministério Público para que o mesmo, na condição de legitimado extraordinário, emende a inicial.

**19.** Cidadão brasileiro propõe ação popular em face de diversos réus. Regularmente processada, a demanda é julgada parcialmente procedente para que os réus ressarçam o erário dos prejuízos causados, mas não na extensão pleiteada pelo autor. Regularmente intimadas, as partes não interpõem recurso de apelação. Diante desse quadro, deve o juiz

**(A)** determinar a remessa dos autos ao Tribunal para reexame necessário de todo o mérito.

**(B)** determinar a certificação do trânsito em julgado, uma vez que não há reexame necessário em ação popular.

**(C)** determinar a remessa dos autos ao Tribunal para reexame necessário da parcela da sentença que acolheu o pedido do autor.

**(D)** determinar a remessa dos autos ao Tribunal para o reexame necessário no que se refere à improcedência de parte do pedido.

**20.** Caio propôs processo de execução de cheque em face de Tício. Como não foram localizados bens, o processo permaneceu suspenso por mais de cinco anos. Considerando essa situação, deve o juiz

**(A)** intimar o exequente a se manifestar a respeito de eventual prescrição intercorrente e, posteriormente, se for o caso, extinguir o processo em razão de sua ocorrência.

**(B)** intimar o exequente para dar regular andamento ao processo sob pena de reconhecer a prescrição intercorrente, uma vez que configurada em concreto a inércia do credor.

**(C)** intimar o exequente para dar regular andamento ao processo sob pena de, não o fazendo, ter início o prazo de contagem para fins de prescrição intercorrente.

**(D)** desde logo, extinguir o processo em razão da prescrição intercorrente, na medida em que, por se tratar de questão de ordem pública, deve ser conhecida de ofício.

**21.** Assinale a alternativa correta sobre a incidência do Código de Defesa do Consumidor às seguintes relações jurídicas, segundo entendimento dominante e atual do Superior Tribunal de Justiça.

**(A)** Aplica-se ao atendimento prestado por hospital da rede pública pelo Sistema Único de Saúde.

**(B)** Aplica-se às entidades abertas de previdência complementar, mas não aos contratos previdenciários celebrados com entidades fechadas.

**(C)** Aplica-se aos contratos de plano de saúde, inclusive os administrados por entidades de autogestão.

**(D)** Não se aplica aos empreendimentos habitacionais promovidos por sociedades cooperativas, porque fundadas no mutualismo.

**22.** Assinale a alternativa incorreta sobre a defesa dos interesses coletivos dos consumidores e das vítimas em juízo.

(A) Interesses individuais homogêneos têm natureza divisível e seus titulares podem ser determinados, com origem comum fática ou jurídica.

(B) Interesses coletivos são os transindividuais de natureza indivisível de titularidade de grupos, categorias ou classe de pessoas determinadas ou determináveis ligadas entre si ou com a parte contrária por um vínculo jurídico ou uma relação jurídica base.

(C) Interesses difusos são os transindividuais de natureza indivisível de que sejam titulares um número indeterminado de pessoas ligadas pelas mesmas circunstâncias de fato.

(D) Não se admite, em única ação civil pública ajuizada pelo Ministério Público, relativa à ilegalidade de cláusula restritiva em contrato tipo e de adesão de plano de saúde, a formulação de pedidos cumulativos de tutelas referentes a interesses individuais homogêneos, interesses coletivos e interesses difusos.

**23.** Assinale a alternativa correta sobre direitos básicos do consumidor, conforme entendimento dominante e atual do Superior Tribunal de Justiça.

(A) A revisão de cláusulas contratuais em razão de fatos supervenientes exige que a prestação se torne extremamente onerosa para uma das partes, com extrema vantagem para a outra, em virtude de acontecimentos extraordinários e imprevisíveis.

(B) A efetiva reparação dos danos patrimoniais e morais ao consumidor é compatível com a possibilidade de redução equitativa da indenização no caso de desproporção entre a gravidade da culpa e o dano, prevista no direito comum.

(C) A inversão do ônus da prova por determinação judicial (*ope judicis*) em casos de vício do produto deve ocorrer preferencialmente na fase de saneamento do processo ou, pelo menos, assegurando-se à parte a quem não incumbia inicialmente o encargo, a reabertura de oportunidade para apresentação de provas.

(D) Não se considera abusiva, por falha do dever geral de informação ao consumidor, cláusula de contrato de seguro limitativa da cobertura apenas a furto qualificado, que deixa de esclarecer o significado e o alcance do termo técnico-jurídico específico e a situação referente ao furto simples, pois são tipos previstos na lei penal, da qual não se pode alegar ignorância.

**24.** Assinale a alternativa **incorreta** sobre abusividade de cláusulas contratuais, conforme entendimento dominante e atual do Superior Tribunal de Justiça.

(A) Nos contratos de locação de cofre particular, é abusiva a cláusula limitativa de valores e de objetos a serem armazenados, sobre os quais recairá a obrigação de guarda e de proteção do banco locador.

(B) É abusiva a cláusula contratual que restringe a responsabilidade de instituição financeira pelos danos decorrentes de roubo, furto ou extravio de bem entregue em garantia no âmbito de contrato de penhor civil.

(C) É válida a cláusula contratual que transfere ao promitente-comprador a obrigação de pagar a comissão de corretagem nos contratos de promessa de compra e venda de unidade autônoma em regime de incorporação imobiliária, desde que previamente informado o preço total da aquisição da unidade autônoma, com o destaque do valor da comissão de corretagem.

(D) A cláusula contratual de plano de saúde que prevê carência para utilização dos serviços de assistência médica nas situações de emergência ou de urgência é considerada abusiva, se ultrapassado o prazo máximo de 24 horas contado da data da contratação.

**25.** Assinale a alternativa correta sobre desconsideração da personalidade jurídica e cobrança de dívidas no regime do Código de Defesa do Consumidor, conforme entendimento dominante e atual do Superior Tribunal de Justiça.

(A) Cabe ao órgão mantenedor do Cadastro de Proteção ao Crédito a notificação antes de proceder à inscrição, sendo indispensável o aviso de recebimento (AR) na carta de comunicação ao consumidor sobre a negativação de seu nome.

(B) A repetição em dobro, prevista no parágrafo único do art. 42 do CDC, é cabível quando a cobrança indevida consubstanciar conduta contrária à boa-fé subjetiva, ou seja, somente deve ocorrer se houver prova do elemento volitivo do fornecedor.

(C) É suficiente para a aplicação da teoria menor da desconsideração da personalidade jurídica a existência de obstáculo ao ressarcimento de prejuízos causados aos consumidores.

(D) A desconsideração da personalidade jurídica pode atingir administradores não sócios e membros do conselho fiscal, ainda que não haja prova de que estes contribuíram, ao menos culposamente e com desvio de função, para a prática do ato ilícito.

**26.** A respeito do instituto da guarda, é correto afirmar que

(A) o detentor da guarda tem o direito de opor-se a terceiros, exceção feita aos pais da criança ou do adolescente.

(B) o deferimento da guarda da criança ou do adolescente a terceiros obsta, em qualquer circunstância, o direito de visita dos pais.

(C) o deferimento da guarda da criança ou do adolescente a terceiros faz cessar o dever alimentar por parte dos genitores.

(D) o detentor da guarda tem o direito de opor-se a terceiros, inclusive aos pais da criança e do adolescente.

**27.** A respeito do instituto da adoção, é correto afirmar que

(A) a adoção pode ser feita por meio de procuração, quando os adotantes forem estrangeiros.

(B) será sempre precedida de estágio de convivência.

(C) o adotado só poderá ter acesso ao processo de adoção após completar 18 anos.

(D) os avós do adotando são impedidos de adotar.

**28.** Entre os direitos fundamentais previstos no Estatuto da Criança e do Adolescente, assinale quais se relacionam mais diretamente à importância do papel do núcleo familiar na formação e criação dos filhos menores.

(A) Princípio da responsabilidade parental e da prevalência da família.

(B) Princípio da prevalência da família e princípio da obrigatoriedade da informação.

(C) Princípio da obrigatoriedade da informação e princípio da responsabilidade parental.

(D) Princípio do interesse superior da criança e do adolescente e princípio da intervenção mínima.

**29.** Acerca da superveniência da maioridade penal do adolescente (18 anos), enquanto submetido à medida socioeducativa, é correto afirmar que

(A) a medida socioeducativa poderá ser estendida apenas na hipótese de internação.

(B) a medida socioeducativa poderá ser estendida até que ele complete 21 anos.

(C) a medida socioeducativa deverá ser extinta na hipótese de liberdade assistida.

(D) ensejará a extinção do procedimento.

**30.** Tratando-se de recursos apresentados contra decisões proferidas em processos que digam respeito à proteção dos direitos das crianças e dos adolescentes, é correto afirmar que

(A) é dispensado o preparo.

(B) deverá ser observada a ordem cronológica de conclusão para julgamento, prevista no Código de Processo Civil.

(C) o prazo recursal será contado em dias úteis.

(D) o prazo recursal será de 15 dias, exceto para embargos de declaração.

**31.** A respeito do delito culposo, é correto afirmar que

(A) admite a coautoria e a participação.

(B) admite a compensação de culpas.

(C) a culpa pode ser presumida.

(D) é possível a concorrência de culpas.

**32.** São excludentes de ilicitude,

(A) a coação irresistível e o aborto terapêutico.

(B) a obediência hierárquica e a legítima defesa.

(C) o estrito cumprimento do dever legal e o aborto terapêutico.

(D) a obediência hierárquica e o estrito cumprimento do dever legal.

**33.** Na hipótese de réu condenado por crime de homicídio doloso, tendo sido reconhecidas duas qualificadoras, é correto afirmar que

(A) uma qualificará o delito e a outra poderá ser usada para elevar a pena como agravante, se prevista no rol legal (artigo 61, CP).

(B) uma qualificará o delito e a outra poderá ser usada para majorar a pena-base e também como agravante, se prevista no rol legal (artigo 61, do CP).

(C) uma qualificará o delito e a outra poderá ser usada como causa de aumento de pena.

(D) uma qualificará o delito e a outra poderá ser usada para elevar a pena como agravante em qualquer hipótese.

**34.** A respeito do crime praticado em continuidade delitiva, é correto afirmar que

(A) nosso Código Penal adotou a teoria da unidade real.

**(B)** não se admitirá a suspensão condicional da pena.

**(C)** as penas de multa devem ser aplicadas distinta e integralmente.

**(D)** sobrevindo nova lei mais grave, ela será aplicada, se sua vigência for anterior à cessação do fato criminoso.

**35.** Sobre o instituto do livramento condicional, é correto afirmar que

**(A)** deverá ser revogado no caso de nova condenação à pena privativa de liberdade, ainda que a decisão esteja sujeita a recurso.

**(B)** para sua concessão, é de rigor que o condenado não tenha cometido falta grave nos últimos 12 meses.

**(C)** obriga o recolhimento do egresso ao seu local de moradia em horário determinado.

**(D)** é cabível para as penas restritivas de direitos e penas pecuniárias.

**36.** Durante a abordagem a três pessoas que se encontravam em um ponto de ônibus, mediante grave ameaça verbal de morte, Caio, que completara 18 anos naquela data e Tácio, que iria completar 18 anos no dia seguinte, subtraíram, para proveito comum, um aparelho de telefone celular da vítima A e a carteira da vítima B. Em razão de reação da vítima C, ambos a agrediram e, em seguida, dali se evadiram, sem nada subtrair de C.

A dupla foi localizada e identificada um mês após os fatos, sendo apreendido em poder de Caio um revólver, calibre 38, com numeração visível, desmuniciado, que trazia em sua cintura. O revólver foi periciado, constatando-se que a arma estava apta para efetuar disparos.

Nessa hipotética situação, é correto afirmar que

**(A)** Caio será processado criminalmente pelo delito de roubo com incidência da causa de aumento de pena pelo concurso de agentes, cometido contra três vítimas, observada a regra do cúmulo formal de infrações e pelo crime de porte irregular de arma de fogo de uso permitido.

**(B)** Caio será processado criminalmente pelo delito de roubo com incidência da causa de aumento de pena pelo concurso de agentes, contra três vítimas, observada a regra do cúmulo formal de infrações, não caracterizado o delito de porte ilegal de arma de fogo de uso permitido, dado que o revólver com ele apreendido estava desmuniciado.

**(C)** Caio e Tácio serão processados criminalmente pelo delito de roubo com incidência da causa de aumento de pena pelo concurso de agentes, cometido contra três vítimas, observada a regra do cúmulo material de infrações.

**(D)** Caio e Tácio serão processados criminalmente pelo delito de roubo com incidência da causa de aumento de pena pelo concurso de agentes, cometido contra três vítimas, observada a regra do cúmulo formal de infrações.

**37.** A conduta daquele que beija, bem como passa a mão no corpo e nas partes íntimas de uma criança de dez (10) anos de idade, não ocasionando lesões físicas à vítima, configura crime de

**(A)** estupro tentado.

**(B)** importunação sexual.

**(C)** estupro de vulnerável tentado.

**(D)** estupro de vulnerável.

**38.** Qual o tratamento penal a ser dispensado ao funcionário público que, ocupando cargo em comissão, solicita, para si, em razão da função, vantagem ilícita?

**(A)** Não poderá responder pelo delito de corrupção passiva, por não ocupar cargo efetivo.

**(B)** Responderá pelo crime de corrupção passiva, podendo ter a pena reduzida, eis que não ocupa cargo efetivo.

**(C)** Responderá pelo crime de corrupção passiva, devendo a pena ser aumentada da terça parte.

**(D)** Responderá pelo crime de corrupção passiva, podendo ter a pena aumentada em até 1/3.

**39.** Ao levar sua namorada para casa, Tácio atropela uma pessoa e foge, sem prestar-lhe socorro. Em razão do ocorrido, a vítima morre algumas semanas depois.

Nessa hipotética situação, é correto afirmar que

**(A)** Tácio responderá pelo delito de homicídio culposo no trânsito, em concurso material com o delito de omissão de socorro, ambos previstos no Código de Trânsito.

**(B)** Tácio e sua namorada responderão pelo delito de homicídio culposo no trânsito, com a incidência da causa de aumento em razão da omissão de socorro prevista no Código de Trânsito.

**(C)** Tácio e sua namorada responderão pelo delito de homicídio culposo no trânsito, em concurso material com o delito de omissão de socorro, este último previsto no Código Penal.

**(D)** Tácio responderá pelo delito de homicídio culposo no trânsito, com a incidência da causa de aumento em razão da omissão de socorro prevista no Código de Trânsito.

**40.** A respeito do tráfico ilícito de drogas na sua forma privilegiada (artigo 33, parágrafo 4o, da Lei no 11.343/06), é correto afirmar que

**(A)** impede a substituição da pena privativa de liberdade por restritiva de direitos.

**(B)** não se aplica a réus reincidentes.

**(C)** trata-se de crime equiparado a hediondo.

**(D)** apenas a reincidência específica impede o reconhecimento da causa de redução de pena.

**41.** Surpreendido na posse e na guarda de substância entorpecente ilícita, José da Silva foi preso em flagrante delito, por incurso no artigo 33 da Lei de Drogas. Acolhendo representação do d. representante do Ministério Público, a prisão em flagrante foi convertida em prisão preventiva ao fundamento de que "o crime de tráfico de drogas é grave e vem causando temor à população obreira, em razão de estar relacionado ao aumento da violência e da criminalidade, estando, muitas vezes, ligado ao crime organizado. Além disso, é fonte de desestabilização das relações familiares e sociais, gerando, ainda, grande problema de ordem de saúde pública em razão do crescente número de dependentes químicos. O efeito destrutivo e desagregador do tráfico de drogas, este associado a um mundo de violência, desespero e morte para as suas vítimas e para as comunidades afetadas, justifica tratamento jurídico mais rigoroso em relação aos agentes envolvidos na sua prática." Diante desse quadro, é correto afirmar que

**(A)** presentes os requisitos da prisão preventiva, como exigido pelo artigo 312 do CPP, a efetivação da prisão processual se insere na discricionariedade e na convicção íntima do magistrado, como evidenciado na fundamentação da decisão lançada, e, por isso, deve subsistir pelos próprios fundamentos.

**(B)** o crime de tráfico de drogas, por disposição legal, é equiparado a hediondo, pelo que prevalece a prisão preventiva do réu, formalmente perfeita, ficando sua liberdade condicionada à análise do mérito da imputação por ocasião da sentença definitiva.

**(C)** os fundamentos contidos no decreto de prisão preventiva são verdadeiros e decorrem de assertivas sobejamente conhecidas, razão pela qual, aliados à comprovada materialidade do crime e à sua autoria, justificam a prisão preventiva, cumprindo, assim, o Poder Judiciário sua função conjunta com os demais Poderes no combate à criminalidade e na proteção à sociedade.

**(D)** não subsiste a prisão preventiva, como decretada, pois o d. magistrado utilizou-se de assertivas genéricas, sem estabelecer nexo com a conduta ou a personalidade do flagrado a justificar sua prisão em detrimento de outras cautelares, o que é expressamente vedado por lei processual, uma vez que, pela abstração do texto ou pelos fundamentos utilizados, podem ser eles utilizados em qualquer processo em que seja descrito o crime de tráfico.

**42.** No texto da lei processual (artigo 609, parágrafo único, CPP), "quando não for unânime a decisão de segunda instância, desfavorável ao réu, admitem-se embargos infringentes e de nulidade, que poderão ser opostos dentro de 10 (dez) dias, a contar da publicação de acórdão, na forma do art. 613." Diante desse cenário legal, é correto afirmar que

**(A)** estando o acórdão desfavorável ao réu devidamente fundamentado, em observância ao princípio constitucional (artigo 93, IX, CF), dispensável é a apresentação do voto vencido.

**(B)** a apresentação do voto divergente somente será obrigatória quando a decisão contida no v. acórdão for desfavorável ao réu e estar o voto vencido fundamentado em tese que contrarie a íntegra da posição vencedora.

**(C)** a lei penal processual é omissa e, por isso, a apresentação do voto divergente é mera faculdade do julgador.

**(D)** o voto divergente integra o acórdão e é obrigatória a sua apresentação, sob pena de nulidade, desde a vigência do atual Código de Processo Civil (Lei no 13.105/2015).

**43.** Em julgamento realizado pelo Tribunal do Júri, é correto afirmar que

**(A)** a entrega, aos jurados, de cópia da pronúncia é feita após a formação do Conselho de Sentença e dispensa comunicação ou aviso prévio ao defensor ou ao representante do Ministério Público.

**(B)** o julgamento será nulo se disponibilizadas aos jurados cópias da decisão de pronúncia e do acórdão que negou provimento ao recurso.

**(C)** é válida a utilização de decisão processual confirmada pelo Tribunal de Justiça em grau de recurso.

**(D)** o julgamento será nulo caso o representante do Ministério Público não comunique, com antecedência mínima de 03 (três) dias, a apresentação da decisão de pronúncia aos jurados.

**44.** No curso de inquérito policial regularmente instaurado para apurar crime de ação penal pública condicionada, e antes de seu encerramento, o advogado regulamente constituído pelo ofendido nos autos efetua requerimento ao Delegado de Polícia que o preside, pleiteando a realização de várias diligências. Considerando findas as investigações, e sem a realização das diligências requeridas, a autoridade policial lança o relatório final e encaminha os autos ao Ministério Público. Diante desse cenário, é correto afirmar

**(A)** nos crimes de ação penal pública condicionada, competirá às partes a produção de provas, atuando a autoridade policial de forma subsidiária se, a seu critério, entender cabível a complementação.

**(B)** agiu a d. autoridade policial em desconformidade com a lei, pois é permitido ao ofendido, ou seu representante legal, requerer diligências para apuração ou esclarecimento dos fatos, somente podendo ser indeferidas tais providências, motivadamente, se impertinentes ou protelatórias.

**(C)** agiu com acerto a d. autoridade policial, pois, ao distinguir entre requerimento e requisição, incumbirá a ela apenas a realização de diligências requisitadas pelo Juiz ou pelo Ministério Público, nos termos da lei (artigo 13, II, CPP).

**(D)** nos crimes de ação penal pública condicionada, a autoridade policial tem o dever limitado à instauração do inquérito policial.

**45.** Em apuração de falta disciplinar atribuída a recluso no interior do estabelecimento penal, instaurada sindicância para esse fim, em observância aos termos do Regimento Interno Padrão dos Estabelecimentos Penais, é correto afirmar que

**(A)** garantida a defesa ao sentenciado, em observância à norma que regulamenta a matéria, válido é o procedimento.

**(B)** a presença do advogado na oitiva do sindicado, quando o sentenciado tem defensor constituído, é obrigatória.

**(C)** é nulo o procedimento se o sentenciado não teve a assistência de defensor durante a sua oitiva.

**(D)** o procedimento disciplinar tem caráter inquisitivo e, por isso, não é exigida a atuação do defensor.

**46.** A Constituição Federal, em seu artigo 5o, inciso XLII, define a prática do racismo como crime, dispondo ainda ser ele inafiançável e imprescritível, sujeito à pena de reclusão, nos termos da lei. E a lei infraconstitucional vigente, no avanço das disposições anteriores à Constituição, mas em observância ao que nela expresso, definiu condutas que se caracterizam como crimes de racismo, vetado, porém, o dispositivo em que considerados os crimes nela definidos inafiançáveis e insuscetíveis de suspensão condicional da pena. Na mensagem do veto, fez-se constar que o "julgador deve saber dosar de forma judiciosa que se espera de todos aqueles que devem aplicar a lei", o que delegou ao seu intérprete final a definição e a forma de cumprimento da sanção do crime, firmando base para as divergências de interpretação quanto à caracterização do ato tido como criminoso. Com o advento de novas leis, alterações foram introduzidas na norma definidora das condutas racistas, sendo também modificado o Código Penal, com a introdução do crime de injúria racial, observada a igualdade da pena básica para os crimes de racismo, não afastando, porém, a divergência sobre o tema, não havendo posição consolidada ou sedimentada na jurisprudência dos Tribunais Superiores e nem manifestação da Corte Suprema sobre o tema, embora já instada a tanto, com julgamento pendente de finalização. Diante desse quadro apresentado, abstraído o debate jurisprudencial e observada a literalidade da legislação vigente, com relação à injúria racial, pode-se afirmar que

**(A)** é afiançável e prescritível, admite suspensão condicional da pena e retratação e é apurado mediante ação penal pública incondicionada.

**(B)** é crime inafiançável, imprescritível, de ação pública incondicionada e não admite retratação.

**(C)** difere do racismo por ser crime afiançável, prescritível e de ação penal pública condicionada, não cabendo retratação.

**(D)** por ser crime contra a honra e a dignidade de pessoa determinada, é prescritível e apurável mediante ação penal privada a ser proposta no prazo decadencial, cabendo retratação.

**47.** O Ministério Público, nos termos da Constituição Federal (art. 129, I), possui atribuição constitucional privativa para o exercício da ação penal pública, possuindo também, como consequência, a iniciativa de classificar a conduta até então apurada e descrita na ação penal. Dispõe, ainda, a legislação vigente, que somente o Ministério Público poderá determinar o arquivamento do inquérito policial ou oferecer proposta de suspensão do processo. Tanto num caso como noutro, os interessados – vítima ou investigado – devem ser ouvidos, excluindo de qualquer participação, em consagração ao sistema acusatório, o Poder Judiciário, uma vez que a decisão final, em havendo discordância quanto à manifestação ministerial, caberá sempre ao Procurador Geral de Justiça. Nesse cenário jurídico, recusando-se o d. Promotor de Justiça a oferecer a proposta de suspensão do processo, por decisão fundamentada, e oferecendo de forma simultânea a denúncia, qual o procedimento a ser adotado pelo magistrado?

**(A)** Cabe ao magistrado analisar as razões de recusa da proposta e, se julgadas pertinentes ou procedentes, por decisão fundamentada, receber a denúncia, visando à celeridade processual.

**(B)** Observado o sistema acusatório, não poderá o magistrado se manifestar sobre a recusa apresentada pelo Ministério Público, e, se dela discordar, encaminhará os autos, de ofício, ao Procurador Geral de Justiça, para sua análise, nos moldes do artigo 28 do CPP, aplicado por analogia, e nos termos do entendimento contido na Súmula 696, do Supremo Tribunal Federal.

**(C)** A exclusão do Poder Judiciário do sistema acusatório não o torna inerte, autorizada sua intervenção pelo artigo V, XXXV, da CF, ao dispor que a lei não excluirá de sua apreciação lesão ou ameaça à lesão e, uma vez provocado pelo oferecimento da denúncia, deve o magistrado oferecer o *sursis* processual *ex officio* – ou a requerimento da defesa – se entender presentes os requisitos legais.

**(D)** Oferecida a denúncia de forma simultânea com as razões de recusa da proposta de acordo, deve observar se presentes estão os pressupostos processuais para seu recebimento, com resolução já definida no âmbito administrativo do Ministério Público sobre as controvérsias prévias estabelecidas, para se evitar a submissão do denunciado a constrangimento ilegal diante de atos processuais antecipados e desnecessários.

**48.** Constata-se a aplicação, por analogia, das normas de processo civil ao Código de Processo Penal não só de forma subsidiária, mas também de forma expressa. Como exemplo de aplicação da forma expressa, afirma-se como correta

**(A)** a citação por hora certa.

**(B)** a instauração dos incidentes de resolução de demandas repetitivas.

**(C)** o processamento dos embargos infringentes.

**(D)** as medidas assecuratórias do sequestro e a hipoteca legal.

**49.** O incidente de resolução de demandas repetitivas tem como objetivo a uniformização de jurisprudência, com vistas à submissão das decisões de primeiro grau e, também, pelos tribunais de segunda instância, à jurisprudência dominante, com a finalidade de fortificar a segurança jurídica, aplicando-se, em notória integração, normas do Código de Processo Civil ao Processo Penal, por analogia. Diante desse quadro, e nos termos da legislação vigente, é correto afirmar que

**(A)** o exame prévio de admissibilidade prescinde da comprovação de divergência quanto à questão de direito, mostrando-se suficiente ao seu desenvolvimento a divergência interpretativa dos fatos na jurisprudência, através da colação de julgados a indicar conflito de decisões.

**(B)** os requisitos para a instauração do incidente, pressupostos de sua admissibilidade, são aqueles formais e objetivos, indicados pelo artigo 976 do Código de Processo Civil.

**(C)** o incidente de resolução de demandas repetitivas é previsto no ordenamento processual civil e as normas próprias desse procedimento não podem ser utilizadas, por analogia, no processo penal, uma vez que o artigo 15 do CPP somente autoriza, expressamente, a sua aplicação de forma supletiva ou subsidiária nos processos eleitorais, trabalhistas ou administrativos.

**(D)** os pressupostos relativos aos requisitos formais e objetivos, indicados no artigo 976 do CPP, envolvem o chamamento de interessados na lide, apontados na inicial pelo requerente, facultada a participação do amicus curiae e a intervenção obrigatória do Ministério Público, como fiscal da ordem jurídica.

**50.** Não prevalece de forma absoluta, no processo penal, o princípio *tantum devolutum quantum appellatum*, razão pela qual, de forma dominante na jurisprudência, o tribu- nal não fica impedido de reformar a decisão em decorrência da análise plena do julgado, mesmo constatado recurso exclusivo da acusação, desde que verificado e fundamentado equívoco nela apontado, e que beneficie o réu, o que é feito por força do artigo 617 do CPP, a *contra-*

*rio sensu*, que permite concluir ser vedada somente a *reformatio in pejus* e não a *reformatio in mellius*. A exceção a essa regra, por decisão de entendimento consolidado pela Corte Suprema, diz respeito

(A) às apelações contra as decisões definitivas, se interpostas por acusação e defesa, sobre a mesma questão.

(B) às apelações contra as decisões do Júri.

(C) aos recursos interpostos pela acusação e pelos quais se questiona a classificação jurídica do fato reconhecido como crime.

(D) aos recursos interpostos de forma parcial pela defesa, conforme autoriza o artigo 593 do Código de Processo Penal.

**51.** O estudo do artigo 5º da Constituição Federal e do Título em que inserido permite concluir:

(A) é inconstitucional o compartilhamento dos relatórios de inteligência financeira da UIF e da íntegra do procedimento fiscalizatório da Receita Federal do Brasil, que define o lançamento do tributo, com os órgãos de persecução penal para fins criminais, sem prévia autorização judicial, por ofensa ao direito ao sigilo fiscal e financeiro.

(B) é compatível com a Constituição Federal o reconhecimento às entidades paraestatais dos privilégios processuais concedidos à Fazenda Pública, em execução de pagamento de quantia.

(C) não ofende o princípio da igualdade o estabelecimento de grupos excluídos da possibilidade de doação de sangue, considerando o risco decorrente da orientação sexual para a saúde dos possíveis receptores.

(D) a isonomia formal assegurada pelo artigo 5º, I, CRFB, exige tratamento equitativo entre homens e mulheres. Revela-se inconstitucional, por ofensa ao princípio da isonomia, cláusula de contrato de previdência complementar que, ao prever regras distintas entre homens e mulheres para cálculo e concessão da complementação de aposentadoria, estabelece valor inferior do benefício para as mulheres, tendo em conta seu menor tempo de contribuição.

**52.** A garantia, aos litigantes, em processos judicial ou administrativo, e aos acusados em geral, do direito ao contraditório e ampla defesa, com os meios e recursos a ele inerentes, leva ao reconhecimento:

(A) admite-se a utilização de informações obtidas com quebra de sigilo, no processo administrativo, independente de autorização judicial, desde que haja a devida motivação para a prática do ato.

(B) o protesto de certidão de dívida ativa constitui meio coercitivo indevido para o pagamento de tributos.

(C) é sempre legítima cláusula do edital de concurso que restrinja participação do candidato em razão de responder a inquérito ou ação penal.

(D) é inconstitucional a exigência de depósito ou arrolamento prévios de dinheiro ou bens para a admissibilidade de recurso administrativo.

**53.** A respeito do Mandado de Segurança, ação constitucional assegurada contra ato ilegal ou abusivo praticado por autoridade, restou sumulado:

(A) compete à turma recursal processar e julgar o mandado de segurança contra ato de juizado especial.

(B) a entidade de classe tem legitimidade para o mandado de segurança apenas quando a pretensão veiculada interesse a toda a respectiva categoria.

(C) pedido de reconsideração na esfera administrativa interrompe o prazo para o mandado de segurança.

(D) compete ao Supremo Tribunal Federal conhecer originariamente de mandados de segurança contra atos de outros Tribunais.

**54.** Diante da autonomia das entidades federativas, a Constituição repartiu entre elas as competências, estabelecendo ainda as hipóteses de serem comum e privativa. Analisando a previsão constitucional e a doutrina e jurisprudência sobre a matéria, podemos afirmar:

(A) é constitucional norma da Constituição Estadual que caracterize como crime de responsabilidade a ausência injustificada de secretário de Estado à convocação da Assembleia Legislativa, bem como o não atendimento pelo governador, secretário, ou titular de entidade da administração pública, a pedido de informações da mesma Assembleia. Trata-se, na verdade, de medida de interesse local que visa conferir efetividade aos meios de controle.

(B) compete privativamente à União legislar sobre diretrizes e bases da educação nacional (CF, artigo 22, XXIV), admitida a suplementação da legislação federal, com vistas à regulamentação de interesse local, como nas hipóteses de currículos e conteúdos programáticos ou vedação de conteúdo considerado impróprio.

(C) a superveniência de lei federal sobre normas gerais suspende a lei estadual que entre em conflito, no que for contrária. Assim, a lei estadual que entre em conflito com superveniente lei federal com normas gerais, em matéria de legislação concorrente, não é, por esse fato, inconstitucional, havendo apenas suspensão de sua eficácia.

(D) é constitucional lei ou ato normativo estadual que disponha sobre sistemas de consórcios e sorteios, inclusive bingos e loterias, respeitadas as regras gerais, e nos limites das peculiaridades locais.

**55.** A respeito da eficiência administrativa, podemos afirmar que

(A) o caráter vinculante do direito fundamental à boa administração encontra limite no princípio da discricionariedade administrativa.

(B) os atos administrativos devem ser realizados de forma a alcançar o melhor resultado possível com os meios disponíveis, garantindo não apenas respeito à lei e à moral administrativa, mas também o máximo de satisfação, atendendo de forma célere as demandas dos administrados.

(C) o princípio da eficiência não gera a possibilidade de o cidadão exigir e questionar, frente ao Estado e entes terceirizados, a qualidade em obras, serviços e decisões, e sua compatibilidade com o bem comum, dependendo de previsão legal específica.

(D) a ineficiência do administrador implica ato de improbidade administrativa.

**56.** A respeito de admissão ao serviço público, está consolidado que

(A) é inconstitucional, por ofensa ao princípio da isonomia, a remarcação de teste de aptidão física de candidata grávida à época da realização, sem que haja expressa previsão no edital.

(B) o surgimento de novas vagas ou a abertura de novo concurso para o mesmo cargo, durante o prazo de validade do certame, gera automaticamente o direito à nomeação dos candidatos aprovados fora das vagas previstas no edital.

(C) nas situações jurídicas em que a Constituição Federal autoriza a acumulação de cargos, o teto remuneratório é considerado em relação a cada um deles, e não ao somatório recebido.

(D) na hipótese de posse em cargo público determinada por decisão judicial, o servidor faz jus à indenização, sob o fundamento que deveria ter sido investido em momento anterior.

**57.** A respeito da constitucionalidade das normas, é possível afirmar:

(A) o Estado-membro dispõe de competência para instituir, na sua própria Constituição, cláusulas tipificadoras de crimes de responsabilidade e regras que disciplinem o processo e o julgamento dos agentes públicos estaduais.

(B) a sanção de projeto de lei convalida o vício de inconstitucionalidade resultante da usurpação do poder de iniciativa. A ulterior aquiescência do chefe do poder executivo, mediante sanção do projeto de lei, tem o condão de sanar o vício.

(C) a autonomia orgânico-administrativa do Poder Judiciário não implica a iniciativa de lei que organize seu serviço.

(D) a iniciativa de leis que estabeleçam as atribuições dos órgãos pertencentes à estrutura administrativa da respectiva unidade federativa compete aos Governadores dos Estados-membros, à luz do artigo 61, § 1º, II, da Constituição Federal, que constitui norma de observância obrigatória pelos demais entes federativos, em razão do princípio da simetria.

**58.** Quanto aos efeitos da declaração de inconstitucionalidade pelo Supremo Tribunal Federal, é correto afirmar:

(A) A ação direta de inconstitucionalidade ou declaratória de inconstitucionalidade tem natureza dúplice: a procedência do pedido na ação direta de inconstitucionalidade resulta na declaração de inconstitucionalidade do ato impugnado, o que também é válido para a hipótese contrária, ou seja, o julgamento de improcedência equivale à declaração da constitucionalidade do ato impugnado.

(B) Somente a decisão propriamente dita – dispositivo – proferida em ação direta de inconstitucionalidade produzirá efeitos vinculantes, jamais a *"ratio decidendi"*.

(C) É incontroverso que o princípio da interpretação conforme a Constituição se situa no âmbito do controle de constitucionalidade, não apenas regra de interpretação, e tem aplicação plena, sem qualquer limitação, na medida em que o STF, em sua função de corte constitucional, atua não só como legislador negativo.

**(D)** A decisão proferida em julgamento de ação direta de inconstitucionalidade e ação declaratória de constitucionalidade têm efeito vinculante e *erga omnes*, o que não ocorre no julgamento de arguição de descumprimento de preceito fundamental.

**59.** No que diz respeito a repercussão geral, deve ser observado que

**(A)** Eventual prejuízo parcial do caso concreto subjacente ao recurso extraordinário, ou extinção por outra causa como falecimento da parte, constitui óbice ao prosseguimento para exame da tese, em sede de repercussão geral.

**(B)** Determinado o sobrestamento de processos de natureza penal, opera-se automaticamente a suspensão da prescrição da pretensão punitiva, daí porque o sobrestamento abrange necessariamente inquéritos policiais ou procedimento investigatórios conduzidos pelo Ministério Público, além de não se admitir a produção de qualquer tipo de prova no processo eventualmente iniciado.

**(C)** A despeito de não constar do Código de 2015, a exigência de preliminar formal de repercussão geral, diferentemente do que previa o CPC/1973, a jurisprudência do STF continua exigindo-a, o que não afasta nem se confunde com a possibilidade de reconhecimento de ofício.

**(D)** Reconhecida a repercussão geral de questão constitucional, há preclusão a respeito.

**60.** Em termos de seguridade social, a Constituição estabelece ou implica seja reconhecido que

**(A)** empregados de consórcios públicos e sociedades de economia mista não se submetem à aposentadoria compulsória.

**(B)** embora não referida textualmente nos artigos 194 e ss, a solidariedade é a base do sistema constitucional previdenciário. A Seguridade social é financiada por meio de recursos de orçamentos públicos, por contribuições sociais e por toda sociedade, direta ou indiretamente.

**(C)** não admite exceção, a regra segundo a qual pessoas jurídicas com débitos na previdência contratem com o poder público ou recebam incentivos fiscais.

**(D)** comprovada a invalidez e a necessidade de assistência permanente de terceiros, é devido o acréscimo de 20 %, previsto no artigo 45 da Lei nº 8.213/91 a todos aposentados pelo RGPS, independentemente da modalidade de aposentadoria.

**61.** Ao ingressar em um local de votação e tentar votar em nome de outra pessoa, o agente é impedido pelo mesário em serviço e, em razão disso, contra ele, efetua disparos com arma de fogo, dando causa à sua morte. Considerando que o artigo 78 do CPP, ao estabelecer regras de competência, prevê, em seu inciso IV, que, "no concurso entre a jurisdição comum e a especial, prevalecerá esta", e diante da ocorrência conjunta de um crime eleitoral e um crime doloso contra a vida, é correto afirmar que,

**(A)** atingindo bens tutelados de forma diferenciada, não se vê a conexão necessária à manutenção da unicidade do processo.

**(B)** ocorrendo crime eleitoral conexo com crime doloso contra a vida, o julgamento deverá ser cindido, cabendo a cada tribunal julgar o crime de sua competência.

**(C)** nos termos da lei processual, deve prevalecer a unicidade do processo, competindo o julgamento à Justiça Eleitoral.

**(D)** ante a ocorrência de crime mais grave, afrontoso à tutela do bem maior, a vida, deve prevalecer a unicidade do processo, competindo o julgamento ao Tribunal do Júri.

**62.** José da Silva, cidadão brasileiro, regular e corretamente inscrito em partido político, mas não obtendo a indicação de sua candidatura ao pleito majoritário de sua cidade, resolve lançar sua candidatura de modo avulso, buscando o registro junto à Justiça Eleitoral, invocando o artigo 23, 1.b, da Convenção Interamericana dos Direitos Humanos (Pacto de São José), que dispõe ter todo cidadão direito de votar e de ser eleito nas eleições periódicas.

Diante desse quadro, é correto afirmar que

**(A)** embora respaldado em norma prevista em direito internacional, de votar e ser votado, sua candidatura não pode ser admitida, uma vez que o Brasil não é signatário do pacto invocado.

**(B)** sua candidatura deve ser admitida, uma vez que a única condição de elegibilidade, nos termos do nosso sistema eleitoral, é ter filiação partidária (artigo 14, § 3o, da Constituição Federal).

**(C)** sua candidatura deve ser admitida, pois, além de ter a filiação partidária, está se habilitando para cargo majoritário e não proporcional, não dependo, assim, de votos de outros candidatos, ou soma de votos, destinados ao partido.

**(D)** embora a norma constitucional estipule como condição de elegibilidade tão só a filiação partidária, delegou à lei ordinária a sua regulamentação, a qual prevê a impossibilidade da candidatura avulsa, privilegiando os partidos políticos e suas indicações.

**63.** José da Silva, prefeito municipal eleito duas vezes consecutivas em sua cidade natal, candidata-se, na sequência, ao cargo de prefeito municipal da cidade vizinha, para onde se mudou e transferiu seu domicílio eleitoral de forma regular e dentro do prazo legal das inscrições. Diante desse quadro, é possível afirmar que

**(A)** a vedação legal atinge somente os cargos de presidente e governador, excluindo o cargo de prefeito, em respeito à soberania dos munícipios.

**(B)** prevista está a vedação que atinge todos os cargos majoritários e estabelece não ser possível o exercício de terceiro mandato seguido, referindo-se ao cargo pleiteado, independentemente de ser ele exercido na mesma cidade ou em municípios diferentes.

**(C)** a vedação à reeleição para mais de um período é hipótese de inelegibilidade relativa e somente poderá ser positivada se houver impugnação ao pedido de registro de sua candidatura.

**(D)** é válida sua candidatura, uma vez que a norma que prevê a reeleição para cargos majoritários é omissa, donde é permitido concluir que ela veda a reeleição para mais de um período para a mesma cidade.

**64.** José da Silva, candidato recém-aprovado no concurso da magistratura paulista, após tomar posse como juiz substituto em primeiro grau, é designado para uma comarca a fim de desempenhar as funções em substituição ao juiz titular, recém-promovido, ficando em sua alçada presidir as eleições marcadas para o ano corrente. Sabe ele que o Código Eleitoral prevê, em seu artigo 32, que a jurisdição das zonas eleitorais cabe ao juiz de direito em efetivo exercício e, na falta deste, ao seu substituto legal que goze das prerrogativas do artigo 95 da Constituição Federal (vitaliciedade, inamovibilidade e irredutibilidade).

Diante desse cenário, é correto afirmar que

**(A)** a inexistência de justiça especializada nas comarcas de entrância inicial acarreta ao juiz não vitalício, que nela exerce suas funções, a competência para o julgamento de todas as causas, o que inclui as atribuições do juiz eleitoral, por delegação expressa do Tribunal de Justiça.

**(B)** a aplicação do critério de hierarquia, oriundo da hermenêutica clássica, autoriza a designação de juízes substitutos, não vitalícios, para exercer as funções eleitorais, desde que inexistente, na comarca, juiz vitalício.

**(C)** embora expressa a vedação legal no Código Eleitoral, a competência legal decorre de previsão constitucional que remete à lei complementar sua regulamentação, o que se observa na Lei Orgânica da Magistratura, devendo ser entendido que o Código Eleitoral, nesse ponto, não foi recepcionado pela Constituição Federal.

**(D)** não poderá José da Silva exercer com plenitude as funções de juiz eleitoral posto que, recém-ingressado na carreira, ainda não adquiriu a vitaliciedade.

**65.** À vista do disposto no artigo 368-A do Código Eleitoral, o qual prevê que "a prova testemunhal singular, quando exclusiva, não será aceita nos processos que possam levar à perda do mandato", é correto afirmar que

**(A)** ao impor a restrição da prova exclusivamente testemunhal, adotou o sistema do livre convencimento motivado, ou persuasão racional, estabelecendo uma limitação na esfera eleitoral em razão da consequência do crime, sem desobrigar ou isentar o exame quanto à ilicitude das provas.

**(B)** o Código Eleitoral adotou o sistema de íntima convicção, concedendo ao juiz plena liberdade para analisar e decidir, sem obrigação de fundamentar sua motivação, desde que observada a restrição legal do citado artigo.

**(C)** o sistema adotado pelo Código Eleitoral difere do sistema do Código de Processo Penal ao estabelecer regras próprias.

**(D)** ao estabelecer restrição na análise das provas, adotou o sistema da prova tarifada.

**66.** Em pagamento a uma compra, João emitiu uma Nota Promissória em benefício de Pedro. Este, por sua vez, endossou em preto o título para Maria, que, posteriormente utilizou o título para pagar uma dívida com Carla. Carla, para aceitar o pagamento, exigiu que Luiza figurasse como avalista de Maria. Por fim, Carla endossou o título a Antônio, que era o portador na data do vencimento da Nota

Promissória. Diante do cenário exposto, assinale a alternativa correta.

(A) Antônio pode realizar a cobrança de qualquer dos coobrigados cambiários, devendo, no entanto, respeitar o benefício de ordem da avalista.

(B) Apenas após realizar o devido protesto, poderá Antônio se valer de ação cambiária em face de João.

(C) Caso Antônio realize a cobrança de Luiza, esta terá direito de regresso em face de Maria, Pedro e João.

(D) Luiza, se eventualmente cobrada por Antônio, poderá se valer das exceções que contra ele possua sua avalizada.

**67.** Sobre os seguintes títulos de crédito, é correto afirmar que

(A) a Cédula de Crédito Bancário em favor de instituição domiciliada no exterior não pode ser emitida em moeda estrangeira.

(B) na Cédula de Produto Rural física, o endossante não responde pela entrega do produto, mas tão somente pela existência da obrigação.

(C) no cheque, o endosso parcial é admitido, desde que aposto de maneira inequívoca no título.

(D) nos títulos atípicos, é vedado o pagamento parcial da soma constante do título.

**68.** Sobre as sociedades limitadas, assinale a alternativa correta.

(A) É possível que as quotas possuam valores desiguais.

(B) As omissões do seu regime legal são, em qualquer hipótese, supridas pelas normas de sociedades anônimas.

(C) Por falta grave no cumprimento de suas obrigações, pode o sócio ser excluído judicialmente mediante iniciativa de titulares de, no mínimo, 75% do capital social.

(D) Qualquer sócio minoritário pode eleger, separada- mente, um membro do conselho fiscal.

**69.** Assinale a alternativa correta.

(A) O conselho de administração é órgão obrigatório em todas as companhias.

(B) O exercício do direito a voto na companhia pode ser regulado em acordo de acionistas.

(C) Na sociedade por ações, a responsabilidade dos acionistas será limitada ao valor de emissão das ações subscritas, mas todos respondem solidariamente pela integralização do capital social.

(D) Em qualquer circunstância, os administradores respondem perante a companhia pelas perdas decorrentes de operações realizadas entre sociedades coligadas.

**70.** Sobre o regime de franquia empresarial, é correto afirmar que

(A) em caso de sublocação pelo franqueador ao franqueado do ponto comercial onde se acha instalada a franquia, o valor do aluguel pago pelo franqueado não pode ser, em nenhuma hipótese, superior àquele pago pelo franqueador pela locação original do imóvel.

(B) caso o franqueado não receba a Circular de Oferta de Franquia no prazo legalmente estabelecido, poderá exigir devolução de todas e quaisquer quantias pagas ao franqueador a título de filiação, mas não de royalties.

(C) o foro competente para a solução de controvérsias relativas aos contratos de franquia é obrigatoriamente aquele da sede do franqueador.

(D) pode ser adotado por empresa privada, empresa estatal ou entidade sem fins lucrativos.

**71.** Sobre os seguintes contratos empresariais, é correto afirmar que

(A) no caso de transporte de coisas o transportador responde isoladamente perante o remetente pelo dano ocasionado no percurso que efetuou.

(B) salvo disposição expressa em contrário, deve o proprietário fiduciário vender a coisa a terceiros por leilão, hasta pública ou qualquer outra medida judicial.

(C) nas locações em shopping centers, o locador pode recusar a renovação se o imóvel vier a ser utilizado por ele.

(D) a concessão de venda de automóveis inclui, necessariamente, o uso gratuito de marca do concedente, como identificação.

**72.** Assinale a alternativa correta.

(A) É obrigatória a cessão fiduciária em garantia de direitos creditórios do agronegócio em favor dos adquirentes do Certificado de Recebíveis do Agronegócio.

(B) A desídia do representante no cumprimento das obrigações decorrentes do contrato de representação comercial não constitui motivo justo para sua rescisão.

(C) A cláusula de opção de compra não é obrigatória no contrato de arrendamento mercantil.

(D) No contrato de comissão, em regra, o comissário responde objetivamente pela insolvência das pessoas com quem tratar.

**73.** Sobre o estabelecimento, é correto afirmar que

(A) sua alienação será ineficaz se não restarem ao alienante bens suficientes para solver seu passivo, independentemente do consentimento dos credores.

(B) salvo disposição expressa em contrário, é vedado ao titular do estabelecimento fazer concorrência ao arrendatário ou usufrutuário durante o prazo do contrato.

(C) no caso de sua alienação, em regra, o alienante não poderá fazer concorrência ao adquirente por 3 anos.

(D) no caso de sua alienação, o alienante permanece solidariamente obrigado pelo prazo de dois anos, a partir, quanto aos créditos vencidos, da publicação, e, quanto aos outros, da data do vencimento.

**74.** Sobre a legislação brasileira de propriedade industrial, é correto afirmar que

(A) a patente de invenção e a de modelo de utilidade têm prazos de 15 e 20 anos, respectivamente, prorrogáveis por igual período.

(B) constituem violação do direito do titular da patente quaisquer atos a ela relativos praticados por terceiros não autorizados.

(C) microorganismos transgênicos não são patenteáveis ainda que preencham os requisitos de novidade, atividade inventiva e aplicação industrial.

(D) a licença compulsória de patente por interesse público não afasta a remuneração ao seu titular.

**75.** Acerca da disciplina constante na Lei no 11.101/2005, assinale a alternativa correta.

(A) O credor empresário deve demonstrar a regularidade das suas atividades para pedir a falência de terceiro.

(B) Todos os créditos existentes na data do pedido sujeitam-se à recuperação judicial.

(C) Os titulares de créditos sujeitos à recuperação, mas não afetados pelo plano de recuperação

judicial, têm direito de votar na deliberação assemblear sobre a proposta.

(D) O descumprimento de obrigação assumida no plano de recuperação judicial ao longo do processo e a aprovação da desistência do devedor quanto ao pedido de recuperação judicial geram efeitos jurídicos similares.

**76.** Diante de arguição de inconstitucionalidade contra lei complementar municipal por majoração de alíquota e criação de nova hipótese de incidência tributária, qual seja, "será lançado imposto predial urbano ou territorial urbano, considerando, dentre outras hipóteses, o remanescente de 5 vezes da área ocupada pelas edificações propriamente ditas e computada no lançamento do Imposto Predial, observado o disposto no inciso II do § 2o, exceto se a parte não edificada atender a função social da propriedade, pela sua essencialidade aos fins a que se destina o imóvel", é certo concluir:

(A) a instituição de alíquotas diferenciadas, em razão de estar o móvel edificado ou não, não se confunde com o princípio da progressividade. São hipóteses diversas (válidas e independentes) de incidência de alíquotas. Enquanto, na progressividade sancionatória, o intuito do legislador é incentivar ou compelir o proprietário a promover o adequado aproveitamento do solo urbano, no critério da seletividade, de modo diverso, e por outro fundamento, o legislador impõe uma alíquota diferenciada e fixa, de acordo com localização, grau de importância e uso do imóvel.

(B) no presente caso, estamos diante de progressividade de alíquota, que implica ofensa ao artigo 182, § 4o, da CF.

(C) o preceito em questão cria alíquota e define sua majoração, no tempo e para o mesmo imóvel, por subutilização.

(D) o critério da seletividade é uma forma de aplicação da progressividade de alíquotas, sofrendo as mesmas restrições, inclusive o atendimento ao Plano Diretor.

**77.** No que diz respeito a taxas, é correto afirmar:

(A) a simples disponibilização dos serviços, ainda que não de natureza compulsória, admite exigir a taxa de serviço.

(B) o simples exercício do poder de polícia não enseja a cobrança da taxa de polícia, mas sim o desempenho efetivo da atividade dirigida ao administrado. Assim, por exemplo, não é jurídico cobrar taxa de fiscalização se a pessoa política não mantém órgão fiscalizatório ou não desenvolve tal atividade.

(C) o caráter retributivo das taxas também está presente quando fixada e cobrada antecipadamente à disponibilização do serviço, como forma para sua viabilização.

(D) o princípio da capacidade contributiva também é de aplicação obrigatória na instituição das taxas.

**78.** Quanto ao princípio da capacidade contributiva, é possível concluir:

(A) a possibilidade de graduação do tributo conforme a capacidade contributiva pressupõe que tenha como base de incidência situação efetivamente reveladora dessa capacidade, de modo que terá maior aplicação nos tributos com fato gerador não vinculado. A proibição do não confisco e a preservação do mínimo vital, como decorrência do princípio da capacidade contributiva, no entanto, são imposições para qualquer espécie tributária.

(B) diante da recomendação de que os impostos, sempre que possível, respeitarão a capacidade contributiva, há apenas uma autorização ao legislador ordinário e não norma de observância imperativa.

(C) o postulado da capacidade contributiva tem aplicação restrita às pessoas físicas.

(D) a incidência de custas e taxas judiciais com base no valor da causa ofende o princípio da capacidade contributiva, mesmo que estabelecidos limites mínimo e máximo.

**79.** No que tange ao princípio da anterioridade, podemos afirmar:

(A) é admissível invocar a supremacia do interesse público pra justificar a exigência fiscal e postergar a repetição do indébito tributário.

(B) o princípio da anterioridade nonagesimal não é de observância obrigatória na hipótese de incidência de tributo por retirada de benefícios fiscais.

(C) não se sujeitam ao princípio da anterioridade o imposto sobre importação de produtos estrangeiros; o imposto sobre exportação, para o exterior, de produtos nacionais ou nacionalizados; o IPI; o imposto sobre operações de crédito, câmbio e seguro, ou relativos a títulos e valores mobiliários; os impostos lançados por motivo de guerra; os empréstimos compulsórios para atender despesas extraordinárias

decorrentes de calamidade pública, de guerra externa ou sua iminência.

(D) considerada a redação dada ao artigo 150, § 1o, da CF pela EC 42/2003, tem respaldo jurídico a tese de que lei que vier a majorar o IR pode entrar em vigor no dia 31 de dezembro e ser aplicada aos fatos ocorridos a partir de 1o de janeiro do mesmo exercício financeiro, não configurando "retroatividade *in pejus*".

**80.** No que tange aos impostos, podemos concluir, à luz dos dispositivos constitucionais e interpretação jurisprudencial:

(A) o simples deslocamento de mercadorias de um estabelecimento para outro gera a possibilidade de incidência do ICMS.

(B) o STF não admite a validade da progressividade do imposto sobre transmissão *causa mortis* e doação – ITCMD – a partir de critérios que traduzam o princípio da capacidade contributiva, como o valor da herança, mas sim outros como grau de parentesco e presunções de proximidade afetiva com o autor da herança.

(C) a Constituição Federal, diferentemente do que fez quanto ao ICMS, nada dispôs sobre incidência do IPI na importação. O CTN, assim, estabelece, em seu artigo 46, I, o que não se admite, por força das restrições da Carta Constitucional.

(D) também caracteriza a incidência do imposto sobre a transmissão de bens a título gratuito *inter vivos* (doação) a desigualdade nas partilhas realizadas em processos de separação, divórcio, inventário ou arrolamento.

**81.** A respeito da incidência de ICMS ou ISS, consolidou-se o entendimento:

(A) na prestação de serviços de qualquer natureza, previstos na lei complementar 116/2003, excepcionalmente incidirá ICMS se forem empregados materiais na atividade. Os casos em que o ICMS incide sobre as mercadorias e o ISS sobre os serviços são expressos.

(B) o STF decidiu que a cobrança do Imposto Sobre Circulação de Mercadorias sobre a venda de *softwares* é constitucional, mudando o entendimento anterior para admitir a cobrança do imposto sobre o mercado de programas de computador.

(C) importações de serviços prestados no exterior ou por profissionais estrangeiros não admitem incidência de ISS.

(D) uma empresa não pode estar ao mesmo tempo sujeita a ICMS e ISS, conforme a etapa de venda ou manutenção do bem.

**82.** Quanto ao ICMS, é correto afirmar:

(A) descontos incondicionais nas bonificações não podem ser excluídos da base de cálculo do ICMS.

(B) o preço final a consumidor sugerido e divulgado pelo fabricante em revista especializada pode figurar como base de cálculo do ICMS a ser pago pelo contribuinte sujeito ao regime de substituição tributária progressiva nos termos do artigo 8o, § 3o, da LC no 87/96. Isso não se confunde com a cobrança de ICMS mediante pauta fiscal, vedada pela Súmula 431 do STJ.

(C) na compra e venda com financiamento, os encargos fazem parte do preço e devem ser considerados na base de cálculo do tributo.

(D) a Constituição admite tributação diferenciada de veículos importados.

**83.** No que diz respeito às imunidades, é possível afirmar:

(A) os requisitos para gozo de imunidade devem estar previstos em lei ordinária

(B) lei complementar estadual que isenta os membros do Ministério Público do pagamento de custas judiciais, notariais, cartorárias e quaisquer taxas e emolumentos não fere o disposto no artigo 150, II, da Constituição Federal. A igualdade de tratamento entre os contribuintes permite tratamento desigual em situações admitidas por lei.

(C) encontram-se compreendidos pela imunidade prevista no artigo 150, VI, d, também os livros digitais. A imunidade tributária relativa a livros, jornais e periódicos é ampla, total, acompanhando produto, maquinário e insumos.

(D) a imunidade configura exceção constitucional à capacidade ativa tributária, mas a interpretação das normas deve ser ampla, de forma a conferir efetividade aos direitos correspondentes à exclusão do poder de tributar.

**84.** É imperativo concluir, em matéria tributária:

(A) a concessão de isenção tributária configura ato discricionário do ente federativo competente para a instituição do tributo. Tendo a lei optado por critérios cumulativos e razoáveis à concessão do benefício tributário, quais sejam, inatividade e doença grave, ainda que con-

traída após a aposentadoria, não se autoriza que o Poder Judiciário atue como legislador positivo, com base no princípio da isonomia, para beneficiar servidores em atividade com as mesmas patologias.

(B) não incide imposto de renda sobre os valores percebidos a título de indenização por horas extras trabalhadas, pelo mesmo motivo que se afasta a incidência sobre indenização de férias por necessidade do serviço ou obtida em programa de incentivo à demissão voluntária.

(C) não incide, na importação de bens para uso próprio, o imposto sobre produtos industrializados, por se tratar de consumidor final.

(D) a transparência tributária não tem assento constitucional, o tema é objeto da Lei no 12.741/2012, que tornou obrigatória a informação do valor aproximado correspondente à totalidade dos tributos federais, estaduais e municipais, cuja incidência influi na formação dos respectivos preços de venda.

**85.** No que tange aos tributos de competência do município, restou reconhecido:

(A) é inconstitucional lei municipal que estabelece impeditivos à submissão de sociedades profissionais de advogados ao regime de tributação fixa em bases anuais na forma estabelecida por lei nacional.

(B) a imunidade tributária prevista no artigo 150, VI, c, da Constituição Federal não se aplica aos bens imóveis temporariamente ociosos de propriedade das instituições de educação e de assistência social sem fins lucrativos.

(C) é compatível com a Constituição Federal disposição normativa que prevê a obrigatoriedade de cadastro em órgão da Administração Municipal de prestador de serviços não estabelecido no território do Município e imposição ao tomador residente de retenção do imposto sobre serviços.

(D) a inconstitucionalidade de majoração excessiva de taxa tributária fixada em ato infralegal a partir da delegação legislativa defeituosa conduz à invalidade do tributo e inviabiliza a correção direta com atualização dos valores de modo a compatibilizar com os índices oficiais de correção monetária.

**86.** Considerando, de um lado, a necessidade de garantia da melhor e mais eficaz preservação do meio ambiente natural e do meio ambiente artificial, e, de outro, a superveniência da Lei no

13.913/2019, que suprimiu a expressão "... salvo maiores exigências da legislação específica", concluiu-se que

(A) pode ser dito que há conflito entre o direito de propriedade e a proteção jurídica do meio ambiente, atentando para a compreensão sistemática dos institutos, o que deve ser resolvido de modo a causar o mínimo prejuízo ao particular.

(B) o novo código florestal, ao prever medidas mínimas superiores para as faixas marginais de qualquer curso d'agua natural perene e intermitente, não pode reger a proteção das APPs ciliares ou ripárias em áreas urbanas consolidadas, espaços territoriais especialmente protegidos (artigo 225, III, da CF/1988), que não se condicionam a fronteiras entre os meios rural e o urbano.

(C) as alterações que importam diminuição da proteção dos ecossistemas abrangidos pelas unidades de conservação não implicam possibilidade de reconhecimento de retrocesso ambiental, pois não atingem o núcleo essencial do direito fundamental ao meio ambiente equilibrado.

(D) na vigência do novo código florestal, a extensão não edificável nas áreas de preservação permanente de qualquer curso d'agua, perene ou intermitente, em trechos caracterizados como área urbana consolidada, deve respeitar o disciplinado no seu artigo 4o, caput, inciso I, alíneas a, b, c, d e e, a fim de assegurar a mais ampla garantia ambiental a esses espaços territoriais especialmente protegidos e, consequentemente, a toda sociedade.

**87.** No que tange às competências, em matéria ambiental, **não é correto** afirmar que

(A) além das normas contendo partilha de competências na Lei Complementar no 140/2011, as atribuições administrativas estão mencionadas na Constituição, sendo as da União, enumeradas amplamente no artigo 21, as dos Estados, no artigo 25 e as dos Municípios, no artigo 30.

(B) o Município é competente para legislar sobre meio ambiente com a União e o Estado, no limite do interesse local e desde que tal regramento seja harmônico com a disciplina estabelecida pelos demais entes federados.

(C) a grande inovação é a incumbência dos Estados, em regra geral, para autorizar a gestão e a supressão de vegetação de florestas e formações sucessoras nos "imóveis rurais" e,

portanto, nas áreas de preservação permanente e nas reservas legais. A União e os Municípios também terão a mesma atribuição em florestas públicas municipais e unidades de conservação instituídas pela União ou pelos Municípios, respectivamente.

(D) a atribuição administrativa da União para controlar a apanha de espécies da fauna silvestre tem limite na previsão da competência dos Estados quanto às pesquisas científicas.

**88.** A respeito da previsão de licenças ambientais, é possível afirmar que

(A) a criação de novos tipos ou novas licenças ambientais, por ato do executivo, legitimam-se com base nos princípios que regem a proteção ao meio ambiente.

(B) os valores ambientais contemplados nos artigos 170 e 225 da Constituição devem se sobrepor aos da liberdade de iniciativa econômica, de modo que não se pode restringir de qualquer forma a possibilidade de exigências, inclusive conforme a tipologia, ao licenciamento ambiental.

(C) na doutrina prevalece o entendimento de que as hipóteses de atividades estabelecidas pela Resolução no 001/1986 estão regidas pelo princípio da obrigatoriedade, ou seja, a Administração deve determinar a elaboração do EUA, presumindo-se a necessidade.

(D) o estabelecimento de tipologia pelo Poder Executivo para o licenciamento ambiental e a tipologia definida pelos Conselhos Estaduais do Meio Ambiente violam o artigo 170, parágrafo único da Constituição Federal, que estatui ser "assegurado a todos o livre exercício de qualquer atividade econômica, independente de autorização dos órgãos públicos, salvo nos casos previstos em lei".

**89.** No que se refere à reparação do dano ambiental, é reconhecido que

(A) não se autoriza a apreensão de instrumento utilizado para a prática de infração ambiental, salvo na hipótese de uso específico, exclusivo e habitual para a prática ilícita.

(B) as multas não podem ter sua exigibilidade suspensa pelo fato de o infrator se obrigar a realizar medidas para fazer cessar ou corrigir a degradação do meio ambiente.

(C) o dano moral coletivo se confunde com o somatório das lesões extrapatrimoniais singulares, por isso se submete ao princípio da reparação integral.

(D) a reparação ambiental deve ser feita da forma mais completa possível, de modo que a condenação a recuperar a área lesionada não exclui o dever de indenizar, sobretudo, pelo dano que permanece entre a ocorrência e o restabelecimento do meio ambiente lesado, bem como, quando o caso, pelo dano moral coletivo e pelo dano residual.

**90.** No que tange aos princípios em matéria ambiental, é correto afirmar que

(A) o princípio do desenvolvimento sustentável mereceu destaque na Constituição Cidadã.

(B) os princípios do poluidor pagador e do usuário pagador confundem-se.

(C) o princípio do ambiente ecologicamente equilibrado constitui extensão do direito à vida, cláusula pétrea e direito-dever fundamental.

(D) o princípio da equidade intergerencial decorre das competências compartilhadas entre os entes federativos, em matéria ambiental.

**91.** Lei Municipal concede direito a décimo terceiro salário e terço constitucional de férias a vereadores, sofrendo arguição incidental de inconstitucionalidade em ação civil pública ajuizada pelo Ministério Público, diante da aprovação, por eles próprios, da concessão do direito. Diante desse impasse, é certo concluir:

(A) não há inconstitucionalidade porque as verbas em questão não integram os subsídios, tanto que a lei municipal estabeleceu em favor dos agentes públicos para evitar esvaziamento de garantias asseguradas constitucionalmente a todos os trabalhadores.

(B) a questão não poderia ter sido deduzida em ação de improbidade administrativa, mas apenas em sede de ação direta de inconstitucionalidade, considerando a presunção de legitimidade das normas editadas formalmente pelo Poder Legislativo e a necessária vinculação dos atos administrativos a elas estatuídos.

(C) o regime de subsídio é incompatível com outras parcelas remuneratórias.

(D) a questão deve ser objeto de apreciação incidental da inconstitucionalidade por parte da Câmara para a qual foi distribuída a apelação, avaliando a imputada inconstitucionalidade porque parte dos fundamentos da ação de improbidade administrativa.

**92.** Diante de uma arguição de inconstitucionalidade de Lei Municipal que trata de contratação temporária de servidores, por burla ao princípio da obrigatoriedade do concurso público, é forçoso concluir que

(A) não é possível admissão de servidores sem concurso público, na medida em que o artigo 37, inciso II, da Constituição Federal impõe essa forma de seleção para atendimento aos princípios da eficiência, da impessoalidade e da moralidade administrativa.

(B) as contratações temporárias, quando excepcionalmente admitidas, não podem ser prorrogadas.

(C) as regras que admitem a contratação sem concurso público devem ser interpretadas restritivamente, impondo previsão em lei, interesse público excepcional e necessidade indispensável.

(D) quando admitidos servidores em caráter temporário, fora das hipóteses estritas em que permitido pela Constituição, é cabível ação de improbidade, com determinação de devolução das quantias pagas, sem prejuízo das demais penalidades.

**93.** Lei Municipal prevê a concessão de auxílio-alimentação aos servidores mensalmente, em parcela destacada, sem incidência de contribuição previdenciária, incorporando-o definitivamente após 12 meses. Estabelece, ainda, que o valor pago a título de auxílio-alimentação integrará a base de cálculo para efeitos de pagamento de 13o salário e férias. Questionada a constitucionalidade e a extensão da norma, é correto afirmar que

(A) o auxílio-alimentação ostenta caráter indenizatório e é devido apenas durante o exercício funcional, não pode ser estendido a inativos e pensionistas, nem ser incorporado, mas a incidência proporcional sobre 13o salário e férias, direito constitucionalmente assegurado, legitima-se, com base na expressa previsão orçamentária.

(B) o Município goza de total liberdade na organização do seu pessoal, impondo-se, sob pena de violação aos princípios federativos e da separação dos poderes, prestigiar a legislação editada sem vício de iniciativa e aprovada em regular processo legislativo.

(C) o auxílio alimentação, nos termos em que instituído, perdeu a natureza indenizatória e deve ser estendido a inativos e pensionistas.

**(D)** se trata de verba indenizatória, o que não permite sua incorporação à remuneração ou integração à base de cálculo para efeito de 13o salário e férias.

**94.** No que diz respeito à desapropriação, é correto afirmar que

**(A)** bens públicos não podem ser objeto de desapropriação, por sua natureza e em razão do princípio federativo.

**(B)** os juros compensatórios são de 6% ao ano e sua base de cálculo deve equivaler à diferença entre o valor correspondente a 80% do preço ofertado/objeto do depósito e o fixado na sentença.

**(C)** quando nos referimos à utilidade pública, devemos entender que está incluída no conceito de necessidade.

**(D)** os pressupostos da utilidade pública, incluída a necessidade, e do interesse social estão usualmente presentes, mas não são essenciais, e é possível desistir da desapropriação antes do pagamento do preço.

**95.** É inegável a associação entre política e economia e atuação do Estado na ordem econômica. Partindo do nosso sistema normativo, constituicional e infranconstitucional, podemos concluir que

**(A)** A Lei no 12.529/2011 regula a repressão ao abuso do poder econômico. As infrações nela previstas aplicam-se a pessoas físicas ou jurídicas, de direito privado, admitindo desconsideração da pessoa jurídica e exigindo demonstração da culpa.

**(B)** A prática do fomento é inconcebível na área pública por implicar tratamento diferenciado entre os cidadãos.

**(C)** Nas hipóteses em que admitido o monopólio estatal, não se autoriza a atribuição da exploração direta a terceiro através de delegação.

**(D)** O Estado atua na ordem econômica como agente regulador do sistema econômico e como executor da atividade econômica. Em qualquer das posições, deve ter em mira o interesse, direto ou indireto, da coletividade.

**96.** Em matéria de controle da Administração Pública, é correto afirmar que

**(A)** o controle interno depende de previsão expressa na lei.

**(B)** se o interessado oferece reclamação fora do prazo de um ano, não havendo outro estabele-

cido, objetivando a desconstituição de um ato, ocorre a prescrição, não se admitindo discutir a questão.

**(C)** a regra geral é que o recurso administrativo tenha efeito apenas devolutivo, por força do princípio de presunção de legitimidade dos atos administrativos, mas nada impede que o administrador suste, de ofício, os efeitos do ato hostilizado, o que decorre do poder de autotutela administrativa. Se o efeito é apenas devolutivo, não impede o curso do prazo prescricional.

**(D)** os cinco princípios fundamentais a que deve estar atrelada a administração pública são autogestão, eficiência, concentração da competência, planejamento e controle.

**97.** Quanto ao Processo Administrativo Disciplinar, consolidou-se o seguinte entendimento,

**(A)** é lícito à autoridade administrativa divergir do parecer da comissão disciplinar e aplicar pena mais grave porque não se vincula à capitulação proposta, mas aos fatos.

**(B)** a proporcionalidade da punição não pode ser objeto de correção na via judicial por ser matéria de mérito administrativo.

**(C)** a oportunidade de defesa do servidor antecede a colheita da prova oral e será feita por advogado constituído ou nomeado, de forma a garantir ampla defesa.

**(D)** não é admitido o uso de prova emprestada, considerando a independência das instâncias administrativa e judicial.

**98.** No que diz respeito à aplicação da Lei de Improbidade Administrativa, é correto afirmar que

**(A)** o ressarcimento espontâneo do dano inibe a ação de improbidade.

**(B)** as penas de suspensão dos direitos políticos e perda do cargo são aplicadas a partir do momento em que não penda recurso com efeito suspensivo.

**(C)** caso a conduta ofenda simultaneamente os artigos 9o, 10 e 11 da Lei de Improbidade, embora única, há de ser aplicado o princípio da subsunção, em que a sanção mais grave absorve as demais. Se forem várias condutas, pode haver aplicação cumulativa das sanções, desde que compatíveis.

**(D)** o artigo 37, § 4o, da Constituição, previu apenas as sanções de suspensão dos direitos políticos, perda da função pública, indisponibilidade dos bens e ressarcimento ao erário, sendo forçoso concluir que o elenco de outras sanções na Lei no 8.429/1992 implica inconstitucionalidade.

**99.** Em termos de tutela adequada do interesse público anticorrupção, podemos afirmar que

(A) a indisponibilidade do interesse público é incompatível com a celebração de Acordo de Leniência.

(B) é condição para o cabimento da ação popular a demonstração do prejuízo material aos cofres públicos.

(C) o interesse público anticorrupção não tem guarida constitucional, mas conta com previsão na Lei de Improbidade e na Lei de Combate à Corrupção.

(D) o Direito Administrativo Sancionador de Tutela da Probidade sofreu alteração substancial com a Lei no 12.846/2013. Os postulados da razoabilidade e da proporcionalidade devem ser aplicados, de forma a concretizar o modelo sancionatório atual e o interesse público anticorrupção.

**100.** Quanto à Nova Lei de Licitações e Contratos Administrativos, é correto afirmar que

(A) o artigo 2o da Lei no 14.133/2021 traz elenco exaustivo das hipóteses de aplicação da norma.

(B) ao disciplinar amplamente a matéria de licitações de contratações administrativas, a Lei no 14.133/2021 implicitamente revogou as normas contempladas na Lei no 123/2006, em favor de microempresas e empresas de pequeno porte.

(C) o artigo 5o apresenta função hermenêutica, os princípios nele estatuídos orientam a interpretação da Lei no 14.133/2021, mas partindo da observância das regras específicas, que são minuciosas no novo diploma legal.

(D) a gestão por competências não atinge as etapas preliminares e não se confunde com a segregação de funções.

# FOLHA DE RESPOSTAS

| | | | | |
|---|---|---|---|---|
| 1 | A | B | C | D |
| 2 | A | B | C | D |
| 3 | A | B | C | D |
| 4 | A | B | C | D |
| 5 | A | B | C | D |
| 6 | A | B | C | D |
| 7 | A | B | C | D |
| 8 | A | B | C | D |
| 9 | A | B | C | D |
| 10 | A | B | C | D |
| 11 | A | B | C | D |
| 12 | A | B | C | D |
| 13 | A | B | C | D |
| 14 | A | B | C | D |
| 15 | A | B | C | D |
| 16 | A | B | C | D |
| 17 | A | B | C | D |
| 18 | A | B | C | D |
| 19 | A | B | C | D |
| 20 | A | B | C | D |
| 21 | A | B | C | D |
| 22 | A | B | C | D |
| 23 | A | B | C | D |
| 24 | A | B | C | D |
| 25 | A | B | C | D |
| 26 | A | B | C | D |
| 27 | A | B | C | D |
| 28 | A | B | C | D |
| 29 | A | B | C | D |
| 30 | A | B | C | D |
| 31 | A | B | C | D |
| 32 | A | B | C | D |
| 33 | A | B | C | D |
| 34 | A | B | C | D |
| 35 | A | B | C | D |
| 36 | A | B | C | D |
| 37 | A | B | C | D |

| | | | | |
|---|---|---|---|---|
| 38 | A | B | C | D |
| 39 | A | B | C | D |
| 40 | A | B | C | D |
| 41 | A | B | C | D |
| 42 | A | B | C | D |
| 43 | A | B | C | D |
| 44 | A | B | C | D |
| 45 | A | B | C | D |
| 46 | A | B | C | D |
| 47 | A | B | C | D |
| 48 | A | B | C | D |
| 49 | A | B | C | D |
| 50 | A | B | C | D |
| 51 | A | B | C | D |
| 52 | A | B | C | D |
| 53 | A | B | C | D |
| 54 | A | B | C | D |
| 55 | A | B | C | D |
| 56 | A | B | C | D |
| 57 | A | B | C | D |
| 58 | A | B | C | D |
| 59 | A | B | C | D |
| 60 | A | B | C | D |
| 61 | A | B | C | D |
| 62 | A | B | C | D |
| 63 | A | B | C | D |
| 64 | A | B | C | D |
| 65 | A | B | C | D |
| 66 | A | B | C | D |
| 67 | A | B | C | D |
| 68 | A | B | C | D |
| 69 | A | B | C | D |
| 70 | A | B | C | D |
| 71 | A | B | C | D |
| 72 | A | B | C | D |
| 73 | A | B | C | D |
| 74 | A | B | C | D |

| 75 | A | B | C | D |
|----|---|---|---|---|
| 76 | A | B | C | D |
| 77 | A | B | C | D |
| 78 | A | B | C | D |
| 79 | A | B | C | D |
| 80 | A | B | C | D |
| 81 | A | B | C | D |
| 82 | A | B | C | D |
| 83 | A | B | C | D |
| 84 | A | B | C | D |
| 85 | A | B | C | D |
| 86 | A | B | C | D |
| 87 | A | B | C | D |

| 88 | A | B | C | D |
|-----|---|---|---|---|
| 89 | A | B | C | D |
| 90 | A | B | C | D |
| 91 | A | B | C | D |
| 92 | A | B | C | D |
| 93 | A | B | C | D |
| 94 | A | B | C | D |
| 95 | A | B | C | D |
| 96 | A | B | C | D |
| 97 | A | B | C | D |
| 98 | A | B | C | D |
| 99 | A | B | C | D |
| 100 | A | B | C | D |

# GABARITO COMENTADO

**1.** Gabarito: C
Comentário: **A:** incorreta, pois a simulação pode ser alegada por qualquer interessado, ou pelo Ministério Público, quando lhe couber intervir (art. 168 caput CC) e Enunciado 294/CJF da IV Jornada de Direito Civil: "Sendo a simulação uma causa de nulidade do negócio jurídico, pode ser alegada por uma das partes contra a outra"; **B:** incorreta, pois na reserva mental prevalece a vontade manifesta ainda que aquele que a manifestou não tinha a real intenção. Neste caso o negócio jurídico é válido, salvo se a parte beneficiária sabia dessa contrariedade de vontade (art. 110 CC). Veja-se que a reserva mental não exige – ao contrário, afasta – a concorrência de vontades. Reside, aí, justamente, a distinção entre os institutos.; **C:** correta, pois subsistirá o negócio jurídico simulado se for válido for na substância e na forma (art. 167, caput CC); **D:** incorreta, pois ressalvam-se os direitos de terceiros de boa-fé em face dos contraentes do negócio jurídico simulado (art. 167, § 2º CC). GN

**2.** Gabarito: D
Comentário: **A:** correta, não devendo ser assinalada. as ações reais não se sujeitam a prazos de prescrição ou decadência, como afixa Agnelo Amorim Filho. Nesse sentido, o STJ: "O Superior Tribunal de Justiça repele a aplicação da prescrição quinquenal quando se cuidar de ação de natureza real. O direito de reivindicar ou de obter a indenização substitutiva na ação de desapropriação indireta fica prejudicado somente quando transcorrido o prazo para a usucapião (REsp 1141490/RJ, Rel. Ministro Antonio Carlos Ferreira, Quarta Turma, julgado em 06/12/2018, DJe 14/02/2019)"; **B:** correta, não devendo ser assinalada. Vale o mesmo critério científico de Agnelo Amorim Filho, como entende o STJ: "Tratando-se de direito potestativo, sujeito a prazo decadencial, para cujo exercício a lei não previu prazo especial, prevalece a regra geral da inesgotabilidade ou da perpetuidade, segundo a qual os direitos não se extinguem pelo não uso. Assim, à míngua de previsão legal, o pedido de adjudicação compulsória, quando preenchidos os requisitos da medida, poderá ser realizado a qualquer tempo" (REsp n. 1.216.568/MG, Relator o Ministro Luis Felipe Salomão, DJe 29/9/2015)". **C:** correta, não devendo ser assinalada. Prevê o STJ: "A unidade lógica do Código Civil permite extrair que a expressão "reparação civil" empregada pelo seu art. 206, § 3º, V, refere-se unicamente à responsabilidade civil aquiliana, de modo a não atingir o presente caso, fundado na responsabilidade civil contratual. Versando o presente caso sobre responsabilidade civil

decorrente de possível descumprimento de contrato de compra e venda e prestação de serviço entre empresas, está sujeito à prescrição decenal (art. 205, do Código Civil) (EREsp 1281594/SP, Rel. Ministro Benedito Gonçalves, Rel. p/ Acórdão Ministro Felix Fischer, Corte Especial, julgado em 15/05/2019, DJe 23/05/2019)". **D:** incorreta, devendo ser assinalada, por aplicação sistemática da regra do art. 190 do CC/2002: "A exceção prescreve no mesmo prazo em que a pretensão". GN

**3.** Gabarito: B
Comentário: **A:** incorreta, pois mora consiste em inadimplemento relativo. Neste caso o credor tem o direito de exigir do devedor o valor pelos prejuízos a que sua mora der causa, mais juros, atualização dos valores monetários segundo índices oficiais regularmente estabelecidos, e honorários de advogado (art. 395 *caput* CC). Se houver o inadimplemento absoluto aí ele poderá cobrar perdas e danos, mais juros e atualização monetária segundo índices oficiais regularmente estabelecidos, e honorários de advogado (art. 389 CC); **B:** correta, pois o quando não há mais possibilidade de se cumprir a obrigação, o inadimplemento que ainda era relativo se torna em absoluto e se converterá em perdas e danos (art. 395, parágrafo único CC); **C:** incorreta, pois ainda que se não alegue prejuízo, é obrigado o devedor aos juros da mora que se contarão assim às dívidas em dinheiro, como às prestações de outra natureza, uma vez que lhes esteja fixado o valor pecuniário por sentença judicial, arbitramento, ou acordo entre as partes (art. 407 CC). O termo inicial dos juros moratórios depende do contrato e da violação. Se a obrigação for positiva e líquida e tiver termo determinado, ao expirar o prazo o devedor já está constituído em mora de plano direito e a partir daí passam a contar todos os encargos. Se não houver termo determinado a mora passará a contar mediante interpelação judicial ou extrajudicial (art. 397 CC); **D:** incorreta, pois em regra o devedor em mora responde pela impossibilidade da prestação, embora essa impossibilidade resulte de caso fortuito ou de força maior, se estes ocorrerem durante o atraso. Ele só não responderá se se provar isenção de culpa, ou que o dano sobreviria ainda quando a obrigação fosse oportunamente desempenhada (art. 399 CC). GN

**4.** Gabarito: B
Comentário: **A:** incorreta, pois a cláusula penal pode ser instituída em ato posterior (art. 409 CC); **B:** correta (art. 413 CC); **C:** incorreta, pois será possível cobrar indenização suplementar se as partes tiverem convencionado.

Tendo sido convencionado, a pena vale como mínimo da indenização, competindo ao credor provar o prejuízo excedente (art. 416, parágrafo único CC); **D:** incorreta, pois quando se estipular a cláusula penal para o caso de total inadimplemento da obrigação, esta converter-se-á em alternativa a benefício do credor (art. 410 CC). Ou seja, a cláusula em si é uma alternativa, em vista do inadimplemento absoluto, não havendo alternativa em relação a ela e perdas e danos, que se cumulam, se for o caso. GN

---

**5.** Gabarito: D
Comentário: **A:** correta, não devendo ser assinalada (art. 472 CC); **B:** correta, não devendo ser assinalada. Esse assunto encontra divergência entre doutrina e jurisprudência vigente, pois o direito resolver o contrato por inadimplemento é um direito potestativo, o que gera uma ação de natureza desconstitutiva sujeita ao prazo decadencial. Apenas a lei pode definir prazos decadenciais e prescricionais. No caso e, tela a lei não define. A definição mais próxima é do art. 205 CC que prevê o prazo prescricional geral de 10 anos. Contudo, como falamos, trata-se de um direito decadencial e não prescricional. Por essa razão parte da doutrina entende que não haveria prazo para extinguir a pretensão. Neste sentido: cumpre destacar as lições de Cristiano Chaves e Nelson Rosenvald: *Não havendo prazo prescricional específico para o exercício de determinada pretensão de conteúdo patrimonial, aplicar-se-á a cláusula geral (CC, art. 205).* **_Mas, em se tratando de direito potestativo, não existindo prazo estabelecido em lei, não estará sujeito à extinção pelo não exercício._** "Não é despiciendo salientar que, **_não havendo prazo em lei para o exercício de determinado direito potestativo, ele não estará sujeito à extinção pelo não exercício, não se submetendo a decadência (nem tampouco, por evidente, à cláusula geral de prescrição)_** *(*FARIAS, Cristiano Chaves de; ROSENVALD, Nelson. *Curso de Direito Civil.* 12° ed. revista, ampliada e atualizada. Salvador: Editora Jus Podivm, 2014. p. 690 e 694). **_Contudo, muitos julgados de tribunais estaduais entendem o contrário:_** DIREITO CIVIL. AÇÃO DE RESCISÃO CONTRATUAL, INDENIZAÇÃO E IMISSÃO NA POSSE. DECURSO DO PRAZO DE NOVE ANOS ENTRE A PROPOSITURA DA AÇÃO E O VENCIMENTO DA ÚLTIMA PARCELA INADIMPLIDA - RECONHECIMENTO DA DECADÊNCIA EM PRIMEIRO GRAU - ANALOGIA AO PRAZO PRESCRICIONAL DA COBRANÇA (ART. 206, § 5°, I, DO CC)- IRRESIGNAÇÃO - ACOLHIMENTO - INEXISTÊNCIA DE CORRESPONDÊNCIA ENTRE OS INSTITUTOS - **SITUAÇÃO QUE SE AMOLDA AO PRAZO DECENAL DO ART. 205 DO CC** - DECADÊNCIA AFASTADA.RECURSO CONHECIDO E PROVIDO. (TJPR - 11ª C.Cível - AC - 1349055-0 - Curitiba - Rel.: Ruy Muggiati - Unânime - - J. 12.08.2015) PRESCRIÇÃO Pleitos de rescisão contratual e reintegração de posse **Aplicação do prazo de 10 anos previsto**

**no art. 205 do CC, contados de 11.01.2003, a afastar o art. 206, §§ 3° e 5°, I, do CC** A eventual prescrição das parcelas impedem a cobrança, mas não descaracteriza o inadimplemento do contrato A importância está nas consequências obrigacionais, de natureza pessoal, da pretendida resolução Possível esbulho possessório Doutrina e precedentes do STJ e desta Corte Demanda que resistiu aos efeitos do decurso do tempo Cerceamento de defesa e julgamento extra petita que não se identificam na espécie Premissa de raciocínio.
(TJ-SP - APL: 00005399120138260104 SP 0000539-91.2013.8.26.0104, Relator: Ferreira da Cruz, Data de Julgamento: 11/03/2015, 5ª Câmara de Direito Privado, Data de Publicação: 13/03/2015). Para um estudo mais aprofundado acesse: https://conteudojuridico.com.br/consulta/Artigos/46209/ha-prazo-para-o-ajuizamento-de-acao--de-resolucao-por-inadimplemento-contratual; **C:** correta, não devendo ser assinalada (art. 474 CC); **D:** incorreta, devendo ser assinalada. De acordo com o entendimento de Maria Helena Diniz a resolução por inexecução voluntária, que impossibilita a prestação por culpa do devedor, tanto na obrigação de dar como na de fazer ou de não fazer, produz os seguintes efeitos: extingue o contrato retroativamente, visto que opera *ex tunc*, se o contrato for de execução única, apagando todas as consequências jurídicas produzidas, restituindo-se as prestações cumpridas, e *ex nunc*, se o contrato for de duração ou execução continuada, caso em que não se restituirão as prestações já efetivadas, pois a resolução não terá efeito relativamente ao passado (DINIZ, Maria Helena. Curso de direito civil: Teoria das Obrigações Contratuais e Extracontratuais. São Paulo: Saraiva, 2013, cit., pag. 181, 182, 183, 184 e 185). GN

---

**6.** Gabarito: C
Comentário: **A:** correta, não devendo ser assinalada (art. 117 caput CC); **B:** correta, não devendo ser assinalada de acordo com art. 661, § 1° CC e o entendimento do STJ: "Embora expresso o mandato – quanto aos poderes de alienar os bens do outorgante – não se conferiu ao mandatário poderes especiais para alienar aquele determinado imóvel. A outorga de poderes de alienação de todos os bens do outorgante não supre o requisito de especialidade exigido por lei que prevê referência e determinação dos bens concretamente mencionados na procuração (REsp 1836584/MG, Rel. Ministra Nancy Andrighi, Terceira Turma, julgado em 11/02/2020, DJe 13/02/2020)"; **C:** incorreta, devendo ser assinalada, pois o mandante pode pagar perdas e danos neste caso e revogar o mandato (art. 683 CC); **D:** correta, não devendo ser assinalada (art. 686 CC) GN

---

**7.** Gabarito: D
Comentário: **A:** incorreta, pois o pagamento do tributo só ocorre quando há a consolidação da propriedade, seja nas mãos do fiduciante, seja nas mãos do fiduciário.

O art. 23 da Lei 9.514/97 não exige tal medida para a constituição da propriedade: "Constitui-se a propriedade fiduciária de coisa imóvel mediante registro, no competente Registro de Imóveis, do contrato que lhe serve de título". É possível antever esse raciocínio, também, pelo art. 26, §7º: "Decorrido o prazo de que trata o § 1º sem a purgação da mora, o oficial do competente Registro de Imóveis, certificando esse fato, promoverá a averbação, na matrícula do imóvel, da consolidação da propriedade em nome do fiduciário, à vista da prova do pagamento por este, do imposto de transmissão *inter vivos* e, se for o caso, do laudêmio"; **B:** incorreta, pois no caso de inadimplemento ocorre a consolidação da propriedade no nome do credor. Ademais, é irrazoável supor que o inadimplente tenha o poder de resolver o contrato, já que esse direito potestativo é conferido à parte lesada pelo inadimplemento. É o que prevê o art. 26 da Lei 9.514/97: "Vencida e não paga, no todo ou em parte, a dívida e constituído em mora o fiduciante, consolidar-se-á, nos termos deste artigo, a propriedade do imóvel em nome do fiduciário"; **C:** incorreta, pois o devedor fiduciante será intimado para no prazo de quinze dias, a prestação vencida e as que se vencerem até a data do pagamento, os juros convencionais, as penalidades e os demais encargos contratuais, os encargos legais, inclusive tributos, as contribuições condominiais imputáveis ao imóvel, além das despesas de cobrança e de intimação (art. 26, §1º da Lei 9.514/97).; **D:** correta (art. 38 da Lei 9.514/97 GN

---

**8.** Gabarito: A

Comentário: **A:** correta, pois ainda que a escritura e registro sejam posteriores às núpcias, não haverá comunicação. Neste passo é possível extrair esse entendimento destes dois julgados do STJ: "Bens imóveis adquiridos pelo cônjuge supérstite em data bem anterior ao casamento, ainda que levados a registro na constância deste, escapam à cobrança do imposto sobre transmissão causa mortis por não terem adentrado no patrimônio da esposa falecida (REsp 1304116/PR, Rel. Ministro CASTRO MEIRA, SEGUNDA TURMA, julgado em 25/09/2012, DJe 04/10/2012)" "Namoro. *Affectio maritalis*. Inexistência. Aquisição patrimonial. Bem particular. Incomunicabilidade. Causa pré-existente. Casamento posterior. Regime de comunhão parcial. Divórcio. Imóvel. Partilha. Impossibilidade. Artigos 1.661 e 1.659 do Código Civil de 2002. Incidência" REsp 1.841.128-MG, Rel. Min. Ricardo Villas Bôas Cueva, Terceira Turma, por unanimidade, julgado em 23/11/2021; **B:** incorreta, pois o que é incomunicável são os proventos pessoais de cada cônjuge e as pensões (art. 1.659 VI e VII CC). Contudo os bens adquiridos comunicam-se. Nestes termos segue julgado do STJ: PROCESSUAL CIVIL. AGRAVO INTERNO. AUSÊNCIA DE CONTRADIÇÃO INTERNA. REEXAME DO SUPORTE FÁTICO-PROBATÓRIO DOS AUTOS. SÚMULA

7/STJ.DISSÍDIO JURISPRUDENCIAL NÃO VERIFICADO. 1. Descabe cogitar de contradição interna no caso, pois concluiu o acórdão recorrido que, sob o regime da comunhão parcial de bens, **"comunicam-se os bens que sobrevierem ao casal, na constância do casamento, observadas as exceções previstas nos artigos 1.659 e seguintes".** 2. A reapreciação do suporte fático-probatório dos autos é vedada nesta Corte, pelo óbice da Súmula 7/STJ: "A pretensão de simples reexame de prova não enseja recurso especial".3. O dissídio jurisprudencial não foi demonstrado nos moldes regimentais, o que impede o conhecimento do recurso especial pela alínea "c" do permissivo constitucional.4. Agravo interno não provido. (AgInt no AREsp 1402374/SP, Rel. Ministro Luis Felipe Salomão, Quarta Turma, julgado em 24/09/2019, DJe 30/09/2019). Note que ainda que os bens sobrevenham dos proventos e pensões exclusivos de apenas um dos cônjuges, ainda assim haverá comunicação, pois essa hipótese não foi colocada como exceção no art. 1.659 CC; **C:** incorreta, pois conforme entendimento do STJ: "Diante de manifestação expressa dos cônjuges, não há óbice legal que os impeça de partilhar os bens adquiridos no regime anterior, de comunhão parcial, na hipótese de mudança para separação total, desde que não acarrete prejuízo para eles próprios e resguardado o direito de terceiros. Reconhecimento da eficácia ex nunc da alteração do regime de bens que não se mostra incompatível com essa solução (REsp 1533179/RS, Rel. Ministro MARCO AURÉLIO BELLIZZE, TERCEIRA TURMA, julgado em 08/09/2015, DJe 23/09/2015)"; **D:** incorreta, pois tendo em vista que tal interpretação geraria situação de superioridade da união estável em relação ao casamento, no qual só se permite a alteração de regime de bens por ação, e sem eficácia retroativa: "Em suma, às uniões estáveis não contratualizadas ou contratualizadas sem dispor sobre o regime de bens, aplica-se o regime legal da comunhão parcial de bens do art. 1.725 do CC/2002, não se admitindo que uma escritura pública de reconhecimento de união estável e declaração de incomunicabilidade de patrimônio seja considerada mera declaração de fato pré-existente, a saber, que a incomunicabilidade era algo existente desde o princípio da união estável, porque se trata, em verdade, de inadmissível alteração de regime de bens com eficácia ex tunc (REsp 1845416/MS, Rel. Ministro Marco Aurélio Bellizze, Rel. p/ Acórdão Ministra Nancy Andrighi, Terceira Turma, julgado em 17/08/2021, DJe 24/08/2021)". GN

---

**9.** Gabarito: B

Comentário: Num primeiro momento vale destacar que o art. 1.790 do CC que trata da regra de sucessão do companheiro foi declarado inconstitucional nos REs nº 646.721 e nº 878.694. A regra de sucessão do companheiro passou a ser a mesma do cônjuge, aplicando-se o art. 1829 CC. Outro ponto que serve de premissa para todas as questões é que na classe dos ascendentes, o grau mais próximo exclui o mais remoto, sem distinção de linhas (art. 1.836, § 1º CC). Então "B" apenas concorrerá com o pai de "A". Sendo assim: **A:** incorreta, pois, considerando que a mãe de "A" era pré-morte, "B" apenas concorre com o pai de "A" e o art. 1.837 CC prevê que que neste caso "B" receberá metade da herança, logo o pai de "A" receberá a outra metade; **B:** correta (art. 1837 CC); **C:** incorreta, pois a viúva receberá metade, nos termos do art. 1.837 CC. O regime de separação obrigatória reflete especialmente quando ocorre divórcio. Mas em nada afeta no caso de sucessão; **D:** incorreta, pois os avós nada receberão, pois na classe dos ascendentes, o grau mais próximo exclui o mais remoto, sem distinção de linhas (art. 1.836, §1ºCC). GN

**10.** Gabarito: B
Comentário: **A:** correta, não devendo ser assinalada, pois o art. 1.831 CC garante o direito real de habitação ao cônjuge sobrevivente independentemente do regime de bens, desde que o imóvel que mora com a família seja o único daquela natureza a inventariar; **B:** incorreta, pois o STJ não exige registro imobiliário para a constituição do direito real de habitação "O direito real de habitação não exige o registro imobiliário (REsp 565.820/PR, Rel. Ministro Carlos Alberto Menezes Direito, Terceira Turma, julgado em 16/09/2004, DJ 14/03/2005, p. 323)"; **C:** correta, não devendo ser assinalada de acordo com o Enunciado 271 da III Jornada de Direito Civil: "O cônjuge pode renunciar ao direito real de habitação nos autos do inventário ou por escritura pública, sem prejuízo de sua participação na herança". **D:** correta, não devendo ser assinalada. De acordo com posicionamento do STJ: "A copropriedade anterior à abertura da sucessão impede o reconhecimento do direito real de habitação, visto que de titularidade comum a terceiros estranhos à relação sucessória que ampararia o pretendido direito" (EREsp 1.520.294/SP, Rel. Ministra Maria Isabel Gallotti, Segunda Seção, julgado em 26/08/2020, DJe de 02/09/2020)". GN

**11.** Gabarito: D
Comentário: **A:** incorreta, visto que a sentença arbitral é nula se proferida por árbitro suspeito – são aplicáveis, aos árbitros, as hipóteses de impedimento e suspeição dos juízes (Lei 9.307/96, arts. 14 e 32, II); **B:** incorreta, já que é possível, em situações específicas e delimitadas em lei, ao Poder Judiciário declarar a nulidade de sentença arbitral (Lei 9.307/96, art. 33); **C:** incorreta, pois ação rescisória cabe para decisão judicial transitada em julgado (CPC, art. 966), ao passo que para sentença arbitral cabe a ação anulatória (Lei 9.307/96, art. 33); **D:** correta, a ser ajuizada em 1º grau (Lei 9.307/96, arts. 32 e 33). LD

**12.** Gabarito: B
Comentário: **A:** incorreta, pois não é necessário considerar a sentença para se verificar o tipo de litisconsórcio; basta analisar a relação de direito material existente entre as partes (CPC, art. 113 e ss.); **B:** correta, pois (i) são dois vendedores, que devem ser réus; (ii) não há como discutir o contrato somente em relação a um deles (CPC, art. 114) e (iii) a decisão tem de ser a mesma, pois é inviável a resolução (de maneira menos técnica, mas mais usual, a "rescisão") em face de um e não do outro (CPC, art. 116); **C:** incorreta, visto que o litisconsórcio entre os promitentes compradores é necessário, pois se ambos venderam, ambos precisam estar no processo que busca desconstituir a venda (CPC, art. 114); **D:** incorreta, pois o litisconsórcio é unitário, já que a decisão de mérito será uniforme para ambos os promitentes compradores (CPC, art. 116). LD

**13.** Gabarito: A
Comentário: **A:** correta, pois (i) pacífico na jurisprudência o cabimento de multa contra ente público e (ii) a multa, porém, não pode retroagir, tanto pela segurança jurídica quanto pelo fato de que ela é devida desde o dia em que se configurar o descumprimento da decisão *que a houver fixado* (CPC, art. 537, § 4º); **B:** incorreta, pois não há previsão temporal de limitação de multa – e deverá indicar até o cumprimento da decisão que a tiver cominado (CPC, art. 537, § 4º); **C:** incorreta, pois como já visto em "A", não cabe cominação retroativa de multa diária (STJ, AgRg no AREsp 419485/RS); **D:** incorreta, porque, como visto em "A", é cabível a fixação de multa diária contra ente público (vide Informativo 606, STJ). LD

**14.** Gabarito: D
Comentário: **A:** incorreta, pois é possível a cumulação das multas por litigância de má-fé e por recurso de embargos protelatórios (CPC, arts. 80, II, 81 e 1.026, § 2º e STJ, REsp 1.250.739/PA – Tema Repetitivo 507); **B:** incorreta, vide alternativa "A"; **C:** incorreta, já que os juízos de 1º grau têm competência para aplicar as sanções por litigância de má-fé e embargos protelatórios (CPC, arts. 80, II, 81 e 1.026, §2º); **D:** correta, conforme exposto na alternativa "A" (CPC, arts. 80, II, 81 e 1.026, §2º e STJ, Resp 1.250.739/PA – Tema Repetitivo 507). LD

**15.** Gabarito: C
Comentário: a questão aborda recente julgamento do STF pela inconstitucionalidade do art. 16 da Lei 7.347/85 (Lei da ACP), que restringia a eficácia das decisões aos limites da competência territorial do órgão prolator da decisão. **A:** incorreta, pois o REsp não foi sequer conhecido pelo STJ; **B:** incorreta, já que os limites da sentença não são determinados pelo órgão que propõs a ação; **C:** correta, considerando a natureza do direito (individuais homogêneos), e o fato de o STF ter dito que inconstitucional o art. 16

da LACP, conforme julgamento do STF (RE 1.101.937/SP – Tema 1075); **D:** incorreta, considerando a declaração de inconstitucionalidade do art. 16 da Lei da ACP – e, mesmo quando aplicável esse artigo, a limitação era pelo Tribunal que julgasse a apelação, e não apenas a comarca. [LD]

## 16. Gabarito: A

Comentário: **A:** correta, sendo essa a previsão legal para ação de despejo em que se discuta valor do débito (Lei 8.245/91, art. 62, IV); **B:** incorreta, visto que o procedimento especial das ações de despejo por falta de pagamento permite o depósito do valor cobrado em juízo (Lei 8.245/91, art. 62); **C:** incorreta, pois o juiz deve aceitar o depósito judicial como purgação parcial da mora e a ação deve prosseguir para discussão sobre a diferença entre o valor cobrado e o valor depositado, conforme exposto em "A" (Lei 8.245/91, art. 62); **D:** incorreta, já que o procedimento da lei de locação permite que o réu deposite os valores incontroversos e apresente contestação (Lei 8.245/91, art. 62). [LD]

## 17. Gabarito: C

Comentário: **A:** incorreta, não é o caso de desconsideração inversa da PJ (quando se vai atrás do patrimônio dos sócios), pois quem está discutindo é, exatamente, um dos sócios; **B:** incorreta, pois se trata de situação excepcional, em que a sentença é eficaz em relação a terceiro que não integrou a lide, por expressa previsão legal (CPC, art. 601, parágrafo único); **C:** correta, por se tratar de uma regra específica do procedimento especial de dissolução parcial de sociedade (CPC, art. 601, parágrafo único: "A sociedade não será citada se todos os seus sócios o forem, mas ficará sujeita aos efeitos da decisão e à coisa julgada."); **D:** incorreta, já que a sociedade, nesse caso, não tem qualidade de litisconsorte passivo necessário – e, ainda assim, estará sujeita à decisão e à coisa julgada (CPC, art. 601, parágrafo único). [LD]

## 18. Gabarito: B

Comentário: **A:** incorreta, visto que a regra é que sejam fixados alimentos provisórios desde o despacho inicial (Lei 5.478/68, art. 4º); **B:** correta, sendo essa a previsão legal (Lei 5.478/68, art. 4º) – somente "se o credor expressamente declarar que deles não necessita" é que os provisórios não serão fixados; **C:** incorreta, pois, no procedimento especial das ações de alimentos, como já visto os provisórios serão em regra fixados (Lei 5.478/68, art. 4º); **D:** incorreta, os alimentos provisórios são considerados como um pedido implícito na inicial, não dependendo de pedido do autor ou do MP (Lei 5.478/68, art. 4º). [LD]

## 19. Gabarito: D

Comentário: **A:** incorreta, pois está sujeito ao reexame necessário apenas o capítulo da sentença de *improce-*

*dência* dos pedidos do autor popular (Lei 4.717/65, art. 19); **B:** incorreta, já que há previsão legal de reexame necessário em ação popular, quando improcedente (Lei 4.717/65, art. 19); **C:** incorreta, porque o objetivo do reexame necessário em ação popular é garantir a tutela do interesse e patrimônio públicos, por isso o reexame é previsto para os casos de *improcedência* do pedido (Lei 4.717/65, art. 19); **D:** correta, sendo essa a previsão legal (Lei 4.717/65, art. 19), sendo que somente naquilo que é contra o autor popular é que existe o reexame / remessa necessária. [LD]

## 20. Gabarito: A

Comentário: **A:** correta, sendo essa a previsão legal. O CPC hoje prevê a prescrição intercorrente para a hipótese em que não houver bens (CPC, art. 921, III e § 4º; mas, antes de reconhecê-la, deve existir o contraditório (CPC, arts. 10 e 921, § 5º); **B:** incorreta, pois se já tiver havido a prescrição intercorrente, não haverá essa oportunidade de tentar algo "sob pena de prescrição" (CPC, art. 921, § 5º); **C:** incorreta, porque o início da contagem do prazo de prescrição intercorrente é a ciência da 1ª tentativa infrutífera de localização do devedor ou de bens penhoráveis (CPC, art. 921, § 4º); **D:** incorreta, ainda que seja questão de ordem pública, apreciável de ofício pelo juiz, deve ser oportunizada manifestação prévia da parte exequente (CPC, arts. 10 e 921, § 5º), sob pena de violação do contraditório / decisão surpresa. [LD]

## 21. Gabarito: B

Comentário: **A:** Incorreta. Conforme entendimento do STJ, não se aplica o CDC ao atendimento prestado por hospital da rede pública do SUS uma vez que a "execução de atividades de saúde caracteriza-se como serviço público indivisível e universal (*uti universi*)" (Vide REsp 1.771.169/SC). **B:** Correta. Conforme Súmula 563 do STJ. **C:** Incorreta. Conforme entendimento da Súmula 608 do STJ: "O Código de Defesa do Consumidor é aplicável aos contratos de plano de saúde, salvo os administrados por entidades de autogestão". **D:** Incorreta. Conforme Súmula 602 do STJ: "O Código de Defesa do Consumidor é aplicável aos empreendimentos habitacionais promovidos pelas sociedades cooperativas". [RD]

## 22. Gabarito: D

Comentário: **A:** Correta. Conforme art. 81, III, do CDC. **B:** Correta. Conforme art. 81, II, do CDC. **C:** Correta. Conforme art. 81, I, do CDC. **D:** Incorreta. Em qualquer ação coletiva os pedidos podem comportar diferentes interesses. É incontroversa a legitimidade do Ministério Público para ingressar com Ação Civil Pública que envolva direitos difusos e coletivos. Já para discutir interesses individuais homogêneos, estes devem ser indisponível ou envolver interesse social, como é o caso da questão. RD

## 23. Gabarito: C

Comentário: **A:** Incorreta. O art. 6º, V, exige, para a revisão judicial do contrato, que haja fato superveniente que torne a prestação excessivamente onerosa. **B:** Incorreta. A reparação de danos materiais e morais na relação de consumo será sempre integral, não cabendo discutir grau de culpa, diferentemente da relação civil. Importante notar que a jurisprudência brasileira aceita a análise da compensação de culpas entre consumidor e fornecedor para medir o valor da indenização. **C:** Correta. A inversão do ônus da prova prevista no art. 6º, VIII, do Código de Defesa do Consumidor é regra de instrução e não regra de julgamento, motivo pelo qual a decisão judicial que a determina deve ocorrer antes da etapa instrutória ou, quando proferida em momento posterior, há que se garantir à parte a quem foi imposto o ônus a oportunidade de apresentar suas provas, sob pena de absoluto cerceamento de defesa. (STJ, Resp 1.286.273/SP). **D:** Incorreta. Conforme art. 54, § 4º, admite que haja cláusulas contratuais limitativas de direito dos consumidores, desde que não sejam abusivas e que estejam escritas em destaque. Assim, conforme já entendeu o STJ, "a cláusula securitária a qual garante a proteção do patrimônio do segurado apenas contra o furto qualificado, sem esclarecer o significado e o alcance do termo 'qualificado', bem como a situação concernente ao furto simples, está eivada de abusividade por falha no dever geral de informação da seguradora e por sonegar ao consumidor o conhecimento suficiente acerca do objeto contratado" (AgInt no AREsp 1.408.142/SP, DJe 25 jun. 2019). RD

## 24. Gabarito: A

Comentário: **A:** Incorreta. O Superior Tribunal de Justiça entende como não abusiva a cláusula meramente limitativa do uso de cofre locado, visto ser possível restringir o objeto do contrato, delimitando a extensão da obrigação imposta na relação (EDcl no AREsp 1206017 SP). **B:** Correta. "É abusiva a cláusula contratual que restringe a responsabilidade de instituição financeira pelos danos decorrentes de roubo, furto ou extravio de bem entregue em garantia no âmbito de contrato de penhor civil". (Súmula 638 do STJ). **C:** Correta. Conforme Tese 938 do STJ (IRDR). **D:** Correta. Conforme Súmula 597 do STJ. RD

## 25. Gabarito: C

Comentário: **A:** Incorreta. Conforme Súmula 359 do STJ, "cabe ao órgão mantenedor do cadastro de proteção de ao crédito a notificação do devedor antes de proceder à inscrição". Em complemento, de acordo com a Súmula 404 do STJ, "é dispensável o aviso de recebimento (AR) na carta de comunicação ao consumidor sobre a negativação de seu nome em bancos de dados e cadastros". **B:** Incorreta. Atualmente o STJ oferece interpretação ao parágrafo único do art. 42 no sentido que de que não se exige a comprovação da má-fé para a devolução em dobro dos valores pagos: "a restituição em dobro do indébito independe da natureza do elemento volitivo do fornecedor que cobrou o valor indevido, revelando-se cabível quando a cobrança indevida consubstanciar conduta contrária à boa-fé objetiva" (STJ, EAREsp 676.608/RS). **C:** Correta. Conforme art. 28, § 5º, do CDC e, também, conforme farta jurisprudência do STJ (Veja como exemplo o REsp 1.862.557/DF). **D:** Incorreta. Conforme entendimento do STJ, "a desconsideração da personalidade jurídica fundamentada no parágrafo 5º do artigo 28 do Código de Defesa do Consumidor não pode atingir o patrimônio pessoal de membros do conselho fiscal sem que haja indícios de que tenham participado da gestão e contribuído, ao menos de forma culposa, e com desvio de função, para a prática de atos de administração (REsp 1.766.093 SP). RD

## 26. Gabarito: D

Comentário: **A:** incorreta, na medida em que, por expressa previsão do art. 33, *caput*, do ECA, a guarda confere ao seu detentor o direito de oposição a terceiros, *inclusive* aos pais; **B:** incorreta. Isso porque o deferimento da guarda da criança ou do adolescente a terceiros não obsta o direito de visita dos pais, salvo se o magistrado, em decisão expressa e fundamentada, decidir de outra forma (art. 33, § 4º, do ECA); **C:** incorreta, já que, segundo estabelece o art. 33, § 4º, do ECA, o deferimento da guarda da criança ou do adolescente a terceiros não elide o dever alimentar por parte dos genitores; **D:** correta, conforme comentário à alternativa "A". ED

## 27. Gabarito: D

Comentário: **A:** incorreta. Por força do que dispõe o art. 39, § 2º, do ECA, é vedada a adoção por procuração, ainda que se trate de adotante estrangeiro; **B:** incorreta, na medida em que o estágio de convivência poderá ser dispensado na hipótese de o adotando já estar sob a guarda legal ou tutela do adotante durante tempo suficiente para se avaliar a conveniência da constituição do vínculo, conforme reza o art. 46, § 1º, do ECA. No que toca a este tema, valem algumas ponderações. A redação anterior do art. 46, "caput", do ECA estabelecia que o estágio de convivência teria o prazo que o juiz fixar, levando-se em conta as peculiaridades de cada caso. Pois bem, com o advento da Lei 13.509/2017, que promoveu diversas modificações no contexto da adoção com o propósito de agilizar o seu processo, adotou-se o prazo máximo de 90 dias. Ou seja, o juiz continua a estabelecer o prazo que entender mais conveniente em face das peculiaridades do caso (inclusive a idade da criança e do adolescente), mas, agora, o prazo fixado não pode ser superior a 90 dias. De ver-se que esse interregno, por força do que dispõe o art. 46, § 2º-A, do ECA, pode ser prorrogado por até igual período, mediante decisão fundamentada do magistrado. No que concerne à *adoção internacional*, o legislador fixava, conforme redação anterior do dispositivo, tão somente um prazo mínimo (30 dias, conforme art. 46, § 3º, do ECA). Atualmente, dada a modificação operada pela Lei 13.509/2017, o prazo mínimo do estágio de convivência, na adoção internacional, continua a ser de 30 dias, mas o legislador fixou um prazo máximo, que corresponde a 45 dias, prorrogável por igual período, uma única vez, mediante decisão fundamentada do juiz de direito; **C:** incorreta. O art. 48 do ECA, com a redação que lhe deu a Lei 12.010/2009, passa a conferir ao adotado, após completar 18 anos, o direito de conhecer sua origem biológica, bem como o de obter acesso irrestrito ao processo no qual a medida foi aplicada e seus eventuais incidentes. Agora, se ainda não atingiu os 18 anos, o acesso ao processo de adoção poderá, ainda assim, ser deferido ao adotado, a seu pedido, desde que lhe sejam asseguradas orientação e assistência jurídica e psicológica; **D:** correta. São impedidos de adotar os ascendentes e os irmãos do adotando (art. 42, § 1º, do ECA). Tios, portanto, podem adotar; avós, no entanto, em princípio, não podem. Cuidado: a 4ª Turma do STJ, alinhando-se à 3ª Turma desta Corte de Justiça, decidiu, por unanimidade, que, a despeito da vedação contida no art. 42, § 1º, do ECA, a adoção por avós é possível quando for justificada pelo melhor interesse do menor (REsp 1.587.477). ᴱᴰ

**28.** Gabarito: A

Comentário: O ECA erigiu a convivência familiar ao patamar de direito fundamental. Isso porque considera que crianças e adolescentes, na condição de pessoas em formação, precisam de valores morais e éticos para atingir a fase adulta com uma formação sólida, com a personalidade bem estruturada. Nessa esteira, a Lei Nacional de Adoção (Lei 12.010/2009) estabelece que se deve buscar, em primeiro lugar e com absoluta prioridade, a manutenção da criança ou do adolescente na sua família natural. Diante da imperiosa necessidade de se retirar a pessoa em desenvolvimento de sua família natural, será encaminhada para sua família extensa; não sendo isso possível, para programa de acolhimento familiar ou institucional, ou, ainda, para as modalidades de família substituta (guarda ou tutela). Se, neste ínterim, a família natural não se reestruturar, aí sim, a criança ou adolescente poderá ser encaminhado para adoção – art. 19, *caput* e § 3º do ECA, cuja redação foi alterada pela Lei 13.257/2016. A adoção, portanto, deve ser vista, no atual contexto, como o último recurso, a última alternativa. Nisso consiste o princípio da prevalência da família,

que traduz, como acima já ponderado, a importância da família na formação das crianças e adolescentes. O princípio da responsabilidade parental, por sua vez, refere-se aos poderes/deveres atribuídos aos pais em relação aos filhos, tendo como propósito proporcionar a estes bem-estar material e moral. ᴱᴰ

**29.** Gabarito: B

Comentário: Apesar de o ECA ter sido concebido para disciplinar a situação de *crianças* e *adolescentes*, ele também incidirá, excepcionalmente, sobre pessoas com idade entre 18 e 21 anos (incompletos), no que concerne à aplicação e execução de medidas socioeducativas, cujo cumprimento deverá, necessariamente, findar até os 21 anos da pessoa, respeitado o período máximo de 3 anos. *Vide*, a esse respeito, Informativo STF 547. Neste caso, é imprescindível que o ato infracional tenha sido praticado antes de a pessoa tornar-se imputável, é dizer, completar 18 anos; caso contrário, está-se a falar de responsabilidade penal, em que a resposta estatal consiste em *pena* e *medida de segurança*. Assim, leva-se em conta a idade do adolescente na data do fato (conduta), ainda que a consumação do ato infracional tenha se operado quando ele já atingiu a maioridade. É o que estabelece o art. 104 do Estatuto. Nessa linha, confira o posicionamento pacífico do Supremo Tribunal Federal: *Medida Socioeducativa e Advento da Maioridade*. A Turma reafirmou jurisprudência da Corte no sentido de que o atingimento da maioridade não impede o cumprimento de medida socioeducativa de semiliberdade e indeferiu *habeas corpus* em que se pleiteava a extinção dessa medida aplicada ao paciente que, durante o seu curso, atingira a maioridade penal. Sustentava a impetração constrangimento ilegal, dado que, como o paciente completara a maioridade civil – 18 anos –, e, portanto, alcançara a plena imputabilidade penal, não teria mais legitimação para sofrer a imposição dessa medida socioeducativa. Asseverou-se, todavia, que, se eventualmente a medida socioeducativa superar o limite etário dos 18 anos, ela poderá ser executada até os 21 anos de idade, quando a liberação tornar-se-á compulsória. Alguns precedentes citados: HC 91441/RJ (*DJU* de 29.06.2007); HC 91490/RJ (*DJU* de 15.06.2007) e HC 94938/RJ (*DJE* de 03.10.2008). HC 96355/RJ, rel. Min. Celso de Mello, 19.05.2009. (HC-96355) (Inform. STF 547). Nessa mesma esteira, o STJ editou a Súmula 605, que assim dispõe: *a superveniência da maioridade penal não interfere na apuração de ato infracional nem na aplicabilidade de medida socioeducativa em curso, inclusive na liberdade assistida, enquanto não atingida a idade de 21 anos.* ᴱᴰ

**30.** Gabarito: A

Comentário: **A:** correta, uma vez que o art. 198, I, do ECA dispõe que, nos procedimentos afetos à Justiça da Infância e Juventude, os recursos serão interpostos independentemente de preparo; **B:** incorreta, dado o que estabelece o art. 198, III, do ECA: *os recursos terão preferência de julgamento e dispensarão revisor*; **C:** incorreta, pois, segundo reza o art. 152, § 2º, do ECA, introduzido pela Lei 13.509/2017, *os prazos estabelecidos nesta Lei e aplicáveis aos seus procedimentos são contados em dias corridos, excluído o dia do começo e incluído o dia do vencimento, vedado o prazo em dobro para a Fazenda Pública e o Ministério Público*; **D:** incorreta, pois contraria a norma presente no art. 198, II, do ECA: *em todos os recursos, salvo nos embargos de declaração, o prazo para o Ministério Público e para a defesa será sempre de 10 (dez) dias.* ED

## 31. Gabarito: D

Comentário: **A:** incorreta. Nos crimes culposos não é admitida a participação, somente a coautoria. Isso porque o crime culposo tem o seu tipo aberto, razão pela qual não se afigura razoável afirmar-se que alguém auxiliou, instigou ou induziu uma pessoa a ser imprudente, sem também sê-lo. Conferir o magistério de Cleber Masson, ao tratar da coautoria no crime culposo: "A doutrina nacional é tranquila ao admitir a coautoria em crimes culposos, quando duas ou mais pessoas, conjuntamente, agindo por imprudência, negligência ou imperícia, violam o dever objetivo de cuidado a todos imposto, produzindo um resultado naturalístico". No que toca à participação no contexto dos crimes culposos, ensina que "firmou-se a doutrina pátria no sentido de rejeitar a possibilidade de participação em crimes culposos" (*Direito Penal esquematizado* – parte geral. 8. ed. São Paulo: Método, 2014. v. 1, p. 559). Na jurisprudência: "É perfeitamente admissível, segundo o entendimento doutrinário e jurisprudencial, a possibilidade de concurso de pessoas em crime culposo, que ocorre quando há um vínculo psicológico na cooperação consciente de alguém na conduta culposa de outrem. O que não se admite nos tipos culposos, ressalve-se, é a participação" (HC 40.474/PR, Rel. Ministra Laurita Vaz, Quinta Turma, julgado em 06.12.2005, *DJ* 13.02.2006); **B:** incorreta, uma vez que inexiste, no direito penal, compensação de culpas, isto é, uma conduta culposa não anula a outra; **C:** incorreta. Sendo a responsabilidade penal de caráter subjetivo, não há que se falar em culpa presumida. Segundo Cleber Masson, ao discorrer sobre a culpa presumida, *também denominada de culpa "in re ipsa", tratava-se de espécie de culpa admitida pela legislação penal existente no Brasil antes da entrada em vigor do Código Penal de 1940, e consistia na simples inobservância de uma disposição regulamentar. Foi abolida do sistema penal pátrio, por constituir-se em verdadeira responsabilidade penal objetiva, retrocesso a tempos pretéritos em que o homem pagava pelo que fizera, sem nenhuma preocupação com o elemento subjetivo.* (*Direito Penal Esquematizado*, v. 1. Parte Geral, 8ª edição, Ed. Método, p. 303); **D:** correta. Na chamada

concorrência de culpas, admitida pelo direito penal, duas ou mais pessoas contribuem, a título de culpa, para a produção de um mesmo resultado naturalístico. Natural que todos que assim agiram respondam pelo resultado que causaram, à luz do princípio da *conditio sine qua non* (art. 13, *caput*, do CP). ED

## 32. Gabarito: C

Comentário: **A:** incorreta. A coação irresistível pode ser física ou moral. Se for física, restará afastada a própria conduta e, portanto, o *fato típico;* já a coação moral irresistível constitui causa excludente da culpabilidade (e não da ilicitude) prevista no art. 22 do CP, relacionada à inexigibilidade de conduta diversa; já o chamado aborto *terapêutico ou necessário* (art. 128, I, CP), que é a modalidade de aborto legal em que a interrupção da gravidez se revela a única forma de salvar a vida da gestante, constitui causa excludente da ilicitude; **B:** incorreta. Embora a legítima defesa (art. 25, CP) constitua causa excludente da ilicitude, o mesmo não se pode dizer em relação à obediência hierárquica (art. 22, CP), que configura, ao lado da coação moral irresistível, causa de exclusão da culpabilidade; **C:** correta. De fato, o estrito cumprimento do dever legal (art. 23, III, do CP) e o aborto terapêutico, já abordado acima, são excludentes de ilicitude; **D:** incorreta. A obediência hierárquica (art. 22, CP) configura causa de exclusão da culpabilidade; o estrito cumprimento do dever legal (art. 23, III, do CP) constitui excludente de ilicitude. ED

## 33. Gabarito: A

Comentário: No que toca à pluralidade de qualificadoras, conferir: "Consoante orientação sedimentada nessa Corte Superior, havendo pluralidade de qualificadoras, é possível a utilização de uma delas para qualificar o delito e das outras como circunstâncias negativas – agravantes, quando previstas legalmente, ou como circunstância judicial, residualmente" (STJ, HC 170.135/PE, Rel. Ministro Jorge Mussi, Quinta Turma, julgado em 14.06.2011, *DJe* 28.06.2011). No mesmo sentido: "Nos moldes da jurisprudência desta Corte, "no delito de homicídio, havendo pluralidade de qualificadoras, uma delas indicará o tipo qualificado, enquanto as demais poderão indicar uma circunstância agravante, desde que prevista no artigo 61 do Código Penal, ou, residualmente, majorar a pena-base, como circunstância judicial" (AgRg no REsp 1.644.423/MG, relatora Ministra Maria Thereza De Assis Moura, Sexta Turma, julgado em 07.03.2017, Dje 17.03.2017)" (STJ, AgRg no HC 669.081/PE, Rel. Ministro Ribeiro Dantas, Quinta Turma, julgado em 17.08.2021, DJe 23.08.2021). ED

## 34. Gabarito: D

Comentário: **A:** incorreta. No que concerne à natureza jurídica do crime continuado, a doutrina concebeu duas teorias: da unidade real (realidade) e da ficção jurídica, sendo esta última acolhida pelo Código Penal. Nesse sentido, conferir: "O Direito Penal brasileiro encampou a teoria da ficção jurídica para justificar a natureza do crime continuado (art. 71, do Código Penal). Por força de uma ficção criada por lei, justificada em virtude de razões de política criminal, a norma legal permite a atenuação da pena criminal, ao considerar que as várias ações praticadas pelo sujeito ativo são reunidas e consideradas fictamente como delito único" (STF, HC 91370, Rel. Min. Ellen Gracie, 2ª Turma, j. 20.05.2008); **B**: incorreta. Não há óbice para que seja concedida, no crime continuado, a suspensão condicional da pena, desde que preenchidos os requisitos do art. 77 do CP; **C**: incorreta. Divergem doutrina e jurisprudência quanto à extensão do art. 72 do CP, que estabelece que, no concurso de crimes, a pena de multa será aplicada distinta e integralmente. Quanto aos concursos material e formal, é consenso que este art. 72 do CP tem incidência. O ponto de divergência refere-se ao crime continuado. Para parte da comunidade jurídica, este dispositivo também tem incidência no crime continuado; afinal, o art. 72 do CP não excepcionou esta modalidade de concurso de crimes; no entanto, parte da doutrina e da jurisprudência entende, diferentemente, que, no crime continuado, que é considerado delito único (ficção jurídica), deverá ser aplicada uma única pena de multa, contrariando, portanto, a regra presente no art. 72 do CP. Seja como for, fato é que o STJ adota o posicionamento no sentido de que o art. 72 tem incidência nos casos de continuidade delitiva. Conferir: "Conforme jurisprudência desta Corte, a regra do art. 72 do Código Penal - CP é aplicada às hipóteses de concurso formal ou material, não incidindo o referido dispositivo aos casos em que há reconhecimento da continuidade delitiva. 2. No caso dos autos, embora a Corte de origem tenha adotado fundamentação que contraria o entendimento desta Corte quanto à aplicabilidade do art. 72 do Código Penal, na parte dispositiva, deixou de aplicar a regra do dispositivo mencionado, reduzindo a pena de multa para patamar proporcional à pena privativa de liberdade. Assim, inexiste ilegalidade a ser corrigida no apelo nobre. 3. Agravo regimental desprovido" (STJ, AgRg no REsp 1843797/SP, Rel. Ministro Joel Ilan Paciornik, Quinta Turma, julgado em 05.03.2020, DJe 16.03.2020); **D**: correta, pois reflete o entendimento firmado na Súmula 711 do STF: "A lei penal mais grave aplica-se ao crime continuado ou ao crime permanente, se a sua vigência é anterior à cessação da continuidade ou da permanência". ED

**35.** Gabarito: B
Comentário: **A**: incorreta, na medida em que a revogação pressupõe o trânsito em julgado da sentença referente à nova condenação à pena privativa de liberdade (art. 86 do CP); **B**: correta. A Lei 13.964/2019 (pacote anticrime)

introduziu novo requisito para a concessão do livramento condicional. Até então, tínhamos que o inciso III do art. 83 do CP continha os seguintes requisitos: comportamento satisfatório no curso da execução da pena; bom desempenho no trabalho atribuído ao reeducando; e aptidão para prover à própria subsistência por meio de trabalho honesto. O que fez a Lei 13.964/2019 foi inserir, neste inciso III, um quarto requisito. Doravante, além de preencher os requisitos contemplados no art. 83 do CP (nos seus cinco incisos), é de rigor que o reeducando, para fazer jus à concessão do livramento, não tenha cometido falta grave nos últimos 12 meses. O inciso III, que passou a abrigar esta modificação, foi fracionado em quatro alíneas ("a", "b", "c" e "d"), cada qual correspondente a um requisito (os três aos quais me referi acima e este novo requisito introduzido pela *novel* lei); **C**: incorreta. Nos termos do art. 132, § 2º, *b*, da LEP, a condição consistente em recolher-se à habitação em horário determinado é de imposição facultativa pelo magistrado; **D**: incorreta. Por expressa disposição do art. 83, *caput*, do CP, o livramento condicional somente terá lugar nos casos de condenação a *pena privativa de liberdade* igual ou superior a dois anos. ED

---

**36.** Gabarito: A
Comentário: Segundo narrativa contida no enunciado, Caio e Tácio, agindo em concurso de pessoas e no mesmo contexto fático, subtraíram, mediante o emprego de grave ameaça, bens de duas vítimas que se encontravam em um ponto de ônibus. No mesmo local havia uma terceira vítima, que, tendo reagido à abordagem, não teve seus bens subtraídos, embora tenha sido subjugada e agredida. Em seguida, os roubadores se evadiram do local, levando um aparelho de telefone celular da vítima A e a carteira da vítima B. Depois de um mês do roubo, a dupla, em contexto fático diverso, é localizada e identificada, sendo apreendido em poder de Caio um revólver calibre 38, com numeração visível, desmuniciado, que trazia em sua cintura. O revólver foi periciado, constatando-se que a arma estava apta para efetuar disparos. Antes de mais nada, devemos analisar a questão pertinente à imputabilidade dos agentes. Não há dúvida de que Caio, por contar com 18 anos à data dos fatos, deve ser responsabilizado criminalmente. Em outras palavras, ele é imputável. Consta do enunciado que ele fizera aniversário na data do roubo. Aqui, pouco importa a hora de seu nascimento. Prevalece, isto sim, o dia do aniversário, ou seja, ele deve ser considerado imputável a partir da zero hora do dia em que alcançou a maioridade. Já em relação a Tácio, a situação é diferente. Isso porque, ao tempo em que as subtrações foram efetuadas (e consumadas), ele ainda não havia alcançado a maioridade, o que semente ocorreria no dia seguinte, data em que completou 18 anos. Em resumo, temos que Caio deverá ser responsabilizado criminalmente

por seus atos, ao passo que Tácio, por conta de sua menoridade, o que o torna inimputável, responderá por ato infracional análogo ao crime de roubo, estando sujeito a medida socioeducativa a ser aplicada em processo na vara da infância e juventude. Dito isso, passemos à conduta levada a efeito por cada um. Caio, que, como dito, já era imputável à data dos fatos, será responsabilizado por roubo com incidência da causa de aumento de pena pelo concurso de agentes, contra três vítimas, em concurso formal de crimes (art. 157, § 2º, II, do CP). Perceba que, a despeito de a vítima "C" não ter sofrido desfalque patrimonial, já que nenhum bem seu foi subtraído, ainda assim ela foi vítima do roubo (tentado), na medida em que foi subjugada e, após, agredida. Outro ponto que merece destaque é que o fato de um dos agentes ser inimputável não afasta o reconhecimento do concurso de agentes, devendo o menor ser contabilizado para o fim de incidência da majorante. Ainda com relação a Caio, este deverá ser responsabilizado pelo crime de porte irregular de arma de fogo, pouco importando o fato de a arma encontrar-se desmuniciada. É que, segundo tem entendido a jurisprudência, o porte de arma de fogo sem autorização e em desacordo com determinação legal ou regulamentar configura crime do Estatuto do Desarmamento, ainda que a arma esteja desmuniciada. Conferir: "Em relação ao porte de arma de fogo desmuniciada, esta Corte Superior uniformizou o entendimento – alinhado à jurisprudência do Supremo Tribunal Federal – de que o tipo penal em apreço é de perigo abstrato. Precedentes. 2. Não há falar em atipicidade material da conduta atribuída à acusada Renata de Souza Garcia, porque o simples fato de possuir, sob sua guarda, arma (dois revólveres com numeração suprimida) à margem do controle estatal – artefato que mesmo desmuniciado possui potencial de intimidação e reduz o nível de segurança coletiva exigido pelo legislador – caracteriza o tipo penal previsto no art. 16, parágrafo único, I, do Estatuto do Desarmamento, principalmente porque o bem jurídico tutelado pela norma penal não é a incolumidade física de outrem, mas a segurança pública e a paz social, efetivamente violadas" (STJ, HC 447.071/MS, Rel. Ministro Rogerio Schietti Cruz, Sexta Turma, julgado em 14.08.2018, DJe 29.08.2018). No que toca à arma comprovadamente inapta a realizar disparos, a situação é diferente. Com efeito, portar uma arma desmuniciada (que é crime) é bem diferente de portar uma arma inapta para efetuar disparos, que configura crime impossível, já que a segurança pública, neste caso, não está em risco. Nesse sentido: "1. A Terceira Seção desta Corte pacificou entendimento no sentido de que o tipo penal de posse ou porte ilegal de arma de fogo cuida-se de delito de mera conduta ou de perigo abstrato, sendo irrelevante a demonstração de seu efetivo caráter ofensivo. 2. Na hipótese, contudo, em que demonstrada por laudo pericial a total ineficácia da arma de fogo (inapta a disparar) e das munições apreendidas (deflagradas e percutidas), deve ser

reconhecida a atipicidade da conduta perpetrada, diante da ausência de afetação do bem jurídico incolumidade pública, tratando-se de crime impossível pela ineficácia absoluta do meio. 3. Recurso especial improvido" (STJ, REsp 1451397/MG, Rel. Ministra Maria Thereza de Assis Moura, Sexta Turma, julgado em 15.09.2015, DJe 01.10.2015). No mais, considerando que o roubo foi praticado mediante uma só ação contra vítimas distintas, no mesmo contexto fático, há de se reconhecer o concurso formal de crimes, conforme entendimento sedimentado na jurisprudência. Tácio, por sua vez, como já dito, será responsabilizado por ato infracional equiparado ao crime de roubo majorado em razão do concurso de pessoas. Cuidado: não há no enunciado nenhuma informação que permita inferir que a arma apreendida tenha sido utilizada no crime de roubo. Se assim fosse, os agentes incorreriam na majorante do inciso I do § 2º-A do art. 157 do CP. Não é o caso, já que os crimes de roubo e o de porte de arma se deram em contextos fáticos diversos. 🔲

---

**37.** Gabarito: D
Comentário: A conduta consistente em beijar e passar a mão no corpo e nas partes íntimas de uma criança constitui ato libidinoso, pouco importando se isso tenha causado à vítima lesões físicas. Deve o agente que assim agir, portanto, responder pelo crime de estupro de vulneral na modalidade consumada (art. 217-A do CP). A conduta incriminada neste dispositivo é a de ter conjunção carnal ou praticar ato libidinoso diverso com pessoa menor de 14 anos, sendo este o caso do enunciado. Como se pode ver, é suficiente que a vítima seja menor de 14 anos, pouco importando que o ato tenha sido consentido, já que, neste caso, eventual anuência da ofendida nenhuma validade tem. Ou seja, o emprego de violência ou grave ameaça, no contexto do estupro de vulnerável, é dispensável. Na jurisprudência: "2. Considerar como ato libidinoso diverso da conjunção carnal somente as hipóteses em que há introdução do membro viril nas cavidades oral, vaginal ou anal da vítima não corresponde ao entendimento do legislador, tampouco ao da doutrina e da jurisprudência, acerca do tema. 3. Ficou consignado no acórdão recorrido que "o réu levou a vítima até um quarto, despiu-se e, enquanto retirava as roupas da adolescente, passou as mãos em seu corpo. Ato contínuo, deitou-se em uma cama, momento em que a menor vestiu-se rapidamente e fugiu do local". 4. Nega-se vigência ao art. 214, c/c o art. 224, "a" (redação anterior à Lei 12.015/2009), quando, diante de atos lascivos, diversos da conjunção carnal e atentatórios à liberdade sexual da criança, se reconhece a tentativa do delito, ao fundamento de que "o acusado deixou de praticar atos considerados mais invasivos por circunstâncias alheias à sua vontade". 5. A proteção integral à criança, em especial no que se

refere às agressões sexuais, é preocupação constante de nosso Estado, constitucionalmente garantida (art. 227, caput, c/c o § 4º da Constituição da República), e de instrumentos internacionais. 6. Deve ser restabelecida a condenação do recorrido, concretizada no mínimo patamar legal então vigente, e ser determinado ao Juízo das Execuções, de ofício, que analise o eventual cabimento da fixação de regime inicial diverso do fechado para o cumprimento da reprimenda, porquanto ausente a vedação do § 1º do art. 2º da Lei 8.072/1990, na redação da Lei 11.464/2007. 7. Recurso especial provido para reconhecer a consumação do crime e restabelecer a condenação penal. Ordem concedida, de ofício, para que o Juízo das Execuções analise a possibilidade de fixar ao recorrido regime prisional inicial diverso do fechado, à luz do disposto no art. 33 do Código Penal" (STJ, REsp 1309394/RS, Rel. Ministro Rogerio Schietti Cruz, Sexta Turma, julgado em 05.02.2015, DJe 20.02.2015). ED

**38.** Gabarito: C
Comentário: A primeira observação a ser feita é no sentido de que o detentor de cargo em comissão é considerado funcionário público para feitos penais (art. 327, *caput*, do CP). E, pelo fato de exercer cargo em comissão, o agente será mais severamente punido, na forma do art. 327, § 2º, do CP, que estabelece causa de aumento de pena, *in verbis*: "A pena será aumentada da terça parte quando os autores dos crimes previstos neste Capítulo forem ocupantes de cargos em comissão ou de função de direção ou assessoramento de órgão da administração direta, sociedade de economia mista, empresa pública ou fundação instituída pelo poder público". Por fim, registre-se que o funcionário público (em comissão ou efetivo) que solicita, para si, em razão da função, vantagem ilícita incorre nas penas do crime de corrupção passiva, capitulado no art. 317 do CP. ED

**39.** Gabarito: D
Comentário: O enunciado não deixa claro se o atropelamento decorreu de culpa de Tácio. De duas uma: se o atropelamento decorreu de negligência ou imprudência de Tácio, este deverá ser responsabilizado pelo crime de homicídio culposo de trânsito (art. 302, CTB); se, ao atropelar e matar a vítima, Tácio não incorreu em culpa, em qualquer de suas modalidades, não é o caso de imputar-lhe o crime do art. 302 do CTB. Seja como for, tendo atuado com culpa ou não, a fuga de Tácio do local do acidente acarretar-lhe-á responsabilidade criminal, que está a depender do fato de ele ter ou não agido com culpa no evento. Explico. Se consideramos que Tácio foi o causador do acidente (agiu com culpa), deverá ele responder pelo crime de homicídio de trânsito com a incidência da causa de aumento prevista no art. 302, § 1º, III, do CTB. Perceba que a organizadora

considerou que ele foi o culpado pelo acidente; agora, se Tácio, embora tenha atropelado e matado a vítima, não agiu com culpa no evento, deverá ele somente responder pelo crime previsto no art. 304 do CTB (omissão de socorro). Somente incorrerá nas penas do crime do art. 135 do CP (omissão de socorro) aquele que não se envolveu no acidente de trânsito e deixou de prestar socorro imediato às vítimas ou de solicitar auxílio de autoridades públicas. A alternativa dada como correta considera que Tácio foi o culpado pelo acidente do qual decorreu a morte da vítima, devendo ser responsabilizado pelo crime de homicídio culposo no trânsito, com a incidência da causa de aumento em razão da omissão de socorro prevista no Código de Trânsito. ED

**40.** Gabarito: B
Comentário: **A:** incorreta. A substituição da pena privativa de liberdade por restritiva de direitos era vedada, a teor do art. 33, § 4º, da Lei de Drogas, para o crime de tráfico. Sucede que o STF, no julgamento do HC 97.256/RS, declarou, incidentalmente, a inconstitucionalidade dessa vedação. Posteriormente, o Senado Federal, por meio da Resolução 5/2012, suspendeu a execução da expressão "vedada a conversão em penas restritivas de direito", presente no art. 33, § 4º, da Lei 11.343/2006. Portanto, nada impede, atualmente, que o juiz autorize a substituição da pena privativa de liberdade por restritiva de direitos no crime de tráfico bem assim a fixação de regime aberto, desde que preenchidos os requisitos legais; **B:** correta. De fato, um dos requisitos impostos pelo art. 33, § 4º, da Lei de Drogas para o reconhecimento do tráfico privilegiado é que o agente seja primário (não reincidente); **C:** incorreta. Atualmente, é consenso que o tráfico privilegiado não é equiparado a delito hediondo. Vejamos. O Plenário do STF, ao julgar o HC 118.533/MS, em 23.06.2016, cuja relatoria foi da Min. Cármen Lúcia, entendeu, em dissonância com o posicionamento então adotado pelo STJ, que o crime de tráfico de drogas privilegiado não tem natureza hedionda. Já o STJ, por meio da Súmula n. 512, não mais em vigor, de forma diversa da do STF, fixou o entendimento segundo o qual "A aplicação da causa de diminuição de pena prevista no art. 33, § 4º, da Lei 11.343/2006 não afasta a hediondez do crime de tráfico de drogas". Pois bem. Sucede que a Terceira Seção do STJ, na sessão realizada em 23 de novembro de 2016, ao julgar a QO na Pet 11.796-DF, determinou o cancelamento da referida Súmula 512, alinhando-se ao entendimento adotado pelo STF no sentido de que o delito de tráfico privilegiado não pode ser equiparado a crime hediondo. Atualmente, portanto, temos que tanto o STF quanto o STJ adotam o posicionamento no sentido de que o chamado tráfico privilegiado não constitui delito equiparado a hediondo. Mais recentemente, a Lei 13.964/2019 (Pacote Anti-

crime) inseriu no art. 112 da Lei de Execução Penal, que trata da progressão de regime, o § 5º, segundo o qual "não se considera hediondo ou equiparado, para os fins deste artigo, o crime de tráfico de drogas previsto no § 4º do art. 33 da Lei 11.343, de 23 de agosto de 2006"; **D:** incorreta, já que basta a reincidência para impedir o reconhecimento da causa de redução de pena, não sendo necessário que seja específica. **ED**

## 41. Gabarito: D

Comentário: A prisão preventiva, na forma como foi decretada, não pode subsistir. Pelo enunciado, fica claro que o magistrado, ao proceder à conversão da prisão em flagrante em preventiva, se valeu de considerações genéricas, tecendo apreciações à nocividade (o que não se nega) do tráfico de drogas bem como às suas nefastas consequências (o que também não se nega). Em nenhum momento o decreto de prisão faz considerações a respeito do caso concreto. Em momento algum justifica por que razão a imposição da medida extrema se impõe. Fazendo dessa forma, seria o caso de converter a prisão em flagrante em preventiva em todos os processos de tráfico de drogas, o que traduz um automatismo na decretação da custódia, incompatível com a natureza das medidas de cunho cautelar em geral, que somente devem ser decretadas quando indispensáveis ao processo. Dito de outra forma, a decretação ou manutenção da prisão cautelar (provisória ou processual), assim entendida aquela que antecede a condenação definitiva, deve sempre estar condicionada à demonstração <u>concreta</u> de sua imperiosa necessidade, ainda que se trate da prática de crimes graves, como é o caso do tráfico de drogas, delito equiparado a hediondo. Bem por isso, deve o magistrado apontar as razões, no seu entender, que a tornam indispensável (art. 312 do CPP). Deve ser vista, portanto, como um *instrumento* do processo a ser utilizado em situações *excepcionais*. A prisão desnecessária decretada ou mantida antes de a sentença passar em julgado constitui antecipação da pena que porventura seria aplicada em caso de condenação, o que representa patente violação ao princípio da presunção de inocência, postulado esse de índole constitucional – art. 5º, LVII. De se ver ainda que, tendo em conta as mudanças implementadas pela Lei 12.403/2011, que instituiu as *medidas cautelares alternativas à prisão provisória*, esta somente terá lugar diante da impossibilidade de se recorrer às medidas cautelares. Dessa forma, a prisão, como medida excepcional que é, deve também ser vista como instrumento subsidiário, supletivo. A tudo isso deve ser somado o fato de que a Lei 13.964/2019 alterou, entre outros, o art. 315 do CPP, de forma a não deixar dúvida quanto à necessidade imperiosa de o juiz motivar de forma concreta a decretação da custódia preventiva ou de qualquer outra medida cautela, indicando a exis-

tência de fatos novos e contemporâneos que justifiquem a adoção da medida. No sentido do que expusemos, a jurisprudência é farta. Com efeito, o STJ, em edição de n. 32 da ferramenta *Jurisprudência em Teses*, publicou, sobre este tema, a seguinte tese (n. 9): *A alusão genérica sobre a gravidade do delito, o clamor público ou a comoção social não constituem fundamentação idônea a autorizar a prisão preventiva.* **ED**

## 42. Gabarito: D

Comentário: A solução desta questão deve ser extraída do art. 941, § 3º, do CPC: *O voto vencido será necessariamente declarado e considerado parte integrante do acórdão para todos os fins legais, inclusive de pré-questionamento.* Na jurisprudência: "1. [...] "'o acórdão, para o CPC/2015, compõe-se da totalidade dos votos, vencedores e vencidos'. Nesse sentido, a inobservância da regra do § 3º do art. 941 do CPC/2015 constitui vício de atividade ou erro de procedimento (error in procedendo), porquanto não diz respeito ao teor do julgamento em si, mas à condução do procedimento de lavratura e publicação do acórdão, já que este representa a materialização do respectivo julgamento. Assim, há nulidade do acórdão, por não conter a totalidade dos votos declarados, mas não do julgamento, pois o resultado proclamado reflete, com exatidão, a conjunção dos votos proferidos pelos membros do colegiado. Cabe ao tribunal de origem providenciar a juntada do(s) voto(s) vencido(s) declarado(s), observando, para tanto, as normas de seu regimento interno, e, em seguida, promover a sua republicação, nos termos do § 3º do art. 941 do CPC/2015, abrindo-se, em consequência, novo prazo para eventual interposição de recurso pelas partes" (REsp n. 1.729.143-PR, Relª. Ministra Nancy Andrighi, julgado em 12/2/2019, DJe 15/2/2019, noticiado no Informativo 642/STJ). 2. Em matéria de nulidades, essas devem ser alegadas oportunamente, sob pena de serem alcançadas pelo instituto da preclusão, além de ser necessária a demonstração do prejuízo sofrido pela parte. 3. Na hipótese, após a publicação do acórdão do julgamento da apelação, a defesa não requereu a juntada do voto vencido proferido ou a disponibilização das notas taquigráficas nem opôs embargos de declaração para sanar a omissão. Além disso, não ficou demonstrado o prejuízo, reforçado pela devida interposição dos embargos infringentes sem nenhum indicativo de cerceamento de defesa pela ausência de juntada do voto divergente. Por fim, da decisão que não conheceu dos embargos infringentes por intempestividade foi formulado pedido de reconsideração, em que a defesa tampouco fez qualquer menção à nulidade ora apontada" (STJ, HC 494.792/BA, Rel. Ministro ANTONIO SALDANHA PALHEIRO, SEXTA TURMA, julgado em 18/06/2019, DJe 27/06/2019). **ED**

**43.** Gabarito: **A**

Comentário: **A:** correta. De fato, a teor do que estabelece o art. 472, parágrafo único, do CPP, em seguida à formação do Conselho de Sentença, aos jurados será entregue a cópia da pronúncia, não se exigindo que disso sejam comunicados o defensor e o representante do MP; **B:** incorreta. Pelo contrário. Conforme já expusemos acima, é de suma importância que aos jurados sejam disponibilizadas cópias da decisão de pronúncia ou, sendo este o caso, do acórdão que negou provimento ao recurso. Tal se dá a fim de que os jurados possam melhor se inteirar do processo, dirigindo perguntas às testemunhas e aos acusados; **C:** incorreta, pois contraria o art. 478, I, do CPP, que veda que se faça referência, durante os debates, à decisão de pronúncia, às decisões posteriores que julgaram admissível a acusação ou à determinação do uso de algemas como argumento de autoridade que beneficie ou prejudique o réu. Veja que a assertiva não faz menção *ao argumento de autoridade*, o que poderia ensejar o seu questionamento; **D:** incorreta, já que não há tal previsão na lei. ⬛

**44.** Gabarito: **B**

Comentário: A organizadora considerou como correta a assertiva "B", segundo a qual impõe-se à autoridade policial o dever de apreciar as diligências pleiteadas pelo ofendido nos autos do inquérito policial, que somente serão indeferidas, sempre de forma motivada, na hipótese de se revelarem impertinentes ou protelatórias. Pelo que consta do enunciado, o delegado sequer se manifestou acerca da realização das diligências requeridas pelo advogado constituído pela vítima. Parte da doutrina entende que, embora o inquérito policial seja inquisitivo, o que faz com que a autoridade goze de discricionariedade para determinar os rumos da investigação de acordo com o que melhor lhe aprouver, é certo que não é dado ao delegado de polícia, diante de um pedido de diligências formulado pelo ofendido (ou mesmo pelo investigado), com base no art. 14 do CPP, simplesmente indeferi-lo sem uma justificação plausível. Para que assim, ciente do motivo da recusa em realizar esta ou aquela diligência, possa a "parte" prejudicada levar o fato ao conhecimento do MP ou mesmo do magistrado. Já para Guilherme de Souza Nucci, a autoridade policial, à qual foi formulado pedido para realização de diligência, pode deferi-lo ou indeferi-lo, sem necessidade de fundamentação. Conferir: *a vítima, pessoalmente ou através de seu representante legal, bem como o indiciado – a pessoa oficialmente apontada como suspeita pela prática do crime – podem requerer ao presidente do inquérito, que é a autoridade policial, a realização de alguma diligência que considere útil à busca da verdade real (ouvida de alguma testemunha, realização de exame pericial etc.), podendo ser este pleito deferido ou indeferido, sem*

*necessidade de qualquer fundamentação. O inquérito é um procedimento administrativo investigatório, não envolto pelo contraditório, nem abrangido pela ampla defesa, motivo pelo qual o indiciado não tem o direito de se envolver na colheita da prova, o mesmo valendo para a vítima. Entretanto, se a prova requerida for muito importante, pode a parte, cujo requerimento foi indeferido, dirigi-lo novamente ao promotor ou ao juiz que acompanham, necessariamente, o andamento do inquérito.* (*Código de Processo Penal Comentado*, 17ª ed., p. 106). ⬛

**45.** Gabarito: **A**

Comentário: A solução desta questão deve ser extraída da Súmula 533, do STJ: *Para o reconhecimento da prática de falta disciplinar no âmbito da execução penal, é imprescindível a instauração de procedimento administrativo pelo diretor do estabelecimento prisional, assegurado o direito de defesa, a ser realizado por advogado constituído ou defensor público nomeado*; B, C e D: incorretas. ⬛

**46.** Gabarito: **ANULADA**

Comentário: De acordo com o art. 5º, XLII, a CF, a prática de racismo constitui crime inafiançável e imprescritível. Recentemente, mais especificamente no dia 28/10/2021, o Plenário do STF, ao julgar o HC 154.248, da relatoria do Ministro Edson Fachin, fixou o entendimento no sentido de que o crime de injúria racial, a exemplo do racismo, é também imprescritível. Conferir: "HABEAS CORPUS. MATÉRIA CRIMINAL. INJÚRIA RACIAL (ART. 140, § 3º, DO CÓDIGO PENAL). ESPÉCIE DO GÊNERO RACISMO. IMPRESCRITIBILIDADE. DENEGAÇÃO DA ORDEM. 1. Depreende-se das normas do texto constitucional, de compromissos internacionais e de julgados do Supremo Tribunal Federal o reconhecimento objetivo do racismo estrutural como dado da realidade brasileira ainda a ser superado por meio da soma de esforços do Poder Público e de todo o conjunto da sociedade. 2. O crime de injúria racial reúne todos os elementos necessários à sua caracterização como uma das espécies de racismo, seja diante da definição constante do voto condutor do julgamento do HC 82.424/RS, seja diante do conceito de discriminação racial previsto na Convenção Internacional Sobre a Eliminação de Todas as Formas de Discriminação Racial. 3. A simples distinção topológica entre os crimes previstos na Lei 7.716/1989 e o art. 140, § 3º, do Código Penal não tem o condão de fazer deste uma conduta delituosa diversa do racismo, até porque o rol previsto na legislação extravagante não é exaustivo. 4. Por ser espécie do gênero racismo, o crime de injúria racial é imprescritível. 5. Ordem de habeas corpus denegada" (HC 154248, Relator(a): EDSON FACHIN, Tribunal Pleno, julgado em 28/10/2021, PROCESSO ELETRÔNICO DJe-

036 DIVULG 22-02-2022 PUBLIC 23-02-2022). Além disso, a ação penal, no crime de injúria racial, é pública condicionada à representação do ofendido, conforme art. 145, parágrafo único, do CP. Por fim, não admite retratação, o que somente é aplicável aos crimes de calúnia e difamação (art. 143, CP). ED

**47.** Gabarito: D

Comentário: **A:** a despeito de a banca examinadora considerar esta alternativa como incorreta, entendo que a mesma está correta. Se o magistrado entender que a recusa do promotor em oferecer a proposta de suspensão é pertinente e que estão presentes os requisitos legais, deverá a denúncia ser recebida, tendo início a marcha processual; **B:** correta, a nosso ver. De fato, deverá o juiz, neste caso, no lugar de ele próprio oferecer o *sursis* processual, valendo-se, por analogia, do que estabelece o art. 28 do CPP, remeter os autos para apreciação do Procurador-geral de Justiça. É esse o entendimento firmado por meio da Súmula 696 do STF: "Reunidos os pressupostos legais permissivos da suspensão condicional do processo, mas se recusando o Promotor de Justiça a propô-la, o juiz, dissentindo, remeterá a questão ao Procurador-Geral, aplicando-se por analogia o art. 28 do Código de Processo Penal". Vale aqui lembrar que a nova redação do art. 28 do CPP, conferida pela Lei 13.964/2019, está com a sua eficácia suspensa; **C:** incorreta. De fato, não cabe ao magistrado propor a suspensão. Neste caso, em consonância com a Súmula 696 do STF, o magistrado cuidará para que os autos sejam remetidos ao procurador-geral, a quem incumbe, nos termos do art. 28 do CPP, decidir se é ou não caso de propor o *sursis* processual; **D:** correta, segundo a organizadora. A nosso ver, a redação da assertiva é confusa, o que não autoriza dizer se está ou não correta. ED

**48.** Gabarito: A

Comentário: A solução desta questão deve ser extraída do art. 362, *caput*, do CPP, que manda adotar, no que toca à forma de se proceder à citação por hora certa no âmbito criminal, as regras estabelecidas na legislação processual civil. ED

**49.** Gabarito: B

Comentário: **A:** incorreta, pois contraria o disposto no art. 976, I, do CPC; **B:** correta (art. 976, CPC); **C:** incorreta, já que o instituto tem aplicação no âmbito do processo penal. No mais, o art. 15 do CPP, que trata da nomeação de curador ao menor de 21 anos, foi derrogado pelo CC de 2002, que, em seu art. 5º, *caput*, previu que a maioridade civil é alcançada aos 18 anos; **D:** incorreta. Previsão não contida no art. 976 do CPC. ED

**50.** Gabarito: B

Comentário: A solução desta questão deve ser extraída da Súmula 713 do STF: "O efeito devolutivo da apelação contra decisões do júri é adstrito aos fundamentos da sua interposição". ED

**51.** Gabarito: D

Comentário: As alternativas erradas contêm erros grandiosos, exemplos: é inconstitucional o compartilhamento dos relatórios de inteligência financeira da UIF e da íntegra do procedimento fiscalizatório da Receita Federal do Brasil, é compatível com a Constituição Federal o reconhecimento às entidades paraestatais dos privilégios processuais concedidos à Fazenda Pública, em execução de pagamento de quantia; não ofende o princípio da igualdade o estabelecimento de grupos excluídos da possibilidade de doação de sangue, considerando o risco decorrente da orientação sexual para a saúde dos possíveis receptores AMN

**52.** Gabarito: D

Comentário: O recurso administrativo deve ser concebido a todos, impedindo restrições que impeçam a busca por seus direitos. AMN

**53.** Gabarito: A

Comentário: As entidades de classe têm legitimidade para impetrar MS, mesmo que para parte de sua categoria, o pedido de reconsideração na esfera administrativa não interrompe o prazo, a turma recursal é quem processa e julga MS contra ato de juizado especial, essa decisão foi unânime. AMN

**54.** Gabarito: C

Comentário: Leis Federais têm o efeito de suspender leis estaduais que entrem em conflito com elas; se o caso apresentado for de matéria concorrente, não a torna inconstitucional, e sim ineficaz. AMN

**55.** Gabarito: B

Comentário: A alternativa **B**, descreve a eficiência e a agilidade necessária para a administração pública. A Professora Maria Sylvia Di Pietro descreve o princípio da eficiência em duas vertentes: a) relativamente à forma de atuação do agente público, espera-se o melhor desempenho possível de suas atribuições, a fim de obter os melhores resultados; b) quanto ao modo de organizar, estruturar e disciplinar a administração pública, exige-se que este seja o mais racional possível, no intuito de alcançar melhores resultados na prestação dos serviços públicos. AMN

**56.** Gabarito: C

Comentário: Ainda que a soma resulte em montante superior ao teto especificado no art. 37, XI, da CF, deverá incidir o limite constitucional sobre cada um dos vínculos, per se, assim considerados de forma isolada, com contagem separada para fins de teto remuneratório. AMN

**57.** Gabarito: D

Comentário: A iniciativa das leis que estabeleçam as atribuições dos órgãos pertencentes à estrutura administrativa da respectiva unidade federativa compete aos Governadores dos Estados-membros, à luz dos artigos 61, § 1º, II, e; e 84, VI, a, da Constituição Federal, que constitui norma de observância obrigatória pelos demais entes federados, em respeito ao princípio da simetria. AMN

**58.** Gabarito: A

Comentário: É o que se extrai da dicção do art. 24, da Lei 9.868/99, a qual dispõe sobre o processo e julgamento da ação direta de inconstitucionalidade e da ação declaratória de constitucionalidade perante o Supremo Tribunal Federal. Segundo art. 24. Proclamada a constitucionalidade, julgar-se-á improcedente a ação direta ou procedente eventual ação declaratória; e, proclamada a inconstitucionalidade, julgar-se-á procedente a ação direta ou improcedente eventual ação declaratória. AMN

**59.** Gabarito: C

Comentário: A questão trata da repercussão geral criada pela EC 45/04 que inseriu o § 3º ao artigo 102 da CF: No recurso extraordinário o recorrente deverá demonstrar a repercussão geral das questões constitucionais discutidas no caso, nos termos da lei, a fim de que o Tribunal examine a admissão do recurso, somente podendo recusá-lo pela manifestação de dois terços de seus membros. Já o artigo 1035 parágrafo 3º do CPC dispõe: Haverá repercussão geral sempre que o recurso impugnar acórdão que: I – contrarie súmula ou jurisprudência dominante do Supremo Tribunal Federal; III – tenha reconhecido a inconstitucionalidade de tratado ou de lei federal, nos termos do art. 97 da Constituição Federal. O STF entende que a repercussão geral deve ser apresentada como preliminar ao recurso extraordinário, embora haja presunção de sua existência nas causas elencadas no artigo 1.035, § 3º, do CPC (critério objetivo). AMN

**60.** Gabarito: B

Comentário: **A:** incorreta. Na redação, proveniente da EC 103/2019, aplicam-se aos empregados de consórcios públicos e sociedades de economia mista, a regra relativa à aposentadoria compulsória. Nesse sentido, conforme art. 201, § 16. Os empregados dos consórcios públicos, das empresas públicas, das sociedades de economia mista e das suas subsidiárias serão aposentados compulsoriamente, observado o cumprimento do tempo mínimo de contribuição, ao atingir a idade máxima de

que trata o inciso II do § 1º do art. 40, na forma estabelecida em lei (Incluído pela Emenda Constitucional 103, de 2019); **B:** correta. O princípio da solidariedade indica cooperação da maioria em favor da minoria, em certos casos, da totalidade em direção à individualidade. Trata-se de princípio não expresso, mas implícito na CF/88; **C:** incorreta. Tal regra (contida no artigo 195, § 3º, da CF/88) possui uma exceção, proveniente da EC 106/2020, a qual institui regime extraordinário fiscal, financeiro e de contratações para enfrentamento de calamidade pública nacional decorrente de pandemia. Segundo art. 3º, Parágrafo único. Durante a vigência da calamidade pública nacional de que trata o art. 1º desta Emenda Constitucional, não se aplica o disposto no § 3º do art. 195 da Constituição Federal; **D:** incorreta. Conforme a Lei 8.213/91, art. 45, o valor da aposentadoria por invalidez do segurado que necessitar da assistência permanente de outra pessoa será acrescido de 25%. AMN

**61.** Gabarito: B

Comentário: Consolidado entendimento do STF: *"Compete à Justiça Eleitoral julgar os crimes eleitorais e os comuns que lhes forem conexos. Cabe à Justiça Eleitoral analisar, caso a caso, a existência de conexão de delitos comuns aos delitos eleitorais e, em não havendo, remeter os casos à Justiça competente. STF. Plenário. Inq 4435 AgR-quarto/DF, Rel. Min. Marco Aurélio, julgado em 13 e 14/3/2019 (Info 933).* Assim, também se aponta a literalidade do art. 74, CPP: *"A competência pela natureza da infração será regulada pelas leis de organização judiciária, salvo a competência privativa do Tribunal do Júri."* Neste caso, importante lembrar que a competência do Tribunal do Júri é determinada pela Constituição Federal de 1988, não existindo nenhuma legislação infraconstitucional com poder de contrariar. Assim, mostra-se claro que havendo conexão entre infração penal eleitoral e um eventual crime doloso contra vida, haverá indiscutivelmente a separação dos processos. FVS

**62.** Gabarito: D

Comentário: A filiação partidária é condição *sine qua non* para caracterização da elegibilidade passiva no Brasil, segundo o art. 14, § 3º, V da Constituição Federal, sendo também regulamentada tal necessidade pela Lei 9.504/1997 (Estabelece normas para as eleições), em seu art. 11, § 14 ("É vedado o registro de candidatura avulsa, ainda que o requerente tenha filiação partidária"). Observamos também consolidada jurisprudência do TSE neste sentido: *"[...] Registro. Prefeito e vice-prefeito. Candidatura avulsa. Impossibilidade. Art. 14, § 3º, V, da Constituição Federal. Filiação partidária. Condição de elegibilidade. [...] 1. Na espécie, o Tribunal de origem manteve o indeferimento do pedido de registro de candidatura sob o fundamento de que, no ordenamento jurídico pátrio, não é possível lançar candidatura avulsa a cargo eletivo. 2. Não obstante o argumento de que a democracia se dá com a consagração do direito fundamental do cidadão de participar diretamente da vida política do país, no ordenamento jurídico brasileiro os partidos políticos exercem um elo imprescindível entre a sociedade e o estado. Com efeito, nos termos do art. 14, § 3º, V, da Constituição Federal, a filiação partidária é uma condição de elegibilidade. 3. O acórdão regional está em consonância com a jurisprudência desta Corte, segundo a qual, 'no sistema eleitoral brasileiro, não existe candidatura avulsa' [...]" (Ac. de 29.11.2016 no AgR-REsp 165568, rel. Min. Luciana Lóssio).* Da mesma forma, ao contrário do que afirma a alternativa A, em que o Brasil não é signatário da Convenção Interamericana dos Direitos Humanos (Pacto de São José), embora sendo, não se permite invocar tal dispositivo para garantir candidatura avulsa no processo eleitoral, e de tal sorte, já decidiu o TSE neste sentido: *"[...] Candidatura avulsa. Impossibilidade. [...] 4. Segundo jurisprudência há muito consolidada no Tribunal Superior Eleitoral, não se admite candidatura avulsa, assim entendida como aquela sem filiação partidária ou sem escolha em convenção, porquanto não foram atendidos os comandos do art. 14, arts. 14, § 3º, V e 9º e 11, § 14, da Lei 9.504/97. 5. 'O art. 23 da Convenção Americana de Direitos Humanos (Pacto de San José da Costa Rica), dispositivo indicado nas razões recursais, não pode ser invocado para afastar condição de elegibilidade prevista no texto originário da Constituição da República (filiação partidária), cuja disciplina infraconstitucional afigura-se razoável e proporcional'. [...]" (Ac. de 23.11.2020 no AgR-TutAntAntec 060162868, rel. Min. Sérgio Banhos; no mesmo sentido o Ac. de 26.9.2018 no AgR-Pet 060088614, rel. Min. Admar Gonzaga.).* FVS

**63.** Gabarito: B
Comentário: A questão foi apresentada pela Vunesp em concurso público para o cargo de Juiz Substituto do Tribunal de Justiça do Estado de São Paulo, entretanto, **apontamos não haver dentre as alternativas opção correta**, pois, a alternativa indicada seria a B, o que não procede pela afirmação de que a vedação atinge todos os cargos majoritários, o que não se coaduna com a possibilidade de reeleição ininterrupta do cargo de Senador da República. Neste sentido, apontamos o art. 14, § 5º, da Constituição Federal, em que traz claramente a permissão apenas para a reeleição em um único mandato ("O Presidente da República, os Governadores de Estado e do Distrito Federal, os Prefeitos e quem os houver sucedido, ou substituído no curso dos mandatos poderão ser reeleitos para um único período subsequente."), no que tange a eleição para o cargo de Senador, o art. 46 da CF apenas menciona que serão eleitos segundo o princípio majoritário, nada obstando a reeleição de forma ininterrupta ("O Senado

Federal compõe-se de representantes dos Estados e do Distrito Federal, eleitos segundo o princípio majoritário."). Apontamos também a impossibilidade de (re)eleição para um terceiro mandato em cidade vizinha para o cargo de Prefeito Municipal, o chamado "Prefeito Itinerante" ou "Prefeito Profissional", neste sentido, já se posicionou o STF (Supremo Tribunal Federal) pela vedação: recurso extraordinário. Repercussão geral. Reeleição. Prefeito. Interpretação do art. 14, § 5º, da Constituição. Mudança da jurisprudência em matéria eleitoral. Segurança jurídica. I. Reeleição. Municípios. Interpretação do art. 14, § 5º, da Constituição. Prefeito. Proibição de terceira eleição em cargo da mesma natureza, ainda que em município diverso. O instituto da reeleição tem fundamento não somente no postulado da continuidade administrativa, mas também no princípio republicano, que impede a perpetuação de uma mesma pessoa ou grupo no poder. O princípio republicano condiciona a interpretação e a aplicação do próprio comando da norma constitucional, de modo que a reeleição é permitida por apenas uma única vez. Esse princípio impede a terceira eleição não apenas no mesmo município, mas em relação a qualquer outro município da federação. Entendimento contrário tornaria possível a figura do denominado "prefeito itinerante" ou do "prefeito profissional", o que claramente é incompatível com esse princípio, que também traduz um postulado de temporariedade/alternância do exercício do poder. Portanto, ambos os princípios – continuidade administrativa e republicanismo – condicionam a interpretação e a aplicação teleológicas do art. 14, § 5º, da Constituição. O cidadão que exerce dois mandatos consecutivos como prefeito de determinado município fica inelegível para o cargo da mesma natureza em qualquer outro município da federação. II. Mudança da jurisprudência em matéria eleitoral. Segurança jurídica. Anterioridade eleitoral. Necessidade de ajuste dos efeitos da decisão. Mudanças radicais na interpretação da Constituição devem ser acompanhadas da devida e cuidadosa reflexão sobre suas consequências, tendo em vista o postulado da segurança jurídica. Não só a Corte Constitucional, mas também o Tribunal que exerce o papel de órgão de cúpula da Justiça Eleitoral devem adotar tais cautelas por ocasião das chamadas viragens jurisprudenciais na interpretação dos preceitos constitucionais que dizem respeito aos direitos políticos e ao processo eleitoral. Não se pode deixar de considerar o peculiar caráter normativo dos atos judiciais emanados do Tribunal Superior Eleitoral, que regem todo o processo eleitoral. Mudanças na jurisprudência eleitoral, portanto, têm efeitos normativos diretos sobre os pleitos eleitorais, com sérias repercussões sobre os direitos fundamentais dos cidadãos (eleitores e candidatos) e partidos políticos. No âmbito eleitoral, a segurança jurídica assume a sua face de princípio da confiança para proteger a estabilização das expectativas de todos aqueles que de alguma forma participam dos prélios eleitorais. A importância fundamental do princípio da segurança jurídica para o regular transcurso dos processos eleitorais está plasmada no princípio da anterioridade eleitoral positivado no art. 16 da Constituição. O Supremo Tribunal Federal fixou a interpretação desse artigo 16, entendendo-o como uma garantia constitucional (1) do devido processo legal eleitoral, (2) da igualdade de chances e (3) das minorias (RE 633.703). Em razão do caráter especialmente peculiar dos atos judiciais emanados do Tribunal Superior Eleitoral, os quais regem normativamente todo o processo eleitoral, é razoável concluir que a Constituição também alberga uma norma, ainda que implícita, que traduz o postulado da segurança jurídica como princípio da anterioridade ou anualidade em relação à alteração da jurisprudência do TSE. Assim, as decisões do Tribunal Superior Eleitoral que, no curso do pleito eleitoral (ou logo após o seu encerramento), impliquem mudança de jurisprudência (e dessa forma repercutam sobre a segurança jurídica), não têm aplicabilidade imediata ao caso concreto e somente terão eficácia sobre outros casos no pleito eleitoral posterior. III. Repercussão Geral. Reconhecida a repercussão geral das questões constitucionais atinentes à (1) elegibilidade para o cargo de Prefeito de cidadão que já exerceu dois mandatos consecutivos em cargo da mesma natureza em Município diverso (interpretação do art. 14, § 5º, da Constituição) e (2) retroatividade ou aplicabilidade imediata no curso do período eleitoral da decisão do Tribunal Superior Eleitoral que implica mudança de sua jurisprudência, de modo a permitir aos Tribunais a adoção dos procedimentos relacionados ao exercício de retratação ou declaração de inadmissibilidade dos recursos repetitivos, sempre que as decisões recorridas contrariarem ou se pautarem pela orientação ora firmada. IV. Efeitos do provimento do recurso extraordinário. Recurso extraordinário provido para: (1) resolver o caso concreto no sentido de que a decisão do TSE no RESPE 41.980-06, apesar de ter entendido corretamente que é inelegível para o cargo de Prefeito o cidadão que exerceu por dois mandatos consecutivos cargo de mesma natureza em Município diverso, não pode incidir sobre o diploma regularmente concedido ao recorrente, vencedor das eleições de 2008 para Prefeito do Município de Valença-RJ; (2) deixar assentados, sob o regime da repercussão geral, os seguintes entendimentos: (2.1) o art. 14, § 5º, da Constituição, deve ser interpretado no sentido de que a proibição da segunda reeleição é absoluta e torna inelegível para determinado cargo de Chefe do Poder Executivo o cidadão que já exerceu dois mandatos consecutivos (reeleito uma única vez) em cargo da mesma natureza, ainda que em ente da federação diverso; (2.2) as decisões do Tribunal Superior Eleitoral que, no curso do pleito eleitoral ou logo após o seu encerramento, impliquem mudança de jurisprudência, não têm aplicabilidade imediata ao caso concreto e somente terão eficácia sobre outros casos no pleito eleitoral posterior. (RE 637485, Relator(a): Min.

Gilmar mendes, Tribunal Pleno, julgado em 01/08/2012, Acórdão Eletrônico Repercussão Geral – Mérito DJe-095 DIVULG 20-05-2013 PUBLIC 21-05-2013). FVS

---

**64.** Gabarito: C

Comentário: Observa-se que a proibição do juiz substituto exercer a função de Juiz eleitoral está contida na interpretação do art. 32 da Lei 4.737/1965 (Código Eleitoral), todavia, importante doutrina afirma que a mesma não foi recepcionada pela Constituição Federal, prevalecendo então o art. 22, § 2º, da Lei Complementar 35/1979 (LOMAM – Lei Orgânica da Magistratura Nacional), que aduz: "Os Juízes a que se refere o inciso II deste artigo, mesmo que não hajam adquirido a vitaliciedade, poderão praticar todos os atos reservados por lei aos Juízes vitalícios". Nesse mesmo sentido, já se posicionou o TSE: [...] 1. *O juiz de direito substituto pode exercer as funções de juiz eleitoral, mesmo antes de adquirir a vitaliciedade, por força do que disposto no art. 22, § 2º, da Loman* [...] (TSE – REsp 19260 GO, Relator: Fernando Neves Da Silva, Data de Julgamento: 1º.03.2001, Data de Publicação: DJ – Diário de Justiça, Volume 1, Data 05.06.2001, Página 112). FVS

---

**65.** Gabarito: A

Comentário: Observamos que o artigo 368-A da Lei 4737/1965 (Código Eleitoral) adota claramente o "sistema do livre convencimento motivado" ou "persuasão racional", e dessa forma, o juiz não poderá, quando a decisão tiver como consequência a perda do mandato eleitoral, fundamentar de modo exclusivo em prova testemunhal singular. Dessa forma, ainda que haja uma clara observação do magistrado nesse sentido, mas, para pautar sua decisão ele possua apenas a prova testemunhal singular, não lhe será consentido proceder com à condenação. Em complemento, também se mostra importante apreciação de julgado do TSE (Tribunal Superior Eleitoral), no sentido de tal regra não se aplicar aos julgamentos de crimes eleitorais, e nestes casos, serão sobrepostas as regras específicas do CPP (Código de Processo Penal), vejamos: *"3. É inviável a aplicação da regra cível-eleitoral do art. 368-A do Código Eleitoral aos processos criminais, ante a presença de normatização específica. Na esfera criminal, o juiz deverá formar sua convicção pela livre apreciação da prova produzida em contraditório judicial, não podendo fundamentar sua decisão exclusivamente nos elementos informativos colhidos na investigação, ressalvadas as provas cautelares, não repetíveis e antecipadas (art. 155 do CPP). Precedente. (...)"* (Agravo de Instrumento 3522, Acórdão, Relator(a) Min. Luís Roberto Barroso, Publicação: DJE – Diário da justiça eletrônica, Tomo 93, Data 14/05/2020)". FVS

**66.** Gabarito: C
Comentário: A: incorreta. O avalista da nota promissória não tem benefício de ordem; B: incorreta. João é o devedor principal da nota, sendo dispensável o protesto contra ele; C: correta. O coobrigado (ou seu avalista) que paga o título tem direito de regresso contra todos os coobrigados que forem anteriores a ele na cadeia de endossos e também contra o devedor principal; D: incorreta. O avalista não pode se valer de exceções pessoais que possua contra o avalizado, em face do princípio da autonomia das relações cambiais. HS

**67.** Gabarito: B
Comentário: A: incorreta. Nesse caso, é possível a estipulação de pagamento em moeda estrangeira (art. 26, §2º, da Lei nº 10.931/2004); B: correta, nos termos do art. 10, II, da Lei nº 8.929/1994; C: incorreta. É nulo o endosso parcial (art. 18, §1º, da Lei nº 7.357/1985); D: incorreta. Nos títulos atípicos, o credor não pode recusar o pagamento, ainda que parcial (art. 902, §1º, do CC). HS

**68.** Gabarito: A
Comentário: A: correta, nos termos do art. 1.055, *caput*, do CC; B: incorreta. A regra é que sejam supridas pelas normas da sociedade simples, sendo possível a estipulação expressa no contrato social do uso da Lei das Sociedades Anônimas (art. 1.053 do CC); C: incorreta. O quórum é da maioria dos demais sócios (art. 1.030 do CC); D: incorreta. É necessário reunir sócios minoritários que representem, no mínimo, 20% do capital social (art. 1.066, §2º, do CC). HS

**69.** Gabarito: B
Comentário: A: incorreta. O conselho de administração é facultativo nas companhias fechadas (art. 138, §2º, da LSA); B: correta, nos termos do art. 118 da LSA; C: incorreta. Não há a responsabilidade solidária pela integralização do capital nas sociedades anônimas (art. 1º da LSA); D: incorreta. Haverá responsabilidade somente em caso de favorecimento da sociedade coligada, realizando-se negócio jurídico que não seja estritamente comutativo (art. 245 da LSA). HS

**70.** Gabarito: D
Comentário: A: incorreta. Excepcionalmente, é possível o pagamento de valor superior ao valor do aluguel original, conforme as hipóteses previstas no art. 3º, parágrafo único, da Lei nº 13.966/2019; B: incorreta. Os *royalties* também integram o pedido de devolução de valores pagos (art. 2º, §2º, da Lei nº 13.966/2019); C: incorreta. Não há qualquer previsão legal nesse sentido; D: correta, nos termos do art. 1º, §2º, da Lei nº 13.966/2019). HS

**71.** Gabarito: D
Comentário: A: incorreta. Perante o remetente, a responsabilidade é solidária de todos os transportadores, ficando ressalvada a apuração da responsabilidade entre eles posteriormente (art. 756 do CC); B: incorreta. É possível a alienação direta a terceiros, independentemente de leilão, hasta pública ou alienação judicial (art. 2º do Decreto-lei nº 911/1969); C: incorreta. Tal hipótese é vedada pelo art. 52, §2º, da Lei nº 8.245/1991; D: correta, nos termos do art. 3º, III, da Lei nº 6.729/1979. HS

**72.** Gabarito: ANULADA
Comentário: A: incorreta. A cessão fiduciária é facultativa (art. 41 da Lei nº 11.076/2004); B: incorreta. A desídia está prevista como justa causa para rescisão do contrato no art. 35, "a", da Lei nº 4.886/1965; C: incorreta. A cláusula de opção de compra é ínsita ao contrato de arrendamento mercantil (art. 5º, "c", da Lei nº 6.099/1974); D: incorreta, nos termos do art. 697 do CC. HS

**73.** Gabarito: B
Comentário: A: incorreta. A eficácia é garantida se não houver oposição de qualquer credor no prazo de 30 dias contados da notificação feita pelo alienante (art. 1.145 do CC); B: correta, nos termos do art. 1.147, parágrafo único, do CC; C: incorreta. Na inexistência de disposição contratual diversa, o prazo é de 5 anos (art. 1.147, *caput*, do CC); D: incorreta. O prazo é de um ano (art. 1.146 do CC). HS

**74.** Gabarito: D
Comentário: A: incorreta. O prazo das patentes é improrrogável; B: incorreta. O art. 43 da Lei de Propriedade Industrial autoriza determinados atos de terceiros sem que isso implique violação ao direito de patente; C: incorreta. A patenteabilidade dos microorganismos transgênicos está prevista no art. 18, III, da LPI; D: correta, nos termos do art. 71, §§12 e 13, da LPI. HS

**75.** Gabarito: A
Comentário: A: correta, nos termos do art. 97, §1º, da Lei de Falências; B: incorreta. Os créditos previstos no art. 49, §3º, da LF e os créditos tributários não são alcançados pela recuperação judicial; C: incorreta. Não há direito a voto nessa hipótese (art. 45 §3º, da LF); D: incorreta. O descumprimento de obrigação contida no plano gera a convolação da recuperação judicial em falência (art. 61, §1º, da LF), enquanto que a desistência do devedor quanto ao pedido gerará exclusivamente a extinção do processo. HS

**76.** Gabarito: A
Comentário: **A:** correta, conforme entendimento fixado no Tema de Repercussão Geral 523/STF: "São constitucionais as leis municipais anteriores à Emenda Constitucional 29/2000, que instituíram alíquotas diferenciadas de IPTU

para imóveis edificados e não edificados, residenciais e não residenciais."; **B:** incorreta, pois trata-se de diferenciação de alíquota do IPTU conforme o uso do imóvel, permitida nos termos do art. 156, § 1º, II, da CF; **C:** incorreta, pois não se trata da progressividade no tempo, prevista no art. 182, § 4º, II, da CF, mas sim diferenciação conforme o uso, como comentado anteriormente; D: incorreta, pois a seletividade refere-se a diferenciação conforme a essencialidade da mercadoria ou produto (aplicável ao ICMS e ao IPI, por exemplo), não se confundido com progressividade, que se refere a alíquotas crescentes conforme determinado critério (conforme o valor da base de cálculo, o mais comum, ou conforme o tempo sem adequado aproveitamento, caso do IPTU progressivo no tempo previsto no art. 182, § 4º, II, da CF). RB

---

**77.** Gabarito: B

Comentário: **A:** incorreta, pois somente no caso de serviços de utilização compulsória (por exemplo, coleta domiciliar de lixo) é que permite a cobrança pela utilização potencial. Nos demais casos, somente os serviços utilizados efetivamente pelo contribuinte é que permitem a cobrança de taxa – art. 79, I, *b*, do CTN; **B:** correta. O STF considera suficiente para comprovação do efetivo exercício do poder de polícia e, portanto, validade da taxa correspondente, a existência de órgão e estrutura competente para a fiscalização – RE 588.322/RO. Seguindo esse entendimento, o STJ afastou a Súmula 157, admitindo taxa na renovação de licença; **C:** incorreta, pois a taxa somente pode ser cobrada quando o serviço é efetivamente prestado (a utilização é que pode ser potencial, nunca a prestação) – art. 77 do CTN; **D:** incorreta, pois as taxas são primordialmente retributivas – o art. 145, § 1º, da CF refere-se expressamente apenas aos impostos, ao tratar da capacidade contributiva. RB

---

**78.** Gabarito: A

Comentário: **A:** correta, conforme art. 145, § 1º, e art. 150, IV, da CF; **B:** incorreta, pois trata-se de princípio fixado constitucionalmente – art. 145, § 1º, da CF; **C:** incorreta, pois a capacidade contributiva refere-se a todos os contribuintes, sem excluir pessoas jurídicas – art. 145, § 1º da CF; **D:** correta, conforme a tese fixada no julgamento da ADI 5751/SE pelo STF – ver também a Súmula 667/STF. RB

---

**79.** Gabarito: C

Comentário: **A:** incorreta, pois os princípios constitucionais do art. 150 da CF, incluindo o da anterioridade, refere-se exatamente a limitações constitucionais ao poder de tributar, ou seja, não podem ser afastados pelo princípio geral da supremacia do interesse público; **B:** incorreta, pois a extinção da isenção, por exemplo, implica simples afastamento da exclusão do crédito tributário, o que não é equiparado à majoração de tributo

– art. 175, I, da CTN; **C:** correta, conforme o art. 150, § 1º, da CF; **D:** incorreta, pois não há falar em retroatividade "in pejus", pois a exceção ao princípio da anterioridade nonagesimal, aplicável ao IR, surgiu concomitantemente à criação desse princípio (não houve retroatividade). Quanto à anterioridade anual, a discussão não mudou, pois a EC 42/2003 não alterou nada em relação ao IR. RB

---

**80.** Gabarito: D

Comentário: **A:** incorreta, pois não há circulação econômica nesse caso, já que a mercadoria permanece com o mesmo contribuinte – Súmula 166/STJ; **B:** incorreta, pois o STF fixou o entendimento no sentido de que as alíquotas do ITCMD podem ser progressivas – RE 562.045, com repercussão geral – Tese 21/STF; **C:** incorreta, pois não existe limitação constitucional à tributação sobre importações de produtos industrializados – art. 153, IV, da CF; **D:** correta – Súmulas 116 e 328/STF. RB

---

**81.** Gabarito: A

Comentário: **A:** correta, conforme o art. 1º, § 2º, da LC 116/2003 – veja a tabela mais abaixo; **B:** incorreta, conforme a tese fixada pelo STF no julgamento a ADI 5576: "É inconstitucional a incidência do ICMS sobre o licenciamento ou cessão do direito de uso de programas de computador"; **C:** incorreta, pois isso é previsto expressamente no art. 1º, § 1º, da LC 116/2003; **D:** incorreta, pois uma empresa pode ser contribuinte do ICMS, ao vender a mercadoria, e do ISS, ao prestar serviço de manutenção em relação a essa mercadoria, por exemplo – art. 155, II, e art. 156, III, da CF. RB

---

**82.** Gabarito: B

Comentário: **A:** incorreta, pois descontos incondicionais podem ser excluídos da base de cálculo do ICMS, conforme o art. 13, § 1º, II, *a*, da LC 87/1996; **B:** correta, conforme a jurisprudência do STJ – ver REsp 1.192.409/SE; **C:** incorreta. A jurisprudência distingue a "venda financiada", com intermediação de instituição financeira, e a "venda a prazo", em que há encargo cobrado pelo próprio vendedor. Incide ICMS sobre os encargos na "venda a prazo", mas não no caso do financiamento por meio de instituição financeira – ver REsp 1.106.462/SP – repetitivo; **D:** incorreta, conforme entendimento do STF – ver ADI 1.655/SP. RB

---

**83.** Gabarito: ANULADA

Comentário: **A:** incorreta, pois a regulamentação das limitações constitucionais ao poder de tributar deve ser feita por lei complementar federal – art. 146, II, da CF; **B:** incorreta, conforme entendimento do STF – ver ADI 3260/RN; **C:** incorreta, na segunda parte. De fato, a imunidade dos livros abrange os digitais, conforme a Súmula Vinculante 132/STF. Entretanto, a imunidade não abrange maquinários e insumos – ver RE 739.085/SP; **D:** incorreta, pois a imunidade é norma negativa de competência tributária (capacidade legislativa relacionada à tributação), não de capacidade ativa tributária (capacidade de ocupar o polo ativo da obrigação tributária). RB

**84.** Gabarito: A
Comentário: **A:** correta, conforme jurisprudência do STF – ver ADI 6025/DF; **B:** incorreta, pois o pagamento por hora extra tralhada é remuneração pelo trabalho, pelo acréscimo patrimonial, sujeitando-se ao IR – ver RE 18.331/SP; **C:** incorreta, pois incide o IPI nesse caso, conforme entendimento do STF – ver RE 723.651/PR; **D:** incorreta, pois a transparência tributária e as normas da lei federal citada decorrem de determinação expressa do art. 150, § 5º, da CF. RB

**85.** Gabarito: A
Comentário: **A:** correta, conforme Tese de Repercussão Geral 918/STF; **B:** incorreta, pois a imunidade se aplica a imóveis temporariamente ociosos, conforme Tese de Repercussão Geral 693/STF; **C:** incorreta, pois esse tipo de cadastro e a responsabilização do tomador nesse caso foram considerados inconstitucionais pelo STF – tese fixada no julgamento do RE 1.167.509/SP; **D:** incorreta, pois essa majoração excessiva não implica invalidade do tributo, nem impede que o Poder Executivo atualize os valores previamente fixados em lei de acordo com percentual não superior aos índices oficiais de correção monetária – Tese de Repercussão Geral 1085/STF. RB

**86.** Gabarito: D
Comentário: A questão diz respeito à disciplina da extensão das faixas marginais a cursos d'água no meio urbano, sobretudo à luz da Lei 13.913/2019, que suprimiu a expressão "(...) salvo maiores exigências da legislação específica." do inciso III do art. 4º da Lei 6.766/1976 (Lei do Parcelamento do Solo Urbano). De acordo com o STJ, no âmbito do REsp 1.770.760/SC (1ª Seção, Rel. Min. Benedito Gonçalves, DJe 10.05.2021), a superveniência da Lei 13.913/2019 não afasta a aplicação do art. 4º, "caput", e I, da Lei n. 12.651/2012 (Código Florestal) às áreas urbanas de ocupação consolidada, pois, pelo critério da especialidade, esse normativo do novo Código Florestal é o que garante a mais ampla proteção ao meio ambiente, em áreas urbana e rural, e à coletividade. Nesse sentido é que foi expedida a seguinte tese (recurso repetitivo): "Na vigência do novo Código Florestal (Lei 12.651/2012), a extensão não edificável nas Áreas de Preservação Permanente de qualquer curso d'água, perene ou intermitente, em trechos caracterizados como área urbana consolidada, deve respeitar o que disciplinado pelo seu art. 4º, caput, inciso I, alíneas a, b, c, d e e, a fim de assegurar a mais ampla garantia ambiental a esses espaços territoriais especialmente protegidos e, por conseguinte, à coletividade." Assim, correta a alternativa D. RBO

**87.** Gabarito: C
Comentário: A afirmação contida na alternativa A está correta. A afirmação da alternativa B está correta. Já a afirmação veiculada pela alternativa C está errada, por diversas razões. O art. 8º, XVI, "b", da LC 140/2011 dispõe que compete aos Estados aprovar o manejo e a supressão de vegetação, de florestas e formações sucessoras em imóveis rurais, ressalvadas as atribuições da União contidas no art. 7º, XV. Ocorre que a vegetação localizada nos imóveis rurais não se restringe às áreas de preservação permanente e às reservas legais, como indica a alternativa C. Ademais, nas florestas públicas municipais, a atribuição para a intervenção na vegetação é do Município (cf. 9º, XV, "a"), ao contrário do que indicado na alternativa C ("A União e os Municípios..."). Outra incorreção da alternativa C é a ausência das exceções ("exceto em Áreas de Proteção Ambiental") contidas tanto no art. 7º, XVI, "a" e no art. 9º, XV, "a". Por fim, a alternativa D está correta (cf. art. 7º, XX, c.c. art. 8º, XVIII, ambos da LC 140/2011). RBO

**88.** Gabarito: C
Comentário: Essa questão foi mal elaborada pela banca do concurso, embora não tenha sido anulada. A alternativa A está correta, pois o regime das licenças ambientais, notadamente seus tipos, está disciplinado por normas infralegais (Decreto 99.274/1990 e Resolução CONAMA 237/1997). A alternativa B está errada, pois os valores ambientais previstos nos art. 170 e 225 não se sobrepõe aos da liberdade de iniciativa econômica. Esses valores devem ser compatibilizados, nos termos do princípio do desenvolvimento sustentável. A alternativa C está certa (de acordo com o gabarito oficial). Importante observar que a alternativa faz alusão a "EUA", quando o correto é "EIA" (Estudo Prévio de Impacto Ambiental"). Alternativa D incorreta, nos termos dos comentários feitos para a alternativa A. Assim, verifica-se que há duas alternativas corretas. RBO

**89.** Gabarito: D
Comentário: **A:** incorreta (o STJ, no âmbito do REsp 1.814.944/RN, fixou a seguinte tese de recurso repetitivo: "A apreensão do instrumento utilizado na infração ambiental, fundada na atual redação do § 4º do art. 25 da Lei 9.605/1998, independe do uso específico, exclusivo ou habitual para a empreitada infracional"). **B:** incorreta (a assinatura do termo de compromisso suspende a exigibilidade da multa aplicada e implica renúncia ao direito de recorrer administrativamente, cf. art. 146, § 4º, do Decreto 6.514/2008). **C:** incorreta (de acordo com o STJ, no bojo do REsp 1.737.412/SE, "o dano moral

coletivo não se confunde com o somatório das lesões extrapatrimoniais singulares, por isso não se submete ao princípio da reparação integral"). **D:** correta (cf. entendimento do STJ no âmbito do REsp 1.114.893/MG). RBO

**90.** Gabarito: C
Comentário: **A:** incorreta (o princípio do desenvolvimento sustentável não detém previsão expressa na Constituição Federal). **B:** incorreta (os princípios do poluidor-pagador e do usuário-pagador não se confundem; enquanto o primeiro significa que o causador do dano ambiental deve suportar os custos decorrentes da degradação causada, o segundo quer dizer que aquele que se utiliza dos recursos naturais deve ser cobrado por isso). **C:** correta. **D:** incorreta (a alternativa faz alusão ao princípio da equidade "intergerencial", quando o correto seria o *princípio da equidade intergeracional*, ou da *solidariedade intergeracional*, pelo qual, de acordo com Rodrigo Bordalo, no Manual Completo de Direito Ambiental, "a sociedade atual está encarregada de tomar as medidas para a conservação ambiental, não apenas para o presente, mas para o futuro, de modo que as gerações que se sucederão à presente também possam viver em um planeta sustentável"). RBO

**91.** Gabarito: A
Comentário: Comentário: **A:** correta; **C:** incorreta (de acordo com o STF, o regime de subsídio é incompatível com outras parcelas remuneratórias de natureza mensal, o que não é o caso do décimo terceiro salário e do terço constitucional de férias, pagos a todos os trabalhadores e servidores com periodicidade anual – RE 650.898/RS – tema 484 de repercussão geral). **B:** incorreta (segundo o STJ, a inconstitucionalidade de determinada lei pode ser alegada em ação civil pública, inclusive envolvendo improbidade administrativa – REsp 1.659.824/SP). **D:** incorreta (como regra, o incidente de arguição de inconstitucionalidade é apreciado pelo plenário ou pelo órgão especial do Tribunal, nos termos da cláusula de reserva de plenário, vertida na súmula vinculante 10: "Viola a cláusula de reserva de plenário (CF, artigo 97) a decisão de órgão fracionário de Tribunal que, embora não declare expressamente a inconstitucionalidade de lei ou ato normativo do poder público, afasta sua incidência, no todo ou em parte." RBO

**92.** Gabarito: C
Comentário: **A:** incorreta (embora a regra seja a obrigatoriedade do concurso público para a admissão de servidores públicos, nos termos do art. 37, II, da CF, a própria Carta Magna prevê exceções, como os cargos em comissão e as contratações temporárias). **B:** incorreta (as leis que disciplinam a figura das contratações temporárias preveem a possibilidade de prorrogação, reputada cons-

titucional pelo STF, desde que não abusiva). **C:** correta (a contratação temporária tem previsão constitucional, nos termos do art. 37, IX, que merece interpretação restritiva; de acordo com o STF, para que se considere válida a contratação temporária, é preciso que: a) os casos excepcionais estejam previstos em lei; b) o prazo de contratação seja predeterminado; c) a necessidade seja temporária; d) o interesse público seja excepcional; e) a necessidade de contratação seja indispensável). **D:** incorreta (não é possível estabelecer de modo apriorístico a caracterização de improbidade administrativa, sujeita à demonstração do elemento subjetivo doloso, nos termos do regramento da Lei 8.429/1992, cf. alterações promovidas pela Lei 14.230/2021; além disso, com assento no princípio da boa-fé e da proteção à confiança, incabível a devolução das quantias pagas). RBO

**93.** Gabarito: D
Comentário: de acordo com o entendimento do STF, o auxílio-alimentação detém natureza indenizatória (**C:** incorreta), motivo pelo qual <u>não</u> se admite: a) a sua integração à base de cálculo para fins de 13º salário e férias (**D:** correta e **A:** incorreta); b) a sua incorporação à remuneração; c) a sua extensão a servidores inativos, nos termos da Súmula Vinculante 55: "O direito ao auxílio-alimentação não se estende aos servidores inativos". Evidentemente, o Município não goza de total liberdade na organização de seu pessoal, porquanto sujeita aos ditames constitucionais (**B:** incorreta). RBO

**94.** Gabarito: B
Comentário: **A:** incorreta (os bens públicos podem ser objeto de desapropriação, desde que atendida a regra segundo a qual a entidade federativa maior pode expropriar bens da entidade menor, embora o inverso não seja possível; assim, a União pode desapropriar bens dos Estados e Municípios, enquanto os Estados podem expropriar bens dos Município, mas não os da União). **B:** correta (cf. definido pelo STF no âmbito da ADI 2.332/DF, ao apreciar, entre outros dispositivos, o art. 15-B do Decreto-lei 3.365/1941). **C:** incorreta (de acordo com o art. 5º, XXIV, da CF, são três os pressupostos da desapropriação: necessidade pública, utilidade pública e interesse social; assim, conclui-se que utilidade pública e necessidade pública são noções distintas). **D:** incorreta (os pressupostos da desapropriação, elencadas no art. 5º, XXIV, da CF, são essenciais para a promoção da expropriação; consigne-se, ademais, que a desistência da desapropriação é, de fato, possível antes do pagamento do preço). RBO

**95.** Gabarito: D
Comentário: **A:** incorreta (a Lei 12.529/2011, nos termos de seu art. 31, aplica-se às pessoas físicas ou jurídicas de direito público ou privado, bem como a quaisquer

associações de entidades ou pessoas, constituídas de fato ou de direito, ainda que temporariamente, com ou sem personalidade jurídica; além disso, as infrações da ordem econômica independem de culpa, cf. art. 36, "caput", do mesmo diploma). **B:** incorreta (o fomento representa um mecanismo de estímulo, caracterizando uma das formas de manifestação da função pública, sem que se possa vislumbrar ofensa ao princípio da isonomia; ademais, encontra previsão no art. 174, "caput", da CF, que consigna a função de incentivo do Estado). **C:** incorreta (nas situações de monopólio estatal, é cabível a atribuição da sua exploração direta a terceiro através de delegação, cf. art. 177, § 1º, da CF). **D:** correta (enquanto o art. 173 da CF dispõe sobre o Estado como explorador da atividade econômica, o art. 174 trata-o como agente regulador). RBO

**96.** Gabarito: C
Comentário: **A:** incorreta (o controle interno decorre do poder hierárquico da Administração, estando associado ao princípio da autotutela, motivo pelo qual independe de lei expressa). **B:** incorreta (de acordo com a doutrina, o prazo para a reclamação administrativa é fatal para o administrado, autorizando o Poder Público a não conhecer do pedido; entretanto, não existe impedimento para que Administração defira a reclamação, mesmo que apresentada fora do prazo). **C:** correta (cf. art. 61 da Lei 9.784/1999 – Lei do Processo Administrativo Federal). **D:** incorreta (de acordo com o art. 6º do Decreto-lei 200/1967 – Lei da Organização da Administração Federal, os cinco princípios fundamentais são: planejamento, coordenação, descentralização, delegação de competência e controle). RBO

**97.** Gabarito: A
Comentário: **A:** correta (de acordo com jurisprudência do STJ – AgInt no MS 21.957, a autoridade julgadora, por estar vinculada aos fatos e não à capitulação proposta, pode aplicar sanção diversa daquela sugerida pela Comissão Processante, agravando ou abrandando a penalidade, ou até mesmo isentar o servidor da responsabilidade, desde que apresente a devida fundamentação). **B:** incorreta (considerando que a proporcionalidade da punição representa matéria de legalidade ou juridicidade, e não de mérito, pode ser objeto de correção na via judicial). **C:** incorreta (de acordo com o art. 151 da Lei 8.112/1990-Estatuto dos Servidores Federais, a fase de defesa do servidor é posterior à fase de instrução; ademais, de acordo com a Súmula Vinculante n.º 5, "a falta de defesa técnica por advogado no processo administrativo disciplinar não ofende a Constituição"). **D:** incorreta (cf. Súmula 591 do STJ: "É permitida a prova emprestada no processo administrativo disciplinar, desde que devidamente autorizada pelo juízo competente e respeitados o contraditório e a ampla defesa.") RBO

**98.** Gabarito: C
Comentário: **A:** incorreta (o ressarcimento espontâneo do dano não impede o ajuizamento da ação de improbidade; consigne-se que o ressarcimento não detém natureza de sanção, mas de reparação pelas lesões causadas). **B:** incorreta (cf. art. 20 da Lei 8.429/1992, a perda da função pública e a suspensão dos direitos políticos só se efetivam com o trânsito em julgado da sentença condenatória). **C:** correta (de fato, a violação concomitante aos artigos 9º, 10 e 11 da Lei 8.429/1992 dá ensejo à aplicação do princípio da subsunção, pelo qual se aplica o regime da desconformidade mais grave, que absorve as demais). **D:** incorreta (a criação de outras sanções pela Lei 8.429/1992, não previstas expressamente no art. 37, § 4º, da CF, não representa inconstitucionalidade). RBO

**99.** Gabarito: D
Comentário: **A:** incorreta (a consensualidade na Administração Pública instaurou um novo paradigma no Direito Público brasileiro, de modo que a celebração de acordo de leniência não é incompatível com a indisponibilidade do interesse público). **B:** incorreta (a ação popular visa à tutela, entre outros, do patrimônio público, considerados os bens e direito de valor econômico, artístico, estético, histórico ou turístico, cf. art. 1º, § 1º, da Lei 4.717/1965- Lei da Ação Popular). **C:** incorreta (o interesse público anticorrupção está relacionado ao princípio da moralidade, insculpido expressamente no art. 37, "caput", da CF). **D:** correta (com efeito, a Lei 12.846/2013, conhecida com Lei Anticorrupção, reforçou a tutela jurídica da probidade administrativa; além disso, no âmbito do direito administrativo sancionador, aplicável os postulados da razoabilidade e da proporcionalidade). RBO

**100.** Gabarito: C
Comentário: A: incorreta (o rol do art. 2º da Lei 14.133/2021, que elenca o âmbito de aplicação da norma, é exemplificativo). B: incorreta (cf. art. 4º da Lei 14.133/2021, aplicam-se às licitações e contratos administrativos disciplinados pela mesma lei as disposições constantes dos arts. 42 a 49 da Lei Complementar 123/2006, os quais dispõem sobre o tratamento diferenciado, no âmbito das licitações, em favor de microempresas e empresas de pequeno porte). C: correta (o art. 5º da Lei 14.133/2021 elenca os princípios aplicáveis às licitações e contratos, motivo pelo qual conduz à interpretação das regras específicas contidas no mesmo diploma). D: incorreta (a gestão por competências atinge as etapas preliminares da licitação, em homenagem ao princípio do planejamento). RBO

MAGISTRATURA TJAP 2022

**1.** A empresa XYWZ, com sede no Estado do Amapá, há alguns anos enfrentava dificuldades financeiras e passou a não realizar o pagamento de dívidas que já acumulavam um passivo maior do que o seu ativo. Com a pandemia, a situação se agravou ainda mais e a empresa encerrou suas atividades às pressas, sem comunicar aos órgãos competentes. Diante da inadimplência da empresa, seus credores, incluindo o fisco, entraram em juízo e solicitaram a desconsideração da personalidade jurídica.

Atento à jurisprudência do Superior Tribunal de Justiça, o magistrado deve considerar, no caso, que:

(A) para a desconsideração da personalidade jurídica basta a caracterização do estado de insolvência da empresa;

(B) caso a empresa participasse de grupo econômico, haveria a desconsideração da personalidade jurídica;

(C) a dissolução irregular é suficiente, por si só, para o implemento da desconsideração da personalidade jurídica, com base no Art. 50 do Código Civil;

(D) presume-se dissolvida irregularmente a empresa que deixar de funcionar no seu domicílio fiscal, sem comunicação aos órgãos competentes;

(E) tratando-se de regra que importa na ampliação do princípio da autonomia patrimonial da pessoa jurídica, a interpretação que melhor se coaduna com o Art. 50 do Código Civil é a de que, diante do encerramento irregular das atividades, a pessoa jurídica tenha sido instrumento para fins fraudulentos.

**2.** Sobre o contrato de seguro de vida, a jurisprudência do Superior Tribunal de Justiça permite afirmar que:

(A) a constituição em mora, de que trata o Art. 763 do Código Civil, exige prévia interpelação e, portanto, a mora no contrato de seguro de vida é *ex persona*;

(B) o pagamento de indenização prevista em contrato de seguro de vida é dispensado no caso de embriaguez do segurado;

(C) os contratos de seguro de vida cobrem a hipótese de suicídio desde o início da contratação;

(D) o atraso no pagamento do prêmio pelo segurado, independentemente da sua constituição em mora pela seguradora, implica a suspensão automática do contrato de seguro de vida;

(E) nos contratos de seguro regidos pelo Código Civil, a correção monetária sobre indenização securitária incide desde a ocorrência do sinistro até o efetivo pagamento.

**3.** No que tange ao superendividamento, é correto afirmar que:

(A) a Lei nº 14.181/2021, também conhecida como Lei do Superendividamento, estabeleceu um percentual de inadimplência de 30% dos débitos para que o consumidor seja considerado superendividado;

(B) as normas protetivas em relação ao superendividamento dos artigos 54-A a 54-G do Código de Defesa do Consumidor (CDC) se aplicam em relação à aquisição ou à contratação de produtos e serviços de luxo de alto valor;

(C) a doutrina e a jurisprudência classificam o consumidor superendividado ativo como aquele que se endivida por questões alheias ao seu controle como, por exemplo, em razão de circunstâncias de desemprego;

(D) a Lei nº 14.181/2021 inseriu como nova proibição na oferta de crédito ao consumidor a indicação de que a operação de crédito poderá ser concluída sem consulta a serviços de proteção ao crédito ou sem avaliação da situação financeira do consumidor;

(E) o superendividamento é um fenômeno multidisciplinar que repercute na sociedade de consumo de massa. As dívidas alimentícias corroboram significativamente para o agravamento desse fenômeno, tendo em vista diminuírem a capacidade de adimplemento do consumidor.

**4.** Pedro (comodante) celebrou contrato de comodato com Maria (comodatária), tendo por objeto um imóvel de sua propriedade para que ela residisse com sua família pelo prazo de 12 meses. Findo esse prazo, Maria permaneceu no imóvel alegando não ter condições de realizar a sua mudança, que somente veio a se concretizar 6 meses depois.

Considerando o caso hipotético, é correto afirmar que:

(A) a negativa de Maria de sair do imóvel não gera automaticamente a mora *ex re* e depende de interpelação judicial ou extrajudicial por Pedro;

(B) a justificativa apresentada por Maria para permanecer no imóvel após o termo final do contrato de comodato descaracteriza a posse injusta e o esbulho possessório;

(C) Maria deverá pagar aluguel a Pedro após o termo final do contrato de comodato pelo prazo de 6 meses;

(D) o contrato de comodato passou a vigorar por prazo indeterminado, já que Pedro não realizou a interpelação judicial ou extrajudicial de Maria;

(E) após o termo final do contrato de comodato, como Maria permaneceu no imóvel, o contrato será considerado de locação e Pedro deverá ingressar com ação de despejo.

**5.** Mário é viúvo e, após sérias desavenças com sua única parente e irmã, Adalberta, resolve deixar seus bens para o amigo de infância Roberto. Para tanto, elabora testamento público.

Considerando a situação hipotética, é correto afirmar que:

(A) Mário somente poderá revogar o testamento público por outro testamento público;

(B) apesar de o testamento de Mário ser público, é sigiloso;

(C) caso Mário tenha a sua incapacidade supervenientemente declarada, o testamento será inválido;

(D) a disposição testamentária é válida, pois os colaterais são herdeiros facultativos;

(E) o testamento de Mário poderá ser impugnado no prazo de dez anos contados da data do registro.

**6.** Jurema, ao conduzir o seu veículo por uma estrada de mão dupla, é surpreendida com um carro na contramão e em alta velocidade dirigido por Maurício. Para se esquivar de uma possível colisão, Jurema realiza manobra vindo a atropelar Bento, que estava na calçada e sofreu um corte no rosto, o que o impediu de realizar um ensaio fotográfico como modelo profissional.

Considerando a situação hipotética, é correto afirmar que Jurema:

(A) praticou ato ilícito e deverá indenizar Bento;

(B) agiu em estado de necessidade e não deverá indenizar Bento, pois o ato é lícito;

(C) agiu em estado de necessidade e deverá indenizar Bento, apesar do ato ser lícito;

(D) e Maurício devem indenizar Bento, pois praticaram atos ilícitos;

(E) praticou ato ilícito e deve indenizar Bento, mas não poderá ingressar com ação de regresso em face de Maurício.

**7.** O Banco BPF S/A ajuizou execução por título extrajudicial em face de João Pedro para satisfação

de sua dívida. No momento da penhora de um automóvel que cobriria o valor devido, o executado informou que este fora vendido para seu filho, Bernardo. O automóvel se encontra efetivamente na posse de Bernardo, que dele vem se utilizando, e a transferência da propriedade foi registrada administrativamente junto ao Detran. No entanto, o executado não obteve êxito em comprovar o valor supostamente pago pela venda do carro, ficando claro que o negócio jurídico efetivamente celebrado fora uma doação.

Diante disso, deve ser reconhecida a:

(A) nulidade do contrato de compra e venda do carro por simulação relativa objetiva;

(B) anulabilidade do contrato de compra e venda do carro por simulação absoluta;

(C) inexistência do contrato de compra e venda do carro por simulação relativa subjetiva;

(D) nulidade do contrato de compra e venda do carro por simulação absoluta;

(E) anulabilidade do contrato de compra e venda do carro por simulação relativa objetiva.

**8.** A Lig Suprimentos Ltda. firmou uma confissão de dívida perante a SMA Informática S/A, tendo por objeto a quantia de R$ 150.000,00. Uma das cláusulas da confissão de dívida estabelecia que o pagamento da dívida se daria em data a ser definida por credor e devedor. Com o passar do tempo, a SMA Informática S/A tentou por diversas vezes fixar a data para pagamento, mas a Lig Suprimentos Ltda. nunca concordava.

A mencionada cláusula contém uma condição:

(A) suspensiva simplesmente potestativa;

(B) resolutiva puramente potestativa;

(C) suspensiva contraditória;

(D) resolutiva simplesmente potestativa;

(E) suspensiva puramente potestativa.

**9.** A empreiteira Cosme Ltda. contratou a Flet Ltda. para que ela lhe desse a perfuratriz modelo SKS que tinha no seu galpão em Santana. Entretanto, outra cláusula do contrato previa a possibilidade acessória de a Flet Ltda. se desincumbir de sua obrigação, se quisesse, entregando à Cosme Ltda. a perfuratriz modelo 1190 que está em seu armazém nos arredores de Macapá. Ocorre que, antes da data marcada para a entrega, uma tempestade atinge Santana e destrói o galpão, inviabilizando a entrega da perfuratriz modelo SKS.

Diante disso, a Cosme Ltda. pode exigir:

**(A)** somente a entrega da perfuratriz modelo 1190, sem direito a perdas e danos;

**(B)** a entrega da perfuratriz modelo 1190, com direito a perdas e danos;

**(C)** o equivalente pecuniário da perfuratriz modelo SKS ou a entrega da perfuratriz modelo 1190;

**(D)** o equivalente pecuniário da perfuratriz modelo SKS ou a entrega da perfuratriz modelo 1190, com direito a perdas e danos;

**(E)** somente a resolução do contrato, com devolução de valores eventualmente pagos.

**10.** Renato, professor universitário, adquiriu um automóvel usado de seu vizinho, Adalberto, corretor de imóveis. Este lhe concedeu dois meses de garantia, iniciada a partir da entrega do bem. Entretanto, três dias depois de expirada a garantia, o veículo pifou na estrada, exigindo de Renato gastos com reboque e conserto.

Diante disso, é correto afirmar que:

**(A)** Renato nada mais pode pretender em face de Adalberto, pois, tendo em vista a natureza da relação, a garantia contratual afasta a garantia legal;

**(B)** para pretender a resolução do contrato ou o abatimento do preço, Renato deve provar que o defeito era preexistente ao término do prazo de garantia;

**(C)** ante a possibilidade de conserto do bem, não pode Renato resolver o contrato por falta do requisito da gravidade do vício, mas pode pleitear abatimento no preço pago;

**(D)** Renato somente pode pretender indenização dos gastos com reboque e conserto se comprovar que Adalberto agiu de má-fé, pois já sabia do defeito do veículo;

**(E)** Renato pode optar entre a substituição por outro automóvel, a restituição do preço pago, atualizado monetariamente, ou seu abatimento proporcional.

**11.** Marcelo firmou com Reinaldo contrato de locação de imóvel urbano para fins residenciais pelo prazo de dois anos.

Na condição de locador, Marcelo poderá reaver o imóvel antes do término do prazo:

**(A)** se o pedir para uso próprio, de seu cônjuge ou companheiro, ou para uso residencial de ascendente ou descendente que não disponha, assim como seu cônjuge ou companheiro, de imóvel residencial próprio;

**(B)** em decorrência de extinção do contrato de trabalho, se a ocupação do imóvel pelo locatário estava relacionada com o seu emprego;

**(C)** se for pedido para demolição e edificação licenciada ou para a realização de obras aprovadas pelo poder público, que aumentem a área construída em, no mínimo, 20%;

**(D)** por mútuo acordo, em decorrência da prática de infração legal ou contratual, ou ainda em decorrência da falta de pagamento do aluguel e demais encargos;

**(E)** para a realização de reparações urgentes determinadas pelo poder público, ainda que possam ser executadas com a permanência do locatário no imóvel.

**12.** Roberval tornou-se síndico do condomínio do edifício Castanheira. Buscando valorizar o imóvel e remediar alguns problemas inconvenientes do edifício, ele precisa realizar certas obras.

Quanto a elas, é correto afirmar que:

**(A)** as obras necessárias e urgentes que importem em despesas excessivas podem ser realizadas imediatamente pelo síndico, dispensada comunicação à assembleia;

**(B)** as obras que importarem em despesas excessivas dependem de aprovação em assembleia especial, cuja convocação compete exclusivamente ao síndico;

**(C)** o condômino que realizar obras não necessárias, mas de interesse comum, será reembolsado das despesas que efetuar;

**(D)** a realização de obras voluptuárias dependerá de autorização prévia da assembleia, mediante aprovação da maioria dos condôminos;

**(E)** não são permitidas construções, nas partes comuns, suscetíveis de prejudicar a utilização, por qualquer dos condôminos, das partes próprias ou comuns.

**13.** Justina, casada há 25 anos, substituiu, por ocasião do casamento civil com Eduardo, um dos seus patronímicos pelo do marido. Ocorre que o sobrenome adotado passou a ser o protagonista de seu nome civil, em prejuízo do patronímico de solteira, o que passou a lhe causar intenso sofrimento, uma vez que sempre fora conhecida pelo sobrenome de seu pai. Tal fato lhe trouxe danos psicológicos, especialmente agora que os últimos familiares que ainda usam o seu sobrenome familiar encontram-se gravemente doentes. Por essas razões, Justina requereu a modificação do seu patronímico, ainda durante a constância da sociedade conjugal, de forma a voltar a utilizar o sobrenome da sua família.

O pedido deve ser julgado:

(A) improcedente, em virtude do princípio da inalterabilidade do nome ser considerado absoluto na constância da sociedade conjugal;

(B) procedente, pois a autonomia privada é uma das exceções à inalterabilidade do nome previstas na Lei de Registros Públicos;

(C) procedente, pela interpretação histórico-evolutiva da inalterabilidade, da preservação da herança familiar, da autonomia privada e da ausência de prejuízo a terceiros;

(D) improcedente, em razão da modificação do nome civil ser qualificada como excepcional, tendo em vista a consideração à segurança de terceiros;

(E) improcedente, em virtude da proteção à estabilidade do vínculo conjugal e aos interesses do outro cônjuge, ao menos durante a constância da sociedade conjugal.

**14.** Adalberto está sendo acusado de, ao conduzir seu veículo embriagado, ter atropelado e causado danos a Lucélia. Ele está sendo acionado na esfera criminal por conta das lesões que teria causado a ela.

Sobre sua obrigação de indenizá-la na esfera cível pelos danos sofridos, é correto afirmar que:

(A) ainda que condenado na esfera criminal, a quantificação do dever de indenizar depende de procedimento cível, tendo em vista a diversidade de requisitos entre o ilícito penal e o civil;

(B) a absolvição no âmbito penal impede que ele seja condenado no âmbito cível, se a sentença for fundada na inexistência do fato ou da autoria;

(C) a sentença penal absolutória fundada em excludente de ilicitude vincula o juízo cível, inviabilizando qualquer pretensão da vítima à indenização em face dele;

(D) absolvido na seara criminal por falta de provas do fato, da culpa ou da autoria, fica Adalberto liberado de responsabilidade civil;

(E) a sentença penal absolutória fundada em atipicidade do fato afasta a obrigação de indenizar na esfera cível, inviabilizando a investigação sobre ato ilícito nessa seara.

**15.** Cássia morreu intestada em 2019, deixando uma companheira, Ana, com quem vivia, de forma pública, contínua e duradoura, com objetivo de constituir família, há cerca de dez anos. Em um relacionamento anterior, durante sua juventude, Cássia teve três filhos: Roger, Alan e Juliana. Roger faleceu em 2008, deixando uma filha então recém-nascida, Ingrid, que é a única neta de Cássia. Alan, por não concordar com a orientação sexual assumida pela mãe, teve com ela uma discussão dura em 2017, com troca de grosserias e ofensas, e desde então não mais se falavam. Juliana abriu mão de sua parte na herança de Cássia em favor de sua sobrinha Ingrid.

Sobre a sucessão de Cássia, é correto afirmar que:

(A) a união homoafetiva com Cássia autoriza Ana a pretender a meação dos bens adquiridos onerosamente na sua constância, mas não lhe atribui direitos sucessórios;

(B) a parcela da herança que seria atribuída a Roger será dividida entre Alan e Juliana, em vista do direito de acrescer decorrente de serem herdeiros de mesma classe;

(C) Ingrid somente terá direitos sucessórios se, além de Juliana, também Alan renunciar à herança, pois os descendentes em grau mais próximo excluem os mais remotos;

(D) Alan somente será excluído da sucessão se caracterizada judicialmente a ocorrência de crime contra a honra de Cássia e declarada a indignidade por sentença;

(E) o ato de Juliana caracteriza renúncia à herança, de modo retroativo, produzindo efeitos como se ela jamais tivesse adquirido direito sobre o acervo hereditário.

**16.** Intentada determinada demanda, o réu, no curso da fase de instrução probatória, percebeu que os elementos carreados aos autos não respaldavam os seus argumentos defensivos e, também, que realmente assistia ao autor o direito afirmado na petição inicial.

No intuito de evitar a prolação de uma sentença de mérito em seu desfavor, o demandado revogou o mandato outorgado ao seu único advogado.

Percebendo o vício de representação processual, o juiz da causa determinou a intimação do réu para que o sanasse, sem que, todavia, este tivesse adotado qualquer providência.

Nesse cenário, deve o juiz:

(A) decretar a revelia do réu e determinar a abertura de vista dos autos ao curador especial para desempenhar a sua defesa;

(B) determinar a suspensão do processo, até que o vício de representação do réu seja regularizado;

(C) julgar extinto o feito, sem resolução do mérito, por ausência de pressuposto processual de validade;

**(D)** proferir sentença de mérito, acolhendo o pedido formulado pelo autor;

**(E)** ordenar a expedição de ofício à OAB, solicitando a disponibilização de advogado para exercer a defesa do réu.

**17.** Intentou-se demanda em face de incapaz, na qual a parte autora deduziu pretensão de cobrança de uma obrigação contratual.

Validamente citado, o réu ofertou contestação, suscitando, entre outras matérias defensivas, a prescrição do direito de crédito.

Atuando no feito como fiscal da ordem jurídica, o Ministério Público lançou a sua promoção final, opinando pelo reconhecimento da prescrição.

Ao proferir a sentença, o juiz da causa, sem atentar para a arguição da prescrição na peça contestatória, tampouco para a opinativa ministerial, julgou procedente o pleito do autor.

Tomando ciência do ato decisório, o órgão ministerial, sete dias depois de sua intimação pessoal, interpôs embargos de declaração, nos quais, alegando que o órgão julgador havia se omitido quanto ao tema, requereu a apreciação e o consequente reconhecimento do fenômeno prescricional.

Ao tomar contato com os embargos declaratórios do Ministério Público, deve o juiz:

**(A)** deixar de recebê-los, em razão da falta de legitimidade do recorrente;

**(B)** deixar de recebê-los, em razão da intempestividade da peça recursal;

**(C)** determinar a remessa dos autos ao órgão de segunda instância;

**(D)** recebê-los e acolher de imediato a pretensão recursal, para reconhecer a prescrição e rejeitar o pedido do autor;

**(E)** recebê-los e determinar a intimação da parte autora para apresentar, caso queira, a sua resposta ao recurso.

**18.** Em razão de um acidente de trânsito, Luiz, condutor de um dos veículos envolvidos, ajuizou ação de indenização em face de Carlos, o condutor do outro automóvel, a quem atribuiu a culpa no episódio.

Regularmente citado, Carlos apresentou a sua contestação, alegando que a culpa no evento danoso fora apenas de um pedestre, não identificado, que surgira de inopino na via pública, assim obrigando-o a desviar e colidir com o veículo de Luiz.

Considerando que os elementos probatórios carreados aos autos confirmavam inteiramente a versão defensiva de Carlos, deve o juiz da causa:

**(A)** determinar-lhe que promova a denunciação da lide em relação ao pedestre responsável pelo acidente;

**(B)** determinar-lhe que promova o chamamento ao processo em relação ao pedestre responsável pelo acidente;

**(C)** reconhecer a sua ilegitimidade passiva *ad causam*, extinguindo o feito sem resolução do mérito;

**(D)** julgar improcedente o pedido do autor, visto que não foi configurada a responsabilidade civil atribuída ao réu;

**(E)** determinar a suspensão do feito, no aguardo de elementos que permitam a identificação do pedestre causador do acidente.

**19.** No que concerne ao processo de execução, é correto afirmar que:

**(A)** efetivadas a expropriação do bem do devedor, a sua alienação e a satisfação do crédito exequendo, o juiz deve proferir despacho ordenando o arquivamento do feito;

**(B)** a homologação de eventual desistência da ação depende da concordância do executado, se este já tiver sido citado;

**(C)** ainda que disponha de um título executivo extrajudicial, o credor pode optar pela via da ação de conhecimento;

**(D)** a liquidez da obrigação constante do título executivo fica afastada se a apuração do crédito reclamar operações aritméticas simples;

**(E)** o credor pode cumular várias execuções em face do mesmo devedor, ainda que o procedimento seja distinto e desde que o juízo seja competente para processar ao menos uma delas.

**20.** Coexistem, em juízos cíveis de comarcas distintas, dois processos, ainda não sentenciados. Em um deles, o credor de uma obrigação contratual pleiteia a condenação do devedor a cumpri-la, ao passo que, no outro, o devedor persegue a declaração de nulidade do mesmo contrato.

Nesse cenário, é correto afirmar que os feitos:

**(A)** devem ser reunidos para julgamento conjunto pelo órgão judicial onde tiver ocorrido a primeira citação válida;

**(B)** devem ser reunidos para julgamento conjunto pelo órgão judicial onde tiver ocorrido a primeira distribuição;

**(C)** devem ser reunidos para julgamento conjunto pelo órgão judicial que tiver proferido o primeiro provimento liminar positivo;

**(D)** não devem ser reunidos, suspendendo-se o curso daquele que foi distribuído em segundo lugar, no aguardo do julgamento do primeiro;

**(E)** não devem ser reunidos, extinguindo-se aquele que foi distribuído em segundo lugar, em razão da litispendência.

**21.** André, domiciliado em Macapá, ajuizou ação de reintegração de posse de imóvel de sua propriedade, situado em Laranjal do Jari, em face de Paulo, domiciliado em Santana.

Considerando que a demanda foi intentada perante juízo cível da Comarca de Macapá, o magistrado, tomando contato com a petição inicial, deve:

**(A)** declinar, de ofício, da competência em favor do juízo cível da Comarca de Laranjal do Jari;

**(B)** declinar, de ofício, da competência em favor do juízo cível da Comarca de Santana;

**(C)** determinar a citação de Paulo, já reconhecendo que a competência é do juízo cível da Comarca de Macapá;

**(D)** determinar a citação de Paulo e, caso este suscite a incompetência, ordenar a remessa dos autos ao juízo cível da Comarca de Santana;

**(E)** reconhecer a incompetência do juízo cível da Comarca de Macapá e extinguir o feito, sem resolução do mérito.

**22.** Menor, com 16 anos de idade, intentou, perante o Juizado Especial Cível, ação indenizatória em que pleiteava a condenação do réu a lhe pagar verba indenizatória correspondente a trinta vezes o salário mínimo.

Validamente citada, a parte ré, sem prejuízo das suas matérias defensivas de natureza meritória, suscitou, preliminarmente, a incompetência do foro e a irregularidade da representação processual do autor, que outorgara instrumento de mandato ao seu advogado sem que estivesse assistido por seu pai ou sua mãe.

Considerando que os vícios processuais arguidos efetivamente se configuraram, deve o juiz:

**(A)** determinar a intimação do autor para regularizar a representação processual e, após, declinar da competência em favor do juizado situado no foro competente;

**(B)** determinar a intimação do autor para manifestar renúncia ao valor que exceda o patamar de vinte vezes o salário mínimo, de modo a dispensar a presença de advogado;

**(C)** proferir sentença em que julgue extinto o feito sem resolução do mérito;

**(D)** designar audiência de conciliação, instrução e julgamento para a colheita da prova oral;

**(E)** declinar da competência em favor do juizado situado no foro competente, ao qual caberá aferir a regularidade, ou não, da representação processual do autor.

**23.** Em um procedimento litigioso de separação judicial, em que as partes, não havendo nascituros ou filhos, após saneado o feito, manifestam ao juiz a pretensão de convolar o processo para divórcio consensual, é correto afirmar que:

**(A)** não é possível a alteração objetiva da demanda, uma vez operado o saneamento do processo;

**(B)** não é possível a alteração objetiva da demanda, uma vez já estabilizada com a citação;

**(C)** é possível a alteração subjetiva da demanda, uma vez que não há impedimento temporal na lei;

**(D)** é possível a alteração da demanda, uma vez que as partes estão impedidas de obter escritura pública para o divórcio;

**(E)** é possível a alteração da demanda, uma vez que, no caso, o juiz não é obrigado a observar critério de legalidade estrita.

**24.** No curso do procedimento, o réu reconheceu a procedência do pedido de ressarcimento do dano material, que foi julgado procedente por meio de uma decisão interlocutória, que não foi objeto de recurso. Todavia, contestou o pedido de reparação de dano moral, uma vez que entendeu ser este inexistente. Após o regular prosseguimento do feito, sobreveio sentença, em que foi julgado procedente *in totum* o pedido de reparação do dano moral.

Nesse cenário, pretendendo o réu recorrer dessa sentença, é correto afirmar que:

**(A)** cabe apelação para rediscutir integralmente a lide, uma vez que a decisão interlocutória proferida no curso do processo não é coberta pela preclusão;

**(B)** cabe agravo de instrumento quanto à condenação em dano material e apelação quanto ao pedido de dano moral, que devem ser interpostos simultaneamente;

**(C)** há coisa julgada em relação ao pedido de ressarcimento de dano material, cabendo apenas apelação quanto à condenação em dano moral;

**(D)** o julgador incidiu em *error in procedendo*, uma vez que as questões de mérito devem ser decididas simultaneamente na sentença, que deve ser única;

**(E)** cabe agravo de instrumento quanto às duas manifestações judiciais, uma vez que este é a espécie recursal das decisões que versarem sobre o mérito do processo.

**25.** Em uma demanda entre particulares na qual se discute a metragem de um imóvel para fins de acertamento de um direito, as partes somente protestaram por provas orais. O juiz, de ofício, determinou a produção de prova pericial e documental, para exercer seu juízo de mérito sobre a causa.

Nesse cenário, pode-se afirmar que o julgador agiu de forma:

**(A)** correta, uma vez que cabe ao juiz, de ofício ou a requerimento da parte, determinar as provas necessárias ao julgamento do mérito;

**(B)** incorreta, uma vez que viola o princípio da inércia, já que cabe às partes a iniciativa da produção probatória de seus direitos;

**(C)** incorreta, uma vez que o julgamento deve ser feito de acordo com as provas produzidas nos autos, não se admitindo ao juiz determinar as provas;

**(D)** correta, pois só cabe ao julgador verificar a quem ele deve atribuir o ônus da prova, não sendo mais ônus do autor a prova do seu direito;

**(E)** incorreta, uma vez que cabe ao réu a prova de que a afirmativa do autor sobre a metragem do imóvel não representa a veracidade dos fatos.

**26.** Em uma demanda judicial proposta por um único autor em face de dois réus, em litisconsórcio passivo comum, apenas um deles ofereceu contestação, não obstante ter o revel constituído procurador distinto e de outro escritório de advocacia.

Tratando-se de autos eletrônicos, e sabendo-se que o juízo julgou procedente o pedido, é correto afirmar que:

**(A)** será contado em dobro o prazo para que qualquer um dos litisconsortes ofereça o recurso de apelação;

**(B)** não será admissível a apelação do réu revel, uma vez que a revelia gerou presunção de certeza do direito do autor;

**(C)** o prazo para o réu contestante oferecer o recurso de apelação não será contado em dobro;

**(D)** o prazo para o réu contestante recorrer será contado em dobro, e para o réu revel será contado de forma simples;

**(E)** o prazo para o autor recorrer será contado em dobro, caso entenda existir interesse recursal.

**27.** Rafael possui três notas promissórias vencidas, nas quais Victor figura como devedor. Não obstante se tratar de dívidas distintas, o credor resolve demandar, em um único processo, a execução autônoma desses títulos em face do referido devedor, uma vez que consubstanciam obrigações certas, líquidas e exigíveis.

Ao receber essa inicial, percebendo que o juízo é competente para tais cobranças, e que todas buscam o mesmo tipo de obrigação, agirá corretamente o juiz se:

**(A)** determinar que o credor emende a inicial, indicando qual título pretende demandar, devendo os outros virem por via própria, uma vez que essa cumulação é inadmissível na execução;

**(B)** admitir a cumulação objetiva dessas execuções, pois, pelo princípio da economia processual, permite-se que o credor se utilize de um mesmo processo para execução desses títulos;

**(C)** inadmitir a inicial, uma vez que há necessidade de prévio processo de conhecimento para obter o necessário título executivo judicial, com o qual poderia posteriormente demandar a execução;

**(D)** intimar o devedor, para que manifeste sua concordância com a cumulação de execuções pretendida, sob pena do indeferimento da inicial, em caso de recusa do devedor;

**(E)** julgar, desde logo, procedentes os pedidos, uma vez que os referidos títulos executivos extrajudiciais consubstanciam obrigações certas, líquidas e exigíveis.

**28.** Publicada sentença em que houve sucumbência recíproca, pois os pedidos de ressarcimento de dano material e reparação pelo dano moral foram parcialmente concedidos, ambas as partes apelaram de forma independente. O recurso da parte autora pretendia apenas a majoração da condenação fixada pelo juiz pelo dano material. Todavia, após ser surpreendido com o recurso da parte ré, que pretendia unicamente a redução da condenação fixada pelo dano moral, o autor interpõe, no prazo das contrarrazões, apelação pela via adesiva, buscando agora a integralidade também da verba pretendida a título de dano moral, que não fora objeto do recurso anterior.

Nesse cenário, esse recurso adesivo:

**(A)** deve ser admitido, pois a apelação interposta pela via independente foi parcial, não abrangendo a parte da sentença que se referia ao dano moral;

**(B)** não deve ser admitido, pois o recurso interposto pela via adesiva demandaria o prévio consentimento da parte contrária;

**(C)** deve ser admitido, uma vez que o autor foi intimado da apelação do réu após já ter interposto sua apelação pela via independente;

**(D)** não deve ser admitido, por não ser cabível em sede de recurso de apelação;

**(E)** não deve ser admitido, pois houve preclusão consumativa, uma vez que o recurso adesivo não serve para complementação de recurso já interposto.

**29.** João, pretendendo aviventar a linha divisória entre o terreno de sua propriedade e o de seu confinante José, uma vez que esta foi apagada por causa de uma enchente, propôs ação de demarcação de terras, cujo procedimento é bifásico, com o objetivo de restaurar a linha original entre os imóveis.

Caso o julgador entenda que assiste razão ao requerente, agirá corretamente se prolatar:

**(A)** sentença de procedência, sujeita ao recurso de apelação. Após, com o trânsito em julgado, se inicia a segunda fase do procedimento, que também se encerra com uma sentença;

**(B)** decisão interlocutória, sujeita ao recurso de agravo de instrumento. Após, se inicia a segunda fase do procedimento, que se encerra com a prolação de uma sentença;

**(C)** sentença de procedência, irrecorrível. Com o trânsito em julgado, se inicia a segunda fase do procedimento, que se encerra com o cumprimento da sentença originária;

**(D)** sentença homologatória de demarcação, em face da qual caberá apelação. Após, o procedimento segue com prolação de sentença executiva, que será levada a registro;

**(E)** decisão interlocutória, da qual não desafia agravo de instrumento. Após, segue a segunda fase do procedimento, que se encerra por sentença, da qual caberá apelação.

**30.** Romeu comprou uma churrasqueira inox com acendimento elétrico que incluía sistema de rotação automática e contínua dos espetos (modelo 150), conforme visto no mostruário. No dia seguinte, a mercadoria foi entregue e Romeu verificou se havia alguma avaria, testou o acendimento elétrico e guardou-a em seguida, uma vez que sua residência estava em obras. Quatro meses depois, realizou uma

festa para inaugurar a casa reformada, momento em que atentou para o fato de que o produto foi entregue com configuração diferente (modelo 100), uma vez que não possuía o recurso de rotação automática dos espetos. Imediatamente, o consumidor entrou em contato com a loja, explicou o erro na entrega do produto e solicitou sua substituição ou o ressarcimento do valor pago, o que lhe foi negado. Romeu então propôs ação de obrigação de fazer.

Nesse caso, à luz do Código de Defesa do Consumidor, é correto afirmar que se trata de:

**(A)** vício de qualidade do produto, tendo havido a decadência, que deve ser alegada pela parte que se beneficia, sob pena de preclusão, não podendo ser conhecida de ofício;

**(B)** fato do produto, sendo de três anos o prazo prescricional para exercer a pretensão em juízo com o objetivo de ressarcimento do valor pago ou de efetuação da troca do produto;

**(C)** vício oculto que somente ficou evidenciado para o consumidor quatro meses após a aquisição, iniciando-se daí a contagem do prazo decadencial;

**(D)** vício de qualidade do produto, e ocorreu decadência, uma vez que a reclamação junto à fornecedora foi feita quatro meses após a aquisição e o recebimento do produto;

**(E)** inexistência de fato ou de vício de qualidade do produto, tendo havido erro no procedimento de entrega, afastando-se o fenômeno da decadência.

**31.** Vera ingressou com ação judicial buscando tutela reparatória por danos extrapatrimoniais em face da distribuidora de gêneros alimentícios derivados de aves. A consumidora alega ter adquirido produto lacrado, refrigerado e dentro do prazo de validade, mas, ao chegar em casa e abrir a embalagem no momento de servir aos seus familiares, verificou que o produto estava impróprio para o consumo e com odor fétido. Imediatamente, a consumidora retornou ao local de compra, que alegou se tratar de produto em promoção por estar com o prazo de validade perto do vencimento, conforme explicado aos compradores no anúncio, sendo sabido pela consumidora que isso não permitiria a troca.

Diante desse caso, é correto afirmar que:

**(A)** foi comercializado um produto impróprio para o consumo, o que gera, *in re ipsa*, a obrigação de reparação pelos danos extrapatrimoniais suportados pela consumidora;

**(B)** inexistiu acidente de consumo na medida em que o produto defeituoso não chegou a ser ingerido e, portanto, não acarretou risco à saúde da consumidora;

**(C)** o vício do produto se evidencia pelo acidente de consumo em potencial, sendo os familiares de Vera consumidores por equiparação;

**(D)** a informação prévia e clara prestada pelo fornecedor acerca da impossibilidade de troca do produto em promoção e a vantagem de abatimento no preço afastam a obrigação de troca ou devolução do valor pago;

**(E)** a responsabilidade pelo fato do produto gera danos extrapatrimoniais *in re ipsa*, ainda que o produto não tenha sido consumido por Vera e seus familiares, considerados consumidores por equiparação.

**32.** Regina ingressou com ação judicial em face da montadora de automóveis (primeira ré) e da revendedora (segunda ré), alegando que sofreu prejuízo na compra de um veículo. A consumidora narra que, em outubro de 2020, adquiriu o veículo anunciado na mídia como sendo o lançamento do modelo na versão ano 2021, o que foi confirmado pelo vendedor que a atendeu na concessionária. No mês seguinte, a montadora lançou novamente aquele modelo denominando versão ano 2021, entretanto, contando com mais acessórios, o que impactou na desvalorização do carro de Regina.

Diante dessa situação, é correto afirmar que:

**(A)** há abusividade na prática comercial que induziu Regina a erro, ao frustrar sua legítima expectativa e quebrar a boa-fé objetiva; a responsabilidade solidária da montadora e da revendedora está caracterizada pelo vício decorrente da disparidade com indicações constantes na mensagem publicitária e informadas à consumidora;

**(B)** resta caracterizada a publicidade abusiva ao induzir a erro a consumidora no que dizia respeito às características, qualidade, bem como outros dados sobre o veículo; a segunda ré não possui legitimidade passiva, uma vez que é apenas a revendedora de automóveis, não tendo responsabilidade pela propaganda;

**(C)** o ato de não informar que seria lançada outra versão com acessórios diversos constitui omissão, o que não caracteriza propaganda enganosa que ocorre por ato comissivo; a responsabilidade pelo fato do produto decorrente da propaganda enganosa lançada nas concessionárias é da montadora;

**(D)** há prática comercial abusiva e propaganda enganosa, violando os deveres de informações claras, ostensivas, precisas e corretas, frustrando a legítima expectativa da consumidora e violando os deveres de boa-fé objetiva; a responsabilidade do comerciante é subsidiária em caso de produto que se tornou defeituoso em razão da qualidade inferior que impactou na diminuição do valor;

**(E)** inexistiu publicidade enganosa ou defeito na prestação do serviço, uma vez que não se considera defeituoso o produto pelo fato de outro de melhor qualidade ter sido colocado no mercado; a responsabilidade subsidiária da revendedora em relação à montadora está caracterizada pelo vício decorrente da disparidade com indicações constantes na mensagem publicitária.

**33.** Osmar ingressou com ação judicial em face da fabricante do telefone celular, alegando que houve problemas ainda no período de vigência da garantia legal. No momento da contestação, a parte ré apresentou o laudo realizado pela assistência técnica autorizada da fabricante, indicando que o problema apresentado no aparelho celular se relaciona ao mau uso, documento esse acompanhado por fotografia que demonstra marcas compatíveis com choque físico no bem, ao passo que Osmar requereu a inversão do ônus da prova.

A respeito de tal situação, é correto afirmar que:

**(A)** deve ser aplicada a inversão do ônus da prova em razão de a previsão *ope legis* ser direito básico do consumidor para a salvaguarda da facilitação da defesa de seus direitos;

**(B)** o laudo técnico confeccionado pela assistência técnica autorizada da ré não pode ser considerado imparcial e idôneo para ser utilizado, em detrimento das garantias asseguradas ao consumidor, devendo ser julgado procedente o pedido de Osmar se somente essa for a prova constituída nos autos;

**(C)** embora se trate de relação de consumo, com inversão do ônus da prova como um direito básico garantido ao consumidor, não está dispensado o dever da parte autora de fazer prova quanto ao fato constitutivo do seu direito;

**(D)** não pode ser afastada a responsabilidade da demandada por se tratar de garantia legal, que é obrigatória e inegociável, ainda que seja demonstrada a culpa exclusiva do consumidor, situação que somente excluiria responsabilidade em caso de fato do produto;

(E) deve ser julgado procedente o pedido de Osmar a partir de suas alegações, uma vez que a justificativa de suposto mau uso do produto por choque físico representa risco que razoavelmente se espera no manuseio de aparelhos celulares, não sendo capaz de afastar a garantia legal obrigatória.

**34.** A consumidora Samantha propôs incidente de desconsideração de personalidade jurídica em face de determinada loja de bijuterias construída na forma de sociedade limitada. Narra a autora que, na fase de cumprimento de sentença que condenou a empresa a pagar indenização à consumidora, não logrou êxito em localizar bens para satisfazer a execução, embora diversas tenham sido as tentativas para tanto. Samantha alega ainda que, na fase cognitiva, a fornecedora foi declarada revel e sequer compareceu às audiências designadas pelo Juízo.

A respeito disso, é correto afirmar que o pedido deve ser julgado:

(A) improcedente, pois a revelia e a ausência de participação no processo judicial não sugerem abuso da personalidade jurídica, requisito para o deferimento do requerido;

(B) improcedente, pois, para a desconsideração requerida, deverá restar efetivada falência, estado de insolvência, encerramento ou inatividade da pessoa jurídica provocados por má administração;

(C) procedente, ainda que o Código de Defesa do Consumidor não preveja a desconsideração da personalidade jurídica, quando caracterizado abuso da personalidade jurídica evidenciado no caso pleiteado por Samantha;

(D) procedente, à luz da aplicação da teoria menor da desconsideração da personalidade jurídica, prevista no Código de Defesa do Consumidor;

(E) improcedente, pois, ainda que prevista no Código de Defesa do Consumidor, a desconsideração requerida não pode ser aplicada de forma a implicar a perda da finalidade de responsabilidade limitada das sociedades, exceto no uso fraudulento da personalidade jurídica.

**35.** Jennifer dá à luz uma criança do sexo masculino e, após o parto, ela e o seu companheiro informam à assistente social do Hospital das Clínicas que desejam entregar a criança em adoção. Gisele, enfermeira, se oferece para adotar a criança e a leva para a sua casa, com a anuência de Jennifer, do genitor e da família extensa. O caso é noticiado pelo hospital ao Conselho Tutelar e ao Ministério Público, que propõe ação com pedido cautelar de busca e apreensão da criança. O magistrado indefere o pedido, entendendo que é cabível a adoção consensual nessa hipótese.

Considerando o disposto na Lei nº 8.069/1990 (ECA), a decisão está:

(A) correta, pois a entrega da criança a Gisele conta com a anuência dos pais e da família extensa, havendo previsão legal no ECA para a realização da adoção consensual nessa hipótese;

(B) incorreta, pois a criança não se encontra disponível para adoção, sendo necessária a propositura de ação de destituição familiar em face dos pais;

(C) correta, pois o consentimento dos pais afasta a necessidade de consulta de habilitados no Sistema Nacional de Adoção e Acolhimento (SNA);

(D) incorreta, pois a hipótese narrada não se enquadra nas exceções à adoção por pessoa não cadastrada previamente no Sistema Nacional de Adoção e Acolhimento (SNA);

(E) correta, pois o Sistema Nacional de Adoção e Acolhimento (SNA) é cadastro de habilitados à adoção, não havendo obrigatoriedade legal de observância da ordem cronológica para deferimento do pedido de adoção.

**36.** Stephany, criança de 9 anos, aparece na escola com hematomas pelo corpo e corrimento vaginal e revela para sua professora do ensino fundamental, Carolina, que sofreu abuso sexual praticado pelo seu padrasto, Ernesto. Após conversar com a mãe e o padrasto, que desmentem a criança, Carolina relata os fatos à diretora da escola, Margarida, que se abstém de noticiar a violação de direitos ao órgão com atribuição.

Considerando o disposto na Lei nº 8.069/1990 (ECA), é correto afirmar que a diretora:

(A) praticou crime previsto no ECA e deveria ter noticiado o fato ao juiz da Infância e Juventude, conforme previsão legal;

(B) praticou infração administrativa prevista no ECA e deveria ter noticiado o fato ao Conselho Tutelar, conforme previsão legal;

(C) praticou crime previsto no ECA e deveria ter noticiado o fato ao promotor de justiça, conforme previsão legal;

(D) praticou infração administrativa prevista no ECA e deveria ter noticiado o fato ao Conselho

Municipal de Direitos da Criança e do Adolescente, conforme previsão legal;

(E) não praticou crime ou infração administrativa previstos no ECA, na medida em que, após a apuração dos fatos, não restou comprovado o abuso.

**37.** Joseane, adolescente de 12 anos, é vítima de estupro praticado por seu padrasto, Francisco. Após análise do inquérito policial, o Ministério Público oferece denúncia em face de Francisco, requerendo, em sede de produção antecipada de prova, o depoimento especial da adolescente. Na data da audiência, a profissional especializada que participa do ato processual na sala de depoimento especial lê a denúncia para a adolescente, questionando-a sobre a veracidade dos fatos. Joseane informa à profissional especializada que se sente intimidada ao saber que o padrasto está presente na sala de audiências e, em virtude disso, permanece calada. O magistrado suspende o ato processual e Joseane manifesta o desejo de prestar depoimento diretamente ao juiz, sem a presença do réu na sala de audiências.

Considerando os fatos narrados e o disposto na Lei nº 13.431/2017, é correto afirmar que:

(A) o depoimento especial seguirá o rito cautelar de antecipação de prova somente nos casos de crianças com idade inferior a 7 anos, não sendo aplicável à adolescente Joseane;

(B) a leitura da denúncia e de outras peças processuais para a adolescente pode ser autorizada pelo magistrado, ouvido o Ministério Público;

(C) a profissional especializada deverá comunicar ao juiz que a presença do réu pode prejudicar o depoimento especial, sendo possível que o magistrado o afaste;

(D) é vedado pela Lei nº 13.431/2017 que a adolescente preste depoimento diretamente ao magistrado, se assim entender, razão pela qual o requerimento deve ser indeferido;

(E) a Lei nº 13.431/2017 não autoriza o afastamento do réu da sala de audiências em qualquer hipótese, em observância aos princípios do contraditório e da ampla defesa.

**38.** Famosa dupla sertaneja realizará show em ginásio no Município de Santana. Os organizadores do evento requerem alvará judicial para entrada e permanência de adolescentes desacompanhados dos pais ou responsável, a partir de 16 anos de idade, sendo o pedido deferido pelo juiz da Infância e Juventude. O magistrado determina que a fiscalização do evento seja realizada pelo Conselho Tutelar do Município. Durante o show, Adriana, conselheira tutelar, encontra Edson, adolescente de 13 anos, no interior do ginásio, desacompanhado dos pais ou responsável, consumindo bebida alcoólica, razão pela qual lavra auto de infração. Adriana conduz Edson à delegacia para a confecção de registro de ocorrência, alegando que o adolescente praticou ato infracional.

Considerando o disposto na Lei nº 8.069/1990 (ECA), é correto afirmar que:

(A) o Conselho Tutelar possui atribuição para a fiscalização de eventos e do cumprimento da decisão judicial que concedeu o alvará, conforme previsto no rol do Art. 136 do ECA;

(B) o consumo de bebida alcoólica por adolescente configura ato infracional análogo a crime, estando sujeito à aplicação de medidas socioeducativas;

(C) o Conselho Tutelar não possui atribuição legal para a lavratura de auto de infração em face do organizador do evento;

(D) a venda ou fornecimento de bebida alcoólica a criança ou adolescente configura infração administrativa prevista no ECA;

(E) o ECA veda a concessão de alvará judicial para a entrada de criança ou adolescente desacompanhado em evento onde seja comercializada bebida alcoólica.

**39.** Wesley, adolescente de 16 anos, pratica ato infracional análogo a crime de roubo com emprego de arma de fogo. Concluída a instrução processual, o juiz da Vara da Infância e Juventude profere sentença aplicando a medida socioeducativa de internação, pelo prazo de seis meses. Decorridos três meses do início de cumprimento da medida, a Direção do programa de atendimento requer a substituição por semiliberdade, com fulcro na avaliação contida no plano individual de atendimento, que noticia o adequado cumprimento da medida de internação pelo adolescente. O promotor de justiça manifesta-se contrariamente ao pedido, entendendo que a gravidade do ato infracional e os antecedentes do adolescente impedem a substituição da medida, antes do prazo de reavaliação obrigatória, independentemente do parecer favorável no plano individualizado de atendimento.

Considerando o disposto na Lei nº 12.594/2012, é correto afirmar que:

(A) a reavaliação da manutenção, da substituição ou da suspensão das medidas de privação da liberdade somente pode ser solicitada após o decurso do prazo de seis meses;

**(B)** a gravidade do ato infracional e os antecedentes são fatores que, por si só, impedem a substituição da medida por outra menos grave;

**(C)** a Direção do programa de atendimento não poderá solicitar a reavaliação da medida a qualquer tempo, sendo legitimados o defensor, o Ministério Público, ou o adolescente e seus pais ou responsável;

**(D)** o desempenho adequado do adolescente com base no seu plano individual de atendimento não justifica a reavaliação da medida antes do prazo mínimo de seis meses;

**(E)** a autoridade judiciária poderá indeferir o pedido de reavaliação da manutenção, da substituição ou da suspensão das medidas, se entender insuficiente a motivação.

**40.** O promotor de justiça da Infância e Juventude de Macapá recebe denúncia anônima, através do serviço "Disque 100", noticiando que Josenildo, dirigente da entidade de acolhimento institucional do município, tem se apropriado indevidamente de itens alimentícios encaminhados pela Prefeitura para as crianças e adolescentes em acolhimento. Após a confirmação da ocorrência dos fatos, o promotor de justiça ajuíza representação para apuração de irregularidade em entidade de atendimento não governamental, em conformidade com o rito procedimental previsto na Lei nº 8.069/1990 para essa hipótese. Após regular citação, o dirigente continua a se apropriar dos alimentos, levando-os para a sua casa, e deixando os acolhidos sem proteína em sua alimentação diária. Em virtude disso, o promotor de justiça requer o afastamento provisório do dirigente da entidade de acolhimento.

Considerando o disposto na Lei nº 8.069/1990 (ECA), é correto afirmar que:

**(A)** em virtude do princípio da celeridade processual, o ECA não prevê a realização de audiência de instrução e julgamento para o procedimento de apuração de irregularidades em entidades;

**(B)** caso defira o pedido de afastamento provisório do dirigente, o magistrado deverá nomear diretamente interventor para gerir a entidade, dentre as pessoas de conduta ilibada na comarca;

**(C)** não há previsão legal para afastamento provisório do dirigente da entidade, antes de concluída a instrução do procedimento;

**(D)** antes de aplicar qualquer das medidas, a autoridade judiciária poderá fixar prazo para a remoção das irregularidades verificadas;

**(E)** caso julgado procedente o pedido, será aplicável ao dirigente da entidade a pena privativa de liberdade, a ser fixada em consonância com a gravidade de sua conduta, conforme previsão do ECA.

**41.** Determinada investigação foi instaurada para apurar fraude, ocorrida em 02 de julho de 2020, em Macapá, na obtenção de auxílio emergencial concedido pelo Governo Federal, por meio da Caixa Econômica Federal, em decorrência da pandemia da Covid-19. Jack declarou na investigação que realizou depósito em sua conta do "ComércioRemunerado", no valor de R$ 600,00 e depois percebeu que aquela quantia foi transferida para Russel, sendo que não foi Jack quem realizou a operação financeira nem a autorizou. Russel assinalou que a aludida quantia foi realmente transferida para sua conta no "ComércioRemunerado" e foi declarada como pagamento de conserto de motocicleta, para enganar os órgãos competentes e conseguir a antecipação do auxílio emergencial. Disse que foi Fênix, proprietária de uma loja de manutenção de telefones celulares, quem lhe propôs a prática de tais condutas, acrescentando que seria um procedimento legal, e ainda ofereceu R$ 50,00 para cada antecipação passada em sua máquina do "ComércioRemunerado", sendo que Jack praticou a conduta quatro vezes. Disse ainda que o dinheiro entrava em sua conta no "ComércioRemunerado" e era transferido para a conta de Fênix. O auxílio emergencial era disponibilizado pela União, por meio da Caixa Econômica Federal. O crime supostamente praticado nesse caso é o de:

**(A)** estelionato;

**(B)** furto mediante fraude;

**(C)** apropriação indébita;

**(D)** apropriação indébita previdenciária;

**(E)** peculato.

**42.** Sobre os delitos praticados durante a pandemia do coronavírus, no que concerne à dosimetria, é correto afirmar que a agravante prevista no Art. 61, inciso II, alínea "j", do Código Penal ("em ocasião de incêndio, naufrágio, inundação ou qualquer calamidade pública, ou de desgraça particular do ofendido"):

**(A)** incide durante todo o período em que for reconhecida a existência da pandemia, independentemente do nexo de causalidade;

**(B)** incide durante todo o período em que for reconhecida a existência da pandemia, dependendo do nexo de causalidade;

**(C)** incide enquanto for reconhecida a existência da pandemia, independentemente do nexo de causalidade;

**(D)** incide enquanto for reconhecida a existência da pandemia, dependendo do nexo de causalidade;

**(E)** não deve incidir, em razão da inconstitucionalidade das agravantes de perigo abstrato.

**43.** Quando o Tribunal de Justiça, em julgamento de apelação criminal exclusiva da defesa, afasta uma circunstância judicial negativa do Art. 59 do Código Penal, reconhecida no édito condenatório de primeiro grau, deve:

**(A)** manter a pena final inalterada;

**(B)** reduzir ao mínimo legal a pena-base;

**(C)** devolver ao primeiro grau para nova sentença;

**(D)** compensar o valor final nas demais fases;

**(E)** reduzir proporcionalmente a pena-base.

**44.** A individualização da pena é submetida aos elementos de convicção judiciais acerca das circunstâncias do crime.

A jurisprudência e a doutrina passaram a reconhecer, como regra, como critério ideal para individualização da reprimenda- base o aumento:

**(A)** na fração de 1/4 por cada circunstância;

**(B)** na fração de 1/6 por cada circunstância;

**(C)** na fração de 1/8 por cada circunstância;

**(D)** no *quantum* determinado de seis meses;

**(E)** no *quantum* determinado de oito meses.

**45.** A prisão do agente em local conhecido por venda de drogas:

**(A)** faz incidir causa de aumento de pena;

**(B)** faz incidir agravante genérica;

**(C)** faz incidir agravante específica;

**(D)** impõe a exasperação da pena-base;

**(E)** não afasta a possibilidade de aplicação de tráfico privilegiado.

**46.** Sobre os institutos da desistência voluntária, do arrependimento eficaz e do arrependimento posterior, é correto afirmar que:

**(A)** a não consumação, por circunstâncias alheias à vontade do agente, é compatível com a desistência voluntária;

**(B)** o reconhecimento da desistência voluntária dispensa o exame do *iter criminis*;

**(C)** as circunstâncias inerentes à vontade do agente são irrelevantes para a configuração da desistência voluntária;

**(D)** o arrependimento eficaz e a desistência voluntária somente são aplicáveis a delito que não tenha sido consumado;

**(E)** o reconhecimento da desistência voluntária dispensa o exame do elemento subjetivo da conduta.

**47.** Quanto à valorização artificial de bens ou falsa especulação com ativos (*reverse flips*), no crime de lavagem de capitais, é correto afirmar que:

**(A)** o lavador adquire o bem por valor bastante inferior ao valor de mercado, registrando no instrumento do negócio jurídico um valor nominal igual ao da aquisição, pagando a diferença informalmente;

**(B)** após a compra, o lavador deve realizar benfeitorias no bem, o revender a terceiro, registrando no instrumento do negócio jurídico valor fictício, atenuando o valor do tributo correspondente devido;

**(C)** o lavador adquire o bem por valor bastante superior ao valor de mercado, registrando no instrumento do negócio jurídico um valor nominal igual ao da aquisição, recebendo a diferença em relação ao valor real informalmente;

**(D)** após a compra, o lavador, realizando ou não benfeitorias no bem, o revende a terceiro, registrando no instrumento do negócio jurídico seu valor superior, visando regularizar o valor negociado informalmente;

**(E)** o lavador adquire o bem pelo seu valor de mercado, registrando no instrumento do negócio jurídico um valor nominal inferior ao da aquisição, pagando a diferença informalmente.

**48.** Sobre o chamado "direito penal transitório", houve quebra do princípio da continuidade normativo-típica, com a consequente *abolitio criminis* por meio da revogação de um tipo penal no caso de:

**(A)** apropriação indébita previdenciária;

**(B)** crimes contra a honra praticados por meio da imprensa;

**(C)** rapto violento ou mediante fraude;

**(D)** crimes contra a propriedade industrial;

**(E)** roubo majorado pelo emprego de arma branca.

**49.** Veículos autônomos são aqueles motorizados cujo movimento no trânsito é, de diversas formas, determinado por algoritmo pré-programado, e não por pessoa sentada ao volante. Por trás de uma máquina autônoma, há uma pessoa física que, de alguma forma, interferiu em seu funcionamento, normalmente pela programação e inserção de dados. Assim, em relação à imputação subjetiva do resultado, se reconhece a possibilidade de ocorrência de crime doloso ou culposo.

Nas hipóteses de punibilidade culposa, é correto afirmar que:

(A) quem introduz no mundo um agente inteligente, com capacidade de aprendizagem conforme as informações sejam inseridas, pode negar sua responsabilidade pelos danos causados por reações equivocadas não previsíveis;

(B) os robôs com inteligência artificial são agentes morais genuínos e sua programação interna funciona segundo um sistema de "méritos" e "deméritos" para certas decisões que eles tomam;

(C) os denominados "algoritmos de acidente", aqueles que selecionam vítimas em casos de inevitável colisão no tráfego dos carros autônomos, geram responsabilidade penal pela morte decorrente de atropelamento;

(D) os robôs com inteligência artificial são máquinas que completam suas tarefas conforme sua programação, que equivale à autodeterminação humana sobre razões morais;

(E) a possibilidade de programar o veículo para escolher uma vida para sacrificar, com o intuito de salvar outras, quando o acidente for inevitável, atrai a incidência do estado de necessidade, excluindo a responsabilidade do programador.

**50.** Determinada investigação foi instaurada para apurar estelionato consistente em fraude, ocorrido em 02 de julho de 2020, em Macapá, na obtenção de auxílio emergencial concedido pelo Governo Federal, por meio da Caixa Econômica Federal, em decorrência da pandemia da Covid-19. Jack declarou na investigação que realizou depósito em sua conta do "ComércioRemunerado", no valor de R$ 600,00 e depois percebeu que aquela quantia foi transferida para Russel, sendo que não foi Jack quem realizou a operação financeira nem a autorizou. Russel assinalou que a aludida quantia foi realmente transferida para sua conta no "ComércioRemunerado" e foi declarada como pagamento de conserto de motocicleta, para enganar os órgãos competentes

e conseguir a antecipação do auxílio emergencial. Disse que foi Fênix, proprietária de uma loja de manutenção de telefones celulares, quem lhe propôs a prática de tais condutas, acrescentando que seria um procedimento legal, e ainda ofereceu R$ 50,00 para cada antecipação passada em sua máquina do "ComércioRemunerado", sendo que Jack praticou a conduta quatro vezes. Disse ainda que o dinheiro entrava em sua conta no "ComércioRemunerado" e era transferido para a conta de Fênix. O auxílio emergencial era disponibilizado pela União, por meio da Caixa Econômica Federal. A competência para o processo e julgamento do presente caso é do(a):

(A) Justiça Federal em primeiro grau;

(B) Justiça Federal em segundo grau;

(C) Justiça Estadual em primeiro grau;

(D) Justiça Estadual em segundo grau;

(E) Superior Tribunal de Justiça.

**51.** A intimação de réu solto assistido pela Defensoria Pública ou patrocinado por advogado dativo, quanto à sentença penal condenatória, deve ocorrer:

(A) por publicação no órgão da imprensa oficial;

(B) por meio eletrônico;

(C) pessoalmente;

(D) na pessoa do seu patrono;

(E) em audiência.

**52.** Nas hipóteses de colaboração premiada, a combinação das Leis nº 9.807/1999 e 11.343/2006, permite a concessão da seguinte sanção premial não originariamente prevista na Lei de Drogas:

(A) diminuição de pena;

(B) progressão de regime;

(C) fixação de regime inicial mais benéfico;

(D) improcessabilidade;

(E) perdão judicial.

**53.** O Superior Tribunal de Justiça tem entendido, quanto ao ingresso forçado em domicílio, que não é suficiente apenas a ocorrência de crime permanente, sendo necessárias fundadas razões de que um delito está sendo cometido, para assim justificar a entrada na residência do agente, ou, ainda, a autorização para que os policiais entrem no domicílio.

Segundo a nova orientação jurisprudencial, a comprovação dessa autorização, com prova da voluntariedade do consentimento, constitui:

(A) interesse processual do acusado;

**(B)** interesse processual da acusação;

**(C)** faculdade da acusação;

**(D)** faculdade do acusado;

**(E)** ônus da acusação.

**54.** Em relação ao procedimento dos crimes dolosos contra a vida, é correto afirmar que é:

**(A)** inadmissível a pronúncia do réu, sem qualquer lastro probatório produzido em juízo, fundamentada exclusivamente em elementos informativos colhidos na fase inquisitorial;

**(B)** admissível a pronúncia do réu, sem qualquer lastro probatório produzido em juízo, fundamentada exclusivamente em elementos informativos colhidos na fase inquisitorial;

**(C)** inadmissível a pronúncia do réu, com lastro probatório produzido em juízo, fundamentada supletivamente em elementos informativos colhidos na fase inquisitorial;

**(D)** admissível a pronúncia do réu, sem qualquer lastro probatório produzido em juízo, desde que haja pedido de produção de provas em plenário;

**(E)** inadmissível a pronúncia do réu, com lastro probatório produzido em juízo, sem que haja a reprodução perante o Conselho de Sentença.

**55.** No que tange à oitiva das testemunhas arroladas pela acusação em audiência de instrução e julgamento, na forma do Art. 212 do Código de Processo Penal, é correto afirmar que:

**(A)** a nulidade pela alteração da ordem de inquirição deve indicar o prejuízo gerado;

**(B)** é possível ao juiz formular perguntas de forma detalhada, após as partes;

**(C)** a ordem de inquirição pode ser alterada no caso de ausência momentânea de uma das partes;

**(D)** havendo atuação comedida, o juiz pode iniciar a inquirição da testemunha;

**(E)** o juiz pode intervir, a qualquer momento, diante de ilegalidade na condução do depoimento.

**56.** Na hipótese de agente que tem contra si condenação definitiva a cinco anos de reclusão em regime fechado e mandado de prisão pendente de cumprimento, o pedido de antecipação da expedição da sua guia de recolhimento ou expedição de carta de execução de sentença deve ser:

**(A)** deferido, visando possibilitar a análise de pedido de progressão de regime ou de prisão domiciliar pelo Juízo competente;

**(B)** indeferido, pois a expedição tem como pressuposto o cumprimento do mandado de prisão;

**(C)** indeferido, pois a expedição tem como pressuposto o início do cumprimento da pena privativa de liberdade;

**(D)** indeferido, por permitir a administração, à distância, da execução da própria pena;

**(E)** deferido, permitindo o cômputo de prazos aquisitivos de benefícios executórios a seu favor.

**57.** Nos processos envolvendo pluralidade de réus ou de fatos imputados, o juízo progressivo de admissibilidade da imputação pode resultar no acolhimento parcial da pretensão acusatória, comportando uma única demanda múltiplos resultados: recebimento da denúncia em relação à parte dos réus ou dos fatos, rejeição da denúncia em relação à parte dos réus ou dos fatos e/ou absolvição sumária em relação à parte dos réus ou dos fatos.

No caso de absolvição sumária parcial, seja em relação a um crime, seja em relação a um acusado, com base no Art. 397, inciso III, do Código de Processo Penal, será cabível:

**(A)** apelação, com interposição em primeiro grau e apresentação das razões diretamente no tribunal;

**(B)** recurso em sentido estrito, com interposição em primeiro grau e apresentação das razões diretamente no tribunal;

**(C)** apelação, com a formação de instrumento por meio da extração de traslado dos autos;

**(D)** recurso em sentido estrito, com a formação de instrumento por meio da extração de traslado dos autos;

**(E)** correição parcial, com reprodução integral dos autos para instruir o recurso.

**58.** À luz do princípio da obrigatoriedade da ação penal pública, o Ministério Público tem o poder-dever de oferecer a denúncia, quando reunidos os requisitos e condições que determinem autoria, coautoria ou participação e existência de uma infração penal. Essa obrigatoriedade persiste mesmo com o exercício da ação penal. Assim, abre-se ao titular da ação penal pública um poder-dever de aditar a denúncia quando reunidos elementos de prova ou de informação que indiquem uma divergência com a proposição inicial.

No que concerne ao aditamento da denúncia, é correto afirmar que:

(A) o recebimento do aditamento da denúncia, que traz modificação fática substancial, enseja a interrupção da prescrição;

(B) o recebimento do aditamento da denúncia, para inclusão de corréu, constitui causa interruptiva da prescrição para os demais imputados;

(C) o recebimento da denúncia, na sua versão original, pode ser considerado termo inicial para efeito de contagem prescricional relativamente aos imputados incluídos posteriormente por aditamento;

(D) admite-se o aditamento da denúncia a qualquer tempo, enquanto não transitado em julgado o processo, desde que observados o contraditório e a ampla defesa;

(E) constitui requisito para o oferecimento de aditamento da denúncia a existência de novas provas, desde que até o final da instrução probatória.

**59.** Ao disciplinar o procedimento a ser observado no julgamento das contas do chefe do Poder Executivo, o Regimento Interno da Câmara dos Vereadores do Município Alfa, situado na Região Norte do país, dispôs o seguinte: (1) a Câmara somente julga as contas de governo, não as de gestão, prevalecendo, em relação às últimas, o juízo de valor do Tribunal de Contas do respectivo Estado; (2) as contas não impugnadas por qualquer vereador, partido político ou cidadão, no prazo de sessenta dias, a contar do recebimento do parecer prévio do Tribunal de Contas, são tidas como aprovadas; (3) o parecer prévio do Tribunal de Contas somente deixará de prevalecer pelo voto da maioria de dois terços dos membros da Câmara Municipal.

Considerando a disciplina estabelecida na Constituição da República de 1988 a respeito da matéria, é correto afirmar que:

(A) apenas o comando 1 é constitucional;

(B) apenas o comando 3 é constitucional;

(C) apenas os comandos 1 e 2 são constitucionais;

(D) os comandos 1, 2 e 3 são constitucionais;

(E) os comandos 1, 2 e 3 são inconstitucionais.

**60.** Maria, servidora ocupante de cargo em comissão no Município Delta, adotou João Pedro, de 11 anos de idade. Ato contínuo, consultou o regime jurídico único dos servidores públicos municipais e constatou que a licença parental básica, reconhe-

cida aos servidores adotantes, era de noventa dias, período reduzido para trinta dias quando o adotado tivesse mais de 10 anos de idade, isso sem qualquer consideração em relação a possíveis períodos de prorrogação. No entanto, somente faziam jus a essa licença os servidores ocupantes de cargos de provimento efetivo, não aqueles livremente demissíveis pela autoridade competente. À luz da sistemática constitucional, o regime jurídico único dos servidores públicos do Município Delta:

(A) é inconstitucional na parte que restringe a fruição da licença aos ocupantes de cargos de provimento efetivo e estabelece períodos de fruição inferiores ao da licença gestante;

(B) é inconstitucional apenas na parte em que estabelece o período de fruição de trinta dias quando o adotado tiver mais de 10 anos de idade;

(C) não apresenta qualquer vício de inconstitucionalidade em relação aos servidores que podem fruir a licença e aos respectivos períodos de fruição;

(D) é inconstitucional apenas na parte que restringe a fruição da licença aos servidores ocupantes de cargos de provimento efetivo;

(E) é inconstitucional apenas na parte em que estabelece períodos de fruição inferiores ao da licença gestante.

**61.** Um grupo de deputados da Assembleia Legislativa do Estado Beta apresentou projeto de lei dispondo sobre a obrigatoriedade de instalação de duas câmeras de segurança em cada unidade escolar mantida pelo Estado. O projeto foi aprovado no âmbito da Casa legislativa e sancionado pelo governador do Estado, daí resultando a promulgação da Lei estadual nº XX.

À luz dos aspectos do processo legislativo descrito na narrativa e da sistemática constitucional, a Lei estadual nº XX:

(A) apresenta vício ao dispor sobre o funcionamento dos órgãos da rede educacional estadual, matéria de iniciativa privativa do chefe do Poder Executivo, vício não convalidado pela sanção;

(B) ao acarretar aumento de despesa, sem indicação da respectiva fonte de custeio, apresenta vício de inconstitucionalidade material;

(C) ao acarretar aumento de despesa, apresenta vício de iniciativa, o qual foi convalidado pela posterior sanção do chefe do Poder Executivo;

(D) não apresenta vício de iniciativa, pois a criação de atribuições e de obrigações, para o Poder Executivo, configura atividade regular do Legislativo;

**(E)** não apresenta vício de iniciativa, pois, embora tenha criado obrigação para o Poder Executivo, não instituiu nova atribuição para os seus órgãos.

**62.** Joana e sua família contrataram com a companhia aérea ZZ o serviço de transporte aéreo internacional do Brasil para a Espanha, com passagens de ida e volta. Ao desembarcarem no destino, juntamente com os demais passageiros, constataram que sua bagagem tinha se extraviado.

Assim que retornaram ao Brasil, Joana e sua família ajuizaram ação de reparação de danos em face da companhia aérea ZZ, com base no Código de Defesa do Consumidor (CDC). Em sua defesa, a companhia argumentou com a existência de convenção internacional (CI), devidamente ratificada pelo Estado brasileiro antes da promulgação da Constituição da República de 1988, cuja aplicação resultaria na fixação de indenização em patamares sensivelmente inferiores. Acresça-se que a sede da multinacional está situada em país que igualmente ratificou a convenção.

À luz da sistemática constitucional, o juiz de direito, ao julgar a causa, deve aplicar, nas circunstâncias indicadas:

**(A)** o CDC, que somente não prevaleceria sobre a CI caso fosse mais favorável ao consumidor, o que não é o caso;

**(B)** a CI, que, por expressa previsão constitucional, sempre prevalece sobre as normas infraconstitucionais afetas à temática;

**(C)** o CDC, que tem a natureza de lei ordinária e foi editado em momento posterior à CI, afastando a sua eficácia no território brasileiro;

**(D)** o CDC, pois a proteção do consumidor consubstancia direito fundamental, insuscetível de ser restringido por CI;

**(E)** a CI, desde que a sua recepção pela Constituição da República de 1988 tenha sido reconhecida em cada Casa do Congresso Nacional, em dois turnos, pelo voto de três quintos dos seus membros.

**63.** A instituição de assistência social ZZ, sem fins lucrativos, adquiriu, junto à sociedade empresária XX, diversos equipamentos que seriam integrados ao seu ativo permanente, visando ao pleno desenvolvimento de suas atividades regulares. Para surpresa dos seus diretores, constatou-se que, na nota fiscal emitida por XX, constava o imposto sobre circulação de mercadorias e sobre prestação de serviços de transporte interestadual e intermunicipal e comu-

nicação (ICMS) devido pela operação de venda, na qual ZZ figurava como adquirente.

Nas circunstâncias indicadas, a incidência do ICMS é:

**(A)** incorreta, pois a imunidade tributária subjetiva de ZZ incide nas hipóteses em que figure como contribuinte de direito e de fato;

**(B)** incorreta, desde que ZZ demonstre que arcou com o ônus financeiro do respectivo tributo, por se tratar de imposto indireto;

**(C)** correta, pois a imunidade tributária subjetiva de ZZ somente incide quando figure como contribuinte de direito, não de fato;

**(D)** incorreta, desde que ZZ demonstre que o montante correspondente à desoneração tributária será aplicado em sua atividade fim;

**(E)** correta, pois a imunidade tributária subjetiva de ZZ não é aplicada em se tratando de impostos que incidam sobre a circulação de riquezas.

**64.** O Tribunal de Justiça do Estado Alfa foi instado a realizar o controle concentrado de constitucionalidade de três normas do Município Beta: (1) a primeira norma tratava do processo legislativo no âmbito da Câmara Municipal, temática sobre a qual a Constituição do Estado Alfa não versava; (2) a segunda dispunha sobre temática que a Constituição do Estado Alfa disciplinava de modo literalmente idêntico à Constituição da República de 1988; e (3) a terceira, sobre temática somente prevista na Constituição do Estado Alfa, não na Constituição da República de 1988.

O Tribunal de Justiça do Estado Alfa, preenchidos os demais requisitos exigidos:

**(A)** deve realizar o controle das normas descritas em 1, 2 e 3;

**(B)** não deve realizar o controle das normas descritas em 1, 2 e 3;

**(C)** apenas deve realizar o controle das normas descritas em 2 e 3;

**(D)** apenas deve realizar o controle da norma descrita em 1;

**(E)** apenas deve realizar o controle da norma descrita em 3.

**65.** Maria teve uma série de produtos apreendidos em seu estabelecimento sob o argumento de a comercialização ser proibida no território brasileiro. Ato contínuo, ao receber o respectivo auto de apreensão, apresentou sua defesa, argumentando, com provas documentais, que a lista de produtos proibidos, na qual se baseara a autoridade administrativa, fora alterada em momento pretérito. Sua defesa, no entanto, não foi acolhida. Ao ser notificada da decisão, interpôs recurso administrativo endereçado à autoridade superior, que ocupava o último grau do escalonamento hierárquico. O recurso, todavia, não foi conhecido por esta última autoridade, já que Maria não atendera a um dos pressupostos de admissibilidade previstos na legislação municipal, consistente na realização de depósito prévio correspondente a 50% do valor das mercadorias. Esse quadro permaneceu inalterado em juízo de retratação.

À luz da sistemática afeta à súmula vinculante, Maria:

**(A)** deve submeter a decisão às instâncias ordinárias do Judiciário e, somente em um segundo momento, caso não seja anulada, ingressar com reclamação no Supremo Tribunal Federal;

**(B)** pode submeter a decisão, via reclamação, ao Supremo Tribunal Federal, cabendo ao Tribunal anulá-la e determinar a prolação de outra, com aplicação da súmula vinculante;

**(C)** somente poderá impetrar mandado de segurança, em razão da violação de direito líquido e certo, o qual tem precedência em razão do caráter subsidiário da reclamação;

**(D)** não pode submeter a decisão à apreciação do Supremo Tribunal Federal, já que a reclamação não é cabível contra atos lastreados na lei, como é o caso;

**(E)** não pode submeter a decisão à apreciação do Supremo Tribunal Federal, considerando que a narrativa não indica violação de súmula vinculante.

**66.** Joana, vereadora no Município Alfa, alugou imóvel de sua propriedade, situado no mesmo município, para o Estado estrangeiro XX, que ali instalou um serviço assistencial para pessoas carentes. Após alguns anos, momento em que o contrato de locação, nos termos da lei brasileira, se encontrava vigendo por prazo indeterminado, o Estado estrangeiro XX "comunicou" a Joana que ele, consoante a sua legislação, se tornara proprietário do imóvel, fazendo cessar o pagamento de aluguéis. Joana, sentindo-se esbulhada em sua propriedade, decidiu ajuizar ação em face do Estado estrangeiro XX.

Consoante a ordem constitucional brasileira, a referida ação deve ser ajuizada perante:

**(A)** a primeira instância da Justiça comum federal, com recurso ordinário para o Superior Tribunal de Justiça;

**(B)** a primeira instância da Justiça comum estadual, com recurso ordinário para o Supremo Tribunal Federal;

**(C)** a primeira instância da Justiça comum estadual, com recurso de apelação para o Tribunal de Justiça;

**(D)** o Superior Tribunal de Justiça, com recurso ordinário para o Supremo Tribunal Federal;

**(E)** o Supremo Tribunal Federal.

**67.** João respondia a processo criminal em determinada Comarca do Amapá, sob a acusação de ser o autor do homicídio de Pedro. Após a apreciação dos recursos interpostos contra a sentença de pronúncia, o juízo competente decidiu representar pelo desaforamento do julgamento para outra comarca da região, pois entendia existir fundada dúvida sobre a imparcialidade do júri.

Nesse caso, conforme o Regimento Interno do Tribunal de Justiça do Estado do Amapá, a representação será processada e julgada pelo(a):

**(A)** Tribunal Pleno;

**(B)** Órgão Especial;

**(C)** Câmara Única;

**(D)** Grupo Único;

**(E)** Seção Única.

**68.** Crimes eleitorais podem ser definidos como ilícitos penais que maculam o processo democrático de alternância no poder, a liberdade do voto secreto e a própria cidadania. Condutas vedadas constituem ilícitos civil-eleitorais que se caracterizam por situações que podem denotar o uso abusivo de poder político ou de autoridade com finalidade eleitoral.

Com base no exposto, é correto afirmar que:

**(A)** para a caracterização do crime eleitoral, basta o resultado naturalístico da conduta, independentemente da produção de dano ou perigo de dano à ordem jurídica eleitoral;

**(B)** as condutas vedadas têm como destinatários agentes públicos e se submetem aos princípios da tipicidade e da legalidade estrita;

**(C)** o crime de uso de símbolos governamentais se consuma com o uso na propaganda de símbolos nacionais, estaduais ou municipais;

**(D)** a caracterização da prática de conduta vedada de divulgação de propaganda institucional no período não permitido pela Justiça Eleitoral exige a demonstração do caráter eleitoreiro da publicidade;

**(E)** não se admite a apuração concomitante de prática de abuso de poder político e econômico e de prática de conduta vedada através de Ação de Investigação Judicial Eleitoral (AIJE).

**69.** Campanha eleitoral designa o conjunto de atos e procedimentos adotados pelos candidatos e agremiações políticas para conquistar o voto do eleitor a fim de vencer a disputa eleitoral. A captação dos votos, objetivo principal das campanhas eleitorais, deve obedecer a diretrizes ético-jurídicas para que o processo eleitoral se desenvolva num clima de tolerância democrática. Entretanto, no Brasil, é recorrente a captação ilícita de sufrágio, especialmente nas camadas mais carentes da população.

Sobre o tema, é correto afirmar que:

**(A)** o oferecimento de bem ou vantagem pessoal ou de qualquer natureza, inclusive emprego ou função pública, pelo candidato, com o fim de obter o voto, constitui captação ilícita de sufrágio;

**(B)** para caracterização de captação ilícita de sufrágio não se admite presunção, por isso, o pedido de voto deve ser explícito e formulado pelo próprio candidato;

**(C)** embora genericamente chamadas de Ações de Investigação Judicial Eleitoral (AIJE), a ação de investigação judicial eleitoral por abuso de poder, a ação de captação ilícita de sufrágio e a ação de conduta vedada seguem ritos distintos;

**(D)** a distribuição de sopas e remédios em centros assistenciais ou comitês de campanha, por seu caráter humanitário, descaracteriza a captação ilícita de sufrágio;

**(E)** o eleitor que solicita ao candidato bem ou vantagem em troca de seu voto pode responder por captação ilícita de sufrágio.

**70.** A Justiça Eleitoral, nas palavras do ex-ministro Carlos Mário da Silva Velloso, "pela própria especificidade de sua seara de atuação, a captação da vontade da população, possui alguns standards que lhe são peculiares e que destoam das demais searas do Direito".

Sobre o tema, é correto afirmar que:

**(A)** a Justiça Eleitoral não desempenha função executiva;

**(B)** a Justiça Eleitoral tem quadro próprio de juízes, embora de investidura temporária;

**(C)** no exercício da função administrativa, os juízes eleitorais estão sujeitos à vedação de agir de ofício;

**(D)** a Justiça Eleitoral exerce poder normativo com objetivo regulamentar, através da edição de resoluções e instruções, com conteúdo *secundum* ou *praeter legem*;

**(E)** a Justiça Eleitoral desempenha função consultiva, devendo responder sobre matéria eleitoral às consultas que lhe forem feitas, produzindo efeitos vinculantes sobre situações concretas.

**71.** No Livro II da Parte Especial do Código Civil estão dispostas regras quanto à caracterização e à capacidade do empresário individual. Com base nas prescrições legais, analise as afirmativas a seguir.

**I.** Nos casos em que a lei autoriza o prosseguimento da empresa por incapaz, ainda que seu representante ou assistente seja pessoa que possa exercer atividade de empresário, o juiz poderá nomear um ou mais gerentes, se entender ser conveniente.

**II.** Considera-se empresário a pessoa natural, com firma inscrita na Junta Comercial, que exerce profissionalmente atividade econômica organizada para a produção ou a circulação de bens ou de serviços.

**III.** Caso um servidor militar da ativa exerça atividade própria de empresário, todos os atos relacionados à empresa serão declarados nulos pelo juiz, porém ele responderá pelas obrigações contraídas até dois anos seguintes da data de sua prática.

Entre as alternativas de resposta apresentadas, está(ão) correta(s) somente:

**(A)** I;

**(B)** II;

**(C)** III;

**(D)** I e II;

**(E)** II e III.

**72.** José, membro da Cooperativa Rio Araguari, do tipo singular, ingressou em juízo com ação de responsabilidade civil em face de um dos diretores da cooperativa, imputando-lhe a falta de constituição de Fundo de Reserva destinado a reparar perdas e atender ao desenvolvimento de suas atividades. As provas dos autos e depoimentos colhidos no processo mostram ser fato incontroverso que a cooperativa não tem Fundo de Reserva.

Diante dessa narrativa e das disposições pertinentes ao tipo societário, é correto afirmar que:

**(A)** não deve ser reconhecida a responsabilidade do diretor em razão da dispensa legal da constituição de Fundo de Reserva por qualquer sociedade cooperativa;

(B) deve ser reconhecida a responsabilidade do diretor em razão de ser obrigatório nas cooperativas o Fundo de Reserva, constituído com 25%, pelo menos, da receita operacional bruta;

(C) não deve ser reconhecida a responsabilidade do diretor, pois, ainda que o Fundo de Reserva seja obrigatório, a competência para sua constituição é privativa da Assembleia Geral;

(D) não deve ser reconhecida a responsabilidade do diretor, haja vista que a obrigatoriedade da constituição de Fundo de Reserva se aplica apenas às centrais ou às federações de cooperativas;

(E) deve ser reconhecida a responsabilidade do diretor em razão de ser obrigatório nas cooperativas o Fundo de Reserva, constituído com 10%, pelo menos, das sobras líquidas do exercício.

**73.** Decretada a liquidação extrajudicial de cooperativa de crédito por ato da Presidência do Banco Central do Brasil, o liquidante verificou a prática de vários atos fraudulentos por parte de ex-diretores da cooperativa, com dano inequívoco ao acervo em liquidação e aos credores. Munido de vasta documentação e balanços patrimoniais atualizados, o liquidante ajuizou ação revocatória em face de ex-diretores perante o juízo da Vara Única da Comarca de Calçoene, lugar do principal estabelecimento.

Ao receber a petição inicial, o juiz do processo, corretamente:

(A) indeferiu de plano a petição, com fundamento na impossibilidade jurídica de falência de sociedade cooperativa, pois não seria possível ajuizamento de revocatória sem decretação prévia da falência;

(B) acatou a petição, porém determinou sua emenda para regularizar a representação no polo ativo da relação processual, que deveria ser ocupado exclusivamente pelo Banco Central;

(C) acatou a petição, dando seguimento ao processo, por considerar que tem competência para o julgamento e que estão presentes o interesse processual do liquidante e sua legitimidade *ad causam*;

(D) indeferiu a petição inicial e extinguiu o processo sem resolução de mérito, por entender que a anulação dos atos imputados aos ex-diretores deveria se dar em processo administrativo, cabendo seu julgamento ao Banco

Central do Brasil, por estar a cooperativa em liquidação extrajudicial;

(E) determinou que fosse dado baixa na distribuição e os autos fossem remetidos à Justiça Federal de Macapá para redistribuição, pois a competência seria da Justiça Federal em razão da natureza jurídica de autarquia do Banco Central, que deveria ser litisconsorte ativo.

**74.** Armazém Jari Ltda., credor de duplicata rural recebida por endosso translativo do primeiro beneficiário, ajuizou ação de execução por quantia certa em face do aceitante (pessoa jurídica) e de seu avalista (pessoa física, membro do quadro social da pessoa jurídica aceitante), bem como em face do endossante (sacador da duplicata). É fato incontroverso que a duplicata rural não foi submetida a protesto por falta de pagamento.

Ao avaliar a legitimidade passiva dos demandados (aceitante, avalista e endossante), o juiz concluiu que:

(A) o endossatário da duplicata rural não tem ação de regresso em face do primeiro endossante, portanto, deve ser proclamada sua ilegitimidade passiva;

(B) nenhum dos devedores tem legitimidade passiva na execução, em razão da ausência de protesto por falta de pagamento da duplicata rural;

(C) é nulo o aval dado em duplicata rural, portanto, deve ser proclamada a ilegitimidade passiva do avalista do aceitante;

(D) todos os arrolados na ação de execução como réus são partes legítimas no processo, em razão da dispensa do protesto por falta de pagamento e da solidariedade cambiária perante o endossatário;

(E) apenas o aceitante é parte legítima na ação de execução, pois o protesto é facultativo para os obrigados principais e necessário para os coobrigados (endossante e avalista).

**75.** Os advogados de doze sociedades empresárias integrantes de grupo econômico, todas em recuperação judicial, pleitearam ao juiz da recuperação, em nome de suas representadas, que fosse autorizada a consolidação dos ativos e passivos das devedoras, em unidade patrimonial, de modo que fossem tratados como se pertencessem a um único devedor.

Considerando-se a existência de parâmetros legais para análise e eventual deferimento do pedido, é correto afirmar que:

**(A)** a consolidação pretendida pelas recuperandas poderá ser apreciada pelo juiz após a homologação do pedido pela assembleia de credores, que deverá ser convocada em até trinta dias para deliberar exclusivamente sobre essa matéria;

**(B)** a consolidação dos ativos e passivos para fins de votação do plano único de recuperação judicial é medida excepcional e exclusiva para devedores integrantes do mesmo grupo econômico que estejam em recuperação judicial sob consolidação processual;

**(C)** o juiz está autorizado a assentir no pedido de consolidação de ativos e passivos das recuperandas apenas quando constatar a ausência de conexão entre eles e a separação patrimonial, de modo que seja possível identificar sua titularidade em cada uma das devedoras;

**(D)** dentre as hipóteses legais a serem verificadas e que autorizam o deferimento da consolidação de patrimônios de sociedades em recuperação judicial para efeito de votação de plano único, estão a inexistência de garantias cruzadas e a relação de controle ou de dependência entre as sociedades;

**(E)** para que seja autorizada a consolidação de ativos e passivos de sociedades em recuperação judicial integrantes de grupos econômicos deve ficar constatada, necessariamente, a identidade total ou parcial do quadro societário das devedoras e a atuação conjunta delas no mercado.

**76.** João, acionista da Companhia de Minério Cutias, ajuizou ação para anular deliberação da assembleia geral, sob argumento de ilegalidade da aprovação de aquisição de debêntures de emissão da própria companhia e por valor inferior ao nominal. Também constou do pedido a invalidação de outra deliberação, tomada na mesma assembleia, em que foi aprovada nova emissão de debêntures cujo vencimento somente ocorra em caso de inadimplência da obrigação da companhia de pagar juros.

Provados os fatos narrados, cabe ao juiz da causa, observando a legislação pertinente, decidir, quanto ao mérito, que:

**(A)** o pedido de anulação da deliberação pela autorização de aquisição de debêntures pela companhia é procedente, pois somente as ações podem ser adquiridas pela companhia dessa forma; o pedido de emissão de debêntures sob condição suspensiva é improcedente, pois a companhia pode emitir debêntures perpétuas, ou seja, cujo vencimento somente ocorra em caso de inadimplemento do pagamento de juros;

**(B)** ambos os pedidos são improcedentes, pois é facultado à companhia adquirir debêntures de sua própria emissão, ainda que por valor inferior ao nominal, bem como emitir debêntures perpétuas, ou seja, cujo vencimento somente ocorra em caso de inadimplemento do pagamento de juros;

**(C)** o pedido de anulação da deliberação pela autorização de aquisição de debêntures pela companhia é improcedente, pois é facultado à companhia adquirir debêntures de sua própria emissão, ainda que por valor inferior ao nominal; o pedido de emissão de debêntures sob condição suspensiva é procedente, pois a companhia não pode emitir debêntures perpétuas, devendo a data de vencimento ser certa;

**(D)** ambos os pedidos são procedentes, pois é vedado à companhia adquirir debêntures de sua própria emissão, seja por valor inferior ou superior ao nominal, bem como a companhia não pode emitir debêntures perpétuas, devendo a data de vencimento ser certa;

**(E)** ambos os pedidos são procedentes, pois a competência para aprovar a aquisição de debêntures pela própria companhia é do Conselho de Administração, cabendo à assembleia autorizar apenas a emissão; somente companhias autorizadas a funcionar como instituições financeiras ou seguradoras podem emitir debêntures perpétuas, não sendo o caso da Companhia de Minério Cutias.

**77.** A sociedade Três Navios Supermercados Ltda. teve sua falência decretada com fundamento na impontualidade, sem anterior processo de recuperação. Banco Mazagão S/A, credor fiduciário na falência, pleiteou e teve deferida a restituição em dinheiro correspondente a bem que se encontrava na posse da falida na data da decretação da falência, mas não foi arrecadado.

Em que pese o reconhecimento do direito à restituição por decisão judicial e do requerimento de pagamento imediato feito pelo credor, o administrador judicial da massa falida informou ao juízo que não havia recursos disponíveis no momento, devendo o credor aguardar o pagamento, observadas as prioridades legais. Ciente do fato, o juiz da falência, observando as disposições da lei de regência:

**(A)** acolheu a pretensão do credor, pois o crédito decorrente de restituição em dinheiro, na falência, deve ser atendido antes de qualquer crédito;

**(B)** acatou o argumento do administrador judicial e determinou que o crédito seja pago após serem satisfeitas as remunerações devidas ao administrador judicial e a seus auxiliares;

**(C)** rejeitou a pretensão do credor, pois, para efeito de pagamento, precedem a seu crédito apenas as despesas cujo pagamento antecipado seja indispensável à administração da falência;

**(D)** indeferiu o requerimento do credor e determinou ao administrador judicial que o pagamento seja realizado após os reembolsos de quantias fornecidas à massa pelos credores e das despesas com a arrecadação;

**(E)** determinou que o pagamento seja feito após as despesas cujo pagamento antecipado seja indispensável à administração da falência e dos créditos trabalhistas de natureza estritamente salarial vencidos nos três meses anteriores à decretação da falência, até o limite de cinco salários mínimos por trabalhador.

**78.** O contrato de transferência ou trespasse do estabelecimento empresarial da sociedade Jari do Laranjal Lanifício Ltda. estabeleceu a sub-rogação do adquirente nos contratos firmados pela alienante para sua exploração, sem, contudo, fixar prazo para que terceiros pudessem pleitear a extinção, por justa causa, dos contratos que tinham com a sociedade. No dia 11 de agosto de 2021 foi publicado o contrato de transferência do estabelecimento na imprensa oficial e, no dia 19 de novembro do mesmo ano, Ana interpelou extrajudicialmente a alienante e o adquirente, apresentando razões relevantes para a extinção do contrato.

Considerando-se as informações e datas acima, é correto afirmar que:

**(A)** haverá sub-rogação para o adquirente das obrigações da alienante, inclusive em relação a Ana, pois não houve manifestação tempestiva por parte dela no prazo de noventa dias da data da publicação do contrato;

**(B)** não haverá sub-rogação para o adquirente das obrigações da alienante em relação a Ana, pois houve manifestação tempestiva por parte dela no prazo de cento e vinte dias da data da publicação do contrato;

**(C)** haverá sub-rogação para o adquirente das obrigações da alienante, inclusive em relação a Ana, pois houve a publicação do contrato na imprensa oficial, acarretando a eficácia erga omnes dos efeitos da transferência, ou seja, tanto entre os contratantes quanto perante terceiros;

**(D)** não haverá sub-rogação para o adquirente das obrigações da alienante, pois a estipulação contratual não pode produzir efeitos em relação a terceiros, sendo desnecessária qualquer manifestação formal de Ana, haja ou não publicação da transferência;

**(E)** haverá sub-rogação para o adquirente das obrigações da alienante, inclusive em relação a Ana, em razão da estipulação contratual e da eficácia erga omnes da publicação, sendo intempestiva qualquer oposição a partir da publicação.

**79.** A incorporação de uma sociedade por outra segue regras legais que devem ser observadas tanto para a proteção dos sócios da incorporada quanto para os credores da pessoa jurídica. Nesse sentido, o Código Civil contém disposições aplicáveis a sociedades do tipo limitada que não tenham previsão em seus contratos de aplicação supletiva das normas da sociedade anônima.

Sobre o tema, analise as afirmativas a seguir.

**I.** Ocorrendo, no prazo de noventa dias após a publicação dos atos relativos à incorporação, a falência da sociedade incorporadora, qualquer credor anterior terá direito a pedir a separação dos patrimônios da incorporadora e da incorporada.

**II.** A deliberação dos sócios da sociedade incorporadora compreenderá a nomeação dos peritos para a avaliação do patrimônio líquido da sociedade que tenha de ser incorporada.

**III.** Até noventa dias após a publicação dos atos relativos à incorporação, o credor anterior, prejudicado pela operação, poderá promover judicialmente a anulação dos atos referentes a ela.

Está correto o que se afirma em:

**(A)** somente I;

**(B)** somente II;

**(C)** somente III;

**(D)** somente I e III;

**(E)** I, II e III.

**80.** Em 2021, foi submetido à Assembleia Legislativa do Estado X um projeto de lei ordinária estadual, sem qualquer anexo, contando com apenas dois artigos. Tais artigos alteravam dispositivos da Lei Complementar estadual que institui o Imposto sobre a Propriedade de Veículos Automotores (IPVA). A primeira alteração concedia isenção de IPVA a pessoas com deficiências e a segunda alteração ampliava o prazo de recolhimento desse tributo.

Caso aprovada a proposta, o dispositivo da lei estadual que concede tal isenção será:

(A) inconstitucional, já que essa lei ordinária não poderia alterar uma lei complementar;

(B) inconstitucional, já que essa lei não está acompanhada da estimativa do seu impacto orçamentário e financeiro;

(C) inconstitucional, por não se tratar de uma lei específica que regule exclusivamente a isenção;

(D) constitucional, por ser lei específica que regula o IPVA;

(E) constitucional, já que tal isenção pode ser concedida mediante lei ordinária.

**81.** João, em dezembro de 2021, possuidor com *animus domini* desde janeiro de 2018 de imóvel de propriedade de Maria, deseja dela comprar o referido bem. Ao emitir certidão de quitação de IPTU, percebe que há valores desse tributo, referentes aos anos de 2013 e 2014, que não foram pagos nem impugnados. Na escritura pública de compra e venda, Maria concede a João desconto no preço de aquisição, condicionado a que ele realize o pagamento da dívida de IPTU. João adere a parcelamento tributário da dívida e efetua o pagamento da 1ª parcela, levando a escritura pública a registro.

À luz da literalidade do Código Tributário Nacional e do entendimento dominante do Superior Tribunal de Justiça, é correto afirmar que:

(A) João, na condição de possuidor com *animus domini*, não pode ser contribuinte de IPTU;

(B) o desconto no valor da compra e venda concedido por Maria impede João de discutir judicialmente tal dívida de IPTU;

(C) é possível cobrar de João essa dívida de IPTU, por ser ele o adquirente do imóvel;

(D) a cláusula do contrato de compra e venda que transfere a responsabilidade pelo pagamento da dívida de IPTU a João é oponível ao Fisco;

(E) o pagamento parcelado do tributo foi indevido, pois a dívida já se encontrava prescrita.

**82.** José, profissional liberal, enfrenta três execuções fiscais distintas por dívidas tributárias de Imposto de Renda de Pessoa Física, IPVA devido ao Estado X e ISS devido ao Município Y. Contudo, a parcela de seu patrimônio que pode responder

pelas dívidas tributárias não é suficiente para solver todos os débitos.

Num concurso entre União, Estado X e Município Y na cobrança judicial de seus créditos tributários, à luz do entendimento dominante do Supremo Tribunal Federal:

(A) o crédito da União tem preferência sobre o crédito do Estado X e este, por sua vez, tem preferência sobre o crédito do Município Y;

(B) o crédito da União tem preferência sobre o crédito dos demais entes federados, mas não há preferência entre o crédito do Estado X e o crédito do Município Y;

(C) o crédito da União não tem preferência sobre o crédito do Estado X e este, por sua vez, não tem preferência sobre o crédito do Município Y;

(D) o crédito da União não tem preferência sobre o crédito do Estado X, mas este tem preferência sobre o crédito do Município Y;

(E) o crédito da União não tem preferência sobre o crédito do Município Y, mas este tem preferência sobre o crédito do Estado X.

**83.** A empresa 123 Camisetas Ltda., sediada no Amapá e atuante no ramo varejista de venda de camisetas, deixou de atualizar dentro do prazo exigido em Resolução do Secretário do Estado de Fazenda certos dados cadastrais referentes ao ICMS. A empresa possui também um débito tributário estadual em fase de execução fiscal, na qual realizou o depósito do montante integral em dinheiro.

Pendente ainda a atualização dos dados cadastrais, e à luz da Lei estadual nº 400/1997, poderá ser fornecida:

(A) Certidão Positiva de Tributos Estaduais em relação à empresa quanto à existência de tal débito tributário estadual;

(B) Certidão Negativa de Tributos Estaduais em relação à empresa quanto à existência de tal débito tributário estadual;

(C) Certidão Positiva com Efeitos de Negativa de Tributos Estaduais consistindo exclusivamente do demonstrativo das pendências da empresa relativas a irregularidades quanto à apresentação de dados cadastrais;

(D) Certidão Positiva de Tributos Estaduais consistindo exclusivamente do demonstrativo das pendências da empresa relativas a irregularidades quanto à apresentação de dados cadastrais;

(E) Certidão Negativa de Tributos Estaduais consistindo exclusivamente do demonstrativo das

pendências da empresa relativas a irregularidades referentes à apresentação de dados
cadastrais.

**84.** Gustavo, com pais já falecidos, solteiro e sem
filhos, lavrou, em agosto de 2021, escritura pública
de doação de um de seus imóveis situado em Laranjal do Jari (AP) em favor de seu irmão Mário. Gustavo
e Mário são domiciliados em Santarém (PA).

À luz da Constituição da República de 1988, da Lei
estadual nº 400/1997 e do entendimento dominante
do Superior Tribunal de Justiça, o Imposto sobre a
Transmissão *Causa Mortis* e Doações (ITCD) incidente sobre tal doação é devido ao:

**(A)** Pará, com fato gerador na lavratura da escritura de doação, com alíquota inferior àquela
incidente sobre a transmissão *causa mortis*;

**(B)** Pará, com fato gerador na lavratura da escritura de doação, com alíquota igual àquela
incidente sobre a transmissão *causa mortis*;

**(C)** Pará, com fato gerador no registro da escritura,
com alíquota igual àquela incidente sobre a
transmissão *causa mortis*;

**(D)** Amapá, com fato gerador no registro da escritura, com alíquota inferior àquela incidente
sobre a transmissão *causa mortis*;

**(E)** Amapá, com fato gerador na lavratura da
escritura de doação, com alíquota igual àquela
incidente sobre a transmissão *causa mortis*.

**85.** O Município X, situado no Estado Y, resolveu
renovar a frota de automóveis que utiliza em sua fiscalização ambiental, adquirindo, para tanto, novos
veículos mediante alienação fiduciária em garantia
ao Banco Lucro 100 S/A. O Estado Y então pretende
cobrar IPVA desses automóveis, invocando dispositivo expresso de sua legislação estadual de que, em
se tratando de alienação fiduciária em garantia, o
devedor fiduciário responde solidariamente com o
proprietário pelo pagamento do IPVA.

À luz da Constituição da República de 1988 e do
entendimento dominante do Supremo Tribunal
Federal, o Estado Y:

**(A)** poderá cobrar tal IPVA tanto do Município X
como do Banco Lucro 100 S/A;

**(B)** poderá cobrar tal IPVA do Município X, mas
não do Banco Lucro 100 S/A;

**(C)** poderá cobrar tal IPVA conjuntamente e *pró-
-rata* do Município X e do Banco Lucro 100
S/A;

**(D)** não poderá cobrar tal IPVA do Município X,
mas sim do Banco Lucro 100 S/A;

**(E)** não poderá cobrar IPVA nem do Município X
nem do Banco Lucro 100 S/A.

**86.** A empresa Modas 100% Ltda., sediada em
Macapá (AP), foi autuada referente a débitos não
declarados nem pagos de ICMS devido ao Estado
do Amapá, em valor total (principal com multa) de
R$ 50.000,00. A empresa impugnou administrati-
vamente tal lançamento, mas não obteve êxito no
julgamento de 1ª instância. Diante desse cenário e
à luz da Lei estadual nº 400/1997, a empresa poderá
interpor recurso voluntário:

**(A)** ao Conselho Estadual de Recursos Fiscais, com
efeito suspensivo, dentro de 30 dias seguidos
à ciência da decisão de 1ª instância;

**(B)** ao Conselho Estadual de Recursos Fiscais, com
efeito suspensivo, dentro de 15 dias seguidos
à ciência da decisão de 1ª instância;

**(C)** ao Conselho Estadual de Recursos Fiscais, sem
efeito suspensivo, dentro de 15 dias seguidos
à ciência da decisão de 1ª instância;

**(D)** à Junta de Julgamento do Processo Administrativo Fiscal, com efeito suspensivo, dentro
de 30 dias seguidos à ciência da decisão de
1ª instância;

**(E)** à Junta de Julgamento do Processo Administrativo Fiscal, sem efeito suspensivo, dentro
de 15 dias seguidos à ciência da decisão de
1ª instância.

**87.** José teve o único imóvel de sua propriedade,
em que reside, penhorado por ordem judicial, em
execução fiscal ajuizada em 2021 referente a dívidas de IPTU incidentes sobre tal imóvel. Passados
60 dias da intimação da penhora, José encontra
enfim os comprovantes de pagamento dos IPTUs
referentes aos anos de 2018 e 2019 que estavam
sendo cobrados, e deseja apresentá-los em juízo.

Diante desse cenário, José poderá apresentar:

**(A)** embargos à execução fiscal, em razão de a
execução já estar garantida pela penhora;

**(B)** embargos à execução fiscal, por se tratar do
único imóvel de sua propriedade, em que
reside;

**(C)** exceção de pré-executividade, por se tratar
do único imóvel de sua propriedade, em que
reside;

**(D)** exceção de pré-executividade, pois o pagamento pode ser comprovado documentalmente de plano;

**(E)** agravo de instrumento, pela presença de *fumus
boni iuris* e *periculum in mora*, por se tratar

do único imóvel de sua propriedade, em que reside, e que está penhorado.

**88.** José recebeu carnê de pagamento de contribuição de melhoria do Município Alfa referente à obra pública municipal que valorizou seu imóvel rural. Verificou que, no carnê, havia também a discriminação de pequeno valor de cobrança de taxa relativa ao custo de expedição do carnê, nos termos de nova lei municipal criadora dessa taxa.

A respeito desse cenário e à luz do entendimento dominante do Supremo Tribunal Federal, é correto afirmar que:

(A) a expedição de carnê de pagamento de tal tributo não pode ser remunerada por taxa;

(B) a expedição de carnê de pagamento de tal tributo pode ser remunerada por taxa, em razão de configurar serviço público específico e divisível;

(C) a expedição de carnê de pagamento de tal tributo pode ser remunerada por taxa, em razão de configurar exercício do poder de polícia;

(D) o Município Alfa não detém competência tributária para instituir tal contribuição de melhoria;

(E) o Município Alfa não pode instituir tal contribuição de melhoria referente a imóvel localizado em área rural.

**89.** João, então prefeito do Município Alfa, em janeiro de 2012, de forma culposa, permitiu a aquisição de bem por preço superior ao de mercado, na medida em que firmou contrato administrativo com a sociedade empresária Beta para compra de veículos para a frota oficial do Município com sobrepreço de R$ 100.000,00. O Ministério Público recebeu representação noticiando a ilegalidade em junho de 2013, instaurou inquérito civil e somente concluiu a investigação em setembro de 2021, confirmando que houve, de fato, superfaturamento no valor indicado. João exerceu mandato eletivo como chefe do Executivo municipal até 31/12/2012, haja vista que não foi reeleito.

No caso em tela, com base na jurisprudência do Supremo Tribunal Federal, em setembro de 2021, a pretensão ministerial de ressarcimento ao erário em face de João:

(A) ainda não estava prescrita, pois o prazo começa a contar a partir do término do mandato eletivo;

(B) ainda não estava prescrita, pois o ressarcimento ao erário é imprescritível, em qualquer hipótese;

(C) já estava prescrita, pois se aplica o prazo de três anos contados a partir do término do mandato eletivo do agente público;

(D) já estava prescrita, pois não se trata de ato de improbidade administrativa doloso, que ensejaria a imprescritibilidade do ressarcimento ao erário;

(E) ainda não estava prescrita, pois o ressarcimento ao erário é imprescritível, desde que o ato ilícito também configure ato de improbidade, culposo ou doloso.

**90.** O Estado Alfa celebrou com uma organização da sociedade civil (OSC) uma espécie de parceria, mediante transferência voluntária de recursos para consecução de plano de trabalho proposto pelo poder público estadual, em regime de mútua cooperação, para a consecução de finalidades de interesse público e recíproco propostas pela Administração Pública, consistentes na promoção e divulgação do "Programa à Vítima e Testemunha Ameaçadas no Estado Alfa", garantindo, na forma da lei, às vítimas e às testemunhas, alimentação, saúde, moradia, educação e lazer, de maneira a promover a reinserção social dos sujeitos em proteção em um novo território fora do local de risco.

De acordo com a Lei nº 13.019/2014, no caso em tela, o instrumento adequado utilizado foi o:

(A) contrato de gestão, e o serviço firmado foi delegado à OSC, contratada mediante licitação;

(B) termo de colaboração, e a OSC foi selecionada por meio de chamamento público;

(C) termo de parceria, e a OSC foi selecionada mediante inexigibilidade de licitação;

(D) termo de fomento, e a OSC foi selecionada mediante contratação direta;

(E) acordo de cooperação, e deve haver prestação de contas sobre os recursos financeiros transferidos ao Tribunal de Contas.

**91.** O Estado Gama, por meio de emenda constitucional, acresceu à sua Constituição Estadual norma instituindo o teto remuneratório dos servidores públicos estaduais limitado ao valor do subsídio mensal dos ministros do Supremo Tribunal Federal.

De acordo com a Constituição da República de 1988 e a jurisprudência do Supremo Tribunal Federal, a mencionada norma é:

(A) inconstitucional, pois a Constituição da República de 1988 dispõe que é facultado aos Estados fixar, em seu âmbito, mediante emenda às respectivas Constituições estaduais, o teto remuneratório dos servidores públicos estaduais do Judiciário, adotando, como limite único, o valor do subsídio mensal dos desembargadores dos respectivos Tribunais de Justiça, limitado a 95% do subsídio mensal dos ministros do Supremo Tribunal Federal;

(B) inconstitucional, pois a Constituição da República de 1988 dispõe que é facultado aos Estados fixar, em seu âmbito, mediante emenda às respectivas Constituições estaduais, o teto remuneratório dos servidores públicos estaduais, exceto no que se refere aos subsídios dos deputados estaduais, adotando, como limite único, o valor do subsídio mensal dos desembargadores dos respectivos Tribunais de Justiça, limitado a 90,25% do subsídio mensal dos ministros do Supremo Tribunal Federal;

(C) inconstitucional, pois a Constituição da República de 1988 dispõe que é obrigatório aos Estados fixar, em seu âmbito, mediante emenda às respectivas Constituições estaduais, o teto remuneratório dos servidores públicos estaduais, exceto no que se refere aos subsídios dos magistrados, adotando, como limite único, o valor do subsídio mensal dos desembargadores dos respectivos Tribunais de Justiça, limitado a 90,25% do subsídio mensal do governador do Estado;

(D) constitucional, pois reproduziu o texto da Constituição da República de 1988 que estabelece como limite para o teto da remuneração dos ocupantes de cargos, funções e empregos públicos da administração direta e indireta de qualquer dos Poderes da União, dos Estados, do Distrito Federal e dos Municípios, o subsídio mensal, em espécie, dos ministros do Supremo Tribunal Federal;

(E) constitucional, pois reproduziu o texto da Constituição da República de 1988 que estabelece como limite para o teto da remuneração dos ocupantes de cargos, funções e empregos públicos da administração direta, autárquica e fundacional, dos membros de qualquer dos Poderes da União, dos Estados, do Distrito Federal e dos Municípios, o subsídio mensal, em espécie, dos ministros do Supremo Tribunal Federal.

**92.** A sociedade empresária Alfa exerce a venda de produtos alimentícios em uma mercearia, com licença municipal específica para tal atividade. No entanto, os proprietários do comércio também desenvolviam comercialização de fogos de artifício, de forma absolutamente clandestina, pois sem a autorização do poder público. Durante as inspeções ordinárias, o poder público nunca encontrou indícios de venda de fogos de artifício, tampouco o fato foi alguma vez noticiado à municipalidade. Certo dia, grande explosão e incêndio ocorreram no comércio, causados pelos fogos de artifício, que atingiram a casa de João, morador vizinho à mercearia, que sofreu danos morais e materiais. João ajuizou ação indenizatória em face do Município, alegando que incide sua responsabilidade objetiva por omissão. No caso em tela, valendo-se da jurisprudência do Supremo Tribunal Federal, o magistrado deve julgar:

(A) procedente o pedido, pois se aplica a teoria do risco administrativo, de maneira que não é necessária a demonstração do dolo ou culpa do Município, sendo devida a indenização;

(B) procedente o pedido, pois, diante da omissão específica do Município, aplica-se a teoria do dano *in re ipsa*, devendo o poder público arcar com a indenização, desde que exista nexo causal entre o incêndio e os danos sofridos por João;

(C) procedente o pedido, diante da falha da Administração Municipal na fiscalização de atividade de risco, qual seja, o estabelecimento destinado a comércio de fogos de artifício, incidindo a responsabilidade civil objetiva;

(D) improcedente o pedido, pois, apesar de ser desnecessária a demonstração de violação de um dever jurídico específico de agir do Município, a responsabilidade civil originária é da sociedade empresária Alfa, de maneira que o Município responde de forma subsidiária, caso a responsável direta pelo dano seja insolvente;

(E) improcedente o pedido, pois, para que ficasse caracterizada a responsabilidade civil do Município, seria necessária a violação de um dever jurídico específico de agir, seja pela concessão de licença para funcionamento sem as cautelas legais, seja pelo conhecimento do poder público de eventuais irregularidades praticadas pelo particular, o que não é o caso.

**93.** O Município Beta, após revisão de seu plano diretor com a oitiva da sociedade civil, por meio de diversas audiências públicas, concluiu que necessitava de áreas para a execução de programas e projetos habitacionais de interesse social. Dessa forma, foi editada lei municipal, baseada no citado plano diretor, delimitando as áreas em que incidirá direito de preempção, com prazo de vigência de quatro anos. O direito de preempção conferiu ao poder público municipal preferência para aquisição de imóvel urbano objeto de alienação onerosa entre particulares, naquela área especificada. Por entender que a citada lei municipal é inconstitucional por violar seu direito de propriedade, João alienou a Maria seu imóvel urbano incluído na área prevista na lei, sem oportunizar ao município o direito de preferência. O Município Beta ajuizou ação pleiteando a invalidação do negócio jurídico celebrado entre João e Maria, requerendo que lhe sejam assegurados os direitos previstos no Estatuto da Cidade.

No caso em tela, o magistrado deve observar que a Lei nº 10.257/2001 dispõe que a alienação do imóvel de João a Maria é:

(A) válida e eficaz, haja vista que a lei municipal é materialmente inconstitucional por violar o direito de propriedade de João, na medida em que não especificou os proprietários de imóveis que serão desapropriados;

(B) válida e eficaz, haja vista que a lei municipal é formalmente inconstitucional por violar o direito de propriedade de João, visto que é competência legislativa dos Estados editar normas dispondo sobre esse tipo de limitação administrativa;

(C) nula de pleno direito, e o Município poderá adquirir o imóvel pelo seu valor venal previsto na base de cálculo do IPTU ou pelo valor da transação, se este for inferior àquele, pois o direito de preempção é uma espécie de limitação administrativa;

(D) válida e ineficaz, haja vista que o Município deverá comprovar, durante a fase de instrução probatória, a utilidade pública, a necessidade pública ou o interesse social para exercer seu direito de preferência, por meio da desapropriação;

(E) nula de pleno direito, e o Município poderá adquirir o imóvel pelo seu valor venal, a ser definido por perícia de avaliação judicial, assegurados o contraditório e a ampla defesa, pois o direito de preempção é uma espécie de desapropriação especial urbana.

**94.** O Estado Alfa realizou o chamado, pela nova Lei de Licitação (Lei nº 14.133/2021), procedimento de credenciamento, na medida em que realizou um processo administrativo de chamamento público, convocando interessados em prestar determinados serviços para que, preenchidos os requisitos necessários, se credenciassem no órgão para executar o objeto quando convocados.

Cumpridas todas as formalidades legais, na presente hipótese, de acordo com o citado diploma legal, em se tratando de caso de objeto que deva ser contratado por meio de credenciamento, a licitação é:

(A) inexigível, por expressa previsão legal;

(B) dispensável, por expressa previsão legal;

(C) obrigatória, na modalidade diálogo competitivo;

(D) obrigatória, na modalidade pregão;

(E) obrigatória, na modalidade leilão.

**95.** Maria foi aprovada em concurso público para o cargo efetivo de analista processual do Estado Delta e classificada em quinto lugar. O edital do concurso ofereceu apenas quatro vagas, não obstante houvesse dez cargos efetivos vagos. O resultado final do concurso foi regularmente homologado e, durante o seu prazo de validade, que não foi prorrogado e acaba na próxima semana, o Estado Delta convocou e nomeou os quatro primeiros classificados. Maria logrou obter informações e documentos que comprovam, de forma cabal, que o Estado Delta recentemente nomeou, sem prévio concurso público, para cargo em comissão, três pessoas para exercerem exatamente as mesmas funções afetas ao cargo de analista processual, de necessidade permanente para o Estado, sendo que, para desempenho da mesma função, há ainda servidores temporários com prorrogações sucessivas de seus contratos de trabalho. Assim, Maria impetrou mandado de segurança, pleiteando sua convocação, nomeação e posse.

Consoante a atual jurisprudência do Supremo Tribunal Federal, a ordem deve ser:

(A) denegada, pois apenas convertem a mera expectativa de direito em direito subjetivo à nomeação os candidatos aprovados dentro do número de vagas oferecidas no edital do concurso público;

(B) denegada, pois apenas possuem direito subjetivo à nomeação os candidatos aprovados dentro do número de vagas e os que forem preteridos pela administração pública por burla à ordem de classificação;

(C) denegada, pois apenas possuem direito subjetivo à nomeação os candidatos aprovados dentro do número de vagas e aqueles que forem preteridos na ordem de classificação, bem como se houver abertura de novo concurso para o mesmo cargo, durante o prazo de validade do certame anterior;

(D) concedida, pois Maria passou a ter direito subjetivo à nomeação, na medida em que surgiram novas vagas durante o prazo de validade do certame, o que gera automaticamente o direito à nomeação dos candidatos aprovados fora das vagas previstas no edital do concurso anterior;

(E) concedida, pois Maria passou a ter direito subjetivo à nomeação, na medida em que foi preterida de forma arbitrária e imotivada por parte da administração pública, em comportamento expresso que revela a inequívoca necessidade de sua nomeação.

**96.** A sociedade de economia mista Beta do Município X recebeu formalmente, por meio de lei específica, delegação do poder de polícia do Município para prestar serviço de policiamento do trânsito na cidade, inclusive para aplicar multa aos infratores. Sabe-se que a entidade Beta é uma empresa estatal municipal de capital majoritariamente público, que presta exclusivamente serviço público de atuação própria do poder público e em regime não concorrencial. Por entender que o Município X não poderia delegar o poder de polícia a pessoa jurídica de direito privado, o Ministério Público ajuizou ação civil pública pleiteando a declaração de nulidade da delegação e das multas aplicadas, assim como a assunção imediata do serviço pelo Município.

No caso em tela, de acordo com a atual jurisprudência do Supremo Tribunal Federal em tema de repercussão geral, a pretensão ministerial:

(A) não deve ser acolhida, pois é constitucional a delegação do poder de polícia na forma realizada, inclusive no que concerne à sanção de polícia;

(B) não deve ser acolhida, pois é constitucional a delegação do poder de polícia a qualquer pessoa jurídica de direito privado, desde que cumprido o único requisito que é a prévia autorização legal;

(C) deve ser acolhida, pois é inconstitucional a delegação do poder de polícia, em qualquer das fases de seu ciclo, a pessoa jurídica de direito privado integrante da administração indireta;

(D) deve ser acolhida parcialmente, pois é inconstitucional a delegação do poder de polícia, nas fases de seu ciclo de ordem de polícia e de sanção de polícia, a pessoa jurídica de direito privado integrante da administração indireta;

(E) deve ser acolhida parcialmente, pois, apesar de ser constitucional a delegação do poder de polícia para o serviço público de fiscalização de trânsito, é inconstitucional tal delegação no que concerne à aplicação de multa, que deve ser feita por pessoa jurídica de direito público.

**97.** João é proprietário de imóvel rural que engloba grande área na cidade Alfa, interior do Estado. O imóvel de João, sem seu conhecimento, foi invadido por terceiras pessoas que passaram a cultivar plantas psicotrópicas (maconha) de forma ilícita. O Município Alfa ajuizou ação perante a Justiça Estadual visando à desapropriação confisco do imóvel de João.

No caso em tela, de acordo com o entendimento do Supremo Tribunal Federal, a expropriação prevista no Art. 243 da Constituição da República de 1988:

(A) pode ser afastada, desde que o proprietário João comprove que não incorreu em dolo ou culpa grave, pois possui responsabilidade subjetiva, vedada a inversão do ônus da prova, mas o Juízo deve extinguir o processo sem resolução do mérito pela ilegitimidade ativa do Município Alfa, pois a ação deve ser proposta pela União, na Justiça Federal;

(B) pode ser afastada, desde que o proprietário João comprove que não incorreu em dolo ou culpa grave, pois possui responsabilidade subjetiva, vedada a inversão do ônus da prova, mas o Juízo deve extinguir o processo sem resolução do mérito pela ilegitimidade ativa do Município Alfa, pois a ação deve ser proposta pelo Estado;

(C) não pode ser afastada, pois João possui responsabilidade objetiva, vedada a inversão do ônus da prova, e o Judiciário deve julgar procedente o pedido de desapropriação confisco, de maneira que o imóvel de João seja destinado à reforma agrária e a programas de habitação popular, sem qualquer indenização ao proprietário e sem prejuízo de outras sanções previstas em lei;

(D) pode ser afastada, desde que o proprietário João comprove que não incorreu em culpa, ainda que *in vigilando* ou *in eligendo*, pois possui responsabilidade subjetiva, com inversão do ônus da prova, mas o Juízo deve extinguir o processo sem resolução do mérito pela ilegitimidade ativa do Município Alfa, pois a ação deve ser proposta pela União, na Justiça Federal;

(E) não pode ser afastada, pois João possui responsabilidade objetiva, admitida a inversão do ônus da prova, e o Judiciário deve julgar procedente o pedido de desapropriação confisco, sendo que todo e qualquer bem de valor econômico apreendido em decorrência do tráfico ilícito de entorpecentes e drogas afins será confiscado e reverterá a fundo especial com destinação específica, na forma da lei.

**98.** Com o objetivo de incentivar o desenvolvimento econômico estadual, o governador do Estado X propõe projeto de lei de regulamentação de atividade garimpeira e de exploração mineral, simplificando o licenciamento ambiental, tornando-o de fase única.

Sobre o caso, é correto afirmar que a lei é inconstitucional:

(A) por vício de iniciativa, tendo em vista que a iniciativa de lei de licenciamento ambiental é de competência exclusiva da Câmara dos Deputados;

(B) por vício de competência, tendo em vista que compete privativamente à União legislar sobre jazidas, minas, outros recursos minerais e metalurgia;

(C) tendo em vista que atividade garimpeira e de exploração mineral exige licença prévia, licença de fixação, licença de instalação, licença de operação e licença de controle ambiental;

(D) tendo em vista que novas atividades garimpeiras e de exploração mineral são vedadas no Brasil, sendo permitidas apenas as já existentes;

(E) tendo em vista que apenas são permitidas atividades garimpeiras e de exploração mineral em território indígena, com prévia aprovação da Funai.

**99.** A sociedade Alfa Ltda., após obter licença ambiental para construção de estacionamento em área inserida em Estação Ecológica, é processada em ação civil pública, em razão do dano ambiental causado. O autor da ação comprova erro na concessão da licença, tendo em vista que é vedada a construção dentro da referida Unidade de Conservação.

Em defesa, a sociedade Alfa Ltda. alega que realizou a construção amparada em licença ambiental presumidamente válida.

Sobre o caso, é correto afirmar que a ação deve ser:

(A) rejeitada e a licença ambiental mantida, em respeito ao princípio da segurança jurídica e da proteção da confiança;

(B) rejeitada e a licença ambiental mantida, com a imputação de responsabilidade integral à autoridade que concedeu a licença indevidamente;

(C) acolhida em parte, para que a licença seja concedida, mas limitada temporalmente, até que o réu possa ser ressarcido dos investimentos efetivamente realizados;

(D) acolhida para a anulação da licença ambiental, mas não para a reparação da lesão ambiental, tendo em vista que o dano foi causado por fato de terceiro, no caso, a concessão da licença de forma errada;

(E) acolhida, tendo em vista que os danos ambientais são regidos pelo modelo da responsabilidade objetiva e pela teoria do risco integral.

**100.** Tendo em vista a grande especulação imobiliária do Município X, o prefeito decide reduzir a área de determinada Unidade de Conservação, para permitir a construção de novas unidades imobiliárias.

Sobre o caso, é correto afirmar que o prefeito:

(A) não pode mudar as dimensões da Unidade de Conservação por decreto, o que apenas pode ser feito por lei específica;

(B) pode reduzir as dimensões da Unidade de Conservação caso ela tenha sido criada por decreto do chefe do Poder Executivo municipal;

(C) apenas pode alterar as dimensões da Unidade de Conservação caso ela tenha sido criada após 05 de outubro de 1988;

(D) pode reduzir as dimensões da Unidade de Conservação caso não haja derrubada de vegetação nativa e não atinja área de proteção integral;

(E) não pode alterar a área da Unidade de Conservação, o que depende de estudo prévio de impacto ambiental e de licenciamento ambiental.

# FOLHA DE RESPOSTAS

| | | | | | | | | | | | |
|---|---|---|---|---|---|---|---|---|---|---|---|
| 1 | A | B | C | D | E | | 39 | A | B | C | D | E |
| 2 | A | B | C | D | E | | 40 | A | B | C | D | E |
| 3 | A | B | C | D | E | | 41 | A | B | C | D | E |
| 4 | A | B | C | D | E | | 42 | A | B | C | D | E |
| 5 | A | B | C | D | E | | 43 | A | B | C | D | E |
| 6 | A | B | C | D | E | | 44 | A | B | C | D | E |
| 7 | A | B | C | D | E | | 45 | A | B | C | D | E |
| 8 | A | B | C | D | E | | 46 | A | B | C | D | E |
| 9 | A | B | C | D | E | | 47 | A | B | C | D | E |
| 10 | A | B | C | D | E | | 48 | A | B | C | D | E |
| 11 | A | B | C | D | E | | 49 | A | B | C | D | E |
| 12 | A | B | C | D | E | | 50 | A | B | C | D | E |
| 13 | A | B | C | D | E | | 51 | A | B | C | D | E |
| 14 | A | B | C | D | E | | 52 | A | B | C | D | E |
| 15 | A | B | C | D | E | | 53 | A | B | C | D | E |
| 16 | A | B | C | D | E | | 54 | A | B | C | D | E |
| 17 | A | B | C | D | E | | 55 | A | B | C | D | E |
| 18 | A | B | C | D | E | | 56 | A | B | C | D | E |
| 19 | A | B | C | D | E | | 57 | A | B | C | D | E |
| 20 | A | B | C | D | E | | 58 | A | B | C | D | E |
| 21 | A | B | C | D | E | | 59 | A | B | C | D | E |
| 22 | A | B | C | D | E | | 60 | A | B | C | D | E |
| 23 | A | B | C | D | E | | 61 | A | B | C | D | E |
| 24 | A | B | C | D | E | | 62 | A | B | C | D | E |
| 25 | A | B | C | D | E | | 63 | A | B | C | D | E |
| 26 | A | B | C | D | E | | 64 | A | B | C | D | E |
| 27 | A | B | C | D | E | | 65 | A | B | C | D | E |
| 28 | A | B | C | D | E | | 66 | A | B | C | D | E |
| 29 | A | B | C | D | E | | 67 | A | B | C | D | E |
| 30 | A | B | C | D | E | | 68 | A | B | C | D | E |
| 31 | A | B | C | D | E | | 69 | A | B | C | D | E |
| 32 | A | B | C | D | E | | 70 | A | B | C | D | E |
| 33 | A | B | C | D | E | | 71 | A | B | C | D | E |
| 34 | A | B | C | D | E | | 72 | A | B | C | D | E |
| 35 | A | B | C | D | E | | 73 | A | B | C | D | E |
| 36 | A | B | C | D | E | | 74 | A | B | C | D | E |
| 37 | A | B | C | D | E | | 75 | A | B | C | D | E |
| 38 | A | B | C | D | E | | 76 | A | B | C | D | E |

| 77 | A | B | C | D | E |
|----|---|---|---|---|---|
| 78 | A | B | C | D | E |
| 79 | A | B | C | D | E |
| 80 | A | B | C | D | E |
| 81 | A | B | C | D | E |
| 82 | A | B | C | D | E |
| 83 | A | B | C | D | E |
| 84 | A | B | C | D | E |
| 85 | A | B | C | D | E |
| 86 | A | B | C | D | E |
| 87 | A | B | C | D | E |
| 88 | A | B | C | D | E |

| 89 | A | B | C | D | E |
|----|---|---|---|---|---|
| 90 | A | B | C | D | E |
| 91 | A | B | C | D | E |
| 92 | A | B | C | D | E |
| 93 | A | B | C | D | E |
| 94 | A | B | C | D | E |
| 95 | A | B | C | D | E |
| 96 | A | B | C | D | E |
| 97 | A | B | C | D | E |
| 98 | A | B | C | D | E |
| 99 | A | B | C | D | E |
| 100 | A | B | C | D | E |

# GABARITO COMENTADO

**1.** Gabarito: D

Comentário: **A:** incorreta, pois para a desconsideração da personalidade jurídica não basta o estado de insolvência. É necessário que haja abuso de personalidade caracterizado pelo desvio de finalidade ou pela confusão patrimonial (art. 50 *caput* CC); **B:** incorreta, pois a mera existência de grupo econômico sem a presença do abuso de personalidade não autoriza a desconsideração da personalidade da pessoa jurídica (art. 50, § 4º CC); **C:** incorreta, pois: "O encerramento irregular das atividades da pessoa jurídica, por si só, não basta para caracterizar abuso da personalidade jurídica" (Enunciado 282 CJF); **D:** correta, nos termos da Sumula 435 do STJ, **E:** incorreta, pois o Enuciado 146 CJF prevê que "Nas relações civis, interpretam-se restritivamente os parâmetros de desconsideração da personalidade jurídica previstos no art. 50" (desvio de finalidade social ou confusão patrimonial). Logo, não é possível fazer essa interpretação ampla. ▦

**2.** Gabarito: A

Comentário: **A:** correta, nos termos no Enunciado 376 CJF "Para efeito de aplicação do art. 763 do Código Civil, a resolução do contrato depende de prévia interpelação" e Súmula 616 STJ que prevê: "A indenização securitária é devida quando ausente a comunicação prévia do segurado acerca do atraso no pagamento do prêmio, por constituir requisito essencial para a suspensão ou resolução do contrato de seguro." Logo, a mora é ex persona, pois exige a caracterização formal de sua ocorrência. Assim, tem o segurado de ser notificado pelo segurador, sob pena de não se configurar o estado de inadimplência; **B:** incorreta, pois prevê a Súmula 620 do STJ: "A embriaguez do segurado não exime a seguradora do pagamento da indenização prevista em contrato de seguro de vida"; **C:** incorreta, pois a Súmula 61 do STJ que previa que "O seguro de vida cobre o suicídio não premeditado" foi cancelada em sessão ordinária de 25 de abril de 2018 (Diário de Justiça Eletrônico Edição nº 2427 - Brasília, Disponibilização: Sexta-feira, 04 de Maio de 2018 Publicação: Segunda-feira, 07 de Maio de 2018). Em seu lugar temos a Súmula 610: "O suicídio não é coberto nos dois primeiros anos de vigência do contrato de seguro de vida, ressalvado o direito do beneficiário à devolução do montante da reserva técnica formada"; **D:** incorreta, pois não obstante a previsão do art. 763 CC, não há suspensão automática do contrato de seguro de vida em decorrência do inadimplemento do segurado nos termos da Súmula 616 STJ e Enunciado 376 CJF. Neste sentido colaciona-se o seguinte julgado: Civil e

processual. Seguro. Automóvel. Atraso no pagamento de prestação. Ausência de prévia constituição em mora. Impossibilidade de automático cancelamento da avença pela seguradora. Dissídio jurisprudencial configurado. Cobertura devida. I. O mero atraso no pagamento de prestação do prêmio do seguro não importa em desfazimento automático do contrato, para o que se exige, ao menos, a prévia constituição em mora do contratante pela seguradora, mediante interpelação. II. Recurso *especial conhecido e provido (STJ, 2ª. S. RESP 316.552, Rel Min. Aldir Passarinho Junior, julg. 09.10.2002, publ. 12.04.2004);* E: incorreta, nos termos da Súmula 632 STJ *"Nos contratos de seguro regidos pelo Código Civil, a correção monetária sobre indenização securitária incide a partir da contratação até o efetivo pagamento".* ▦

**3.** Gabarito: D

Comentário: **A:** incorreta, pois a Lei prevê que se entende por superendividamento a impossibilidade manifesta de o consumidor pessoa natural, de boa-fé, pagar a totalidade de suas dívidas de consumo, exigíveis e vincendas, sem comprometer seu mínimo existencial, nos termos da regulamentação (art. 54-A, § 1º da Lei nº 14.181/2021). Não é mencionada uma porcentagem exata; **B:** incorreta, pois essa Lei não se aplica ao consumidor cujas dívidas tenham sido contraídas da aquisição ou contratação de produtos e serviços de luxo de alto valor (art. 54-A, § 3º); **C:** essa alternativa não está totalmente errada. Vide notícia no site do STJ: https://www.stj.jus.br/sites/portalp/Paginas/Comunicacao/Noticias/28022021-O--fenomeno-do-superendividamento-e-seu-reflexo-na--jurisprudencia2.aspx **D:** correta (art. 54-C, II da Lei nº 14.181/2021); **E:** incorreta, pois as dívidas que a lei menciona que abrangem o superendividamento são aquelas decorrentes de decorrentes de relação de consumo, inclusive operações de crédito, compras a prazo e serviços de prestação continuada (art. 54-A, §2º da Lei nº 14.181/2021). ▦

**4.** Gabarito: C

Comentário: **A:** incorreta, pois em se tratando de contrato de comodato com prazo determinado a mora é *ex re* e não precisa de interpelação extrajudicial ou judicial para notificar o comodatário (art. 397 CC); **B:** incorreta, pois a justificativa não torna a posse justa, visto que foi previamente acordado que o contrato se findaria após 12 meses. Assim, a partir do momento que ela permanece no imóvel se torna possuidora de má-fé (art. 1.202 cc) e a posse se torna injusta pela precariedade (art. 1200

CC); **C:** correta (art. 582 CC); **D:** incorreta, pois como o contrato já tinha prazo determinado a mora é *ex re*, então automaticamente Maria já deve ser considerada notificada (art. 397 CC), não havendo que se falar em prorrogação do contrato por prazo indeterminado; **E:** incorreta, pois Pedro, como possuidor indireto, deverá entrar com ação de reintegração de posse em face de Maria, uma vez que a posse se tornou precária (art. 1.196, 1.200 e 1.210 *caput* CC). Não há que se falar em ação de despejo. GR

**5.** Gabarito: D
Comentário: **A:** incorreta, pois ele pode ser revogado por outro tipo de testamento, que não necessariamente o público (art. 1.969 CC); **B:** incorreta, pois o testamento público não é sigiloso (art. 1.864 a 1.867 CC); **C:** incorreta, pois a incapacidade superveniente do testador não invalida o testamento, nem o testamento do incapaz se valida com a superveniência da capacidade (art. 1.861 CC). **D:** correta (art. 1.845 CC). Os herdeiros necessários são apenas descendentes, ascendentes e cônjuge. Apenas na presença destes é que a cláusula seria inválida; **E:** incorreta, pois extingue-se em cinco anos o direito de impugnar a validade do testamento, contado o prazo da data do seu registro (art. 1.859 CC). GR

**6.** Gabarito: C
Comentário: **A:** incorreta, pois na realidade o ato ilícito foi realizado por um terceiro, Maurício (art. 930 *caput* CC). Jurema agiu em estado de necessidade para salvar sua vida e acabou prejudicando Bento, mas o real causador de todo o dano foi Maurício; **B:** incorreta, pois apesar de Jurema não ser a causadora primária do dano, foi ela que atropelou Bento. Neste caso ela deverá indenizá-lo e depois terá direito de ação regressiva contra Maurício (art. 930 *caput* CC); **C:** correta (art. 930 *caput* CC); **D:** incorreta, pois Jurema que deverá indenizá-lo e depois cobrar o valor de Maurício (art. 930 *caput* CC); **E:** incorreta, pois poderá entrar com ação de regresso contra Maurício (art. 930 *caput* CC). GR

**7.** Gabarito: A
Comentário: **A:** correta, pois trata-se de caso de contrato simulado, isto, é João Pedro fingiu que vendeu para o filho, quando na verdade doou. O contrato é nulo (art. 167 *caput* e § 1º, II CC); **B:** incorreta, pois trata-se de contrato nulo, e não anulável (art. 167 *caput* e § 1º, II CC); **C:** incorreta, pois o vício está no plano da validade e não da existência, pois contém todos os elementos de existência regular (partes, objeto, vontade, forma). Assim, está eivado de nulidade por simulação relativa objetiva (art. 167 caput e §1º, II CC); **D:** incorreta, pois não se trata de simulação absoluta, mas relativa, pois ainda é possível se aproveitar o contrato que se dissimulou (no

caso, a doação) pois válido na substância e na forma (art. 167 *caput* CC); **E:** incorreta, pois não se trata de contrato anulável, mas sim nulo (art. 167 *caput* CC). GR

**8.** Gabarito: E
Comentário: **A:** incorreta, pois condição suspensiva simplesmente potestativa são aquelas que dependem das vontades intercaladas de duas pessoas, sendo lícitas (arts. 121 e 122 parte inicial CC). No caso em tela temos uma condição que está ao arbítrio de apenas uma parte; **B:** incorreta, pois a condição resolutiva é aquela que quando implementada resolve os efeitos do negócio jurídico (art. 127 CC). No caso em tela o negócio ainda não está gerando efeitos, pois há uma condição suspensiva; **C:** incorreta, pois as condições contraditórias, também chamadas de perplexas ou incompreensíveis, são aquelas que privam de todo o efeito o negócio jurídico celebrado. São condições ilícitas (art. 123, III CC). Ex: contrato de locação onde há a condição de o inquilino não morar no imóvel. No caso em questão não é o que se verifica; **D:** incorreta, pois não se trata de condição resolutiva, como apontado no item B; **E:** correta, pois as condições puramente potestativas são aquelas que dependem de uma vontade unilateral, sujeitando-se ao puro arbítrio de uma das partes, conforme art. 122, parte final CC. São consideradas ilícitas. GR

**9.** Gabarito: E
Comentário: **A:** incorreta, pois a empreiteira Cosme Ltda não pode exigir a entrega da perfuratriz 1190, uma vez que essa faculdade de escolha, conforme previsto no contrato era da Flet Ltda. Como a coisa pereceu sem culpa do devedor antes da tradição o contrato simplesmente se resolve com devolução de valores eventualmente pagos (art. 234 CC); **B:** incorreta, nos termos na alternativa A e não há que se falar em perdas e danos, pois a coisa pereceu sem culpa do devedor (art. 234 CC); **C:** incorreta, pois como a coisa pereceu sem culpa do devedor, a Cosme Ltda não pode exigir o equivalente pecuniário da perfuratriz modelo SKS, pois o contrato se resolve e deverá apenas haver a devolução de valores eventualmente pagos (art. 234 CC). Lembrando que ela não pode exigir a entrega da perfuratriz modelo 1190, pois esta faculdade de escolha é da Flet Ltda; **E:** correta (art. 234 CC). GR

**10.** Gabarito: D
Comentário: **A:** incorreta, pois se Renato conseguir provar que o carro trazia vício oculto na data anterior a compra, poderá enjeitar a coisa ou pedir abatimento do preço (art. 441 e 442 CC). Ademais, a garantia contratual não afasta a legal, pois elas são complementares (por analogia art. 50 CDC); **B:** incorreta, pois para pretender a resolução do contrato ou o

abatimento do preço Renato deverá provar que o vício era preexistente à compra, afinal ele tem que provar o fato constitutivo de seu direito (art. 373, I NCPC) e eliminar a possibilidade de que o vício tenha nascido em momento posterior. Se ficar comprovado que o vício era preexistente à compra e se Renato provar que Adalberto tinha conhecimento dele, este último deverá restituir o que recebeu com perdas e danos; se não ficar provado que Adalberto sabia deverá restituir tão somente o valor recebido, mais as despesas do contrato (art. 443 CC); **C:** incorreta, pois cabe a Renato escolher se quer resolver o contrato ou pedir abatimento do preço (art. 441 e 442). Não é porque a coisa tem conserto que necessariamente o adquirente tem que optar por consertá-la. A lei lhe faculta o direito de resolver o contrato. **D:** correta, pois esse gasto com reboque e conserto configura perdas e danos e Adalberto apenas terá de pagar se ficar comprovada sua má-fé (art. 443 CC); **E:** incorreta, pois a lei não prevê a substituição por outro automóvel. O que ela prevê é que a coisa pode ser enjeitada, portanto haverá a resolução do contrato ou poderá haver abatimento do preço (art. 441 e 442 CC).

---

**11.** Gabarito: D

Comentário: **A:** incorreta, pois esta possibilidade apenas seria possível se os dois anos de prazo contratual fixado já tivessem se findado (art. 47, III da Lei 8.245/91), pois aí o contrato se prorrogaria por prazo indeterminado; **B:** incorreta, pela mesma razão da alternativa A, porém com fundamento legal no art. 47, II da Lei 8.245/91; **C:** incorreta, pela mesma razão da alternativa A, porém com fundamento legal no art. 47, IV da Lei 8.245/91; **D:** correta (art. 9º, I, II e III da Lei 8.245/91); **E:** incorreta, pois se as reparações puderem ser executadas com a permanência do locatário no imóvel e ele não se opor a isso, o locador não pode tirá-lo (art. 9º, IV da Lei 8.245/91).

---

**12.** Gabarito: E

Comentário: **A:** incorreta, pois se as obras ou reparos necessários forem urgentes e importarem em despesas excessivas, determinada sua realização, o síndico ou o condômino que tomou a iniciativa delas dará ciência à assembleia, que deverá ser convocada imediatamente (art. 1.341, §2º CC); **B:** incorreta, pois se o síndico for omisso ou houver algum impedimento, a assembleia especial pode ser convocada por qualquer dos condôminos (art. 1.341, §3º CC); **C:** incorreta, pois neste caso não terá o direito de ser reembolsado (art. 1.341, § 4º CC); **D:** incorreta, pois a realização de obra voluptuária depende do voto de dois terços dos condôminos (art. 1.341, I CC); **E:** correta (art. 1.342 CC).

---

**13.** Gabarito: C

Comentário: Referente ao caso em comento, o STJ no Recurso Especial 1.873/SP, de relatoria da Min. Nancy Andrighi (j. 02/03/2021), decidiu-se que mesmo sem a dissolução do vínculo conjugal, ainda na constância do casamento é possível o retorno ao nome de solteiro. O caso concreto é exatamente o mesmo do enunciado dessa questão. Colaciona-se alguns trechos do julgado: Conquanto a modificação do nome civil seja qualificada como excepcional e as hipóteses em que se admite a alteração sejam restritivas, esta Corte tem reiteradamente flexibilizado essas regras, interpretando-as de modo histórico-evolutivo para que se amoldem à atual realidade social em que o tema se encontra mais no âmbito da autonomia privada, permitindo-se a modificação se não houver risco à segurança jurídica e a terceiros. (...) Dado que as justificativas apresentadas pela parte não são frívolas, mas, ao revés, demonstram a irresignação de quem vê no horizonte a iminente perda dos seus entes próximos sem que lhe sobre uma das mais palpáveis e significativas recordações - o sobrenome -, deve ser preservada a intimidade, a autonomia da vontade, a vida privada, os valores e as crenças das pessoas, bem como a manutenção e perpetuação da herança familiar, especialmente na hipótese em que a sentença reconheceu a viabilidade, segurança e idoneidade da pretensão mediante exame de fatos e provas não infirmados pelo acórdão recorrido.

Logo, as alternativas **A, D** e **E** estão incorretas, pois afirmam que a ação deverá ser julgada improcedente. A alternativa B também está incorreta, pois não basta apenas utilizar-se da autonomia privada para servir de justificativa para alteração do nome. São necessários outros elementos em conjunto. A alternativa **C** é a correta, vez que de acordo com a justificativa do julgado.

---

**14.** Gabarito: B

Comentário: **A:** incorreta, pois a Lei nº 11.719 de 20 de Junho de 2008 fez alteração no Código de Processo Penal, no tocante ao acréscimo do parágrafo único, do artigo 63 e o inciso IV, do artigo 387, que trata que o juiz criminal, ao pronunciar uma sentença penal condenatória, poderá, também, de imediato, determinar um o valor mínimo para que haja a reparação dos danos causados pelo ato ilícito, mas o ofendido tem a possibilidade de aumentar este valor (valor mínimo) no juízo cível, através de uma liquidação de sentença, sendo onde será determinado o real valor do dano.; **B:** correta (art. 935 CC); **C:** incorreta, pois a sentença penal absolutória fundada em excludente de ilicitude não impede a restauração no juízo cível, uma vez que o fato ocorreu e se sabe quem é o seu autor. Logo, o dano deve ser reparado (art. 935 CC); **D:** incorreta, pois Adalberto apenas ficará liberado do juízo cível se ficar provado que ele não foi o autor ou que o fato não existiu. Em todos os outros casos ele ainda pode ser acionado no juízo cível (art. 935 CC); **E:** incorreta, pois a atipicidade apenas mostra que o fato não era crime, mas se ficar provado que ele existiu e que Adalberto foi o seu autor, ele terá de indenizar (art. 935 CC). GR

**15.** Gabarito: D
Comentário: **A:** incorreta, pois a companheira Ana tem tanto direito à meação quanto a sucessão, e ainda se encaixará no art. 1.829 CC no que tange a concorrência com os parentes de Cássia, uma vez que o art. 1.790 CC foi declarado inconstitucional pelo STF (RE 646.721 e 878.694); **B:** incorreta, pois Ingrid herdará a cota do pai pré-morto Roger por direito de representação, logo sua parcela não será dividida entre Alan e Juliana (art. 1.851 CC); **C:** incorreta, pois Ingrid é herdeira legal por representação, nos termos do art. 1.851 CC. O fato de Juliana ter renunciado sua quota em seu favor só aumentará o valor que Ingrid irá receber, mas sua qualidade de herdeira é autônoma, não tem nada a ver com a renúncia de Juliana e muito menos depende da renúncia de Alan; **D:** correta (art. 1.814, II e 1.815 CC); **E:** incorreta, pois a renúncia não tem efeito retroativo não anulando os efeitos que um dia Juliana já adquiriu sobre o acervo hereditário. A renúncia terá efeito apenas a partir da data em que for manifestada após a abertura da sucessão e deve constar expressamente de instrumento público ou termo judicial (art. 1.804 e 1.806 CC). GR

**16.** Gabarito: D
Comentário: **A:** incorreta, pois a curadoria especial é destinada, dentre outras situações, ao réu revel citado de forma ficta (CPC, art. 72); **B:** incorreta, visto que o processo já foi suspenso quando fixado prazo para regularização da representação processual (CPC, art. 76); **C:** incorreta, já que o processo seria extinto se a regularização coubesse ao autor e não ao réu (CPC, art. 76, § 1º, I); **D:** correta, tendo em vista que o réu será considerado revel e não há indícios no enunciado de que não deveriam ser aplicados os efeitos da revelia (CPC, arts. 76, § 1º, II); **E:** incorreta, visto que a parte tinha advogado constituído, revogou o mandato, e deve arcar as consequências daí decorrentes – e não que o juiz fique buscando advogado para a parte. LD

**17.** Gabarito: E
Comentário: **A:** incorreta, pois, mesmo atuando como fiscal da ordem jurídica, o MP tem legitimidade para recorrer (CPC, art. 179, II); **B:** incorreta, visto que o MP tem prazo em dobro para apresentar suas manifestações, inclusive recursos (CPC, art. 180); **C:** incorreta, considerando que os EDs devem ser apreciados pelo juízo que proferiu a decisão (CPC, art. 1.024); **D:** incorreta,

porque, ainda que a prescrição seja matéria passível de apreciação de ofício pelo juiz, deve ser oportunizada manifestação prévia pelo autor, para garantir o contraditório e evitar decisão surpresa (CPC, arts. 9º e 10 e 1.023, § 2º); **E:** correta, considerando a possibilidade de modificação da decisão embargada, o que demanda o contraditório (CPC, art. 1.023, § 2º). LD

**18.** Gabarito: D
Comentário: **A:** incorreta, pois não seria hipótese de denunciação da lide (CPC, art. 125); **B:** incorreta, visto que não é hipótese de chamamento ao processo (CPC, art. 130); **C:** incorreta, já que houve a propositura da demanda contra quem provocou a batida – de modo que não se trata de hipótese de ilegitimidade, mas de discussão de mérito; **D:** correta para a banca (pois as outras alternativas estão erradas); em linha com o exposto no item anterior e considerando que a discussão é de direito material e, no mérito, não teria havido (para a banca) nexo de causalidade (CC, art. 186); **E:** incorreta, porque a suspensão para se buscar o pedestre não alteraria a solução do conflito em relação a Carlos (CPC, art. 488). LD

**19.** Gabarito: C
Comentário: **A:** incorreta, uma vez satisfeita a obrigação, o processo de execução deve ser *extinto* por sentença (CPC, arts. 924, II e 925); **B:** incorreta, pois a execução dependerá da concordância do executado *apenas* se os embargos versarem sobre questões de mérito (CPC, art. 775, parágrafo único); **C:** correta, pois o exequente tem essa opção, se entender, por exemplo, que há uma fragilidade no título executivo (CPC, 785); **D:** incorreta, visto que a simples necessidade de operações aritméticas não afasta a liquidez da obrigação (CPC, art. 786, parágrafo único) – sendo já possível o cumprimento de sentença nesse caso, sem necessidade de liquidação; **E:** incorreta, porque a cumulação de execuções exige que o mesmo juízo seja competente para processar todas elas e que seja aplicável idêntico procedimento para todas (CPC, art. 780). LD

**20.** Gabarito: B
Comentário: **A:** incorreta, visto que o critério para fixar a prevenção é a *distribuição* da inicial, e não pela citação (CPC, arts. 58 e 59); **B:** correta, pois a distribuição da inicial torna prevento o juízo (CPC, art. 59); **C:** incorreta, porque a prevenção é definida pelo critério da distribuição da inicial (CPC, arts. 58 e 59); **D:** incorreta, considerando que, por serem conexas, as ações devem ser reunidas para julgamento conjunto (CPC, art. 55); **E:** incorreta, uma vez que não é caso de litispendência – repetição de ação que está em curso (CPC, art. 337, § 3º). LD

**21.** Gabarito: A

Comentário: **A:** correta, pois apesar de se tratar de competência territorial, no caso não se está diante de uma situação de competência que pode ser escolhida, pois o art. 47, § 2º do CPC não permite o ajuizamento em comarca que não a do local do bem; **B:** incorreta, pois o juízo competente será o da situação do imóvel, no caso, Laranjal do Jari (CPC, art. 47, § 2º); **C:** incorreta, visto que os autos devem ser remetidos ao juízo competente, no caso, Laranjal do Jari (CPC, art. 47, § 2º); **D:** incorreta, já que se trata de competência do juízo da Comarca de Laranjal do Jari (onde está o bem – CPC, art. 47, § 2º); **E:** incorreta, porque o processo deve ser remetido ao juízo competente e não extinto (CPC, art. 64, § 3º). ▯

**22.** Gabarito: C

Comentário: **A:** incorreta, pois no caso a hipótese é de extinção do processo sem julgamento de mérito (Lei 9.099/95, arts. 8º e 51, IV); **B:** incorreta, visto que a competência do JEC abrange causas de até 40 salários-mínimos, com advogado (Lei 9.099/95, arts. 3º, I e 9º) – sendo que, sem advogado, o teto é 20 salários; **C:** correta, tanto pela impossibilidade de menor litigar no JEC, quanto pelo caso de incompetência acarretar a extinção sem mérito (Lei 9.099/95, arts. 8º e 51, IV); **D:** incorreta, já que, diante dos vícios processuais, pela economia e celeridade processuais, não deve haver a instrução do processo (Lei 9.099/95, arts. 8º e 51, IV); ademais, o procedimento do JEC não tem essa audiência com conciliação e instrução ao mesmo tempo; **E:** incorreta, porque, no JEC, a incompetência territorial é causa de extinção do processo sem resolução do mérito (Lei 9.099/95, art. 51, III). ▯

**23.** Gabarito: E

Comentário: **A:** incorreta, pois as soluções consensuais devem ser estimuladas pelos juízes, especialmente nas demandas de família, a qualquer tempo (CPC, arts. 3º, §§ 2º e 3º e 694); **B:** incorreta, já que as soluções consensuais devem ser estimuladas pelos juízes, especialmente nas demandas de família, a qualquer tempo (CPC, arts. 3º, §§ 2º e 3º e 694); **C:** incorreta, visto que no caso não se trata de alteração subjetiva da demanda, ou seja, alteração das partes do processo; **D:** incorreta, visto que as partes preenchem os requisitos para realizar o divórcio consensual via escritura pública (CPC, art. 733); **E:** correta, pois o consenso é estimulado nas causas de família (CPC, arts. 3º, §§ 2º e 3º e 694) e, tratando-se de divórcio consensual, o caso é de jurisdição voluntária, com maior flexibilidade ao juiz – a desnecessidade de legalidade estrita (CPC, art. 723, p.u.). ▯

**24.** Gabarito: C

Comentário: **A:** incorreta, já que a discussão sobre o dano material já está coberta pela preclusão e coisa julgada, considerando a não interposição de agravo de instrumento no prazo de 15 dias (CPC, arts. 356, § 5º, 507 e 1.009); **B:** incorreta, porque a decisão parcial de mérito já transitou em julgado, sendo cabível apenas apelação para discutir a sentença (CPC, arts. 356, § 5º e 1.009); **C:** correta, pois a decisão parcial de mérito não foi objeto de agravo de instrumento (CPC, art. 356, § 5º) e, quanto ao dano material decidido em sentença, cabe apelação (CPC, art. 1.009); **D:** incorreta, visto que é possível o julgamento antecipado parcial do mérito, por meio de decisão interlocutória, quando o pedido se mostra incontroverso (CPC, art. 356); **E:** incorreta, pois a decisão parcial de mérito é interlocutória, recorrível via agravo de instrumento (CPC, art. 356, § 5º) e a sentença é recorrível via apelação (CPC, art. 1.009). ▯

**25.** Gabarito: A

Comentário: **A:** correta, considerando os poderes instrutórios do juiz (CPC, art. 370); **B:** incorreta, pois é admitido que o juiz determine a produção de provas de ofício, caso as provas pleiteadas pelas partes não sejam suficientes para esclarecer os fatos, sem que isso viole os princípios da imparcialidade e da inércia do juízo (CPC, art. 370); **C:** incorreta, já que o juiz pode determinar a produção de outras provas que julgar necessárias ao julgamento do mérito (CPC, art. 370); **D:** incorreta, pois não estamos diante de uma situação de ônus da prova, mas de poderes instrutórios do juiz (CPC, art. 370); **E:** incorreta, independentemente do ônus probatório do réu, o juiz tem poderes instrutórios para buscar a verdade dos fatos (CPC, art. 370). ▯

**26.** Gabarito: C

Comentário: **A:** incorreta, visto que a contagem de prazo em dobro não se aplica para autos eletrônicos e se apenas um dos réus apresentou defesa (CPC, art. 229); **B:** incorreta, pois, além de o revel poder intervir no processo em qualquer fase, a revelia não necessariamente produziu seus efeitos, já que foi oferecida contestação pelo outro réu (CPC, arts. 345, I e 346, p.u.); **C:** correta, considerando o exposto em "A" (CPC, art. 229, § 1º); **D:** incorreta, já que a contagem de prazo em dobro não se aplica para autos eletrônicos (CPC, art. 229); **E:** incorreta, porque a contagem do prazo em dobro é prevista para os litisconsortes e não para o autor da ação (CPC, art. 229). ▯

**27.** Gabarito: B

Comentário: **A:** incorreta, visto que é admitida a cumulação de execuções, ainda que fundadas em títulos diferentes (CPC, art. 780); **B:** correta, sendo essa a previsão legal (CPC, art. 780); **C:** incorreta, pois as notas promissórias são títulos executivos extrajudiciais (CPC, art. 784, I), e o enunciado aponta haver obrigação líquida, certa e exigível; **D**: incorreta, considerando que a cumulação de execuções não depende da prévia anuência do devedor (CPC, art. 780); **E**: incorreta, porque não se trata de processo de conhecimento (CPC, art. 784, I), de modo que não se fala em "julgar procedentes os pedidos". 🔲

## 28. Gabarito: E
**Comentário: A**: incorreta, pois se operou a preclusão consumativa, não se admitindo posterior recurso adesivo (CPC, art. 997 e STJ, REsp 1.197.761/RJ); **B**: incorreta, já que o recurso adesivo não demanda o prévio consentimento da parte contrária (CPC, art. 997); **C**: incorreta, considerando o exposto em "A"; **D**: incorreta, pois é cabível recurso adesivo em apelação (CPC, art. 997, § 2º, II); **E**: correta, conforme a preclusão, conforme entendimento do STJ (REsp 1.197.761/RJ). 🔲

## 29. Gabarito: A
**Comentário: A**: correta, sendo a previsão legal quanto à ação demarcatória (CPC, arts. 581, 582, 587 e 1.009); **B**: incorreta, pois a decisão que julgar procedente o pedido de demarcação será uma sentença, recorrível via apelação (CPC, arts. 581 e 1.009); **C**: incorreta, porque a sentença da demarcatória é recorrível via apelação (CPC, arts. 581, 582 e 1.009); **D**: incorreta, visto que a sentença homologatória da demarcação é proferida na 2ª fase do procedimento, na fase executiva (CPC, art. 587); **E**: incorreta, já que a decisão que julgar procedente o pedido de demarcação será uma sentença, recorrível via apelação (CPC, arts. 581 e 1.009). 🔲

## 30. Gabarito: D
Comentário: questão controvertida

## 31. Gabarito: ANULADA

## 32. Gabarito: A
Comentário: "É enganosa qualquer modalidade de informação ou comunicação de caráter publicitário, inteira ou parcialmente falsa, ou, por qualquer outro modo, mesmo por omissão, capaz de induzir em erro o consumidor a respeito da natureza, características, qualidade, quantidade, propriedades, origem, preço e quaisquer outros dados sobre produtos e serviços" (art. 37, § 1º, do CDC). No caso, Regina foi claramente enganada pela publicidade feita pela montadora e pela concessionária. Trata-se de vício de produto, nos termos do art. 18, caput, do CDC, já que a publicidade está em disparidade com o produto vendido. Nesse caso, a responsabilidade civil é solidária entre o concessionário e montador. Ademais, o art. 39 do CDC, traz um rol exemplificativo de práticas abusivas, podendo ser conceituada como a prática que faz restringir a liberdade de escolha do consumidor, o que certamente se deu no caso em análise. 🔲

## 33. Gabarito: C
Comentário: **A**: Incorreta. A inversão do ônus da prova estabelecida no art. 6º, VIII, do CDC depende de análise da autoridade judicial, e será determinada quando, a critério do juiz, a alegação for verossímil ou quando o consumidor por hipossuficiente. Sendo assim, a inversão do ônus da prova é *ope judice*. **B**: Incorreta. O laudo técnico confeccionado pela assistência técnica pode ser considerado parcial. **C**: Correta. A inversão do ônus da prova a favor do consumidor é direito básico definido no art. 6º, VIII, do CDC (vide justificativa da alternativa A). No entanto, conforme regra definida pelo art. 373 do CPC, aplicáveis nas relações de consumo, deve a parte autora fazer prova do fato constitutivo do seu direito. Somente haverá inversão do ônus após análise das alegações e provas apresentadas em juízo. **D**: Incorreta. As garantias estabelecidas no Código de Defesa do Consumidor estão relacionadas à funcionalidade do produto ou serviço inserido no mercado de consumo. O vício pode ser considerado o problema apresentado pelo produto ou serviço que lhe diminui o valor, causado prejuízos aos consumidores. O defeito é problema apresentado pelo produto ou serviço que atinge a saúde ou segurança dos consumidores. Não havendo vício ou defeito, não há que se falar em indenização. **E**: Incorreta. Vide justificativa da alternativa C. 🔲

## 34. Gabarito: D
Comentário: O pedido deverá ser julgado procedente, à luz da aplicação da teoria menor da desconsideração da personalidade jurídica, conforme art. 28 do CDC, que dispõe sobre a possibilidade de desconsiderar a personalidade jurídica da sociedade, quando, em detrimento do consumidor, houver ato ilícito como no caso em tela. Ainda nesse sentido, o § 5º do mesmo dispositivo ressalta a possibilidade de desconsideração da pessoa jurídica quando sua personalidade for, de alguma forma, obstáculo ao ressarcimento de prejuízos causados aos consumidores. 🔲

## 35. Gabarito: D
Comentário: Por força do que dispõe o art. 13, § 1º, do ECA, ante a manifestação de interesse da gestante ou mãe no sentido de entregar o filho para adoção, deverá ela ser obrigatoriamente encaminhada, sem constrangimento, à Justiça da Infância e Juventude, onde serão adotadas as providências cabíveis (art. 19-A, ECA). As hipóteses de exceção à adoção por pessoa não cadastrada previamente no Sistema Nacional de Adoção e Acolhimentos estão elencadas no art. 50, § 13, do ECA, entre as quais não está a narrada no enunciado. Conferir: *Somente poderá ser deferida adoção em favor de candidato domiciliado no Brasil não cadastrado previamente nos termos desta Lei quando: I – se tratar*

*de pedido de adoção unilateral; II – for formulada por parente com o qual a criança ou adolescente mantenha vínculos de afinidade e afetividade; III – oriundo o pedido de quem detém a tutela ou guarda legal de criança maior de 3 (três) anos ou adolescente, desde que o lapso de tempo de convivência comprove a fixação de laços de afinidade e afetividade, e não seja constatada a ocorrência de má-fé ou qualquer das situações previstas nos arts. 237 ou 238 desta Lei.* ED

## 36. Gabarito: B

Comentário: No caso narrado no enunciado, Margarida, na qualidade de diretora da escola e, portanto, responsável pelo estabelecimento de ensino no qual estuda Stephany, em face da forte suspeita de abuso por esta sofrida pelo seu padrasto (revelação feita pela criança, hematomas pelo corpo e corrimento vaginal), deveria levar o fato ao conhecimento do Conselho Tutelar, nos termos do art. 56, I, do ECA. Diante da sua omissão, visto que deixou de comunicar o fato que chegou ao seu conhecimento ao Conselho Tutelar, Margarida deverá ser responsabilizada pela infração administrativa definida no art. 245 do ECA, pelo que ficará sujeita à pena de multa de três a vinte salários de referência, que será aplicada em dobro em caso de reincidência: *deixar o médico, professor ou responsável por estabelecimento de atenção à saúde e de ensino fundamental, pré-escola ou creche, de comunicar à autoridade competente os casos de que tenha conhecimento, envolvendo suspeita ou confirmação de maus-tratos contra criança ou adolescente.* ED

## 37. Gabarito: C

Comentário: **A:** incorreta, já que, segundo estabelece o art. 4º, § 1º, da Lei 13.431/2017, *a criança e o adolescente serão ouvidos sobre a situação de violência por meio de escuta especializada e depoimento especial*; **B:** incorreta. Por força do que dispõe o art. 12, I, da Lei 13.431/2017, é vedada a leitura da denúncia ou outras peças processuais no depoimento especial; **C:** correta, porquanto reflete o disposto no art. 12, § 3º, da Lei 13.431/2017, que autoriza o juiz, ante a comunicação do profissional especializado de que a presença do réu, na sala de audiência, pode prejudicar o depoimento especial, a determinar o afastamento deste; **D:** incorreta, pois não corresponde à regra presente no art. 12, § 1º, da Lei 13.431/2017, que confere à vítima ou testemunha o direito de prestar depoimento diretamente ao juiz; **E:** incorreta. Vide comentário à alternativa "C". ED

## 38. Gabarito: C

Comentário: **A:** incorreta. As atribuições do Conselho Tutelar estão elencadas no art. 136 do ECA, entre as quais não está aquela voltada à fiscalização de eventos e ao cumprimento da decisão judicial que concede alvará;

**B:** incorreta. Não configura ato infracional, na medida em que a conduta consistente em consumir bebida alcoólica é atípica (não constitui infração penal). O que constitui crime (art. 243, ECA) é a conduta de vender, fornecer, servir, ministrar ou entregar a criança ou a adolescente bebida alcoólica; **C:** correta, tendo em conta o disposto no art. 136 do ECA, que contempla as atribuições do Conselho Tutelar; **D:** incorreta. Isso porque a venda ou fornecimento de bebida alcoólica a criança ou adolescente configura o crime do art. 243 do ECA. Não se trata, portanto, de infração administrativa; **E:** incorreta. Trata-se de vedação não contida no ECA. ED

## 39. Gabarito: E

Comentário: **A:** incorreta, já que tal reavaliação pode ser solicitada a qualquer tempo, a pedido da direção do programa de atendimento, do defensor, do MP, do próprio adolescente bem como de seus pais ou responsável, nos termos do que estabelece o art. 43, *caput*, da Lei 12.594/2012 (Sinase); **B:** incorreta, pois não reflete o disposto no art. 42, § 2º, da Lei 12.594/2012, que assim dispõe: *A gravidade do ato infracional, os antecedentes e o tempo de duração da medida não são fatores que, por si, justifiquem a não substituição da medida por outra menos grave*; **C:** incorreta. Vide comentário à alternativa "A"; **D:** incorreta, pois, a teor do art. 43, § 1º, I, da Lei 12.594/2012, o desempenho adequado ao adolescente com base no seu plano individual de atendimento justifica, sim, a reavaliação da medida antes do prazo mínimo de seis meses; **E:** correta, pois em consonância com a regra presente no art. 43, § 2º, da Lei 12.594/2012. ED

## 40. Gabarito: D

Comentário: **A:** incorreta. Se entender necessário, poderá o juiz, no procedimento de apuração de irregularidade em entidade de atendimento, designar audiência de instrução e julgamento, do que as partes serão intimadas (art. 193, *caput*, do ECA); **B:** incorreta. Na hipótese de ser determinado o afastamento provisório do dirigente da entidade, deverá o magistrado oficiar à autoridade administrativa imediatamente superior ao afastado, marcando prazo para a substituição (art. 193, § 2º, do ECA); **C:** incorreta, pois não reflete o disposto no art. 191, parágrafo único, do ECA, que autoriza o juiz, na hipótese de o motivo ser grave, a decretar liminarmente o afastamento provisório do dirigente da entidade; **D:** correta (art. 193, § 3º, do ECA); **E:** incorreta, já que não há previsão de pena privativa de liberdade. Segundo o art. 193, § 4º, do ECA, *a multa e a advertência serão impostas ao dirigente da entidade ou programa de atendimento.* ED

## 41. Gabarito: B

Comentário: De antemão, registre-se que a redação do enunciado é confusa e truncada. Segundo consta, o valor recebido por Jack em sua conta no "ComércioRemunerado" a título de auxílio emergencial foi transferido, à sua revelia (ele não realizou a transferência tampouco a autorizou), para a conta de titularidade de Russel, também no "ComércioRemunerado", o qual, por sua vez, admitiu haver realizado a transferência de forma fraudulenta, usando como justificativa o pagamento de conserto de uma motocicleta. Disse que o dinheiro entrava em sua conta no "ComércioRemunerado" e era transferido para a conta de Fênix, pessoa que teria lhe proposto tal prática, o que lhe renderia a importância de R$ 50,00 para cada antecipação passada em sua máquina do "ComércioRemunerado". Esta questão, ao que parece, foi extraída de um precedente do STJ, no qual se discutia a competência para o julgamento do feito. Consta do julgado que, pelo fato de a vítima não haver sido induzida a erro tampouco haver entregado espontaneamente a importância, o crime em que teria incorrido o agente é o de furto mediante fraude, e não estelionato. Senão vejamos: "1. O presente conflito de competência deve ser conhecido, por se tratar de incidente instaurado entre juízos vinculados a Tribunais distintos, nos termos do art. 105, inciso I, alínea d da Constituição Federal _ CF. 2. O núcleo da controvérsia consiste em definir o Juízo competente no âmbito de inquérito policial instaurado para investigar A suposta conduta de desvio de valores relativos ao auxílio emergencial pago durante a pandemia do Covid-19. 3. No caso concreto não se identifica ofensa direta à Caixa Econômica Federal _ CEF ou à União, uma vez que não há qualquer notícia de que a beneficiária tenha empregado fraude para o recebimento do seu auxílio. Em outras palavras, houve ingresso lícito no programa referente ao auxílio emergencial e transferência lícita da conta da Caixa Econômica Federal para a conta do Mercado Pago, ambas de titularidade da beneficiária do auxílio. 4. O procedimento investigatório revela transferência fraudulenta de valores entre contas do Mercado Pago de titularidade da vítima e do agente delituoso, ou seja, a vítima não foi induzida a erro e tampouco entregou espontaneamente o numerário, de tal forma que o atual estágio das investigações indica suposta prática de furto mediante fraude. "Para que se configure o delito de estelionato (art. 171 do Código Penal), é necessário que o Agente, induza ou mantenha a Vítima em erro, mediante artifício, ardil, ou qualquer outro meio fraudulento, de maneira que esta lhe entregue voluntariamente o bem ou a vantagem. Se não houve voluntariedade na entrega, o delito praticado é o de furto mediante fraude eletrônica (art. 155, § 4.º-B, do mesmo Estatuto)" (CC 181.538/SP, Rel. Ministra LAURITA VAZ, TERCEIRA SEÇÃO, DJe 1º/9/2021). 5. O agente delituoso ao transferir para si os valores pertencentes à vítima não fraudou eletronicamente o sistema de segurança da Caixa Econômica Federal, mas apenas o sistema de segurança do Mercado Pago, instituição privada para a qual o numerário foi transferido por livre vontade da vítima. Neste contexto, sem fraude ao sistema de segurança da instituição financeira federal não há de se falar em competência da Justiça Federal. Precedente: CC 149.752/PI, Rel. Ministro REYNALDO SOARES DA FONSECA, TERCEIRA SEÇÃO, DJe 1º/2/2017. 6. O ilustre Ministro Felix Fisher no julgamento do CC 177.398/RS (DJe 12/2/2021), em situação análoga ao caso concreto, firmou a competência da Justiça Estadual ao fundamento de que a vítima do delito patrimonial havia transferido valores provenientes de auxílio emergencial, por livre opção, ao sistema de pagamento virtual conhecido como PICPAY para somente depois sofrer o prejuízo advindo do crime. 7. No caso ora em análise, em que houve violação ao sistema de segurança de instituição privada, qual seja, o Mercado Pago, sem qualquer fraude ou violação de segurança direcionada à Caixa Econômica Federal, o prejuízo ficou adstrito à instituição privada e particulares, não se identificando situação prevista no art. 109, inciso I, da Constituição Federal. 8. Competência da Justiça Estadual." (STJ, CC 182.940/SP, Rel. Ministro JOEL ILAN PACIORNIK, TERCEIRA SEÇÃO, julgado em 27/10/2021, DJe 03/11/2021). 🆔

**42.** Gabarito: B
Comentário: Conferir o seguinte julgado, que impõe como necessária, à incidência da agravante do art. 61, II, j, do CP, a existência de nexo de causalidade entre a pandemia e a conduta do agente: "HABEAS CORPUS IMPETRADO EM SUBSTITUIÇÃO A RECURSO PRÓPRIO. NÃO CABIMENTO. IMPROPRIEDADE DA VIA ELEITA. ROUBO MAJORADO TENTADO. DOSIMETRIA. SEGUNDA FASE. REINCIDÊNCIA ESPECÍFICA. FRAÇÃO DE AUMENTO SUPERIOR A 1/6. DESPROPORCIONALIDADE. PRECEDENTES. DECOTE DA INCIDÊNCIA DA AGRAVANTE DA CALAMIDADE PÚBLICA. POSSIBILIDADE. INEXISTÊNCIA DE NEXO DE CAUSALIDADE ENTRE A PANDEMIA E A CONDUTA DO PACIENTE. PRECEDENTES. NOVA DOSIMETRIA REALIZADA. AGRAVO REGIMENTAL NÃO PROVIDO. - O Código Penal não estabelece limites mínimo e máximo de aumento de pena a serem aplicados em razão de circunstâncias agravantes ou atenuantes, cabendo à prudência do magistrado fixar o patamar necessário, dentro de parâmetros razoáveis e proporcionais, com a devida fundamentação. - Ademais, a jurisprudência deste Superior Tribunal firmou entendimento no sentido de que o incremento da pena em fração superior a 1/6, em virtude da agravante da reincidência, demanda fundamentação específica. Precedentes. - As instâncias de origem apresentaram fundamentação peculiar para o incremento da pena em fração superior a 1/6, qual seja, o fato de a reincidência do paciente ser específica. Entretanto, no julgamento do HC n. 365.963/SP (Relator Ministro FELIX FISCHER, DJe 23/11/2017)

a Terceira Seção desta Corte pacificou entendimento no sentido de que a reincidência, seja ela específica ou não, deve ser compensada integralmente com a atenuante da confissão, demonstrando, assim, que não foi ofertado maior desvalor à conduta do réu que ostente outra condenação pelo mesmo delito. Precedentes. Desse modo, revela-se excessiva e desproporcional a adoção da fração de 1/4 para agravar a sanção do paciente pela agravante da reincidência, pois lastreada apenas no fato de ela ser específica, razão pela qual o quantum de aumento deve ser reduzido para a usual fração de 1/6. Em relação à agravante prevista no art. 61, II, "j", do Código Penal, verifica-se que a sanção do paciente foi novamente exasperada em 1/6, porque os fatos foram cometidos durante a pandemia do coronavírus, estado esse de calamidade pública; Todavia, entendo que deve ser afastada a referida agravante, pois sua incidência pressupõe a existência de situação concreta dando conta de que o paciente se prevaleceu da pandemia para a prática delitiva. Precedentes. In casu, não ficou demonstrado o nexo de causalidade entre a pandemia e a conduta do paciente, razão pela qual essa agravante deve ser decotada. Agravo regimental não provido" (STJ, AgRg no HC 677.124/SP, Rel. Ministro REYNALDO SOARES DA FONSECA, QUINTA TURMA, julgado em 03/08/2021, DJe 10/08/2021). ED

**43.** Gabarito: E
Comentário: Na hipótese de o tribunal, ao julgar recurso exclusivo da defesa, excluir circunstância judicial (art. 59, CP) equivocadamente valorada na sentença de primeiro grau, deverá, por via de consequência, promover a redução proporcional da pena imposta. Na jurisprudência: "I - A Terceira Seção desta Corte Superior, no julgamento dos EDv nos EREsp n. 1826799/RS, firmou o entendimento de que "é imperiosa a redução proporcional da pena-base quando o Tribunal de origem, em recurso exclusivo da defesa, afastar uma circunstância judicial negativa do art. 59 do CP reconhecida no édito condenatório". II - No presente caso, as instâncias ordinárias fixaram a pena-base do crime de homicídio qualificado em 18 anos de reclusão em virtude da valoração negativa de cinco circunstâncias judiciais: circunstâncias do crime, consequências do crime, culpabilidade, personalidade e conduta social. Proporcionalmente, a pena-base foi aumentada, para cada um dos vetores, em 1 ano, 2 meses e 12 dias de reclusão. Desse modo, mantida somente a valoração negativa das circunstâncias do crime, é o caso de elevar a pena-base somente para 13 anos, 2 meses e 12 dias de reclusão, haja vista a pena mínima de 12 anos de reclusão cominada abstratamente ao delito de homicídio qualificado. III - Com relação à pena-base do crime de ocultação de cadáver, a decisão agravada deve ser mantida por seus

próprios fundamentos. O excerto extraído do acórdão recorrido demonstrou que as instâncias ordinárias apresentaram elementos concretos não somente para a valoração negativa das circunstâncias do crime e da culpabilidade, senão também para a exasperação da pena-base em patamar superior a um sexto para cada vetorial. Agravo regimental parcialmente provido para redimensionar a pena do crime de homicídio qualificado para 13 anos, 2 meses e 12 dias de reclusão." (STJ, AgRg no HC 698.743/RJ, Rel. Ministro JESUÍNO RISSATO (DESEMBARGADOR CONVOCADO DO TJDFT), QUINTA TURMA, julgado em 08/02/2022, DJe 15/02/2022). ED

**44.** Gabarito: C
Comentário: Sobre este tema, conferir o seguinte julgado do STJ: "PENAL. AGRAVO REGIMENTAL EM HABEAS CORPUS. ESTELIONATO. DOSIMETRIA. PENA-BASE ACIMA DO MÍNIMO LEGAL. DESPROPORCIONALIDADE DO AUMENTO NA PRIMEIRA FASE DA DOSIMETRIA. FLAGRANTE ILEGALIDADE NÃO EVIDENCIADA. AGRAVO REGIMENTAL NÃO PROVIDO. 1. A individualização da pena é submetida aos elementos de convicção judiciais acerca das circunstâncias do crime, cabendo às Cortes Superiores apenas o controle da legalidade e da constitucionalidade dos critérios empregados, a fim de evitar eventuais arbitrariedades. Assim, salvo flagrante ilegalidade, o reexame das circunstâncias judiciais e dos critérios concretos de individualização da pena mostram-se inadequados à estreita via do habeas corpus, por exigirem revolvimento probatório. 2. Diante do silêncio do legislador, a jurisprudência e a doutrina passaram a reconhecer como critério ideal para individualização da reprimenda-base o aumento na fração de 1/8 por cada circunstância judicial negativamente valorada, a incidir sobre o intervalo de pena abstratamente estabelecido no preceito secundário do tipo penal incriminador. 3. Tratando-se de patamar meramente norteador, que busca apenas garantir a segurança jurídica e a proporcionalidade do aumento da pena, é facultado ao juiz, no exercício de sua discricionariedade motivada, adotar quantum de incremento diverso diante das peculiaridades do caso concreto e do maior desvalor do agir do réu. 4. Considerando as penas mínima e máxima abstratamente cominadas ao delito do artigo 171, caput, do Código Penal (1 a 5 anos de reclusão), chega-se ao incremento de cerca de 6 meses por cada vetorial desabonadora. Na hipótese, tendo sido reconhecida uma circunstância judicial como desfavorável, tem-se que a pena-base, majorada em 6 meses acima do mínimo legal, foi fixada de acordo com o princípio da legalidade e pautada por critérios de proporcionalidade e razoabilidade, não merecendo, portanto, qualquer reparo, porquanto foi obedecido o critério de 1/8. 5. Agravo regimental não provido." (AgRg no HC

660.056/SC, Rel. Ministro RIBEIRO DANTAS, QUINTA TURMA, julgado em 28/09/2021, DJe 04/10/2021). 🔳

**45.** Gabarito: E
Comentário: Conferir o seguinte julgado, segundo o qual a prisão em flagrante do agente em local conhecido por venda de drogas não leva necessariamente à conclusão de que haveria dedicação a atividades criminosas e, por conseguinte, impediria o reconhecimento da modalidade privilegiada de tráfico: "6. Diante da não expressiva quantidade de drogas apreendidas, o fato de que a prisão do Agravante ocorreu em local conhecido como ponto de tráfico, também não autoriza, por si só, a conclusão no sentido de que haveria dedicação às atividades criminosas." (STJ, HC 803.750/PR, Rel. Ministra LAURITA VAZ, SEXTA TURMA, julgado em 16/03/2021, DJe 25/03/2021). 🔳

**46.** Gabarito: D
Comentário: **A:** incorreta, já que, havendo início de execução, a não consumação, por circunstâncias alheias à vontade do agente, é compatível com a tentativa. Na desistência voluntária (art. 15, primeira parte, do CP), temos que o agente, após dar início à execução do crime e antes de alcançar a consumação, interrompe, por ato voluntário, o processo executório, deixando de praticar os demais atos subsequentes necessários a atingir a consumação. Tema bastante cobrado em provas de concursos em geral é a distinção entre a desistência voluntária e o arrependimento eficaz, ambos institutos previstos no art. 15 do CP. Na desistência voluntária (art. 15, primeira parte, do CP), como dito antes, o agente, em crime já iniciado, embora disponha de meios para chegar à consumação, acha por bem interromper a execução. Ele, de forma voluntária, desiste de prosseguir no *iter criminis* (conduta negativa, omissão). No *arrependimento eficaz* (art. 15, segunda parte, do CP), a situação é diferente. O agente, em crime cuja execução também já se iniciou, esgotou os meios que reputou suficientes para atingir seu objetivo. Ainda assim, o crime não se consumou. Diante disso, ele, agente, por vontade própria, passa a agir para evitar o resultado (conduta positiva). Tanto na *desistência voluntária* quanto no *arrependimento eficaz* o agente responderá somente pelos atos que praticou; **B:** incorreta. Antes de mais nada, devemos entender o *iter criminis* como o caminho percorrido pelo agente na prática criminosa. Dito isso, forçoso concluir que o reconhecimento da desistência voluntária passa necessariamente pelo exame do *iter criminis*, já que é de rigor analisar, para o seu reconhecimento, se houve início de execução e ausência de consumação por vontade própria do agente (voluntariedade); **C:** incorreta. Somente fará jus ao reconhecimento da desistência voluntária o agente que tenha desistido (circunstância inerente à sua

vontade), de forma voluntária (por vontade própria), de prosseguir na execução de crime; **D:** correta. De fato, a ausência de consumação é pressuposto à incidência da desistência voluntária e do arrependimento eficaz. Cuidado: no arrependimento posterior (art. 16, CP), diferentemente, há necessidade de o crime se consumar; **E:** incorreta, na medida em que o reconhecimento da desistência voluntária não dispensa o exame do elemento subjetivo da conduta. Conferir o seguinte julgado: "2. Para reconhecer a desistência voluntária, exige-se examinar o iter criminis e o elemento subjetivo da conduta, a fim de avaliar se os atos executórios foram iniciados e se a consumação não ocorreu por circunstância inerente à vontade do agente, tarefa indissociável do arcabouço probatório." (STJ, AgRg no AREsp 1214790/CE, Rel. Ministro RIBEIRO DANTAS, QUINTA TURMA, julgado em 17/05/2018, DJe 23/05/2018). 🔳

**47.** Gabarito: E
Comentário: *reverse flips* constitui uma técnica empregada para a prática do crime de lavagem de dinheiro consistente na simulação de valorização ou de lucro obtido com a venda de bens, que podem ser móveis ou imóveis. O bem é adquirido pelo seu valor de mercado, mas, no instrumento do negócio jurídico (contrato ou escritura), é registrado um valor nominal inferior, para, posteriormente, o agente vender esse bem pelo mesmo valor que o adquiriu (de mercado), com a declaração do valor real, de forma a gerar um "lucro" com a diferença entre o que foi declarado na compra e o que obteve posteriormente com a venda. Trata-se, como se pode ver, de uma valorização artificial de bens. 🔳

**48.** Gabarito: E
Comentário: Com o advento da Lei 13.654/2018, o art. 157, § 2º, I, do CP, que impunha aumento de pena no caso de a violência ou ameaça, no crime de roubo, ser exercida com emprego de *arma*, foi revogado. Em relação à incidência desta causa de aumento, a jurisprudência havia consolidado o entendimento segundo o qual o termo *arma* tinha acepção ampla, ou seja, estavam inseridas no seu conceito tanto as armas *próprias*, como, por excelência, a de fogo, quanto as *impróprias* (faca, punhal, foice etc.). Além de revogar o dispositivo acima, a Lei 13.654/2018 promoveu a inclusão da mesma causa de aumento de pena (emprego de arma) no art. 157, § 2º-A, I, do CP. Até aí, nenhum problema. Como bem sabemos, o deslocamento de determinado comportamento típico de um para outro dispositivo, por força da regra da continuidade típico-normativa, não tem o condão de descriminalizar a conduta. Sucede que a Lei 13.654/2018, ao deslocar esta causa de aumento do art. 157, § 2º, I, do CP para o art. 157, § 2º-A, I, também do CP, limitou o alcance do termo *arma*, já que passou a

referir-se tão somente à arma de *fogo*, do que se conclui que somente incorrerá nesta causa de aumento o agente que se valer, para a prática do roubo, de arma de fogo (revólver, pistola, fuzil etc.); a partir da entrada em vigor desta lei, portanto, se o agente utilizasse, para o cometimento deste delito, arma branca, o roubo seria simples, já que, repita-se, a nova redação do dispositivo especificou que tipo de arma é apta a configurar o aumento: arma de fogo. Como se pode ver, houve a quebra do princípio da continuidade normativo-típica no que toca ao roubo praticado com o emprego de arma branca. Outro detalhe: pela redação anterior, o agente que fizesse uso de arma (de fogo ou branca) estaria sujeito a um aumento de pena da ordem de um terço até metade; a partir de agora, se utilizar arma (necessariamente de fogo), sujeitar-se-á a um incremento da ordem de dois terços. Desnecessário dizer que tal inovação não poderá retroagir e atingir fatos ocorridos antes da entrada em vigor desta lei, já que constitui *lex gravior*. De outro lado, essa mesma norma que excluiu a arma que não seja de fogo deverá retroagir para beneficiar o agente (*novatio legis in mellius*) que praticou o crime de roubo com emprego de arma branca antes de ela entrar em vigor. Este quadro, que acima explicitamos, perdurou até o dia 23 de janeiro de 2020, data em que entrou em vigor a Lei 13.964/2019 (pacote anticrime). Duas modificações foram promovidas por esta lei nas majorantes do crime de roubo. Em primeiro lugar, foi reinserida a causa de aumento na hipótese de o agente se valer, para a prática do crime de roubo, de arma branca (inserção do inciso VII no § 2º do art. 157 do CP). Lembremos que, com a edição da Lei 13.654/2018, o emprego de arma branca, no roubo, deixou de configurar causa de aumento. Pois bem. Além disso, a Lei 13.964/2019 introduziu no art. 157 do CP o § 2º-B, que estabelece nova causa de aumento de pena para o roubo, quando a violência ou grave ameaça for exercida com emprego de arma de fogo de uso restrito ou proibido. Neste caso, a pena prevista no *caput* será aplicada em dobro. Em resumo, com a entrada em vigor da Lei Anticrime, passamos a ter o seguinte quadro: violência/grave ameaça exercida com emprego de arma branca (art. 157, § 2º, VII, CP): aumento de pena da ordem de um terço até metade; violência/grave ameaça exercida com emprego de arma de fogo, desde que não seja de uso restrito ou proibido (art. 157, § 2º-A, I, CP): a pena será aumentada de dois terços; violência/grave ameaça exercida com emprego de arma de fogo de uso restrito ou proibido (art. 157, § 2º-B, CP): a pena será aplicada em dobro. ED

---

**49.** Gabarito: C

Comentário: **A:** incorreta. Aquele que introduz uma máquina com inteligência artificial não pode negar sua responsabilidade pelos danos causados por reações equivocadas não previsíveis. Responderá o agente responsável pela introdução da máquina por crime culposo; **B:** incorreta. Diferentemente dos seres humanos, os robôs não são agentes morais genuínos e não tomam decisões; **C:** correta. Mesmo que haja programação para selecionar a "melhor" vítima, é de rigor, em caso de acidente (morte decorrente de atropelamento), a imputação de responsabilidade a título de culpa ao programador; **D:** incorreta. Robôs são desprovidos de autodeterminação, que é inerente ao ser humano; **E:** incorreta, na medida em que não se pode atribuir às máquinas a realização de um juízo moral de sacrifício de bens jurídicos. ED

---

**50.** Gabarito: C

Comentário: Segundo consta, o valor recebido por Jack em sua conta no "ComércioRemunerado" a título de auxílio emergencial foi transferido, à sua revelia (ele não realizou a transferência tampouco a autorizou), para a conta de titularidade de Russel, também no "ComércioRemunerado", o qual, por sua vez, admitiu haver realizado a transferência de forma fraudulenta, usando como justificativa o pagamento de conserto de uma motocicleta. Disse que o dinheiro entrava em sua conta no "ComércioRemunerado" e era transferido para a conta de Fênix, pessoa que teria lhe proposto tal prática, o que lhe renderia a importância de R$ 50,00 para cada antecipação passada em sua máquina do "ComércioRemunerado". Esta questão, ao que parece, foi extraída de um precedente do STJ, no qual se discutia a competência para o julgamento do feito. Consta do julgado que, pelo fato de a vítima não haver sido induzida a erro tampouco haver entregado espontaneamente a importância, o crime em que teria incorrido o agente é o de furto mediante fraude, e não estelionato. À míngua de lesão à Caixa Econômica Federal, a competência para o julgamento é da Justiça Estadual de primeira instância. Senão vejamos: "1. O presente conflito de competência deve ser conhecido, por se tratar de incidente instaurado entre juízos vinculados a Tribunais distintos, nos termos do art. 105, inciso I, alínea d da Constituição Federal _ CF. 2. O núcleo da controvérsia consiste em definir o Juízo competente no âmbito de inquérito policial instaurado para investigar A suposta conduta de desvio de valores relativos ao auxílio emergencial pago durante a pandemia do Covid-19. 3. No caso concreto não se identifica ofensa direta à Caixa Econômica Federal _ CEF ou à União, uma vez que não há qualquer notícia de que a beneficiária tenha empregado fraude para o recebimento do seu auxílio. Em outras palavras, houve ingresso lícito no programa referente ao auxílio emergencial e transferência lícita da conta da Caixa Econômica Federal para a conta do Mercado Pago, ambas de titularidade da beneficiária do auxílio. 4. O procedimento investigatório revela transferência fraudulenta de valores entre contas do Mercado Pago de titularidade da vítima e do agente delituoso, ou seja, a vítima não foi induzida a erro e tampouco entregou espontaneamente o numerário, de tal forma que o atual estágio das investigações indica suposta prática de furto mediante fraude. "Para que se configure o delito de estelionato (art. 171 do Código Penal), é necessário que o Agente, induza ou mantenha a Vítima em erro, mediante artifício, ardil, ou qualquer outro meio fraudulento, de maneira que esta lhe entregue voluntariamente o bem ou a vantagem. Se não houve voluntariedade na entrega, o delito praticado é o de furto mediante fraude eletrônica (art. 155, § 4.º-B, do mesmo Estatuto)" (CC 181.538/SP, Rel. Ministra LAURITA VAZ, TERCEIRA SEÇÃO, DJe 1º/9/2021). 5. O agente delituoso ao transferir para si os valores pertencentes à vítima não fraudou eletronicamente o sistema de segurança da Caixa Econômica Federal, mas apenas o sistema de segurança do Mercado Pago, instituição privada para a qual o numerário foi transferido por livre vontade da vítima. Neste contexto, sem fraude ao sistema de segurança da instituição financeira federal não há de se falar em competência da Justiça Federal. Precedente: CC 149.752/PI, Rel. Ministro REYNALDO SOARES DA FONSECA, TERCEIRA SEÇÃO, DJe 1º/2/2017. 6. O ilustre Ministro Felix Fisher no julgamento do CC 177.398/RS (DJe 12/2/2021), em situação análoga ao caso concreto, firmou a competência da Justiça Estadual ao fundamento de que a vítima do delito patrimonial havia transferido valores provenientes de auxílio emergencial, por livre opção, ao sistema de pagamento virtual conhecido como PICPAY para somente depois sofrer o prejuízo advindo do crime. 7. No caso ora em análise, em que houve violação ao sistema de segurança de instituição privada, qual seja, o Mercado Pago, sem qualquer fraude ou violação de segurança direcionada à Caixa Econômica Federal, o prejuízo ficou adstrito à instituição privada e particulares, não se identificando situação prevista no art. 109, inciso I, da Constituição Federal. 8. Competência da Justiça Estadual." (STJ, CC 182.940/SP, Rel. Ministro JOEL ILAN PACIORNIK, TERCEIRA SEÇÃO, julgado em 27/10/2021, DJe 03/11/2021). 🔳

**51.** Gabarito: C
Comentário: Se preso estiver o réu, sua intimação será pessoal; se solto, basta a intimação do defensor, desde que constituído; agora, se se tratar de defesa patrocinada pela Defensoria Pública ou por defensor dativo (é este o caso aqui tratado), o réu solto será intimado pessoalmente (art. 392, CPP). 🔳

**52.** Gabarito: E
Comentário: Segundo entendimento firmado no STJ, é possível a concessão do perdão judicial no tráfico de drogas (apesar de não previsto nesta legislação), desde

que presentes os requisitos contemplados no art. 13 da Lei 9.807/1999. Conferir: "A jurisprudência deste Sodalício firmou o entendimento de que é cabível o instituto do perdão judicial no tráfico de drogas, desde que preenchidos os requisitos do artigo 13 da Lei n. 9.807/99, o que não se deu na hipótese, bem como de que afastar a conclusão a que chegou o Tribunal recorrido na hipótese implicaria em revolver matéria fática, descabida na seara do Recurso Especial." (AgRg nos EDcl no REsp 1873472/PR, Rel. Ministro REYNALDO SOARES DA FONSECA, QUINTA TURMA, julgado em 26/10/2021, DJe 03/11/2021). 🔳

**53.** Gabarito: E
Comentário: Conferir o seguinte julgado, que retrata o atual posicionamento do STJ quanto ao ônus, que recai sobre a acusação, de comprovar a higidez da autorização concedida pelo morador para que policiais ingressem no seu domicílio em caso de cometimento de crime permanente, a exemplo o tráfico de drogas: "HABEAS CORPUS. TRÁFICO DE DROGAS. SENTENÇA. NULIDADE. INGRESSO DE POLICIAIS NO DOMICÍLIO DO ACUSADO. AUSÊNCIA DE JUSTA CAUSA OU DE AUTORIZAÇÃO JUDICIAL. COMPROMETIMENTO DA MATERIALIDADE DELITIVA. APREENSÃO DE GRANDE QUANTIDADE DE DROGA (37,717 KG DE MACONHA, 2,268 KG DE COCAÍNA E 10,532 KG DE CRACK). ÔNUS DA PROVA. ESTADO ACUSADOR. PROVAS OBTIDAS EIVADAS DE VÍCIO. CONSTRANGIMENTO ILEGAL MANIFESTO. 1. Esta Corte Superior tem entendido, quanto ao ingresso forçado em domicílio, que não é suficiente apenas a ocorrência de crime permanente, sendo necessárias fundadas razões de que um delito está sendo cometido, para assim justificar a entrada na residência do agente, ou, ainda, autorização para que os policiais entrem no domicílio. 2. Segundo a nova orientação jurisprudencial, o ônus de comprovar a higidez dessa autorização, com prova da voluntariedade do consentimento, recai sobre o estado acusador. 3. Ao que se observa, o fato de o indivíduo correr com uma mochila nas costas, mesmo após evadir-se da presença policial, não configura a fundada razão da ocorrência de crime (estado de flagrância) que justifique afastar a garantia da inviolabilidade do domicílio, estabelecida no art. 5º, XI, da Constituição Federal. 4. Ordem concedida para reconhecer a nulidade do flagrante em razão da invasão de domicílio e, por conseguinte, das provas obtidas em decorrência do ato." (HC 668.062/RS, Rel. Ministro SEBASTIÃO REIS JÚNIOR, SEXTA TURMA, julgado em 21/09/2021, DJe 27/09/2021). 🔳

**54.** Gabarito: A
Comentário: Prevalece na jurisprudência o entendimento no sentido de que os elementos de informação colhidos

na fase investigativa não podem subsidiar, de forma exclusiva, a decisão de pronúncia, que deverá, dessa forma, conter lastro probatório produzido em juízo, sob o crivo do contraditório. Nada impede, é importante que se diga, que a pronúncia seja baseada em elementos produzidos na fase extrajudicial; o que não se admite é que tais elementos funcionem como suporte único da decisão, que deverá basear-se, como já dito, em provas colhidas em juízo. Nesse sentido: "AGRAVO REGIMENTAL NO HABEAS CORPUS. JÚRI. PRONÚNCIA. PROVAS PRODUZIDAS NO INQUÉRITO POLICIAL. INVIABILIDADE. DISPOSITIVO CONSTITUCIONAL. PREQUESTIONAMENTO. IMPOSSIBIILIDADE. AGRAVO REGIMENTAL DESPROVIDO. 1. "[...] consoante recente orientação jurisprudencial desta Corte Superior, é ilegal a sentença de pronúncia baseada, exclusivamente, em informações coletadas na fase extrajudicial" (AgRg no HC 644.971/RS, Rel. Ministro REYNALDO SOARES DA FONSECA, QUINTA TURMA, DJe 29/3/2021). 2. "Não cabe a esta Corte Superior manifestar-se, ainda que para fins de prequestionamento, sobre suposta afronta a dispositivos da Constituição Federal, sob pena de usurpação da competência do Supremo Tribunal Federal. Precedentes" (EDcl no AgRg nos EDcl nos EDv nos EREsp 1.746.600/SC, Rel. Ministro JORGE MUSSI, TERCEIRA SEÇÃO, DJe 21/2/2020). 3. Agravo regimental desprovido." (STJ, AgRg no HC 692.308/RS, Rel. Ministro JOEL ILAN PACIORNIK, QUINTA TURMA, julgado em 15/02/2022, DJe 18/02/2022). No STF: "O sistema jurídico-constitucional brasileiro não admite nem tolera a possibilidade de prolação de decisão de pronúncia com apoio exclusivo em elementos de informação produzidos, única e unilateralmente, na fase de inquérito policial ou de procedimento de investigação criminal instaurado pelo Ministério Público, sob pena de frontal violação aos postulados fundamentais que asseguram a qualquer acusado o direito ao contraditório e à plenitude de defesa. Doutrina. Precedentes. – Os subsídios ministrados pelos procedimentos inquisitivos estatais não bastam, enquanto isoladamente considerados, para legitimar a decisão de pronúncia e a consequente submissão do acusado ao Plenário do Tribunal do Júri. – O processo penal qualifica-se como instrumento de salvaguarda da liberdade jurídica das pessoas sob persecução criminal. Doutrina. Precedentes. – A regra "in dubio pro societate" – repelida pelo modelo constitucional que consagra o processo penal de perfil democrático – revela-se incompatível com a presunção de inocência, que, ao longo de seu virtuoso itinerário histórico, tem prevalecido no contexto das sociedades civilizadas como valor fundamental e exigência básica de respeito à dignidade da pessoa humana. (HC 180.144, 2ª T, rel. Min. Celso de Mello, julgado em 10/10/2020, publicado em 22/10/2020). ED

**55.** Gabarito: E
Comentário: **A:** incorreta, segundo a organizadora. A nosso ver, a assertiva retrata a atual jurisprudência do STJ. Senão vejamos. Com as mudanças implementadas no art. 212 do CPP pela Lei de Reforma 11.690/2008, o *sistema presidencialista*, pelo qual a testemunha, depois de inquirida pelo juiz, respondia, por intermédio deste, às perguntas formuladas pelas partes, deu lugar ao chamado sistema *cross examination*, atualmente em vigor, segundo o qual as partes passam a dirigir suas indagações às testemunhas sem a intermediação do magistrado, de forma direta, vedados os questionamentos que puderem induzir a resposta, não tiverem relação com a causa ou importarem na resposta de outra já respondida. Ao final da inquirição, se ainda remanescer algum ponto não esclarecido, poderá o juiz complementá-la, formulando à testemunha novas perguntas (art. 212, parágrafo único, do CPP). É por essa razão que se diz que a atividade do juiz é complementar, remanescente à das partes. Pois bem. Surgiu então a questão atinente à consequência que poderia advir da inversão desta ordem. Prevalece hoje o entendimento no sentido de que é relativa a nulidade decorrente do fato de o juiz, no lugar de formular seus questionamentos ao término da oitiva da testemunha, fazê-lo no começo do depoimento, antes, portanto, das perguntas elaboradas pelas partes. E sendo relativa esta nulidade, o seu reconhecimento somente se dará com a arguição oportuna pelo interessado (não pode o juiz decretá-la de ofício), que, se assim não o fizer, sujeitar-se-á à preclusão. No STJ: *Conforme a orientação deste Superior Tribunal de Justiça, a inquirição das testemunhas pelo juiz antes que seja oportunizada a formulação das perguntas às partes, com a inversão da ordem prevista no art. 212 do Código de Processo Penal, constitui nulidade relativa* (HC 237.782, Rel. Min. Laurita Vaz, DJe de 21.08.2014). No mesmo sentido: "AGRAVO REGIMENTAL NO HABEAS CORPUS. PROCESSUAL PENAL. HOMICÍDIO QUALIFICADO. PRONÚNCIA. SUPOSTAS NULIDADES NÃO CONFIGURADAS. AUSÊNCIA DE COMPROVAÇÃO DE PREJUÍZO. PRINCÍPIO PAS DE NULLITÉ SANS GRIEF. AGRAVO DESPROVIDO. 1. A "declaração de nulidade exige a comprovação de prejuízo, em consonância com o princípio pas de nullité sans grief, consagrado no art. 563 do CPP e no enunciado n. 523 da Súmula do STF" (AgRg no HC 613.170/SC, Rel. Ministro FELIX FISCHER, QUINTA TURMA, julgado em 27/10/2020, DJe 12/11/2020), o que não ocorreu na presente hipótese. 2. Ao contrário do que alega a Defesa, o entendimento do Tribunal de origem está de acordo com a jurisprudência desta Corte, no sentido de que "[n]ão é possível anular o processo, por ofensa ao art. 212 do Código de Processo Penal, quando não verificado prejuízo concreto advindo da forma como foi realizada a inquirição das testemunhas" (AgRg no HC 465.846/SP, Rel. Ministro NEFI CORDEIRO, SEXTA TURMA, julgado em 14/05/2019, DJe 23/05/2019). 3. Agravo regimental

desprovido." (STJ, AgRg no HC 524.283/MG, Rel. Ministra LAURITA VAZ, SEXTA TURMA, julgado em 09/02/2021, DJe 22/02/2021); **B**: incorreta. A partir da Reforma Processual de 2008, que alterou substancialmente o art. 212 do CPP, o juiz perdeu o protagonismo na inquirição das testemunhas; deverá adotar, isto sim, uma postura mais comedida, limitando-se a complementar a inquirição. Ou seja, caberá às partes produzir a prova testemunhal, questionando, de forma direta, o depoente, sempre sob a supervisão do magistrado; somente ao final é que o juiz poderá formular perguntas tão somente em relação a pontos relevantes não esclarecidos. Trata-se, como se pode ver, de função complementar às partes; **C** e **D**: incorretas. Hipóteses não contempladas em lei; **E**: correta. A despeito da atividade probatória do juiz ter caráter complementar, como acima já dissemos, é fato que cabe ao magistrado controlar e fiscalizar a atuação das partes, impondo-lhes os limites estabelecidos em lei, de forma a resguardar a higidez da prova. Dessa forma, o juiz deverá intervir ante a ilegalidade na condução do depoimento. 🔲

## 56. Gabarito: A

Comentário: Sobre este tema, conferir o seguinte julgado: "HABEAS CORPUS. TRÁFICO DE DROGAS. SÚMULA 691 DO STF NÃO SUPERADA. PRISÃO DOMICILIAR. SUPRESSÃO DE INSTÂNCIA. CONDENAÇÃO DEFINITIVA. IMPOSSIBILIDADE DE RECEBER ASSISTÊNCIA MÉDICA ADEQUADA NO ESTABELECIMENTO PRISIONAL. NÃO DEMONSTRADA. NÃO RECOLHIMENTO DA PACIENTE AO CÁRCERE. ÓBICE AO INÍCIO DA EXECUÇÃO PENAL. IMPOSSIBILIDADE DE ACESSO AO JUDICIÁRIO. EMISSÃO DA GUIA DE EXECUÇÃO JUSTIFICADA. EXTENSÃO DO BENEFÍCIO. AÇÕES PENAIS DISTINTAS. RELATORIA DE OUTRO JULGADOR. INVIABILIDADE. ORDEM DENEGADA. CONCESSÃO DO HABEAS CORPUS, DE OFÍCIO. 1. Admite-se a superação do enunciado n. 691 da Súmula do STF em casos excepcionais, quando, sob a perspectiva da jurisprudência desta Corte Superior, num exame superficial, a ilegalidade do ato apontado como coator é inquestionável e cognoscível de plano - o que não ocorre na espécie. 2. Não obstante a atual crise mundial trazida pela pandemia do novo coronavírus, a apenada ainda não se recolheu à prisão, tampouco comprovou o padecimento pelas enfermidades apontadas no writ. Não são bastantes, por si sós, os documentos colacionados aos autos para evidenciar que, quando segregada, a paciente não receberá medicamentos, ou lhe será negado tratamento médico intramuros, ou que será submetida a iminente risco de contágio pela COVID-19, ou que, atualmente, apresente sintomas correspondentes a comorbidades severas. 3. Essas circunstâncias afastam, por ora, a aplicação da Recomendação n. 62/2020 do CNJ à sentenciada, sem prejuízo de ulterior decisão do Juízo da Vara de Execuções Criminais, competente para dirimir o incidente, à luz dos

interesses em conflito. 4. Nos termos dos arts. 105 da Lei n. 7.210/1984 e 674 do Código de Processo Penal, a expedição da guia de recolhimento - e consequente início da competência do juízo das execuções - demanda prévia custódia do réu. 5. No entanto, estabelece o art. 5º, XXXV, da Constituição da República, que a lei não excluirá da apreciação do Poder Judiciário lesão ou ameaça a direito. 6. Justifica-se a expedição da guia de execução, independentemente do cumprimento do mandado de prisão, a fim de possibilitar a análise do pedido de progressão de regime ou de prisão domiciliar pelo Juízo competente (Precedentes do STJ e do STF). 7. Impossível avaliar se há ou não similitude fática, aos ditames do art. 580 do CPP, entre as condutas atribuídas à ré e à beneficiada do proveito de segregação domiciliar, mormente porque abordadas cada qual em um processo distinto. Não há falar em estender efeitos de decisão proclamada em outro feito, à acusada em demanda diversa (não existe concurso de pessoas), sobretudo de relatoria de outro julgador. 8. Ordem denegada. Concessão de habeas corpus, de ofício, para determinar, independentemente do recolhimento da paciente à prisão, se instaure o processo de execução, com observância do art. 65 da Lei n. 7.214/1984, e se submeta à análise do juízo competente o pleito de progressão de regime ou prisão domiciliar." (STJ, HC 599.475/SP, Rel. Ministro ROGERIO SCHIETTI CRUZ, SEXTA TURMA, julgado em 22/09/2020, DJe 29/09/2020). 🔲

## 57. Gabarito: C

Comentário: a solução desta questão deve ser extraída dos arts. 593, § 4º, e 601, § 1º, do CPP. 🔲

## 58. Gabarito: A

Comentário: **A**: correta. Conferir: "A decisão agravada deve ser mantida, em relação à alegada prescrição, uma vez que o recebimento do aditamento da denúncia que traz modificação fática substancial enseja a interrupção da prescrição (AgRg no AREsp n. 1.350.483/RS, Ministro Rogerio Schietti Cruz, Sexta Turma, DJe 12/11/2020), isso porque, in casu, não houve apenas a alteração da capitulação jurídica, mas uma modificação substancial dos aspectos fáticos quanto à imputação do tipo penal (fl. 1.404)" (STJ, AgRg no HC 659.335/SC, Rel. Ministro SEBASTIÃO REIS JÚNIOR, SEXTA TURMA, julgado em 08/06/2021, DJe 16/06/2021); **B**: incorreta, já que somente alcança o corréu incluído; **C**: incorreta. Neste caso, será considerado, como termo inicial, o recebimento do aditamento; **D** e **E**: incorretas. A teor do art. 569 do CPP, o aditamento poderá ocorrer a qualquer tempo, antes da sentença final. 🔲

## 59. Gabarito: B

Comentário: O dispositivo 1 é inconstitucional, pois a câmara vai julgar tanto as contas de governo, quanto as contas de gestão, o juízo faz apenas a apreciação. O dispositivo 2 é inconstitucional, por entendimento do Supremo Tribunal Federal, não é possível o julgamento ficto de contas através de prazo. O dispositivo 3 está correto, conforme dispõe o artigo 31, § 3º da CF. MG/RG

## 60. Gabarito: A

Comentário: Os prazos da licença-adotante não podem ser inferiores aos prazos da licença-gestante, o mesmo valendo para as respectivas prorrogações. Também não é possível fixar prazos diversos em função da idade da criança adotada. MG/RG

## 61. Gabarito: E

Comentário: **A:** errada, a determinação de colocação de câmeras , não constitui uma interferência na esfera de competências , Sobre o tema, o STF já entendeu, no julgamento do ARE 878911, que "Não usurpa a competência privativa do chefe do Poder Executivo lei que, embora crie despesa para a Administração Pública, não trata da sua estrutura ou da atribuição de seus órgãos nem do regime jurídico de servidores públicos"; **B:** errada, se aplica apenas a criação de novos benefícios, o STF já tem o entendimento de que não apresenta inconstitucionalidade; **C:** errada, Só haveria vício de iniciativa se a lei em questão tratasse de temas abrangidos pelo art. 61, § 1º da CF/88 ou que alterasse a competência de órgãos da administração estadual, o que não aconteceu; **D:** errada, para haver possibilidade de mudança das obrigações dos órgãos , a proposta deverá ser apresentada pelo chefe do poder executivo legal; **E:** correta, o texto aplica exatamente o entendimento do STF, sobre o assunto mencionado. MG/RG

## 62. Gabarito: B

Comentário: A questão aborda o texto do Art. 178. A lei disporá sobre a ordenação dos transportes aéreo, aquático e terrestre, devendo, quanto à ordenação do transporte internacional, observar os acordos firmados pela União, atendido o princípio da reciprocidade. (Redação dada pela Emenda Constitucional 7, de 1995), o que faz com que a CI prevaleça quanto ao CDC. MG/RG

## 63. Gabarito: C

Comentário: À luz da jurisprudência consagrada na Corte, a imunidade tributária subjetiva (no caso do art. 150, VI, da Constituição Federal, em relação aos impostos) aplica-se ao ente beneficiário na condição de contribuinte de direito, sendo irrelevante, para resolver essa questão, investigar se o tributo repercute economicamente (RE 608872, Relator(a): Min. Dias Toffoli, Tribunal Pleno, julgado em 23/02/2017, Processo Eletrônico DJe-219 DIVULG 26-09-2017 PUBLIC 27-09-2017). O ente beneficiário de imunidade tributária subjetiva ocupante

da posição de simples contribuinte de fato – como ocorre no presente caso –, embora possa arcar com os ônus financeiros dos impostos envolvidos nas compras de mercadorias (a exemplo do IPI e do ICMS), caso tenham sido transladados pelo vendedor contribuinte de direito, desembolsa importe que juridicamente não é tributo, mas sim preço, decorrente de uma relação contratual. MG/RG

## 64. Gabarito: A

Comentário: **A:** correta, TJ do Estado Alfa pode realizar o controle concentrado de constitucionalidade da norma municipal neste caso porque normas sobre processo legislativo são de repetição obrigatória. Esse assunto foi discutido no STF quando do julgamento da ADI n. 5646. **B, C, D** e **E:** incorretas, pois cabe aos estados as representações de inconstitucionalidade de leis municipais em face de leis Estaduais. Assim, o TJ pode fazer o controle concentrado da constitucionalidade das três leis municipais. MG/RG

## 65. Gabarito: B

Comentário: Nos termos do art. 7º, § 2º, da Lei 11.417/2006, ao julgar procedente a reclamação, o Supremo Tribunal Federal anulará o ato administrativo ou cassará a decisão judicial impugnada, determinando que outra seja proferida com ou sem aplicação da súmula, conforme o caso; a questão exigia conhecimento sobre a Reclamação Constitucional e os seus devidos efeitos. MG/RG

## 66. Gabarito: A

Comentário: A questão trata sobre o poder judiciário, o objetivo é entendimento de qual órgão é competente para processar e julgar o estado estrangeiro, contra uma residente brasileira, a lei determina que a ação em primeira instância deve ser na justiça comum federal, cabendo recurso para o STJ, conforme o art. 109, II, da CF. MG/RG

## 67. Gabarito: E

Comentário: Conforme prevê o art. 17, II, "e" do Regimento Interno do Tribunal de Justiça do Estado do Amapá: À Secção Única compete processar e julgar, originariamente pedido de desaforamento.

## 68. Gabarito: B

Comentário: **A:** incorreta. Para efetiva caracterizações dos crimes eleitorais conforme a legislação aplicada, o resultado naturalístico é dispensado, pois, são considerados crimes formais ou de mera conduta. Importante julgado do Min. Arnaldo Versiani Leite Soares, neste sentido, ao tratar do Crime de Corrupção eleitoral: "Crime eleitoral. Art. 299 do Código Eleitoral. (...) 2. O crime de corrupção eleitoral, por ser crime formal, não admite a forma tentada, sendo o resultado mero exaurimento da conduta criminosa." *(Ac. de 27.11.2007 no AgRgAg 8905, rel. Min. Arnaldo Versiani.)*. **B:** Correta. As condutas vedadas aos agentes públicos em campanhas eleitorais são observadas no artigo 73 da Lei das eleições (Lei 9.504/1997), se submetendo aos princípios da legalidade estrita e da tipicidade, assim, são passíveis de interpretação restritiva, devendo necessariamente estarem previstas em lei. **C:** Incorreta. O artigo 40 da Lei 9.504/1997 aduz que "o uso, na propaganda eleitoral, de símbolos, frases ou imagens, associadas ou semelhantes às empregadas por órgão de governo, empresa pública ou sociedade de economia mista constitui crime (...)"todavia, é de suma importância a observação da Resolução do TSE (Tribunal Superior Eleitoral) 22268/2006: "não há vedação para o uso, na propaganda eleitoral, dos símbolos nacionais, estaduais e municipais (bandeira, hino, cores), sendo punível a utilização indevida nos termos da legislação de regência". **D:** Incorreta. Questão incorreta pela evidência dos apontamentos observados no artigo 73, VI, *b* da Lei das Eleições (Lei 9.504/1997), em que "*nos três meses que antecedem o pleito*", "*com exceção da propaganda de produtos e serviços que tenham concorrência no mercado, autorizar publicidade institucional dos atos, programas, obras, serviços e campanhas dos órgãos públicos federais, estaduais ou municipais, ou das respectivas entidades da administração indireta, salvo em caso de grave e urgente necessidade pública, assim reconhecida pela Justiça Eleitoral*". Assim, o legislador proíbe as propagandas independente da demonstração do caráter eleitoreiro, e para tal, em seu bojo menciona as exceções que se fazem necessárias pela gravidade e urgência pública, desde que previamente reconhecidas pela justiça eleitoral. São apontamentos importantes para o período mais curto que antecede o processo eleitoral, e assim, com o intuito de tentar inibir, principalmente, aqueles gestores que em processo de reeleição utilizem-se da máquina pública como meio de propaganda eleitoral. Sobre as exceções, importante julgado do Min. Fernando Neves: "A toda evidência, surge como regra a proibição de implementar, nessa undécima hora das eleições, publicidade institucional e, como exceção, o lançamento de tais peças publicitárias, considerando-se o gênero "comunicação". É sabença geral que preceitos a encerrarem exceção são merecedores de interpretação estrita. Isso mais sobressai quando a norma em comento direciona ao necessário, inafastável, reconhecimento da Justiça Eleitoral. (Ac. 21.536, de 15.6.2004, rel. Min. Fernando Neves). **E:** Incorreta. É plenamente admitida a apuração concomitante de prática de abuso de poder político e econômico e de prática de conduta vedada por meio de AIJE (Ação de Investigação Judicial Eleitoral). Neste quesito, apontamos importante jurisprudência, em decisão do Min. Tarcísio Vieira de Carvalho Neto: "*Há muito é assente nesta Corte Superior o entendimento de que 'não há óbice a que haja cumulação* de pedidos na AIJE, apurando-se concomitantemente a prática de abuso de poder e a infração ao art. 73 da Lei 9.504/97, seguindo-se o rito do art. 22 da LC 64/90*" (Ac. de 6.5.2021 no RO-El 060038425, rel. Min. Tarcisio Vieira de Carvalho Neto). **FVS**

---

**69.** Gabarito: A

Comentário: **A:** Correta. A alternativa está de acordo com o determinado pelo artigo 41-A da Lei das Eleições (Lei 9.504/1997), o que também está de acordo com a jurisprudência. Neste aspecto, importante salientar que o a conduta poderá ser observada por meio de um agente que não esteja em disputa no pleito eleitoral, mas, que o candidato em disputa tenha anuído de modo explícito à prática ilegal. Neste caminho, importante julgado do Min. Sálvio de Figueiredo: "*Caracteriza-se a captação de sufrágio prevista no art. 41-A da Lei 9.504/97 quando o candidato pratica as condutas abusivas e ilícitas ali capituladas, ou delas participa, ou a elas anui explicitamente*" *(Ac. de 17.10.2002 no AgRgMC 1229, rel. Min. Ellen Gracie, red. designado Min. Sálvio de Figueiredo.)*. **B:** Incorreta. Não há necessidade do pedido ser explícito e formulado pelo próprio candidato, para tal, observamos o § 1º, art. 41-A da lei das Eleições (Lei 9.504/1997): "Para a caracterização da conduta ilícita, é desnecessário o pedido explícito de votos, bastando a evidência do dolo, consistente no especial fim de agir". **C:** Incorreta. A alternativa é incorreta por contrariar os apontamentos do artigo 22 da Lei Complementar 64/1990, em que observamos que o rito a ser aplicado para a captação ilícita de sufrágio e para a ação de investigação judicial eleitoral (AIJE) é o mesmo. **D:** Incorreta. O § 6º do artigo 39 da lei das Eleições (Lei 9.504/1997) é claro ao vedar tais práticas, independente do seu caráter humanitário, o que caracteriza a captação ilícita de sufrágio: "É vedada na campanha eleitoral a confecção, utilização, distribuição por comitê, candidato, ou com a sua autorização, de camisetas, chaveiros, bonés, canetas, brindes, cestas básicas ou quaisquer outros bens ou materiais que possam proporcionar vantagem ao eleitor." **E:** Incorreta. Não há legitimidade ativa do eleitor pela captação ilícita de sufrágio, visto que, o artigo 41-A da lei das Eleições (Lei 9.504/1997) aponta que "constitui captação de sufrágio, vedada por esta Lei, o candidato doar, oferecer, prometer, ou entregar, ao eleitor, com o fim de obter-lhe o voto, bem ou vantagem pessoal de qualquer natureza, inclusive emprego ou função pública, desde o registro da candidatura até o dia da eleição, inclusive, sob pena de multa de mil a cinquenta mil Ufir, e cassação do registro ou do diploma, observado o procedimento previsto no art. 22 da Lei Complementar 64, de 18 de maio de 1990". Aqui é importante observar que a captação ilícita de sufrágio da Lei das eleições (Lei 9.504/1997), não se confunde com crime de corrupção eleitoral do Código Eleitoral (art. 229), em que poderá ocorrer em qualquer tempo, assim, não havendo a necessidade de ser candidato aquele que infringiu. FVS

## 70. Gabarito: D

Comentário: **A:** Incorreta. A alternativa é incorreta, pois, ampla doutrina está de acordo que a Justiça Eleitoral possui função com características particulares, além da função jurisdicional, observa-se a função executiva (administrativa) no que tange a organização te todas as etapas que compõem processos eleitoral, tais como, cadastramento dos eleitores, apuração de votos e diplomação dos eleitos. Importante particularidade também observamos na função normativa, em que a justiça eleitoral possui competência para editar atos normativos gerais sobre matéria eleitoral. Destacada doutrina, conforme previsão do Código eleitoral nos artigos 23, XII e 30, VIII, também aponta a função consultiva, em que responderá a consulta feita de caráter genérico e impessoal, sem caráter de decisão judicial. **B:** Incorreta. Alternativa incorreta, pois, a Justiça Eleitoral não possui quadro próprio de juízes, determinando o art. 11 da Lei Complementar 35/1979 (LOMAN – Lei Orgânica da Magistratura Nacional) que "*os Juízes de Direito exercem as funções de juízes eleitorais, nos termos da lei*". Importante frisar que de acordo com o artigo 118 da Constituição Federal, são órgãos da Justiça Eleitoral o Tribunal Superior Eleitoral (TSE), os tribunais regionais eleitorais (TRE's), os juízes eleitorais e as juntas eleitorais. Assim, a Justiça Eleitoral possui particularidades não observadas nas outras, e em sua composição encontramos membros juízes do Supremo Tribunal Federal, do Superior Tribunal de Justiça, dos Tribunais Regionais Federais, dos Tribunais de Justiça dos estados, Juízes federais de primeiro grau, Juízes estaduais, advogados, e, importante ficar atento que em sua formação também observamos, no caso da composição das Juntas Eleitorais, cidadãos comuns, inclusive, sem formação jurídica, desde que tenha notória idoneidade. **C:** Incorreta. Alternativa errada, pois, os Juízes eleitorais podem atuar de ofício na função administrativa, possuindo poder de polícia para prevenir ou obstar práticas ilegais, mantendo o controle o equilíbrio nos processos eleitorais. Todavia, é de suma importância a observação da súmula 18 do TSE (Tribunal Superior Eleitoral) em que limita a atuação no agir de ofício do Juiz Eleitoral na instauração de procedimento com finalidade de impor multa por propaganda eleitoral irregular. Súmula 18, TSE: *Conquanto investido de poder de polícia, não tem legitimidade o juiz eleitoral para, de ofício, instaurar procedimento com a finalidade de impor multa pela veiculação de propaganda eleitoral em desacordo com a Lei 9.504/97.* **D:** Correta. De acordo com a lição de Manuel Carlos de Almeida Neto, "o poder regulamentar e normativo da Justiça Eleitoral deve ser desenvolvido dentro de certos limites formais e materiais. Os regulamentos eleitorais só podem ser expedidos

segundo a lei (*secundum legem*) ou para suprimir alguma lacuna normativa (*praeter legem*). Fora dessas balizas, quando a Justiça Eleitoral inova em matéria legislativa ou contraria dispositivo legal (*contra legem*), por meio de resolução, ela desborda da competência regulamentar, estando, por conseguinte, sujeita ao controle de legalidade ou constitucionalidade do ato". **E:** Incorreta. A Justiça Eleitoral, conforme o Código Eleitoral, em seus artigos 23, XII e 30, VIII, disponibiliza o instituto da consulta eleitoral, bem como observado também no Regimento Interno do Tribunal Superior Eleitoral (Resolução 4.510/1952), art. 8º, 'j'. Trata-se de questionamentos hipotéticos, em que responderá a consulta feita de modo genérico e impessoal, sem caráter de decisão judicial e qualquer efeito vinculante. Assim, as consultas formuladas ao TSE (Tribunal Superior Eleitoral) somente poderão ser feitas por autoridade com jurisdição, federal ou órgão nacional de partido político, e em relação aos TRFs por autoridade pública ou partido político. FVS

## 71. Gabarito: A

Comentário: I: correta, nos termos do art. 975, §1º, do CC; II: **considerada incorreta pelo gabarito oficial, porém não concordamos.** A afirmativa contempla corretamente a descrição de empresário e a obrigação de inscrição na Junta Comercial, nos termos do art. 966 e 967 do CC; III: incorreta. O exercício de empresa por pessoa sobre a qual recai impedimento legal – como é o caso dos militares da ativa – não invalida os atos praticados, caso contrário não se poderia imputar a responsabilidade pelo cumprimento das obrigações ao empresário irregular (art. 973 do CC). Gabarito **nosso**: "D" HS

## 72. Gabarito: E

Comentário: Nos termos do art. 28, I, da Lei nº 5.764/1971, é obrigatória a constituição de fundo de reserva com 10%, pelo menos, das sobras líquidas do exercício em todas as cooperativas. Correta, portanto, a alternativa "E", que deve ser assinalada. HS

## 73. Gabarito: C

Comentário: A: incorreta. As cooperativas de crédito se equiparam a instituições financeiras, portanto é possível a decretação de sua falência se atendidos aos requisitos legais previstos na legislação especial (no caso, a Lei nº 6.024/1974). O art. 2º, inciso II, da Lei de Falências traz hipóteses de **exclusão relativa** do regime falimentar, ou seja, situações nas quais não se aplica a falência originariamente, mas ela pode ser invocada em situações específicas; B: incorreta. O Banco Central autoriza o liquidante a pedir a falência, logo não ocupará aquele o polo ativo da demanda (art. 21, "b", da Lei nº 6.024/1974); C: correta, nos termos do art. 34 da Lei nº 6.024/1974; D e E: incorretas, conforme comentários anteriores. HS

**74.** Gabarito: A

Comentário: A: correta, nos termos do art. 60, §1º, do Decreto-lei nº 167/1967; B: incorreta. Na duplicata rural, o protesto é dispensado inclusive para os coobrigados (art. 60, *caput*, do Decreto-lei nº 167/1967); C: incorreta. O aval é válido se dado por pessoa física participante do quadro social da pessoa jurídica emitente (art. 60, §2º, do Decreto-lei nº 167/1967); D e E: incorreta, nos termos do comentário à alternativa "A". HS

**75.** Gabarito: B

Comentário: A: incorreta. A consolidação substancial pode ser deferida pelo juiz independentemente de oitiva da assembleia-geral (art. 69-J da Lei de Falências); B: correta, nos termos do art. 69-J, *caput*, da Lei de Falências; C: incorreta. A consolidação processual pressupõe confusão de ativo e passivo das entidades devedoras, nos termos do art. 69-J, *caput*, da Lei de Falências; D: incorreta. A condição que autoriza a consolidação substancial é a **existência** de garantias cruzadas (art. 69-J, I, da Lei de Falências); E: incorreta. Tais hipóteses são alternativas, que devem ser cumuladas com a confusão patrimonial (art. 69-J, III e IV, da Lei de Falências). HS

**76.** Gabarito: B

Comentário: Ambos os pedidos são improcedentes. A companhia está autorizada a adquirir suas próprias debêntures por valor inferior ao nominal, bastando que tal fato conste dos relatórios da administração e das demonstrações financeiras (art. 55, §3º, II, da LSA); e é autorizada a emissão de debêntures cujo vencimento ocorra somente em caso de inadimplência da obrigação de pagar juros, dissolução da companhia ou quaisquer outras condições previstas no título (art. 55, §4º, da LSA). HS

**77.** Gabarito: E

Comentário: O enunciado trata de hipótese de restituição em dinheiro, prevista no art. 86 da Lei de Falências. Desde a edição da Lei nº 14.112/2020, tal crédito passou a ser expressamente elencado como extraconcursal (art. 84, I-C, da LF), que será adimplido após as despesas indispensáveis à administração da falência e a antecipação dos créditos salariais. Correta, portanto, a alternativa "E". HS

**78.** Gabarito: A

Comentário: Nos termos do art. 1.148 do CC, na ausência de previsão contratual em sentido diverso, o prazo para terceiros rescindirem o contrato por força da sub-rogação decorrente do trespasse é de 90 dias contados da publicação da transferência. Logo, a manifestação de Ana é intempestiva e não impedirá a sub-rogação. HS

**79.** Gabarito: E

Comentário: I: correta, nos termos do art. 1.122, §3º, do CC; II: correta, nos termos do art. 1.117, §2º, do CC; III: correta, nos termos do art. 1.122, *caput*, do CC. HS

**80.** Gabarito: B

Comentário: Comentário: **A:** incorreta, pois a lei complementar que instituiu o tributo é apenas formalmente complementar, sendo materialmente lei ordinária (pois exige-se simples lei ordinária estadual para isso). Assim, essa lei materialmente ordinária pode ser alterada por lei ordinária estadual; **B:** correta, pois os projetos de lei que concedem benefícios fiscais, como isenção, devem estar acompanhados de estimativa do impacto orçamentário-financeiro no exercício em que deva iniciar sua vigência e nos dois seguintes – art. 14 da LRF; **C:** incorreta, pois a lei que concede benefício fiscal pode regular também o correspondente tributo, nos termos do art. 150, § 6º, da CF. O que não se admite é lei que trate de benefício fiscal e, ao mesmo tempo, matérias estranhas ao tributo correspondente; **D** e **E:** incorretas, conforme comentário à alternativa "B". RB

**81.** Gabarito: E

Comentário: Comentário: **A:** incorreta pois o possuidor com *animus domini* ou *ad usucapionem* pode ser contribuinte do IPTU – art. 34 do CTN; **B:** incorreta, pois o acordo entre particulares não afeta a sujeição passiva, nem eventual direito a repetição tributária – art. 123 do CTN; **C:** correta, pois o adquirente do imóvel é responsável tributário em relação aos tributos incidentes sobre o imóvel anteriores à aquisição – art. 130 do CTN; **D:** incorreta, pois, salvo disposições de lei em contrário, as convenções particulares, relativas à responsabilidade pelo pagamento de tributos, não podem ser opostas à Fazenda Pública, para modificar a definição legal do sujeito passivo das obrigações tributárias correspondentes – art. 123 do CTN; **E:** correta, pois o prazo prescricional para cobrança de tributos lançados de ofício é de 5 anos contados da notificação do lançamento, sendo certo que a prescrição extingue o crédito tributário (não apenas o direito de o fisco cobrar) – art. 174 do CTN. RB

**82.** Gabarito: C

Comentário: **A, B, D** e **E:** incorretas, pois o STF entendeu que a ordem de preferência no caso de concurso de credores prevista no art. 187, parágrafo único, do CTN e no art. 29, parágrafo único, da Lei 6.830/1980, não foi recepcionada pela atual CF, revogando a Súmula 563/STF – ver ADPF 357; **C:** correta, conforme comentário anterior. RB

**83.** Gabarito: D

Comentário: **A, B** e **E:** incorretas, pois a empresa tem direito a certidão positiva com efeito de negativa em relação aos tributos garantidos na execução, não a certidão negativa ou simplesmente positiva – art. 206 do CTN; **C:** incorreta, pois a empresa não está regular em relação à obrigação acessória de apresentação dos dados cadastrais, inexistindo a possibilidade de certidão positiva com efeito de negativa nesse caso; **D:** correta, conforme comentários anteriores. ▨

## 84. Gabarito: D
Comentário: No caso de bens imóveis, o ITCMD será sempre devido ao Estado em que localizado o bem, no caso, ao Estado do Amapá – art. 155, § 1º, I, da CF. O fato gerador se dá na transcrição da doação no registro de imóveis, quando se dá efetivamente a transmissão (fato gerador do tributo), conforme a legislação cível. A alíquota aplicável é a prevista na lei estadual, no caso, inferior à da transmissão *causa mortis* – art. 78 da Lei 400/1997 do AP. ▨

## 85. Gabarito: E
Comentário: O STF entende que a alienação fiduciária em garantia de imóvel adquirido por ente político não afasta a imunidade tributária recíproca – ver RE 727.851/MG. Por essa razão, a alternativa "E" é a correta. ▨

## 86. Gabarito: A
Comentário: Embora o prazo de recurso administrativo na esfera tributária, que tem sempre efeito suspensivo (art. 151, III, do CTN), seja usualmente de 30 dias, é essencial consultar a lei estadual ou municipal correspondente. No caso do Amapá, o prazo para recurso à segunda instância administrativa é realmente de 30 dias, com efeito suspensivo (não poderia deixar de ser, por imposição do CTN) – art. 205 da Lei 400/1997 do AP – e o órgão competente é denominado Conselho Estadual de Recursos Fiscais – arts. 197, II, e 208 da mesma Lei. Por essas razões, a alternativa "A" é a correta. ▨

## 87. Gabarito: D
Comentário: Embora já tenha transcorrido o prazo para apresentação dos embargos à execução fiscal (30 dias da intimação da penhora – art. 16, III, da Lei 6.830/1980), é sempre possível apresentar exceção de pré-executividade nos casos em que a alegação possa ser comprovada de plano (sem necessidade de dilação probatória) – Súmula 393/STJ. Por essa razão, a alternativa "D" é a correta. Importante também anotar que o imóvel do contribuinte não poderia ter sido penhorado, sendo bem de família – art. 1º da Lei 8.009/1990. ▨

## 88. Gabarito: A
Comentário: **A:** correta, pois taxas somente podem ser instituídas em relação a serviços ou exercício de poder de polícia, sendo que emissão de carnê não é nada disso – ver RE 789.218; **B** e **C:** incorretas, conforme comentário anterior; **D:** incorreta, pois o município tem competência para instituir contribuição de melhoria em relação às obras que realize, desde que impliquem valorização imobiliária – art. 145, III, da CF; **E:** incorreta, pois a contribuição de melhoria não tem limitação em relação à região urbana ou rural do município – art. 145, III, da CF. ▨

## 89. Gabarito: D
Comentário: De acordo com o entendimento do STF, "são imprescritíveis as ações de ressarcimento ao erário fundadas na prática de ato doloso tipificado na Lei de Improbidade Administrativa" (RE 852.475/SP). Considerando que a desconformidade praticada por João se baseou na modalidade *culposa*, a pretensão ministerial de ressarcimento ao erário já estava *prescrita* em setembro de 2021 (5 anos, contados a partir do término do exercício do mandato, cf. redação anterior do art. 23, I, da Lei 8.429/1992). Assim, correta a alternativa **D**. Observação: com as alterações promovidas na Lei 8.429/1992 pela Lei 14.230/2021, não mais existe improbidade administrativa culposa, pois somente o dolo caracteriza o ato ímprobo. Além disso, o regime da prescrição foi substancialmente alterado: atualmente, o prazo é de oito anos, contados a partir da ocorrência do fato ou, no caso de infrações permanentes, do dia em que cessou a permanência. ▨

## 90. Gabarito: B
Comentário: A Lei 13.019/2014 estabelece o regime jurídico das parcerias voluntárias entre a Administração e as Organizações da Sociedade Civil (OSC). Trata-se do Marco Regulatório das Organizações da Sociedade Civil (MROSC). A norma disciplina três instrumentos para a formalização das parcerias: 1º) *termo de colaboração* (em há transferência de recursos financeiros; ademais, a proposta para a instituição da parceria é da Administração); 2º) *termo de fomento* (em que há transferência de recursos financeiros; além disso, a proposta para a instituição da parceria é da entidade civil); e 3º) *acordo de colaboração* (em que *não* há transferência de recursos financeiros). Advirta-se que o *contrato de gestão* não se aplica para as OSCs, e sim às Organizações Sociais (OSs), disciplinadas pela Lei 9.637/1998. Da mesma forma o *termo de parceria*, incidente no regime das Organizações da Sociedade Civil de Interesse Público (OSCIPs), regradas pela Lei 9.790/1999. Além disso, o instrumento de seleção estipulado pela Lei 13.019/2014 é, como regra, o *chamamento público*, e não a licitação. Diante dessas considerações, conclui-se: **A:** incorreta (o contrato de gestão não se aplica às OSCs, e sim às OSs; ademais, a parceria não se faz mediante licitação, e sim por chamamento público); **B:** correta; **C:** incorreta (o termo de parceria não se aplica às OSCs, e sim às OSCIPs; além disso, a parceria não se faz mediante licitação ou sua inexigibilidade); **D:** incorreta (não se aplica o termo de fomento, pois, conforme o enunciado, a parceria foi proposta pelo Poder Público; ademais, a parceria não se

faz mediante contratação direta); **E:** incorreta (não se aplica acordo de cooperação no caso presente, pois, segundo o enunciado, há transferência de recursos financeiros pela Administração estadual; além disso, esses recursos não foram transferidos ao Tribunal de Contas). RBO

## 91. Gabarito: B

Comentário: o limite remuneratório do funcionalismo público está disciplinado no art. 37, XI, da CF. Esse dispositivo prevê que, no âmbito dos Estados, aplica-se: ao Poder Executivo, o teto referente ao subsídio mensal do Governador; ao Poder Legislativo, o subsídio dos Desembargadores Estaduais; ao Poder Judiciário, o subsídio dos Desembargadores do Tribunal de Justiça, limitado a 90,25% do subsídio dos Ministros do STF. Ocorre que a própria CF, no § 12 do art. 37, faculta aos Estados, mediante emenda à Constituição do Estado, fixar um *limite único* a todos os Poderes, consistente no subsídio dos Desembargadores do respectivo Tribunal de Justiça (limitado a 90,25% do subsídio mensal dos Ministros do STF). Este dispositivo não se aplica aos subsídios dos Deputados Estaduais. Considerando que o enunciado da questão aponta a hipótese em que o Estado Gama, por meio de emenda constitucional, instituiu teto remuneratório único aos servidores estaduais, limitado ao valor do subsídio dos Ministros do STF, conclui-se que essa norma é inconstitucional, porquanto ofensiva ao art. 37, §12, da CF. Diante disso: **A:** incorreta (o limite do subsídio dos desembargadores dos Tribunais de Justiça não é de 95% do subsídio dos ministros do STF; e sim de 90,25%); **B:** correta (cf. art. 37, §12, da CF); **C:** incorreta (a adoção do limite único não é obrigatório, e sim facultativo; além disso, o art. 37, §12 excepciona a sua aplicação aos deputados estaduais, e não aos magistrados); **D** e **E:** incorretas (a norma é inconstitucional). RBO

## 92. Gabarito: E

Comentário: No âmbito do RE 136.861/SP (Pleno, Rel. Min. Edson Fachin, Red. p/ Ac. Min. Alexandre de Moraes, DJe 22/01/2021), o STF definiu a seguinte tese de repercussão geral: "Para que fique caracterizada a responsabilidade civil do Estado por danos decorrentes do comércio de fogos de artifício, é necessário que exista a violação de um dever jurídico específico de agir, que ocorrerá quando for concedida a licença para funcionamento sem as cautelas legais ou quando for de conhecimento do poder público eventuais irregularidades praticadas pelo particular" Conforme consta no enunciado da questão, o Município concedeu a licença com as cautelas legais, exerceu a fiscalização ordinária sem a constatação da prática de ilegalidade, tampouco tomou conhecimento do exercício de comércio irregular. Nesse sentido, não houve a violação de um dever jurídico específico de agir, o que afasta a responsabilidade do

ente público municipal, motivo pelo qual a ação deve ser julgada improcedente. **E:** correta. RBO

## 93. Gabarito: C

Comentário: O direito de preempção está disciplinado, na seara urbanística, no Estatuto da Cidade (Lei 10.257/2001) e confere ao Poder Público municipal preferência para aquisição de imóvel urbano objeto de alienação onerosa entre particulares (art. 25). Trata-se de uma forma legítima de intervenção do Estado na propriedade privada. Para tanto, lei municipal, baseada no plano diretor, deve delimitar as áreas em que incide o direito de preempção, com a fixação do prazo de vigência (não superior a cinco anos). No caso da questão sob análise, João não observou o direito de preempção, pois deveria ter notificado o Município sobre sua intenção de alienar o imóvel, para o que ente público manifestasse seu interesse em comprá-lo (art. 27). Nesse sentido, o negócio realizado entre João e Maria é considerada nulo de pleno direito (art. 27, § 5º), de modo que o Município poderá adquirir o imóvel pelo valor da base de cálculo do IPTU ou pelo valor da transação, se este for inferior àquele (art. 27, § 6º). Assim, correta a alternativa C. RBO

## 94. Gabarito: A

Comentário: o credenciamento representa uma hipótese expressa de *inexigibilidade*, nos termos do art. 74, IV, da Lei 14.133/2021. Nesse sentido, o contrato é feito sem licitação. O credenciamento é definido o processo administrativo de chamamento público em que a Administração Pública convoca interessados em prestar serviços ou fornecer bens para que, preenchidos os requisitos necessários, se credenciem no órgão ou na entidade para executar o objeto quando convocados. RBO

## 95. Gabarito: E

Comentário: O tema da situação jurídica do aprovado em concurso público vem sendo objeto de relevantes decisões no âmbito dos Tribunais Superiores. O STF consolidou a posição pela qual o aprovado detém *direito subjetivo* à nomeação em três situações (RE 837.311/PI, Pleno, rel. min. Luiz Fux, DJe 18/04/16, Tema 784). São elas: 1ª) Quando a aprovação ocorrer dentro do número de vagas dentro do edital, salvo situações excepcionalíssimas que justifiquem soluções diferenciadas, devidamente motivadas de acordo com o interesse público; 2ª) Quando for verificada preterição na nomeação por não observância da ordem de classificação, nos termos da Súmula 15 do STF; 3ª) Quando surgirem novas vagas, ou for aberto novo concurso durante a validade do certame anterior, e ocorrer a preterição de candidatos aprovados foram do número das vagas previstas no edital de forma arbitrária e imotivada por parte da Administração Pública. A terceira hipótese é tratada no enunciado da questão: Maria foi aprovada fora do número de vagas e, durante o prazo de validade do concurso, sua nomeação foi preterida em razão de provimentos para cargos em comissão e de prorrogações sucessivas de contratações temporárias. Assim, a ordem do mandado de segurança deve ser concedida pelo juízo. Correta a alternativa E. RBO

## 96. Gabarito: A

Comentário: A pretensão ministerial não deve ser acolhida, pois o STF expediu, em sede de repercussão geral, a seguinte tese: "É constitucional a delegação do poder de polícia, por meio de lei, a pessoas jurídicas de direito privado integrantes da Administração Pública indireta de capital social majoritariamente público que prestem exclusivamente serviço público de atuação própria do Estado e em regime não concorrencial." (RE 633.782/MG, Pleno, Rel. Min. Luiz Fux, DJe 25/11/2020). A Corte Suprema discutiu nesse recurso a aplicação de multa de trânsito por sociedade de economia mista, reconhecendo a possibilidade dessa prática. Observe-se que o STF, ao admitir a delegação, restringiu sua incidência a algumas fases do "ciclo de polícia", notadamente a fiscalização e a sanção de polícia. Correta a alternativa A. RBO

## 97. Gabarito: D

Comentário: a CF prevê espécies de desapropriações extraordinárias (também denominadas desapropriações-sanção). Uma delas é a desapropriação de propriedades rurais e urbanas onde forem localizadas culturas ilegais de plantas psicotrópicas ou a exploração de trabalho escravo (art. 243 da CF, cf. redação dada pela EC 81/2014). Patente o seu caráter sancionatório. A Carta Magna é expressa ao determinar que não é cabível indenização ao proprietário (desapropriação-confisco). A propriedade expropriada será destinada à reforma agrária e a programas de habitação popular. De acordo com a jurisprudência do STF, a expropriação prevista no art. 243 da Constituição Federal pode ser afastada, desde que o proprietário comprove que não incorreu em culpa, ainda que *in vigilando* ou *in elegendo* (RE 635.336/PE, Pleno, Rel. Min. Gilmar Mendes, DJe 14.09.2017 – Repercussão Geral – tema 399). Trata-se, logo, de uma responsabilidade subjetiva, com inversão de ônus da prova. Ademais, a competência para promover a expropriação é da União, o que atrai a competência da Justiça Federal. Assim, a ação de desapropriação-sancionatória promovida pelo Município deve ser extinta sem julgamento do mérito, por ilegitimidade ativa. Correta a alternativa D. RBO

## 98. Gabarito: B

Comentário: A competência legislativa em matéria ambiental é, como regra, concorrente (art. 24, VI, CF). Assim, a União detém a atribuição para expedir normas gerais, podendo os Estados e o DF suplementá-las. No entanto, há competências para legislar que são *privativas*

*da União*, nos termos do art. 22 da CF. Isso ocorre, entre outros, com o tema de "jazidas, minas, outros recursos minerais e metalurgia" (inciso XII do art. 22). Assim já decidiu o STF: "Compete privativamente à União legislar sobre jazidas, minas, outros recursos minerais e metalurgia (art. 22, XII, da CF), em razão do que incorre em inconstitucionalidade norma estadual que, a pretexto de regulamentar licenciamento ambiental, regulamenta aspectos da própria atividade de lavra garimpeira." (ADI 6.672/RR, Pleno, Rel. Min. Alexandre de Moraes, DJe 22.09.2021). Nesse sentido, correta a alternativa B. RBO

## 99. Gabarito: E

Comentário: no âmbito da responsabilidade civil ambiental, vige a aplicação da responsabilidade *objetiva*, ou seja, independe da comprovação de dolo ou culpa (art. 14, § 1º, da Lei 6.938/1981). De modo específico, incide a *teoria do risco integral*, pela qual não são admitidas excludentes de responsabilidade (como o caso fortuito ou força maior e o fato exclusivo de terceiro). Nesse sentido o entendimento consolidado do STJ: "É firme a jurisprudência do STJ no sentido de que, nos danos ambientais, incide a teoria do risco integral, advindo daí o caráter objetivo da responsabilidade, com expressa previsão constitucional (art. 225, § 3º, da CF) e legal (art. 14, § 1º, da Lei n. 6.938/1981), sendo, por conseguinte, descabida a alegação de excludentes de responsabilidade, bastando, para tanto, a ocorrência de resultado prejudicial ao homem e ao ambiente advinda de uma ação ou omissão do responsável." Desse modo, a ação civil pública tratada no enunciado da questão deve ser acolhida, sendo irrelevante o fato de a licença ambiental concedida pela sociedade Alfa Ltda. ter sido expedida erroneamente. Alternativa E correta. RBO

## 100. Gabarito: A

Comentário: a redução da área de uma Unidade de Conservação (UC) somente pode ser feita por *lei específica*, não se admitindo o decreto para tanto (mesmo que a UC tenha sido criada por decreto). É o que se extrai do art. 225, § 1º, III, CF e do art. 22, § 7º, da Lei 9.985/2000 (Lei do Sistema Nacional das Unidades de Conservação), que assim dispõe: "A desafetação ou redução dos limites de uma unidade de conservação só pode ser feita mediante lei específica." Nesse sentido já decidiu o STF: "a Constituição, portanto, permite a alteração e até mesmo a supressão de espaços territoriais especialmente protegidos, desde que por meio de lei formal, ainda que a referida proteção tenha sido conferida por ato infralegal. Trata-se de um mecanismo de reforço institucional da proteção ao meio ambiente, já que retira da discricionariedade do Poder Executivo a redução dos espaços ambientais protegidos, exigindo-se para tanto deliberação parlamentar, sujeita a maior controle social" (RE-AgR 519.778/RN, 1ª Turma, Rel. Min. Roberto Barroso, DJe 01.08.2014). Assim, correta a alternativa A. RBO

MEUS RESULTADOS

*Simulado Magistratura TJAL 2019:* _____

*Data:* _____ / _____ / _____

*Tempo de Prova:* _____

*Acertos Totais:* _____

*Onde posso melhorar:*

_____

_____

_____

_____

_____

_____

_____

_____

_____

_____

_____

_____

_____

_____

_____

_____

_____

_____

_____

_____

_____

_____

_____

_____

_____

_____

_____

_____

*Simulado Magistratura TJBA 2019:* _____

*Data:* _____ / _____ / _____

*Tempo de Prova:* _____

*Acertos Totais:* _____

*Onde posso melhorar:*

_____

_____

_____

_____

_____

_____

_____

_____

_____

_____

_____

_____

_____

_____

_____

_____

_____

_____

_____

_____

_____

_____

_____

*Simulado magistratura TJSC 2019:* _____

*Data:* _____ / _____ / _____

*Tempo de Prova:* _____

*Acertos Totais:* _____

*Onde posso melhorar:*

_____

_____

_____

_____

_____

_____

_____

_____

_____

_____

_____

_____

_____

_____

_____

_____

_____

_____

_____

_____

_____

_____

_____

_____

_____

*Simulado Magistratura TJMS 2020:* _____

*Data:* _____ / _____ / _____

*Tempo de Prova:* _____

*Acertos Totais:* _____

*Onde posso melhorar:*

_____

_____

_____

_____

_____

_____

_____

_____

_____

_____

_____

_____

_____

_____

_____

_____

_____

_____

_____

_____

_____

_____

_____

_____

_____

*Simulado Magistratura TJGO 2021:* _____

*Data:* _____ / _____ / _____

*Tempo de Prova:* _____

*Acertos Totais:* _____

*Onde posso melhorar:*

_____
_____
_____
_____
_____
_____
_____
_____
_____
_____
_____
_____
_____
_____
_____
_____
_____
_____
_____
_____
_____
_____
_____
_____
_____

*Simulado Magistratura TJSP 2021:* _____

*Data:* _____ / _____ / _____

*Tempo de Prova:* _____

*Acertos Totais:* _____

*Onde posso melhorar:*

_____

_____

_____

_____

_____

_____

_____

_____

_____

_____

_____

_____

_____

_____

_____

_____

_____

_____

_____

_____

_____

_____

_____

_____

_____

*Simulado Magistratura TJAP 2022:* _____

*Data:* _____ / _____ / _____

*Tempo de Prova:* _____

*Acertos Totais:* _____

*Onde posso melhorar:*

_____

_____

_____

_____

_____

_____

_____

_____

_____

_____

_____

_____

_____

_____

_____

_____

_____

_____

_____

_____

_____

_____

_____

_____

_____